Allgemeines
:praktisches

Provinz Verona

Provinz Vicenza

Provinz Treviso

Provinz Belluno

Provinz Padua

Provinz Venedig

Provinz Rovigo

Text und Recherche: Eberhard Fohrer
Lektorat: Sabine Beyer
Redaktion & Layout: Marion Wimmer
Karten: Hana Gundel, Judit Ladik
Fotos: Alle Fotos stammen von Eberhard Fohrer außer:
ENIT München: 58, 319, 320, 336
Assessorato Turismo Città di Bassano del Grappa: 168
Foto Archivo Provincia di Vicenza – I.A.T. Altipiano di Asiago: 173
Fotos F.A.S.T. Foto Archivo Storico Trevigiano: 186
Foto Sartoretto: 190, 191
Covergestaltung: Karl Serwotka
Covermotive: oben: Villa Barbaro in Masèr,
unten: Palladios "Basilica" in Vicenza (Fotos: Eberhard Fohrer)

Für die Kooperation herzlichen Dank an *ENIT München, I.A.T. Altopiano di Asiago, Ufficio Turismo di Provincia di Treviso* und *Assessorato Turismo Città di Bassano del Grappa*, für Reisetipps und Hinweise danke ich außerdem Sigi Backer und Siegfried Nöding

ISBN 3-89953-201-5

1. Auflage 2005

VENETIEN

Eberhard Fohrer

INHALT

Alles im Kasten

Kartenverzeichnis

Zeichenerklärung für die Karten und Pläne

Landkarten

- Autobahn
- Hauptverkehrsstraße
- Landstraße
- Nebenstraße
- Piste
- Wanderweg
- Bebaute Fläche
- Grünanlage
- Gewässerfläche
- Strandfläche
- Badestrand
- Berggipfel
- Bushaltestelle
- Information
- Parkplatz
- Campingplatz
- Kirche, Kapelle

Stadtpläne

- Hauptstraße
- Nebenstraße

Was haben Sie entdeckt?

Was war Ihre Lieblingstrattoria, in welchem Hotel haben Sie sich wohl gefühlt, welchen Campingplatz würden Sie wieder besuchen? Bitte schreiben Sie uns, wenn Sie Kritik, Verbesserungsvorschläge, Anregungen oder Empfehlungen zu diesem Buch haben.

Eberhard Fohrer
Stichwort "Venetien"
c/o Michael Müller Verlag
Gerberei 19
91054 Erlangen
eberhard.fohrer@michael-mueller-verlag.de

Vom Gardasee in den südlichen Alpenausläufern ...

Venetien erleben

Von den steilen Zinnen der Dolomiten bis zu den endlosen Lagunen der Adria, vom beliebten Gardasee bis zum menschenleeren Podelta, vom mondänen Wintersportort Cortina d'Ampezzo in die üppig grüne Region des Prosecco, von den Grappadestillerien in Bassano del Grappa zu den freskengeschmückten Landvillen Palladios – Venetien bietet Kontraste pur und gehört zu den vielfältigsten Regionen Italiens.

Bereits im Mittelalter begann der Aufstieg der Lagunenstadt Venedig zur mächtigen Großmacht, die ihren Einfluss bis weit ins östliche Mittelmeer ausdehnte, seit dem 15. Jh. aber auch zusehends begann, ihr Hinterland einzubeziehen. Die meisten Städte unterwarfen sich schnell, lediglich Padua und Verona mussten erobert werden. Die durch den Asienhandel und Beutezüge im Osten unendlich reich gewordene „Serenissima" („Allerdurchlauchtigste") wurde damals zum künstlerischen Mittelpunkt im Norden Italiens. Die bedeutendsten Architekten, Maler und Bildhauer ihrer Zeit fanden hier Aufträge, wie sie sonst nur Florenz oder Rom boten. Um nur einige der bekanntesten Namen zu nennen: Bellini, Carpaccio, Tintoretto, Tiepolo, Tizian, Veronese, Palladio, Canova ... Venedig und sein Festlandsbesitz, die „terra ferma", entwickelten sich so zum wahren Freilichtmuseum und noch heute befinden sich, abgesehen von der Toskana, auf dem Gebiet der ehemaligen Dogenrepublik die meisten Kunstwerke innerhalb Italiens. Trotz erheblicher Bausünden der Moderne, trotz Verkehrschaos, starker Zersiedlung, Flächen deckender Landwirtschaft und starker Industrialisierung ist es immer wieder ein Vergnügen, die Verspieltheit und Reichhaltigkeit der venezianischen Architektur zu erleben. Doch das Veneto ist keineswegs ein musealer Hort seiner großen Vergangenheit, sondern

... hinunter in die weltberühmte Wasserstadt Venedig

gleichzeitig die derzeit wohl dynamischste Region Italiens und eine der reichsten des Landes. Wo noch vor wenigen Jahrzehnten über drei Millionen Emigranten der Armut entflohen (mehr als aus Sizilien), grassiert heute ein ausgeprägtes Unternehmerfieber und zieht Investoren in Scharen an, darunter auch viele Einwanderer aus den Balkanländern. Der Drang nach Selbstständigkeit manifestiert sich in der ständig zunehmenden Zahl von Firmengründungen, darunter viele Kleinunternehmen, die sich in die traditionell sowieso schon hohe Zahl von Familienbetrieben einreihen. Das Veneto gehört heute zu den dichtest besiedelten Gebieten am ganzen Stiefel.

Wohin in **Venetien**? Wenn man auf der Autobahn vom Brenner kommend, die Grenze zum Veneto passiert, hat man manchmal das Gefühl: Hier beginnt Italien erst wirklich. Die langen Südtiroler und Trentiner Täler gleiten aus, steile Felshänge treten zurück, sanfte Hügel mit Zypressen und zinnengekrönten Palazzi lösen die schlanken alpenländischen Kirchtürme und Holzdächer ab. Der Wechsel von der grandiosen Bergwelt zu üppig mediterraner Vegetation und verspielter Architektur fasziniert jedesmal aufs Neue. Der Lenz hält früh Einzug, warme Luft drängt aus der Poebene herauf, Zitronen und Oliven gedeihen. Im Sommer halten sich dagegen die Hitzegrade in angenehmen Grenzen, viele Einwohner der Ebene flüchten dann an die kleinen und großen Seen, die in den Einkerbungen ehemaliger Gletscher des südlichen Alpengebiets liegen.

Verona ist die erste „echt“ italienische Stadt südlich der Alpen. Hier Halt zu machen stimmt in angenehmer Weise auf das Kommende ein, allein schon wegen der unnachahmlichen südlichen Lebensart, die allabendlich auf der großen Piazza Bra pulsiert, aber auch wegen der einzigartigen römischen Arena, den prächtigen Bauten der Skaliger und der unvergleichlichen Atmosphäre zur Zeit der weltbekannten Opernfestspiele. Doch Verona bildet lediglich den Auftakt für die ganze Vielfalt des Veneto: Nur einen Katzensprung entfernt locken bereits die berühmten Uferstraßen

Frühjahr im Veneto: Roter Klatschmohn und das Grün der Oliven

am *Gardasee*. Südlich des Sees sind die Adelspaläste der Gonzaga in *Mantua* mit ihren herrlichen Wandmalereien einen Abstecher wert. Weiter östlich sollte man nicht auslassen: *Vicenza*, die Stadt des Renaissancearchitekten Palladio, und *Padua* mit der Wallfahrtskirche des heiligen Antonius und den großartigen Giotto-Fresken in der Cappella degli Scrovegni. Im Hinterland lohnt ein Abstecher ins schöne *Bassano del Grappa* an der Brenta sicherlich nicht nur, um am historischen Ponte degli Alpini die vielfältigen Grappe zu verkosten. Ein wahres „Muss" ist auch eine Fahrt über die kurvigen Weinstraßen des *Prosecco-Gebiets*, die im sanft-hügligen Alpenvorland durch eins der besten Anbaugebiete Italiens führen. Südlich von Padua liegt am Fuß der idyllisch grünen *Euganäischen Hügel* die gepflegte Thermalstadt *Abano Terme* mit ihren gediegenen Kurhotels, weiter südlich das kleine *Montagnana* mit einer perfekt erhaltenen Stadtbefestigung, eine der schönsten Europas. Und endlich *Venedig*. Die Lagunenstadt, erbaut auf Millionen von Holzpfählen, die durch Handel mit Kaffee und Gewürzen unermesslich reich wurde und deren Einfluss früher das ganze östliche Mittelmeer umfasste, ist natürlich allein eine Reise wert. Doch auch die Umgebung hat viel zu bieten: Am *Brenta-Kanal* kann man prächtige historische Villen besichtigen, nicht weit fährt man in die wohlhabende Einkaufsstadt *Treviso*, in der die Weltfirma Benetton ihren Stammsitz hat, ins hübsche Städtchen *Portogruaro* und in die Badeorte der oberen Adria. Das riesige Lagunengebiet der Küste setzt einen prächtigen Kontrast zu den nahen Alpen, die bei klarem Wetter nicht selten vom Meer aus sichtbar sind, und in den Badeorten ballen sich jeden Sommer Hunderttausende. Wen vor allem das Meer lockt, der sollte *Cáorle* besuchen, dessen sympathischer historischer Kern direkt neben einem langen Sandstrand liegt – wesentlich mehr Rummel bietet dagegen die „Badegroßstadt" *Lido di Jesolo*, während *Bibione* sogar eine komfortable Thermenanlage vorzuweisen hat. Ein echtes Kontrastprogramm bilden schließlich der geschäftige Fischerhafen *Chioggia* und die eintönige Landschaft des *Podeltas*, wo der Tourismus nur auf kleinster Sparflamme kocht, aber endlose Wege und Dämme zum genussvollen Radeln einladen.

Und schließlich kann man im Veneto **kulinarisch** eine Menge genießen. Die venetische Küche ist leicht und lebt vom Meer: Frischer Fisch und Meeresfrüchte stehen immer auf der Speisekarte, dazu werden hausgemachte Pasta oder Polenta serviert. Und wer weiß es schließlich nicht zu schätzen, dass an den Voralpenhängen hervorragende Weine gedeihen, die an den „strade del vino" überall genussvoll degustiert werden können – gehaltvoll-fruchtiger Amarone di Valpolicella, prickelnder Prosecco, goldgelber Soave...

Highlights im Veneto

Venedig und die Lagune: Die märchenhafte Lagunenstadt, die Inseln der Lagune, die Fischerstadt Chioggia und die Landzunge Litorale del Cavallino mit den besten Campingplätzen der oberen Adria (→ S. 262)

Verona und Soave: die römische Arena, auf den Spuren Romeos und Julias, das idyllische Städtchen Soave – Burgbesichtigung und Weindegustation (→ S. 112)

Vicenza und Umland: Die Stadt des Renaissancearchitekten Palladio, die „Basilica", die schon Goethe mächtig beeindruckte, die Villen der Umgebung und die stillen Monti Bérici (→ S. 145)

Gardasee und Monte Baldo: Italiens schönster See und das großartige Bergmassiv an seiner Ostseite – Baden, Weinverkostung, Bergwandern (→ S. 60)

Padua, Euganäische Hügel und Thermen: Die Stadt des heiligen Antonius mit der mächtigen Basilika, die einzigartige Landschaft der grünen Hügel und Thermalkomfort vom Feinsten (→ S. 223)

Prosecco-Region: die perlenden Kostbarkeiten erleben, Gastronomie auf hohem Niveau, das Castel Brando, eins der größten Schlösser Italiens (→ S. 195)

Cortina d'Ampezzo und Umgebung: die kleinen Alpenseen, die Quellen des Piave-Flusses (→ S. 206)

Bassano del Grappa, Àsolo, Masèr und Possagno: Grappa und mehr, die „Stadt der hundert Horizonte", Palladios berühmte Villa Barbaro und die Geburtsstadt Canovas (→ S. 163 u. 185)

Cáorle und Umgebung: historisches Städtchen mit endlosem Strand, Lagunenlandschaften, Schiffstouren und Fahrradwege, die alte Pineta im Valle Vecchia (→ S. 340)

Podelta: eine Landschaft voller Weite – entlang der Dämme radeln, stundenlange Kajaktouren, typische Trattorie und kleine Museen, die die Vergangenheit des Deltas bewahren → (S. 361)

Der geflügelter Markuslöwe: uraltes Symbol der Dogenrepublik

Geschichte

Bis ins Mittelalter entspricht die Geschichte der heutigen Region Veneto der des gesamten Nordosten Italiens. Erst seit dem 14. Jh. nimmt die Lagunenstadt Venedig maßgeblichen Einfluss auf ihr Hinterland und unterwirft die so genannte „Terra ferma".

Etwa um 1000 v. Chr. wandern die indogermanischen *Veneter* aus Osteuropa ein und besiedeln die östliche Poebene und den nördlich anschließenden Alpenbogen. Sie verdrängen die Agrarkultur der *Euganäer* in die Alpentäler, wo diese mit den Rhätiern und Kelten verschmelzen, beschäftigen sich vor allem mit der Pferdezucht und treiben Handel mit den Etruskern und Griechen. Im 7. Jh. v. Chr. fallen die Etrusker aus der Toskana und Umbrien in der Poebene ein, werden aber seit 750 v. Chr. von den Kelten wieder nach Süden bis über den Apennin verdrängt.

Römisches Altertum und frühes Mittelalter

Seit dem 3. Jh. v. Chr. beginnen die straff organisierten Römer gegen die Kelten vorzugehen. Sie besetzen Oberitalien und ernennen es zur Provinz „Gallia Cisalpina". Die großen Siedlungen der Poebene erhalten das römische Stadtrecht und entwickeln sich zu bedeutenden Handelszentren. In der östlichen Region „Venetia et Histria" sind das Verona, Padua, Vicenza, Treviso und Oderzo, Hauptstadt wird Aquileia im heutigen Friaul. Im Jahr 395 n. Chr. wird das einstige römische Weltreich geteilt: in Ostrom mit der Hauptstadt Byzanz und Westrom mit der Hauptstadt Rom. Ab 493 übernehmen die Ostgoten unter Theoderich als Statthalter Ostroms die Herrschaft im Weströmischen Reich. Ravenna wird ihre Hauptstadt und auch die Lagune von Venedig gehört zu ihrem Machtbereich. Während der Völkerwanderung im 5. Jh. dringen Hunnen und Westgoten, im 6. Jh. die Langobarden in die römischen Gebiete ein. Die Einwohner der Küstenregionen flüchten in die Lagune und bevölkern die dortigen Inseln, dies ist die Geburtsstunde Venedigs. Im Zentrum Oberitaliens etabliert sich das langobardische Reich, das jedoch Ende des 8. Jh. von

Karl dem Großen erobert wird. Zum Dank empfängt er im Jahr 800 aus der Hand des Papstes die Kaiserkrone. Sein Sohn Pippin übernimmt die Herrschaft im neuen „Regnum Italiae". Die folgenden Jahrhunderte sind von den Auseinandersetzungen des Kaisertums mit mächtigen Provinzialfürsten geprägt. Erst Kaiser Otto der Große (912–973) erobert die italienischen Gebiete wieder zurück und setzt eine eigene, vom Papsttum unabhängige Regierung ein. Aus dem Streit zwischen Kaiser und Papst gehen im 12. Jh. die Städte hervor. Einige lösen sich aus der Reichsherrschaft und gründen den lombardischen Städtebund *Lega Lombarda*, mit dem auch Verona, Vicenza, Treviso und Padua paktieren. Im 13. und 14. Jh. entbrennt in Oberitalien der Konflikt zwischen papsttreuen „Guelfen" und kaisertreuen „Ghibellinen". Einzelnen starken Adelsfamilien, den so genannten Signorie, gelingt es, die Macht an sich zu reißen: Im Veneto sind das vor allem die *Skaliger* im Gebiet von Verona und Gardasee, die Familien *da Romano* (Ezzelino I.–III.) und *Carrara* im Bereich von Padua, die *Este* im Süden der Region und die *Gonzaga* in Mantua. Doch Anfang des 15. Jh. zerstört die expandierende Dogenrepublik Venedig den Traum der lokalen Adelsfamilien von ihren eigenen Staatswesen.

Aufstieg und Niedergang der Dogenrepublik

Bedingt durch seine geografische Lage hatte sich die streng oligarchisch regierte Republik Venedig, die sich schon früh mit dem Ehrentitel „La Serenissima" (die Allerdurchlauchtigste) schmückte, zunächst stets nach Osten ausgerichtet. Schon im 11. Jh. erfolgt die Unterwerfung der dalmatinischen Küste auf der anderen Seite der Adria. Aus dem vierten Kreuzzug, der eigentlich zum Ziel hatte, die heiligen Stätten in Palästina von der türkischen Besetzung zu befreien, entwickelt sich 1203 ein vernichtender Expansionskrieg, der von Venedig unter dem Dogen Enrico Dan-

Wehrhafte Burgen prägen viele Orte Venetiens

Bis in ferne Kreta reichte der Einfluss der Serenissima: das venezianische Hafenkastell von Iraklion

dolo angeführt wird. Konstantinopel wird 1204 erobert und mehrere Tage lang geplündert, die Kunstschätze werden hauptsächlich nach Venedig geschafft, das byzantinische Reich wird zerschlagen und aufgeteilt. Venedig erhält große Teile der Türkei und Griechenlands einschließlich der Insel Kreta und bekämpft dort ihre große Rivalin Genua, deren Machtstreben im östlichen Mittelmeer sie 1381 mit der Schlacht um Chioggia (→ S. 322) endgültig ausschalten kann. Venedig wird in diesen Jahrhunderten zur wichtigsten Handelsstadt Europas: Gewürze, Kaffee, Getreide, Pelze, Edelsteine, edle Hölzer und Metalle werden ein- und ausgeführt.

Mit dem ausgehenden 14. Jh. verstärken die Türken ihre Expansionsbestrebungen im östlichen Mittelmeer. Dazu kommen schwerwiegende welt- und handelspolitische Entwicklungen: 1492 wird Amerika entdeckt und 1498 durch Vasco da Gama der Seeweg nach Indien – eine neue, viel versprechende Route zu den „Gewürzländern“ des Ostens, die es Genua ermöglicht, die Bedingungen zu umgehen, die die Venezianer mittlerweile im östlichen Mittelmeer stellen. Dies alles schmälert Venedigs Bedeutung in der Welt und lässt eine neue Phase der venezianischen Politik entstehen: die Besetzung des venezianischen Hinterlands, der „Terra ferma“. Zunächst werden Treviso und die istrische Küste eingenommen, dann nach und nach das gesamte Gebiet des heutigen Veneto: Verona ergibt sich 1404 kampflos, ein Jahr später wird Padua erobert. Im Konflikt mit den lombardischen Visconti besetzt Venedig sogar Brescia, Bergamo und Crema, bemächtigt sich Mitte des 15. Jh. der Stadt Rovigo und des Polesine (im heutigen Süden des Veneto), um schließlich seine Hände nach Ferrara und sogar bis Apulien auszustrecken. Doch das Machtstreben der Dogenrepublik wird durch die österreichischen Habsburger und den König von Frankreich, Ludwig XII., der inzwischen die Lombardei beherrscht, in die Schranken gewiesen. Die Vereinigung der europäischen Mächte in der Liga von Cambrai (Frankreich, Spanien, das Habsburgerreich und das päpstliche Rom) und das Trauma der verlorenen Schlacht von Agnadello gegen die Franzosen am 14. Mai 1509 bedeuten das Ende der venezianischen Expansion. Mit der Großmachtpolitik ist es damit für Venedig vorbei und im 17. Jh. gehen die letzten Besitztümer im östlichen Mittelmeer verloren. Auch die Pest wütet wiederholt in der Stadt. Venedig wird von einer globalen Militärmacht zur Stadt der schönen Künste, aber auch der Vergnügungen und der Lust. Symptomatisch wird der „Carneval", der im 18. Jh. zeitweise mehrere Monate lang im Jahr gefeiert wird. 1796 besiegt Napoleon die Habsburger in Oberitalien und zwingt den letzten venezianischen Dogen zur Abdankung – mehr als 1000 Jahre Unabhängigkeit haben damit ihr Ende gefunden.

Lebenslust in der Serenissimia

Der politische Niedergang wurde für Venedigs Adel eine Zeit der ungehemmten Lebenslust. Das sinnenfrohe Rokoko fand in Venedig zu einer unvergleichlichen Atmosphäre, die Stadt wurde das Festzentrum Europas, ihr Ruf war legendär und verlockend. Die Lebenslust der Venezianer drückte sich vor allem im berühmten Karneval aus, der fast ein halbes Jahr dauerte. Während dieser Zeit hatten alle Bürger Narrenfreiheit: Maskiert mit dem „tabarro", einem Mantel aus schwarzer Seide, der „bauta", einer Kappe, die bis zur Schulter reichte, und einer weißen Wachsmaske namens „volto" konnten sich Männlein und Weiblein vergnügen und unerkannt ihre Wunschvorstellungen ausleben. Sogar Nonnen nahmen daran munter teil, denn viele von ihnen waren gegen ihren Willen ins Kloster geschickt worden, weil ihre Eltern die Mitgift nicht zahlen konnten. Auch außerhalb des eigentlichen Karnevals gab es zahllose karnevalsähnliche Vergnügungen: Bälle, Bankette, Umzüge, Regatten und Feuerwerke folgten einander und zahllose Besucher strömten in die Lagunenstadt, die damals für ihre liberalen Sitten bekannt war (die Lebensgeschichte von Casanova stellt ein beredtes Zeugnis dar). Viele venezianischen Adligen heirateten nicht oder erst spät und die Kurtisanen der Stadt besaßen einen geachteten gesellschaftlichen Rang, waren vermögend und oft sehr gebildet. Michel de Montaigne etwa notierte in seinem Reisetagebuch, sie seien „... in solcher Zahl zu treffen, etwa hundertfünfzig, die an Möbeln und Kleidern den Aufwand einer Prinzessin treiben." Aber auch die verheirateten Frauen der besseren Gesellschaft besaßen die Möglichkeit, einen so genannten „Cavaliere servente" zu halten, einen Kavalier für alle Zwecke, öffentliche wie private.

Das Veneto vom 19. Jh. bis heute

1802 wird die lombardo-venetische *Cisalpinische Republik* ausgerufen und nach der Niederlage Napoleons werden die Lombardei, Venetien und Südtirol-Trentino auf dem Wiener Kongress von 1815 den Habsburgern zugesprochen. Die italienische Einigungsbewegung des *Risorgimento* erkämpft im 19. Jh. in schweren Schlachten (z. B. Solferino) die Befreiung von der österreichischen Fremdherrschaft. 1861 wird das Königreich Italien unter Vittorio Emanuele II ausgerufen, Venetien tritt 1866 bei.

Im *Ersten Weltkrieg*, in Italien „La Grande Guerra" genannt, werden die Hochgebirgszonen und das bergige Voralpengebiet des Veneto Schauplatz erbitterter und extrem verlustreicher Kämpfe zwischen dem Habsburgerreich und Italien. Die Frontlinie verläuft für Jahre quer durch die Region und das benachbarte Friaul. Hunderttausende von Soldaten finden auf beiden Seiten den Tod, Geländegewinne werden praktisch nicht erzielt – im Zweiten Weltkrieg wird sich ein ähnlicher Stellungskrieg bei Verdun wiederholen. Monumentale Erinnerungsstätten wurden auf der Hochebene von Asiago und auf dem Monte Grappa errichtet.

Nach dem Zweiten Weltkrieg ist das Veneto arm und rückständig. Die veralteten agrarischen Betriebe sind geprägt von feudalen Großstrukturen, viele Menschen müssen auswandern. Doch seit den 1960er Jahren beginnt ein vehementer, vom Staat geförderter industrieller Aufstieg, der die Standortvorteile an einer der Nahtstellen Europas ausnutzt und ein gewaltiges Wirtschaftswachstum mit sich bringt. Heute ist Venetien eine der wohlhabendsten Regionen im Land, dessen Pro-Kopf-Einkommen gut ein Viertel über dem Landesdurchschnitt liegt. Leider hat der Wohlstand auch das Erstarken rechten Gedankenguts mit sich gebracht – die Lega Nord von Umberto Bossi, die dem „armen" Süditalien keine Subventionen geben

Einige der blutigen Risorgimento-Schlachten des 19. Jh. wurden südlich vom Gardasee ausgetragen

will, afrikanischen Flüchtlingen mit Kanonenschiffen droht, Rom als „Roma ladrona“ (diebisches Rom) bezeichnet und unverhohlen die Spaltung des Landes fordert, findet im Nordosten Italiens viele Wähler.

Geografie

Das landschaftliche Spektrum Venetiens ist vielseitig und reicht von den Hochgebirgsgipfeln der Dolomiten bis zu den längsten und breitesten Sandstränden im Land, zu den größten Lagunen Italiens und zum Podelta, dem weitläufigsten Sumpfgebiet am Stiefel.

Das Veneto ist 18.391 qkm groß und hat heute etwa 4,5 Mio. Einwohner. Es gehört zu den am dichtest besiedelten Regionen Italiens und besteht aus sechs Provinzen (Venedig, Verona, Vicenza, Treviso, Padua, Belluno und Rovigo), Hauptstadt ist *Venedig*. Die Region erstreckt sich über den nordöstlichen Teil der Poebene und wird im Westen begrenzt von Gardasee und Mincio-Fluss, im Süden vom Po, im Osten von den Flüssen Livenza und Tagliamento und im Norden durch die Ostalpen vom Monte Baldo am Gardasee bis hinüber zum Gebiet des Cadore bei Cortina d'Ampezzo. Morphologisch gibt es zwei deutlich voneinander abgegrenzte Zonen: das Bergland von den Dreitausendern der Dolomiten bis zum hügeligen Voralpengebiet und die Ebene, die aus dem Schwemmland der zahlreichen Wasserläufe und den ausgeprägten Lagunenlandschaften der Adriaküste besteht. Aus den Alpen kommend, wo sie seit der Mitte des 20. Jh. zur Energiegewinnung gestaut werden, bahnen sich die Flüsse in mannigfachen Verästelungen ihren Weg zur Küste. Dort spalten sie sich meist in mehrere Armen auf und münden in der Adria oder den Lagunen, wobei ihre Sedimentablagerungen die Küstenlinie immer weiter ins Meer vorschieben. Die größten Wasserläufe sind *Po*, *Adige* (Etsch), *Brenta*, *Piave*, *Tagliamento*, *Livenza* und der kuriose Quellfluss *Sile*, der bei Treviso entspringt und einen großen Teil seiner etwa 90 km Länge unterirdisch zurücklegt. Vor allem in Küstennähe wurden sie seit vielen Jahrhunderten durch ein kunstvolles System von Kanälen verbunden, die einerseits als Handels- und Transportwege dienten, z. T. aber auch begehrte Wohngegenden für die venezianischen Adligen waren, die hier nicht weit von der feuchten Lagunenstadt komfortabel im Grünen

Lagunenlandschaft an der Küste

wohnen konnten – am bekanntesten der *Brenta-Kanal* zwischen Padua und Venedig. Charakteristisch für die küstennahe Wasserlandschaft sind aber vor allem die großen und kleinen Lagunenseen, die sich vom mächtigen Podelta bis zum Golf von Triest erstrecken, darunter die Lagune von Venedig, die größte Italiens. Umgeben war diese Welt aus Wasser, Sumpflandschaften, schmalen Kanälen, Sandbänken und Flüssen einst von weiten Pinienwäldern, die durch den Bau der großen Badeorte immer mehr zurückgedrängt wurden und nur noch in Restbeständen erhalten sind. Die kilometerlangen Strände sind an vielen Stellen mehrere hundert Meter breit und fallen extrem flach ins Wasser ab – passionierte Schwimmer haben Schwierigkeiten, einen Einstieg zu finden, aber für Kleinkinder sind die Verhältnisse schlichtweg ideal.

Weinbau im Prosecco-Land

Wirtschaft

Trotz seiner stark fortgeschrittenen Industrialisierung ist das Veneto immer noch vorwiegend eine Landwirtschaftsregion: Mais, Weizen und Reis, Kartoffeln, Futterpflanzen, Obst und Wein gehören zu den wichtigsten Produkten, die in den Ebenen in riesigen Flächen angebaut werden – typische Agrarlandschaften breiten sich hier aus, die für Reisende keine großen Reize bieten.

Während das idyllische Hügelgebiet von Verona, Vicenza und Treviso vorwiegend für den Weinbau genutzt wird (→ Essen & Trinken/Weine), ist die „Bassa Veronese" südlich von Verona eins der wichtigsten Reisanbaugebiete im Norden Italiens. In den Küstengebieten werden Obst und Gemüse gezüchtet, im Valpolicella, um Bassano del Grappa und in den Euganäischen Hügeln reifen im Frühjahr überall Kirschen. In den Küstenlagunen und im Podelta stellt die Fisch- und Muschelzucht den bedeutendsten Wirtschaftsfaktor dar, eine lange Tradition hat auch der Fischfang,

z. B. in Cáorle und Chioggia. Letztere Stadt besitzt den größten Fischmarkt der oberen Adria. Die Fischbestände gelten allerdings als gefährdet und bräuchten eine jahrelange Schonzeit, um sich wieder regenerieren zu können.
Auf dem industriellen Sektor hat sich in den letzten Jahrzehnten ein wahres Wirtschaftswunder zugetragen: fast eine halbe Million Firmen, die meisten Familienunternehmen oder Kleinbetriebe mit weniger als zehn Angestellten, erwirtschaften mit einer breit gefächerten Produktpalette mittlerweile ein milliardenschweres Bruttoinlandsprodukt. Vor allem die Textilfabrikation ist von erheblicher Bedeutung. Schon seit hunderten von Jahren sind die Provinzen Vicenza und Treviso darin führend, moderne Marken wie „Diesel" und „Replay" sind daraus entstanden. Paradebeispiel ist aber die Modefirma „Benetton" aus Treviso (→ S. 192). Verona und Vicenza sind wichtige Industriestandorte (Papier, Druckereien, Möbel u. a.), Schwerindustrie und Petrochemie ballen sich um Porto Marghera an der Lagune von Venedig, aus heutiger Sicht ein unverantwortlicher Standort in einer äußerst sensiblen Zone, sowohl ökologisch wie touristisch. Die Energieversorgung der Industrie wird zum großen Teil durch die gestauten Flüsse in den Alpen gewährleistet.

Und natürlich spielt der Fremdenverkehr seit Jahrzehnten eine beherrschende Rolle, in Venedig sogar schon seit Jahrhunderten, denn in ihm wird sogar noch mehr Geld erwirtschaftet als in der Industrie.

Umwelt

Die intensive industrielle und landwirtschaftliche Erschließung hat für das Veneto vielerorts heftige Zersiedlung und vor allem stetig wachsende Verkehrsströme mit sich gebracht. Das Straßennetz ist dem nicht mehr gewachsen, Staus auf den großen Überlandstraßen sind an der Tagesordnung.

Trotzdem gibt es auch eine Reihe von geschützten Naturparks im Veneto (→ Kasten), deren ökologischer Wert mittlerweile deutlich erkannt wird. Konterkariert werden sie allerdings durch die unverantwortliche Naturzerstörung in der Lagune von Venedig und die gewaltigen Umweltprobleme der weltberühmten Wasserstadt (→ S. 263). Unter Naturschutz stehen außerdem Teile der Lagune von Venedig, die *Laguna del Mort* bei Eraclea Mare (→ 339) und das *Valle Vecchia* bei Cáorle, wo versucht wird, die ursprüngliche Küstenvegetation wieder zu beleben (→ S. 344).

Die traditionelle Küstenflora wird an einigen Stellen wieder kultiviert

Badeurlauber finden am *Gardasee* dank einer Ringkanalisation um den gesamten See gute Wasserqualität, in der nördlichen Seehälfte etwas besser als im Süden – ob der See dort allerdings „Trinkwasserqualität" besitzt, wie gelegentlich behauptet wird, sei dahingestellt. Im Süden des Sees mussten in den letzten Jahren hin und wieder an einzelnen Stränden Badeverbote ausgesprochen werden, allerdings sind die Grenzwerte für die Badegewässerqualität in Italien fünfmal strenger als die EU vorschreibt. Die aktuelle Situation an den Stränden des Gardasees kann man von etwa Mitte Juni bis Ende September auf der Website www.lagodigarda.it einsehen.
An den *Adriastränden* ist die Situation unterschiedlich: Die meisten Badeorte verfügen mittlerweile über Kläranlagen und dementsprechend sauberes Wasser und Strände, jedoch transportieren Flüsse und Landwirtschaft nach wie vor belastende Stoffe ins Meer und in die Lagunen. Problemzonen liegen generell im Bereich von Industrieanlagen, Hafengebieten, Ballungszentren und Flussmündungen. Dort sollte man das Baden eher vermeiden, vor allem um Venedig und Chioggia sowie im Podelta. Das Hydra-Institut, eine internationale Gemeinschaft privater Institute, überprüft seit zwei Jahrzehnten alljährlich die Wasserqualität (www.hydra-institute.com).

Naturparks in Venetien: von den Alpen bis zum Meer

Parco Nazionale delle Dolomiti Bellunesi (www.dolomitipark.it): Der große Alpenpark nördlich von Belluno umfasst ein raues, weitgehend unwegsames und fast unbewohntes Gebiet von 400 bis 2565 m Höhe (→ S. 218).

Parco Regionale della Lessinia (www.lessiniapark.it): Die bergige und teilweise dicht bewaldete Hochebene liegt nördlich von Verona. Uralte Fossilien wurden hier gefunden, es gibt eindrucksvolle Karsterscheinungen und mehrere Museen zur landschaftlichen und ethnologischen Entwicklung (→ S. 136).

Parco Regionale del Colli Euganei (www.parks.it/parco.colli.euganei): Die über achtzig Euganäischen Hügel sind vulkanischen Ursprungs und liegen südwestlich von Padua. In der Po-Ebene bilden sie eine üppig grüne Oase, an ihrem Rand liegen die berühmten Thermalbäder Abano Terme und Montegrotto Terme (→ S. 246).

Parco Regionale del Fiume Sile (www.parks.it/parco.fiume.sile): Das geschützte Gebiet des Flusses Sile und seiner zahlreichen Nebenarme erstreckt sich im Umland von Treviso und reicht von den Quellen über das Stadtgebiet bis zur Mündung in die Lagune (→ S. 183).

Parco Nazionale del Delta del Po (www.parks.it/parco.delta.po.ve): Mit sechs Armen mündet der Po südlich von Venedig ins Meer und bildet ein mächtiges Delta und das größte Sumpfgebiet Italiens, ideal zum Radfahren und Kajakfahren (→ S.361).

Die verspielte Architektur vergangener Jahrhunderte ist noch überall lebendig

Kunst und Kultur

Venedig war neben Florenz und Rom stets eine der drei großen Kunstmetropolen Italiens. Seine einzigartige Lage hat von jeher Künstler inspiriert und aus dem östlichen Mittelmeer, das die Dogenrepublik Jahrhunderte lang nahezu unangefochten beherrschte, strömten die verschiedensten Einflüsse, die Venedig zur kosmopolitischsten Stadt Europas werden ließen.

In Venedigs Architektur und Kunstgeschehen spiegelten sich diese verschiedenen Welten und Kulturen wieder. Die Vermischung von mitteleuropäischen, byzantinischen und türkischen Elementen prägten vor allem den einzigartigen, oft fast märchenhaft verspielten „gotisch-venezianischen" Baustil der Palazzi, während das Spiel der Elemente in der Lagunenstadt einen ganz eigenen Malstil entstehen ließ. Vor allem zur Zeit der Renaissance und des Barock war Venedig kunstgeschichtlich von höchster Bedeutung. Während in der Medicistadt Florenz vor allem Wert auf Komposition und Zeichnung eines Bildes gelegt wurde, entstand in Venedig das unvergleichliche Spiel mit Licht und Farbe, das auch für spätere Epochen wegweisend wurde. Wie ein Magnet zog die Stadt begabte Künstler an, denn Kunst war für die adeligen Herrschaftsfamilien der Lagunenstadt stets eins der wichtigsten Statussymbole und von der kunstsinnigen Obrigkeit, den Kirchen und dem Adel wurden große Aufträge vergeben. So entwickelte sich Venedig zum sinnenfrohen Mittelpunkt des europäischen Kunst- und Kulturlebens und formte einige der bedeutendsten Persönlichkeiten der Kunstgeschichte: Die Maler Bellini, Carpaccio, Tintoretto, Tiepolo, Tizian und Veronese, aber auch den Geigenvirtuosen und Komponisten Vivaldi, den bedeutendsten Vertreter der venezianischen Musik, die in ihrer Blütezeit vom 16. bis 18. Jh. mit ihrem Erfindungsreichtum und der formalen Vielfalt ganz Europa in ihren Bann zog. Bis heute ist dieser Ruf nicht erloschen und nach wie vor trifft man Maler, Bildhauer, Schriftsteller und Musiker aus der ganzen Welt in der Lagunenstadt.

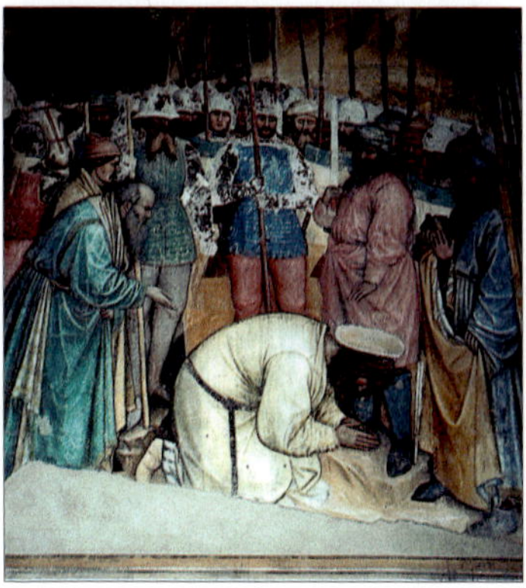

Venezianische Freskenmalerei

Doch auch im Hinterland der „Terra ferma" entstehen während der Renaissance richtungsweisende Kunstwerke. Bereits im beginnenden 14. Jh. gelingt dem Toskaner Giotto mit seinen Fresken in der Cappella degli Scrovegni von Padua ein revolutionärer Wurf (→ S. 228), Altichiero da Zevio wird sein künstlerischer Nachfolger. Später sind Giorgione aus Castelfranco Veneto und Andrea Mantegna, der in Mantua arbeitet, führend in der Malerei, während Andrea Palladio mit seinen an antiken Vorbildern gereiften Palazzi und Landvillen (→ Kasten) in der Architektur neue Maßstäbe setzt. Der Bildhauer Antonio Canova schließlich aus dem kleinen Örtchen Possagno entwickelt sich mit seinen atemberaubend echt erscheinenden

Skulpturen während der napoleonischen Epoche zum Medienereignis seiner Zeit und wird Hofbildhauer des korsischen Diktators.

Die wichtigsten Künstlerpersönlichkeiten des Veneto

- **Altichiero da Zevio** (1330–1390), geboren in Zevio bei Verona, gestorben in Verona. Der Maler des 14. Jh. gilt als Begründer der veronesischen Schule und wichtiger Vorläufer der Renaissance. Er orientierte sich an der neuen Malweise von Giotto und schuf bedeutende Fresken in der Antonius-Basilika und dem Oratorio di San Giorgio in Padua. Kennzeichend für seine Figuren sind ihre große Natürlichkeit sowie die Bewegtheit und Dramatik der Handlung.
- **Bellini**, Giovanni (1430–1516), geboren und gestorben in Venedig. Der Sohn einer bedeutenden Malerfamilie gilt als stilbildend für die venezianische Malerei der Hochrenaissance. Durch ihn kamen erstmals Wärme und Leuchtkraft in die Bildwerke der frühen Renaissance, die bis dahin eher von zeichnerischer Exaktheit und nüchterner Klarheit geprägt waren. Zu seinen Schülern gehörten Giorgione und Tizian, sein Schwager war Mantegna, der ihn anfangs stark beeinflusste. Sein Hauptmotiv war die von Heiligen umgebene Madonna, er regte damit Dürer zu seinem bedeutenden Werk „Vier Apostel“ an.

Die venezianische Villenkultur: halb Schloss, halb Bauernhof

Zu den bedeutendsten Zeugnissen venezianischer Kultur gehören die zahlreichen Landvillen des Veneto. Sie entstanden, als im 15. Jh. die venezianische Expansion im östlichen Mittelmeer an ihre Grenzen stieß und die reiche Lagunenstadt begann, ihren Einfluss weit ins Hinterland auszudehnen, während gleichzeitig der Wohnraum in der Stadt immer knapper wurde. Große Ländereien vom Meer bis hinauf zu den Alpen wurden damals quasi kolonisiert und jede vermögende venezianische Familie investierte in einen honorigen Landsitz mitsamt Wirtschaftsgebäuden – einerseits um eine Alternative zum Stadtpalazzo in der feuchten Lagune zu besitzen, andererseits um die teilweise brachliegenden Landstriche wirtschaftlich zu erschließen. Vom 15. bis ins 19. Jh. wurden mehrere tausend Villen errichtet, manche besonders reiche Dynastien besaßen gar Dutzende davon, teilweise handelte es sich sogar um richtige Schlösser. Architektonisch richtungsweisend wurde dabei *Andrea Palladio* (→ S. 149), der mit seinem klassizistischen Baustil gleichermaßen repräsentative wie wohnliche Objekte für die Oberschicht schuf. Aber auch bei der Ausstattung sparte man nicht. So findet man einige der schönsten Freskenmalereien ihrer Epochen in diesen Landhäusern, eins der besten Beispiele ist die Villa Barbaro in Masèr bei Ásolo (→ S. 189). Erst als mit der napoleonischen Besetzung das Ende der Republik Venedig eingeläutet wurde, fand die Villenkultur ihr Ende. Heute stehen viele der ehemaligen Prachtbauten leer, sind vernachlässigt und heruntergekommen. Doch in den letzten Jahrzehnten wurden immer mehr Villen restauriert und stehen nun gegen Eintrittsgebühr für eine Besichtigung offen.

Rückbesinnung auf die Antike

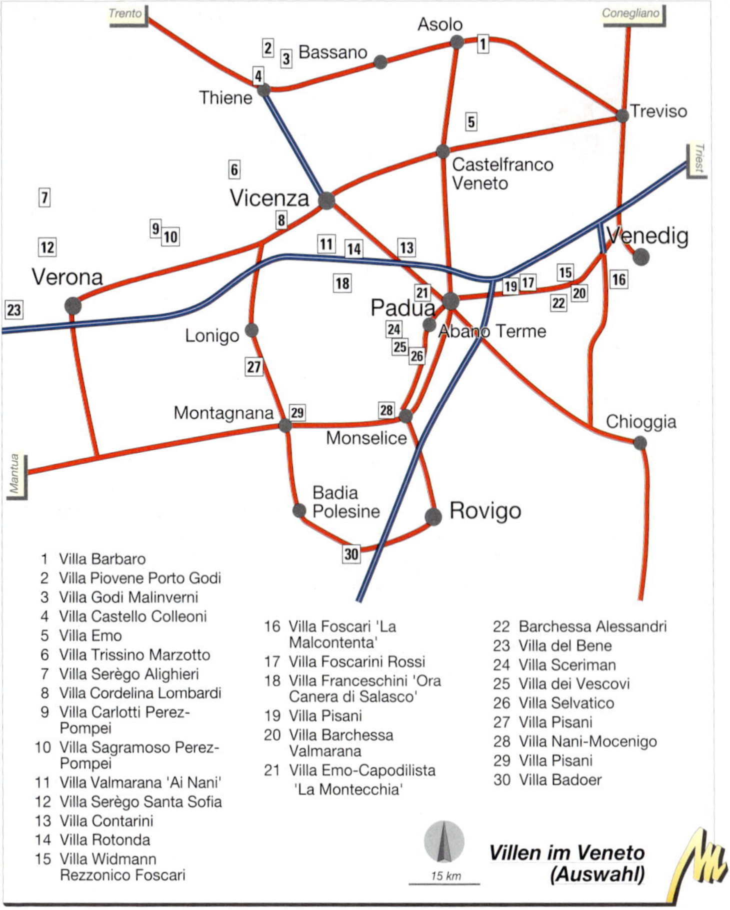

▸ **Canova**, Antonio (1757–1822), geboren in Possagno (bei Ásolo), gestorben in Venedig, neben dem Dänen Thorvaldsen bedeutendster Bildhauer des europäischen Klassizismus (→ S. 190).

▸ **Carpaccio**, Vittore (1455/56–1526), geboren und gestorben in Venedig. Als einer der bedeutendsten venezianischen Maler der Renaissance brachte er ein erzählendes Element in seine Bilder und schuf ganze Bildfolgen, z. B. in der Scuola di San Giorgio degli Schiavoni (→ S. 310). Mit kräftigen Farben gestaltete er opulente Bilderbögen und Historienbilder des venezianischen Lebens, wobei er besonders gerne Rottöne verwendete – die Vorspeise „Carpaccio", hauchdünn geschnittene Scheiben rohes Rindfleisch, ist nach ihm benannt.

▸ **Giorgione** (1478–1510), geboren in Castelfranco Veneto, gestorben in Venedig. Er gab der venezianischen Renaissancemalerei entscheidende neue Impulse, vor allem

Weltliches Abendmahl: „Gastmahl im Haus des Levi" von Paolo Veronese

die Freiheit der Fantasie, die lebendig-naturalistische Darstellung und die zarten Naturstimmungen. Mit dem Verzicht auf Umrisslinien gelangen ihm farbliche Übergänge voll dichter Atmosphäre. Zusammen mit Tizian besuchte er die Werkstatt von Bellini. Bereits in jungen Jahren starb er an der Pest und gibt bis heute den Wissenschaftlern Rätsel auf, denn nur wenige seiner Werke sind eindeutig ihm zuzuschreiben und kaum etwas ist über sein Leben bekannt.

▸ **Mantegna**, Andrea (1431–1506), geboren bei Vicenza, gestorben in Mantua, wo auch seine bedeutendsten Werke erhalten sind (→ S. 104). Schon als Jugendlicher stattete er die Chiesa degli Eremitani in Padua mit Freken aus, die jedoch im Zweiten Weltkrieg fast völlig zerstört wurden. Die Raumperspektive und die Plastizität der Figuren waren seine besonderen Fähigkeiten. Als Hofmaler der Gonzaga-Herzöge von Mantua schuf er in der „Camera degli Sposi" das erste Gruppenporträt der Gonzagas und ein verblüffendes illusionistisches Deckengemälde.

▸ **Palladio**, Andrea (1508–1580), geboren in Padua, gestorben in Vicenza. Er entwickelte einen neuen klassizistischen Baustil, der die gesamte europäische Architekturentwicklung entscheidend beeinflusste (→ S. 149).

▸ **Tizian** (1488/90–1576), eigentlich Tiziano Vecellio, geboren in Pieve di Cadore (→ S. 212), gestorben in Venedig. Er kam schon als Kind nach Venedig und ging bei Bellini in die Lehre, arbeitete dabei zeitweise mit Giorgione zusammen (→ Castelfranco Veneto, S. 184). Im Allgemeinen wird er als Klassiker der venezianischen Hochrenaissance bezeichnet, bediente sich aber in vielen Bildern bereits der freieren Gestaltung des Manierismus. Zwei bedeutende frühe Gemälde hängen in der Frari-Kirche. Vor allem in seiner Spätphase gelang ihm eine tiefe seelische Durchdringung der Themen. Tizian war ein großer Porträtist und hat u. a. auch Kaiser Karl V. gemalt. Seine Werke hängen in allen wichtigen Museen der Welt (z. B. Uffizien, Louvre, Alte Pinakothek und Prado).

▸ **Tintoretto** (1518–1594), eigentlich Jacopo Robusti, geboren und gestorben in Venedig, lebte und arbeitete fast ausschließlich in der Lagunenstadt. Er gilt als Hauptmeister des venezianischen Manierismus und leitete bereits die Hinwendung zum Barock ein. Er war für den Dogenpalast und die Scuola di San Marco tätig, sein Bild „Das Wunder des heiligen Markus" erregte in seiner kühnen Malweise einen Skandal (heute in den Gallerie dell'Accademia). Sein Hauptwerk ist die umfangreiche Ausgestaltung der Scuola di San Rocco mit fast sechzig Ölgemälden an Decken und Wänden (→ S. 304), aber seine Porträts und Heiligenlegenden hängen auch in vielen anderen bedeutenden Bauten der Stadt.

▸ **Tiepolo**, Giambattista (1696–1770), geboren in Venedig, gestorben in Madrid. Der letzte große Maler des venezianischen Spätbarock (Rokoko) schuf zahlreiche Altar- und Tafelbilder für Kirchen in Venedig, seine eigentlich Domäne war aber die Freskenkunst. Wandbilder gestaltete er u. a. für den Erzbischöflichen Palast in Udine (Friaul/Julisch-Venetien), berühmt sind auch die Wand- und Deckengemälde in der Würzburger Residenz. Sein letztes großes Werk war die Ausstattung des Königsschlosses in Madrid. Seine Malereien sind geprägt von leuchtend hellen Farben, dem berühmten „Tiepolo-Blau".

- **Veronese**, Paolo (1528–1588), geboren in Verona als Paolo Caliari, gestorben in Venedig, wo er auch größtenteils wirkte. Veronese zeichnete sich durch einen manieristisch-dramatischen und farbenreichen Stil aus, sein „Gastmahl im Hause des Levi" in den Gallerie dell'Accademia in Venedig ist ein typisches Beispiel dafür (→ S. 27). Er arbeitete gerne mit Allegorien und mythologischen Inhalten, seine opulente Malweise war so bestens geeignet für die Ausstattung der Villen im venezianischen Umland. Wichtigstes Werk ist die Ausstattung der berühmten Villa Barbaro bei Masèr (→ S. 189) im illusionistischen Stil des Trompe-l'œil (Vorspiegelung einer dritten Dimension).
- **Vivaldi**, Antonio Lucio (1678–1741), geboren in Venedig, gestorben in Wien. Der bekannteste aller venezianische Musiker zeigte schon in früher Kindheit seine Begabung als Violinist. Ursprünglich wollte er Geistlicher werden, doch seine asthmatischen Beschwerden ließen dies nicht zu. So erhielt er eine Stelle als Geiger bei einem Mädchenkonservatorium. Hier begann er mit der Komposition seiner Violinkonzerte, das berühmteste, „Die vier Jahreszeiten", ist heute eins der meist gespielten klassischen Werke. Später wendete er sich der Oper zu, hatte Anstellungen und Aufträge in Mantua und Rom, arbeitete auch für den Papst. Er kehrte nach Venedig zurück, doch sein Musikstil war nicht mehr gefragt, deshalb ging er nach Wien, wo er mit 63 Jahren unbekannt starb. Vivaldi hat insgesamt 46 Opern, 220 Violinkonzerte, mehrere Oratorien und viele andere Werke komponierte.

Gondelparkplatz in Venedig

Anreise mit dem eigenen Kraftfahrzeug

Mit dem eigenen Fahrzeug ist Venetien von Süddeutschland und Österreich leicht in einem Tag zu erreichen. Wenn man allerdings gleich bis zur Küste vordringen will, sollte man besser eine Zwischenübernachtung einplanen.

Dabei haben muss man den nationalen Führerschein *(patente di guida)*, den Fahrzeugschein *(libretto di circolazione)* und die *grüne Versicherungskarte*, die bei Schadensfällen verlangt wird. Bei neuen Fahrzeugen ist außerdem eine vorübergehende *Vollkaskoversicherung* anzuraten, da die Deckungssummen italienischer Haftpflichtversicherer sehr niedrig sind. Bei Diebstahl springen Voll- und Teilkasko ebenfalls ein. Auch einen *Auslandsschutzbrief* sollte man abschließen, alle Automobilclubs und Versicherer bieten ihn an, die Jahrespreise liegen zwischen 30 und 50 €.

AutoZüge: Wer sich die lange Tour durch deutsche Lande und über die Alpen nicht zumuten, gleichzeitig einen aktiven Beitrag für den Umweltschutz leisten will, für den bieten die AutoZüge (früher: Autoreisezüge) eine brauchbare Alternative. Züge aus verschiedenen Großstädten der Bundesrepublik starten mehrmals wöchentlich nach Bozen und Verona. Vor allem für Familien mit Kindern ein stressfreier, wenn auch nicht ganz billiger Einstieg. Die Kosten sind je nach Reisedatum sehr unterschiedlich. Achtung: max. Höhe des Fahrzeugs incl. Dachaufbauten 1,67 cm, Gepäckmitnahme auf dem Fahrzeug ist nicht erlaubt. Details in der Broschüre „AutoZug Katalog", unter DB AutoZug Servicetelefon 0180/5241224 (tägl. 9–21 Uhr) oder im Internet: www.autozug. de

Anfahrt über den Brenner

Wer aus bzw. über Süddeutschland anreist, wird in aller Regel die Brenner-Autobahn A 22 benutzen bzw. die parallel verlaufenden Staatsstraßen. Der *Gardasee* an der Nordgrenze des Veneto ist so von München aus leicht in 4–5 Stunden zu erreichen, *Verona*, die erste größere Stadt des Veneto, in ca. 6–7 Stunden. Jedoch kann in den Sommermonaten das hohe Verkehrsaufkommen einen Strich durch die Rechnung machen. Vor allem zu Beginn von Ferienzeiten sind Staus an der Tagesordnung: die Auffahrt zum Brenner und die Mautstation von Sterzing gelten als besonders anfällige Punkte. Die Staatsstraßen sind oft ebenfalls überlastet. Kenner fahren die Strecke deshalb gerne nachts und kommen so unter Umständen deutlich rascher voran. Hören Sie in jedem Fall Verkehrsfunk, um etwaigen Überraschungen rechtzeitig begegnen zu können.

Besichtigungstipp für unterwegs: „Swarowski Kristallwelten" in Wattens, kurz vor Innsbruck. Die millionenfach besuchte Glitzerwelt wurde kürzlich unter Leitung von André Heller spektakulär umgebaut und erweitert, u.a. kann das weltgrößte Kristallkaleidoskop bewundert werden (tägl. 9–18 Uhr, Eintritt 8 €, Kinder bis 12 frei. ✆ 05224/51080, 📠 51080-3831, www.swarovski.com/kristallwelten).

▸ **Bundes- und Staatsstraßen**: Um die österreichische Maut zu sparen, kann man für den Transit zwei „Schleichwege" nutzen, den *Zirler Berg* und den *Reschenpass* (siehe im Folgenden). Allerdings wird man dafür in der Regel einiges mehr an Zeit benötigen. In Italien verläuft neben der gebührenpflichtigen Autobahn die Staatsstraße *SS 12*. Auch hier ist man oft recht lange unterwegs, da viele LKW die gebührenfreie Strecke nutzen und zahlreiche Ortschaften durchquert werden.

- *Über den Zirler Berg* Von München die **Starnberger Autobahn** nach **Garmisch-Partenkirchen** nehmen, Autobahnende 17 km vor Garmisch, auf Landstraße weiter zum Grenzübergang **Mittenwald/Scharnitz**. Abenteuerlich ist dann die Fahrt den **Zirlerberg** hinab ins Inntal (15 % Gefälle, in umgekehrter Richtung für Gespanne verboten!), alle paar hundert Meter steile Auslaufspuren, beeindruckender Blick aufs Tal und Innsbruck. Zum Ende des Bergs hin Vorsicht: wenn man auf dieser Straße bleibt, gerät man unweigerlich auf die Inntal-Autobahn! Man muss deshalb vorher nach **Zirl** abbiegen und auf der **B 171** nach Innsbruck fahren. Dort nimmt man die **alte Brennerstraße (B 182)** durchs reizvolle Eisacktal hinauf zum Brenner. In den Ortschaften unbedingt Fuß vom Gaspedal, die Bewohner leiden unter dem ständigen Durchgangsverkehr.

Autobahngebühren Österreich: Alle österreichischen Autobahnen und Schnellstraßen sind gebührenpflichtig. Die Zehntages-Vignette für PKW kostet ca. 7,60 €, Zweimonatsvignette 21,80 €, Jahres-Vignette 72,60 € (Motorrad 4,30, 10,90, 29 €). Tipp: Für einen Aufenthalt, der länger als 10 Tage dauert, nicht die Zweimonatsvignette nehmen, sondern für Hin- und Rückreise je eine Zehntages-Vignette. Vignetten sind bei den Automobilclubs, an grenznahen Raststätten und an der Grenze erhältlich (für die Rückreise auch auf Südtiroler Seite). Separat gezahlt werden muss außerdem die Auffahrt zum Brenner mit der eindrucksvollen Europa-Brücke. Kostenpunkt für PKW, Kleinbusse und Motorräder ca. 8 €, Gespanne 13 €. Fahrzeuge ab 3,5 t müssen statt der Vignette für 5 € eine so genannte „Go-Box" erwerben, die die Gebühren elektronisch erhebt. Die Verrechnung erfolgt entweder von einem in der Box gespeicherten Guthaben (Pre-Pay) oder der Betrag wird einfach und bequem im Nachhinein von einer Debit-, Kredit- oder Tankkarte abgebucht (Post-Pay). Erhältlich ist sie an denselben Verkaufsstellen wie die Vignetten. Weitere Informationen unter www.go-maut.at oder ✆ 0800-40011400.

Autobahngebühren Italien: Auch die italienischen „Autostrade" (www.autostrade.it) sind kostenpflichtig. Für PKW kostet die Fahrt vom Brenner bis Ausfahrt „Lago di Garda Nord" ca. 9 €, bis „Verona Nord" 12 €. Kontrollstellen (Alt stazione!) gibt es am Beginn jedes neuen Autobahnabschnitts und an jeder Einfahrt, hier wird ein Ticket ausgegeben (am Automat entweder bereits griffbereit oder gelben bzw. roten Knopf drücken), beim Verlassen oder Wechseln der Autobahn wird zur Kasse gebeten. Mautkarte nicht verlieren, sonst muss die mögliche Gesamtstrecke gezahlt werden. Den Zahlungsverkehr erleichtert die magnetische *Viacard*, erhältlich im Wert von 10, 25, 50 und 75 € bei den Automobilclubs, an Grenzübergängen und großen Raststätten. Für Karteninhaber gibt's an den Zahlstellen Extraspuren, dort werden die Beträge automatisch abgebucht (Autobahnticket einführen, Betrag erscheint auf der elektronischen Anzeigetafel, dann Viacard einführen). Vorteil: kein Hantieren mit Geld bzw. Wechselgeld und kürzere Abfertigungszeiten. Jedoch Vorsicht: immer auf ausreichende Deckung achten bzw. eine zweite Karte mitführen, denn Aufzahlen in Bargeld ist nicht möglich. Auch mit den gängigen Kreditkarten kann mittlerweile gezahlt werden, man benutzt dafür dieselben Spuren wie mit der Viacard. Falls Sie sich falsch eingeordnet haben, stoßen Sie keinesfalls zurück (kann als Rückwärtsfahren auf der Autobahn geahndet werden – hohe Bußgelder, sogar Fahrverbot!), sondern drücken Sie die Hilfstaste („assistenza" o. Ä.). Sie erhalten dann einen Quittungsstreifen, mit dem Sie die Maut bei einer anderen Mautstelle bezahlen bzw. nachträglich überweisen können.

- *Über den Reschenpass* schöne, aber etwas umständliche Strecke über Garmisch-Partenkirchen, aus Schwaben kommend über Kempten und Füssen. Von Garmisch aus umfährt man das Zugspitzmassiv westlich und hält sich in Richtung **Fernpass** (1209 m). Nach dem Pass kurvt die steile Bergstraße hinunter zum **Schloss Fernstein** am hübschen gleichnamigen See, eine dunkelgrüne Wasserfläche inmitten von Nadelwäldern (gute Stelle zum Rasten bzw. Zwischenübernachtung, Hotel und Campingplatz vorhanden). In **Nassereith** links ab nach Innsbruck oder rechts und durch zwei kilometerlange Tunnels ein Hochtal hinauf zur italienischen Grenze am **Reschenpass** (1504 m). Kurz nach der Grenze der lang gestreckte **Reschensee**, danach der **Haidersee**. In einer langen Schleife geht es nun den attraktiven **Vinschgau** hinunter nach **Meran** und weiter auf einer neuen Schnellstraße nach **Bozen**, dort Auffahrt auf die Autobahn A 22 oder weiter auf der Staatsstraße.

Von der Brennerstrecke ins Veneto

Wer die Brenner-Autobahn rasch verlassen will, findet im Folgenden drei interessante Varianten für die Anreise ins Veneto.

- **Von Brixen nach Cortina d'Ampezzo**: Kurz vor *Brixen (Bressanone)* die SS 49 Richtung Osten nehmen und das *Pustertal (Val Pusteria)* entlang. Über das freundliche Städtchen *Bruneck (Brunico)* – Tipp: gemütliche Kaffeepause in der Altstadt – geht es parallel zum Fluss Rienz. Kurz nach dem See von *Welsberg (Monguelfo)* lohnt ein Abstecher zum *Pragser Wildsee*. Mit seinem tiefgrünen Wasser zwischen mächtigen Berghängen gilt er neben dem Karer See (→ Große Dolomitenstraße, S. 205) als schönster See der Dolomiten. In *Toblach (Dobbiaco)* biegt man nach Süden ins enge und fast völlig unbesiedelte *Höhlensteintal (Val di Landro)* ab und überquert kurz nach dem *Dürrensee (Lago di Landro)*, der direkt an der Straße liegt, die Grenze zum Veneto. Nach Cortina d'Ampezzo sind es von hier noch knapp 20 km (→ S. 206).
- **Von Bozen nach Cortina d'Ampezzo**: Herrliche Tour auf der „Großen Dolomitenstraße„ ab *Bozen (Bolzano)* quer durch die Dolomiten. Langwierig zu fahren, aber wunderschön. An der Grenze zum Veneto Möglichkeit zur Seilbahnfahrt auf den *Sass Pordoi* (2950 m). Details zur gesamten Strecke im Kapitel „Provinz Belluno“, S. 205.

Die imposante Europabrücke an der Auffahrt zum Brenner: über 800 m lang und 190 m hoch

▸ **Von Trento nach Bassano del Grappa**: Über die beiden Badeseen *Lago di Caldonazzo* und *Lago di Lévico* geht es das lang gezogene Valsugana entlang, reizvolle Panoramen öffnen sich immer wieder. Erster lohnender Stopp im Veneto ist die Grappastadt *Bassano del Grappa* mit vielen reizvollen Zielen in der Umgebung.

Anreise aus Österreich

Aus dem Westen Österreichs nimmt man die *Brennerroute* oder fährt über *Lienz* nach Cortina d'Ampezzo bzw. über den *Plöckenpass* durch die Nachbarregion Friaul-Julisch Venetien. Wer aus den östlichen Landesteilen kommt, erreicht die östliche Nachbarregion Friaul-Julisch Venetien auf der Alpen-Adria-Autobahn A 23 schnell und problemlos, die Fahrtzeit ab Villach bis zur Adriaküste beträgt kaum mehr als ca. 2 Std. Die Autobahn führt über *Tarvisio*, *Tolmezzo* und *Udine* und trifft bei *Palmanova* auf die A 4. Diese führt Richtung Westen in rascher Fahrt nach *Mestre/Venedig* und *Padua*.

Anreise aus der Schweiz

Die Autobahn N 2 führt durch den gebührenfreien *St.-Gotthard-Tunnel*, mit 16,3 km längster Straßentunnel durch die Alpen, und weiter auf malerischer Strecke mit bereits prächtiger mediterraner Vegetation auf einem Damm über den Luganer See zum schweiz./ital. Grenzübergang *Chiasso*. Unmittelbar nach der Grenze geht es an *Como* vorbei, nach *Milano* zügige Fahrt auf der A 9, weiter auf der A 4 durch die flache Poebene bis *Verona*.

Autobahngebühren Schweiz: Alle Schweizer Autobahnen (Nationalstraßen) und autobahnähnlichen Straßen sind gebührenpflichtig. Pauschal wird der Preis von 40 SFr (ca. 27,50 €) für eine Vignette (Plakette) erhoben. Die Vignette ist nicht übertragbar und jeweils für ein Jahr gültig. Für Anhänger wird eine zusätzliche Vignette benötigt. Die Plaketten sind an den Grenzen und auf jeder Schweizer Poststelle erhältlich, man kann sie aber bereits vor der Fahrt bei einem Automobilclub erstehen.

Rund um den italienischen Verkehr

• *Höchstgeschwindigkeit*: **innerorts** 50 km/h; **außerorts**, PKW, Motorräder und Wohnmobile bis 3,5 t 90 km/h, Wohnmobile über 3,5 t 80 km/h, PKW mit Anhänger 70 km/h.
Schnellstraßen (zwei Spuren in jeder Fahrtrichtung), PKW, Motorräder und Wohnmobile bis 3,5 t 110 km/h, Wohnmobile über 3,5 t 80 km/h, PKW mit Anhänger 70 km/h.
Autobahnen, PKW und Wohnmobile bis 3,5 t 130 km/h (falls ausdrücklich per Schild erlaubt, auch darüber), Motorräder bis 149 ccm verboten, darüber 130 km/h, Wohnmobile über 3,5 t 100 km/h, PKW mit Anhänger 80 km/h.

• *Abweichende Verkehrsvorschriften*: Privates **Abschleppen** auf Autobahnen ist verboten.
Die **Promillegrenze** beträgt 0,5.
Dachlasten und Ladungen, die über das Wagenende hinausragen, müssen mit einem reflektierenden, 50 x 50 cm großen, rot-weiß gestreiften **Aluminiumschild** (kein Kunststoff!) abgesichert werden (erhältlich im deutschen Fachhandel, in Italien an Tankstellen). Fahrrad- oder Lastenträger mit Heckleuchten und Nummernschild, die im Kfz-Schein eingetragen sind, sind von dieser Regelung ausgenommen.
Neue Vorschrift (seit 2005 auch in Österreich): Für den Fall, dass man z. B. wegen Unfall oder Panne auf einer Autobahn das Auto verlässt, muss eine reflektierende **Sicherheitsweste** (DIN EN 471) vorhanden sein. Erhältlich ist sie in Tankstellen, Baumärkten etc., Preis ca. 7–10 €, manchmal auch günstiger.

Gut zu wissen

Die italienischen Bußgelder gehören zu den höchsten in Europa, Parkverstöße und Geschwindigkeitsüberschreitungen werden deutlich strenger geahndet als in Deutschland. Die Mindestgebühr für einfaches Falschparken beträgt derzeit 35 €, tagsüber ohne Licht fahren 70 € (Übertretungen ab 70 € werden ins Heimatland zurückverfolgt), Geschwindigkeitsüberschreitungen 150 € aufwärts. Seit 2004 gibt es auch in Italien Radarkontrollen und es wird eifrig davon Gebrauch gemacht. Bei stark überhöhter Geschwindigkeit können sogar Fahrverbote ausgesprochen werden. Die drakonischen Strafen haben Wirkung gezeigt, die italienischen Autofahren sind disziplinierter geworden und die Unfälle deutlich zurückgegangen.

Ebenfalls seit kurzem Vorschrift: Tagsüber muss nicht nur auf **Autobahnen**, sondern auch auf allen **Überlandstraßen** mit Abblendlicht gefahren werden.

• *Pannenhilfe*: Der **Straßenhilfsdienst** des italienischen Automobilclubs ACI (www.aci.it) ist in ganz Italien rund um die Uhr unter ✆ 116 zu erreichen (auf Autobahnen über Notrufsäulen), Numero Verde ist ✆ 803-116. Die Pannenhilfe ist kostenpflichtig.

Polizeinotruf/Unfallrettung in ganz Italien rund um die Uhr, ✆ 112.

Deutschsprachiger Notrufdienst des ADAC in **Mailand**, ✆ 02/661591, Pannenhilfe unter ✆ 803-116 und 800-116800.

• *Häufige Verkehrsschilder*: Häufig trifft man auf Verkehrsschilder mit der Aufforderung **rallentare** = langsam fahren, z. B. wegen **lavori in corso** (Bauarbeiten) oder wegen **pericolo** (Gefahr, oft vor Steigungen und Kreuzungen); **accendere i fari** = Licht einschalten; **attenzione uscita veicoli** = Vorsicht Ausfahrt; **deviazione** = Umleitung; **divieto di accesso** = Zufahrt verboten; **temporamente limitato al percorso** = Durchfahrt vorübergehend verboten; **strada interrotta** = Straße gesperrt; **inizio zona tutelata** = Beginn der Parkverbotszone; **lavori in corso** = Bauarbeiten; **parcheggio** = Parkplatz; **rallentare** = langsam fahren; **senso unico** = Einbahnstraße; **strada senza uscita** = Sackgasse; **tutti direzioni** = alle Richtungen; **zona disco** = Parken mit Parkscheibe; **zona a traffico limitato** = Bereich mit eingeschränktem Verkehr; **zona pedonale** = Fußgängerzone; **zona rimorchio** = Abschleppzone.

• *Kraftstoff* Angeboten werden **Bleifrei** (senza piombo) und **Super** (super) mit 95 Oktan sowie **Diesel** (gasolio). Die Preise liegen etwa so hoch wie in Deutschland. **Tankstellen** an Autobahnen sind Tag und Nacht geöffnet, sonst in der Regel von 12.30–15.30 und 20–7 Uhr geschl. An Samstagen haben nur einige Tankstellen offen, am Sonntag sind fast alle geschlossen. An vielen **Zapfautomaten** können Sie aber dann mit einem unzerknitterten Geldschein im "Self-Service"-Verfahren tanken. Kreditkarten werden häufig akzeptiert.

• *Stadtverkehr und Parken*: Die historischen Stadtzentren Italiens mit ihren engen und verwinkelten Gassen sind dem hohen Verkehrsaufkommen in keiner Weise gewachsen. Fast überall hat man inzwischen drastische Maßnahmen ergriffen: Ganze Altstadtzentren sind zeitweise oder ständig für den Autoverkehr **gesperrt** (zona a traffico limitato), nur autorisierte Fahrer und Anwohner dürfen dort parken. Am besten fährt man auf einen der meist gebührenpflichtigen, oft auch bewachten **Parkplätze**, die rund um die alten Stadtkerne angelegt sind. Urlaubern ist es jedoch gestattet, mit dem PKW vor Altstadthotels vorzufahren und auszuladen. Manchmal bekommt man dann vom Hotel einen **Anwohner-Parkausweis** ausgehändigt. Über eigene Garagen verfügen nur Hotels ab der teuren Drei-Sterne-Kategorie aufwärts. In einer **zona disco** kann man mit Parkscheibe 1–2 Std. parken, oft gibt es auch **Parkuhren**. **Parkverbot** besteht an schwarz-gelb gekennzeichneten Bordsteinen sowie auf gelb markierten Parkflächen.

Spartipp: Kalkulieren Sie bei Hin- und Rückreise Ihren Tankvorrat so, dass Sie in Österreich zwischentanken können. Dort sind die Spritpreise derzeit deutlich günstiger als in Deutschland (Stand 2005).

Bahnfahren im Veneto: häufig verkehrende Züge und erfreulich peiswert

Anreise mit der Bahn

Zug zu fahren ist eine umweltverträgliche Art des Reisens und lohnt wegen der vergleichsweise günstigen Tarife in Italien. Abgesehen von den Alpenregionen ist das Streckennetz im Veneto relativ gut ausgebaut und wird durch ein engmaschiges Bussystem ergänzt. Allerdings sind die Badeorte an der Adria nur per Bus zu erreichen.

Die *Brenner-Linie* über Innsbruck, Bozen, Trento und Verona ist neben der *Gotthard-Linie* aus der Schweiz das wichtigste Einfallstor in den Süden. Nach Verona und Venedig gibt es häufige Direktzüge und Kurswagen ab BRD, CH und A, z. B. mehrmals täglich ab Basel, München und Wien. Gutes Sitzfleisch muss man dafür mitbringen, Eurocity-Züge sind von München nach Verona etwa 5 ½ Std. unterwegs, andere Züge brauchen bis zu 7 Stunden. Da das Passagieraufkommen über die Alpen, nicht zuletzt wegen der wachsenden Billigflugangebote, seit einigen Jahren nachläßt, haben die Bahnverwaltungen von Deutschland, Österreich und Italien 2005 den „Sparpreis 50“ eingeführt. Dieses Ticket bringt deutlich günstigere Preise als bisher, kann allerdings bislang nur für Wochenendzüge gelöst werden und muss drei Tage vor der Fahrt gebucht werden (aktueller Ticketpreis „Sparpreis 50“ München–Verona und zurück: 72,80 €, Stand 2005). Kosten senken helfen außerdem u. U. die verschiedene Bahnpässe, z. B. „Euro-Domino“ (Netzkarte für unbeschränktes Reisen bei einer von 28 europäischen Bahnen an 3–8 Tagen innerhalb eines Monats), „Interrail“ (Reisen in 30 europäischen Ländern einschließlich Marokko und Türkei zum Pauschalpreis, 16 Tage, 22 Tage oder einen Monat) und das italienische Angebot „Trenitalia“ (innerhalb von zwei Monaten unbeschränktes Reisen an vier bis zehn Tagen, infos: www.fs-on-line.com). Da die italienischen

Bahnpreise niedrig sind, rechnen sich diese Bahnpässe jedoch im Allgemeinen nur, wenn man sehr viel mit der Bahn fährt. Weitere Infos auf der Website der Bundesbahn (www.bahn.de) oder bei der Italienischen Eisenbahn (www.trenitalia.com bzw. www.ferroviedellostato.it).

Tipps und Tricks für Bahnreisende in Italien

- Aus den Fahrplänen sollte man sich nach Möglichkeit den geeigneten Zug heraussuchen: Nahverkehrszüge **Locale** (L) bzw. **Regionale** (R) sind langsam und halten an jeder Station. Etwas flotter bewegen sich **Diretto** (D) und **Interregionale** (IR), die aber ebenfalls häufig halten. Der **Espresso** (E) ist dagegen durchweg schnell. Am schnellsten fahren die komfortablen **Inter/Eurocity-Züge** (IC/EC), allerdings mit teils erheblichen Zuschlägen.
- Am Fahrkartenschalter sagt man: **„Un biglietto (due biglietti) per Verona (Venezia, Padova ...), solo andata (andata/ritorno)"** – "einen Fahrschein (zwei Fahrscheine) nach Verona (Venedig, Padova ...), einfache Fahrt (hin und zurück)"
- **Wichtig**: bevor man den Bahnsteig betritt, muss man sein Zugticket an einem der Automaten **entwerten**, die an den Zugängen aufgestellt sind. Andernfalls gilt man als potenzieller "Schwarzfahrer" – und das kann einiges kosten!
- **Zuschlagspflichtige IC-Züge** sind auf den aushängenden Fahrplänen mit gestrichelter Linie gekennzeichnet (Zuschlag = supplemento).
- Auf den Fahrplänen immer die Spalte "Servizi diretti e annotazioni" beachten, dort ist vermerkt, ob der betreffende Zug nur **werktags** ("si effetua nei giorni lavorativi") oder nur **feiertags** ("si effetua nei festivi") fährt.
- Wenn der Fahrkartenschalter geschlossen ist, gibt es die Zugtickets in der Regel in der **Bahnhofsbar** oder im **Zeitschriften-** bzw. **Tabacchi-Laden**.
- Auf kleineren Bahnhöfen hängen oft zusätzlich die Abfahrts-/Ankunftszeiten der **nächstgrößeren Bahnhöfe** bzw. Städte aus – nicht verwechseln!
- Oft werden noch in letzter Minute die **Gleise gewechselt**. Bis zuletzt auf Durchsagen und Mitwartende achten, außerdem immer noch einmal fragen, bevor man in einen Zug steigt.

Anreise mit dem Flugzeug

Die neuen Billigflugangebote nach Norditalien haben so manchen Urlauber vom Auto auf den Flieger umsteigen lassen, auch Kurztrips von wenigen Tagen sind jetzt populär geworden, weil finanziell erschwinglich. Wichtig ist jedoch eine frühzeitige Buchung – je näher der Abflugstag rückt, desto teurer wird das vermeintliche Schnäppchen. Falls man nicht mit öffentlichen Verkehrsmitteln unterwegs sein will, muss außerdem die Anmietung eines Leihwagens in die Kosten einbezogen werden (→ Kasten).

Die führenden Low Cost Carrier bieten derzeit folgende Flugrouten (Stand Frühjahr 2005): *Ryan Air* fliegt von Frankfurt-Hahn und Hamburg nach Bergamo, außerdem von Frankfurt-Hahn nach Forlì (Bologna) und Treviso, *Hapag Lloyd Express* von Berlin, Hamburg, Hannover, Köln/Bonn und Stuttgart nach Venedig und von Hannover nach Bergamo, *German Wings* von Köln/Bonn nach Forlì (Bologna) und Verona. Die Flüge können ausschließlich online gebucht werden (www.ryanair.com, www.germanwings.com, www.hlx.com). Viele weitere Gesellschaften bieten ebenfalls Verbindungen nach Venedig und Verona, allerdings muss dabei meistens in Mailand umgestiegen werden (Flughafen Malpensa).

Reiseschnäppchen: Billigflieger fliegen auch Airports in Venetien an

Flughäfen im Veneto und Umgebung

- *Bergamo* (Lombardei) Der Flughafen **Orio al Serio** liegt in unmittelbarer Stadtnähe. Shuttle-Busse von ATB fahren regelmäßig in 10 Min. zum Hauptbahnhof, mit dem Zug kommt man schnell und preiswert nach Verona. ✆ 035/326111, 📠 326339, www.sacbo.it
- *Forlì* (Emilia-Romagna) Der Flughafen **Luigi Ridolfi** liegt wenige Kilometer außerhalb von Forlì. Die Busse 2, 5 und 6 fahren alle 20 Min. zum Bahnhof, Fahrtdauer 15 Min. (Zugverbindungen nach Bologna alle 30–40 Min.). Abgestimmt auf Ryan Air-Flüge fahren Busse auch direkt nach Bologna (1 Std. 15 Min.). ✆ 0543/474990, 📠 474971, www.forliairport.com
- *Treviso* (Veneto) Der Flughafen **San Giuseppe** liegt etwa 2 km westlich vom Zentrum. Alle 30 Minuten fährt Bus 6 ins Zentrum, außerdem fahren blaue ACTV-Busse in knapp 30 Min. nach Venedig. ✆ 0422/315111, www.trevisoairport.it
- *Verona* (Veneto) Der Flughafen **Valerio Catullo di Villafranca/Verona** liegt wenige Kilometer südwestlich von Verona. APTV-Busse fahren alle 20 Min. zur Busstation Porta Nuova beim Hauptbahnhof in Verona, von dort gibt es u. a. Verbindungen zum Gardasee. ✆ 045/8095666, www.aeroportoverona.it
- *Venedig* (Veneto) Der Flughafen **Marco Polo** liegt etwa 8 km östlich von Mestre, direkt am Rand der Lagune. Transport in die Stadt siehe S. 267. ✆ 041/2606111, www.veniceairport.it

Mietwagen online: Mit einer Vorab-Buchung fährt man oft günstiger als mit einer Anmietung vor Ort. Und auch der juristische Aspekt ist zu bedenken, denn der Gerichtsstand ist immer in dem Land, in dem das Auto gemietet wurde. Der derzeit wohl preiswerteste Anbieter ist www.autoeurope.de – auf seiner Website bietet er unter FAQ sogar an, etwaige günstigere Offerten von anderen Firmen nach Möglichkeit zu unterbieten. Andere Adressen sind z. B. www.rentacar-europe.com, www.autovermietung.de, www.sungo.de, www.economycarrentals.com und www.billiger-mietwagen.de. Über die Billigfluglinien kann man zusammen mit der Flugbuchung auch einen Mietwagen ordern.

Weitere Anreisemöglichkeiten

- **Bus**: Die Deutsche Touring GmbH bietet mit ihren „Europabussen" Fahrten nach *Padua, Verona* und *Venedig* sowie in die Thermalbadeorte *Abano Terme* und *Montegrotto Terme* (Euganäische Hügel). Preisbeispiel Frankfurt/M. – Abano Terme ca. 113 € (hin und zurück 181 €). Auskünfte und Buchung in allen DER-Reisebüros sowie bei Deutsche Touring GmbH (Am Römerhof 17, D-60486 Frankfurt/M., ✆ 069/790350, ℻ 7903219, www.deutsche-touring.com)
- **Mitfahrzentralen**: Preisgünstige Lösung für Fahrer und Mitfahrer – ersterer spart Benzinkosten, letzterer kommt ein ganzes Stück billiger als mit der Bahn über die Alpen. Rund hundert Mitfahrzentralen (MFZ) gibt es inzwischen in fast allen bundesdeutschen Großstädten, zu finden im Telefonbuch (zum Großteil unter ✆ 19440) oder im Internet unter www.mitfahrzentralen.de, www.mitfahrzentralen.org oder www.citynet-mitfahrzentralen.de
- **Fahrrad**: Für sportliche Naturen bietet sich die Tour nach Venetien geradezu an – wenn man über den Brenner ist, geht es bis in die Poebene ständig bergab und auch hinüber zur Adria herrscht durchweg flaches Terrain vor. Unterwegs kann man am nördlichen Gardasee bequem Stopp machen und das Rad bis zum südlichen Seeende per Schiff mitnehmen. Um die großen Lagunen entlang der brettflachen Adriaküste gibt es zahllose Radwege und auch im Podelta sind mittlerweile mehrere hundert Kilometer für Radfahrer ausgebaut.

  Wer nicht über die Alpen strampeln will, kann den Drahtesel auch in vielen *intenationalen Zügen* mitnehmen, vom Bummelzug bis zum IC. In durchgehenden Zügen mit Fahrradmitnahme nach Italien (ca. 3 x tägl.) muss für ca. 12,30 € eine internationale Fahrradkarte erworben werden, verbunden ist damit eine Reservierung für einen Radstellplatz, eine frühzeitige Buchung ist anzuraten. In Italien ist eine Reservierung nicht möglich. Die Bundesbahn bietet auf ihrer Internetseite (www.bahn.de) Fahrradinformationen unter „Bahn & Bike". In Stoßzeiten sind die Zustände in den Fahrradabteilen nicht selten chaotisch, oft werden die Räder bis an die Waggondecke gestapelt. Empfehlung für die Fahrt: Das Rad möglichst an feste Gegenstände anschließen und keine Helme, Fahrradcomputer daran belassen, Diebstähle kommen immer wieder vor. Ein Fahrrad als *Gepäckstück* aufzugeben und es dann einige Tage später am Zielbahnhof abzuholen ist nur nach Südtirol möglich (ca. 24,10 €, ab dem dritten Rad Rabatt, Verpackung nötig). Problemlos ist der Transport in speziellen *Fahrradtaschen* (110 x 80 x 40 cm), die in Italien in allen Zügen (Ausnahme: Hochgeschwindigkeitszug „Pendolino") mitgenommen werden dürfen, allerdings ist auch dafür eine Fahrradkarte notwendig.

  Eine weitere komfortable Alternative bietet die Fahrradmitnahme im *Flugzeug*. Die Billigflieger berechnen dafür 25 € pro Flug, rechtzeitige Anmeldung und Bezahlung ist obligatorisch. Das Rad muss gut verpackt sein: Lenker nach innen drehen, Pedale entfernen, Luft aus den Reifen lassen und das Rad in Plastikfolie, Pappe etc. einwickeln. Man muss außerdem unterschreiben, dass die Fluggesellschaft für keinerlei Schäden aufkommt.

Infos zum Radtransport in europäischen Zügen erhält man über die **Radfahrer-Hotline** der DB, ✆ 01805/151415 (März – Okt. tägl. 8–20, übrige Zeit Mo–Fr 9–16 Uhr). Dort kann man auch buchen.

Wissenswertes von A bis Z

Ärztliche Versorgung

Die meisten niedergelassenen Ärzte behandeln nur gegen Barzahlung, die heimische Krankenkasse erstattet die Kosten jedoch gegen eine ordnungsgemäße Quittung (*ricevuta*) des behandelnden Arztes, die die Diagnose sowie Art und Kosten der Behandlung beinhalten sollte, ganz oder anteilig zurück (je nach Kasse und Höhe der Summe verschieden). Falls Ihnen ein Rezept verschrieben wurde, werden auch die Apothekenkosten verrechnet. Wissen sollte man allerdings, dass die ärztlichen Honorare in Urlaubsgebieten oft unverhältnismäßig hoch ausfallen – unter Umständen muss man also größere Beträge vorschießen. Urlauber mit so genanntem „Auslandskrankenschein“ E 111 (erhältlich bei Ihrer Krankenkasse) werden in staatlichen Krankenhäusern und bei einigen wenigen Ärzte, die dem staatlichen Gesundheitssystem angeschlossen sind, kostenfrei behandelt. Jedoch müssen Sie vorher das Formular E 111 beim Gesundheitsamt *Unità Sanitaria Locale* (USL) vorlegen und erhalten einen italienischen Krankenschein. In den Badeorten Lido di Jesolo, Eraclea Mare, Cáorle und Bibione an der Adria übernehmen den Umtausch auch die Fremdenverkehrsämter. In den Sommermonaten wird in den meisten Urlaubsorten an Gardasee und Adria eine Sanitätsstation betrieben, die *Guardia Medica Turistica,* in der angehende Ärzte Erste Hilfe leisten. Ohne Krankenschein kostet dort eine Behandlung ca. 16 €, ein Hausbesuch 26 €, ein Rezept 5,50 €. Sinnvoll ist der Abschluss einer zusätzlichen *Auslandskrankenversicherung,* die die meisten privaten Krankenversicherer (auch für Mitglieder gesetzlicher Kassen) und manche Automobilclubs preiswert anbieten (unter 0,60 € pro Tag). Darin enthalten ist auch ein aus medizinischen Gründen notwendig gewordener Rücktransport nach Hause (auch Überführung), den die gesetzlichen Krankenkassen nicht übernehmen. Für Österreicher ist der oben beschriebene Ablauf ebenfalls gültig, seit einigen Jahren auch für Schweizer.

Badestrand am Gardasee

- *Notruf (pronto soccorso)*: Notarzt und Krankenwagen erreicht man kostenlos von allen öffentlichen Apparaten in ganz Italien unter ✆ **118**. Adresse nennen und um Erste Hilfe (*pronto soccorso*) bitten. Oder man wählt die ✆ **113**, die Polizei (*polizia*) am anderen Ende der Leitung schickt dann die Ambulanz.
- *Apotheken (farmacia)*: können bei kleineren Wehwehchen den Arzt ersetzen. Viele Medikamente sind rezeptfrei erhältlich. Ungefähre Öffnungszeiten Mo–Sa 8.30–13 und 16.15–19.45 Uhr, Not- und Wochenenddienste sind an jeder Apotheke angeschlagen.
- *Privatversicherung* Falls Sie privat versichert sind, müssen Sie anfallende Rechnungen selbst bezahlen. Gegen genau ausgefüllte, quittierte Rechnungen erstattet Ihre Kasse nach der Rückkehr die aufgewendeten Beträge – allerdings nur soweit, wie sie der italienische Gesundheitsdienst ebenfalls getragen hätte. Prüfen Sie, ob Ihre Kasse auch etwaige Rücktransportkosten übernimmt.

Baden

Die Meeresstrände der Adria sind zahlreich, durchweg feinsandig und kilometerlang. Fast immer fallen sie extrem flach ins Meer ab und sind so ideal für Kinder. Im Sommer begibt sich allerdings ganz Italien und halb Europa ans Meer: In den Monaten Juni, Juli und August sind deshalb weite Strandbereiche mit gebührenpflichtigen Badeanstalten belegt, den so genannten „Stabilimenti“ oder „Bagni“. Diese bestehen

– je nach Strandbreite und Andrang – aus zehn bis zwanzig Liegestuhl-/Sonnenschirmreihen hintereinander, besitzen Sanitäranlagen und Umkleidekabinen, oft auch eine Strandbar sowie Sport- und Spieleinrichtungen. Pro Tag zahlt man im Schnitt ca. 7–15 € für die Benutzung aller Serviceeinrichtungen inkl. der Miete von zwei Liegestühlen und einem Sonnenschirm, auch Wochen- und Monatsabonnements sind möglich. Bademeister überwachen überall den Betrieb und während der Saison werden diese Strände täglich intensiv sauber gehalten. Kostenfreie Strandabschnitte, die „Spiagge libere", gibt es ebenfalls in jedem Badeort, allerdings liegen sie meist etwas außerhalb. Gänzlich unorganisierte Strände findet man nur noch sehr wenige. Im Gegensatz zum Sommer hat man im Mai und September manche Strände fast für sich allein, sieht dann aber auch mit Erschrecken, was hier so alles an Strandgut angeschwemmt wird.

Die Badeplätze am *Gardasee* sind meist kiesig oder steinig, dahinter liegen oft weiche Rasenflächen mit schattigen Bäumen. Hier und dort wurden auch einige Strände künstlich besandet, z.B. vor den großen Campingplätzen um Lazise im Südteil des Sees.

Zur Wasserqualität an Adria und Gardasee siehe „Wirtschaft und Umwelt", S. 22.

Wichtig zu wissen: Im Sommer ist die gesamte obere Adria mit ihren flachen Lagunengewässern ein riesiges Brutgebiet für Mücken. Wer diese Region als Ziel hat, sollte sich darauf einstellen und geeignete Mittel mitnehmen, z.B. ätherische Öle, Autan, Zedan oder Zanzarin. In Italien werden u.a. Citronella-Öl und Ultraschallgeräte angeboten, die die Biester vertreiben sollen. Leider ist nicht gesagt, dass all diese Mittel wirklich helfen, die tägliche Dosis Fenistil-Tropfen und -Gel gehört deshalb einfach dazu. In Ferienanlagen und auf Campingplätzen wird oft mit dem Aussprühen von Chemikalien versucht, die Plage einzudämmen, was so schön nicht ist und meist nur wenige Tage Linderung verschafft.

Diplomatische Vertretungen

Deutschland, Schweiz und Österreich besitzen in Venetien mehrere Honorarkonsulate bzw. Konsulate, übergeordnet ist im Fall Deutschland und Schweiz das jeweilige Generalkonsulat in Mailand. In Notfällen – z. B. beim Verlust sämtlicher Reisefinanzen – kann man sich an diese Vertretungen des Heimatlandes wenden. In erster Linie erhält man Hilfe zur Selbsthilfe, z. B. die Vermittlung von Kontaktmöglichkeiten zu Verwandten oder Freunden und Informationen über schnelle Überweisungswege. Nur wenn keine andere Hilfe möglich ist, bekommen Sie Geld für die Heimreise per Schiff und Zug vorgestreckt, allerdings werden keine Schulden übernommen (z. B. Hotelkosten) oder Mittel für die Fortsetzung des Urlaubs gegeben.

- *Deutschland* **Generalkonsulat der Bundesrepublik Deutschland**, Consolato Generale della Repubblica Federale di Germania, Via Solferino 40, I-20121 Milano. Zuständig für die Provinzen Rovigo, Verona und Vicenza. ✆ 02/6231101, 📠 6554213, www.mailand.diplo.de

Honorarkonsulat Venedig, Console Onorario della Repubblica Federale di Germania, San Marco 3816, Campo S. Angelo, I-30124 Venezia. Zuständig für die Provinzen Belluno, Padua, Treviso und Venedig. ✆ 041/5237675, 📠 5227655, E-Mail: consolatodigermania.ve@tin.it

- *Österreich* **Honorarkonsulat Verona**, Console onorario della Repubblica d'Austria, Piazza Broilo 3, I-37121 Verona, Zuständig für die Provinzen Verona und Vicenza. ✆ 045/8010292, 📠 8046878, www.bmaa.gv.at

Honorarkonsulat Venedig, Console onorario della Repubblica d'Austria, Palazzo Condulmer, Fondamenta Condulmer 251, I-30100 Venedig. Zuständig für die Provinzen Venedig, Padua, Rovigo und Treviso. ✆ 041/5240556, 📠 5242151, Bern, ✆ 031/3524151, 📠 3511026, www.bmaa.gv.at

• *Schweiz* **Konsulat Padua**, Consolato di Svizzera, c/o OMSP Macola srl, Viale Veneto 26/28, I-35020 Saonara. Zuständig für die Provinzen Belluno, Padova, Rovigo, Treviso, Verona und Vicenza. ✆ 049 8791490, 📠 8791910, E-Mail: consolatosvizzero@omspmacola.it

Konsulat Venedig, Consolato di Svizzera, Dorsoduro 810, Campo S. Agnese, I-30123 Venezia (Postanschrift: Casella postale 394, I-30100 Venezia). Zuständig für die Provinz Venedig. ✆ 041/5225996, 📠 2443863, E-Mail: svizzeravenezia@libero.it

Beide Vertretungen liegen im Konsularbezirk des Generalkonsulats in Mailand, über das sämtliche Korrespondenz zu senden ist: Consolato generale di Svizzera, Via Palestro 2, I-20121 Milano, ✆ 02/7779161, 📠 76014296, www.eda.admin.ch/milano

R-Gespräch nach Deutschland: Für Notfälle besteht die Möglichkeit, von jedem privaten Telefon (nicht öffentlich) in Italien die Nummer 0800-172-0049 der Telekom in Frankfurt anzurufen. Von dort können Sie sich mit dem gewünschten Teilnehmer – sein Einverständnis vorausgesetzt – auf dessen Kosten verbinden lassen. Dieser Service ist allerdings recht teuer: die Herstellung der Verbindung kostet schon allein 3,99 € und auch die Minutengebühren sind hoch.

Einkaufen

In mancher Hinsicht ist Venetien ein Einkaufsparadies, das gilt vor allem für Mode, Kunsthandwerk und den kulinarischen Bereich. Auch macht das Einkaufen hier wirklich Spaß – der Tante Emma-Laden um die Ecke ist noch nicht ausgestorben und beim Stöbern in den engen Altstadtgassen wird man manche Entdeckung machen.

Antiquitätenmärkte finden in vielen Orten statt (hier: Soave)

Prall gefüllt und farbig präsentieren sich die Theken der Feinkostläden mit frischem Obst und vielfältigem Gemüse, dazu gibt es Wein en masse, Olivenöle diverser Produzenten, Grappa und Liköre in ansprechenden Flaschen, fantasievolle Nudelsorten, Schinken in ganzen Keulen, lokale Käsesorten, wertvollen Essig, verschiedene Sorten Reis aus dem Veneto, getrocknete und frische Pilze, eingelegte Früchte, Honig verschiedener Blüten, Gewürze und so manches mehr.

In jedem Fall lohnt die Mitnahme eines guten Tropfens, entweder aus einer der zahlreichen *enoteche* (Weinhandlung mit Verkostung) oder von einem der vielen Weingüter, die Direktkauf anbieten, z. B. im Valpolicella, um Soave oder in den Colli Euganei. Auch Olivenöl sollte man direkt bei den Produzenten

Mundgeblasenes Glas aus Murano

einkaufen, Hinweise dazu finden im Kapitel „Essen & Trinken" auf S. 46 und unter den jeweiligen Orten. *Grappa* (Mehrzahl: Grappe) heißt der hochprozentige Destillierschnaps, der aus „Trester", den Trauben- und Stängelresten, die nach der Weinproduktion übrig bleiben, hergestellt wird. Die erlesensten Sorten werden in Bassano del Grappa destilliert (→ S. 163). *Reis* wird seit Jahrhunderten in der Bassa Veronese südlich von Verona angebaut und besitzt sogar eine geschützte Ursprungsbezeichnung (→ S. 131). Sehr begehrt sind auch die *Käsespezialitäten* der Hochebene von Asiago (nördlich von Bassano del Grappa), naturreiner *Honig* (miele) ist ein weiteres edles Produkt, besonders geschätzt werden Akazienhonig, Edelkastanienhonig und der Honig aus den Blüten von Bergblumen, z. B. der seltene Alpenrosenhonig. Eine wahre Kostbarkeit ist schließlich der originale *aceto balsamico* (Essig) aus Modena, der zwar nicht aus dem Veneto stammt, hier aber oft erhältlich ist.

- **Kunsthandwerk**: Vor allem die Lagunenstadt Venedig ist ein Zentrum für Künstler und Kunsthandwerker aus aller Welt. Fantasievolle *Karnevalsmasken* und *marmoriertes Papier*, *Spitzen* von der Insel Burano und das farbenprächtige, mundgeblasene *Glas* aus Murano gehören zu den meistproduzierten Stücken – wobei allerdings etwas Sachkenntnis erforderlich ist, denn vieles stammt leider mittlerweile aus Fernost und die Preisunterschiede sind teilweise erheblich. Bassano del Grappa ist neben seinen Schnäpsen auch bekannt für *Keramik*, Vicenza für die *Goldkunst* seiner Juweliere und in Verona kann man *Schuhmode* aller Art einkaufen, denn die Stadt von Romeo und Julia gilt als eine der Schuhmetropolen Italiens.
- **Kleidermärkte**: Jeden Wochentag findet in einem anderen Ort ein großer Markt mit fliegenden Händlern statt. Das Angebot besteht aus Kleidung, Schuhen, Kassetten, Spielzeug, Schmuck, Kosmetika u. dgl. – meist nicht sonderlich originell, doch durchweg günstig, so dass man so manches Schnäppchen machen kann. Fäl-

schungen von Markenartikeln sind hier allerdings gängige Handelsware. Besonders groß und vielfältig ist der Markt am Prato della Valle in Padua (→ S. 234).

▸ **Antiquitäten**: Interessant und vielseitig sind die Antiquitäten- und Flohmärkte namens *Mercatino Antiquariato, Mercatino delle pulci* o. dgl., die ein- bis mehrmals monatlich in vielen Orten stattfinden. Einen besonders guten Ruf genießt der Markt von Ásolo (→ S. 185). In der Bassa Veronese, dem Flachland südlich von Verona, gibt es zahlreiche Betriebe, die *antike Stilmöbel* herstellen (→ S. 131).

- Tipp für Mode- und Preisbewusste: Der **Schlussverkauf** (*saldi*) im Juli/August und Februar bringt radikale Preisnachlässe von 50 % und mehr!
- Einkauf direkt bei der **Fabrik** kann deutlich Geld sparen helfen. Viele renommierte Firmen bieten ihre Produkte auch direkt an. Schilder „Punto vendita diretto" weisen den Weg.

Eintrittspreise

Museen und sonstige Sehenswürdigkeiten kosten fast immer Eintritt (meist zwischen 1 und 6 €). Wer EU-Bürger ist und nachweislich unter 18 oder über 65 Jahre alt, erhält in staatlichen Museen freien Eintritt, Schülern und Studenten zwischen 18 und 25 wird oft Ermäßigung gewährt. Jedoch muss man fast immer nachfragen, da diese Regelungen selten an den Kassen vermerkt sind. Der Besuch von Kirchen ist in der Regel frei, lediglich in Venedig, Verona und Padua kosten einige der bedeutendsten Sakralbauten mittlerweile Eintritt. Diese Gelder werden zur Restaurierung und zum Erhalt der gefährdeten Kunstschätze verwendet.

Der Zugang zu Kirchen ist offiziell nur in angemessener Kleidung gestattet, d.h. keine Miniröcke, keine Tops etc. In den großen Kirchen, z.B: in Venedig, Verona und Padua, wird das auch teilweise penibel kontrolliert und gegebenenfalls der Eintritt verweigert.

Essen & Trinken

Die Küche des Veneto gilt als leicht und bekömmlich. Die opulenten Fleischgerichte der benachbarten Region Emilia-Romagna fehlen weitgehend, der Speisezettel ist vielmehr von den zwei beherrschenden geografischen Gegebenheiten geprägt – der Poebene und dem Meer, wobei im hügligen Voralpengebiet, z. B. in der Prosecco-Region, durchaus auch deftige Fleischspieße zu den lokalen Spezialitäten zählen.

Als führende Handelsmacht des Mittelmeers kam Venedig als erste europäische Stadt mit den Gewürzen aus Übersee in Berührung. Aber auch Mais, Reis und rote Bohnen wurden hier erstmals auf den Kontinent eingeführt und bald in großem Maßstab angebaut. Jahrhundertelang beherrschte die Republik Venedig den größten Teil der Poebene, die sich wegen ihrer zahlreichen Wasserläufe und sumpfigen Gebiete ideal zum Reisanbau eignet. Dementsprechend ist die Liste der venezianischen Reisgerichte endlos, mindestens sechzig Rezepte gibt es, allen voran *risi e bisi* – Reis und junge Erbsen, in einer Fleischbouillon gekocht. *Risotto con scampi* (Hummerkrabben aus der Lagune), *riso e tripe* (mit Kutteln) oder *risotto al nero di seppie* (Reis mit einer Soße aus der schwarzen Tinte vom Tintenfisch) sind einige weitere

Täglich frischer Fisch aus der Adria

Variationen. Die typische schwarze Tintenfischsoße wird auch zu anderen Speisen serviert, z. B. zu schmalen Bandnudeln, den *tagliolini al nero di seppie*.

Die zweite Grundlage der venezianischen Küche ist *polenta*, der weiße oder gelbliche Maiskuchen bzw. -brei, der zu vielen Gerichten als Beilage gereicht wird, z. B. in gerösteten Scheiben zum berühmten *fegato alla veneziana* (Kalbsleber mit Zwiebeln), ein inzwischen weltweit verbreitetes Gericht, das wohl in Venedig erfunden wurde. Auch *pasta e fasoi* (auch: *pasta e fagioli*) sollte man unbedingt einmal kosten, die herzhaft-dicke Suppe aus Nudeln und dicken roten Bohnen sättigt und schmeckt. Das venezianische Perlhuhn *faraona* schließlich steht im ganzen östlichen Oberitalien auf der Speisekarte, *bigoli* sind knackige Vollkornspaghetti, während die mit süßem Kürbisbrei gefüllten *tortellini di zucca* als lokale Spezialität südlich vom Gardasee serviert und alljährlich mit einem großen öffentlichen Festmahl in Valeggio sul Mincio gefeiert werden (→ S. 104).

Der typischste Fisch des Veneto ist *stoccafisso* oder *baccalà*, der Stockfisch (Kabeljau). Trotz seiner norwegischen Herkunft gibt es zahlreiche Spezialitäten auf dieser Basis, z. B. *baccalà mantecato* (cremig püriertes Stockfischmus) oder *baccalà alla vicentina* (mit diversen Gewürzen in Milch gekocht). Ansonsten ist der *brodetto* (auch: *broeto*) bekannt und beliebt, eine üppige Suppe aus Fisch und Meeresgetier, eigentlich eher ein Fischgulasch. Und auch *fritto misto* (in Olivenöl gebackene Fische und Scampi, serviert mit Polenta) ist in der Tradition stark verankert, ebenso wie *sarde* bzw. *sardoni in saor (savor)*, in Zwiebeln und Essigsud eingelegte Sardinen oder Sardellen, verfeinert mit Pinienkernen und Rosinen. Letztere, recht orientalisch anmutende Gewürzmischung ist typisch für die Weltmacht Venedig, die viele Anregungen aus Osteuropa und Asien übernommen hat. Sie ermöglicht aber auch die Aufbewahrung des zubereiteten Fischs für mehrere Tage, ist bis heute ein Gericht der Volksküche und wird gerne für große Gesellschaften zubereitet.

Von den einheimischen Gemüsen ist vor allem der knackig-rote, leicht bittere Salat *radicchio trevigiano* ein Begriff, der in Treviso seinen Ursprung hat und im Gegensatz zum rosenförmigen Radicchio von Chioggia in der Lagune von Venedig längliche Blätter besitzt (→ S. 180). Der *aspárago* (Spargel) aus dem Küstengebiet um Bibione ist ebenfalls eine kleine Berühmtheit, den man zur rechten Jahreszeit einmal kosten sollte.
Die venezianischen Desserts sind weitgehend von der österreichischen Besatzungszeit geprägt, lecker sind z.B. die Blätterteigschnitten *sfoglie* und *frittole*, letzteres eine Art Krapfen mit Rosinen und Pinienkernen. Aus Verona stammt der berühmte *pan d'oro*, ein federleichtes Backwerk mit zartem Vanillegeschmack.

Olivenöl

Das Veneto gehört nicht zu den großen Produzenten in Italien und kann vor allem mengenmäßig mit Apulien, Kalabrien oder Ligurien nicht mithalten. Doch gibt es mehrere Anbaugebiete, in denen qualitätsvolle Öle angebaut werden, die auch z. T. das begehrte Attribut „DOP" (Denominazione Origine Protteta) besitzen, d. h. Olivenöl mit geschützter Ursprungsbezeichnung, vergleichbar dem DOC-Attribut bei Weinen. Allen voran sei die Region um den *Gardasee* genannt, dessen venezianisches Ostufer sogar imageträchtig „Riviera degli Olivi" genannt wird. Es handelt sich dabei um das nördlichste Anbaugebiet von Oliven weltweit. Allerdings sollte man sich hier stets um Öle bemühen, die noch nicht im Sog des Massentourismus stehen, also nicht direkt am See Verkaufsstellen haben. Ein gutes Beispiel dafür finden Sie auf S. 87. Weitere interessante Anbauregionen sind die Hügel um *Illasi* nordöstlich von Verona (→ S. 139), die *Monti Bérici* südlich von Vicenza (→ S. 161) und die Westflanke der *Colli Euganei* (→ S. 246). In jedem Fall sollte man sich an die kleineren lokalen Anbieter halten, denn gerade in Italien sind die großen Ölmultis durch Panscherei, verdeckten Import von Olivenöl aus Griechenland sowie Verschnitt mit minderwertigen Ölen (z. B. Haselnussöl) immer wieder in die Schlagzeilen geraten.

Steinpresse für Olivenöl

Wein

Die Veneto-Weine zählen zu den bekanntesten Italiens, doch dank der zahlreichen Massenabfüllungen (Quantität statt Qualität) genießen nicht alle den besten Ruf. Faustregel: Generell sind die Weine der Hügel denen der Ebene deutlich überlegen, deshalb sollte man immer auf die „kontrollierte" bzw. "kontrollierte und garantierte" Ursprungsbezeichnung (DOC bzw. DOCG) achten.
Die drei bekanntesten Anbauregionen sind das Valpolicella-Gebiet nördlich von Verona, das Soave weiter östlich und die Prosecco-Region nördlich von Treviso um Valdobbiadene, Follina und Conegliano. Im *Valpolicella* gibt es vom dunklen,

fruchtigen Rotwein gleichen Namens zwar viel Verschnitt und minderwertige Sorten, aber auch ganz ausgezeichnete und qualitätsbewusste Hersteller. Die edelsten Valpolicella-Tropfen sind jedoch der gehaltvolle „Amarone“ und der süße „Recioto“, beide teuer, aber ihr Geld absolut wert.

Nach dem Chianti meistverkaufter Wein Italiens ist der milde weiße *Soave* aus dem gleichnamigen Gebiet zwischen Verona und Vicenza – auch hier muss man sorgfältig auswählen, um Qualität zu finden. Die weißen *Prosecco-Weine* (Perlwein, Spumante, Gran Cuvèe u. a.) sind schließlich weitgehend von guter Qualität, Aushängeschild ist der berühmte „Cartizze“, doch wird auch hier bereits massenhaft Billig-Prosecco ohne DOC produziert.

Harte Arbeit bei der Weinernte

Die vulkanischen Böden der *Euganäischen Hügel* südlich von Padua bringen ebenfalls hervorragende Tropfen hervor, sind allerdings meist nur Kennern ein Begriff. Mehr als ein Dutzend DOC-Weine werden hier produziert, besonders exquisit ist der süße „Fior d'Arancio“ mit Orangenblütenaroma. Fast gänzlich unbekannt sind bei uns die Weine der *Colli Bérici*, deren Anbaugebiet in den Hügeln vulkanischen Ursprungs südlich von Vicenza liegt. Viele werden offen verkauft, es gibt aber auch einige DOC-Weine. Das Weinbaugebiet *Lison–Pramaggiore* erstreckt sich um den Tagliamento-Fluss im Osten des Veneto und bringt u.a. Tocai, Merlot und Cabernet in DOC-Qualität hervor. Beliebt, wenn auch meist ohne DOC-Siegel, ist schließlich der leichte rote „Bardolino“, der am Ostufer des Gardasees wächst und hauptsächlich von Touristen genossen wird.

Für Genießer: Weinverkostung im Veneto

Jeder größere Ort in Venetien besitzt mindestens eine Weinstube, „Osteria“ oder „Enoteca“ genannt. Dort können Sie in angenehmer Atmosphäre die Weine der Region kennen lernen, dazu oft auch die jeweiligen kulinarischen Eigenheiten genießen, wobei nicht selten traditionelle Rezepte sorgfältig gepflegt und fantasievoll aufbereitet werden. Für den wahren Weinliebhaber unverzichtbar ist jedoch die Verkostung in den Weingütern selber. Während die großen renommierten Adressen leider oft gar nicht mehr an privater Verkostung interessiert sind, da sie ihre Produkte längst in alle Welt exportieren, wird man im Bereich der vielen kleinen Anbieter immer wieder sehr erfreuliche Entdeckungen machen können. Anregungen dazu finden Sie im praktischen Reiseteil, doch bei der Vielzahl der Weingüter sind der eigenen Recherche keine Grenzen gesetzt.

Feste, Festspiele & Feiertage

So gut wie jeder Ort feiert alljährlich ein oder mehrere Feste, die oft historische Ursprünge haben. Vor allem die Feierlichkeiten zu Ehren des jeweiligen örtlichen Schutzheiligen werden immer sehr aufwändig begangen, am Meer meist mit Feuerwerk und Bootsregatten, im Landesinneren mit Umzügen, historischen Fahnenschwingergruppen und Schauspielen. An wechselnden Terminen im Sommer findet außerdem in zahlreichen Orten das „Festival d'Unita" statt, das populäre Volksfest der ehemaligen kommunistischen PCI (heute PDS = partito democratico della sinistra).
Eine Aufstellung der zahlreichen Feste in der Lagunenstadt Venedig finden Sie auf S. 286, einzigartig ist der Karneval. Ein ganz besonderer Höhepunkt sind außerdem die weltbekannten *Opernfestspiele* von Verona, die jeweils Anfang Juli bis Anfang September in der römischen Arena stattfinden. Viele Besucher zieht auch immer die *Partita a Scacchi* von Marostica an, bei dem Menschen in historischen Kostümen des 15. Jh. als Schachfiguren benutzt werden (jeweils in geraden Jahren am zweiten Sonntag im September). In Conegliano wird stattdessen bei der *Dama Castellana* mit menschlichen Figuren Dame gespielt (alljährlich in der zweiten Junihälfte). Ansonsten gibt es farbenprächtige Reiterturniere namens *Palio* in Montagnana und Feltre, am Brenta-Kanal zwischen Padua und Venedig findet am zweiten Sonntag im September die farbenprächtige Regatta *Riviera Fiorita* statt, und in Soave dreht sich alles um den Wein: Am dritten Sonntag im September wird dort die *Festa dell'Uva* (Fest der Traube) gefeiert, im Mai die *Festa Medioevale del Vino Bianco*.
Tipp: Lassen Sie sich in jedem Fall vor Ort die aktuellen Veranstaltungskalender geben, denn während der warmen Jahreszeit ist eigentlich immer irgendwo etwas geboten.

Historische Fahnenschwingergruppen treten häufig bei Festen auf

Gesetzliche Feiertage in Italien

An den folgenden Tagen sind alle öffentlichen Ämter und Schulen geschlossen. In der warmen Jahreszeit drängt ganz Italien ans Meer, an die Seen und in die Vergnügungsparks, viele Straßen sind dann verstopft.

Capodanno (Neujahrstag)

Epifania (Dreikönigstag)

Pasqua/Lunedì dell'Angelo (Ostersonntag/Ostermontag)

Festa della Liberazione (Tag der Befreiung vom Faschismus) am 25. April

Festa dei Lavoratori (Tag der Arbeit) am 1. Mai

Festa della Repubblica (Tag der Gründung der Republik) am 2. Juni

La Solennità dei Santi Pietro e Paolo (Peter und Paul) am 29. Juni

Assunzione di Maria Vergine/Ferragosto (Mariä Himmelfahrt) am 15. August

Ognissanti (Allerheiligen) am 1. November

Immacolata (Mariä Empfängnis) am 8. Dezember

Natale (Weihnachten) am 25. Dezember

Santo Stefano (Tag des heiligen Stephanus) am 26. Dezember

Geld

Seit 2002 ist auch in Italien der Euro (€) gültig, nur Schweizer müssen ihre Franken in Euro umtauschen, wobei der Kurs je nach Marktlage schwankt (1 € entspricht etwa 1,60 SFr).

Die Geldbeschaffung ist denkbar einfach, denn in allen größeren Orten sind *Geldautomaten* installiert, an denen man mit Bankkarte und Geheimnummer rund um die Uhr problemlos bis zu 250 € erhält (Bedienungshinweise in deutsch). Man sollte allerdings auf die Aufkleber achten, nicht alle Automaten können mit ec-Karte bedient werden. Falls ein Automat gelegentlich außer Betrieb ist („fuori servizio"), findet man sicher schnell einen anderen. Eine Abhebung kostet in der Regel ca. 4,50 € – leider gibt es auch schwarze Schafe, die mehr verlangen, da die entsprechende EU-Gebührenordnung nicht mehr verbindlich ist. Tipp: mit der „Postbank SparCard 3000 plus" sind die ersten vier Abhebungen im Jahr gratis (max. 250 € je Abhebung).

Für das Einlösen von *Reiseschecks* müssen Sie am Bankschalter vorstellig werden. Wartezeiten sind hier aber die Regel, eine kleine Gebühr wird ebenfalls meist fällig. Italienische Banken haben im Wesentlichen einheitlich geregelte Öffnungszeiten, nämlich Mo–Fr 8.30–13.20 Uhr, regional können die Zeiten leicht schwanken (z. B. 8.30–14 Uhr oder 9–14 Uhr).

Wer nicht allzu viel Bargeld mit sich herumtragen will, kann auch problemlos auf die *Bankkarte* und alle gängigen *Kreditkarten* zurückgreifen, die als Zahlungsmittel weithin akzeptiert werden (z. B. Hotels, Restaurants, Tankstellen, Läden, Fahrzeugvermietungen, Bahn- und Flugtickets). Seit Einführung des Euro ist dabei das bisherige Auslandsentgelt von 1 % entfallen. Mit Kreditkarten kann man auch bei

Banken Geld abheben, allerdings sind die Gebühren recht hoch (bis 4 % vom Betrag), deswegen besser nur im Notfall darauf zurückgreifen.

Die Lebenshaltungskosten liegen im Veneto etwas über deutschem Niveau und auch über dem gesamteuropäischen Preisdurchschnitt. Günstiger sind zwar öffentliche Verkehrsmittel, Essen im Restaurant ist dagegen teurer, auch Hotels und Campingplätze sind nicht billig, Supermärkte ebenso.

Im Notfall

Bei Verlust von Geldkarte, Kreditkarte, Reiseschecks etc. diese sofort telefonisch sperren lassen. Erfragen Sie die aktuellen Nummern vor der Reise bei Ihrer Bank. Im Fall eines Totalverlustes an Geld kann man sich im Rahmen des Minutenservice der Post über „Western Union Money Transfer" von einer Kontaktperson zu Hause innerhalb weniger Stunden Geld überweisen lassen. Einzahlung u. a. bei allen Filialen der Postbank, Gebühr für Überweisung von 250 € ist ca. 25 €, für alle weiteren Beträge von 250 € ca. 7,50 €. Dieses Verfahren funktioniert auch ohne einen eventuell abhanden gekommenen Ausweis. Auszahlung bei Postfilialen, bestimmten Banken und Reisebüros.

Informationen

Italien betreibt in Deutschland drei Fremdenverkehrsämter, in Österreich und Schweiz je eines. Jede Provinz des Veneto besitzt ein Verkehrsamt, das für die gesamte Provinz zuständig ist (APT = Azienda di Promozione Turistica). Zusätzlich verfügen alle Städte und touristisch bedeutsamen Orte über eigene Informationsstellen (Details in den jeweiligen Texten). Oft sprechen die Mitarbeiter Deutsch.

Service-Nummer: Unter der gebührenfreien Nummer 00800/00482542 kann in Deutschland, Österreich und der Schweiz Infomaterial zu allen Regionen Italiens angefordert werden (Mo–Fr 8–20, Sa/So 9–14 Uhr).

Internet: www.enit.it

• *Italienische Fremdenverkehrsbüros*

Deutschland, Kaiserstr. 65, D-60329 Frankfurt/M. ✆ 069/259126, 📠 232894, E-Mail: enit.ffm@t-online.de; Mo–Fr 9–17 Uhr, Sa/So geschl.

Kontorhaus Mitte - 5. OG, Friedrichstr. 187, D-10117 Berlin. ✆ 030/2478398, 📠 2478399, E-Mail: enit-berlin@t-online.de; Mo–Fr 9–17 Uhr, Sa/So geschl.

Lenbachplatz 2, D-80333 München. ✆ 089/531317, 📠 534527, E-Mail: enit-muenchen@t-online.de; Mo–Fr 9–17 Uhr, Sa/So geschl.

Österreich, Kärtnerring 4, A-1010 Wien. ✆ 0043/1/505163012, 📠 5050248, E-Mail: delegation.wien@enit.at; Mo–Do 9–17, Fr 9–15.30 Uhr, Sa/So geschl.

Schweiz, Uraniastr. 32, CH-8001 Zürich. ✆ 0041/43/4664040, 📠 4664041, E-Mail: enit@bluewin.ch; Mo–Fr 9–17 Uhr, Sa/So geschl.

• *Fremdenverkehrsämter der Provinzen*

Assessorato Provinciale al Turismo, Via delle Franceschine 10, I-37122 Verona, ✆ 045/8068680, 📠 8003638, www.tourism.verona.it, E-Mail: info@tourism.verona.it

Consorzio Turistico, Via E. Fermi 134, I-36100 Vicenza, ✆ 0444/994770, 📠 99479, www.vicenzae.org, E-Mail: info@vicenzae.org

Consorzio Turistico, Palazzo Scotti, Via Toniolo 41, I-31100 Treviso, ✆ 0422/540600, 📠 541397, www.sevenonline.it/tvapt, E-Mail: apt-03@mail.regione.veneto.it

APT di Padova, Riviera de Mugnai 8, I-35137 Padova. ✆ 049/8767911, 📠 650794, www.apt.padova.it, E-Mail: apt-08@mail.regione.veneto.it

APT di Venezia, Castello 4421, I-30122 Venezia. ✆ 041/5298711, 📠 5230399, www.turismovenezia.it, E-Mail: info@turismovenezia.it

APT di Belluno, Feltre, Alpago, Consorzio Dolomiti, Via Rodolfo Psaro 21, I-32100 Belluno, ✆ 0437/940083, 📠 940073, www.infodolomiti.it, E-Mail: apt-02@mail.regione.veneto.it

APT di Rovigo, Via J.H. Dunant 10, I-45100 Rovigo. ✆ 0425/361481, 📠 30416, www.apt.rovigo.it, E-Mail: apt-14@mail. regione.veneto.it

• *Informationsbüros der Badeorte* **APT Jesolo e Eraclea**, Piazza Brescia 13, I-30017 Jesolo. ✆ 0421/370601, 📠 370606, www.jesolo.it, E-Mail: info.apt@jesolo.it

APT di Caorle, Calle delle Liburniche 11, ✆ 042181860, 📠 84251, www.bibionecaorle.it, E-Mail: aptcaorle@alfa.it

APT di Bibione, Via Maia 37/39, I-30020 Bibione. ✆ 0431/442111, 📠 439997; www.bibionecaorle.it, E-Mail: aptbibione@alfa.it

Öffnungszeiten

Das Grundprinzip bildet die mediterrane Siesta, d. h. von etwa 13 bis 16 oder 17 Uhr haben die meisten Geschäfte und sonstigen Einrichtungen geschlossen. Dafür ist abends, wenn die Tageshitze nachlässt, immer lange offen: in der Regel mindestens bis 20 Uhr, oft deutlich länger, vor allem in touristischen Gebieten und Badeorten, auch an Wochenenden. Abgesehen von den Urlaubszonen sind viele Geschäfte einen Nachmittag in der Woche geschlossen. Im Folgenden ein paar Hinweise zu spezifischen Öffnungszeiten.

Geschäfte: in der Regel Mo–Fr vorm. ca. 8/8.30–12.30/13 Uhr, nachm. ca. 16/17–19.30/20 Uhr, Sa 9–13 Uhr. Vor allem Souvenirläden und andere Geschäfte mit touristischem Bedarf schließen ihre Pforten erst sehr spät abends, haben oft auch sonntags geöffnet.

Kirchen: Von 7 Uhr früh bis 12 Uhr mittags sind sie offen. Dann wird unbarmherzig geschlossen und frühestens gegen 15, oft erst 16 Uhr wieder aufgemacht, um bis 19 oder 20 Uhr geöffnet zu bleiben. Sonntags während der Messen ist keine Besichtigung möglich. Manche Kirchen sind durchgängig geschlossen.

Museen und Sehenswürdigkeiten: Hier herrschen nicht selten verwirrende Verhältnisse. Meist sind die Zeiten je nach Saison unterschiedlich und werden mehrmals jährlich geändert. Einzige Konstante ist, dass staatliche Museen montags fast immer geschlossen haben und ansonsten meist Di–Fr (oder Sa) vormittags 9–14 Uhr und So 9–13 Uhr geöffnet sind. Detaillierte Hinweise unter den einzelnen Orten.

Banken und **Post** siehe im entsprechenden Abschnitt, **Apotheken** → Ärztliche Versorgung.

Papiere

Für den Aufenthalt in Italien genügt der Personalausweis (carta d'identità). Wer auf Nummer Sicher gehen will, nimmt außerdem seinen Reisepass (passaporto) mit, zusätzlich Kopien beider Papiere.

Vorteil eines zweiten Ausweises: während ein Papier bei der Hotel- oder Campingplatzrezeption liegt, kann man mit dem zweiten jederzeit Schecks einlösen, Fahrzeug mieten etc. Bei Diebstahl oder Verlust eines Ausweises kann man zudem mit dem anderen problemlos weiterreisen. Kinder unter 16 Jahren benötigen einen *Kinderausweis* (ab 10 Jahren mit Lichtbild) oder müssen im Pass der Eltern eingetragen sein. Kinder und Jugendliche, die ohne Erwachsene reisen, benötigen außer ihrem Ausweis eine schriftliche *Vollmacht* der Erziehungsberechtigten, die in Englisch oder Französisch abgefasst sein muss.

▸ **Diebstahl oder Verlust**: Bei der Polizei bekommt man kurzfristig ein Ersatzpapier. Kopien des verloren gegangenen Papiers sind nützlich und helfen der Polizei bei der Identitätsüberprüfung (Nummer des Passes, ausstellende Behörde etc.).

▸ **Einreise mit Motorfahrzeug** → „Anreise mit dem eigenen Fahrzeug“.

Beim Transit von Deutschland über Österreich nach Italien gibt es keine Grenzkontrollen mehr, die entsprechenden Einrichtungen stehen leer oder wurden abgebaut. Bei der Anreise über die Schweiz muss man aber nach wie vor einen Ausweis vorzeigen.

Post

Die italienische Post genießt nicht den besten Ruf, die Karte an die Lieben daheim dauert ihre Zeit. Deshalb besser in einem Umschlag abschicken – Briefe laufen schneller. Der Vermerk „Per Luftpost" (*posta aera*) bringt allerdings nichts, da sie generell mit Luftpost verschickt werden. Trotzdem dauert die Beförderung nach Deutschland etwa sechs bis sieben Tage. Innerhalb von maximal drei Tagen erreicht ein Brief angeblich sein Ziel, wenn man eine Briefmarke für „Posta Prioritaria" benutzt, die etwa 50 % teurer ist als eine Normalmarke. Auch Postkarten kann man so verschicken, indem man sie in einen Umschlag steckt.

Historischer Briefkasten

Öffnungszeiten: regional verschieden, meist Mo–Fr 8.15–14, Sa 8–13 Uhr. In Städten oft auch nachmittags offen, meist 16–20 Uhr.

Briefmarken: „Francobolli" kann man nicht nur bei der Post erstehen, sondern auch in vielen Tabacchi-Läden und Souvenirshops, die Postkarten verkaufen.

Poste restante (Fermo in Posta): Jedes Postamt nimmt postlagernde Sendungen an. Diese können mit Personalausweis und gegen eine kleine Gebühr abgeholt werden. Ein Brief wird normalerweise bis zu zwei Monaten aufbewahrt. Als Absender in einem solchen Fall immer den Empfängernamen (Nachnamen unterstreichen!), das Zielpostamt und „Fermo in Posta" auf den Umschlag schreiben.

Telegrafische Postanweisung: Über „Western Union Money Transfer" kann man sich von einer Kontaktperson zu Hause innerhalb weniger Stunden Geld überweisen lassen. Einzahlung bei allen Filialen der Postbank, Gebühr für Überweisung von 250 € ist ca. 25 €, für alle weiteren Beträge von 250 € ca. 7,50 €. Abholung bei verschiedenen Vertragspartnern. Dieses Verfahren funktioniert auch ohne einen eventuell abhanden gekommenen Ausweis.

Sport

Kein Badestrand ohne provisorisches Volleyball- oder Fußballfeld. Die Italiener sind ballvernarrt, überall wird gekickt und wer sich interessiert zeigt, wird schnell beteiligt. Aber auch sonst gibt es in den touristisch hoch entwickelten Küstenorten der Adria und am Gardasee zahlreiche Möglichkeiten, sich sportlich zu betätigen. Vom Bootsverleih über Windsurfschulen bis Wasserski und Fallschirmsegeln ist meist alles geboten. Tennisplätze findet man häufig auf Campinggeländen und bei größeren Hotels bzw. in Feriendörfern. Am Gardasee sind vor allem Windsurfer, Mountainbiker und Kletterer anzutreffen, am Monte Baldo auch Drachenflieger.

- *Drachenflieger* Vom **Monte Baldo** am Ostufer des Gardasees stürzen sich die waghalsigen Luftgleiter aus etwa 1800 m Höhe in den Auftrieb thermischen Winde, auch um den **Lago di Santa Croce** bei Belluno sind sie häufig zu sehen.
- *Fahrrad* Das nördliche Gardaseegebiet ist eine der populärsten Mountainbikeregionen Europas. Besonders beliebt ist im venezianischen Teil das Massiv des **Monte Baldo**, das man zusammen mit dem Rad per Seilbahn oder Kleintransporter erreichen kann. Auch die **Euganäischen Hügel** bei Abano Terme, das Hochplateau **Nevegal** bei Belluno, die Umgebung der Badeorte an der **Adria**, der **Lido di Venezia** und das große **Podelta** bieten unerschöpfliche Möglichkeiten für Radler.
- *Golf* Im Veneto gibt es mehr als zwei Dutzend Golfplätze, die meist landschaftlich reizvoll gelegen sind. Die Broschüre „Golf Clubs of Veneto" ist erhältlich bei den Fremdenverkehrsämtern, Auskünfte geben auch die Websites www.golf-veneto.de und http://turismo.regione.veneto.it/golf
- *Wandern* Neben den unerschöpflichen **Alpenregionen** mit ihren bestens ausgeschilderten Alm- und Höhenwegen ist vor allem das Gebiet der **Euganäischen Hügel** ein reizvolles Wanderterrain. Vor Ort gibt es gutes Material mit Wegbeschreibungen.
- *Windsurfen* Der **Gardasee** gilt als eins der besten Surfziele Europas, der kleine Ort Torbole an der Nordspitze als das Mekka der Brettflitzer. Die Windverhältnisse im Nordteil des Sees, in der „Düse" zwischen Riva und Torbole, sind so zuverlässig, dass man beinahe die Uhr danach stellen kann: Von Mitternacht bis Mittag bläst der leichte Nordwind Vento die Alpen herunter, ab Mittag bis Sonnenuntergang kommt die stärkere Ora aus dem Süden und erreicht häufig vier bis sechs Beaufort. Auch am kleinen **Lago di Santa Croce** bei Belluno sind Surfer anzutreffen. Windigste Monate der warmen Jahreshälfte sind April und Oktober, gefolgt von Mai und September. Im Hochsommer ist der Wind dagegen eher flügellahm.

Sprache

Leider sprechen die meisten deutschen Urlauber, die Italien besuchen, kein Italienisch – mit *Grazie*, *Buongiorno*, *Pizza* und *Pasta* ist oft der Wortschatz erschöpft. Dagegen verstehen und sprechen zahlreiche Italiener, die im Tourismusgeschäft tätig sind, sehr gut Deutsch, vor allem am Gardasee und an der Adria. Der jahrzehntelange Umgang mit den Besuchern aus dem Norden macht sich hier überall bemerkbar. In den großen Binnenstädten und in den touristisch kaum erschlossenen Regionen springen ehemalige Gastarbeiter manchmal hilfreich in die Bresche, auch Englischkenntnisse findet man gelegentlich.

Wer etwas Italienisch üben will, findet unser **Sprachlexikon** am Ende des Buchs. Auch ein Volkshochschulkurs kann nützlich sein. Ansonsten gibt es vor Ort einige Sprachschulen, die **Italienischkurse** für Ausländer anbieten, nämlich in Venedig, Verona und Bassano del Grappa – eine interessante Möglichkeit, Ferien und Lernaufenthalt miteinander zu kombinieren. Informationen dazu gibt „La Scuola", die Reiseagentur für Italienisch, Diemelstr. 2–4, D-60486 Frankfurt am Main, ✆ 069/706900, 📠 333332, www.la-scuola.com; weitere Hinweise unter www.reise-nach-italien.de/sprachschulen-venetien.html.

Strom

Landeseinheitlich 220 Volt, unsere Schukostecker passen meistens. Falls nicht, kann man überall Adapter *(spina di adattamento)* kaufen bzw. im Hotel ausleihen. Auch bei uns sind sie im Fachhandel erhältlich.

Ein Anruf aus Venedig

Telefon

Münztelefone gibt es kaum noch, die neuen, silbern glänzenden Apparate funktionieren alle mit *magnetischen Telefonkarten* (carta telefonica) der Telecom, erhältlich für ca. 5 oder 10 € in Tabak- und Zeitschriftenläden, manchmal auch an Rezeptionen von Hotels und Campingplätzen. Vor dem Gebrauch muss die vorgestanzte Ecke abgebrochen werden. Wenn die Karte leer ist, kann man eine zweite nachschieben, ohne dass das Gespräch unterbrochen wird. Die Gültigkeitsdauer der Karten ist meist auf ein oder zwei Jahre begrenzt. Als interessante Alternative dazu gibt es *internationale Telefonkarten* (scheda telefonica internazionale), die etwa 10 € kosten. Damit kann man deutlich länger als mit den Telecom-Karten telefonieren. Man führt sie jedoch nicht ins Telefon ein, sondern wählt eine kostenlose Nummer (numero verde), die auf der Karte vermerkt ist – sowohl fürs Festnetz (rete fissa) wie fürs Handy (cellulare). Nach der elektronischen Freigabe rubbelt man die Geheimnummer frei, die ebenfalls auf der Karte vermerkt ist und kann erst dann die Teilnehmernummer wählen. Vor jedem Gespräch wird das Guthaben angesagt. Die Karte kann im Prinzip von jedem Telefon und Handy benutzt werden, allerdings ist die „numero verde" oft besetzt oder funktioniert nicht von älteren öffentlichen Apparaten.

- **Mobiltelefon**: Sobald sich das Handy in eines der vier italienischen Handynetze eingebucht hat, kann man fast überall problemlos telefonieren und Anrufe entgegennehmen, Funklöcher treten nur vereinzelt in den Bergen auf. Man zahlt dann die jeweiligen Tarife des italienischen Netzbetreibers, zusätzlich werden für jeden Anruf so genannte Roaming-Gebühren ihres Mobilfunk-Providers fällig. Spartipp: Die Tarife sind in den vier Netzen unterschiedlich, das Handy bucht sich aber immer

automatisch im jeweils stärksten Netz ein. Wenn man sich vor der Reise beim eigenen Betreiber informiert, welches ausländische Netz das günstigste ist, kann man dieses vorab im Menü des Mobiltelefons einstellen. Auslandsgespräche mit Handy sind immer recht teuer, Vorsicht ist aber besonders geboten, wenn Sie in Italien angerufen werden, denn Sie zahlen dann immer die Weiterleitungsgebühren aus Deutschland – selbst wenn der Anrufer in Italien ist, wird das Gespräch über Deutschland umgeleitet. Auch für Anrufe auf Ihre Mailbox zahlen Sie doppelt: den Anruf aus Deutschland und die Umleitung auf die Mailbox in Deutschland (Tipp: absolute Rufumleitung Ihres Handys aktivieren). Für den, der viel telefoniert oder längere Zeit in Italien bleibt, lohnt sich eventuell der Kauf einer italienischen SIM-Karte von einer der vier italienischen Mobiltelefongesellschaften (TIM = Telecom Italia, Omnitel Vodafone, Blu und Wind). Sie kostet ca. 50 €, hat allerdings auch ein Gesprächsguthaben in derselben Höhe. Man bekommt damit eine italienische Nummer und muss die Gespräche, die aus dem Ausland kommen, nicht mitfinanzieren. Beim Kauf muss man den Personalausweis vorzeigen und eine Adresse (auch Hotel o. Ä.) in Italien haben.
Beim Verlust des Handys sofort die Karte sperren lassen – je nach Vertragspartner haftet man für die anfallenden Gesprächskosten bis zur Verlustmeldung (Kundennummer und Notfallnummer des Anbieters mitnehmen).

- Wenn Sie **aus Italien** ins Ausland anrufen: Bundesrepublik Deutschland = 0049, Österreich = 0043, Schweiz = 0041 und jeweils die Null der Ortsvorwahl weglassen.
- Wenn Sie aus dem Ausland **nach Italien** anrufen: aus der BRD = 0039, aus Österreich = 04, aus der Schweiz = 0039. Wichtig: Die **Null der Ortsvorwahl** muss immer mitgewählt werden!
- Wenn Sie in Italien **innerhalb eines Fernsprechbereichs** (Provinz, Großstadt etc.) telefonieren, müssen Sie ebenfalls die Ortskennziffern mitwählen – also innerhalb der Provinz Venedig 041, in der Provinz Verona 045 etc. Dies gilt auch für Gespräche innerhalb einer Stadt!
- Zu günstigeren Tarifen telefoniert man wochentags 18:30–8 Uhr, samstags ab 13 Uhr und sonntags ab 8 Uhr morgens.
- Wenn Sie eine italienische **Mobiltelefonnummer** anwählen, muss die anfängliche 0 weggelassen werden (bei den in diesem Buch erwähnten Nummern bereits geschehen).

Übernachten

Im Veneto gibt es Unterkünfte aller Art – vom stilvollen Landhotel in einer historischen Villa bis zur einfachen Pension im düsteren Stadtpalazzo, von der modernen Jugendherberge bis zum privaten Bed & Breakfast, vom ländlichen Agriturismo auf einem Weingut bis zur komfortablen Ferienwohnung im Zentrum Venedigs. Gerade abseits der großen Städte findet man oft gepflegte und reizvolle Adressen, die allerdings meist ihren stolzen Preis haben. Campingplätze liegen zahlreich an der Adriaküste und am Gardasee, sonst sind sie eher rar gesät.

Allein *Venedig* besitzt mehr als 200 Hotels, jedoch eines teurer als das andere, denn die Preise in Venedig sind die höchsten am italienischen Stiefel. In der Hochsaison ist die Lagunenstadt trotzdem solide ausgebucht, sodass sich eine Vorausbuchung dringend empfiehlt. Viel Geld kann man außerdem sparen, wenn man sich am Festland einquartiert und nach Venedig hineinpendelt – möglichst mit der Bahn, denn Parken ist fast genauso teuer wie Schlafen. Als Standort bietet sich vor allem das nahe *Padua* an. *Verona* besitzt ebenfalls zahlreiche Unterkünfte, die vor allem an Wochenenden während der Opernsaison nicht selten völlig ausgebucht sind. In den Adriaorten *Lido di Jesolo, Càorle, Bibione, Lignano* und *Grado* gibt es natürlich Hotels und Pensionen wie Sand am Meer. Auf Stil wird hier inmitten des touristischen Massenbetriebs allerdings nicht immer Wert gelegt, umso mehr auf Funktionalität. Der *Gardasee* ist mit gepflegten Unterkünften aller Kategorien gut bestückt, auch hier sollte man während der Ferienzeit mit einer Vorausbuchung auf Nummer Sicher gehen. Hauptsächlich Kururlauber quartieren sich in *Abano Terme* ein, wo sämtliche Hotels Thermalpools besitzen.

• *Bed & Breakfast* Privatzimmer gibt es mittlerweile sehr häufig, einige Tipps unter den jeweiligen Orten. Die Informationsbüros haben einschlägige Listen vorrätig, hilfreich sind die Websites
www.turismo.veneto.it/B-Bed-Breakfast, www.bed-and-breakfast.it, bbitalia.it und www.band-b.veneto.it

• *Agriturismo* Im ländlich strukturierten Veneto gibt es vielerorts die Möglichkeit, „Urlaub auf dem Bauernhof" zu machen. Die Zimmer sind in der Regel ordentlich und sauber, mit etwas Glück bekommt man hervorragende authentische und reichhaltige Küche (für Nichthausgäste nur nach Voranmeldung), oft stehen Fahrräder zur Verfügung oder es werden verschiedene Aktivitäten angeboten, in einigen Fällen darf man auch sein Zelt oder sein Wohnmobil auf dem Grundstück aufstellen („Agricampeggio"). Eine Übernachtung mit Frühstück kostet je nach Saison pro Tag ca. 25–35 € pro Person, mit Halbpension (oft obligatorisch) ca. 40–60 €. Mittlerweile gibt es aber auch schon Luxus-Agriturismohöfe, wo die Preise deutlich höher liegen. Im Sommer wird meist ein Mindestaufenthalt von drei Tagen oder einer Woche verlangt. Manche Agriturismi verfügen über eigene Websites, über die man online buchen kann. Hilfreiche Websites sind z. B.
www.venetoagriturismo.it, www.agriturismoveneto.com, www.turismo.veneto.it/agriturismo und www.turismoverde.it, www.agriturismo.com

• *Jugendherbergen* gibt es im Veneto in **Boccasette** (Podelta), **Giare** (Brenta-Kanal), **Gorino Sullam** (Podelta), **Oriago** (Brenta-Kanal), **Montagnana** und **Monsélice** (südlich von Padua), **Padua**, **Venedig**, **Verona** und **Vicenza**. Detaillierte Informationen unter den jeweiligen Orten, im Web unter www.ostellionline.com

• *Camping* Gehäuft findet man Zeltplätze an der Küste östlich von Venedig: **Litorale del Cavallino**, **Lido di Jesolo**, **Eraclea Mare**, **Cáorle** und **Bibione**, wobei die Plätze am Litorale, bei Lido di Jesolo und Bibione besonders groß und komfortabel sind. Südlich von Venedig liegen zahlreiche Plätze bei **Chioggia** und **Rosolina Mare**.
Im Inland gibt es viele Plätze am Ufer des **Gardasees**, drei bei **Cortina d'Ampezzo** und zwei bei bzw. in **Verona**. Weitere einzelne Plätze liegen bei **Vicenza**, **Montegrotto Terme** (Euganäische Hügel), **Vittorio Veneto** (Lago di Santa Maria), **Belluno** (Lago di Santa Croce), im **Podelta** und auf der Hochebene von **Asiagio**.

Viele Unterkünfte – Hotels, Privatzimmer, Agriturismo, Jugendherbergen und Camping – besitzen mittlerweile eigene Websites, über die man online buchen kann. Bitte beachten Sie dafür die Webadressen der Unterkünfte unter den jeweiligen Orten. Folgende Portale bieten die Online-Buchung für zahlreiche Unterkünfte, allerdings hauptsächlich Drei- bis Vier-Sterne-Hotels:
www.venicebeach.it, www.emmeti.it, www.in-italy.de, www.italyby.com, www.hotels-italia.de, www.italy-hotels.it, www.italien.info, www.venere.it, www.searchrooms.com

Zimmer mit Blick: Strandhotel in Jesolo

Urlaub mit Kindern

Die obere Adria ist dank ihrer kilometerlangen und mehrere hundert Meter breiten Sandstrände, die extrem flach ins Wasser abfallen, seit Jahrzehnten ein beliebtes Familienurlaubsziel. Vor allem die *Isola Albarella* bietet diesbezüglich eine hervorragende Infrastruktur, aber auch die großen Badeorte von *Lido di Jesolo* bis *Bibione* besitzen alle erdenklichen Freizeiteinrichtungen: Von Spaßbädern über Gokart-Bahnen, Seeräuberschiffe und Tiergehege bis zu Luna Parks und Schiffsfahrten durch die Lagune gibt es alles, was das Herz der Kids begehrt – falls das Strandleben wirklich einmal langweilig werden sollte. Zur Abwechslung kann man in der Umgebung der Badeorte endlos Fahrrad fahren und dabei die Pineta und Lagune erforschen, Minigolf-, Tennis- und Fußballplätze gibt es ebenso wie Roller-skate-Bahnen und Hallenbäder für schlechtere Tage. Für das Umweltbewusstsein lässt sich ebenfalls etwas tun, so erhält man im „Centro di Educazione Ambientale Limosa“ in *Eraclea Mare* Informationen zur Natur der Küste, kann einen Lehrpfad begehen und geführte Ausflüge in die Umgebung machen.

Natürlich wird den kleinen Gästen auch am *Gardasee* etwas geboten, denn im südlichen Seebereich lockt mit „Gardaland“ einer der größten Vergnügungsparks Italiens, außerdem gibt es einen Safari- und gleich mehrere Wasserparks.

Im venetischen Hinterland lassen sich reichlich Burgen und Stadtbefestigungen besichtigen, z. B. in *Soave*, *Valeggio sul Mincio* und *Montagnana* sowie das große *Castel Brando* im Prosecco-Gebiet, wobei die zahlreichen Weinverkostungsmöglichkeiten auch den Eltern die nötige Kurzweil verschaffen. Und schließlich ist die einzigartige Lagunenstadt *Venedig* nirgends unüberwindlich weit entfernt, so dass auch der obligate Familienurlaub gerettet ist.

Cáorle, Jesolo, Bibione: Strandspaß für die ganze Familie

Ganz auf Familien zurecht geschnitten ist das Ferienangebot der „Cooperativa Limosa" für die Lagune von Venedig, nachzulesen unter www.natura-venezia.it (→ S. 322).

Zoll

Innerhalb der EU dürfen Waren zum eigenen Verbrauch unbegrenzt ein- und ausgeführt werden. Es existiert allerdings ein Katalog über Richtmengen von Waren (→ Kasten). Überschreitet man diese, muss man im Fall einer Stichprobenkontrolle glaubhaft machen, dass diese Mengen nicht gewerblich genutzt werden, sondern nur für den persönlichen Verbrauch bestimmt sind. Haben Sie also mehr als 90 Ltr. Wein dabei, kommen Sie in Beweisnot ...
Achtung: bei der Rückreise über die *Schweiz* gelten deutlich niedrigere Quoten. Es dürfen nur 200 Zigaretten, 1 Ltr. Spirituosen und 2 Ltr. Wein sowie sonstige Waren im Wert von 300 € zollfrei eingeführt werden. Beim Transfer durch die Schweiz kann man aber für seine Weinkisten bei der Einreise Kaution zahlen, die man bei der Ausreise wieder zurückerhält.

Richtmengenkatalog (Warenmenge pro Person ab 17 Jahre): 800 Zigaretten, 400 Zigarillos, 200 Zigarren, 1 kg Rauchtabak, 10 Ltr. Spirituosen, 20 Ltr. Zwischenerzeugnisse (z. B. Campari, Cinzano etc.), 90 Ltr. Wein (davon höchstens 60 Ltr. Schaumwein) und 110 Ltr. Bier. Weitere Hinweise in der Broschüre „Urlaub", erhältlich bei vielen öffentlichen Stellen, in Reisebüros und beim Zollamt.

Blick vom südlichen Gardasee auf die Lessinischen Berge

Provinz Verona

Nach Venedig und den Badeorten an der Adriaküste zählt die Provinz Verona die meisten Gäste im Veneto. Das liegt natürlich zunächst daran, dass Verona vom Brenner kommend fast nicht zu umgehen ist. Wenn man das Etschtal entlangfährt und sich nicht seitwärts in die Berge schlägt, trifft man zwangsläufig auf die Stadt von Romeo und Julia, die zudem mit dem einzigartigen Opernfestival in der römischen Arena eine hochkarätige internationale Attraktion aufweist.

Größter Anziehungspunkt des Veroneser Gebiets ist aber der einzigartige *Gardasee,* dessen Ostufer bis auf einen kleinen Zipfel im Nordosten in seiner gesamten Länge zu Venetien gehört – abgesehen von einigen bescheidenen Alpengewässern der einzige See der Region. Doch auch in der Provinz Verona gibt es Ecken, wohin sich selbst im Hochsommer nur eine Hand voll Touristen "verirrt", z. B. das hüglige Weinbaugebiet *Valpolicella* nördlich von Verona, die *Monti Lessini* und die Ebene

La Bassa Veronese südlich der Stadt, wo seit Jahrhunderten Reis angebaut wird. Einen reizvollen Kontrast zur überlaufenen Stadt findet man außerdem im idyllischen kleinen Weinbaustädtchen *Soave*.

Internet: www.provincia.verona.it

Gardasee (Lago di Garda)

– Venetischer Teil –

Im Gegensatz zum teilweise senkrecht ins Wasser abfallenden Westen zeigt sich das zum Veneto gehörige östliche Seeufer weniger dramatisch und durchweg zugänglich. Zwar wird es auf zwei Drittel seiner Länge vom mächtigen Monte-Baldo-Massiv überragt, doch sind die Uferpartien selbst im Norden so flach, dass sich zahlreiche Orte entwickeln konnten – allerdings nur auf sehr schmalen Landstreifen, hinter denen schnell wunderschöne, aber steile Hänge mit ausgedehnten Olivenbaumhainen beginnen. "Riviera degli Olivi" – Riviera der Olivenbäume – wird das östliche Seeufer deshalb in der blumigen Sprache der Tourismusstrategen gerne genannt.

Am Ostufer spielt sich ein Großteil des Urlaubsgeschehens am See ab. Vom steilwandigen Norden um Torbole und Malcésine bis zum flachen Süden um Bardolino und Lazise gibt es kaum unerschlossene Ecken. Abgesehen vom äußersten Norden ziehen sich fast durchgängig schmale Kiesstrände am Wasser entlang – flankiert von zahllosen Hotels, Pensionen und Campingplätzen. Getrübt wird das Bade- bzw. Wohnvergnügen zwischen Torbole und Torri del Benaco allerdings von der meist in unmittelbarer Strandnähe verlaufenden Uferstraße, der Gardesana Orientale.

Der äußerste Norden bis Malcésine ist fest in der Hand der Surfer, die hier wie an der Seespitze um Torbole und Riva vorzügliche Windbedingungen finden. *Malcésine* selber wird mit seiner stolzen Skaligerburg und dem verwinkelten Altstadtkern von vielen als einer der malerischsten Orte am See empfunden, hat aber trotz erheblichen Rummels seinen Charakter nicht verloren. Die folgenden Ansiedlungen bis Torri del Benaco sind eher klein und wenig markant – durch den Bau der Gardesana wurden sie rücksichtslos in zwei Hälften zerschnitten, was ihnen viel an Ambiente genommen hat. *Torri del Bernaco* besitzt eine schöne Skaligerburg und einen hübschen historischen Kern. Camper sollten wissen, dass die Zeltplätze im Nordosten aus Platzmangel durchweg klein und einfach gehalten sind.

Südlich der wunderbar grünen *Bucht von Garda* weitet sich der See, die Ufer sind flach, sehr zersiedelt und teilweise etwas gesichtslos. Die touristische Infrastruktur ist wegen der guten Bademöglichkeiten hier besonders dicht – *Garda, Bardolino* und *Lazise* gehören zu den meistfrequentierten Orten am Lago di Garda. Das Surfen spielt hier keine besondere Rolle mehr, der See zeigt sich meist träge und einige Grad wärmer als im Norden. Diverse riesige und bestens ausgestattete Zeltplätze ziehen vor allem Familien an, mehrere große Freizeitparks wie Gardaland, das Wassersportzentrum Canevaworld und ein Safari-Park haben sich ebenfalls angesiedelt. Im hügligen Hinterland gedeiht der populäre Rotwein Bardolino.

Einen markanten Kontrapunkt zum ausufernden Urlaubsvergnügen am See setzt der bis über 2000 m hohe *Monte Baldo*. Er gilt als botanisches Paradies, bietet

An der Uferpromenade von Torbole am nördlichen Gardasee

zahllose Wandermöglichkeiten und wunderschöne Panoramablicke über den See und die umgebenden Bergketten. Die Fahrt mit der kürzlich modernisierten Seilbahn von Malcésine zum Gipfel Tratto Spino sollte ein "Muss" für jeden interessierten Gardaseebesucher sein – vielleicht auch der Abstieg zu Fuß?

• *Anfahrt* Wer zur nördlichen Seehälfte will, nimmt auf der A 22 südlich von Rovereto die Ausfahrt **Rovereto Sud – Lago Garda di Nord** und kommt auf der meist viel befahrenen SS 240 in 30 Min. über den Sattel von Nago nach Torbole bzw. Riva.
Die südliche Seehälfte wird über **Affi – Lago Garda di Sud** (9 km nördlich von Verona) schnell erreicht.
Falls das Ziel direkt am Südufer liegt, bleibt man auf der Autobahn und wechselt am Autobahnkreuz kurz hinter Verona Nord auf die A 4 Richtung Mailand, die dicht am südlichen Seeufer entlangführt, Ausfahrt bei **Peschiera**.

Ostufer von Nord nach Süd

Torbole (ca. 1800 Einwohner)

Das Mekka aller Windsurfer liegt an der Nordostecke des Sees. Eigentlich handelt es sich nur um eine Hand voll Häuser unterhalb steiler Felsen, umgeben von einer stetig wachsenden Zahl von Hotels.

Ein ganzer langer Strandabschnitt ist für das windige Vergnügen reserviert, die Hotels und Campingplätze sind mit Brettverleih und Surfcentern völlig auf ihre sportlichen Gäste eingestellt. Und auch Mountainbiker treffen sich gerne in Torbole, denn die umliegenden Berge bieten – wie beim Nachbarort Riva – exzellente Möglichkeiten. Dementsprechend lockere "jugendliche" Atmosphäre herrscht im Ort. Landeinwärts der viel befahrenen Durchgangsstraße liegt das winzige "Altstadtviertel mit der kleinen Piazza Vittorio Veneto (Casa Alberti mit Gedenktafel an Goethe: "Heute habe ich an der Iphigenie gearbeitet ...") und einer einzigen bescheidenen Fußgängergasse, hinter der steile Hänge aufsteigen. Am See findet man das Hafenbecken, wo sich gegenüber der ehemaligen österreichischen Zollstation nette Lokale und Cafés etabliert haben. Etwas erhöht steht die Pfarrkirche *Sant'Andrea*, ein einstündiger Spaziergang führt vom oberen Ortsrand hinauf ins ruhige Dorf *Nago* mit der Burgruine des Castel Pénede.

Der Ortsstrand erstreckt sich fast 1 km weit bis zur Mündung der Sarca. Ein Promenadenweg führt entlang, an der Mitte liegt der kleine Hafen *Porto Pescatori* mit Bar, mehrere Abschnitte sind von Surfern in Beschlag genommen. Direkt an der Sarcamündung liegt das große Surfzentrum von Marco Segnana (→ Surfcenter). Ein asphaltierter Weg führt von der Durchgangsstraße parallel zum Fluss hinunter. Satte Rasenflächen machen den Aufenthalt hier angenehm und es gibt eine Bar. Westlich der Sarcamündung setzt sich der Strand fort bis zum Monte Brione.

Der Gardasee: Traumziel aller Windsurfer

Fast täglich zuverlässiger Wind, nach dem man die Uhr stellen kann, nur wenige Stunden Fahrt von Süddeutschland, Süßwasser statt Salzwasser – alles Gründe, die für den Gardasee sprechen. Tatsächlich gilt der Lago die Garda, speziell der Norden um Riva und Torbole, als eins der besten Surfreviere der Welt: In der schmalen "Düse" am Nordende des Sees spürt man nachdrücklich jede Brise, hier kann man Tempo machen und sich im Speed-Rausch aalen, aber auch unerfahrene Neulinge kommen auf ihre Kosten. Frühmorgens geht es meist gemächlich mit dem Vento los – der Alpenwind aus den Bergen im Norden ist oft nur ein mildes Lüftchen (nicht immer!) und gut für Anfänger geeignet. Er flaut gegen Mittag ab, und die Ora setzt unvermittelt und heftig aus Süden ein, meist gegen 13 Uhr. Sie entsteht, wenn die Luft über dem Nordende des Sees von der Sonne aufgeheizt nach oben steigt. Das Vakuum wird dann durch heranströmende Luftmassen aus der Poebene aufgefüllt – die Ora. Dieser Wind ist es, weswegen die Surfcracks kommen: Er hat die Kraft, die Riggs pfeilschnell über den See zu tragen – und auf den Wellenbergen kann man meterhoch springen. Leider fällt er aus, wenn vormittags Wolken das Aufheizen der Luft verhindern. Doch an windreichen Nachmittagen ist der See schnell mit Tausenden von Segeln bevölkert, ein märchenhafter, fast unwirklicher Anblick ...

• *Surfcenter* **Vasco Renna Surf Center** (Fanatic), zentrale Lage im Parco Pavese, direkt hinter dem Surfstrand im Ort. ✆ 0464/505993, ℻ 506254, www.vascorenna.com

Surfstars, Marco Segana hat dieses neue Surfcenter im westlichen Teil des Ortsstrands erst kürzlich eröffnet. Die Bar und Pizzeria „Villa Cian" liegt direkt am Strand und trägt zum Wohlbefinden der Gäste bei.

Lido Blu Surf Center, im gleichnamigen Hotel an der Sarca-Mündung (□ Übernachten). ✆ 0464/506349, ℻ 505931, www.surflb.com

Surfzentrum Marco Segnana (Bic), am Lido Foci di Sarca (Nordseite der Sarca-Mündung). ✆ 0464/505963, ℻ 505498, www.surfsegnana.it

Conca d'Oro Windsurfing Center, etwa 1 km südlich von Torbole in Richtung Malcésine. ✆/℻ 0464/548192, www.windsurfconca.com

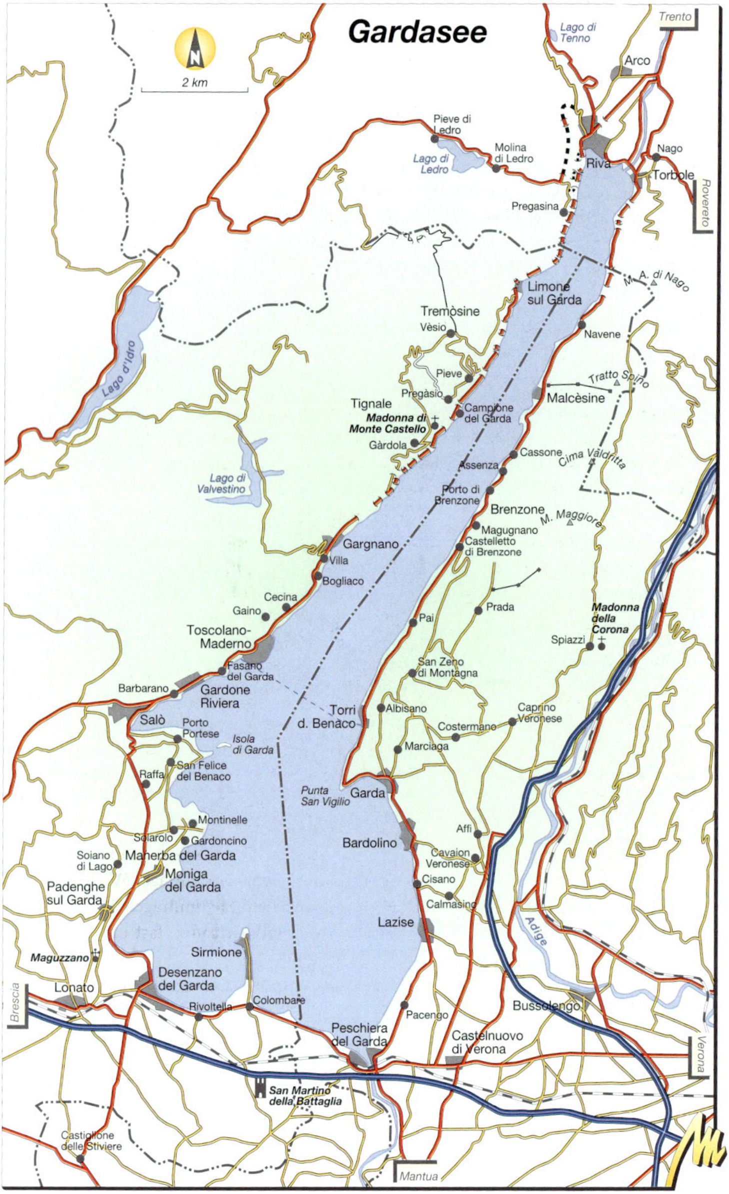
Gardasee
2 km
Trento
Lago di Tenno
Arco
Pieve di Ledro
Molina di Ledro
Lago di Ledro
Riva
Nago
Torbole
Rovereto
Pregasina
M. A. di Nago
Limone sul Garda
Tremòsine
Vèsio
Navene
Pieve
Tratto Spino
Pregàsio
Malcèsine
Tignale
Campione del Garda
Madonna di Monte Castello
Gàrdola
Cassone
Cima Valdritta
Assenza
Lago d'Idro
Lago di Valvestino
Porto di Brenzone
Brenzone
M. Maggiore
Magugnano
Castelletto di Brenzone
Gargnano
Villa
Bogliaco
Prada
Cecina
Gaino
Pai
Madonna della Corona
Spiazzi
Toscolano-Maderno
Fasano del Garda
San Zeno di Montagna
Barbarano
Gardone Riviera
Torri d. Benaco
Albisano
Caprino Veronese
Salò
Porto Portese
Costermano
Isola di Garda
Marciaga
San Felice del Benaco
Raffa
Punta San Vigilio
Garda
Montinelle
Affi
Solarolo
Gardoncino
Bardolino
Soiano di Lago
Manerba del Garda
Cavaion Veronese
Moniga del Garda
Cisano
Padenghe sul Garda
Calmasino
Lazise
Adige
Maguzzano
Sirmione
Desenzano del Garda
Lonato
Brescia
Rivoltella
Colombare
Bussolengo
Pacengo
Peschiera del Garda
Castelnuovo di Verona
Verona
San Martino della Battaglia
Castiglione delle Stiviere
Mantua

• *Anfahrt/Verbindungen* Am nördlichen Ortsende liegen mehrere gebührenpflichtige **Parkplätze**, außerdem parkt man in langer Reihe an der Uferstraße Richtung südlicher Ortsausgang. Preislich günstiger ist der Parkplatz **Panorama** oberhalb vom Ortskern (auf Schilder achten).

• *Information* **APT**, Via Lungolago Verona 19, gut ausgestattetes Büro am südlichen Ortsausgang. Mo–Sa 9–12, 15–19 Uhr, So 10–12, 16–19 Uhr. ✆ 0464/505177, 📠 505643, www.gardatrentino.de

• *Übernachten* **** **Lido Blu**, komfortables Haus direkt am Surfstrand, bestens auf Surfer und Badegäste eingerichtet, Hallenbad und Sauna, Zimmer mit TV, Föhn und Minibar. DZ mit Frühstück zur Seeseite ca. 150-160 €, zur Landseite günstiger. ✆ 0464/505180, 📠 505931, www.lidoblu.it

*** **Santoni**, Via Strada Grande 2. Beliebtes Bikerhotel mit allen nötigen Einrichtungen, von Fabio und Silvia nett geführt, sehr gutes Frühstück, auch auf Familien mit Kindern eingerichtet. Internet, Videofilme, Citybikes zur freien Verfügung. DZ mit Frühstück ca. 75–100 €. ✆ 0464/505966, 📠 506100, www.hotelsantoni.com

*** **Villa Stella**, Via Strada Grande 42, gepflegtes Haus mit Garten und Pool, weit zurück von der Durchgangsstraße, ruhige Lage. Zimmer pikobello, Bike-/Surf-Depot, Gymnastikraum, Lift. DZ mit reichhaltigem Frühstücksbuffet ca. 75 €. Die kommunikative Ehefrau des Hausherrn stammt aus Holland. ✆ 0464/505354, 📠 505053, www.villastella.it

** **Casa Nataly**, Piazza Alpini 10, in der Altstadt, freundliche und saubere Pension, ruhig, Zimmer mit Balkon und teils Seeblick, Surf- und Bikegarage. DZ mit Frühstück ca. 60 €. ✆ 0464/505341, 📠 506223, E-Mail: casanataly@tin.it

** **Santa Lucia**, Via Santa Lucia 12, gut versteckt am oberen Ortsende, am Beginn des Fußwegs nach Nago, herrlich ruhig. Das beliebte Haus liegt in einem üppigen Garten mit kleinem Pool, einfache Zimmer z. T. mit Balkon. Marina spricht sehr gut Deutsch und die Musik liebende Familie gibt ab und zu ein Ständchen im Gemeinschaftsraum. DZ mit Frühstücksbüffet ca. 57 €. Ostern bis Anfang November. ✆ 0464/505140, 📠 505509, www.torbole.com/santalucia

* **Ischia**, an der Ausfallstraße Richtung Riva, 13 einfache Zimmer, Parkplatz und Garten, DZ mit Frühstück ca. 60 €. ✆ 0464/505146.

* **Tetto d'Oro**, Via Marocche 16, an der Straße zum Sportpark Le Busatte oberhalb vom Ort, preisgünstiges Quartier in ruhiger Lage, Abstellmöglichkeit für Bikes und Surfbretter. DZ mit Frühstück ca. 55 €. ✆/📠 0464/505287, E-Mail: Tetto.doro@dnet.it

Die drei Campingplätze am Ort sind zum großen Teil mit Surfern belegt, z. B.:

** **Europa** direkt am Surferstrand, außerdem * **Al Porto** und * **Al Cor**, beide ebenfalls nah am See. Drei weitere Plätze liegen zwischen Sarca-Mündung und Monte Brione: **Arco Lido**, **Maroadi** und **Bellavista**.

• *Essen & Trinken* **La Terrazza**, kulinarischer Hochgenuss mitten in der Surferhochburg, nur wenige Schritte vom Strand. Verglaste Veranda und interessante Speisekarte mit traditionellen Gerichten, auf der u. a. Wels, Barsch, Stör und Hecht angeboten werden. Etwas teurer. Di geschl.

Al Pescatore, Via Segantini 11, an der ruhigen Fußgängergasse, die an der Piazza Vittorio Veneto beginnt. Hübsch zum Draußensitzen, drinnen sorgt ein kupferner Destillierapparat für Stimmung. Gute Fischküche, z. B. die gegrillte Seeforelle versuchen, auch große Pizzen werden serviert. Di geschl.

Surfer's Grill, Via Sarca Vecchio 8, Nähe Minigolfplatz. Überdachtes Terrassenlokal, leckere Grillspezialitäten, bekannt für üppige Portionen, aber nicht ganz preiswert. Mo geschl.

Al Rustico, landeinwärts vom Zentrum an der Via Strada Grande, gegenüber der Villa Stella (→ Übernachten). Rustikales Restaurant im Stil eines Landgasthauses, an den Wänden Kupfertöpfe, hinten ein schöner Garten. Zu empfehlen die hausgemachten Pastagerichte, z. B. *spaghetti alle torchio*. Nur abends, Mo geschl.

Villa Cian, neu eröffnete Pizzeria/Bar am gleichnamigen Strand beim Surfcenter „Surfstars" von Marco Segnana. Jugendliche Atmosphäre mit Musik, am Strandabschnitt davor Liegestuhlvermietung.

La Cantinota, in Linfano, wenige Kilometer landeinwärts, unterhalb der Steilwand des Monte Brione. Origineller Speiseraum in einer hohen Grotte, draußen Wiese mit großen Holztischen, Kinderspielgeräte. Das "Ristorante tipico" bietet z. B. Forelle in Teroldego-Rotwein und *carne salada*. Di geschl.

Alla Grotta, im Örtchen Grotta (Ortsteil von Arco), an der Westseite des Monte Brione, ideales Ziel für einen kleinen Radausflug. Ein altes Bauernhaus, ausgebaut zu einem rustikalen Gasthof, man sitzt innen grottenähnlich, draußen an großen Holztischen, garniert mit hübschem Blumenschmuck und drei Palmen. Hervorragende Küche, die satt macht und gesund ist: üppiger Rohkostteller *insala-*

tone mit 12 verschiedenen Salaten, verschiedene eingelegte Gemüse, Zwiebeln etc., Raclette und Fondue Schweizer Art, *carne salada e fagioli*, Nackensteak, für die Kleinen selbst gefertigte Pommes. Bisher anständige Preise. In der Nebensaison Di geschl., sonst tägl. ab 18 Uhr.

• *Cafés/Treffs* **Mecki's Bike and coffee**, Via Matteotti 5, legendärer Après-Bike-Treff am Ortsausgang nach Riva, am Fluss Sarca. Alles ist hier auf Biker eingestellt, sogar die Barhocker und Zapfhähne sind mit Fahrradsätteln bestückt. Tägl. ca. 6–20 Uhr.

Wind's Bar, Via Matteotti 72, ganztägig beliebt, die Eisbecher muss man aber leider an der abgasvernebelten Durchgangsstraße löffeln. Auch abends ist immer viel los.

Topkapi, Via Matteotti 16, große Konditorei mit Gebäckspezialitäten und Eisbechern.

Bar im Surfzentrum Marco Segnana, unmittelbar westlich der Sarca-Mündung. Nettes Fleckchen für Sportler, Schwimmer und Strandspaziergänger.

• *Nachtleben* nicht gerade der Bär los, Surfer gehen meist früh schlafen – allerdings, die Ora kommt erst mittags ...

Wind's Bar, Via Matteotti 72 (→ Cafés/Eis).

Moby Dick, Via Matteotti 60 (Durchgangsstraße), bei Walter unter der efeuberankten Fassade mit üppiger Galionsfigur sitzt man gemütlich und trinkt Weißbier. Im Sommer tägl. 20–2 Uhr, sonst Mi geschl.

Cutty Sark, Via Pontalti 2 (bei Piazza Vittorio Veneto), "the surfer's rest", großer, mit viel Holz und Nautikutensilien ausgestatteter Pub, beliebtester Surfertreff am Ort. Im Sommer tägl. 20–2 Uhr, sonst Mo geschl.

Conca d'Oro, schicke "In"-Disco im Surf-Center am Jachthafen, außerhalb in Richtung Malcésine. Do–So 22–4 Uhr. ✆ 0464/505045.

Ein gewaltiges Unternehmen

In der ersten Hälfte des 15. Jh. rangen die Mailänder Visconti mit den Venezianern um die Herrschaft am Gardasee. Die Mailänder Flotte beherrschte damals den See, denn den Venezianern war es nicht möglich, ihre Kriegsschiffe aufs Wasser zu bringen: Die Mailänder hatten den Fluss Mincio, der vom Südende des Gardasees in den Po fließt, mit einem schweren Damm gesperrt (→ Borghetto di Valeggio sul Mincio, S. 104). So kam es im Februar 1439 zu einem schier unglaublichen Kraftakt: Die Venezianer transportierten ihre Flotte vom Etschtal quer über die Berge nach Torbole! Dort, wo sich heute die SS 240 von der Autobahnausfahrt Lago di Garda Nord (bei Rovereto) zum Gardasee hinüberzieht, wurden 2000 Ochsen und Pferde eingesetzt, um sechs Galeeren, zwei Galeonen und 26 Kriegsbarken über den Pass von Nago zu wuchten. Den Steilhang nach Torbole hinunter überwand die Flotte an Seilen hängend auf gefällten Baumstämmen und plumpste endlich glücklich in den See. Der immense Aufwand – Dauer zwei Wochen, Kosten umgerechnet über eine halbe Million Euro – lohnte sich: Nach mehreren Seeschlachten waren die Venezianer Herren des Sees, die Flotte der Mailänder wurde versenkt. Eine Dokumentation des Unternehmens ist in der Burg von Malcésine zu sehen.

Provinz Verona

Die Silhouette von Malcésine ist eine der markantesten am See

Malcésine (ca. 3500 Einwohner)

Einer der malerischsten Orte am See – vielleicht hat das auch Johann Wolfgang von Goethe so empfunden, als er sich hier niederließ, um das Kastell abzumalen, und dabei fast als vermeintlicher österreichischer Spion verhaftet worden wäre. Die Stelle, an der der Geheimrat damals saß, ist heute mit einer Gedenkplakette verziert.

Alt-Malcésine zieht sich den Hang eines Hügels hinauf, der zum See hin steil abfällt. Auf der Spitze thront ein weitläufiges *Skaligerkastell*, dessen Wehrmauern sich tief hinunterziehen, eine Besichtigung lohnt. Darunter erstreckt sich ein Gewirr von engen, teils holprigen und sehr steilen Pflasterwegen, kleinen Plätzen und überwölbten Durchgängen – immer wieder landet man unversehens in einer Sackgasse oder am Seeufer. Südlich benachbart liegt das hübsche große Hafenbecken, von dem man Bootsausflüge aller Art unternehmen kann.
Malcésine ist natürlich völlig touristisch, in den schmalen Gassen drängen sich die Urlauber, ein Laden reiht sich an den anderen, die Restaurants versuchen sich gegenseitig durch noch "gemütlichere" Aufmachung zu übertrumpfen. Trotzdem wurde die dichte Atmosphäre des Orts durch den Massenbetrieb nur wenig angeknackst – man kann sich in Malcésine wohl fühlen.
Gute Bademöglichkeiten findet man sowohl nördlich wie südlich vom Ort. Unmittelbar hinter Malcésine steigt zudem der mächtige Kamm des *Monte Baldo* an, ein ungemein schönes Ziel für Freunde herrlicher Panoramen, für Wanderer und Botaniker.

• *Anfahrt/Verbindungen* Das enge Zentrum ist für den motorisierten Verkehr gesperrt, eine Reihe gebührenpflichtiger **Parkplätze** liegt oberhalb der Durchgangsstraße um die zentrale **Busstation**.

• *Information* **IAT**, an der Via Capitanato 6–8, die vom Hafen nordwärts in die Altstadt führt. Stadtpläne mit Hotels und Campingplätzen, Wanderkarten, Veranstaltungskalender u. v. m. Mo–Sa 9–13, 16–19, So 10–13 Uhr. ✆ 045/7400044, 📠 7401633, www.malcesinepiu.it

Associazione Albergatori Malcésine, Unterkunftsvermittlung an der Gardesana beim Busstopp. Mo–Sa 9.30–20, So 10–13, 16–19 Uhr. ✆ 045/7400373, 📠 7401843.

• *Übernachten* Viele Hotels verfügen über Swimmingpools, eingezeichnet in der Gratiskarte des Tourist-Info. Ohne HP oder VP ist in der Hauptsaison meist nichts zu machen.

*** **Alpi**, Località Campogrande, beliebtes Haus in zentraler Lage, oberhalb der Durchgangsstraße, trotzdem ruhig. Geführt von einer freundlichen Südtirolerin, behagliche, rustikale Einrichtung, schöner Garten mit Olivenbäumen, großer Pool. DZ mit Frühstück ca. 80–105 €, HP meist obligatorisch. ✆ 045/7400717, 📠 7400529, www.malcesine.com/hotelalpi

*** **Capri**, Loc. Madonnina, das moderne Hotel von Familie Bergonzini steht unterhalb der Strada Panoramica, herrlich unverbauter Seeblick, Dachterrasse, Pool, Parkplatz. Zimmer mit Balkon und TV, gute Küche, die auch Angebote für Vegetarier bietet. DZ mit Frühstück ca. 60–108 €. ✆ 045/7400385, 📠 7400825, www.malcesine.com/capri

** **Europa**, am Lido Paina, nördlich vom Zentrum, direkt am See. Ruhig, großer Garten, beliebt bei Wassersportlern (Surfen, Segeln). DZ mit Frühstück ca. 64–95 €, auch Apartments (3–4 Pers.). ✆ 045/7400022, 📠 6570245, www.europa-hotel.net

** **Lago di Garda**, Piazza Matteotti 1, alteingeführtes Haus mitten im Zentrum, blumengeschmückte Balkons über den Köpfen der Spaziergänger. DZ mit Frühstück ca. 48–60 €. ✆ 045/7400633, 📠 7400246, www.gardavision.com

*** **Villa Smeralda**, Strada Panoramica 23, äußerlich etwas unschöner Betonbau, aber gepflegt, Pool und Parkplatz. Frühstück auf der Terrasse zum See, Dachsolarium mit Whirlpool, Zimmer mit Balkon. Ins Zentrum etwa 700 m. DZ mit Frühstück ca. 70–106 €. ✆ 045/7400230, 📠 6570161, www.malcesine.com/smeralda

** **Casa Bianca**, Strada Panoramica 37, Garni-Haus mit Garten und Parkplatz, DZ mit Frühstück ca. 54–62 €. ✆/📠 045/7400601, www.casa-bianca.com

* **Villa Nadia**, Via Carrera, im Grünen, ruhiges, familiär geführtes Haus mit Garten und Garage, Zimmer z. T. mit Balkon oder Terrasse, auch Apartments erhältlich. DZ mit Frühstück ca. 47–66 €. ✆ 045/7400088, 📠 6583693, www.malcesine.com/villanadia

Casa Barca, Via Consiol 13, am Beginn der Strada Panoramica, hübsches, preiswertes Haus mit Privatzimmern und Pool. DZ ca. 38–55 €. ✆ 045/7400842, www.casabarca.com

Zahlreiche Campingplätze im Umkreis, der stadtnächste ist * **Priori** im unmittelbaren Ortsbereich direkt unterhalb der Gardesana, 77 Stellplätze, etwas beengt, Strand wenige Schritte entfernt. ✆ 045/7400503, 📠 6583098.

• *Essen & Trinken* Die Lokale sind durchweg äußerst touristisch aufgemacht, wirkliche Empfehlungen fallen schwer. Im Umkreis vom Hafen sind mehrere Terrassenlokale pittoresk übers Seeufer gebaut, dort zahlt man allerdings einiges.

Vecchia Malcésine, Via Pisort 6, unterhalb der Gardesana, Nähe Pfarrkirche. Kleiner Feinschmeckertreff mit herrlicher Panoramaterrasse. Feine, ideenreiche Küche, nicht billig. Mittags und Mi geschl.

Agli Scaligeri, Via Caselunghe, ganz neu im Zentrum eröffnet, ausgezeichnete Küche zu angemessenen Preisen.

Osteria alla Rosa, Piazzetta Boccara 6, zwischen Gardesana und historischem Zentrum, schönes Restaurant, einfach, aber gut – zu empfehlen sind die hausgemachten Pastagerichte, vor allem die Seefischravioli. Bei schönem Wetter sitzt man im Freien unter Weinreben.

Al Gondoliere, an der Piazza Matteotti auf einer Terrasse im ersten Stock. Schmackhafte Fisch- und Fleischgerichte, dazu freundlicher Service. Von Lesern empfohlen.

La Pace, im Porto Vecchio, an der kleinen intimen Piazza Magenta direkt am See. Flinker, professioneller Service, mittlere Preise. Leider oft sehr voll, so dass die Rechnung betont rasch auf den Tisch kommt. Di geschl. Falls alles besetzt ist, findet man benachbart das Restaurant **Al Marinaio** und die Osteria **Porto Vecchio**.

Lido Sopri, einfaches Strandlokal in herrlicher Panoramalage am Ende der südlichen Uferpromenade (Beginn von Val di Sogno). Auf den satten Rasenflächen kann man Liegestühle und Sonnenschirme leihen.

Lido Paina, nördlich vom Zentrum, schöne Lage direkt am See, neben dem gleichnamigen Strand, Blick auf die Burg. Umkleidekabinen, Sonnenschirme, Liegestühle.

Tiroler Speckstube, oberhalb von Campagnola im Grünen, eine Asphaltstraße zweigt etwas nördlich vom Hotel "Sailing Center" hügelwärts ab. Echte Alternative zur lauten Gardesana unten: rustikales Lokal im Olivenhain, große, grüne Wiese mit groben Holztischen und Kinderspielgeräten – ideal für Familien, viel Luft und Platz. Das Essen muss man sich selber an der Theke abholen: Hühnchen vom Spieß, Schweinshaxe, Würstel, Speck etc. Ab Mittag durchgehend geöffnet.

• *Snacks* **Osteria da Lupo**, Piazza Don Qirico Turazza, Weinstube an einem stimmungsvollen Platz der Altstadt.

Bottega del Vino, Corso Garibaldi 19, gemütlicher Abendtreff. Hier kann man Gardasee-Weine, Grappa und Liköre kaufen – oder sie gleich an Ort und Stelle trinken, auch kalte Platten hausgemachte Nudeln und Pizze werden gereicht.

• *Nachtleben* Man trifft sich in den Cafés um das malerische Hafenbecken, danach geht's vielleicht noch in die viel besuchte "In"-Disco **Corsaro** nördlich unterhalb der Burg, Via Paina 17 (bis 3 Uhr).

Rockcafé, Vicolo Porticchetti 16, kleiner, populärer Pub unter einem düsteren Torbogen, bis 2 Uhr nachts.

La Vela, im Val di Sogno, gehört zur Stickl Surfschule (→ Sport). Ab 22 Uhr Musikbar, gelegentlich Themenabende wie "Karibische Nacht" etc.

Dream Pub, Rock-Treff südlich von Val di Sogno, Bierstube mit Hausmannskost und guten Spaghetti, gemütliche Terrasse, oft Livemusik. Tägl. 10–2 Uhr.

• *Shopping* **Markt** jeden Samstagvormittag an der zentralen Piazza Statuto unterhalb der Durchgangsstraße.

Enoteca Malcésine, Viale Roma 15, südlich vom alten Hafen im Zentrum. Riesenauswahl an Weinen verschiedener Regionen Italiens, sogar der rare Cinque-Terre-Wein (Riviera) ist zu haben.

Consorzio Olivicultori Malcésine, Via Navene Vecchia 21, Verkaufsstelle für Olivenöl mit D.O.P.-Klassifizierung (geschützte Herkunftsbezeichnung) der örtlichen Genossenschaft.

• *Sport* **Furioli**, Fahrradverleih wenige Meter von der Piazza Matteotti, gegenüber Albergo Lago di Garda. Ausgabe der Bikes auch oben am Monte Baldo (Reservierung nötig). ✆ 045/7400089.

Segeln im „Sailing Center Hotel", nördlich von Malcésine direkt am See, ✆ 045/740055, 📠 7400392, www.malcesine.com/sailing

Tauchbasis beim „Dream Pub" (→ Nachtleben), südlich vom Val di Sogno, guter Tauchplatz direkt davor.

Stickl Sportcamp, in Val di Sogno, direkt an der Uferstraße. Der mehrfache Europa- und Weltmeister Heinz Stickl bietet seit Mitte der siebziger Jahre Windsurf- und Segelkurse. Die ruhige Bucht ist auch für Kinder gut geeignet. ✆ 045/7401697, www.stickl.com

Lido Paina, Bade- und Surferstrand nördlich vom Zentrum.

Ein beliebter Spot ist auch der **Parkplatz** an der Gardesana nördlich vom Zentrum, bei der Anlegestelle der Autofähre zwischen Malcésine und Limone. Bereits morgens viel besucht, schattige Stellplätze für Autos und Wohnmobile unter Bäumen, 1–5 Std. kosten für PKW ca. 1–4 €, darüber 5 €.

Sehenswertes: Das *Skaligerkastell* ist die große Sehenswürdigkeit von Malcésine. Das weitläufige Gemäuer besteht aus Unter- und Oberburg, mehreren Innenhöfen und dem markanten, 33 m hohen Turm. Im unteren Komplex ist das sehr informative *Museo del Baldo e de Garda* untergebracht, das die Flora und Fauna des Monte-Baldo-Gebiets zeigt und mit vielen Fotos und Schautafeln Entstehung, Geologie und Geomorphologie des Gardasees erklärt. Als nächstes erreicht man an der Nordseite des Kastells einen *Aussichtsbalkon* mit herrlichem Blick seeaufwärts. Treppen führen hinauf zur ehemaligen Pulverkammer, heute als *Goethe-Zimmer* eingerichtet mit den Skizzen, die der Dichter hier angefertigt hat. Im oberen Saal sind Utensilien des Fischfangs und venezianische Schiffsmodelle ausgestellt, im hinteren Raum wird der spektakuläre Schiffstransport der Venezianer über den Pass von Nago dokumentiert (→ Kasten S. 65), der zur Vertreibung der Mailänder Visconti vom See führte.

Öffnungszeiten/Preise **Skaligerkastell**, April bis Okt. tägl. 9–19 Uhr; Eintritt ca. 4 €, Kinder ermäß.

Der Abstieg ist beschwerlich, das Panorama überwältigend

Monte Baldo

Mit über 2000 m Höhe, 37 km Länge und bis zu 11 km Breite das größte und höchste Bergmassiv am Gardasee. Lang gestreckt und mächtig flankiert es die gesamte obere Hälfte des Ostufers. Während die unteren Lagen dicht bewaldet oder mit Olivenhainen bedeckt sind, zeigen sich die Gipfelregionen vom Wind glatt geschoren und kahl. Nur eine dünne Gras- und Heidenarbe gibt es hier oben, jedoch gesprenkelt mit zahllosen Blumen.

Das Besondere: Der Monte Baldo ragte in der Eiszeit aus dem ihn umgebenden Gletschermeer heraus, war oberhalb von 1200 m nie von Eis bedeckt. Seine Hänge gelten als Pflanzenparadies. Was hier wächst, hat teilweise Ursprünge, die Jahrmillionen zurückgehen. Mehr als 600 Pflanzenarten wurden katalogisiert, darunter zahlreiche Raritäten, die es nur hier gibt. "Botanischer Garten Italiens" wird der Berg deshalb auch genannt.

Eine Fahrt mit der völlig modernisierten, erst 2002 in Betrieb genommenen Kabinenbahn „Nuova Funivia Panoramica" von Malcésine zum Gipfel *Tratto Spino* in 1760 m Höhe ist ein Muss. Die Talstation liegt direkt in Malcésine, wenige Meter von der Durchgangsstraße. An der Mittelstation *San Michele* (572 m) muss man umsteigen – nicht wenige wandern von hier hinauf, andere machen den Rückweg vom Gipfel zu Fuß (→ unten). Vis-à-vis der Station kann man auf der Terrasse der populären „Locanda Monte Baldo" eine Stärkung zu sich nehmen und gegebenenfalls übernachten (✆ 045/7400612, www.locandamontebaldo.com). In jedem Fall sollte man sich einen wolkenlosen Tag für die Tour aussuchen.

• *Anfahrt* Die **Seilbahn** verkehrt tägl. 8–19 Uhr (Anfang April bis Mitte Sept.), 8–18 Uhr (Mitte Sept. bis Mitte Okt.), 8–17 Uhr (Mitte Okt. bis Anfang Nov.). Abfahrten alle halbe Stunde. Hin/Rückfahrt ca. 14 € (einfach 9 €), nur bis Mittelstation ca. 7 € (einfach 4 €). Ermäßigung für Familien ab 4 Pers. (Ausweis), Kinder von 1–1,40 m und Gruppen ab

20 Pers.: hin/rück bis zum Gipfel ca. 11 €, einfach 7 €. Kinder unter 1 m Körpergröße fahren gratis. Mehrmals tägl. gibt es Sonderfahrten für Mountainbiker, Person mit Bike kostet einfach 15 €, nur das Bike 7 €. Auch Paraglider können ihr Fluggerät mitnehmen lassen. Ein Hund kostet ca. 4 € hin/rück (Maulkorb und Leine sind obligatorisch). Nähere Infos und Reservierung bei der Talstation, ✆/℻ 045/7400206.

Bis zur Mittelstation kann man auch mit dem **PKW** hinauffahren, bei der Weiterfahrt per Seilbahn spart man allerdings nur 1 € zur Abfahrt ab Talstation.

▸ **Tratto Spino**: Die Sicht vom Gipfel ist unbeschreiblich – fast wie auf dem Dach der Alpen fühlt man sich hier oben. Lang gestreckt liegt das blaue Band des Sees tief unten, eingebettet in majestätische Bergketten, die bis zum Horizont reichen. Bunte Farbtupfer setzen oft die zahlreichen Drachenflieger, die die hervorragende Thermik an den Hängen des Monte Baldo nutzen und langsam zum See hinunterkreisen. Dazu die klare Luft, das Grün der Wiesen auf weiß-grauem Kalkfels, die intensive Sonneneinstrahlung – all das übt eine erhebende Wirkung aus. Den besten Seeblick hat man von dem felsigen Vorsprung, der unmittelbar nördlich der Seilbahnstation liegt. Wenn man stattdessen vom See weg nach Nordosten blickt, erkennt man eine Asphaltstraße, die östlich unterhalb vom Monte Altissimo heraufkommt. Dies ist die "Strada Panoramica del Monte Baldo", die vom Etschtal aus zu erreichen ist (→ S. 109). Vom Rifugio „Bocca di Navene“ (→ Essen & Trinken) an der Strada Panoramica führt eine für den motorisierten Verkehr gesperrte Schotterpiste bis zur Seilbahnstation herauf.

Ein Schild lädt ein zum *Panoramaspaziergang*. Man geht dafür von der Seilbahnstation nach links (Norden) und erreicht eine lang gestreckte Bergwiese, die *Colma di Malcésine*. Im Gasthof „La Capaninna“ versammeln sich alle, die ihre Füße nicht mehr weiter tragen, lassen sich stattdessen in Liegestühlen bräunen und genießen das süffige Weizenbier. Wenn man Glück hat, starten weiter vorne Drachenflieger, ansonsten trifft man sicher eine oder mehrere Kühe, die hier in Hoffnung auf Fütterung durch die zahlreichen Touristen zutraulich den Weg versperren. Nach einigen hundert Meter bricht der Bergrücken abrupt zur darunter liegenden Bocca di Navene ab und man genießt den herrlichen Panoramablick auf das Nordende des Sees und die dahinter aufsteigenden Bergriesen – Adamello, Brenta u. a.

Für **Mountainbiker** bedeutet der Monte Baldo sicherlich einen Höhepunkt. In Malcésine vermietet Furioli (→ Malcésine) Mountainbikes, die dann oben am Berg ausgehändigt werden (✆ 045/7400089). An der Abfahrtsstelle erhält man eine Wegekarte und kann die 1800 m Höhe in verschiedenen Varianten überwinden – besonders reizvoll ist die Fahrt zum Monte Altissimo (Rifugio Damiano Chiesa) und von dort weitgehend in Schussfahrt hinab bis Torbole. Man kann aber auch das eigene Bike mehrmals tägl. mit der Seilbahn hinauftransportieren lassen, die einfache Fahrt kostet für Fahrer und Bike ca. 15 €.

• *Essen & Trinken* **La Baia dei Forti**, rustikales Lokal, wenige Schritte von der Seilbahnstation. Tische im Freien, drinnen Bar mit Snacks und Getränken, lecker ist der Apfelstrudel. Auch Verleih von Mountainbikes. Ganzjährig geöffnet. ✆ 045/7400319.

La Capannina, Berggasthof mit großem Gastgarten am Beginn der *Colma di Malcésine*, 300 m nördlich der Station. Kräftige Küche, z. B. *luganega con polenta* (gegrillte Salsiccia-Wurst), *coniglio con polenta* (Kaninchen), *spezzatino* (Gulasch) und *canerderli* (Knödel). ✆ 045/6570081.

Bocca di Navene, Rifugio mit Ristorante und Aussichtsterrasse am gleichnamigen Einschnitt zwischen Monte Altissimo und Monte Baldo, etwa 40 Fußminuten in Richtung Monte Altissimo (von der Seilbahnstation die Schotterstraße Richtung Nordosten hinunter). Nur Juni bis September. ✆ 045/7401794.

Monte Baldo/Wandern

Die Möglichkeiten sind in dem riesigen Massiv natürlich schier unerschöpflich. Sehr reizvoll und nicht übermäßig anstrengend ist die Wanderung auf den *Monte Altissimo* in Richtung Norden, aber auch der Abstieg nach Malcésine will bewältigt werden.

Überblick über das Wegenetz und Hilfe unterwegs bietet die Wanderkarte **"Carta dei Sentieri Monte Baldo"** (2 Blätter im Maßstab 1:25.000 mit deutschsprachigen Routenbeschreibungen), erhältlich im örtlichen Buchhandel. Die Karte **"Spaziergänge und Wanderwege"** gibt es auch gratis beim Informationsbüro.

Vom Tratto Spino zum Monte Altissimo: In Richtung Norden erreicht man in etwa 3 Std. das gemütliche und viel besuchte Rifugio „Damiano Chiesa" am *Monte Altissimo* (2079 m). Man geht zunächst über die *Colma di Malcésine* bis zum Ende, dort steigt rechts ein „Sentiero Naturalistico" zwischen seltenen Blumen den Hang hinab und trifft unten auf die Schotterpiste zur Bocca di Navene. Man folgt ihr ein Stück, bis in der ersten scharfen Rechtskurve ein markierter Weg geradeaus zur *Bocca di Navene* (1425 m) mit dem gleichnamigen Gasthaus führt, die man nach ca. 45 Min. ab Seilbahnstation erreicht. Ein weiterer Weg geht nun parallel unterhalb der Asphaltstraße in weiteren 45 Min. zur *Bocca di Creer* (1617 m) mit dem „Rifugio Graziani" (✆ 0464/867005). Hier kann man das benachbarte, unter Naturschutz stehende Felsplateau *Corna Piana* besuchen, wo ein Großteil der vielfältigen Pflanzenwelt des Monte Baldo wächst. Ein Fahrweg (früherer Militärweg) zieht sich nun in Serpentinen zum Rifugio am *Monte Altissimo* hinauf, wo man sich ausgiebig stärken und am fantastischen Panoramablick erfreuen kann. Für die Rückkehr bietet sich der Weg 651 an, der von der heraufkommenden Fahrpiste nach der ersten starken Kurve rechts abzweigt und am Kamm entlang wieder zur Bocca di Navene hinunter führt. Von dort kann man die bequeme Schotterstraße zur Seilbahnstation zurück nehmen.

• *Übernachten/Essen & Trinken* **Rifugio Damiano Chiesa**, Juni bis September tägl., außerhalb dieser Zeit nur Sa/So geöffnet. Es kann auch übernachtet werden. ✆ 0464/867130, der Pächter Signore Zampiccoli kann unter ✆/℻ 0464/518926 in Arco erreicht werden.

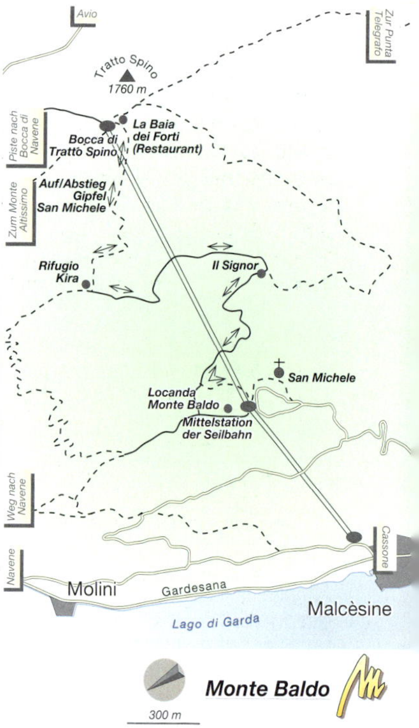

Erlebnis Natur: Blumen am Monte Baldo

Orchideen, Anemonen, Edelweiß, Primeln, Trollblumen, Gelber Enzian, Holunderknabenkraut, Feuerlilie, Pfingstrose, Bärentraube, Klebrige Akelei, Dolomiten-Teufelskralle – mehr als 600 Arten sollen es sein, die an den Hängen des Monte Baldo wachsen. Das ihre zur Arterhaltung tut die ausgeprägte Weidewirtschaft – Kühe halten die Büsche klein, das nutzt den Blumen. Manche Pflanzen sind endemisch, d. h. sie gedeihen nur hier, z. B. *Kerners Schmuckblume* (callianthemum kernerianum), andere tragen die Bezeichnung "baldensis", d. h. sie wurden hier erstmalig entdeckt, kommen aber auch (selten) woanders vor, darunter das *Monte-Baldo-Windröschen* (anemone baldensis), die *Felsenglockenblume* (campanula del Monte Baldo), die *Baldensische Witwenblume* (knautia baldensis), das *Südtiroler Labkraut* (galium baldensis), der *Baldo-Steinbrech* (saxifraga baldensis) u. a. Wer ernsthaft an der Flora des Monte Baldo interessiert ist, kann den Naturpark *Corna Piana* unterhalb des Monte Altissimo über die Autostraße Mori-Brentonico besuchen. Man fährt dafür bis zum Rifugio Graziani und kann von dort schnell die Blumenwiesen auf dem benachbarten Plateau erreichen (Fußweg vom Monte Altissimo siehe oben). Oder man fährt über Caprino di Veronese, Spiazzi und Ferrara di Monte Baldo zum *Rifugio Novezzina* (✆ 0456/247162) in 1230 m Höhe, östlich unterhalb der Punta Telegrafo. Benachbart zum Rifugio liegt der sehenswerte Botanische Garten *Orto Botanico del Monte Baldo*, wo zahlreiche Pflanzen kultiviert werden, die natürlich am Monte Baldo wachsen (1. Mai bis 15. September tägl. 9–18 Uhr, bei Anmeldung auch Führungen in deutscher Sprache, Besichtigung mit Führung ca. 3 €. ✆/℻ 0456/247288, E-Mail: orto.botanico@comunitamontanabaldo.it).

▶ **Abstieg vom Tratto Spino nach San Michele**: Man geht zunächst zum Sattel *Bocca di Tratto Spino* (auch: Bocca Tredes Pin) südlich unterhalb der Seilbahnstation, dort zeigt ein Wegweiser ("San Michele", „Rist./Bar Prai“, „Col di Crat“) Richtung Nordwest schräg den Hang hinunter. Man verfolgt den gut zu erkennenden Weg, der allmählich abfällt und die gesamte Westseite der Colma di Malcésine passiert. Man unterquert die Seilbahn und erreicht nach ca. 20 Min. ein Waldstück. Kurz darauf trifft man auf die schöne Hochebene *La Prada*, die wie eine Höhenterrasse über dem See liegt. 40 Min. nach Aufbruch verläuft der Weg jetzt parallel zum Hang über saftige Kuhweiden nach Norden, mehrere Gatter werden passiert. Nach 50 Min. erreicht man das Ristorante „Prai“, das mit seiner einladenden Terrasse so richtig geeignet ist für eine ausgiebige Rast. Durch ausgedehnten Nadelwald geht es nun auf einem breiten Fahrweg hinunter in Richtung San Michele, allerdings ist er mit großen Steinen gepflastert und ziemlich unangenehm zu laufen. Unterwegs durchquert man den *Porticato de Il Signor*, einen über die Straße gebauten Torbogen, eine Art offene Kapelle. Kurz vor San Michele weist ein Wegweiser vom Hauptweg nach links zur "Funivia" in einen schmalen Pfad. Hier erreicht man in wenigen Minuten die Seilbahnstation (geradeaus geht es in 1,5 Std. nach Navene). Insgesamt braucht man etwa 2 bis 2,5 Std. für die Strecke vom Gipfel nach San Michele.
Von San Michele nach Malcésine ist man weitgehend auf Asphaltstraßen unterwegs (Dauer ca. 1,5 Std.) und kann bedenkenlos die Seilbahn nehmen.

Von Malcésine nach Torri del Benaco

Unmittelbar südlich von Malcésine bietet sich ein schönes Bild kleiner, vorgelagerter Inseln, danach verläuft die Straße fast durchgehend dicht am Wasser – begleitet von einer ununterbrochenen Folge kleiner Campingplätze, Pensionen und Hotels, dazwischen eine Reihe von Dörfern, von denen vor allem *Casteletto* mit seinem malerischen Hafenbecken auffällt. Die touristische Infrastruktur ist wegen der guten Bademöglichkeiten an der flachen Küste hier besonders dicht. Selbst in der Hochsaison sollte man noch problemlos Platz finden, auch viele preiswerte Privatunterkünfte bieten sich an. Zum Baden und Surfen geht man einfach über die Straße, an manchen Stellen gibt es auch Tunnels.

Torri del Benaco (ca. 2600 Einwohner)

Ein hübscher Ort und dazu erfreulich ruhig, kein Vergleich mit dem weiter südlich liegenden Garda. Selbst im Hochsommer geht es hier noch recht beschaulich zu.

Die alte langobardische Festungsstadt drängt sich seitlich der Gardesana lang gestreckt an den See, eine malerische Hauptgasse durchzieht den historischen Kern, am Ufer verläuft eine breite Fußgängerpromenade. Am südlichen Ortsende liegt das intime Hafenbecken, daneben erhebt sich das Wahrzeichen der Stadt, eine stolze *Skaligerburg*, in der ein sehenswertes Museum untergebracht ist, außerdem an der Südmauer eins der letzten funktionsfähigen Zitrusgewächshäuser am See. Die Kirche *SS. Pietro e Paolo* am Nordende der Altstadt besitzt eine prächtige Orgel aus dem 18. Jh., benachbart steht der bullige *Berengar-Turm*.

Die Bademöglichkeiten sind gut, vor allem am baumbestandenen Nordstrand *Baia dei Pini*, an dem einige schmucke Palmen für mediterranes Flair sorgen.

• *Anfahrt/Verbindungen* Autofähren pendeln etwa im 40-Min.-Rhythmus nach **Maderno** am Westufer, in der Hochsaison mindestens 15 Min. vorher da sein, die Stellplätze sind schnell belegt. Auto kostet ca. 5,80–9,30 €, Motorrad 4,50–5,80 €, Fahrrad 4,20 €, Fahrer jeweils inkl. Mitfahrer 3,70 €.

• *Information* **IAT (Informazione e Accoglienza Turistica)**, Via Fratelli Lavanda 3, Nähe Skaligerkastell. Reichhaltige Auswahl an Prospekten, nicht nur über Torri del Benaco, gute Umgebungskarte mit Wandervorschlägen. Mo–Sa 10–13, 16–19, So 10–13 Uhr. ✆/℻ 045/7225120 und 6296482, www.torridelbenaco.com

• *Übernachten* *** **Gardesana**, Piazza Calderini 20, traditionsreiches Haus direkt am Hafenbecken, im 15. Jh. als Sitz der Ratsversammlung der umliegenden Gardasee-Gemeinden erbaut, vis-à-vis steht die Skaligerburg.

Rastplatz am Kamm des Monte Baldo

Strandleben bei Torri del Benaco

Geschmackvoll nostalgisch eingerichtete Zi. mit Klimaanlage und TV, im ersten Stock stimmungsvolle Speiseterrasse, im heutigen Speisesaal tagten früher die Ratsherren. Parkplatz vorhanden. DZ mit Seeblick (im obersten Stock am besten) und Frühstücksbüffet ca. 100–140 €, hinten hinaus günstiger. ✆ 045/7225411, ℻ 7225771, www.hotel-gardesana.com

** **Baia dei Pini**, nördlicher Ortsrand, geschmackvoll eingerichtetes Haus mit separatem Nebengebäude direkt am Strand, Restaurantterrasse zum See, schattiger Garten mit Zypressen, Zimmer mit Balkons, schöner Blick. Parkplatz, Bike- und Surfbrettverleih im Garten. Straße noch in Hörweite, doch das Wellenplätschern übertönt meist den Verkehr. DZ mit Frühstück ca. 75–110 €. ✆ 045/7225215, ℻ 7225595, www.torridelbenaco.com/baiadeipini

** **Villa Susy**, direkt neben Baia dei Pini, etwas näher an der Straße, aber zum See hin genauso schön wie beim Nachbarn. Zimmer mit Balkonen, malerische Seeterrasse unter hohen Zypressen. DZ mit Frühstück 90–115 €. ✆ 045/7225965, ℻ 7225022, www.villasusy.com

* **Onda**, an der Straße nach Albisano, fünf Minuten vom Ortszentrum. Von Marco und Anselmo freundlich geführt, Marco spricht Deutsch. Sehr sauber, 26 Zimmer, alle mit Balkon oder Terrasse, außerdem 3 große Apartments. Sehr gutes Frühstücksbüffet auf einer Terrasse im Freien. Parkplatz und Tiefgarage. DZ mit Frühstück ca. 52–60 €. ✆/℻ 045/7225895, www.garnionda.com

* **Belvedere**, ebenfalls an der Straße nach Albisano. netter Familienbetrieb mit großem Garten und schönem Blick, 21 Zimmer, Garage. DZ mit Frühstück 60–70 €. ✆/℻ 045/7225088, www.torridelbenaco.com

Die beiden einfachen Campingplätze * **Oliveti** (✆ 045/7225522) und * **San Remo** (✆ 045/6296571, ℻ 7225262) liegen in Terrassen am südlichen Ortsausgang über der Gardesana.

• *Essen & Trinken* Vor der Altstadt kann man idyllisch direkt an der Seepromenade essen, z. B. auf der über den See gebauten Plattform des **La Grotta**.

Das Hotel **Gardesana** bietet zu gehobenen Preisen hervorragende Küche mit Blick auf Kastell und Hafen – Hummer, Fischsuppe, marinierte Krebse, Leber auf venezianische Art u. a. Di geschl. (außer im Sommer).

Berengario, Piazza Chiesa 3, bei der Kirche SS. Pietro e Paolo und Berengar-Turm, große Auswahl, auch an Pizza, sehr freundlich und gutes Preis-Leistungsverhältnis.

Osteria da Ago e Rita, etwas nördlich außerhalb, direkt an der Gardesana. Traditionelle Küche zu günstigen Preisen, z. B. *pinzimonio* (Dippschale mit Saisongemüse), leckere

Pasta, zum Schluss Parmaschinken mit frisch gebackenen Brötchen. Nur abends, Mi geschl. **Panoramico**, im winzigen Örtchen Crero, nördlich von Torri oberhalb der Gardesana. Herrlicher Seeblick, allerdings steile Zufahrt, nur wenige Parkplätze.

• *Markt* jeden Mo entlang der Hauptgasse.

Sehenswertes: Das *Museum* in der Burg beherbergt anschauliche Sammlungen zur traditionellen Gardasee-Fischerei (Netze, Reusen und andere Fanggeräte, dazu eine alte "Gardaseegondel") und zur Olivenverarbeitung (u. a. altrömische Ölpresse im Garten). Im Obergeschoss eine Dokumentation von Felszeichnungen aus prähistorischer und historischer Zeit mit umfangreichen Erläuterungen auf deutsch. Man hat Tausende dieser stilisierten Bilder auf den Bergen um den Gardasee entdeckt, u. a. beim nahen Örtchen Crero und am Monte Luppia bei Garda. Außer dem Museum kann man noch weitere Teile der Burg besichtigen und auf die Wehrmauern und Türme hinaufklettern.

In *Crero*, nördlich von Torri del Benaco, unmittelbar oberhalb der Gardesana (→ Essen & Trinken), ist ein Fußweg zu den Felszeichnungen markiert, man läuft nur wenige Minuten.

Öffnungszeiten/Preise **Skaligerkastell**, April/Mai und Okt. Di–So 9.30–12.30, 14.30–18 Uhr, Juni–Sept. Di–So 9.30–13, 16.30–19.30 Uhr, Mo geschl.; Eintritt ca. 3 €, ermäß. 2 €.

Torri del Benaco/Umgebung

▸ **Albisano**: Eine steile Serpentinenstraße führt durch Olivenhaine und Gärten in diesen kleinen Ort oberhalb von Torri del Benaco. Vom Kirchenvorplatz genießt man einen fantastischen Blick auf den See, das gegenüberliegende Brescianer Ufer und die Berge dahinter – "Balcone del Garda" nannte der Literat und Nationalheros Gabriele d'Annunzio diesen Aussichtspunkt.

• *Übernachten/Essen & Trinken* *** **Panorama**, vollständig modernisiertes Hotel/Restaurant wenige Schritte vom Kirchenplatz, an der Straße nach San Zeno. Zimmer mit Panoramabalkonen und TV, große Sonnenterrasse, Pool. Besonders hervorzuheben ist die traumhafte Speiseterrasse mit großartigem Seeblick. DZ mit Frühstück ca. 64–80 €. ✆ 045/7225102, ℻ 6290162, www.panoramahotel.net

▸ **San Zeno di Montagna**: Diesen weit verstreuten Luftkurort in 585 m Höhe erreicht man, wenn man von Albisano etwa 5 km in Richtung Norden fährt. Hier oben gibt es sogar einen ganzjährig geöffneten Zeltplatz namens „Mamma Lucia" (¢/§ 045/7285038, beschildert) sowie eine Reihe recht günstiger Ein- und Zwei-Sterne-Unterkünfte für Sommerfrischler und Wanderer. Letztere nehmen hier gerne Quartier, um den Monte Baldo zu besteigen. Neuerdings kommen auch Familien mit Kindern, um den kürzlich eröffneten Abenteuerpark „Jungle Adventure" zu besuchen (Mai bis September tägl., ✆ 045/6289306, www.jungleadventure.it).

• *Verbindungen* **APTV-Bus 69** fährt 4–5 x tägl. von Verona am südlichen Ostufer des Gardasees entlang, von Garda oder Torri del Benaco (verschiedene Routen) über Costermano hinauf nach San Zeno und bis zur Prada-Hochebene.

• *Information* **IAT**, zusammen mit der Stadtbibliothek in einem historischen Gebäude mit breitem Laubengang an der Hauptstraße, Nähe nördliches Ortsende. Unterkunftsverzeichnis, Wanderkarte. ✆ 045/7285076, ℻ 7285222, E-Mail: bibliotecas.zeno@libero.it

• *Essen & Trinken* **La Casa degli Spiriti**, an einer scharfen Straßenkurve kurz vor San Zeno. Erste Adresse für Gourmets, Wein- und Landschaftsliebhaber. Vom verglasten Restaurant im Untergeschoss des „Geisterhauses" aus dem 18. Jh. und der offenen Terrasse darüber genießt man einen weiten Blick über bewaldete Hügel zum See. Zu gehobenen Preisen bietet „Sir Frederic" leichte mediterrane Küche bester Qualität, dazu gibt es hervorragende Weine aus dem Valpolicella in der dazugehörigen Enoteca.

Provinz Verona

Die malerische Punta San Vigilio

Im Cafélokal „La Terrazza" in der oberen Etage kann man etwas günstiger essen oder einfach nur einen Kaffee trinken. Mo geschl. www.casadeglispiriti.it

Giardinetto, Café-Restaurant direkt an der Hauptstraße in der Ortsmitte. Vom Gastgarten mit prächtigen Nadelbäumen genießt man auch hier einen herrlichen Blick auf den See.

Taverna Kus, Via Castello 14, rustikal-elegantes Restaurant mit überdachter Terrasse am nördlichen Ortsausgang, untergebracht in einem ehemaligen Bauernhaus. Traditionelle Küche, hausgemachte Pasta und beste Weine. Mi geschl.

Chiosco Pineta, Via Pineta Sperane, Snackbar im grünen Pinienwald östlich vom Ort, von der Piazza Schena rechts die Via Capra nehmen. Beliebter Platz fürs Picknick sowie ausgedehnte Spaziergänge.

▸ **Prada-Hochebene**: Auf steil ansteigender Straße geht es von San Zeno durch saftig grüne Gebirgsalmen weiter auf die Prada-Hochebene in 1000 m Höhe. Unterwegs genießt man herrliche Ausblicke – an klaren Tagen über den Süden des Sees und die Poebene sogar bis zum Apennin. Auf der Hochebene soll man bald wieder mit der stillgelegten Costabella-Schwebebahn bis zum *Rifugio Fior del Baldo* (1815 m) auf dem Monte-Baldo-Kamm hinaufgondeln können. Für die gesamte zeitintensive Unternehmung muss man von Torri del Benaco aus allerdings einen ganzen Tag einplanen.

Punta San Vigilio

Die markante Landzunge zwischen Torri del Benaco und Garda ist von der Durchgangsstraße durch eine schattige Zypressenallee zu erreichen. In der exklusiven *Locanda San Vigilio* aus dem 16. Jh. mit einem der besten Restaurants am Gardasee übernachteten schon Otto Hahn, Winston Churchill und Prinz Charles. Wunderschön ist der kleine, steingefasste Hafen neben dem Haus, auf dessen schmaler Mole man beschaulich unter Weinranken sitzt und zu gehobenen Preisen die exquisiten Antipasti und Salate der hauseigenen Taverna „Il Torcolo“ kosten kann. An der Nordseite der Landzunge liegt die *Baia delle Sirene*, ein 30.000 qm großer Park mit Rasen unter uralten Olivenbäumen und einem besonders schönen Kiesstrand. Der Eintritt kostet allerdings, je nach Jahreszeit, bis zu saftigen 9 € (Kinder 5 €), ab 14 Uhr ermäßigt. Zur Ausstattung gehören u. a. zwei Kioske, Sonnenliegen, Volleyballfeld, Tischtennis und Kinderspielplatz, außerdem Duschen, Umkleidekabinen und sogar ein Fernsehplatz.

• *Anfahrt/Verbindungen* An der Gardesana liegen zwei gebührenpflichtige Parkplätze einander gegenüber (Gäste der Locanda und Baia delle Sirene parken auf der Seeseite der Straße gratis). Die Zypressenallee darf man nur zu Fuß begehen, außer man wohnt im Hotel. Manche illustren Gäste legen im kleinen Hafen mit dem eigenen Boot an. Zu Fuß kann man von Garda in etwa 20 Min. zur Punta San Vigilio gelangen, indem man immer am Strand entlanggeht (→ Garda/Baden).

Südlich der Punta San Vigilio treten die Berge allmählich zurück, und der Lago di Garda weitet sich zum breiten Südteil mit grünen Wiesen, Weinbergen, Olivenbäumen und sanften Hügeln. Gewaltig wie ein Meer wirkt hier der See – vom gegenüberliegenden Ufer sieht man nichts, falls nur etwas Dunst in der Luft liegt. Die Orte sind flach, ohne die verwinkelte Struktur von Malcésine.

Garda (ca. 3600 Einwohner)

Viel besuchter Ferienort in einer sanft geschwungenen Bucht, nach Süden und Norden geschützt durch steile Bergrücken, das Ganze in einem Meer von Grün – üppig mediterrane Vegetation, Zypressen und Oliven bedecken alle Hänge und das Hinterland.

Seit alters spielt Garda eine besondere Rolle am See, denn neben der idealen Lage und der natürlichen Schönheit der Bucht war es vor allem der markante Tafelberg weiter südlich, der für die frühmittelalterlichen Herrscher wichtig war. Bereits unter den Ostgoten im 5. Jh. stand hier oben eine Burg. Angeblich war sie die Stammburg des berühmten Hildebrand aus der deutschen Heldensage. Nach Langobarden, Franken und Skaligern kamen schließlich die Venezianer und machten Garda zu ihrer Residenz am See. Mit zahlreichen stilvollen Palazzi prägten sie die Architektur

Von Garda zu Gardasee

Wie kommen Ort und See zu ihren Namen? Zwei Versionen werden berichtet. Die erste ist die Sage von der schönen Nymphe *Engardina*. Sie lebte in einem kleinen Bergsee und der mächtige Meeresgott verliebte sich in sie. Er verlangte von ihr, ihm zu folgen, doch sie forderte für dieses Ansinnen einen größeren See! Also schuf der Gott flugs den Gardasee, indem er mit seinem Dreizack an den hiesigen Burgfels schlug – sofort sprangen gewaltige Wassermassen heraus und bildeten den See. Engardina und ihr Galan stürzten sich wonnig in die Fluten, wobei sich vom Haar der Nymphe das Wasser leuchtend blau färbte.

Realistischer ist folgende Deutung: Das Wort Garda stammt vom germanischen Begriff "warden" (beobachten) ab – tatsächlich war der Burgfels über Garda ein idealer Beobachtungspunkt. In der althochdeutschen Literatur wurde dann aus w ein g – aus *warden* wurde *garden*, aus dem von den Römern "lacus benacus" genannten Gewässer der "See am Garden" oder "Gardensee".

Ruhiges Plätzchen bei Garda

des Ortes, wenngleich heute in der kleinen Altstadt nur noch Bruchstücke davon erhalten sind. Auch in den späteren Jahrhunderten entstanden in der Bucht eine Reihe prachtvoller Paläste inmitten großer Parkanlagen.

Die Promenade von Garda gehört heute zu den schönsten am See. Cafés, Restaurants und Gelaterie reihen sich aneinander, man sitzt behaglich mit viel Platz und herrlichem Seeblick. Gleich dahinter erstreckt sich der stimmungsvoll verwinkelte Altstadtkern mit überwölbten Wegen und zwei Tortürmen, zwischen denen die Hauptgasse verläuft. Die Bademöglichkeiten sind gut – eine lange Strandzone zieht sich südlich bis ins benachbarte Bardolino, nördlich bis zur Landzunge San Vigilio.

• *Anfahrt/Verbindungen* großer gebührenpflichtiger Parkplatz an der Durchgangsstraße, von dort 2 Min. in die Altstadt.

• *Information* **IAT (Informazione e Accoglienza Turistica)**, Lungolago Regina Adelaide 13, zentrale Lage an der Uferpromenade. Mo–Mi 9–13, 15–19, Do 10–13, 15–20, Fr 9–13, 15–20, Sa 10–13, 15–20, So 8–14 Uhr. ✆ 045/6270384, 📠 7256720, www.aptgardaveneto.com

• *Übernachten* *** **Flora**, Via Giorgione 27, landeinwärts der Gardesana, sehr gepflegtes Haus mit großem Park, zwei Pools und zwei Tennisplätzen. Moderne Zimmer, guter Service, deutsch-italienische Leitung. DZ mit Frühstück ca. 95–135 €, auch Vermietung von Ferienwohnungen. ✆ 045/7255348, 📠 6277940, www.hotelflora.net

*** **Roma**, Lungolago Regina Adelaide 26, familiär geführtes Hotel an der Uferpromenade, ordentliche Zimmer, z. T. Seeblick. DZ mit Frühstück ca. 42–100 €. ✆ 045/7255025, 📠 6270266, www.hotelromagarda.it

*** **Astoria**, Via Verdi 1, ebenfalls an der Uferpromenade, gepflegtes Haus mit gemütlichem Garten, hervorzuheben ist die Dachterrasse. DZ mit Frühstück ca. 75–86 €. ✆ 045/7255278, 📠 7255731, www.garda-tourist.com

** **San Marco**, Largo Pisanello, am Südende der Promenade, kurz vor dem Badestrand. Schmuckes Haus mit grünen Fensterläden, innen sehr behaglich, Frühstücks-/Aufenthaltsraum ähnelt einer Gemäldegalerie, davor die Terrasse. DZ mit Frühstück ca. 52–86 €. ✆ 045/7255008, 📠 7256749, www.hotelsanmarcogarda.it

** **Degli Ulivi**, Via Olivai 4. Das nette, kleine Haus liegt mitten im Grünen, landeinwärts der Durchgangsstraße. Neben Zimmern gibt es auch Apartments mit gedeckter Terrasse. DZ mit Frühstück ca. 82 €. ✆ 045/7255637, 📠 7255495.

** **Alla Torre**, schlichtes, sauberes Hotel im Stadtzentrum, direkt neben dem südlichen Torturm. In der Bar unten im Haus gelegentlich Livemusik. DZ mit Frühstücksbuffet ca. 70–83 €. ✆ 045/7256589, 📠 7255731, www.garda-tourist.com

La Filanda e San Carlo, in Costermano, Località Tavernole. Umgebaute Spinnerei des 18. Jh. inmitten eines großen Weinguts mit viel Grün. Gut eingerichtete Apartments für 2–6 Pers., Swimmingpool und Kinderbecken, Liegewiese, Spielplatz und Supermarkt. Günstiges und gutes Essen im hauseigenen Restaurant. Gut geeignet für Familien mit Kindern. Wochenpreis für 2–4 Pers. ca. 184–770 €. ✆ 045/7200977. Zu buchen über Europlan (→ Bardolino/Information).

Zwischen Garda und dem südlich benachbarten Bardolino liegen mehrere große und gut ausgestattete **Campingplätze** direkt am Strand (→ Bardolino).

• *Essen & Trinken* **Da Graspo**, Piazzale Calderini 12, bei der Hauptkreuzung der Gardesana. Das vielleicht originellste Lokal am Gardasee: zwei kleine, dunkle Räume, ein paar Stühle vor der Tür, eine offene Küche, in der es dampft und brodelt – das ist das Reich von Luca del Graspo. Der sympathische, etwas beleibte Wirt winkt jeden herein, schnell hat man ein Gläschen Prosecco in der Hand. Es gibt keine Speisekarte – „Das Menü bin ich", sagt Luca in Anlehnung an das bekannte Zitat des Sonnenkönigs. Dass Qualität und Ambiente stimmen, zeigen der rege Zuspruch und die gute Laune, die hier stets herrschen. Reservierung angebracht, ✆ 045/7256046. Di geschl.

Al Pescatore, ganz zentral an der Hauptgasse Via Emanuele, nett zum Sitzen und nicht überteuert.

Bella Venezia, Vicolo del Pio 8, gemütliche kleine Bar/Trattoria in einer schmalen Gasse der Altstadt, hübsch isst man an den wenigen kleinen Tischen draußen.

Garda, Via Don Gnocchi 33, leckere und preiswerte Pizzen, guter offener Wein, Spielplatz für die Kids.

Ai Beati, Via Monte Baldo 28, die Straße nach Costermano nehmen und links in die Via Monte Baldo (beschildert). In dem umgebauten, alten Landwirtschaftsgut am Ende der Straße sitzt man in einem rundum verglasten Speiseraum mit herrlichem Seeblick und auf einer großen, im Grün versteckten Terrasse. Sehr gute Küche und ebensolcher Service, allerdings entsprechende Preise, Degustiermenü ab ca. 40 €. Nur abends, Mo geschl. ✆ 045/7255780.

Stafolet, Via Poiano 12 (Località Giare), die Straße nach Costermano nehmen, kurz vor dem Ort rechts ab (beschildert). Gemütlich speist man hier im Grünen, weitab vom Rummel am See. Geeignet auch für Familien, denn auf dem Rasenplatz können sich Kinder tummeln. Mo geschl.

La Val, im Valle dei Molini (kurz vor Costermano links), das abgelegene "Mühlental" besitzt nur eine Schotterpiste, auf der man gut 2 km fahren muss, bevor man den freundlichen Gasthof erreicht. Die Preise sind günstiger als in Garda. Abends ab 18.30 Uhr, Di geschl.

Al Molini, das erste Restaurant im Valle dei Molini ist ebenfalls einen Versuch wert, man sitzt im Garten neben einer alten Mühle, etwas einfacher, nette Bedienung und preiswert.

Antica Osteria San Verolo, Località Verolo (Costermano), schön renoviertes, ehemaliges Bauernhaus im rustikalen Stil. Man kann auch im Freien sitzen, hervorragendes Essen, keine Speisekarte, mittlere Preisklasse. Mo geschl.

Miralago, ebenfalls in Costermano, Pizzeria/Ristorante mit herrlichem Blick auf die Bucht von Garda.

• *Nachtleben* **Osteria Can e Gato**, kleine, urgemütliche Wein- und Bierschenke beim nördlichen Stadttor, sehr beliebt.

Enoteca alla Calle, Calle dei sotto Portici, kleine Weinbar in der Altstadt, wenige Meter von der Uferfront.

Weiterhin gibt es einige Kneipen und Pubs in Garda, z. B. die **Papillon Bar**, Via delle Antiche Mura 26, die **Tavernetta** im Hotel Alla Torre beim südlichen Stadttor, wo oft Livemusik gespielt wird, die ganz in plüschigem Rot gehaltene **Bar Taitù** im Vicolo Cieco Forni (Seitengässchen der Hauptgasse) und die **Taverna Goethe** in der Via delle Viole 10 (bei der Pfarrkirche Santa Maria), bekannt für ihre zahlreichen Cocktails. Doch Nachtschwärmer werden wohl eher ins benachbarte Bardolino ausweichen, wo die angesagtesten Discos im Südosten des Sees liegen.

• *Markt* jeden Fr 6–15 Uhr an der Uferfront.

Sehenswertes: Der gotische *Palazzo dei Capitani* steht mit seinen schönen Spitzbogenfenstern und Blumenschmuck an der zentralen Piazza der Seefront. Einst residierte hier der venezianische Statthalter, heute ist eine Bar/Taverne untergebracht. Sehenswert ist außerdem der Kreuzgang des früheren Klosters *Chiostro della Pieve*, angebaut an die Kirche Santa Maria Maggiore im südlichen Ortsbereich, direkt an der Durchgangsstraße. Auf dem Felsen *Rocca di Garda* oberhalb vom Ort stehen die Ruinen einer frühmittelalterlichen Burg, zu erreichen mit einem Spaziergang von ca. 40 Min. In *Costermano*, einer weit verstreuten Siedlung in den Hügeln hinter Garda, liegt am Ortsende einer der größten deutschen Soldatenfriedhöfe in Italien (beschildert).

Öffnungszeiten **Chiostro della Pieve**, tägl. 9–12, 16–19 Uhr.

Garda/Umgebung

Hübsche Seespaziergänge kann man in beide Richtungen machen – mit Fahrrad oder zu Fuß lohnt der Uferweg ("Passeggiata Rivalunga") ins 3 km entfernte *Bardolino*, zur 2 km entfernten *Punta San Vigilio* im Norden geht man besser zu Fuß, da der Weg im letzten Teil sehr steinig wird.

Tipp für Wanderer und Radler: Seitdem kürzlich das letzte Stück zwischen Cisano und Lazise ausgebaut wurde, ist es möglich, von Garda bis nach Peschiera del Garda in der Südostecke des Sees das Ufer in voller Länge entlang zu spazieren oder mit dem Rad abzufahren. Die Strecke beträgt etwa 15 km. Lediglich im südlichen Teil von Lazise muss man kurzzeitig in die Stadt ausweichen.

▸ **Costermano**: weit verstreute Siedlung in den Hügeln hinter Garda. Am Ortsende liegt in absoluter Ruhe einer der größten deutschen *Soldatenfriedhöfe* in Italien (ab Ampelkreuzung in Garda beschildert). Die sterblichen Überreste von 21.951 Soldaten wurden aus ganz Norditalien überführt und ruhen in drei terrassenförmig angeordneten Gräberfeldern. Steinerne Platten zeigen die Lage der Grabstätten an, sie tragen jeweils die Namen von zwei Toten. Die Namen der Gefallenen sind in dem zentralen Gebäude (Kameradengrab) in acht Büchern verzeichnet. Über der Anlage steht ein großes Stahlkreuz.

Öffnungszeiten tägl. 8–19 Uhr.

▸ **Rocca di Garda**: Auf dem 249 m hohen Tafelberg südlich vom Ort findet man nur noch spärliche Mauerreste der großen frühmittelalterlichen Burg von Garda, denn Anfang des 16. Jh. schleiften die Venezianer die veraltete Festung. Im 5. Jh. war sie in Besitz von Hildebrand, dem Heerführer des Theoderich, bei uns besser bekannt als Dietrich von Bern (Bern = Verona). Im Jahr 951 spielt in der Rocca von Garda die abenteuerliche Geschichte der jungen burgundischen Königstochter Adelheid, die zwangsweise mit einem Langobardenkönig verheiratet werden sollte und hier eingekerkert war, schließlich flüchten konnte und stattdessen den deutschen König Otto I. ehelichte. Ein eigentümlich geformter Felsblock wird heute "Thron der Adelheid" genannt. Um 1160 belagerte Kaiser Friedrich Barbarossa die Rocca über Jahre hinweg, ohne sie einnehmen zu können.

Ein schöner Spazierweg führt aufs Plateau. Unterwegs kann man rechter Hand einen kleinen Abstecher durch dichten Nadelwald zur nach dem Ersten Weltkrieg errichteten Statue der *Madonna del Pino* machen, die über dem See thront und

Schutzhelferin Gardas ist. Wenn man den Weg von der Madonna weitergeht, erreicht man bei der Pfarrkirche wieder die Gardesana (→ Stadtplan).

• *Wegbeschreibung* Man startet links von der Pfarrkirche in der **Via San Bernardo**, geht vor dem Friedhof rechts und gleich wieder rechts in die **Via degli Alpini** (dort zweigt der Weg zur Madonnenstatue ab). Etwa 40 Min. läuft man bis zum **Sattel** zwischen Monte San Giorgio und der Rocca. Unterwegs passiert man einige so genannte "Canevini", in den Fels gehauene ehemalige Weinkeller. Ein breiter Weg führt schließlich hinauf zum Plateau.

Faszinierende Relikte: Felszeichnungen am Monte Luppia

Der 416 m hohe Monte Luppia schließt die Bucht von Garda nach Norden ab. An seinem Hang wurde ein Großteil der berühmten Zeichnungen entdeckt, die von Malcésine bis Garda in zahlreiche Felsen des Monte Baldo-Massivs eingeritzt sind (→ Crero, S. 75) und aus den verschiedensten Epochen stammen – einige sind mehrere tausend Jahre alt, andere stammen aus dem Mittelalter oder sind sogar noch jünger. Warum hier diese Vielzahl von Zeichnungen? Die einleuchtendste Vermutung ist vielleicht, dass es weitgehend Hirten waren, die ihre Herden auf die Hochalmen am Monte Baldo trieben und sich an den vielen Felsplatten künstlerisch versuchten, um sich die Zeit zu vertreiben. Sie ritzten vor allem das ein, was sie gut kannten und vielleicht tagtäglich von ihrer hohen Warte aus sahen: Schiffe nämlich. Aber auch Reiter auf Pferden, bewaffnete Krieger, Lanzen, Menschen und Ornamente sind thematisiert.

In einer anregenden kleinen Wanderung kann man einige der Steinzeichnungen besuchen, hin und zurück braucht man etwa 1,5 Std. reine Gehzeit.

Wegbeschreibung: Wir starten unsere Wanderung am landseitig gelegenen Autoparkplatz bei der Punta San Vigilio (in der Hauptsaison gebührenpflichtig). Hier steigt ein Weg südostwärts zwischen Ölbäumen leicht den Hang hinauf, nach 5 Min. hält man sich links, kurz danach nochmals links. Nach wenigen Minuten treffen wir auf einen gepflasterten Fahrweg, die alte Straße (Strada dei Castei) von Garda nach Torri del Benaco. Es geht die Straße nach links, nach einigen Kurven trifft man rechts auf einen Abzweig, der mit einer Metallschranke gesichert ist. Diesen Weg hinauf bis zu einem Querweg, dort links durch dicht wuchernde Waldvegetation, entlang einer 90 cm hohen, efeuüberwachsenen Mauer. Wir treffen auf eine Kreuzung, hier den schmalen Weg halbrechts hinauf zu den "Rupestri". Nach wenigen Minuten passiert man links ein Haus, kurz danach liegt der erste Bilderfels rechts am Weg, die "Pietra delle Griselle" – Blickfang ist hier das große Schiff mit Masten und Strickleitern (Griselle). Weiter oben auf der Platte sind schwerttragende Menschen und Lanzen eingraviert. Es folgen noch mehrere Felsplatten mit Schiffszeichnungen und anderen kleinen Einritzungen, berühmt ist die "Pietra dei Cavalieri" mit einer Reihe von reitenden Kriegern, die Lanzen tragen. Tipp für den Rückweg: Wenn man wieder auf der "Strada dei Castei" ist, kann man sie in Richtung Garda bis zum Ende verfolgen. Durch schöne Olivenhaine steigt sie hinunter und mündet etwa 700 m östlich vom Parkplatz, der der Ausgangspunkt unserer Wanderung war, auf die Gardesana (rot-weiß-rot beschildert: Crero, Castei Monte Luppia). Von hier kommt man entlang der viel befahrenen Gardesana zum Parkplatz oder nach Garda.

▸ **Eremo dei Camaldolesi**: Von der Rocca läuft man etwa 20 Min. auf markiertem Waldweg hinüber zum Zwillingsberg *Monte San Giorgio* (305 m). Dort steht seit dem 17. Jh. ein Kamaldulenser-Kloster, dessen schlichte Kirche dem Ordensgründer Romuald geweiht ist. Die Kamaldulenser sind ein Seitenzweig der Benediktiner, gegründet wurde die Bruderschaft 1012 in der Toskana. Eine Besichtigung des Klosters ist möglich und seit einigen Jahren auch Frauen gestattet, früher mussten sie vor der Tür warten.

• *Öffnungszeiten* tägl. 9–12.30, 15–18.30 Uhr, ✆ 045/7211390. Um Einlass zu erhalten, bitte an der Tür klingeln.

• *Wegbeschreibung* mit **PKW** am nördlichen Ortsausgang von Bardolino einbiegen, bis Cortelline fahren, dort links den Weg zum "Eremo" nehmen und bis zum Ende fahren. **Zu Fuß** ab Garda etwa eine Stunde, im Sattel zwischen Rocca und Monte San Giorgo links halten.

Bardolino (ca. 6200 Einwohner)

Das touristische Zentrum am Südostufer. Der populäre Ferienort besitzt eine freundliche, angenehm offen gebaute Altstadt, in den breiten, weitgehend rechtwinkligen Gassen lässt es sich gemütlich bummeln.

Bardolino besitzt eine sehenswerte romanische Kirche, ist aber vor allem bekannt für den gleichnamigen Rotwein, ein einfacher süffiger Tropfen, der im hügligen Hinterland wächst und den man dort überall im Direktverkauf erwerben kann.

Am See erstreckt sich eine lange Promenade zwischen zwei weit vorspringenden Halbinseln, Richtung Norden kann man am Wasser entlang bis Garda laufen oder radeln, in der anderen Richtung sogar bis Peschiera am Südende des Sees. Wie im benachbarten Garda sind die Bademöglichkeiten sehr gut – Strände gibt es zu beiden Seiten des Orts, außerdem zwei gebührenpflichtige Strandbäder.

• *Anfahrt/Verbindungen* großer Parkplatz an der Durchgangsstraße, bei der Kirche San Severo.

• *Information* **IAT (Informazione e Accoglienza Turistica)**, direkt an der Gardesana, Piazzale Aldo Moro 5. Mo–Do 9–13, 15–19, Fr 9–13, 15–20, Sa 10–13, 15–20, So 8–14 Uhr. ✆ 045/7210078, ℻ 7210872, www.aptgardaveneto.com

Associazione Albergatori Bardolino (Unterkunftsvermittlung), gleich neben der Informationsstelle. Mi–So 10–12.40, 15.30–19.30 Uhr, Di geschl. ✆ 045/6210654, ℻ 6228014, www.ababardolino.it

Europlan, Via Mirabello 15, Vermietung von Ferienwohnungen, geführte Touren durchs Weinbaugebiet, Bootsverleih u. m. ✆ 045/6209446, ℻ 6210420, www.europlan.it

• *Übernachten* *** **Quattro Stagioni**, Borgo Garibaldi 25, mitten in der Altstadt, doch sehr ruhig, Garten mit üppiger mediterraner Vegetation und einem hübschen Swimmingpool, großer, schattiger Parkplatz. Einrichtung z. T. mit Antiquitäten, gemütlich, Zimmer mit TV. DZ mit Frühstück ca. 52–120 €. ✆ 045/7210036, ℻ 7211017, www.hotel4stagioni.com

*** **Alla Riviera**, Lungolago Lenotti 12, Villa aus dem 19. Jh., zentral im Ortskern direkt an der Seepromenade. Rezeption und Aufenthaltsraum einfach, Zimmer z. T. modern, teils mit Stilmöbeln eingerichtet, jeweils Föhn und TV, einige mit Kühlschrank. Große Sonnenterrasse und Kiesgarten mit Palmen. Gäste erhalten freien Eintritt an der Baia delle Sirene (Strand mit Liegewiese bei Garda) und im Club Cisano (Uferpark mit Swimmingpool, Tennis und Bar). DZ mit Frühstück ca. 50–110 €. ✆/℻ 045/6212600, www.allariviera.it

*** **Villa Letizia**, Lungolago Cipriani, an der Uferstraße südlich vom Zentrum, von Familie Aldrighetti aufmerksam geführt, kürzlich komplett renoviert und voll klimatisiert. Zimmer mit z. T. großen Balkonen, auf der großen Sonnenterrasse kleiner Pool mit Jacuzzi und Gegenstromanlage, gute Küche. Über die Straße zum privaten Strand, hölzerner Badesteg. DZ mit Frühstück ca. 80–140 €, meist Pflicht zur HP. ✆ 045/7210012, ℻ 6210650, www.hotelvillaletizia.com

*** **Fiorita**, Via Solferino 49, ruhig gelegenes Haus in einer engen Seitengasse, 100 m von der Anlegestelle. Mit Garage. DZ mit Frühstück ca. 65–87 €. ✆/℻ 045/7210197, www.hotelfiorita.it

* **Valbella**, Via San Colombano 38, nettes Haus mit Garten in den Hügeln, 2 km vom Zentrum. Moderne Zimmer mit TV und Balkons, wunderschöner Seeblick, Parkplatz, DZ mit Frühstück ca. 47–62 €. ✆ 045/6212483.

• *Camping* Vor allem nördlich von Bardolino liegen einige große und gut ausgestattete Plätze mit langen Badezonen.

** **Comunale San Nicolò**, direkt nördlich vom Zentrum, schmaler Strand mit Badesteg, nur z. T. schattige Stellplätze. ✆/℻ 045/7210051, E-Mail: comune.camping.sannicolo@comune.bardolino.vr.it

** **Continental**, benachbart zu Camping Comunale, schattiger Platz mit Pappeln und Ölbäumen, davor schöne Strandzone mit Grasböschung, Restaurant. ✆ 045/7210192, ℻ 7211756, www.campingarda.it

*** **Serenella**, großes Gelände, gut beschattet durch Laubbäume, großer Pool mit Kinderbecken, Kinderspielplatz, Animation, Restaurant, 250 m langer Strand. Großes Wassersportangebot: Windsurfen, Kanus, Wasserski, Paraflying. Keine Motorräder! ✆ 045/7211333, ℻ 7211552, www.camping-serenella.it

** **La Rocca**, riesiger Platz südlich unterhalb der Rocca von Garda, durch die Gardesana in zwei Teile getrennt. Großer Pool und Kinderbecken, 300 m Strand, Restaurant/Pizzeria. ✆ 045/7211111, ℻ 7211300, www.campinglarocca.com

** **Europa**, kleiner Platz unmittelbar südlich vom Zentrum, neben Hotel du Lac. ✆ 045/7211089, ℻ 7210073, www.campingarda.it

• *Essen & Trinken* **La Loggia Rambaldi**, Piazza Principe Amedeo 7, einen Katzensprung vom See, ein ehemaliges Adelspalais des 16. Jh. wurde in den neunziger Jahren in ein geschmackvolles Restaurant umgebaut. Vor dem Haus Sitzplätze mit Seeblick. Gute Fischküche, aber auch Pizza, etwas höhere Preise. Di geschl.

Al Giardino delle Esperidi, Via Goffredo Mameli 1, kleine, feine Enoteca mit Verkaufsraum, Dachgarten und Plätzen im Hinterhof unter einer Pergola. Einfallsreiche Gerichte, die häufig wechseln, zum Dessert Leckereien mit diversen Käsesorten und Honig. Gehobene Preise. Mi mittags und Di geschl.

La Lanterna, Via Goffredo Mameli 18/a, hier legt man vor allem Wert auf die Zubereitung von Pasta in allem Variationen, es gibt aber auch Pizza und Fisch. Preislich okay und sehr lecker.

Il Portichetto, Piazza Catullo, wenige Meter vom Hafen bei kleinem Torbogen. Bekannt für seine leckeren, selbst gemachten Nudeln und die Fleischgerichte vom Grill, als Secondo z. B. *brasato con polenta* (Schmorbraten) oder tagliata con rucola e grana (Entrecôte mit Rukola und Parmesan). Mi geschl.

Al Commercio, Via Solferino 1, alteingesessener Familienbetrieb, genießt einen sehr guten Ruf, man isst im gemütlichen Innenraum oder im Gastgarten hinter dem Haus. Reichhaltiges Angebot, z. B. *tagliatelle con coniglio* (Tagliatelle mit Kaninchenragout), *lumache alle erbe* (Schnecken mit Kräutersoße), *fegato alla Veneziana* (Leber mit Zwiebeln) und *Gulasch alle Trentino*. Di geschl.

La Cantina di Franciscus, Via Verdi 11, große Osteria im südlicher Ortsbereich. Geboten ist traditionelle Küche, z. B. *pinzimonio* (Dippschale mit Saisongemüse), danach leckere Pasta, zum Schluss Parmaschinken mit *tigelle* (frisch gebackene Brötchen). 18–2 Uhr. Mo geschl.

La Formica, Piazza Luigi Lenotti 11, aufmerksam geführte Pizzeria/Ristorante mit viel Auswahl – Pizza, Pasta, Fisch oder Fleisch. Leserzuschrift: „Eine angenehm runde Sache – sowohl Küche und Bedienung wie auch Ambiente und Preisniveau." Mo geschl.

Le Palafitte, Pizzeria/Ristorante in schöner Lage am Seeufer südlich vom Zentrum. Relativ preiswert, Plätze im Freien, Seeblick. Di geschl.

• *Nachtleben* **Orange Garden Disco**, Via Monsurei 1 (Via Croce hinauf und zweite rechts), populäre Disco mit Restaurant, gelegentlich Livemusik. Geöffnet Mi–So. ✆ 045/6212711.

Primo Art Café, direkt am Kreisel an der Gardesana. Cocktailbar mit Tanzfläche und meist freiem Eintritt, Cocktails ca. 5–6 €, auch hier ab und an Livemusik. Disco von Do bis So, außerdem große Außenterrasse. ✆ 045/6210177, www.primoartcafe.it

• *Shopping* jeden Do riesiger **Markt** an der Promenade.

Il Coccio, Borgo Garibaldi 52, bei Sergio und Riccardo Vellini werden Keramikkacheln, Vasen und Teller fantasievoll bemalt.

Guerrieri-Rizzardi, Piazza Guerrieri 1, Weinkellerei am Platz vor dem südlichen Stadttor, Eigentümer ist ein altes Adelsgeschlecht der Region. Nach Vereinbarung werden von April bis Oktober Führungen durch den historischen Garten „Antico Orto Guerrieri", den Gemüsegarten des Palazzo Guerrieri und die in den Stadtmauern gelegenen alten Kellereien veranstaltet. Zum Abschluss findet im Kellerei-Museum eine Weinverkostung statt. Den Guerrieri-Rizzardis gehört auch eine prächtige Villa mit Gartenanlage im Valpolicella (→ S. 136). Mo–Fr 8–12, 14.30–17.30, Sa 8.30–12.30 Uhr. ✆ 045/7210028, www.guerrieri-rizzardi.com

Sehenswertes: Die große, lang gestreckte Fußgängerzone Piazza Matteotti führt vom Hafen zur klassizistische Pfarrkirche. Im rückwärtigen Bereich des Orts steht direkt an der Gardesana die romanische Kirche *San Severo*. Der schlichte romanische Bau aus einfachen Bruchsteinquadern stammt aus dem 11. Jh., die jüngst ausgegrabene Krypta hinter dem Altar von einem langobardischen Vorgängerbau des 8. Jh., dort sind noch die typischen Flechtornamente der Langobarden zu erkennen. An der Fassade und den Apsiden sind die romanischen Schmuckelemente

Die hübschen Gassen Bardolinos sind während der Siesta fast ausgestorben

und Friese bemerkenswert. Im Innenraum sind zahlreiche verblasste *Fresken* des 12. Jh. erhalten, darunter rechter Hand sehr lebendig gestaltete Szenen der Apokalypse des Johannes. Links ist dagegen in verschiedenen Szenen der Leidensweg Jesu thematisiert, außerdem die Auffindung des so genannten „Wahren Kreuzes", an dem Jesus starb, durch die heilige Helena, Gattin des Kaisers Constantin. Auch eine Darstellung kämpfender Ritter ist zu sehen.

Das 1200 Jahre alte Kirchlein *San Zeno* steht versteckt in einem Hof, landeinwärts der Durchgangsstraße. Es stammt aus der Zeit der fränkischen Besetzung. Der erstaunlich hohe, fast turmartige Kreuzkuppelbau besitzt noch spärliche Freskenreste, malerisch baumelt das Seil der Glocke in den Innenraum. Die Säulenkapitelle im Langschiff stellen frühmittelalterliche Versuche dar, die klassischen korinthischen und ionischen Kapitellformen nachzuahmen.

Die romanische Kirche San Severo

Sagra dei osei: das Fest der Singvögel

Am ersten Wochenende im September erwacht das sonst eher beschauliche Cisano zu ungewohnter Betriebsamkeit. Die traditionelle Vogelmesse, die in ihren Ursprüngen bis ins Mittelalter zurückgeht, zieht Besucher von nah und fern an und hat sich zu einem großen mehrtägigen Volksfest entwickelt. Ein erster Höhepunkt ist der große Gesangswettbewerb, der allerdings wegen der Natur der Konkurrenten bereits um 5.30 Uhr morgens stattfindet. Anschließend zeigen Greifvögel ihre Jagdkünste und ein großer Markt bietet alles für Vogelfang und -zucht. In einem Zelt kann man sich währenddessen reichlich verköstigen – Trippa mit Polenta, Entenbraten, Wachteln und "pasta e fagioli" (Bohnensuppe mit Nudeln) sind die typischen Gerichte. Ein Feuerwerk am Montag beendet um 23.45 Uhr das viertägige Fest.

Traurig, aber wahr: Italien ist ungekrönter Weltmeister in der Jagd auf Singvögel. Naturschützer laufen Sturm gegen das mörderische Vergnügen, aber bisher weitgehend vergeblich, obwohl in den letzen Jahren immer wieder hart durchgegriffen wurde, im Bereich des Gardasees zehntausende von Fallen zerstört und viele Wilderer von der Forstpolizei entwaffnet wurden.

Internet: www.sagradeiosei.com, www.komitee.de (Komitee gegen den Vogelmord e.V.)

▸ **Cisano**: kleiner Küstenort zwischen Bardolino und Lazise. Nur wenige Häuser gruppieren sich um das beherrschende Hotel Vela d'Oro und das Hafenbecken, wo man in mehreren Lokalen angenehm und ruhig essen kann. Die große Wiese nördlich vom Ortskern wird gelegentlich für Veranstaltungen, Rockkonzerte etc. benutzt. In Richtung Süden gibt es einige kleine Badebuchten, danach schließt sich ein 500 m langer, sehr schmaler Badestrand mit dem Camping Cisano unter hohen Bäumen an. Recht schön ist der Spaziergang am Ufer entlang ins südlich benachbarte Lazise, es geht dabei durch üppig grüne Wiesen- und Schilfzonen, vorbei an mondänen Villen mit Bootsstegen. Landeinwärts der Gardesana versteckt sich die romanische Kirche *Santa Maria Maggiore* aus dem 12. Jh. – im 19. Jh. brach man den Großteil der Kirche ab und gestaltete den Innenraum neu, nur Fassade, Turm und Apsis blieben erhalten.

Direkt an der Gardesana präsentiert das *Museo dell'Olio* anhand vieler Exponate die Geschichte der Olivenölgewinnung. Angeschlossen ist ein großer Verkaufsladen mit einer vielfältigen Palette an Olivenöl und anderen Produkten, z. B. Olivenölkosmetik, Grappa, eingelegte Pilze, Honig, Aceto di Balsamico (Balsamessig aus Modena), Limoncino vom Gardasee (30 %iger Likör) und natürlich zahlreiche Weine, darunter die herrlichen Tropfen "Amarone" und "Recioto".

Öffnungszeiten **Museo dell'Olio**, 9.30–12.30, 14.30–19, So 9–12.30 Uhr. Eintritt frei (www.museum.it). Achtung – es gibt nur eine Hand voll Parkplätze vor dem Haus.

Bardolino/Umgebung

Hinter Bardolino und Cisano beginnt das Weinland, die kleinen, schmalen Straßen sind überall von Rebfeldern flankiert und nennen sich oft "strada del vino" (beschildert). Viele Winzer bieten hier ihre Weine im Direktverkauf an.

Fahren Sie z. B. von Cisano hinauf nach *Calmasino*, dort kann man in zahlreichen Kellereien den Bardolino und andere Tropfen erwerben. Von der Straße nach Camalsino zweigt gleich im ersten Teil der Straße links die Via Costabella ab, dort liegt das Weingut der Gebrüder Zeni (→ folgender Kasten). Über *Cavaion* kommt man schließlich nach *Affi* beim Autobahnanschluss „Lago di Garda Sud", bekannt für sein riesiges Shopping-Center „Grand'Affi", das größte am ganzen See.

Wenn man am nördlichen Ortsrand von der Gardesana landeinwärts auf einer Serpentinenstraße in die Weinberge Richtung Albarè abbiegt (beschildert: „Istituto Salisiano"), durchfährt man eine ruhige Landschaft mit Weinbergen, Olivenhainen, vereinzelten Landhäusern und Bauernhöfen. Gleich drei empfehlenswerte Lokale liegen an dieser Straße. Außerdem kann man eine leichte Wanderung zur *Rocca*, dem Wahrzeichen von Garda unternehmen und das Kamaldulenserkloster *Eremo dei Camadolesi* besuchen (→ S. 82) oder aber einen Spaziergang zum *Istituto Salisiano* des Salesianer-Ordens von Don Bosco südlich der Straße unternehmen (beschildert), das einen herrlichen Blick auf den Gardasee ermöglicht.

• *Essen & Trinken* **Al Torcolo**, Via Torcolo 5, am Weg von Calmasino nach Cavaion rechter Hand in den Weinbergen. Gute Qualität zu günstigen Preisen, vor allem mittags.

Locanda al Bersagliere, an der Straße nach Albarè, nach etwa 2–3 km linker Hand. Stimmungsvolle Terrassentaverne mit Schatten spendender Weinlaube. Hervorragende regionale Küche, nicht ganz billig, aber seinen Preis unbedingt wert – besondere Empfehlung für die geräucherte Gänsebrust (Antipasto), als Secondo diverse Fischgerichte und Fleischspeisen, von Lamm bis Pferd.

La Dacia, etwas zurück von der derselben Straße, noch ein Stück weiter. Großer Landgasthof mit schattigem Garten und Blick ins Grüne.

Bicocca, kurz vor Albarè direkt an der Straße. Rustikale, sehr gepflegte Osteria in einem schön restaurierten Bauernhaus mit stilvollem Ambiente.

• *Shopping* **Azienda Agricola Bottura Giuseppe**, Via Crosatti 2, Weingut bei Camalsino, Direktverkauf, offen und aus der Flasche. ✆ 045/7235708.

Grand'Affi, Shopping Center mit ca. 70 Geschäften – Lebensmittel, Bekleidung, Schuhe u. v. m. in riesiger Auswahl, zu meist anständigen Preisen. Tägl. 9–21 Uhr, www.grandaffi.it

Tenuta Valleselle, kurz vor Albarè rechts abzweigen zum großen Weingut der Familie Tinazzi. Die in hochwertigen Holzfässern veredelten Weine können tägl. außer So 15–19 Uhr erworben werden, geführte Kostprobentouren werden Mi 17–19 Uhr und Sa 10–12 Uhr angeboten. ✆ 045/6470697, www.tinazzi.it

POG Cooperativa Produttori, Via Beccherle 361, zwischen Affi und Caprino Veronese. Tipp! Die Kooperative produziert hervorragendes Olivenöl aus kontrolliertem biologischem Anbau mit geschützter Ursprungsbezeichnung (DOP), das noch dazu preislich günstig ist. ✆ 045/6230616, 6239049, E-Mail: frantoio.pog@libero.it

Dienstagnachmittag bei Zeni

Weinprobe in der Cantina Fratelli Zeni

Südlich oberhalb von Bardolino liegt das große Weingut Zeni in der Via Costabella 9. Das äußerlich hübsch aufgemachte Haupthaus ist zu einem Weinmuseum umgestaltet, große Fässer und Utensilien zur Weinherstellung aus Vergangenheit und Gegenwart sind ausgestellt. Im Weiteren schreitet man zur fröhlichen Kostprobe diverser Tropfen, die man im Anschluss einzeln oder gleich kistenweise erwerben kann. Im Angebot sind alle bekannten Weine vom Gardasee und aus den nahen Weinbaugebieten – *Bardolino, Chiaretto, Lugana, Valpolicella, Soave, Custoza* u. a. Die besten sind zweifellos die vergleichsweise teuren "Amarone" und "Recioto" aus dem Valpolicella – diese kann man allerdings vorher nicht degustieren.

Öffnungszeiten Mitte März bis Ende Oktober tägl. 9–13 und 14–18 Uhr. Eintritt frei. ✆ 045/7210022, www.zeni.it

Geschäftiges Treiben im Hafen von Lazise

Lazise

(ca. 5700 Einwohner)

Ein ganz besonders malerischer Ort innerhalb einer prächtig erhaltenen Stadtmauer mit Wehrtürmen und drei Toren. Das Ensemble der Altstadt gehört heute zu den reizvollsten am See – enge Straßen öffnen sich zu kleinen Plätzen, mitten darin zieht sich das schmale Hafenbecken tief landeinwärts. Außerhalb der Altstadt thront in einem üppig grünen Park eine große Skaligerburg.

Seit dem 15. Jh. diente das gut befestigte Lazise als Kriegshafen der venezianischen Flotte gegen die Mailänder. Die alte Stadtmauer der Skaliger wurde deshalb damals nicht geschleift, sondern hatte die Aufgabe, die strategisch wichtige Hafenanlage zum Land hin zu schützen. Trotzdem mussten die Venezianer 1509 im Krieg gegen die Liga von Cambrai ihre Schiffe vor Lazise schmählich selber versenken, damit sie nicht in die Hände der Feinde fielen (→ Kasten, S. 90).

Viel Luft und Platz hat man auf der breiten Promenade vor der Altstadt. Ein langer Strand (im Sommer mit Eintritt) liegt südlich vom Ort, Richtung Norden kann man von Holzstegen aus gebührenfrei ins Wasser hüpfen. Lazise ist außerdem eins der Campingzentren im unteren Seebereich – südlich vom Ort findet man eine ganze Reihe, teils komfortabler Zeltplätze mit hervorragenden Bademöglichkeiten.

• *Information* **IAT (Informazione e Accoglienza Turistica)**, am Hafen rechts, neben Hotel Alla Grotta. Mo–Do 10–13, 15–19, Fr/Sa 10–13, 15–20, So 8–14 Uhr. ✆ 045/7580114, 7581040.

• *Übernachten* *** **Miralago**, Lungolago Marconi 16, gepflegtes Haus am See, von den Zimmern mit kleinen Balkonen herrlicher Seeblick, Parkplatz, Ristorante. DZ mit Frühstück ca. 75–120 €. ✆ 045/7580015, 7581189.

** **Alla Grotta**, Via Fontana 8, wunderbare Lage im Hafen, oben vierzehn kleine, saubere Zimmer, im historischen Gewölbe unten beliebtes Fischristorante. DZ mit Frühstück ca. 85 €. ✆/ 045/7580035, www.allagrotta.it

** **Sirena**, Via Roma 4/6, etwas zurück vom Nordende der Promenade, gemütliches Haus mit Kiesterrasse, großem Garten und Pool. Parkplatz, Ristorante, moderne Zimmer mit Seeblick. DZ mit Frühstück ca. 70–108 €. ✆ 045/7580094, 📠 6470597, www.gardalake.it

** **Santa Marta**, Via Sentieri 13, 1 km südlich vom Ortszentrum, Einfahrt von der Gardesana aus, mit Garage. Das üppig grüne Anwesen liegt zwischen Weinreben und Obstbäumen, die nahe Straße stört kaum. Solide eingerichtete Zimmer, großer Garten, nette Frühstücksterrasse. Schnell ist man am Strand unten. DZ mit Frühstück ca. 64–104 €. ✆ 045/7580026, 📠 7580639.

* **Tecla**, Via Cansignorio 12, beim nördlichen Stadttor (über Enoteca "L'Arte del Bere"). 12 Zimmer mit Bad, teilweise mit kleinen Balkonen über der lebhaften Straße, nicht ganz leise. DZ mit Frühstück ca. 44–54 €. DZ ✆ 045/7580032, 📠 6470618.

* **Campagnola**, Via Pergolana 5, am nördlichen Ortsausgang, direkt an der Gardesana. Kleines Albergo in einem großen Garten, gute Parkmöglichkeit für PKW. DZ ca. 45–60 €. ✆/📠 045/7580012.

• *Camping* (von Nord nach Süd)

** **Municipale**, der einzige Platz nördlich vom Zentrum, vom See durch eine Promenade getrennt, Stellplätze unter Pinien, außerdem Bungalows. ✆ 045/7580020, 📠 7580549.

*** **Du Parc**, unmittelbar südlich vom Ortskern, dichter Baumbestand, direkt am 300 m langen Strand, Holzbungalows, gute Sanitäranlagen, großer Poolbereich mit Bar, Kinderbecken und Rutschen nahe der Gardesana. Hinter dem Strand gepflegte Uferwiese mit Liegestühlen, Kinderspielgeräten, Sportmöglichkeiten und Bar/Ristorante. ✆ 045/7580127, 📠 6470150, www.campingduparc.it

** **Spiaggia d'Oro**, schöner, großer Grasplatz mit weitgehend dichtem Baumbestand, einige Stellplatzreihen allerdings schattenlos. Vor dem Platz ein 300 m langer, sandiger Strand, gleich dahinter Ristorante/Pizzeria mit schönem Seeblick. Top renovierte Sanitäranlagen, sogar mit Wickelräumen. Keine Motorräder. ✆ 045/7580007, 📠 7580611, www.campingspiaggiadoro.com

**** **La Quercia**, großes, schönes Wiesengelände 2 km südlich von Lazise, viel Baumschatten, langer, besandeter Strand, gute Sanitäranlagen, geräumiger Pool und Kinderbecken, außerdem großer Hydromassage-Pool, zudem Kinderspielplatz, Animation, Reiterhof, Tennis, Tauchkurse, Bungalows. Keine Motorräder. ✆ 045/6470577, 📠 6470577, www.laquercia.it

*** **Ideal**, ca. 2,5 km von Lazise, Wiesengelände mit Bäumen, davor ebenfalls langer, besandeter Uferstreifen, Pool mit Kinderbecken, Spielplatz, Tennis, Minigolf, Animation. Keine Motorräder. ✆ 045/7580077, 📠 7580063, www.camping-ideal.it

**** **Piani di Clodia**, moderner, großzügig angelegter Platz, tolle Poolanlage mit fünf Becken und Rutschen, Uferzone teils Kiesstrand, teils naturbelassen, schön zum Spazierengehen. ✆ 045/7590456, 📠 7590939, www.pianidiclodia.it

• *Essen & Trinken* **Da Oreste**, der Platzhirsch am Hafen, draußen nur wenige Tische, drinnen geht es dafür umso lebhafter zu. Durch eine Glasfront ist die Küche mit mächtigem Holzkohlengrill und pittoreskem Kamin zu bestaunen. Gute Qualität zu gehobenen Preisen. Mi geschl.

La Forgia, Via Calle 1°, hübsches Plätzchen in einer Seitengasse der Uferpromenade, die Fischspezialitäten werden auf einer alten schmiedeeisernen Herdplatte gegrillt. Mo geschl.

Kambusa, Via Calle 1°20, um die Ecke vom "La Forgia", historisches Haus mit ausnehmend schönem Innenraum in einer kleinen Seitengasse der Uferpromenade. Leider kaum Sitzplätze im Freien, dafür große Speisekarte und sehr gutes Essen. Di Mittag und Mo geschl.

Il Porticciolo, Lungolago Marconi 22, sehr beliebtes Fischrestaurant an der nördlichen Promenade, an Wochenenden finden auf der großen, schattigen Terrasse oft wahre Festgelage statt. Vielfältige Auswahl an Seefischen. Etwas teurer. Di geschl.

Al Castello, Pizzeria in einer schönen Loggia neben dem Südtor, Sitzplätze in einem großen Garten, oft bis auf den letzten Platz belegt.

Miralago, in Pastrengo 8 km landeinwärts von Lazise, Via Morsella 22. Man genießt den herrlichen Seeblick, dazu gibt es gewaltige Portionen Spaghetti und mehr, geordert wird ohne Speisekarte, die Preise sind günstig. Die in Ehren alt gewordenen Wirtsleute haben jetzt an ihre Kinder übergeben, hoffentlich ändert sich der Charakter des liebenswerten Lokals nicht.

• *Shopping* **L'Arte del Bere**, Via Cansignorio 8/10, am nördlichen Stadttor. In der Enoteca von Giuseppe Pachera kann man die "Kunst des Trinkens" mit Sicherheit erlernen, denn dies ist die wohl bestsortierte Weinhandlung der Stadt.

Venezianische Galeere vor Lazise im See versenkt

Seit dem Frühsommer 1509 liegt knapp 500 m vor dem Ufer in etwa 25 m Tiefe eine venezianische Galeere samt mehrerer bewaffneter Beiboote. Versenkt wurde die kleine Flotte auf Befehl des Flottenkapitäns Zaccaria Loredan, denn sie sollte nicht in die Hände der übermächtigen Liga von Cambrai (Frankreich, Spanien, Deutschland und der Papst) fallen, deren Truppen sich nach der siegreichen Schlacht von Agnadello in Eilmärschen Lazise näherten. Die Venezianer fuhren dafür aus dem Hafen aus, bestiegen die Rettungsboote und schleuderten Brandsätze auf die vorher mit Steinen beschwerten Schiffe. Danach retteten sie sich ins nahe Garda.

Bei der Entdeckung der Wracks Anfang der sechziger Jahre konnten einige Stücke geborgen werden. Zwanzig Jahre später erkundete sogar der bekannte Tiefseeforscher Jacques Picard mit seinem Unterseeboot "Forel" die Galeere. Nun soll endlich eine genaue Untersuchung des 30 m langen Schiffs Grundlagen für eine eventuelle Bergung schaffen.

Sehenswertes: Die schmalen Gässchen und Plätze der Altstadt gruppieren sich um das tief landeinwärts gezogene *Hafenbecken*, dahinter öffnet sich die weite *Piazza Vittorio Emanuele II*, in früheren Zeiten der Marktplatz. Quer durch die Altstadt, vom Nord- bis zum Südtor, zieht sich der stets belebte *Corso Ospedale*. Die Stadtmauer kann man sehr gut von der wenig begangenen *Via Rocca* aus betrachten, die vom Osttor an der Innenseite der Mauer entlang zum Südtor führt.

Kühle Erfrischung: Hochsommer im Gardaland

Die schlichte romanische Kirche *San Nicolò* aus dem 12. Jh. steht direkt im Hafen. An der nördlichen Außenwand ist ein Marienfresko vom Anfang des 14. Jh. erhalten, das noch im strengen byzantinischen Stil gemalt wurde. Die Fresken im Inneren, die nur einige Jahrzehnte später entstanden sind, besitzen bereits deutlich individuellere, menschliche Züge, besonders eindrucksvoll ist das Marienfresko neben dem Portal an der Nordwand. Auf den Altar der Apsis ist nach jahrelangen Restaurierungsarbeiten wieder ein „Pietà"-Gemälde aus dem 16. Jh. zurückgekehrt. In den nächsten Jahren soll die ganze Kirche nach und nach restauriert werden.

Vorgelagert in Richtung See dominiert das mächtige ehemalige Arsenal der venezianischen Flotte, das später zeitweise als Viehstall, danach als *Dogana* (Zollstation) genutzt wurde. Heute finden im vollkommen restaurierten Innenbereich Veranstaltungen und Ausstellungen statt.

Außerhalb vom Südtor liegt eine große *Picknickfläche* mit schattigen Bäumen, Bänken, Kinderspielgeräten und einigen Karussells. Das westlich anschließende *Skaligerkastell* ist leider in Privatbesitz und kann nicht besichtigt werden.

Freizeit und Fun: Vergnügungsparks im Südosten des Gardasees

Im Bereich von Lazise gibt es mehrere große Vergnügungsparks, die vor allem für Familien attraktiv sind.

▸ **Gardaland**: der touristischer Anziehungspunkt schlechthin – Achterbahnen, Karussells, Wildwasserfahren und Afrika-Safari zwischen Tal der Könige, Grand Canyon, Merlins Burg, Flying Island und Korsarenschiff – für jeden etwas. Gardaland besitzt mehr als dreißig Attraktionen, dazu kommen täglich turbulente Shows und Umzüge, die farbige Akzente im Geschehen setzen. Für einen Tag hat man also reichlich zu tun und schafft in der Regel lange nicht alles, zudem man nicht selten Schlange stehen muss. Tipp: bei regnerischer Witterung ist es im Allgemeinen etwas leerer. In jedem Fall sollte man sich vor dem Besuch die Website ansehen bzw. den Prospekt lesen, den man mit der Eintrittskarte erhält, um sich die Lage der interessantesten Anlaufpunkte einzuprägen.

• *Öffnungszeiten/Preise* **Gardaland**, 1. April bis 30. September tägl. 9.30–18.30 Uhr, Ende Juni bis Mitte September 9–24 Uhr (mit nächtlichen Lasershows), Oktober und Nov. nur an Wochenenden. Eintritt ca. 22 € (Erw.) bzw. 18,50 € (Kinder über 1 m Größe bis zu 10 Jahren). Schwerbehinderte (100 %) und Kinder bis 1 m Größe frei. ✆ 045/6449777, Reservierung für Gruppen unter ✆ 6401267, www.gardaland.it

▸ **Canevaworld**: Der Wasserpark 3 km südlich von Lazise wurde in den letzten Jahren völlig umstrukturiert und erweitert. Kernbereich ist die fantasievoll als „Tropical Island" ausstaffierte Wasserzone „Aqua Paradise", wo man Riesenrutschen namens "Twin Peaks" und "Stukas" (im Anfangsbereich senkrechter Neigungswinkel!) testen kann, sich an einem Sandstrand unter Kokospalmen aalt, den „Crazy" oder „Lazy River" entlang treibt, die „Piratenlagune" besuchen und in zahlreichen Pools verschiedener Art und Größe (z. T. beheizt) schwimmen und plantschen kann. Daneben gibt es „Medieval Time", wo man im Rahmen eines mittelalterlichen Turniers zu Abend essen kann, das beliebte „Night Festival", eine allabendliche Disco im Juli/August, zu der oft ganze Buslandungen von Jugendlichen angekarrt werden (ein kostenloser Shuttle-Service fährt den gesamten südlichen Gardasee ab), den „Movie Studios Park", wo man spannende Filme und Stuntshows erleben kann und mit einer Einschienenbahn einen Blick hinter die Kulissen des Filmbetriebs werfen kann, und das „Rock Star Café“, das den weltbekannten "Hard Rock Cafés" nachempfunden ist.

• *Öffnungszeiten/Preise* **Canevaworld**, Aqua Paradise, Mitte Mai bis Mitte September tägl. 10–19 Uhr; Eintritt ca. 17 €, 1–1,40 m 14 €; Medieval Times, Ende März bis Ende September allabendlich 1–2 Shows; Eintritt ca. 20 €, 1–1,40 m 13 €; Night Festival, Juli/August jeden Abend 21–2 Uhr; Movie Studios Park, Mitte April bis Ende Sept. tägl. 9.30–18.30 Uhr; Eintritt ca. 15 €, 1–1,40 m 12 €; Rock Star Café, ganzjährig 18–2 Uhr (Eintritt frei, auch ohne Besuch des gesamten Parks möglich). Verschiedene Multitickets sind erhältlich, z. B. 2 x in einer Woche Besuch von „Aqua Paradise“ für 22 €. ✆ 045/7590622, 📠 7590799, www.canevaworld.it

▸ **Parco Natura Viva**: 40.000 qm großer zoologischer Park bei *Pastrengo*, etwa 8 km landeinwärts von Lazise. Etwa 700 Exemplare von 175 verschiedenen Tierarten sind zu bewundern, jährlich kommen Neugeburten dazu, darunter auch sehr seltene bzw. vom Aussterben bedrohte Tiere, z. B. das im Jahr 2000 geborene kleine Kamel namens Summer, dessen Art "camelus bactrianus" nur noch in der Wüste Gobi lebt. Das Gelände ist in zwei Bereiche unterteilt: Im *Parco Safari* fährt man mit dem PKW zwischen Löwen, Giraffen, Nashörnern, Zebras und Schimpansen hindurch, der *Parco Faunistico* (Tierpark) beherbergt zahlreiche seltene Spezies, darunter viele Wildtiere, außerdem ein großes tropisches Vogel- und Gewächshaus und – besonderer Spaß für kleine Besucher – einen Saurierpark mit Rekonstruktionen der gewaltigen Urwelttiere in natürlicher Größe.

• *Öffnungszeiten/Preise* **Parco Natura Viva**, Anfang März bis Ende Oktober tägl. 9 Uhr bis eine Stunde vor Sonnenuntergang, im November Mi geschl., im Februar nur an Sonn- und Feiertagen geöffnet. Eintritt Parco Safari und Parco Faunistico je ca. 9 € (Kinder 3–12 J. 7 €), beide Parks zusammen 13 € (Kinder 3–12 J. 10,50 €). ✆ 045/7170052, 📠 6770247, www.parconaturaviva.it

▸ **Parco Termale del Garda**: bei *Colà di Garda*, südwestlich von Lazise. Ein 5000 qm großer Thermalsee mit 37 Grad warmem Wasser, eingebettet in einen Park mit der historischen *Villa dei Cedri*, ausgedehnten Liegewiesen und jahrhundertealten Bäumen. In einer Grotte am Rand des Sees sind Hydromassagedüsen installiert, es gibt ein Self-Service-Restaurant und einen Picknickbereich. Abends wird der See angestrahlt und man kann beim Schwimmen die illuminierten Springbrunnen bewundern. Das Thermalwasser entspringt in 150 m Tiefe und wird ständig in den See gepumpt.

• *Öffnungszeiten/Preise* **Parco Termale de Garda,** ganzjährig Mo–Do 9–20, Fr/Sa 9–1, So 9–23 Uhr. Eintritt ca. 18,50 € (Kinder 1,10–1,40 m 12 €), ab 16 Uhr ermäßigt (Fr/Sa ab 18 Uhr). ✆ 045/7590988, 📠 6490382, www.villadeicedri.com

Peschiera del Garda (ca. 9000 Einwohner)

Die Altstadt in einer venezianischen, später von den Österreichern ausgebauten Festung mit baumbewachsenen Bastionen und Mauern in Form eines fünfeckigen Sterns liegt unmittelbar in der Mündung des Mincio-Flusses und ist völlig von Wasser umgeben. Hier hielt sich im 19. Jh. hartnäckig der letzte österreichische Widerstand gegen die Freiheitskämpfer in Oberitalien.

Abgesehen von den eindrucksvollen Militäranlagen (weitgehend Sperrgebiet) gibt es in der geschäftigen Stadt nur wenig Sehenswertes. Die einfachen Altstadtgassen hat man schnell durchbummelt. Die Bademöglichkeiten sind jedoch recht gut: Einen langen Strand findet man westlich vom Ortskern, weitere Strände gibt es im nördlichen Ortsbereich.

• *Information* **IAT (Informazione e Accoglienza Turistica)**, Piazzale Betteloni 15, zentral am Hafen. Mo–Do 10–13, 16–19, Fr/Sa 10–13, 15–20, So 9–13 Uhr. ✆ 045/7551673, 📠 7550381, www.aptgardaveneto.com

• *Übernachten* ** **Campanello**, ca. 3 km nördlich vom Zentrum, ruhige Lage beim Camping dell'Uva, wenige Meter von der Uferpromenade, die nach Peschiera führt, Kiesstrand gleich in der Nähe, nach Gardaland 1,5 km. Zimmer mit TV und Balkon, im ersten Stock mit gemeinsamer Terrasse, z. T. Seeblick. DZ mit Frühstück ca. 70–88 €, mit Seeblick Zuschlag 8 €, bei mehr als zwei Nächten Aufenthalt 10 % Rabatt. ✆ 045/7550253, 📠 6446182, www.hotelcampanello.it

* **Al Pescatore**, im winzigen Porto Fornaci, 4 km westlich vom Zentrum. Einfaches Haus direkt am See, familiär und locker geführt, herrlicher Blick, Zimmer z. T. mit Balkonen, besonders schön der große Gemeinschaftsbalkon vorne raus. Die weinüberrankte Restaurantterrasse ist ein Gedicht, allerdings gelegentlich etwas unaufgeräumt. DZ mit Frühstück ca. 72–80 €. Auf separatem Grundstück auch Apartments. ✆ 045/7550281, 📠 6400316.

Etwa zehn Campingplätze im näheren Umkreis, der nächste ist *** **Camping Cappuccini** am Strand westlich vom Zentrum. Weitere Plätze liegen benachbart und nördlich der Stadt, gut sind *** **Camping del Garda** und der große **** **Bella Italia**. * **Wien** beim hübschen Porto Fornaci besitzt einen Pool und steht unter österreichischer Leitung (✆ 045/7550379, www.campingwien.it)

• *Essen & Trinken* **L'Osteria**, Via Cavallotti 3, von der Gardesana kommend, gleich am Eingang der Altstadt. Zwei große, gemütliche Innenräume mit viel Holz, auch einige Tische auf der schmalen Fußgängergasse.

Enoteca Baccus, Via Bergamini 26, hinter dem Dom. Gemütlich-rustikale Weinstube mit ein paar Bänken vor der Tür. Lino Olivetti bietet 150 Weine, dazu kann man gefüllte Fladen oder Bruschette kosten. Di und im September geschl.

▸ **Santuario Madonna del Frassino**: Das Wallfahrtszentrum wenige Kilometer südlich der Stadt wurde im 16. Jh. zum Dank für die Muttergottes errichtet, die hier als lichtumflutete Statue in einem Eschenbaum erschien und damit einen Bauern vor einer Giftschlange gerettet haben soll. Neben der prunkvollen Kirche liegt ein Franziskanerkloster mit zwei großen Kreuzgängen, die mit Szenen aus dem Leben verschiedener Heiliger bemalt sind. Ihre Wände sind über und über mit rührenden Danksagungen an die Muttergottes bedeckt.
Öffnungszeiten tägl. 6.20–12, 14.30–19.30 Uhr.

Von Peschiera ist es nur ein Katzensprung über die lombardische Grenze nach Sirmione, der größten Attraktion im Süden des Gardasees.

Sirmione (ca. 5000 Einwohner)

Bis zu zehntausend Besucher überfluten täglich die kleine, liebevoll herausgeputzte Altstadt. Kein Wunder, denn malerischer geht's kaum noch: Sirmione liegt an der Spitze einer nadelförmigen Halbinsel, die wie ein Keil 4 km weit ins Wasser vorstößt, und wird von einer der schönsten Wasserburgen Europas überragt.

Das alte Zentrum wird durch einen breiten Wassergraben vom Südteil der Halbinsel getrennt und ist ein echtes Städtchen für Fußgänger: Nur wenige autorisierte Fahrer dürfen ihre Benzinkutschen durch die engen Kopfsteinpflastergässchen bugsieren, die Besuchermassen drängen zu Fuß hindurch. Trotz des erheblichen Rummels kommt aber besonders abends viel Stimmung auf – alles ist festlich beleuchtet, man schlendert an Boutiquen und Souvenirläden vorbei, sitzt auf der Mauer am Wassergraben des Kastells, schleckt Eis und fühlt sich pudelwohl. Doch die Altstadt ist nicht das Einzige, was an Sirmione sehens- und erlebenswert ist, denn nördlich der Stadt erstrecken sich malerische Oliven- und Zypressenhaine, die ideal für einen gemütlichen Spaziergang sind. Die berühmte römische Villa "Grotten des

Ein pittoreskes Skaligerkastell bildet den Eingang zur Altstadt von Sirmione

Catull" an der Spitze der Halbinsel ist eine weitere Attraktion. Sirmione ist aber nicht nur ein bevorzugtes Urlauberzentrum, sondern auch ein bedeutender Kurort dank der Thermalquellen, die seitlich der Halbinsel im See entspringen. Allerdings gibt es auch Negatives zu berichten: So hat die 4 km lange Halbinsel durch die intensive Bebauung viel an Reiz verloren und die gesamte Umgebung ist von erheblichem Verkehrsaufkommen geprägt. Nicht von ungefähr gehören die Parkgebühren von Sirmione zu den höchsten am See.

Um Sirmione gibt es eine ganze Reihe von teils recht schönen Stränden, z. B. den *Lido delle Bionde*, einen breiten Kiesstrand mit sehr langem Badesteg unterhalb der Olivenbaumterrassen am Ende der Via Gennari, am Nordende begrenzt von einem pittoresken senkrechten Uferabbruch. Eine angenehme und entspannende Ecke ist auch der *Lido Brema* am westlichen Fuß der Halbinsel, ein kleiner, ruhiger Kiesstrand mit der netten Bar "Il Fiore", eingelagert zwischen weiten Rasenflächen und Schilfzonen.

• *Anfahrt/Verbindungen* Für Autofahrer ist spätestens am großen **Skaligerkastell** Schluss, denn hier beginnt die Altstadt, die für Autos gesperrt ist. Lediglich Hotelgäste dürfen zum Be- und Entladen ins Zentrum fahren, müssen aber vorher einen Passierschein im Infobüro besorgen. Kurz vor dem Kastell liegen am Zufahrtsdamm mehrere große **Parkplätze** mit hohen Preisen (1 Std. ca. 1,80 €, 3 Std. ca. 5,30 €). Direkt vor der Altstadt gibt es auch zahlreiche Standplätze mit Parkuhren. Jedoch Vorsicht – es wird intensiv kontrolliert, die Strafzettel bringen viel Geld ein.

• *Information* **IAT (Informazione e Accoglienza Turistica)**, Viale Marconi 2, am Zufahrtsdamm, wenige hundert Meter vor der Skaligerburg. Detaillierte Karte von Sirmione und Umgebung mit eingezeichneten Hotels/Campingplätzen und vielen Adressen sowie Unterkunftsverzeichnis und diverses Prospektmaterial. ✆ 030/916114, ℻ 916222, www.bresciaholiday.com, E-Mail: iat.sirmione@bresciaholiday.com

Auskunftsbüro der Hoteliersvereinigung (Associazione Albergatori) nur im Sommer am Beginn vom Damm rechts, Località Colombare. ✆ 030/919322, www.sirmionehotel.com

• *Übernachten* Die gehobenen Hotels verstecken sich an der Spitze der Halbinsel im Grünen. Am Zufahrtsdamm liegen viele Häuser mit Gärten am See, besonders stimmungsvoll wohnt man direkt in der Altstadt (An- und Abfahrt für Hotelgäste nur mit Passierschein vom Tourist-Info). Jedoch Vorsicht: Sirmione ist sehr beliebt, Hotels und Pensionen sind deshalb in der Saison weitgehend ausgebucht, Vorreservierung ist angebracht.

*** **Garten Lido**, Via XXV Aprile 4, am Zufahrtsdamm, Westseite der Halbinsel, 15 Fußminuten ins Zentrum. Ruhig gelegenes Haus mit eigenem kleinem Strand, Badesteg und Garten, vor dem Haus Parkplatz. Restaurant und Bar. Zimmer mit TV, z. T. Balkon. DZ mit Frühstück ca. 65–95 €. ✆ 030/916102, 📠 916170, www.hotelgartenlido.com

*** **La Paül**, Via XXV Aprile 26, wenige Meter weiter südlich, elegantes Haus mit schattigem Garten am See, eigener Strand, Bootsanlegestelle, Pool, Restaurant, Bar, Fahrradverleih, Parkplatz. Zimmer mit TV und Klimaanlage. DZ mit Frühstück in NS ca. 70–80 €, in HS Pensionspflicht, HP pro Pers. ca. 68–76 €. ✆ 030/916077, 📠 9905505, www.hotellapaul.it

** **Bagner**, Via G. Leopardi 1, in Colombare Nähe Sporthafen, nicht weit vom Wasser. Ruhig gelegenes, familiär geführtes Albergo mit kleinem Pool und Garten. DZ mit Frühstück ca. 50–64 €. ✆ 030/9196146, 📠 9904208, www.wel.it/hotelbagner

*** **Corte Regina**, Via Antiche Mura 11, unmittelbar im Zentrum, vor einigen Jahren umfassend renoviert und damit zwei Sterne dazu gewonnen. Ordentliche Einrichtung, freundliches Personal, kleiner Parkplatz. DZ mit Frühstück ca. 65–95 €. ✆/📠 030/916147.

** **Al Grifone**, Via delle Bisse 5, in der Gasse hinter der Burg, freundliche Herberge aus Bruchsteinmauern, von Familie Marcolini seit 1967 geführt, innen vollständig renoviert, geflieste Zimmer mit modernem Mobiliar, herrlicher Blick auf See und Kastell. DZ ca. 42–55 €, Frühstück extra. ✆ 030/916014, 📠 916548.

** **Degli Oleandri**, Via Dante 31, wenige Schritte vom Grifone, hübsche Herberge mit geschmackvoll-antiker Einrichtung, Speisesaal mit gewölbter Decke, kleine Dachterrasse. DZ mit Frühstück ca. 52–80 €. ✆ 030/9905780, www.hoteldeglioleandri.it

** **Speranza**, Via Vittorio Emanuele 2, gepflegtes, kleines Albergo am Beginn der Altstadt. Lift, Gänge mit Teppichboden. In den Zimmern Parkett, sehr gute Betten, Klimaanlage und TV. DZ mit Frühstück ca. 70 €. ✆ 030/916116, 📠 916403.

• *Feriendörfer* **The Garda Village**, Via Coorti Romane, westlich von Colombare am Fuß der Halbinsel, neben Camping San Francesco. Überlegt konzipierte Feriensiedlung direkt am See. Hübsche, allerdings nicht allzu groß geschnittene Reihenbungalows (jeweils TV mit deutschem Programm) und geräumige Mobile Homes inmitten satter Wiesenflächen. Vor der Anlage Kiesstrand und viel Platz zum Spazierengehen am Seeufer, herrlicher Blick auf Sirmione. Schöne Poolanlage, Kinderspielplatz, Sportmöglichkeiten, großzügiges Restaurant mit Seeblick, Animation, allabendliche Performance im Amphitheater. Im Hochsommer durch Reiseveranstalter belegt, in der NS aber auch Platz für Individualbucher. Standardbungalow ca. 53–131 €, Komfortbungalow 63–155 €, Mobil Home 43–106 €. ✆ 030/9904552, 📠 9904560, www.gardavillage.it

• *Camping* **** **San Francesco**, großer, aufmerksam geführter und bestens bewachter Platz westlich vom Zufahrtsdamm nach Sirmione. Dichte Pappeln ziehen sich bis zum Wasser hinunter, dort schattiges Baden möglich. Große Poolanlage, Sporteinrichtungen, Restaurant. Viele Mobile Homes. Große Mücken fühlen sich ebenfalls wohl auf dem Platz. ✆ 030/9110245, 📠 9119464, www.campingsanfrancesco.it

*** **Sirmione**, Via Sirmioncino 9, in Colombare, Lido Galeazzi (bei Tourist-Info in Colombare östlich abzweigen). Großer, gut ausgestatteter Platz mit Bungalows, Pools, Strand und Surfschule. ✆ 030/9904665, 📠 919045, www.camping-sirmione.com

**** **Tiglio**, 3,5 km vom Zentrum, bei der Halbinsel Punta Grò, ebenfalls gut ausgestattet, Pool, Kinderspielplatz, Kiesstrand, die nahe SS 11 hört man allerdings herüber. ✆ 030/9904009.

• *Essen & Trinken* **La Rucola**, Vicolo Strentelle 7, etwas versteckt gelegenes Feinschmeckerlokal in unmittelbarer Burgnähe. Beim jungen Chef Gionata und seiner Schwester Miriam gibt es interessante Gerichte der gehobenen Preisklasse. Keine Sitzplätze im Freien. Do geschl.

Il Guelfo, Vicolo Bisse 1, gleich nach dem Kastell die Gasse rechts hinein. Kleine Osteria mit Garten, kalte Platten, Aufschnitt, Schinken, dazu Weine aus ganz Italien.

Al Grifone, Via delle Bisse 5, ein echter "Klassiker", wunderbare Lage unter dichtem

Blätterdach direkt am See, im Schatten der Burg, Blick rüber zum Ostufer. Hauptsächlich Fischspezialitäten, darunter natürlich Lachsforelle. Entsprechend der Lage gehobene Preise. Auch als Hotel ein Tipp (→ Übernachten).

Valentino, Piazza Porto Valentino 10, an einem Platz linker Hand der Fußgängerstraße. Solide Mittelklasse, familiär und aufmerksam geführt, große Auswahl, ordentlicher Service. Die täglichen Spezialitäten werden handschriftlich auf der Karte vermerkt.

La Botte, Via Antiche Mura 27, in der engen Gasse gegenüber vom hohen Glockenturm, bei Carlo stimmt alles – riesige Pizze, gut angemachte Nudelsachen und Fleischgerichte, dazu ausgezeichneter Hauswein. Aufmerksame Bedienung, preislich im Rahmen. Di geschl.

Al Torcol, Osteria in sehr hübscher Lage mitten im Ort, man sitzt an einigen Tischen auf Terrassen vor dem Haus oder gegenüber im idyllischen kleinen Garten unter Weinranken. Leckere hausgemachte Pasta, Fischgerichte und gute Weine.

Vecchia Lugana, in Lugana am Seeufer (östlich der Halbinsel), elegantes Lokal mit abgeschirmten Sitzecken, besonders schön ist die bewachsene Terrasse am See. Sehr feine Gardasee-Küche, zu empfehlen z. B. die Seefisch-Terrine. Gehobene Preise. Abends früh kommen, wird schnell voll, Reservierung unter ✆ 030/919012 (www.vecchialugana.com). Mo und Di geschl.

• *Sonstiges* **Montagsmarkt** vormittags an der Piazza Mercato im Ortsteil Colombare am Beginn der Halbinsel.

Freitagsmarkt in Lugana (Richtung Peschiera), ebenfalls nur vormittags.

Wassersportpark Waterland, bei San Martino della Battaglia, wenige Kilometer südlich von Sirmione (→ S. 98). Mehrere Becken mit Rutschen, außerdem Tennis, Minigolf, Kinderspielplatz, Restaurant, Disco. Vom letzten So im Mai bis zum ersten So im Sept. tägl. 9–19 Uhr, Eintritt am Wochenende ca. 10 €, sonst 8 €. ✆ 030/9910414.

Sehenswertes: Das kleine Sirmione ist völlig vom Fremdenverkehr eingenommen. Relativ unberührt vom Trubel bleibt jedoch der verwinkelte Ortsteil hinter dem Kastell mit seinen hügelwärts ansteigenden Gässchen und der Pfarrkirche. Ein ausgedehnter Bummel setzt sich danach fast automatisch in den Olivenhainen nördlich der Altstadt fort und endet bei den berühmten Grotten des Catull.

Den Eingang zur Altstadt bildet das *Skaligerkastell*, eine äußerst fotogene Wasserburg mit Türmen, Zinnenmauern und Zugbrücken. Erbaut wurde sie 1250 unter dem Skaligerherrscher Mastino I. della Scala. Später übernahmen die Venezianer für fast 400 Jahre den Bau, der geflügelte Markuslöwe prangt noch über dem Haupttor. Leider gibt es trotz des malerischen Anblicks im kahlen Innern nicht viel, was den hohen Eintrittspreis rechtfertigt. Das Kastell diente augenscheinlich als reine Soldatenkaserne und besaß keinerlei repräsentative Räumlichkeiten. Immerhin kann der 30 m hohe *Mastio* (Hauptturm) bestiegen werden, von oben genießt man einen herrlichen Ausblick über Stadt und See. Interessant ist auch der große ummauerte Hafen, der die Burg von der umgebenden Siedlung völlig unabhängig machte. Im Gewölbe des Innenhofs sind u. a. Fundstücke eines langobardischen Klosters, antike Meilensteine und eine langobardische Reliefplatte ausgestellt.

Santa Maria Maggiore, die Pfarrkirche Sirmiones, steht auf einer kleinen Anhöhe an der Ostseite der Stadt. Zu erreichen ist sie über die Via Antiche Mura, wo früher die alte Stadtmauer verlief. Sie stammt vom Ende des 15. Jh. und steht auf den Grundmauern eines langobardischen Kirchenbaus. In ihrer Vorhalle sind römische Säulen eingelassen. Im Inneren gibt es zahlreiche Fresken, einen mächtigen Marmoraltar und eine besonders schöne Orgel aus dem 18. Jh. sowie ein großes Altarbild von Paolo Farinati (daneben). Hinter der Kirche erhebt sich noch ein Turm der früheren Stadtbefestigung, dort kann man zu einem kleinen Strand hinuntersteigen (→ Sirmione/Baden). Richtung Norden beginnt hier ein Panoramaweg am Ufer entlang bis zum Lido delle Bionde.

Die kleine frühmittelalterliche Kirche *San Pietro in Mavino* steht mitten im Grünen, zwischen Zypressen und Olivenbäumen, auf einem Hügel nördlich der Altstadt (von der Via Catullo eine Gasse links hinein). In der Mittelapsis beeindruckt das byzantinisch anmutende Fresko vom "Jüngsten Gericht" aus dem frühen 14. Jh., auch die Seitenapsiden und der Hauptraum sind mit zahlreichen Fresken verschiedenen Alters ausgemalt. Neben der Kirche erinnert eine große Glocke an die Gefallenen der Weltkriege.

Wunderschöne Badestelle an der Spitze der Halbinsel

Erlebnis Natur: die Kalkterrassen von Sirmione

An der äußersten Spitze der Halbinsel von Sirmione kann man ein eigenartiges Phänomen beobachten: Das Kap ist hier gänzlich von einem bis zu hundert Meter breiten Ring aus flachen Kalkplatten umgeben, die nicht einmal einen halben Meter unter dem Wasserspiegel liegen. Schuld daran waren einst die Gletscher, die sich nach Norden zurückzogen, bevor sie die Halbinsel im Süden des Sees gänzlich abgeschliffen hatten. Zwar hatten sie ihr Werk fast vollendet, aber ein dünner Span war stehen geblieben – die Halbinsel von Sirmione. Wegen der geringen Tiefe zeigt sich das Wasser, das die Kalkplatten überspült, je nach Sonneneinstrahlung in den faszinierendsten Türkistönen und bildet einen herrlichen Gegensatz zum satten Blau außerhalb der Kalkterrassen. Zum Baden findet man hier wunderschöne Stellen.

Grotten des Catull nennt man die weitläufigen Ruinen einer Villa der römischen Kaiserzeit, die in wunderbar exponierter Seelage am äußersten Ende der Halbinsel von Sirmione liegen. Vom Nordende der Stadt nimmt man die Via Catullo und läuft etwa 15 Min. bis zur Spitze der Halbinsel. Im Hochsommer kann man für ca. 1 € auch mit einer kleinen Elektrobahn zum Eingang fahren, Abfahrt an der Piazza Piatti am Ende der Altstadt (vor Hotel Luna). Die poetische Bezeichnung ist allerdings irreführend – weder handelt es sich um Grotten, noch wohnte hier einst der römische Dichter Catull. Der Ausdruck "Grotten" geht ins 15. Jh. zurück, so bezeichnete ein Chronist damals bildhaft die eingestürzten und überwucherten Gebäudestrukturen. Bis heute ist nicht geklärt, worum es sich bei dem riesigen Komplex gehandelt haben könnte – die Vermutungen reichen von einer privaten Landvilla

über ein staatliches Gästehaus bis zum kaiserlichen Sommerpalast oder einer großen Thermalbadeanstalt. Letztere Vermutung wird dadurch erhärtet, dass man antike Bleirohre gefunden hat, die in 18 m Tiefe zur nahen Thermalquelle im See verliefen. Am Eingang kann man in einem kleinen *Antiquarium* sehr schöne Mosaike und kunstvolle Freskenreste betrachten, Indiz für die fast märchenhaft prachtvolle Ausstattung des Anwesens.
Unterhalb der Ausgrabung bilden helle, flache Kalkplatten die Uferlinie, hier lässt es sich besonders schön baden (→ Kasten S. 97).

• *Öffnungszeiten/Preise* **Kastell**, Di–So 8.30–19.30 Uhr, Mo bis 13 Uhr. Eintritt ca. 6 €. **San Pietro in Mavino**, tägl. 8 Uhr bis Sonnenuntergang. **Grotten des Catull**, März bis Okt. Di–So 8.30–19 Uhr, Mo geschl., übrige Monate bis 16.30 Uhr. Eintritt ca. 6 €.

Südlich vom Gardasee

Hier geht es schnurstracks in die Poebene. Der Mincio, einziger Abfluss des Gardasees, schlängelt sich – anfangs begleitet von der Grenze zur Region Lombardei – von Peschiera del Garda 50 km weit nach Süden bis zur Kunststadt Mantua, die bereits in der Lombardei liegt, und mündet wenig später in den Po.

Die ruhige, hüglige Landschaft mit Wiesen und Weinfeldern lässt heute nicht mehr ahnen, dass hier vor über hundert Jahren erbitterte Kämpfe stattfanden – die italienischen Befreiungskriege gegen die Österreicher. Doch auf Spuren der Schlachten trifft man noch überall. Die wichtigsten Erinnerungsstätten liegen allerdings in der Lombardei, nämlich *San Martino della Battaglia* und *Solferino*, dessen Name zum Symbol geworden ist.

Entsetzliches Sterben: Die Schlacht von Solferino und San Martino

Am 24. Juni 1859 prallen im Moränengürtel südlich vom Gardasee die Heere der Franzosen und Piemontesen (Italiener) auf die Truppen der Österreicher– 150.000 Mann und 360 Kanonen gegen 135.000 Mann und 400 Kanonen im Kampf um das von den Habsburgern besetzte Oberitalien. Zwei Schwerpunkte der Schlacht gibt es: den Raum San Martino und den Hügel von Solferino weiter südlich. Es gelingt den vereinigten französisch-italienischen Divisionen, die Österreicher entscheidend zu schlagen. Der schweizerische Kaufmann Henri Dunant war damals dem französischen Kaiser und Oberbefehlshaber Napoleon III. nachgereist, da er von ihm Hilfestellung bei seinen verlustreichen Geschäften in Algier erhoffte. In Castiglione delle Stiviere wartet er den Verlauf der Kämpfe ab. Danach betritt er das Schlachtfeld. Neben den 25.000 Toten liegen dort mehr als 10.000 Verwundete und Schwerverwundete in ihrem Blut – ohne ärztliche und pflegerische Hilfe sind viele von ihnen dem Tod geweiht. Tief getroffen beschließt Dunant, fortan seine ganze Energie dafür zu verwenden, eine internationale Rettungsorganisation zu gründen, die in Kriegshandlungen neutral bleibt und sich um die Versorgung der Verletzten beider Seiten kümmert – das "Rote Kreuz" ist geboren.

Etwas außerhalb von San Martino della Battaglia thront auf einer Anhöhe das *Monumento della Battaglia*, ein 74 m hoher, trutziger Turm, der in eindrucksvollen Wandgemälden die blutige Geschichte der italienischen Einigungsbewegung

Er wird diese Schrecken hoffentlich nie erleben müssen

darstellt und von dessen Plattform man an klaren Tagen eine herrliche Fernsicht hat. Hinter dem Turm steht das Kriegsmuseum *Museo della Battaglia*, und vorne an der Zufahrtsstraße kann man zum *Ossario* (Gebeinhaus) hinübergehen, wo über tausend Gefallene der Schlacht von Solferino und San Martino ruhen – makaber ist der Anblick der fein säuberlich gesammelten Schädel und Gebeine. Die Soldaten der Vielvölkermonarchie Österreich stammten u. a. aus Russland, Rumänien, Ungarn, Polen, Jugoslawien und der Tschechoslowakei.

Im Ortskern von Solferino steht das *Museo Storico Risorgimentale* mit den Relikten des Krieges von 1859. Daneben führt eine Zypressenallee hinauf zur *Chiesa Ossario* (Beinhaus), bis zur Decke gestapelt ruhen darin die Gebeine der Gefallenen aller Nationen ("Feinde im Kampfe, im Frieden des Grabes wie Brüder"), Büsten erinnern an die bei Solferino gefallenen französischen Generale. Auf den Burghügel zieht sich eine steile Straße hinauf, oben liegt die große rechteckige *Piazza Castello*, umgeben von neueren Burggebäuden, mittendrin die Kirche *San Nicola*. Etwas erhöht erhebt sich die *Rocca*, ein mittelalterlicher Viereckstum mit Kriegsrelikten. Er wird "Spia d'Italia" (Spion von Italien) genannt, denn von der exponierten Hügelspitze konnte man weit ins österreichisch besetzte Gebiet hineinsehen. Durch eine Zypressenallee kommt man hinüber zum *Memoriale croce rosso internazionale*, an dem auf Marmortafeln sämtliche Mitgliedsländer des Roten Kreuzes eingraviert sind.

Wer ein weiteres Interesse an der Thematik hat, kann im nahen Castiglione delle Stiviere ein *Rot-Kreuz-Museum* besichtigen (Via Garibaldi 50).

Öffnungszeiten/Preise **Monumento** und **Museo della Battaglia**, Juni bis Sept. tägl. 9–12.30, 14–19 Uhr, März bis Mai 8.30–12.30, 14–18.30 Uhr. Eintritt ca. 3,20 €, Kinder 1,60 €.

Museo Storico Risorgimentale, Di–So 8.30–12.30, 14–18.30 Uhr, Mo geschl. Eintritt ca. 3 €, Kinder 1,50 €.

Rocca, Di–So 9–12, 14–18 Uhr, Mo geschl. Eintritt ca. 1,60 €, Kinder 0,80 €.

Rot-Kreuz-Museum, April bis Okt. Di–So 9–12, 15–18 Uhr, übrige Zeit 9–12, 14–17 Uhr, Mo geschl. Eintritt ca. 2 €, Kinder 1 € (✆ 0376/638505, www.micr.it).

Um den Mincio

Zahlreiche Wege und schmale Straßen durchziehen das üppig grüne Gebiet der Moränenhügel, das vor allem für Radtouren gut geeignet ist, kleine Schilder weisen den Weg. Über fast jedem Ort thront eine mehr oder minder gut erhaltene Burg, z. B. über *Ponti sul Mincio* und *Monzambano*. Zwischen beiden Orten liegt die große Winzergenossenschaft „Cantina Colli Morenici", wo man im Direktverkauf die zahlreichen Weine des Alto Mantoviano erhält. Auf der anderen Flussseite findet man bei *Salionze* den Wasserpark „Alto Mincio" mit angeschlossenem Campingplatz. Einen Abstecher wert ist außerdem das nahe gelegene „Museumsdorf" *Castellaro Lagusello*. Bei *Valeggio sul Mincio* mit seiner markanten historischen Brücke liegt der großartige *Parco Giardino Sigurtà*, der zu den schönsten Parkanlagen Europas zählt.

Zwischen Valeggio und Mantua ist der Flusslauf als Naturschutzgebiet „Parco del Mincio" ausgewiesen. Von Mitte Juni bis Anfang September werden geführte Rad- und Bootstouren sowie „Birdwatching" entlang des Flusses und im Park organisiert.

• *Öffnungszeiten* **Parco del Mincio**, Auskünfte und Reservierung bei "Associazione per il Parco", Via Marangoni 36, I-46100 Mantova, ¢ 0376/22831 und 228320, § 362657, E-Mail: parcomincio@tin.it

• *Übernachten* **Camping Alto Mincio**, bei Salionze, ca. 7 km südlich von Peschiera del Garda. Der kleine Platz gehört zum gleichnamigen Wasserpark (→ Kasten). Im Übernachtungspreis ist der Eintritt zum Park inbegriffen. Es werden Bungalows und Mobil Homes vermietet. ✆ 045/7945131, ℻ 7945146.

• *Shopping* **Cantina Colli Morenici**, Strada Monzambano 75, etwas nördlich von Monzambano. Zum Verkauf stehen die Rotweine Rubino, Chiaretto, Merlot Debbio, Alto Mincio, Morenico Rosso und der im Holzfass gereifte Cabernet Bolero, die "Weißen" Morenico Bianco, Pinot Grigio und Bianco Custoza sowie verschiedene Spumante. Mo–Sa 8.30–12, 14.30–18, So 8.30–12 Uhr. ✆ 0376/809645, ℻ 809753, www.cantinacollimorenici.it

Acquapark Alto Mincio: Wasserspaß für die ganze Familie – Rutschen aller Art, diverse Pools, Babybecken und olympischer Pool, Minigolf, Fußball etc. Ende Mai bis Anfang September, Eintritt ca. 10 €, ab 15 Uhr 6 €. ✆ 045/7945131, ✆ 7945928, www.altomincio.com.

▸ **Castellaro Lagusello**: bildhübsches mittelalterliches Dorf südwestlich von Monzambano. Durch das hohe Portal eines Uhrturms gelangt man in das Innere der vollständig ummauerten Burgsiedlung aus dem 12. Jh. Reizvoll für einen Bummel, mittlerweile gibt es auch mehrere gute Restaurants und Übernachtungsmöglichkeiten. Südlich vom Ort liegt ein kleiner Gletschersee, dessen verschilfte Ufer allerdings nicht zugänglich sind.

• *Übernachten/Essen & Trinken* **Corte Uccelanda Suite**, das ehemalige Landwirtschaftsgut am Ortseingang links wurde vor wenigen Jahren zu originellen, liebevoll und aufwändig ausgestatteten Apartments umgebaut, die sich in mehreren Häusern um einen großen Hof gruppieren. Apartments jeweils mit TV, die Gäste erhalten kostenlos Fahrräder. Preis mit üppigem Frühstück ca. 90–140 €. Auskünfte und Buchung im Restaurant La Pesa, ✆ 0376/88763, ℻ 88764, www.lapesa.it

La Pesa, alteingesessenes Restaurant am Ortseingang rechts, seit 1908 in Familienbesitz. Großer, gegen Sonne geschützter Hof, mehrere verschieden gestaltete Innenräume. Diego und Monica Ferri kreieren feine Mantovaner Küche, mehrere Menüs stehen zur Auswahl. Di geschl.

La Dispensa, urige Osteria an der Hauptgasse linker Hand, kurz vor dem Eingang zur Burgsiedlung. Im winzigen Hof werden kalte und warme Platten serviert, die angebotenen

Beliebtes Ausflugsziel: Das Museumsdörfchen Castellaro Lagusello

Weine kann man zum Mitnehmen kaufen. Für anspruchsvollere Gäste gibt es benachbart ein dazugehöriges stilvolles Restaurant.

Antico Borgo, zentral in der Burgsiedlung, gepflegtes Ristorante mit Sommergarten und mehreren Innenräumen. Kredenzt wird auch hier die „cucina tipica Mantovana", z. B. *tortelli di zucca* und Risotto, Schleie und Hecht mit Mantovaner Soße (Kapern, Anchovis und Polenta). Der Chef des Hauses spricht hervorragend Deutsch. Es werden auch sieben Zimmer mit Stilmöbeln vermie tet. Mo geschl. ✆/📠 0376/88978, www.anticoborgosas.it

Borgo Antico, vor Uhrturm links hinunter, gemütliche Gartenkneipe.

Valeggio sul Mincio

Die kleine, im Zentrum recht hübsche Stadt liegt am Ostufer des Mincio, etwa 8 km südlich von Peschiera del Garda. Nach einer Legende wurden hier im Mittelalter die mit Kürbisbrei gefüllten „Tortellini di Valeggio" erfunden (→ Kasten), die heute in jedem der zahlreichen Restaurants auf der Speisekarte stehen.

Eine große Skaligerburg dominiert das Ortsbild und in den malerischen Ortsteil Borghetto auf der anderen Flussseite führt der "Ponte Visconti", ein einzigartiges Relikt aus dem Mittelalter. Hauptsehenswürdigkeit ist jedoch der 500.000 qm große "Parco Giardino Sigurtà".

• *Information* **Pro Loco** an der Piazza Carlo Alberto. ✆ 045/7951880, 📠 6370560, www.valeggio.com

• *Übernachten* *** **Faccioli**, Via Tiepolo 8, historische Herberge, in den Risorgimento-Kriegen als Truppenquartier genutzt, idyllisch ruhige Lage mitten im Weiler Borghetto. DZ mit Frühstück ca. 90 €. ✆ 045/6370605, 📠 6370571, www.valeggio.com/faccioli

*** **Eden**, Via Don G. Beltrame 10, modernes Haus mit gut eingerichteten Zimmern und Restaurant. DZ ca. 62–90€. ✆ 045/6370850, 📠 6370860, www.valeggio.com/eden

La Staffa, ca. 5 km westlich von Valeggio, Località Ariano. Umgebautes Landgut aus dem 16. Jh., fünf Zimmer und Apartments,

Gewaltiges Bauwerk: der mittelalterliche Ponte Visconti

jeweils mit Klimaanlage und TV, angeschlossen ist ein Reitstall. DZ ca. 52–66 €, Apt. ca. 60–70 €. ✆/℻ 045/7950204, www.agriturismolastaffa.com

B & B Baccaglioni, Via M. Buonarroti 5, ✆ 045/7950820, E-Mail: bed_breakfast@msn.com

• *Essen & Trinken* Die Tortellini von Valeggio gibt es mit den verschiedensten Füllungen, z. B. Fleisch, Ricotta, Artischocken, Spargel, Sellerie, Spinat, Nüssen oder Trüffel – je nach Jahreszeit. Am berühmtesten sind aber zweifellos die mit süßem Kürbisbrei gefüllten *tortellini di zucca*, die natürlich nach der Kürbisreife im Herbst besonders delikat sind.

Antica Locanda del Mincio, im Ortsteil Borghetto, ein echtes Stück Tradition, von Luchino Visconti im Film „Sensi" unsterblich gemacht und – zu Recht – viel gelobt in zahlreichen Gourmetführern. Das weithin bekannte Ristorante liegt ein Stück weiter flussabwärts, noch jenseits der Mühle, jedoch auf der Westseite (Brücke benachbart). Man sitzt an einem sehr lauschigen Fleckchen unter Linden direkt am Fluss – oder bei schlechtem Wetter im prachtvollen historischen Innenraum, an dessen Wänden die Geschichte des Flusses dargestellt ist. Zu den Spezialitäten zählen Mincio-Aal und andere Flussfische, außerdem natürlich die handgefertigten *tortellini di zucca*. Mi Abend und Do geschl.

San Marco, großes Lokal am östlichen Flussufer, direkt unterhalb der Visconti-Brücke. Schöne, schattige Terrasse unter alten Bäumen, im Wasser tummeln sich fette Forellen und Enten und hoffen auf ein paar Brocken von den Tischen. Lecker sind auch hier die Tortellini. Portionen allerdings eher überschaubar. Mo und Di geschl.

Alla Borsa, in Valeggio, Via Goito 2, Familienbetrieb seit 1959, sehr populäres Stadtlokal mit ausgezeichneter Küche, ebenfalls bekannt für seine vielfältigen Tortellini. Der Name erinnert daran, dass sich hier früher vor allem die Händler der Stadt zum Essen trafen. Di Abend und Mi geschl.

• *Shopping* Großer **Antiquitätenmarkt** jeden vierten Sonntag auf der Piazza Carlo Alberto. Auch die Läden haben an diesem Tag geöffnet, so das man sich auch die leckeren Tortellini mitnehmen kann.

Il Re del Tortellino, Via San Rocco 25, Carlo Bignotti und Luciana Cauzzi bieten handgemachte Tortellini und „dolci" bester Qualität. Im Sommer tägl. geöffnet, sonst Mo–Sa.

Bottega Osteria al Ponte, Via M. Buonarroti 6, in Borghetto. Kleines, stilvolles Delikatessengeschäft mit 130-jähriger Tradition und opulenter Auswahl: Tortellini, Wurstwaren, Gebäck, eingelegtes Obst, Marmeladen aus eigener Herstellung, Käse, Wein, Liköre und andere lokale Spezialitäten. Angeschlossen ist seit einiger Zeit ein edles Ristorante. Mi geschl. ✆ 045/6370074, www.bottegaosteriaalponte.com

• *Unterhaltung* **Wasserpark Cavour**, bei Ariano, 5 km von Valeggio auf der Westseite des Mincio. 5 Pools, darunter ein großes, seeförmiges Becken mit Sandstrand, lange Rutsche mit drei Spuren, Tennis, Kinderspielplatz u. a. Mai bis Sept., Eintritt ca. 1 € (August 13 €). ✆ 045/7950904, 📠 6370618, www.parcoacquaticocavour.it

Nodo d'amore: der "Knoten der Liebe"

Während der Visconti-Herrscher Giangaleazzo Ende des 14. Jh. Valeggio besetzt hielt, hausten im Wasser des Mincio wunderschöne Nymphen. Sie stiegen nachts manchmal aus den Fluten heraus, mussten sich aber dabei aufgrund eines Fluchs in gruselige Hexen verwandeln. Malco, ein unerschrockener Hauptmann der Visconti-Truppen, sah die eigenartigen Gestalten und verfolgte sie zum Fluss hinunter – dort verlor die Nymphe Silvia ihren schützenden Hexenmantel und Malco erkannte ihr wahres Wesen. Im kurzen Verlauf der Nacht erwuchs eine heftige Liebe zwischen beiden. Doch Silvia musste vor Sonnenaufgang in die Tiefe des Flusses zurück. Als Pfand ihrer Liebe ließ sie Malco ein geknotetes Taschentuch zurück. Am nächsten Abend gab Giangaleazzo Visconti ein Fest, dabei erkannte Malco eins der tanzenden Mädchen als Silvia – ihre Liebe zu ihm hatte den alten Fluch besiegt. Doch Isabella, die in Malco verliebte Cousine des Viscontifürsten, war eifersüchtig und denunzierte Silvia als Hexe. Malco warf sich aber vor die Soldaten, die sie verhaften sollten, und ermöglichte ihr so die Flucht. Er selber übergab sein Schwert und sich seinem zornigen Gebieter. Am nächsten Tag erschien ihm Silvia im Gefängnis und schlug dem Verzweifelten den einzigen Ausweg aus ihrer Not vor: nicht auf der Erde, wo sie nie Glückseligkeit finden würden, wollten sie ferner leben, sondern im Wasser, dem Reich der Nymphen. Malco stimmte zu und sie begaben sich zum Fluss, wo sich beide ohne Zögern hineinstürzten. Zurück aber blieb das Taschentuch aus goldener Seide, das als Symbol ihrer ewigen Liebe geknotet worden war.
Noch heute erzählt man sich, wie die Frauen und Mädchen jener Zeit, die sich die Geschichte der beiden Liebenden ins Gedächtnis rufen wollten, eine Nudel herstellten, fein wie Seide, geformt und geknotet wie das goldene Taschentuch und angereichert mit einer delikaten Füllung – die Tortellini von Valeggio waren geboren.

Sehenswertes

Parco Giardino Sigurtà: Anfang der 1940er Jahre erwarb der Pharmaindustrielle Dottore Giuseppe Carlo Sigurtà (1898–1983) am Nordrand von Valeggio preisgünstig ausgedehnte Ländereien, die damals sehr trocken und unfruchtbar waren. Laut der Gründungslegende stieß er durch reinen Zufall darauf, dass er mit dem Kauf auch das hundertjährige Recht erworben hatte, das Land mit Wasser aus dem Mincio zu bewässern. So gelang es dem Dottore in vierzigjähriger Arbeit, das hügelige Terrain in eine wunderschöne Abfolge fruchtbarer mediterraner Landschaften mit prächtiger Wald- und Wiesenflora und kleinen Teichen zu verwandeln. Besonders malerisch ist dabei auch der Blick auf die nahe Skaligerburg. Signore Sigurtà starb 1983, der Park wird nun von Familienangehörigen geführt. Besichtigung zu Fuß, per Fahrrad, Golfmobil oder mit einer Bimmelbahn, die das Gelände in einer guten halben Stunde durchquert. Auf einigen ausgeschilderten Plätzen ist das Betreten der Grünflächen sowie Picknick erlaubt.

• *Öffnungszeiten/Preise* März bis Nov. tägl. 9–19 Uhr, Eintritt ca. 8,50 €, Kind (6–14 J.) ca. 6 €, Senioren (über 65 J.) ca. 7 €, Bahnfahrt ca. 2 € (bis 5 J. gratis). ✆ 045/6371033, 📠 6370959, www.sigurta.it

Borghetto di Valeggio sul Mincio: Der winzige historische Vorort am Westufer des Mincio besitzt ein eindrucksvolles Monument des ausgehenden 14. Jh. – der 600 m lange *Ponte Visconti* zieht sich als gewaltiges Backsteinbauwerk über den Mincio, die Straße nach Solferino führt darüber. Was heute als Brücke dient, war allerdings ursprünglich ein gigantischer Staudamm. Der Visconti-Herrscher Giangaleazzo hatte nämlich 1393 die perfide Idee, das Wasser des Mincio zu stauen und so den schützenden See um die weiter südlich gelegene Gonzaga-Stadt Mantua trocken zu legen. Der Plan wurde damals aus bis heute ungeklärten Gründen nicht vollendet. Doch nicht einmal fünfzig Jahre später erwies sich der Damm als unüberwindliches Bollwerk gegen die Venezianer, die ihre Kriegsflotte den Mincio hinauf in den Gardasee schicken wollten. Die Kriegsherren der Serenissima mussten sich deshalb einen ziemlich tollkühnen Plan ausdenken, um ihre Schiffe dennoch in den See zu bekommen (→ Kasten S. 65).
Doch das ist nicht alles, weswegen ein Stopp lohnt: Unterhalb der Brücke liegt eine malerische alte Mühle, mittelalterliche Häuschen begrenzen den Wasserlauf – und in gleich zwei Flusslokalen kann man idyllisch essen.

Festa del Nodo d'Amore: Schlemmerei mit Tortellini

Die Idee zum größten kulinarischen Event südlich vom Gardasee entstand 1993 anlässlich der 600-Jahr-Feier des Ponte Visconti. Seitdem wird das Festmahl alljährlich Mitte Juni wiederholt: An einer etwa 1,5 km langen Doppelreihe von Tischen, die die gesamte Länge der Brücke einnimmt, werden mehr als 4000 Personen opulent verköstigt, die dabei u. a. 600.000 „Tortellini di zucca“ (mit Kürbisbrei gefüllte Tortellini) verspeisen. Keine Frage, dass das höchst eindrucksvolle Spektakel stets monatelang im Voraus ausverkauft ist (Auskünfte und Reservierung im Informationsbüro).

Mantua (Mantova)

(ca. 60.000 Einwohner)

Bereits in der Lombardei, aber nur knapp 40 km südlich vom Gardasee, liegt die ehemalige Residenzstadt der Gonzaga-Herzöge auf einer Halbinsel im Flussknie des Mincio, auf drei Seiten von Wasser, Wäldern und Wiesen umgeben.

Das bildhübsche Zentrum um Piazza dell'Erbe und Piazza Sordello ist ziemlich klein – der Rest Mantuas besteht aus langen, verkehrsreichen Straßen. Trotzdem lohnt der Besuch: die *Gonzaga*, eine der reichsten Familien Italiens, bauten im 15. und 16. Jh. Mantua zur Kunststadt aus. Ihre aufwändig geschmückten Palazzi waren bedeutende Zentren der Renaissance und noch heute sind hier einige der schönsten Meisterwerke dieser Epoche zu betrachten, allen voran die herrlichen Fresken von *Andrea Mantegna* aus Vicenza (1431–1506) im mächtigen Palazzo Ducale und die fantastisch-allegorische Ausstattung des Palazzo del Te.

• *Anfahrt/Verbindungen* **PKW**, Mantua liegt an der A 22 von Verona nach Modena, Ausfahrt Mantua-Nord. Jede Menge Parkraum in den Uferwiesen östlich vom Zentrum, Lungolago dei Gonzaga.

Bahn, Bahnhof am Fluss westlich vom Zentrum. In die Altstadt schräg gegenüber die Via Solferino nehmen, ca. 10 Min.

Fahrrad, Verleih bei "La Rigola" am See, Lungolago dei Gonzaga. ✆ 0376/366677.

• *Information* rechts um die Ecke der Kirche Sant'Andrea, Piazza Mantegna 6. Umfassendes Material zu Mantua und zur ganzen Provinz bzw. Region Lombardia. Mo–Sa 8.30–12.30, 15–18, So 9.30–12.30 Uhr. ✆ 0376/328253, 📠 363292, www.aptmantova.it

• *Übernachten* *** **Bianchi Stazione**, Piazza Don Leoni 24, direkt vor dem Bahnhof, geschmackvolle Ausstattung, Zimmer ansprechend gefliest, teils elegante schmiedeeiserne Bettgestelle, jeweils Klimaanlage und TV, hinten Innenhof zum Sitzen. DZ mit kleinem Frühstück ca. 75–108 €, Parkplatz kostet extra. ✆ 0376/326465, 📠 321504, www.hotelbianchi.mantova.com

** **ABC**, Piazza Don Leoni 25, gleich nebenan am selben Platz, ordentliches Albergo mit mäßigem Komfort, Zimmer nach hinten nehmen, vorne laut, kleiner Innenhof zum Sitzen. DZ mit Frühstück ca. 50–90 €, Parkmöglichkeit gratis im Hof. ✆ 0376/322329.

* **Maragò**, das einzige Albergo dieser Preisklasse liegt weit außerhalb in Virgiliana, südöstlich von Mantua. DZ ca. 45 €, mit Ristorante (Mi geschl.), Preis-Leistungs-Verhältnis okay. ✆ 0376/370313, www.ristorantemarago.com

Camping **Corte Chiara**, der kleine Platz liegt nördlich von Mantua, an der SS 236 nach Brescia. Mai bis Sept. ✆ 0376/390804.

• *Essen & Trinken* Mantua und Umgebung gelten als ein kulinarisches Highlight der Poebene und sind vor allem an Wochenenden Ziel zahlreicher Ausflügler vom nahen Gardasee. Die Stadt ist ein Zentrum der Schweinezucht in der Poebene, bietet aber wegen des nahen Flusses auch reiche Fischvorkommen und dank der vielen Reisfelder ein berühmtes *risotto alla mantovana*. Besonders stimmungsvoll isst man an der Piazza dell'Erbe in den Lokalen unter dem Säulengang des Palazzo della Ragione: **Cento Rampini** (So Abend und Mo geschl.), **Pavesi** (Do geschl.) und **Bottega delle Carni**. Die Portionen sind hier allerdings nicht die größten und die Preise ziemlich deftig.

Masseria, an der benachbarten Piazza Broletto, hohes Backsteingewölbe und Innenraum mit Wandgemälden. Neben einer Vielzahl leckerer Pizzen gibt es *luccio in salsa con polenta* und *risotto alla mantovana*. Do Mittag und Mo geschl.

Aquila Nigra, Vicolo Bonacolsi 4 (Seitengässchen bei der Piazza Sordello), das elegante Ristorante mit Fresken und alter Holzdecke gilt als eins der besten der Stadt und besitzt einen Michelinstern. Interessante Speisekarte, vielleicht mal Fisch aus dem Mincio kosten, z. B. *luccio in salsa*. Menü ca. 60 € aufwärts. Reservierung unter ✆ 0376/327180. So/Mo geschl.

Osteria del Quattro Tette, Vicolo Nazione 4, eins der preiswertesten Lokale der Stadt, etwas versteckt in einem Seitengässchen der Via Cavour. Tägl. wechselnd nur 1–2 Gerichte, die mit Kreide auf einer kleinen Schiefertafel vermerkt werden, beliebt beim jungen Publikum. So/Mo geschl.

Antica Hostaria Leoncino Rosso, Via Giustiziati 33, unter einem Torbogen zwischen Piazza dell'Erbe und Piazza Broletto, halb Kneipe, halb Trattoria, von jungen Leuten geführt, die stolz auf die Vielfalt ihrer selbst gemachten Nudeln sind, drinnen bunte Bilder, auch draußen einige Tische. Günstige Preise. So geschl.

L'Ochina Bianca, Via Finzi 2, Nähe Piazza Virgiliana, moderne, geschmackvolle Trattoria, die sich der Mantovaner Küche verpflichtet fühlt, aber auch Experimente wagt. Sehr gutes Risotto, auch Fisch und anderes Flussgetier wird verarbeitet. An warmen Tagen kann man im Hof sitzen. Angenehme Atmosphäre. Menü ca. 30–40 €. Mo und Di Mittag geschl.

Sehenswertes

Das historische Zentrum Mantuas besteht aus vier aufeinanderfolgenden Plätzen. Jeden Donnerstagvormittag findet ein riesiger *Markt* statt, der einen großen Teil der Innenstadt in Beschlag nimmt.

Piazza Mantegna: An der kleinen Piazza steht die gewaltige Kirche *Sant'Andrea* – ein gigantischer Renaissancebau mit gotischem Campanile, Riesenkuppel und turmhohem Eingangsportal, dessen Rundung sich in der Tonnenwölbung des monumentalen Innenraums fortsetzt. Dieser ist samt der hohen Kuppel völlig mit Fresken ausgemalt, sogar die Kassetten an der Decke sind nicht echt, sondern eine raffiniert angelegte perspektivische Täuschung. In der ersten Seitenkapelle links das Grab des Malers Mantegna (1431–1506).

Piazza dell'Erbe und Piazza Broletto: Der Obst-/Gemüsemarkt ist eingefasst von schönen, alten Bürgerhäusern mit Laubengängen. Die mittelalterliche *Rotonda di San Lorenzo* wird flankiert vom *Uhrenturm*, an den sich der zinnengekrönte *Palazzo della Ragione* anschließt. An der nördlichen Schmalseite stellt der *Palazzo del Podestà* mit einem überwölbten Durchgang die Verbindung zur kleinen Piazza Broletto her.

Piazza Sordello: weiter, offener Platz, das repräsentative Zentrum der Stadt mit Palazzo Ducale, Dom und zinnenbewehrten Stadtpalästen. Der *Dom* ist eine Mixtur verschiedenster Epochen – klassizistische Fassade, gotische Elemente an der Seitenfront, romanischer Glockenturm. Das Innere in streng klassischen Formen, korinthische Säulen trennen die fünf Schiffe voneinander ab.

Palazzo Ducale: Die gewaltige Ausdehnung des Palastes, der mit seinen 500 (!) Räumen der größte Italiens ist und nahezu stadtähnliche Ausmaße hat, lässt sich von der Piazza Sordello aus kaum erahnen. Die zahlreichen Gebäudeflügel des Gonzaga-Palastes wurden im Lauf mehrerer Jahrhunderte aneinander angeschlossen und ergeben architektonisch ein ziemlich kunterbuntes Bild. Sie gruppieren sich um mehrere Innenhöfe bzw. Gartenanlagen und stehen mit dem mittelalterlichen Castello di San Giorgio in Verbindung.

Am Markt von Mantua

Die Besichtigung ist teuer, lohnt aber, um einen Eindruck von der Prachtentfaltung der Renaissance- und Barockfürsten zu bekommen – und wegen der herrlichen Fresken Mantegnas. Nur ein Bruchteil der vielen hundert Räume kann besucht werden, vieles wird restauriert. Zum Schluss kommt man über einen Treppenaufgang in das von einem Wassergraben umgebene *Castello di San Giorgio* mit dem Höhepunkt der Führung, der **Camera degli Sposi** mit den Fresken Mantegnas. Gerade mal drei Minuten darf man sich hier aufhalten – die Fresken aus dem 15. Jh. sind extrem empfindlich und könnten durch die Feuchtigkeit des menschlichen Atems beschädigt werden. Zwei Großbilder beherrschen die Wände des Raums – ihre bestechende Realistik und detailgetreue Darstellung sind faszinierend. Falls noch Zeit ist, sollte man einen Blick an die Decke werfen – aus der Tiefe des Raumes blickt man unvermutet zu einer kreisrunden Öffnung hinauf, von dessen Rand freundlich lächelnde Mädchen und Putten auf den Betrachter herunterschauen. Diese verblüffende Perspektive hat Mantegna als Erster entwickelt, sie wurde später immer wieder kopiert.

Öffnungszeiten/Preise Di–So 9–19 Uhr, Mo geschl., nur mit Führung, Dauer ca. 1 Std., Eintritt ca. 6,30 €.

Palazzo del Te: Die großartige Zweitresidenz der Gonzaga wurde im 16. Jh. weit außerhalb der damaligen Stadt erbaut (ca. 20 Min. zu Fuß ab Palazzo Ducale). Ursprünglich sollte der Palazzo nur eine Villa werden, in der sich Federico II di Gonzaga zu vergnügen gedachte – in sicherer Entfernung vom offiziellen Herzogsschloss und seiner strengen Etikette. Der Architekt und Innenausstatter Giulio Romano aber schoss weit über dieses Ziel hinaus. Er schuf einen eleganten, für seine Zeit hochmodernen Palast, dessen lang gestreckte, einstöckige Flügel sich heute inmitten eines großen, grünen Parks ausbreiten. In den Sälen schuf Romano eine Vielzahl fantastisch-allegorischer Fresken, die zu den Glanzstücken des italienischen Manierismus gehören. Zu den Höhepunkten zählt die *Sala di Psiche*, eine einzige Farborgie und opulenter Tummelplatz nackter Jünglinge, holder Maiden und listiger Satyrn. Dargestellt sind diverse Szenen aus der griechischen Mythologie, zwischen zwei Fenstern thront aber auch, um ein Vielfaches größer als alle anderen Figuren, ein gigantischer Riese (Federico?), eine Riesenkeule locker zwischen die Beine gelegt (die Anspielung ist nicht zu übersehen). Noch deutlicher die Szene über dem Fenster links daneben – dort lagert ein Wasserwesen mit erigiertem Penis. In der benachbarten *Camera dei Veduti* sind in runden Medaillons Szenen aus Jagd und Kampf festgehalten, die *Camera degli Stucchi* besitzt sehr schöne Stuckreliefs auf schwarzem Grund, in der *Sala dei Cavalli* sind die Lieblingspferde Federicos verewigt. Am spektakulärsten ist die *Sala dei Giganti*, die mit abgerundeten Ecken oben wie eine Kuppel zusammenläuft und von einem einzigen großen Gemälde eingenommen wird: die "Rebellion der Giganten" (nach Ovid), zweifellos eines der eigentümlichsten Bildwerke der Spätrenaissance.

Wandfresken im Palazzo del Te

Öffnungszeiten/Preise Di–So 9–18 Uhr, Mo 13–18 Uhr, Eintritt ca. 6,30 €, Stud. ermäß., ohne Führung zu besichtigen.

Grazie del Curtatone: 8 km westlich am Mincio, kleiner Ort mit bedeutender Wallfahrtskirche *Santa Maria della Grazie*. Als 1390 die Pest in Mantua ausbrach, schwor der Gonzaga-Herzog Francesco I., eine große Kirche errichten zu lassen, falls die Seuche glimpflich abliefe. Das Innere beherbergt die wundertätige Statue der *Madonna delle Grazie*: Von "Geheilten" wurden Dutzende Krücken zurückgelassen, in den Seitennischen außerdem zahlreiche Standbilder aus Holz, Wachs und anderen Materialien – sie stellen angeblich zum Tode Verurteilte dar, die die Madonna errettet hat.

"I Barcaioli del Mincio", die Bootsleute vom Mincio, veranstalten von Juni bis September tägliche Ausflugsfahrten auf dem Mincio, der hier ein schilfbestandenes Sumpfgewässer bildet und eine reiche Vogel- und Fischwelt besitzt.

Bootsfahrten **Barcaioli del Mincio**, Via Francesca 122, Grazie di Curtatone, ✆/℻ 0376/349292, www.fiumemincio.it

Fiera di Grazie: Fest der Straßenmaler

Das größte Fest des Städtchens findet auf dem großen Platz vor der Wallfahrtskirche statt, beginnt am 13. August abends und endet am Abend des 16. August. Höhepunkt ist der Wettbewerb der "Madonnari" (Pflastermaler) an „Ferragosto" (Mariä Himmelfahrt), die in Italien noch häufig aus ausschließlich religiösen Gründen tätig sind. Aus ganz Europa treffen sich hunderte von Straßenkünstlern und malen 24 Std. lang (!) – vom 15. morgens bis 16. morgens – ununterbrochen ein selbst gewähltes Thema auf den Asphalt vor der Kirche. Die Kunstwerke werden anschließend prämiert. Es gibt keine Preisgelder, aber jeder Mitwirkende erhält ein Antrittsgeld. Jeder startet als „Semplice" (Anfänger) und wird, falls er gewinnt, zum „Qualificato". Wer dann unter den Qualificati gewinnt, darf sich „Maestro-Madonnari" (Meistermaler) nennen.

Die Veroneser Klause, geschichtsträchtiges Nadelöhr nördlich von Verona

Etschtal (Valadige)

Von Südtirol kommend bildet das Etschtal die Haupteinfallschneise ins Veneto. „Val Lagarina" heißt der südliche Talabschnitt, etwa von Trento bis Verona.

Zwischen Monte Baldo, die Lessinischen Berge und das bekannte Weinanbaugebiet Valpolicella drängen sich Autobahn, Staatsstraße und Bahnlinie ins Flusstal. Gemächlicher und reizvoller als auf der Autobahn fährt man auf der SS 12, spätestens bei „Rovereto Sud" sollte man eigentlich wechseln.

- **Monte Baldo**: Mächtig türmt sich das lang gestreckte Bergmassiv westlich vom Etschtal mehr als 2000 m hoch. Auf der „Strada Panoramica del Monte Baldo" kann man mit dem eigenen Motorfahrzeug hinauffahren und die herrlichen Ausblicke genießen. Man startet in *Mori* an der SS 240 (Trentino/Nähe Rovereto), fährt dann über Brentonico und San Giacomo bis zum Aussichtspunkt *Bocca di Navene* zwischen Monte Altissimo und La Colma, wo man im gleichnamigen Berggasthof Rast machen kann. Weiter zur Bergstation der Seilbahn, mit der man nach Malcésine am Gardasee hinunterfahren kann (→ S. 66) und wo man bei klarer Sicht einen herrlichen Seeblick hat, geht es nur zu Fuß auf einer 2 km langen, für den motorisierten Verkehr gesperrten Schotterpiste.

Nähere Informationen und Wanderungen auf dem Monte Baldo siehe unter Gardasee, S. 69.

- **Castello di Avio**: Das eindrucksvolle mittelalterliche Schloss bei *Sabbionara* thront wenige Kilometer nördlich der Grenze zum Veneto 260 m hoch über dem Etschtal.

Erbaut wurde es von den Veronesern, um das enge Etschtal zu überwachen, eine Garnison war hier stationiert. In den Innenräumen, vor allem im „Mastio", dem mächtigen Bergfried, und in der „Casa delle Guardie", dem ehemaligen Wächterhaus, sind prachtvolle Fresken aus dem 14. Jh. erhalten, die höfische und militärische Szenen zeigen. Zu erreichen ab Autobahnausfahrt Ala–Avio.

Öffnungszeiten/Preise Febr. bis Sept. Di–So 10–13, 14–18 Uhr, Okt. bis Dez. 10–13, 14–17 Uhr, Mo geschl.; Eintritt ca. 3,50 €, Kinder (4–12 J.) 2,50 €.

▸ **Santuario Madonna della Corona**: Wallfahrtskirche in schwindelnder Höhe über dem Etschtal, mit ihren Nebengebäuden klebt sie 774 m hoch wie ein Adlernest in der überhängenden Felswand. Als im 16. Jh. eine wundertätige Marienstatue auftauchte, begann man mit dem Bau des Heiligtums, seitdem wurde es mehrfach umgebaut und vergrößert. Im Inneren stellt man beeindruckt fest, dass die Kirche direkt in den Fels hinein gehauen ist. Die 70 cm hohe, aus Stein gemeißelte Statue der Madonna, die den toten Jesus beweint, thront über dem Hauptaltar. An der rechten Seitenwand zeigen schlichte Ölbilder hinter Glas, wo die Madonna schon überall geholfen hat. Mehrmals täglich finden Gottesdienste statt, auch in deutscher Sprache. Vom Untergeschoss der Kirche führt eine *heilige Treppe* nach oben, die Bußfertige auf Knien hinaufrutschen. Ebenfalls unter der Kirche liegt der *Sepolcreto degli Eremiti*, hier ruhen die Knochen verstorbener Mönche in durchsichtigen Glasvitrinen.

Kirche Madonna della Corona

• *Anfahrt* Autobahnausfahrt **Affi – Lago di Garda Sud** nehmen und über **Caprino Veronese** nach **Spiazzi** fahren. Dort parkt man in langer Reihe entlang der Straße und steigt zur Kirche in ca. 20 Min. zu Fuß hinunter, vorbei an einer Reihe von Kreuzwegstationen mit lebensgroßen Figuren. Von Juni bis September gibt es auf dieser Straße auch **Pendelbusverkehr** (April, Mai und Oktober an Sonn- und Feiertagen).

• *Fußweg* Viele Pilger klettern vom tief unterhalb liegenden Örtchen **Brentino** einen anstrengenden Büßerweg hinauf, "Via Crucis" genannt. Dauer ca. 1,5 Std.

Chiusa di Verona und Umgebung: Die "Veroneser Klause" ist ein schmaler Durchbruch der Etsch in den letzten Alpenfelsen nordwestlich von Verona. Südlich davon laufen die Moränenhügel in der Poebene aus. Was sich heute als Nadelöhr für SS 12, Bahnlinie und die höher gelegte Autobahn zeigt, war früher prädestiniert für Hinterhalte und Schlachtengemetzel. Kaiser Friedrich Barbarossa wurde hier von den Veronesern umzingelt und konnte nur mit Hilfe des Bayernherzogs Otto von Wittelsbach

Begehrter Stein: Marmorwerkstatt im Valpolicella

entkommen, Napoleon Bonaparte schlug im Januar 1797 an dieser Stelle mit seiner zahlenmäßig unterlegenen Armee die Österreicher empfindlich. Später errichteten die Österreicher nicht weniger als acht Festungen in diesem Gebiet, eine davon ist ein mächtiger Rundbau bei *Rivoli Veronese* westlich oberhalb der Klause, benannt nach dem General Wohlgemut (nicht zu besichtigen). In dem hoch gelegenen Örtchen, nach dem die Rue de Rivoli in Paris benannt ist, gibt es ein von Signore Zerbini liebevoll betreutes „Museo Napoleonico", wo man die Schlacht von 1797 anhand von Relikten, Modellen und Karten eingehend studieren kann.

Südlich der Klause, um *Volargne, Sant'Ambrogio di Valpolicella* und *Pescantina* wird der berühmte rot schimmernde Marmor „Rosso Veronese" aus den Steinbrüchen des Valpolicella und der Monti Lessini (→ S. 136) verarbeitet, der in der ganzen Welt geschätzt ist. Viele Bauten in Verona um Umgebung, u. a. auch die berühmte römische Arena, wurden aus ihm errichtet. Zahlreiche Werkstätten liegen an der SS 12 entlang der Etsch, in der Antike verlief hier die Römerstraße „Claudia Augusta Padana". Volargne wurde 1944 durch einen Bombenangriff dem Erdboden gleichgemacht und musste völlig neu wieder aufgebaut werden, nicht wenige Häuser bestehen ganz aus Marmor. Erhalten blieb aber die zweistöckige, von einer hohen Mauer umgebene *Villa del Bene* an der alten Uferstraße, nur wenige Meter von der Etsch entfernt (beschildert). Erbaut im 15. Jh., wurde sie 1551 vom Veroneser Architekten Sanmicheli erweitert. Ein umfangreicher biblischer Freskenzyklus, geschaffen von Veroneser Künstlern des 16. Jh., schmückt die Treppen, die Loggia über dem Bogengang, den Salon und einige Zimmer im Obergeschoss. Die Renaissancevilla wurde mehrfach restauriert und kann besichtigt werden.

Von den Bergen oberhalb von *Sant'Ambrogio* genießt man einen herrlichen Blick auf Gardasee und Poebene, z. B. von San Giorgio di Valpolicella (→ Valpolicella-Region).

• *Öffnungszeiten/Preise* **Museo Napoleonico**, März bis Okt. 9.30–12, 15.30–18.30 Uhr, Mo und Mi geschl., Nov. bis Febr. nur nach Vereinbarung mit Signore Zerbini, ✆ 045/7281799, www.rivoli.museum.com. Eintritt ca. 2 €. **Villa del Bene**, Do–Di 9–12, 15–18 Uhr, Mi geschl. (Achtung: zu den angeschlagenen Zeiten nicht immer geöffnet).

• *Anfahrt* Autobahnausfahrt **Affi – Lago di Garda Sud**. Wer auf der SS 12 kommt und nach Rivoli möchte, muss bei Domegliara auf die westliche Flussseite wechseln.

• *Übernachten/Essen & Trinken* ** **River Club**, Via G. Ceriotto 81, Albergo mit Rist./Pizzeria im Grünen an der Etsch, große Außenterrasse mit Flussblick. 14 gepflegte Zimmer mit TV. DZ mit Frühstück ca. 50–65 €. ✆ 045/7732554, ℻ 6884310, www.giornifelici.it

Die Piazza Bra mit der mächtigen Arena

Verona

(ca. 260.000 Einwohner)

Die weltberühmte Stadt von Romeo und Julia ist die Eingangspforte zum Veneto. Ihr Besuch ist eigentlich ein „Muss“: Veronas Altstadt ist bildschön und besitzt zahlreiche bedeutende Bauten, darunter eine riesige römische Arena, die noch heute für Opernaufführungen unter freiem Himmel genutzt wird. Seit dem Jahr 2000 steht das Stadtzentrum als „Kulturerbe der Menschheit“ unter dem Schutz der Unesco.

Das verkehrsberuhigte „Centro Storico“ schmiegt sich in einen tiefen Bogen der Etsch. Mit den malerischen Mittelalter-Gässchen, prächtigen Kirchen und historischen Palazzi ist es für einen Spaziergang wie geschaffen, weite Teile der Innenstadt wurden zu Fußgängerzonen umgewandelt. Zentraler Platz und immer belebter Treffpunkt ist die Piazza Bra mit ihrer altrömischen Arena – größte Attraktion der Stadt sind die hier allsommerlich stattfindenden Opernaufführungen: Die unvergleichliche Stimmung unter freiem Himmel, die hervorragende Akustik und tolle Beleuchtung garantieren ein unvergessliches Kunsterlebnis. Weiterer Konzentrationspunkt ist die altertümliche Piazza delle Erbe mit ihrem sehenswerten Markt und den malerisch verblichenen Palazzi. Gleich nebenan liegt die Piazza dei Signori, das mittelalterliche Verwaltungszentrum, mit der prunkvollen Szenerie historischer Repräsentationsbauten. Nur ein paar Schritte sind es von hier zur Etsch, die mit ihrem breiten Bett das historische Zentrum von drei Seiten begrenzt. Doch auch den Hügel von San Pietro auf der anderen Seite sollte man einmal erklimmen und den herrlichen Blick auf die Stadt genießen.

Trotz seiner bedeutenden historisch-kulturellen Dimension ist Verona eine äußerst aktive, der Gegenwart zugewandte Stadt. Als Bindeglied zwischen Italien und den

Alpenländern war es stets und ist bis heute ein Ort des Handels und fungiert neben Bologna und Mailand als bedeutendste Messestadt Norditaliens, vor allem im landwirtschaftlichen Sektor. Der internationale Tourismus prägt zwar das Stadtbild im Zentrum, doch an der Peripherie liegen die zahlreichen Industriebetriebe, die das Wirtschaftsleben der Stadt bestimmen – vor allem Maschinenbau, Papier- und Druckereigewerbe gehören dazu, aber auch Möbelfabrikation, Weinbau und die Landwirtschaft der Poebene spielen eine wichtige Rolle.

Geschichte

Dank der strategisch exzellenten Lage an der Mündung des Etschtals in die Pobene – für Mitteleuropa seit jeher der wichtigste Zugang zum Mittelmeerraum – entwickelte sich an der Stelle des heutigen Verona schon in prähistorischen Zeiten eine Ansiedlung. Rätier, Euganäer und Etrusker lebten am San-Pietro-Hügel im Bogen der Etsch und schon im 3. Jh. v. Chr. waren die Veroneser mit einem Kontingent im römischen Heer vertreten. 49 v. Chr. erlangte die Siedlung die *römische Bürgerschaft* und wurde zum „Municipium“ ernannt. Im Folgenden errichteten die Römer hier einen ihrer größten Stützpunkte in Oberitalien, an dem sich drei Heerstraßen kreuzten. Auf Reste von Toren, Straßen und Gebäuden aus dieser Zeit trifft man immer wieder, nicht zuletzt die mächtige Arena zeugt von der einstigen Bedeutung. Nach dem Zusammenbruch des Weströmischen Reiches wurde Verona von 493–526 Residenz des Ostgotenkönigs *Theoderich der Große* – in der Sage gerne als „Dietrich von Bern“ bezeichnet (Bern im alten deutschen Sprachgebrauch = Verona), gefolgt von den *Langobarden* unter Alboin. Ab 774 wurde es dem Kaiserreich der Karolinger eingegliedert und unter Pippin Sitz des Königreichs Italien („Regnum Italiae“). 952 trennte Otto der Große die *Mark Verona* von Italien ab und gliederte sie Bayern an, um den deutschen Einfluss zu stärken. 1162 bildete sich die *Veroneser Liga* (Verona, Vicenza, Treviso) gegen Friedrich Barbarossa und schloss sich bald dem *lombardischen Städtebund* an. Dieser besiegte Barbarossa 1176 vernichtend bei Legnano, 1183 musste der Kaiser die Selbstverwaltung der Städte anerkennen, Verona wurde zur *freien Stadtrepublik*. Doch schon seit der zweiten Hälfte des 13. Jh. setzte sich das kompromisslos zur Macht drängende Geschlecht der *Skaliger* in der Stadtherrschaft durch und baute Verona zu seiner Residenzstadt aus (→ Kasten, S. 127). Zur Zeit der größten Ausdehnung reichte das Herrschaftsgebiet der Signori della Scala bis hinunter in die Toskana. 1404 ergab sich Verona kampflos den expandierenden *Venezianern*, diese prägten mit monumentalen Palästen und massiven Verteidigungsanlagen die folgenden Jahrhunderte. 1797 besiegelte *Napoleon* das Ende der Dogenrepublik und es kamen die *Österreicher*, die die Stadt zum wichtigsten Stützpunkt ihres „Quadrilatero“ genannten Festungsvierecks in Oberitalien machten: Verona, Mantua, Legnago und Peschiera. 1866 war auch diese Episode der Fremdherrschaft zu Ende und Verona schloss sich mit seiner Provinz dem neuen Königreich Italien an.

Anfahrt/Verbindungen

• *Eigenes Fahrzeug* Verona liegt nur wenige Kilometer vom Gardasee entfernt und ganz zentral am Schnittpunkt der Autobahnen **A 22** vom Brenner (Ausfahrt: Verona Nord) und der **A 4** Mailand-Venedig (Ausfahrt: Verona Süd).

An vielen Stellen der Innenstadt kann man an Parkuhren oder mit Parkscheibe bis zu einer Stunde parken, z. B. an der schattigen Alleestraße **Corso Porto Nuova** oder am **Stradone Porta Palio** beim Skaligerkastell. Kostenlos und ohne Zeitbeschränkung kann man seinen PKW an der Stadtmauer in der **Via Città de Nimes** beim Bahnhof (15 Min. ins Zentrum) und beim weiter westlich gelegenen **Stadion** abstellen. Für Besichtigung von **San Zeno Maggiore** kann man direkt vor der Kirche gebührenpflichtig parken. **Parkhäuser** gibt es an der Piazza Citadella, Nähe Piazza Bra („Parking Citadella") und in der benachbarten Via Bentegodi („Parking Arena"). Die Altstadt darf nicht befahren werden, ausgenommen ist lediglich die einmalige Zufahrt zu einem Hotel.

• *Bahn* Verona ist wichtiger Knotenpunkt für die Linien Brenner-Bologna-Florenz und Mailand-Venedig. Letztere Linie passiert das Südufer des Gardasees, von und nach **Peschiera** gibt es stündlich mindestens eine Verbindung hin/rück (ca. 30 Min. Fahrtzeit). Der Bahnhof **Stazione Porta Nuova** liegt ca. 20 Fußminuten südlich der zentralen Piazza Bra (den Corso Porta Nuova entlang). Die Busse 11, 12, 13 (sonntags 91 und 98) fahren ab Plattform A zur Piazza Bra.

• *Flug* Der Flughafen **Aeroporto Valerio Catullo di Villafranca/Verona** liegt 10 km südwestlich von Verona, an der Straße nach Villafranca (Nähe Autobahn). Vom Flughafen fährt man per APT-Bus (alle 20 Min. von 6.10–23 Uhr, ca. 3,60 €) oder Taxi zur Busstation Porta Nuova beim Hauptbahnhof in Verona. Auskunft Flughafen: ✆ 045/8095666, www.aeroportoverona.it

• *Bus* In der Stadt verkehren **AMT-Busse**, Info-Material im Tourist-Büro und auf der Website www.amt.it. Bustickets für ca. 0,95 € an allen Tabacchi-Ständen, bei den Kiosken im Bahnhof gibt es Tagespässe für ca. 3,10 €. In der Innenstadt wird man allerdings das meiste zu Fuß laufen. Sonntags verkehren andere Busse als werktags.

APTV-Busse fahren ab Bahnhofsvorplatz in die Umgebung, z. B. zum Gardasee und nach Brecia.

• *Taxi* Rund um die Uhr zu buchen unter ✆ 045/532666. Standplätze am **Hauptbahnhof** (✆ 045/8004528), an der **Piazza Bra** (✆ 045/8030565) und am **Airport** (✆ 045/532666).

• *Fahrradverleih* **El Pedal Scaligero**, in den Sommermonaten an der Ecke Piazza Bra/Via Roma (Südwestecke der Piazza). ✆ 333-5367770 (Handy).

Information

Die **APT Verona** (Azienda Promozione Turistica) hat derzeit drei ganzjährig geöffnete Informationsstellen in der Stadt:
1) Via degli Alpini 9, in der Stadtmauer an der Südseite der Piazza Bra, Nähe Rathaus. Mo–Sa 9–19, So 9–15 Uhr. Man spricht Deutsch. ✆ 045/8068680, Fax 8003638;
2) Piazza XXV Aprile (Bahnhof Porta Nuova), ✆/Fax 045/8000861.
3) Aeroporto di Verona (Flughafen), ✆/Fax 045/8619163.
Zu haben sind u. a. kostenlose Stadtpläne, Busfahrpläne und Unterkunftslisten mit Öffnungszeiten/Eintrittspreisen aller Museen und Sehenswürdigkeiten.

Internet: www.tourism.verona.it

Internet Points *Internet Train*, Via Roma 17, zwischen Arena und Castelvecchio. (✆ 045/8013394) und Via San Paolo 8/a (✆ 045/8031690), www.internettrain.it/citta.asp
Lui & lei, Via Leoni 4/f, Nähe Kirche San Fermo. ✆ 045/8030058.
Internet etc., Via Quattro Spade 3/b, Seitengasse der Einkaufsgasse Via Mazzini, ✆ 045/8000222, www.internetetc.it

Übernachten (siehe Karte S. 117)

Die Veroneser Hotelpreise sind hoch, vor allem in der Opernsaison und wenn Messen stattfinden. Trotzdem sind in diesen Tagen die Unterkünfte häufig ausgebucht, die Zimmervermittlung der „CAV" hilft vielleicht weiter. Auch Privatzimmer werden vermietet, aufgeführt unter „Bed & Breakfast" im Unterkunftsverzeichnis des Informationsbüros.

Eine kostenlose Zimmervermittlung für Zwei- bis Fünf-Sterne-Hotels bietet **CAV** (Cooperativa Albergatori Veronesi), die Vereinigung der Veroneser Hoteliers, Via Patuzzi 5. Mo–Sa 9–19, So 14–19 Uhr. ✆ 045/8009844, Fax 8009372, www.cav.vr.it

**** **Accademia (25)**, Via Scala 12 (Seitenstraße der Fußgängerzone Via Mazzini), sehr gediegenes und komfortables Haus, wenige Meter von der Piazza delle Erbe, zentral und ruhig. Zimmer mit Teppichböden, Aircondition, Mini-Bar, TV und Telefon, Garage im Hotel. DZ mit Frühstück ca. 150–210 €. ✆ 045/596222, ℻ 8008440, www.accademiavr.it

*** **Giulietta e Romeo (28)**, Vicolo Tre Marchetti 3, direkt hinter der Arena, historischer Palazzo mit modernem Innenleben, schallgedämpfte Zimmer mit Kirschholzmobiliar, Teppichboden, Aircondition, Mini-Bar, TV und Telefon, von einigen Zimmern Blick auf die Arena. Mit Garage. DZ mit Frühstück ca. 115–180 €. ✆ 045/8003554, ℻ 8010862, www.giuliettaeromeo.com

** **Aurora (19)**, ideale Lage direkt an der Piazza delle Erbe, einfach und sauber, mittlerweile fast vollständig renoviert. Große Frühstücksterrasse mit Blick auf die malerische Piazza. 22 Zimmer mit modernen Bädern, ebenfalls großteils mit Blick auf den Platz. Das Ehepaar, das den Betrieb führt, ist liebenswürdig und spricht Deutsch. DZ mit Bad und üppigem Frühstücksbüffet ca. 85–125 €, mit Etagendusche etwas günstiger. ✆ 045/594717, ℻ 8010860, www.hotelaurora.biz

** **Sanmicheli (34)**, Via delle Valverde 2, etwas außerhalb der Altstadt, 5 Min. zur Arena, vor dem Haus nicht ganz leise Verkehrsstraße und kleine Grünanlage, anständige und solide Ausstattung, unten nette Frühstücksecke. DZ mit Frühstück ca. 55–106 €. ✆ 045/8003749, ℻ 8004508.

** **Mazzanti (14)**, Via Mazzanti 6, Seitengässchen der Piazza dei Signori, mitten im Herzen der Altstadt, malerisch-verwinkeltes Haus mit engen Treppen, kleine, schlichte Zimmer, sauber, unten gut geführtes Ristorante. DZ mit Frühstück ca. 52–105 €. ✆ 045/8006813, ℻ 8011262.

** **Locanda Armando (35)**, Via Dietro Pallone 1, östlich der Arena, 20 Zimmer mit TV, Parkmöglichkeit. DZ mit Frühstück ca. 85–105 €. ✆ 045/8000206, ℻ 8036015.

* **Cavour (29)**, Vicolo Chiodo 4/b, ruhige Seitengasse zwischen Arena und Skaligerkastell, sympathisches Haus mit ordentlicher Ausstattung, sogar mit Parkplatz. Kleine, aber gemütliche Zimmer mit TV. Netter, mehrsprachiger Nachtportier. DZ mit Frühstück ca. 90–140 €. ✆ 045/590166, ℻ 590508.

* **Locanda Catullo (26)**, Via Valerio Catullo 1, Seitengasse der Fußgängerzone Via Mazzini, preiswerte, alteingeführte Pension im dritten Stock eines Altstadthauses, Travellertipp und wegen des vergleichsweise günstigen Preises oft ausgebucht. Linoleumboden, spartanisch eingerichtet, beleibte Wirtin vom alten Schlag. DZ mit Bad ca. 40–65 €, mit Etagendusche 32–55 €, kein Frühstück. ✆ 045/8002786, ℻ 596987. E-Mail: locandacatullo@tiscali.it

Ciopeta (31), Vicolo Teatro Filarmonico 2, ebenfalls zwischen Arena und Kastell, freundlich geführt, nur acht Zimmer mit Etagendusche. DZ mit Frühstück ca. 45–78 €. ✆ 045/8006843, ℻ 8033722, E-Mail: ciopeta@iol.it

• *Jugendherbergen* **Ostello Verona (4)** (IYHF) in der Villa Francescati, Salita Fontana del Ferro 15. Alte Renaissance-Villa mit Fresken und schönem Palmengarten auf der anderen Seite der Etsch am Hang unterhalb vom Kastell San Pietro, sehr sauber, gut in Schuss und freundliche Atmosphäre, Übernachtung inkl. Frühstück ca. 13 €/Pers., Schließzeit 23.30 Uhr (für Opernbesucher länger), Schlafsäle werden um 17 Uhr geöffnet (man kann sich aber schon früher anmelden und Gepäck abgeben). Abends gutes und preiswertes Essen (für Vegetarier Sondermenüs). Zu Fuß über den Ponte Nuovo und links halten, dann der Beschilderung folgen und Straßenverlauf über Treppen abkürzen. Ab Bhf. Bus 73 über Ponte Nuovo bis Piazza Isolo, dort beschildert (abends 20–23 Uhr und sonntags Bus 90 Richtung San Michele). 100 Betten, ganzjährig geöffnet. ✆ 045/590360, ℻ 8009127, www.ostelli-online.org.

Casa della Giovane (7), Via Pigna 7, schlichte, kirchlich geführte Unterkunft, zentral in der Altstadt, Nähe Dom. Nur für Mädchen und Frauen, ca. 13 €/Pers. im 12-Bett-Bettzimmer. Schließzeit 23 Uhr (ausgenommen Opernbesucher). ✆ 045/596880, ℻ 8005449.

• *Camping* * **Castel San Pietro (1)**, an der Nordseite der Etsch beschildert, kleiner Platz in idyllischer Lage in den Mauern des Kastells hoch über der Stadt, zwei große Terrassen, von der oberen Blick über das historische Verona. Stellplätze stufig versetzt, alles grün überwuchert, viel Baumschatten, große Terrasse, sehr ruhig. Für Wohnmobile nur beschränkte Platzmöglichkeiten. Im Haus drei geräumige Nasszellen, jeweils mit Dusche und Toilette (Warmwasser nur vormittags und abends), alle pikobello gepflegt. Der Platz gehört einem älteren Veroneser Ehepaar, an der Rezeption arbeitet ein engagiertes, junges französisches Paar. Ab Bahnhof werktags Bus 41, abends und sonntags Bus 95, jeweils bis

Via Marsala, zum Platz noch zehn Minuten zu Fuß. Ins Zentrum 15 Fußminuten. Mitte Mai bis Mitte Oktober. ✆/℻ 045/592037, www.campingcastelsanpietro.com

*** **Romeo e Giulietta**, Via Bresciana 54, ca. 5 km außerhalb Richtung Gardasee an der SS 11, großer Rasenplatz unter hohen Bäumen, gute Sanitäranlagen, Swimmingpool (nur im Sommer geöffnet). Ohne eigenes Fahrzeug ungünstig, Schließzeit strikt 23 Uhr (bei Opernaufführungen muss man das Auto auf einem Parkplatz vor der Schranke abstellen). Sehr organisationsfreudiger Besitzer. APT-Bus ab Bahnhof Richtung Peschiera (Haltestelle gegenüber vom Platz, dem Fahrer Bescheid sagen), der letzte Bus fährt aber schon gegen 20 Uhr. ✆ 045/8510243, E-Mail: camping_verona@tin.it

Essen & Trinken

Verona verfügt über eine beachtliche Gastronomie mit einigen Spitzenlokalen, die schon vom Michelin mit Sternen bedacht wurden. In der Altstadt findet man aber auch einige preisgünstige Trattorie bzw. Osterie, in denen man häufig die besondere Veroneser Spezialität *pastissada de caval* (Gulasch aus Pferdefleisch) kosten kann. Ihre Ursprünge gehen angeblich zurück auf einen legendären Zweikampf zu Pferd zwischen Ostgotenkönig Theoderich und Germanenführer Odoakar.

Il Desco (22), Via Dietro San Sebastiano 7 (zu erreichen ab Via Cappello, Nähe Piazza Indipendenza), einer der Sterne am Veroneser Gourmet-Himmel. In einem schön restaurierten Benediktinerkloster des 17. Jh. wird leichte und elegante Küche in der Art der „nuova cucina italiana" kredenzt. Das Gebotene hat seinen Preis, Menü um die 70–100 €. Reservierung unter ✆ 045/595358. So/Mo (im Sommer nur So) und zweite Junihälfte geschl.

Re Teodorico (2), elegant und ebenfalls nicht billig, aber die schönste Lage der Stadt, große Terrasse direkt am Castel Pietro auf der nördlichen Flussseite. Menü um die 40–70 €. Mi geschl.

Locanda di Castelvecchio (30), Corso Cavour 49, genau gegenüber vom Skaliger-Kastell, mit vielen Spiegeln und Gemälden im antiken Stil aufgemacht, typische Veroneser Küche wie *pasta e fagioli*, kundiger Service. Auch Sitzplätze auf der Gasse neben dem Haus. Mi-Mittag und Di geschl.

Pane e Vino (6), Via Garibaldi 16, gepflegte und behaglich eingerichtete Osteria mit Schwerpunkt auf Fleischgerichten. Traditionelle Küche, z. B. *faraone* (Perlhuhn) in Amarone oder *risotto* mit Parmesan und Amarone. Mittags und abends (warme Küche bis 22.30 Uhr), leider keine Sitzplätze im Freien. So geschl.

Bottega del Vino (23), Via Scudo di Francia 3, nur wenige Schritte seitlich der Fußgängerzone Via Mazzini, eins der interessantesten und gemütlichsten Lokale Veronas, wunderschöne alte Weinprobierstube, holzgetäfelt und farbenfroh ausgemalt. Vorne treffen sich die Männer zu einem Glas Wein und lesen in Ruhe ihre Zeitung, während man hinten an einigen wenigen, weiß gedeckten Tischen essen kann – Tortellini, Polenta, Risotto, dazu einen Schluck aus dem mehr als üppigen Weinkeller, in dem dank des engagierten Sommeliers Severino Barzan auch seltene Tropfen aus aller Welt vorrätig sind. Nicht billig, aber sein Geld wert. Di geschl., außer Juli/ August.

La Torretta (3), Piazza Broilo 1, wenige Meter vom Ponte Pietra, sympathisches Terrassenlokal auf einer ruhigen Piazza, schön zum Sitzen. So geschl. (Mo in Juli/August).

La Taverna di Via Stella (24), Via Stella 5, volkstümliche Osteria in zentraler Lage um die Ecke vom Haus der Julia, fröhliche und lebendige Atmosphäre. Man kann zum Wein Kleinigkeiten vom Tresen kosten, aber auch vollständige Menüs einnehmen, z. B. diverse Polentavariationen und *baccalà*. Mo geschl.

Pam Pam (21), gemütliche Trattoria direkt neben der römischen Porta Borsari, schöne Plätze im hohen Laubengang, drinnen stützt eine Säule die niedrige Holzbalkendecke. Seit kürzlichem Pächterwechsel bei der Jugend beliebt, große Auswahl an Pizza, aber auch Bruschette, Risotto und Pastagerichte. Mittlere Preise.

Ponte Navi (33), Via Dogana, schräg gegenüber der Kirche San Fermo (→ Sehenswertes). Ristorante/Pizzeria mit schmaler Terrasse an der Etsch, große Auswahl und nicht teuer, leider einiges an Autoverkehr.

Hostaria Vecchia Fontanina (13), an der kleinen, ruhigen Piazzetta Chiavica, von den Skaliger-Gräbern die Straße runter. Vorne Weinkneipe, hinten einige Tische zum Essen, schlicht und gemütlich.

Ü bernachten
- 1 Camping Castel San Pietro
- 4 Ostello Verona (Jugendherberge)
- 7 Casa della Giovane (Jugendherberge)
- 14 Mazzanti
- 19 Aurora
- 25 Accademia
- 26 Locanda Catullo
- 28 Giulietta e Romeo
- 29 Cavour
- 31 Ciopeta
- 34 Sanmicheli
- 35 Locanda Armando

E ssen & Trinken
- 2 Re Teodorico
- 3 La Torretta
- 5 Redentore
- 6 Pane e Vino
- 13 Hosteria Vecchia Fontanina
- 15 Vini e Cucina da Luciano
- 16 Osteria al Duca
- 17 Trattoria all'Isolo
- 21 Pam Pam
- 22 Il Desco
- 23 Bottega del Vino
- 24 La Taverna di Via Stella
- 27 Vesuvio
- 30 Locanda di Castelvecchio
- 32 Brek
- 33 Ponte Navi

C afés
- 8 Osteria al Duomo
- 12 Osteria Sottoriva
- 18 Cantina Oreste dal Zovo
- 20 Osteria La Vecete

N achtleben
- 9 Cappa Café
- 10 Sottoriva 23
- 11 Square

Verona

Osteria al Duca (16), Via Arche Scaligeri 4, im angeblichen Haus des Romeo, gepflegte Osteria der alten Art, ausgesprochen gemütlich, Sitzplätze auf zwei Stockwerken. Sehr erfreuliche Küche mit großer Auswahl, serviert wird u. a. die Veroneser Spezialität *pastissada de caval con polenta*. Große Weinkarte und süffiger roter Hauswein, Festpreismenü (ohne Wein) um die 13 €. So geschl.

Vini e cucina da Luciano (15), Via Trota 3/a, von der Piazzetta Chiavica ein paar Schritte nach rechts. Einfacher Speiseraum und viele (hauptsächlich junge) Gäste, da wirklich unübertrefflich billig. So und im Juli geschl.

Vesuvio (27), Piazzetta Portichetto/Rigaste San Zeno, einfache und preisgünstige Pizzeria westlich vom Castelvecchio, Tische direkt an der Etsch, sehr beliebt an heißen Tagen, viele junge Leute.

Brek (32), großes Self-Service-Lokal direkt an der Piazza Bra (Nr. 20), für die Lage günstig, kein Coperto. Sa geschl.

Lesertipp „Die Trattoria **Alla Colonna** am Largo Pescheria Vecchia 4 war eine Empfehlung unseres Zimmerwirts. Abends ab 20 Uhr sitzt man hier unter fast ausschließlich italienischen Gästen, also keine Touristenabfertigung, ✆ 045/596718."

• *Jenseits der Etsch* **Redentore (5)**, Via Redentore 15/17, Ristorante/Pizzeria im Stadtteil Oltre d'Adige östlich der Etsch (→ Sehenswertes), originelles Lokal in der aufgelassenen Redentore-Kirche. Leserempfehlung: „Ausgezeichnetes und reichliches Essen zu vernünftigen Preisen." Sitzplätze vor der Tür vom Verkehr auf den beiden vorbeigehenden Straßen ein wenig beeinträchtigt.

Trattoria all'Isolo (17), Piazza Isolo 5/a, kleine, bodenständige Trattoria an einer lang gestreckten Piazza an der Ostseite der Etsch, nicht weit von der Jugendherberge. Traditionelle Küche zu angemessenen Preisen, z. B. *pastissada di cavallo* und *baccalà alla Vicentina con polenta* (Stockfisch). Außenplätze allerdings auch hier nahe der lauten Straße. Mi-Abend geschl.

• *Außerhalb* **Ciccarelli**, im Ortsteil Madonna di Dossobuono, 8 km südwestlich vom Zentrum (Straße nach Villafranca di Verona und Mantua). Die hoch gelobte Landtrattoria ist seit vielen Jahren Garant für echte Veroneser Küche zu mittlerweile nicht mehr niedrigen, aber angemessenen Preisen. Menü um die 30 €. Reservierung angebracht unter ✆ 045/953986. Sa geschl.

• *Cafés/Bars* Hauptsächlich an der Piazza Bra und der Piazza delle Erbe.

Dante, Piazza dei Signori, Veronas Traditionscafé, ehrwürdiger Innenraum mit Marmortischchen, dunkelroten Samtpolstern, schwarzem Lack und viel Stuck. Auch draußen viel Platz. Mo geschl.

Al Ponte, Via Ponte Pietra 26/a, wenige Meter vom Ponte Pietra, gemütliche Bar mit kleiner, blumengeschmückter Terrasse direkt an der Etsch. Mi geschl.

• *Weinstuben* (Osterie/Enoteche) Die Umgebung von Verona gehört zu den größten Weinbaugebieten im Veneto. Dementsprechend besitzt Verona eine ganze Menge kleiner ursprünglicher Osterie, in denen sich hauptsächlich Einheimische auf einen Schluck treffen.

Bottega del Vino, herrliche Inneneinrichtung, exzellente Auswahl, zentrale Lage (→ oben).

La Taverna di Via Stella, Via Stella 5, populär und stimmungsvoll (→ oben).

Osteria al Duomo (8), Via Duomo 7/a, hübsche Einheimischenkneipe, in der es oft hoch her geht, mittwochs Livemusik, zum Essen Polenta, Tortellini und Gnocchi. Geöffnet 10 Uhr vormittags bis 1 Uhr nachts. Do geschl.

Osteria La Vecete (20), Via Pellicciai 32, alteingesessene, jedoch jüngst modernisierte Osteria in zentraler Lage. Nett zum Sitzen im Gewölbe, auch von Einheimischen gerne besucht. So geschl.

Osteria Sottoriva (12), urige Osteria unter den Arkaden der Via Sottoriva (Nr. 9/b), vor allem am Samstagvormittag trinkt hier jeder Mann des volkstümlichen Viertels sein Gläschen. So-Abend und Mo geschl.

Enoteca/Cantina Oreste dal Zovo (18), Vicolo San Marco in Foro 7, etwas versteckt südwestlich der Piazza delle Erbe, kleine Weinhandlung mit Stehtresen und einer Handvoll Sitzgelegenheiten, zur Straße hin weit offen. Weine aller Preisklassen. Mo geschl.

• *Eis* **Fratelli Savoia**, Via Roma 1/b, seit 1939 im Säulengang des Teatro Filarmonico (neben dem Stadttor an der Südseite der Piazza Bra), diverse Eisspezialitäten stilvoll aufbereitet.

Blick vom Kastel San Pietro auf Ponte Pietra und Dom

Nachtleben

Spielt sich im historischen Zentrum bevorzugt an der etwas versteckt gelegenen Via Sottoriva und Umgebung ab.

• *Kneipen & Bars* **Square (11)**, Via Sottoriva 15, trendy Café-Bar, die sich in mehreren Stockwerken ins Kellergeschoss öffnet. Schicke Einrichtung, fast schon zu cool für eine Kneipe. Internetzugang, Verkauf von CDs, Keramik und Mobiliar, www.squaresite.net

Sottoriva 23 (10), unter eben dieser Hausnummer zu finden, populäre Kneipe, studentisches Publikum.

Cappa Café (9), Piazzetta Bra Molinari, wenige Schritte weiter, ebenfalls sehr angesagt, der Innenraum zeigt sich mit Polstersitzen orientalisch angehaucht, gelegentlich Jazzmusik live.

• *Diskotheken* **Alter Ego**, Via Torricelle 9, seit langem bewährter Anlaufpunkt für Nachtschwärmer. Juli/August geschl.

Shopping

Eine Sehenswürdigkeit ist der tägliche Markt auf der Piazza delle Erbe, sonntags hat nur ein Teil der Stände offen (→ Sehenswertes). Der größte Markt der Stadt findet jeden Samstag am Piazzale Olimpia beim Stadion statt.

• *Antiquitäten* vor allem im Domviertel, u. a. am Corso Sant'Anastasia und in der Via Sottoriva. Jeden dritten Samstag im Monat **Antiquitäten- und Flohmarkt** auf der Piazza San Zeno.

• *Kulinarisches* **La Casa di Giulietta**, Via Cappello 21, Pasticceria neben dem Haus der Julia, Riesenauswahl an Gebäck.

Enoteca (Istituto Enologico Italiana), Via Sottoriva (Nr. 7/b), große Weinhandlung mit Probierstube (9.30–12.30, 15.30–19.30 Uhr, Mo geschl.).

• *Mode* Zahlreiche exklusive Modeboutiquen und Schuhgeschäfte findet man in den Fußgängerzonen **Via Mazzini** und **Via Cappello**, die Preise sind hoch.

Sehenswertes

Das alte Zentrum wurde im Weltkrieg zwar schwer beschädigt (u. a. sprengten die fliehenden deutschen Truppen alle Brücken), danach aber wieder sorgfältig restauriert und ist von modernen Zweckbauten fast völlig verschont geblieben. Dank aufwändiger Pflege der historischen Bausubstanz wirkt die Innenstadt sehr gepflegt und geschmackvoll.

- Für ca. 8 € kann man die **Verona Card** erwerben. Sie gilt einen Tag lang und bietet freien Eintritt in alle Museen und Kirchen sowie kostenfreie Benutzung der Stadtbusse. Eine Karte für drei Tage (nicht übers Wochenende) kostet ca. 12 €.
- Für alle wichtigen **Kirchen** Veronas muss Eintritt gezahlt werden. Etwa 2 € kostet jeweils die Besichtigung von Dom (mit Baptisterium und Ausgrabung), Sant'Anastasia, San Zeno, San Fermo und San Lorenzo, für ca. 5 € erhält man ein Sammelticket, das zum Eintritt in alle fünf genannten Kirchen berechtigt. Die Kirchen sind geöffnet Mo–Sa 10–18 Uhr (San Zeno ab 8.30 Uhr, Sant'Anastasia ab 9 Uhr), So 13–18 Uhr (Dom 13.30–17 Uhr).
- **Stadtrundfahrten** mit Bus „Romeo" Anfang Juni bis Ende September 3-mal tägl. außer Montag (Dauer ca. 90 Min., ca. 13 €, unter 18 J. ca. 5,30 €), Treffpunkt vor dem Palazzo Gran Guardia (Piazza Bra). Weitere Infos in Ihrem Hotel, im Tourist-Büro oder unter ✆ 045/8401160.

Piazza Bra und Arena

Am Eingang zur Altstadt erstreckt sich dieser wunderschöne weite Platz mit großflächigen Straßenlokalen, aufwändigen Palästen aus mehreren Epochen und der prächtigen *Arena*, dem größten Amphitheater nach dem Kolosseum in Rom. Trotz der völlig unterschiedlichen Bauten, die von der Antike bis fast in die Gegenwart reichen, ist es immer wieder ein Erlebnis, die großzügige Konzeption des Platzes zu genießen – 2000 Jahre Geschichte vom Kaffeetisch aus! Die breite, „Liston“ genannte Promenade vor den Cafés ist mit rosafarbenem Marmor aus dem Valpolicella gepflastert. Abends ist alles festlich illuminiert, ein kräftiger Springbrunnen sprudelt in der zentralen Parkanlage.

„Arena di Verona“: Opernerlebnis unter freiem Himmel

Weltgeltung hat das 1913 zum hundertsten Geburtstag von Giuseppe Verdi gegründete Opernfestival das seitdem alljährlich in der Arena von Verona stattfindet. Von Ende Juni bis Anfang September kommen hier alle 2–3 Tage die großen Klassiker zur Aufführung: Von Verdi z. B. Aida, Rigoletto, La Traviata und Nabucco, von Puccini Turandot und Tosca, Bizet ist meist mit Carmen vertreten, während Prokofievs Ballett Romeo e Giulietta sozusagen am Originalschauplatz aufgeführt wird. Die Vorstellungen beginnen um 21 Uhr und dauern bis zu vier Stunden und länger! Ausgeruht kommen, Sitzpolster mitbringen und viel Ausdauer (Polster kann man auch gegen Gebühr ausleihen). Nach jedem Akt ca. 20 Min. Pause. Glasflaschen und Getränke in Dosen darf man nicht mitnehmen, Plastikflaschen sind erlaubt. Getränke werden auch für teures Geld in der Arena angeboten. Falls es regnet, werden Eintrittskarten nur zurückerstattet, wenn mit der Aufführung nicht begonnen werden kann. Sobald ein paar Takte gespielt wurden, gibt es kein Rückgaberecht mehr. Tipp: die billigsten Plätze sind nicht unbedingt die schlechtesten, denn dort bekommt man viel mehr von der volkstümlichen, lebendig-italienischen Atmosphäre mit als im eher steifen Parkett.

Unvergesslich: „Aida“ in der Arena von Verona

Preise: von ca. 21–26 € für *gradinata non numerata* (unnummerierte Stufenplätze aus Stein ganz hinten und oben) über 90–100 € für *gradinata numerata* (nummerierte Rangplätze näher am Geschehen) bis zu den teuren Plätzen im „Parkett“: *poltrona numerata* (2. Parkett) bzw. *poltronissima numerata* (1. Parkett) für 110–120 bzw. 140–155 € (Freitag/Samstag jeweils die teureren Preise). Bis 24 Stunden vor Beginn kommen auf alle Preise 15 % Vorverkaufsgebühr.

Informationen Ente Arena, Piazza Bra 28 (direkt am Torbogen Portoni di Bra), ✆ 045/8005151, 📠 8013287, www.arena.it und www.arena-verona.de

Vorbestellung/Kartenvorverkauf Theaterkasse in der Via Dietro Anfiteatro 6/B (schmale Gasse hinter der Arena). Mo–Fr 9–12, 15.15–17.45, Sa 9–12 Uhr. Vorbestellung mit Kreditkarten über ✆ 045/8005151, unter Beifügung des entsprechenden Betrags (Scheck oder Postanweisung) und Angabe des Termins, des gewünschten Platzes und der Anzahl der Personen auch schriftlich.

Abendkasse Ebenfalls Via Dietro Anfiteatro 6, jedoch immer mit dem Risiko, dass ausverkauft ist! Ende Juni bis Ende August an Tagen ohne Vorstellung 10–17.45 Uhr, an Tagen mit Vorstellung 10–21 Uhr. Auf jeden Fall schon vormittags kommen, nummerierte teure Plätze sind dann oft noch vorhanden. Die preiswerten unnummerierten Plätze sind meist von Schwarzhändlern aufgekauft, die die Karten vor dem Büro für ca. 30–35 € anbieten.

Der Torbogen *Portoni del Bra*, der jüngst restaurierte klassizistische Palazzo *Gran Guardia*, das archäologische *Museo Lapidario Maffeiano* in der Nr. 28 gleich nach dem Torbogen und Reste der mittelalterlichen *Stadtmauer* schließen die Piazza nach Süden hin ab. Im Südosten hinter der Parkanlage steht das große ockerfarbene, unter österreichischer Regierung erbaute *Rathaus* mit seiner klassizistischen Säulenfassade, von den Stufen aus kann man das Platzpanorama genießen. Direkt neben der Arena beginnt die *Via Mazzini*, die wichtigste Fußgängerzeile Veronas, und führt zur Piazza delle Erbe.

Arena: Die 140 m lange und 110 m breite Arena wurde im 1. Jh. n. Chr. erbaut. Die äußere Mauer war ursprünglich drei Stockwerke hoch, wurde aber durch Erdbeben fast vollständig zerstört, nur an der Nordwestecke steht noch ein kleines Stück mit vier Arkadenbögen. Ausgezeichnet erhalten ist dagegen der zweistöckige Innenring. Das ellipsenförmige Amphitheater bietet mit seinen 44 Sitzreihen Platz für über 22.000 Zuschauer, im Sommer finden weithin berühmte Opernaufführungen statt (→ Kasten). Vom obersten Rang hat man einen herrlichen Blick auf die Altstadthäuser mit Schindeldächern und kleinen Gärten. An der kleinen *Piazza Mura Gallieno* steht noch ein Rest der alten römischen Stadtmauer, in deren Verlauf die Arena im 3. Jh. mit einbezogen wurde.

• *Öffnungszeiten/Preise* **Arena**, Di–So 8.30–19.30 Uhr (Mo ab 13.30 Uhr), in der Opernsaison nur 8–15.30 Uhr. Eintritt ca. 3,20 €, Schül./Stud. ca. 2,10 €. **Museo Lapidario Maffeiano**, Di–So 8.30–14 Uhr, Mo 13.30–19.30 Uhr, Eintritt ca. 2,10 €, Schül./Stud. 1 €.

Via Mazzini, Via Cappello und Via Leoni

Der größte Fußgängerbereich der Stadt erstreckt sich zwischen Piazza Bra, Piazza delle Erbe und der östlichen Etsch. Die marmorgepflasterte *Via Mazzini* zwischen Piazza Bra und Piazza delle Erbe ist sozusagen das Schaufenster Veronas und allabendlicher Schauplatz einer lebendigen „Passeggiata", vorbei an der Internationale der Edel-Boutiquen. Nach etwa 400 m trifft man auf die *Via Cappello* – linker Hand geht es zur Piazza delle Erbe, rechts findet man unter Nr. 23 die ständig umlagerte Casa Capuletti, besser bekannt als Casa di Giulietta. Weiter in Richtung Fluss wird die Via Cappello zur Via Leoni, man kommt an der römischen *Porta Leona* vorbei, im Untergrund der Straße sieht man *römische Ausgrabungen*.

Casa di Giulietta: Durch einen von ganzen Touristengenerationen bis zur Unkenntlichkeit verschmierten – und mittlerweile zusätzlich mit Kaugummis und Bittzet-

Menschen aus aller Welt bitten Julia um Hilfe

teln garnierten – Durchgang gelangt man in den hübschen gotischen Hof mit einer Bronzestatue der Julia. Hier, wird gesagt, lebte das Mädchen, das Shakespeare in seinem Schauspiel „Romeo und Julia“ verewigte. In Wirklichkeit handelte es sich bei dem Haus wohl nur um ein ehemaliges Gasthaus, dessen Name „Cappello“ lediglich dem Familiennamen „Capuleti“ Julias so ähnlich war, dass die Stadtväter beschlossen, hier der alten Legende ein Denkmal zu setzen. Besucher aus aller Welt posieren neben der Schönen und betatschen dabei die rechte Brust, die von den zahllosen Touristenhänden blitzblank gerieben ist. Darüber kann man andachtsvoll den berühmten *Balkon der Julia* bestaunen (übrigens ein moderner Anbau des frühen 20. Jh.), den Romeo einst im Mondschein auf einer Leiter erklettert haben soll, um Julia seine Liebe zu gestehen. Das Innere des Hauses hat nicht allzu viel zu bieten. Details über den von vielen Dichtern verwendeten Stoff erfährt man aus den Tonbandautomaten im Durchgang.

Öffnungszeiten/Preise **Casa di Giulietta**, Di–So 8.30–19.30 Uhr, Mo 13.30–19.30 Uhr. Eintritt ca. 3,10 €, Schül./Stud. 2,10 €.

San Fermo Maggiore: eindrucksvoll gestaltete gotische Kirche am Ostende der Via Leoni direkt an der Etsch, wo die Heiligen Fermo und Rustico im Jahr 304 den Märtyrertod erlitten haben. Im Inneren kunstvolle Holzdecke in Form eines umgedrehten Schiffskiels und zahlreiche Resten von mittelalterlichen Wandfresken, über die ein deutschsprachiges Faltblatt Auskunft gibt. Die blutrünstigen Szenen rechts hinten zeigen das Martyrium von Franziskanermönchen in Indien. Im Untergrund eine ältere romanische Kirche, auf die der gotische Bau aufgesetzt wurde. Am fünften Pfeiler von links die pittoresken Fresken „Taufe Jesu Christi“ und „Stillende Madonna“.

Öffnungszeiten/Preise siehe Kasten S. 120

Romeo und Julia

„But soft! What light through yonder window breaks? It is the east, and Juliet is the sun! ... It is my lady; o, it is my love!“ (Akt II, Szene II). So schildert Shakespeare die Liebe Romeos zu Julia, die sich dereinst in Verona zugetragen haben soll. Das Schauspiel birgt viel menschliche Tragik: Gegen den Willen ihrer Eltern, die erbittert miteinander verfeindet sind, erklären sich die beiden jungen Menschen ihre Liebe. Doch aufgrund einer tückischen Hinterlist (sie wird mit Gift betäubt) wähnt Romeo Julia tot und begeht voller Verzweiflung Selbstmord – kurz darauf wacht Julia auf, sieht den Sterbenden und tötet sich ebenfalls. Zugetragen haben soll sich die Geschichte im 13. Jh. – aus dieser Zeit, in der die della Scala (Skaliger) zur beherrschenden Macht in Verona aufstiegen, sind tatsächlich zahlreiche blutige Familienfehden bekannt. Beide Gestalten sind jedoch historisch nicht überliefert, lediglich die Namen ihrer Familien: Romeo gehörte den ghibellinischen (kaiserfreundlichen) Montecchi an, Julia den guelfischen (papsttreuen) Capuleti. Der Stoff „Romeo und Julia“ wurde seit Anfang des 16. Jh. zigmal von Literaten verwendet, bis ihn Shakespeare 1593 in seinem Drama „Romeo and Juliet“ unsterblich machte. Die Verehrung Julias ist heute nahezu Kult, alljährlich werden tausende von Briefen an „Julia in Verona, Italia“ adressiert und von einem ganzen Stab von Helfern getreulich beantwortet.

Im Januar 2005 rührte die Geschichte von „Romeo und Julia im Alter“ ganz Italien: Aus Verzweiflung über seine seit vier Wochen im Koma liegende Frau tötete sich ein 71-jähriger Mann, Stunden später erwachte die 67-jährige.

Piazza delle Erbe

Der malerische Mittelpunkt der Altstadt liegt an der Stelle des einstigen römischen Forums. Heute findet hier täglich ein großer Markt statt: Obst- und Gemüsestände unter pittoresken Sonnenschirmen, Tauben-, Ziervögel- und Kaninchenzüchter, sogar ein Scherenschleifer geht noch seiner Arbeit nach. An der Ostseite gibt es gemütliche Cafés und Pizzerie, an den Fassaden erkennt man noch hier und dort alte Hochwassermarken von Überschwemmungen durch die Etsch.

Im Marktgewühl fallen einige historische Denkmäler auf: Ständig umlagerter Mittelpunkt ist das *Capitello*, ein Marmorbaldachin auf vier Säulen, unter dem früher die Ratsherren und der Bürgermeister gewählt wurden – heute vor allem als Ruhepunkt erschöpfter Touristen begehrt, die sich mit dem eiskalten Wasser, das hier hervorsprudelt, geschwollene Füße und trockene Gaumen kühlen. An der südlichen Schmalseite erhebt sich eine hübsche gotische *Marktsäule*, am Nordende eine venezianische *Herrschaftssäule* mit dem Markuslöwen, die anzeigt, dass Verona unterworfen war. Dekorativ steht außerdem der schöne *Marktbrunnen* da mit der grazilen Frauenstatue der „Madonna Verona“, der Schutzhelferin Veronas. In Händen hält sie ein Spruchband aus Metall, das die Schönheit der Stadt preist.

Von den Palästen ringsum sind beachtenswert der *Palazzo Maffei* an der Nordseite mit barocken Statuen auf der Balustrade, die benachbarte *Torre del Gardello* aus dem 14. Jh. (wenn man hier den geschäftigen Corso Porta Borsari Richtung Westen geht, kommt man zum alten römischen Stadttor *Porta Borsari*) und an der Ostseite die *Case Mazzanti* mit ihren verblassten Fassadenfresken. Ein hoher Durchgang, in dessen Wölbung eine einsame Walrippe (!) baumelt, führt zur Piazza dei Signori. Die 83 m hohe *Torre dei Lamberti* überragt die Szene.

Täglicher Markt auf der Piazza delle Erbe

Piazza dei Signori

Nur wenige Schritte von der Piazza delle Erbe entfernt liegt das frühere Machtzentrum der Stadt mit den wichtigsten öffentlichen Gebäuden: Rathaus, Skaliger-Residenz, Gerichtsgebäude und Sitz des Stadtrats – ein äußerst stil- und würdevoller Platz, der von den alten Palazzi vollständig eingeschlossen ist und fast wie ein Innenhof wirkt. Im Zentrum steht mit strenger Denkermiene, Adlerblick und markantem Profil *Dante*, der berühmte Dichter der „Divina Commedia" („Göttliche Komödie") – er selbst nannte sie übrigens nie die Göttliche, sondern einfach La Commedia. Dante war einige Jahre Gast der Skaliger, nachdem er als kaisertreuer Ghibelline aus dem guelfischen (päpstlich gesinnten) Florenz fliehen musste (→ Kasten). Benannt nach ihm ist das älteste Café Veronas in der Nordwestecke der Piazza.

Rechter Hand steht der *Palazzo della Ragione* (auch: Palazzo del Comune) mit seiner markanten Streifenfassade aus hellem Tuff und Ziegelstein. Im harmonischen Innenhof, der früher als Getreidemarkt fungierte, führt die *Scala della Ragione*, eine verwitterte gotische Marmortreppe, zum Portal der Amtsräume im ersten Stock (nicht zugänglich) – immer wieder ein beliebter Fotostopp für Reisegruppen. Unter dem hohen Laubengang im Erdgeschoss liegt der Zugang zur 83 m hohen *Torre dei Lamberti*, schweißtreibend ist der Aufstieg auf 368 Stufen oder man fährt bequem per Lift, oben herrlicher Blick über Verona.

Durch einen Bogen mit dem Palazzo della Ragione verbunden ist der *Palazzo dei Tribunali*, das Gerichtsgebäude mit massivem Backsteinturm. Im Durchgang unter dem Bogen hat man beim Bau einer Tiefgarage die Reste einer römischen Straße entdeckt und mit Glas überdacht. Auch im Innenhof des Gerichts sind Rundöffnungen im Boden verglast, man erkennt einen römischen Mosaikboden und Reste eines mittelalterlichen Turms.

Dante mit Adlerprofil und Denkermiene auf der Piazza dei Signori

An der rückwärtigen Seite der Piazza steht der zinnengekrönte *Palazzo Scaligero*, früher die Residenz der Skaliger, des einflussreichsten Herrschergeschlechts der Region, heute Sitz der Präfektur und Polizei. Die daneben sich anschließende *Loggia del Consiglio* gilt als schönste Säulenhalle ihrer Art, hier versammelte sich im 15. Jh. der Rat der Stadt.

Ein ganz kurioses Schmuckstück ist schließlich die kleine, versteckte Seitengasse *Via Mazzanti* (links von Caffè Dante). Inmitten abenteuerlicher Hausungetüme steht hier ein Brunnen aus römischen Säulen – mittels noch teilweise erhaltener Seilkonstruktionen wurden hier von den umliegenden Wohnungen Eimer hinuntergelassen, um das kostbare Nass zu schöpfen.

• *Öffnungszeiten/Preise* **Torre dei Lamberti**, Di–So 9.30–19.30 Uhr, Mo 13.30–19.30 Uhr. Mit Lift ca. 2,10 €, zu Fuß 1,50 €. Sammelticket zusammen mit „Arche Scaligeri“ siehe nächster Abschnitt.

Arche Scaligeri (Skaliger-Gräber) und Casa di Romeo: Gleich gegenüber der ehemaligen Skaligerresidenz thronen die reich verzierten gotischen Gräber der Skaliger. Über hundert Jahre hielten sie die Stadt unter ihrer Knute, nicht viel Gutes wird von den wohledlen Herren mit ihren bezeichnenden Hundenamen berichtet. Hinter dem schmiedeeisernen Gitter, in dem das Symbol der Skaliger, die „Scala“ (Leiter) eingearbeitet ist, sieht man die zwei Gräber von *Mastino II.* („Dogge“) und seinem Sohn *Cansignorio* („Leithund“) vom Ende der Skaligerepoche, gotisch himmelstürmend mit zahlreichen Spitzbögen, Baldachinen und Statuen. Über dem Eingang der kleinen romanischen Kirche *Santa Maria Antica* thront der Sarkophag von *Cangrande I.* („Großer Hund“), dem bedeutendsten der Skaliger, gekrönt von einer eindrucksvollen Reiterstatue, deren Pferd bis zu den Fesseln mit einer schweren Kampfdecke bedeckt ist – die Statue ist allerdings nur eine Kopie, das Original steht im Castelvecchio (→ unten).

Eine Ecke weiter, Via Arche Scaligeri 4, findet man das angebliche *Haus des Romeo*, einen düsteren Backstein-Palazzo mit Zinnen und einer schönen, sehr empfehlenswerten Trattoria (→ Essen & Trinken). Der Palazzo ist für Besichtigungen nicht zugänglich.

Öffnungszeiten/Preise **Torre dei Lamberti und Arche Scaligeri**, Di–So 9.30–19.30 Uhr, Mo 13.30–19.30 Uhr. Mit Lift ca. 2,60 €, zu Fuß 2,10 €.

Die Skaliger: Aufstieg und Niedergang

Die Regierung der Skaliger-Dynastie begann 1263 und währte bis 1387, also fast 130 Jahre. Um an die Macht zu kommen, bedienten sie sich brutaler Methoden – *Mastino I.* (1259–1277), der erste Skaliger, der die Politik Veronas bestimmte, verursachte z. B. in Sirmione am Gardasee, dessen Bewohner der Ketzerei verdächtig waren, ein Blutbad, sein Bruder ließ die Überlebenden später in der Arena von Verona verbrennen. Doch es folgte eine Periode von innerem Frieden und Wohlstand, vor allem unter *Cangrande I.* (1291–1329), der 1311 Signore von Verona wurde. Aus dieser Epoche stammen einige der bedeutendsten Bauten der Stadt:, z. B. die Piazza dei Signori und die Kirchen San Zeno, San Fermo Maggiore und Sant'Anastasia. Bis Brescia, Lucca und Parma reichte damals das Herrschaftsgebiet und Verona gehörte zu den wichtigsten Kulturzentren Italiens. Als Mäzene förderten die Skaliger bedeutende Künstler, darunter Giotto, Petrarca und vor allem Dante Alighieri (1265–1321), der vor den papsttreuen Guelfen aus Florenz fliehen musste und 1303 bis 1306 am Skaligerhof lebte. Er schrieb die „Göttliche Komödie", die erste herausragende Dichtung in italienischer Volkssprache, und widmete seinem Gönner Cangrande den dritten Hauptteil, das „Paradiso". Persönlich wurden der verschlossene und wegen seines Exils verbitterte Dante und der impulsive, draufgängerische und vergnügungssüchtige Cangrande allerdings nicht warm miteinander. Doch die streng kaisertreuen Signori della Scala, die in der Stauferzeit zuverlässige Stützen der Reichspolitik waren, stellten für Dante, der dem vom Papsttum begünstigten Aufstieg der Städte misstrauisch gegenüber stand, Garanten eines lang dauernden Friedens dar, denn von den Stauferkaisern erwartete er die Wiederherstellung der römischen Weltherrschaft. Das Schreckensregiment von *Cangrande II.* läutete um die Mitte des 14. Jh. das Ende der Skaligerherrschaft ein. Zwar ließ er 1354–56 noch das Castelvecchio erbauen, um die Stadtbevölkerung in Schranken zu halten, doch bereits 1387 wurden die Skaliger endgültig aus Verona vertrieben. Dank ihrer starken Stellung im Reich – zementiert durch Heiratsverbindungen mit den bayerischen Wittelsbachern – fanden sie Aufnahme in Bayern und bekleideten dort bis zum Aussterben des Geschlechts hochrangige Ämter.

Grab der Julia und Museo degli Affreschi: In der Via del Pontiere südlich der Altstadt steht in der Krypta der ehemaligen Kirche *San Francesco al Corso* der so genannte „Sarkophag Julias" – Romantiker aus aller Welt kratzen sich hier gerne ein Krümelchen ab, um es als Souvenir mitzunehmen. Im benachbarten Museum werden von den Wänden abgelöste Fresken aus dem 14.–16. Jh. aufbewahrt.

Öffnungszeiten/Preise: Di–So 9–18.30 Uhr, Mo geschl., Eintritt ca. 3,10 €, Stud. 2,10 €, Schüler 1 €.

Nördliche Altstadt

Das Viertel im Etsch-Bogen ist touristisch noch kaum entwickelt. Als schönster und ursprünglichster Straßenzug zieht sich die *Via Sottoriva* parallel zum Fluss.

Kleine Ruhepause vor dem Dom

Auf der einen Seite ein breiter Laubengang, in dem sich urige Weintavernen und Studentenkneipen verstecken, gegenüber haben die Antiquitätenhändler Veronas ihre Läden. An der Flusspromenade machen Schautafeln darauf aufmerksam, dass hier im Mittelalter Dutzende „schwimmender Mühlen“ in der Etsch verankert waren und die starke Strömung für das Mahlen von Korn nutzten.

Sant'Anastasia: mächtiger gotischer Backsteinbau im Bogen der Etsch. Die größte Kirche Veronas, erbaut von Dominikanern im 13.–15. Jh., die Fassade blieb jedoch unvollendet. Das Innere ist düster und hoch, Rundsäulen tragen das Kreuzrippengewölbe. An den ersten Pfeilern krümmen sich schmerzverzerrte Bucklige unter der Last der Weihwasserbecken, in den Seitenkapellen reich ausgestattete Altäre mit Fresken und Skulpturen. In der zweiten Chorkapelle rechts ein Fresko des Giotto-Schülers Altichiero: „Madonna mit drei Heiligen und Familie Cavalli“, an der rechten Chorwand das große Fresko „Das Jüngste Gericht“ und in der *Cappella Giusti* (linkes Querschiff) das berühmte Fresko „Der heilige Georg und die Prinzessin“ von Pisanello (1380–1455) mit einer verblüffend realistischen Darstellung der spätmittelalterlichen Welt.
Über dem Tor an der linken Seite des Vorplatzes sieht man das gotische Grabmal des *Castelbarco*, eines Adligen des 14. Jh., daneben steht die kleine Kapelle *San Pietro Martire* (auch: San Giorgetto), die vollständig mit Fresken ausgemalt ist. Gewidmet ist sie dem heiligen Peter von Verona, der im 13. Jh. lebte und Schutzpatron der Kölner Bierbrauer ist.
Öffnungszeiten/Preise siehe Kasten S. 120, **San Pietro Martire** ca. 2 €.

Duomo Santa Maria Matricolare: nicht weit von Sant'Anastasia. Der romanische Bau aus dem 11./12. Jh. wurde später gotisch umgebaut, der strahlend weiße Turm erst im 20. Jh. fertig gestellt. Die Außenmauern sind z. T. im schönen Streifenmuster gehalten, das Fassadenportal besitzt bemerkenswerte Flachreliefs des Meisters Nicolò (12. Jh.). Im hohen dreischiffigen Innenraum finden sich viele architektonische Details und Wandmalereien, in der Cappella Nichesola, der ersten Kapelle links, das Altarbild „Mariä Himmelfahrt“ (1535) von Tizian.
Links vom Dom romanischer Kreuzgang mit römischen Fußbodenmosaiken im Untergrund, außerdem die kleine Kirche *Sant'Elena* und das Baptisterium *San Giovanni in Fonte* mit einem herrlichen achteckigen Taufbecken.
Öffnungszeiten/Preise siehe Kasten S. 120

Westlich vom Zentrum

Porta di Borsari: Das römische Stadttor aus weißem istrischen Kalk am Corso Porta Borsari war einst das Haupttor der Stadt und wirkt in seiner filigranen Gestaltung mit Durchgängen, Fenstern und Säulen, als sei es einem Hollywoodfilm über das alte Rom entsprungen. Im Mittelalter saß hier ein bischöflicher Steuereintreiber, der einem tief in die Tasche (= borsa) griff.

San Lorenzo: Die romanische Kirche zwischen Etsch und Corso Cavour erreicht man durch einen gotischen Torbogen mit der Statue des Heiligen. Die schmale Fassade ist flankiert von zwei Rundtürmen. Im dreischiffigen, der Abteikirche von Cluny nachempfundenen Inneren mit fünf Apsiden gibt es Freskenfragmente und Steinsarkophage, alle Apsiden sind nach Osten ausgerichtet.

Castelvecchio: Das große mittelalterliche Backstein-Kastell der Skaliger wurde 1354 unter dem tyrannischen Cangrande II. am Rande der mittelalterlichen Stadt direkt ans Ufer der Etsch gebaut. Es war allerdings nicht etwa als Bollwerk gegen Feinde von außen gerichtet, sondern wendete sich gegen die eigene aufbegehrende Stadtbevölkerung, die in der zweiten Hälfte des 14. Jh. das despotische Regime der Skaligeri nicht mehr ertragen wollte. Der eindrucksvolle, 120 m lange *Ponte Scaligero* sorgte dafür, dass die Skaliger jederzeit die Kontrolle über den wichtigen Etschübergang hatten, aber auch umgehend die Flucht ergreifen konnten. Die massive Backsteinbrücke mit beiderseitigen Zinnenbastionen wurde im Zweiten Weltkrieg von fliehenden deutschen Truppen gesprengt und musste völlig neu aufgebaut werden. Das Kastell beherbergt heute das *Museo di Castelvecchio*, eine bedeutende und umfangreiche Kunstsammlung mit Skulpturen, Gemälden und Fresken der Veroneser und Venezianischen Schule, darunter Pisanello, Bellini, Tintoretto, Mantegna und Tiepolo (bemerkenswert z. B. „Madonna mit der Wachtel“ von Pisanello), aber auch die eindrucksvolle Originalstatue vom Grab des Cangrande I.

Öffnungszeiten/Preise Di–So 8.30–19.30 Uhr, Mo 13.30–19.30 Uhr. Eintritt ca. 3,10 €, Schül./Stud. ca. 2,10 €.

San Zeno Maggiore: An einem weiten, freien Platz (Parkplatz) steht eine der schönsten romanischen Kirchen Oberitaliens, ein ausgesprochen ästhetischer Bau, elegant und leicht. Die Fassade ist in warmem Gelbton gehalten, die Längsseite rotweiß gestreift. Links der Turm der angeschlossenen Abtei, rechts der hohe, freistehende Glockenturm. Das Portal wird von prächtigen Steinreliefs des Meisters Nicolò umrahmt, die bekannte Szenen aus der biblischen Geschichte und der Schöpfungsgeschichte darstellen – links oben z. B. der Judaskuss und die Reise nach Bethlehem. Das berühmte Bronzeportal stammt aus dem 12. Jh. und besitzt 48 Relieffelder, die auf den hölzernen Untergrund genagelt sind (Altes und Neues Testament, Wunder des heiligen Zeno).

Das tieferliegende Innere ist feierlich und fast leer, massive Pfeiler und Säulen stützen das hohe Kielgewölbe, Licht fällt fast nur durch die Rosette in der Fassade. Überall an den Wänden Reste von Fresken, die leider teilweise von Besuchern voll gekritzelt sind, vor allem im erhöhten Chor über der Krypta. Der Chor ist zum Hauptraum durch Statuen von Christus und den Aposteln abgeschlossen, über dem Altar das eindrucksvolle Triptychon „Madonna mit Heiligen“ von Mantegna. Linker Hand steht die berühmte, verschmitzt schmunzelnde Statue des dunkelhäutigen (?)

heiligen Zeno (14. Jh.), genannt „San Zeno che ride" („der lacht"). In der offenen Krypta mit sieben Bogenführungen und zahlreichen Säulen steht der Sarkophag des Heiligen.
Seitlich der Kirche schöner *Kreuzgang* mit filigranen Doppelsäulen und zahlreichen Grabmälern.

Öffnungszeiten/Preise siehe Kasten S. 120

Nördlich der Etsch (Oltre d'Adige)

Mit wenigen Schritten kommt man vom Dom zum großen Etschbogen an der Nordspitze der Landzunge, wo sich ein herrlicher Blick auf den zypressenbestandenen Hügel an der anderen Flussseite öffnet. Hinüber geht es über den *Ponte Pietra*, die einzige erhaltene Brücke aus römischer Zeit, die beim Rückzug der deutschen Truppen gesprengt wurde, jedoch wieder vollständig rekonstruiert werden konnte. Sie besteht aus dem typischen hellen Kalkstein der nahen Lessinischen Berge (→ S. 136). Zwischen alten Häusern, Bäumen und Gärten führt ein Treppenweg hinauf zum österreichischen *Kastell San Pietro* aus dem 19. Jh. (nicht zu besichtigen) – für die Mühe wird man mit einem wunderschönen Blick über ganz Verona belohnt.
An den Hang unterhalb des Kastells schmiegt sich ein *römisches Theater* mit seinen erhalten gebliebenen Bühnenaufbauten und Stufenreihen. Das ehemalige Kloster San Girolamo darüber ist vom Theater mit Lift zu erreichen und beherbergt in den Räumen um den Kreuzgang ein bescheidenes *Archäologisches Museum* mit Skulpturen und einigen schönen Mosaiken.

Santa Maria in Organo: Etwas südlich vom Hügel steht die gotische Kirche an der Via Interrato dell'Acqua Morta. Die untere Hälfte der unvollendeten Fassade ist ganz mit Marmor verkleidet, im Inneren reiche Renaissance-Ausstattung, Fresken und eine frühmittelalterliche Krypta. Berühmt sind die einzigartigen Intarsienarbeiten am Chorgestühl, geschaffen vom Mönch Fra Giovanni da Verona.

Giardino Giusti: Etwa 200 m weiter liegt, von der Straße her völlig uneinsehbar hinter dem abgasbraunen Palazzo Giusti, eine der berühmtesten Parkanlagen Italiens, gegründet im 15. Jh. von der Familie Giusti, in dem sich schon Goethe beeindruckt zeigte. Der hervorragend erhaltene und gepflegte Renaissancegarten wird beherrscht von einer schnurgeraden Zypressenallee, auf mehreren Terrassen erstreckt sich ein Labyrinth aus Kieswegen, sorgfältig beschnittenen Buchsbaumhecken, schlanken Säulenzypressen und Marmorskulpturen. Am *Belvedere*, dem höchsten Punkt der Anlage, thront der „Maskeron", eine mächtige steinerne Maske. Von dort genießt man einen herrlichen Blick über die Stadt.

Santi Nazaro e Celso: Die äußerlich unscheinbare Kirche aus dem 15. Jh. wurde in der Nähe eines frühchristlichen Felsenheiligtums errichtet. Im Inneren ist sie eine wahre Schatzkammer der wichtigsten Maler der Veroneser Renaissance, darunter Aliprandi, Caliari, Farinati und Flacco. In der freskengeschmückten *Cappella di San Biagio* steht der Sarkophag des heiligen Biagio (Blasius) und der heiligen Giuliana, dahinter hängt ein Altarbild von Francesco Bonsignori mit der Jungfrau Maria und den Heiligen Biagio, Sebastian und Giuliana, darunter ein schmales Bildwerk von Giralomo dai Libri mit den entscheidenden Ereignissen aus der Vita der drei Märtyrer.

• *Öffnungszeiten/Preise* **Römisches Theater und Archäologisches Museum**, Winter Di–So 8.30–19.30 Uhr, Mo 13.30–19.30 Uhr. Eintritt ca. 2,60 €, Schül./Stud. ca. 1,50 €.

Santa Maria in Organo, Mo–Sa 8–12, 14.30–18 Uhr (Messe um 10 Uhr).

Giardino Giusti, Winter tägl. 9 Uhr bis Sonnenuntergang, Sommer tägl. 9–20 Uhr. Eintritt ca. 5 €.

Blick über Verona in der Morgensonne

Bassa Veronese (Pianura Veronese)

Das flache Land südlich von Verona ist gleichermaßen industriell wie landwirtschaflich geprägt. In den Dörfern und Kleinstädten stehen einige Kastelle, die einst die Südflanke des Einflussbereichs der Skaliger schützten, das eindrucksvollste in Villafranca di Verona. Ansonsten fährt man meist rasch hindurch, um in die Euganäischen Hügel oder in den Süden des Veneto zu gelangen.

Bedeutendster wirtschaftlicher Faktor ist um Isola della Scala der großflächige Anbau von Reis der Sorte „Vialone Nano Veronese", der von der EU sogar die geschützte Ursprungsbezeichnung „Indicazione Geografica Protetta" (IGP) erhalten hat. Im Umland von Cerea und Bovolone spielt dagegen seit Anfang des 20. Jh. und verstärkt nach dem Zweiten Weltkrieg die Produktion von Kunstmöbeln die größte Rolle. Weit über tausend kleinere und größere Betriebe sind es mittlerweile, die unter dem Markenzeichen „Mobile d'Arte in Stile della Pianura Veronese" Mobiliar mit künstlerischer Note herstellen oder Antiquitäten restaurieren. Seinen Ursprung soll das bis heute florierende Handwerk in den zahlreichen Bauernhäusern des Flachlands haben, in denen überall altes ausrangiertes Mobiliar zu finden war.

Reisanbau mit Tradition: Das weiße Gold Venetiens

Im 15. Jh. wurde der Reisanbau von den Mauren nach Spanien gebracht und gelangte von dort über Frankreich nach Italien. Angebaut wird der Grundstoff der vielfältigen „Risotti“ zwar nur in den oberitalienischen Regionen Piemont, Lombardei und Venetien, da das wasserreiche und sumpfige Umland des Po dort optimale Voraussetzungen bietet – doch mit einer Produktion von jährlich mehr als 10 Mio. Zentner ist Italien immerhin Europas größter Reisproduzent. Geerntet wird Anfang Herbst. Der frisch geerntete Reis wird „Risone“ genannt und ist von einer ungenießbaren Hülle umgeben, die bei der ersten Schälung entfernt wird. Dieser Reis schmeckt gut und ist gesund, doch damit der Reis weiß wird, muss er in mehreren Arbeitsgängen geschält, geschliffen und poliert werden, enthält dann allerdings kaum noch Vitamine und Spurenelemente. Das abgeschliffene Silberhäutchen wird als Rohstoff für Vitamintabletten und Tierfutter verkauft.

Um Isola della Scala begannen die Venezianer im 17. Jh. mit dem Anbau der nahrhaften Sumpfpflanze. Bei Passolongo nördlich von Isola della Scala steht noch die alte Reisfabrik *Antica Riseria Ferron* der Familie Ferron. Hier kann man die historischen Produktionsanlagen der „Pila Vecia“ besichtigen, die ursprünglich durch ein großes hölzernes Wasserrad angetrieben wurden. Sie bestehen aus mehreren Marmormörsern, den so genannten „Pile“, in denen der Reis geschält wurde. Teile der Ernte werden noch heute auf diese traditionelle Art hergestellt. Im angeschlossenen Laden kann man zahlreiche Reisprodukte verkosten und zu günstigen Preisen erwerben, auch ein Restaurant ist angeschlossen (Reservierung ab 15 Pers. möglich).

Ein weiterer renommierter Reisproduzent ist *Riso del Vò*. Er hat seinen Betrieb ebenfalls nördlich von Isola della Scala, nämlich in einem der Nebengebäude der herrschaftlichen Villa „Vò Pindemonte“ beim Ort Vò. Bei Familie Leoni, die die Riseria seit den fünfziger Jahren führt, kann man z. B. wertvollen halbpolierten Reis und Vollkornreis erwerben.

Antica Riseria Ferron (Pila Vecia), Via Saccovener 9, ✆ 045/7301022, www.risoferron.com

Riso del Vò, Via Vò Pindemonte 33, Mo–Sa 9–12, 15–19 Uhr. ✆ 045/7301006.

Isola della Scala

Die „Città del Riso“ liegt inmitten von weiträumigen Reisfeldern, vereinzelten Bauernhäusern und venezianischen Villen. Die großen Reisproduzenten Melotti, del Vò, Ferron, Rancan, Riccò sowie die Cooperativa „La Pila“ betreiben alle Läden in oder außerhalb der Stadt, wo man den Qualitätsreis kaufen kann.

Einen Blick wert sind die große zentrale Pfarrkirche *SS. Stefano e Giacomo* sowie westlich außerhalb die kleine Kirche *Santuario della Madonna della Bastia* (Bastei), die im 17. Jh. auf einem romanischen Vorgängerbau errichtet wurde. Die von einem Wassergraben umgebene *Torre Skaligera* (12. Jh.), die einst den Flusslauf des Tartaro kontrollierte, steht etwa 1 km außerhalb an der Straße nach Vigasio. Südlich von Isola della Scala findet man die *Villa Pellegrini* aus dem Jahr 1729. In der Via Roma 35 gibt es außerdem ein kleines *archäologisches Museum* mit Funden der Umgebung.

• *Öffnungszeiten/Preise* **Museum**, nur erster So im Monat, Eintritt frei, ✆ 045/7302553.

• *Essen & Trinken* **Risotteria Melotti**, Via Martiri 3, am zentalen Platz neben der Kirche. Einer der wichtigsten Reisproduzenten der Region bietet hier eine riesige Auswahl an Risotti, darunter den lokalen *risotto all'isolana* (mit Fleischbrühe, Kalbfleisch, Schweinelende, Käse und Rosmarin), aber auch andere erstaunliche Produkte, z. B. Reisgebäck, Reiskaffee, Reislikör und Reisgrappa. Di geschl.

• *Shopping*:
La Pila, Via Crosoncino, ✆ 045/6630879; **Melotti**, Via Tondello 59, ✆ 045/7300444; **del Vo'**, Via Rimembranza 4, ✆ 045/7301006; **Rancan**, Via Guasto 10, ✆ 045/6649063; **Riccò**, Via Verona 46, ✆ 045/7300601.

Fiera del Riso: ein Fest rund um den Reis

Einen Besuch wert ist Isola della Scala vor allem zwischen Mitte September und der ersten Oktoberwoche. Seit fast vierzig Jahren findet um diese Zeit die „Fiera del Riso" statt, in deren Rahmen zahlreiche Ausstellungen und Events organisiert werden, z. B. gastronomische Wettbewerbe und Umzüge sowie eine historische Darstellung der Reisproduktion und des alten Landlebens. Insgesamt werden bei dem fröhlichen Treiben mehrere hunderttausend Portionen Risotto serviert. Das aktuelle Festprogramm kann man unter www.fieradelriso.it nachlesen.

▸ **Villafranca di Verona**: Die Agrarstadt mit etwas Industrie liegt an der SS 62 südwestlich von Verona, kurz nach dem Flughafen. Am Ende der schnurgeraden Hauptstraße, die ein wenig an eine Westernszenerie im Stil von „High Noon" erinnert, erhebt sich eine mächtige Skaligerburg, einst Teil der veronesischen Verteidigungslinie, die Sirmione am südlichen Gardasee (→ S. 93), Valeggio sul Mincio (→ S. 101), Villafranca, Nogarole Rocca und Sanguinetto miteinander verband. Innerhalb des quadratischen Mauerrings mit acht, nach innen offenen Türmen erstreckt sich ein weiter Grasplatz (Zutritt rechter Hand der großen Toranlage). An Wochenenden können der *Mastio* (Hauptturm) sowie ein *Museo del Risorgimento* besichtigt werden.

Interessant ist außerdem das hochmoderne *Museo Nicolis* im Viale Postumia. Aufgebaut in über fünfzigjähriger Arbeit von Luciano Nicolis, einem der führenden Unternehmer des Veneto, thematisiert es die Entwicklung von Technik und Mechanik im Verkehrs- und Transportwesen und ist vor allem für seine einzigartige Oldtimer-, Motorrad- und Fahrradsammlung berühmt.

Kuriosität am Rande: Seit 1999 ist den Hunden von Villafranca in der Zeit von 13 bis 15 und von 23 bis 8 Uhr das Bellen verboten, es drohen Geldstrafen.

• *Öffnungszeiten/Preise* **Museo del Risorgimento**, Sa 16–18, So 15–18.30 Uhr (im Sommer 19 Uhr), zweiter Sonntag im Monat 10–12, 15–18.30/19 Uhr. **Mastio**, So 15–17 Uhr (Winter), 17–19 Uhr (Sommer). Eintritt ca. 2 €. **Museo Nicolis**, Di–So 10–18 Uhr, Mo geschl. Eintritt ca. 5,50 €. www.museonicolis.com

• *Übernachten* **Villa Vecelli Cavriani**, in Mozzecane, 5 km südlich von Villafranca, direkt an der Durchgangsstraße. Schlossartige Villa aus dem 18. Jh., in der Napoleon übernachtete, um Metternich in Verona zu treffen. Heute finden häufig Kongresse, Hochzeiten und andere Großveranstaltungen statt. Im stilvollen Rahmen kann man im Nebengebäude in sieben komfortablen Zimmern mit TV und Internetanschluss übernachten und das große Ristorante mit Bar aufsuchen. DZ mit Frühstück ca. 110 €. ✆ 045/6340799, 📠 6340698, www.villavecellicavriani.it

▸ **Custoza**: Der Ort wenige Kilometer nordwestlich von Villafranca liegt inmitten einer fruchtbaren Landwirtschafts- und Weinbauregion, war Schauplatz zweier Schlachten – 1848 siegten die Österreicher unter Feldmarschall Radetzky, 1866 unter Erzherzog Albrecht gegen die aufständischen Italiener – und ist seitdem Standort eines monumentalen *Ossario* (Beinhaus), das als kunstvoll gestalteter

Die Schrecken des Krieges: Beinhaus von Custoza

Obelisk in exponierter Hügellage weithin sichtbar alles überragt. Man kann zunächst zur Spitze hinaufklettern und genießt einen umfassenden Blick nach allen Seiten. Auf der Brüstungen sind die Richtungen markiert, in der bekannte Orte liegen, z. B. Verona, Mantua u. a. Dann geht es in den Keller, wo Tausende von Gebeinen zu riesigen Stößen aufgestapelt sind, ein wirklich unglaublicher Anblick.
Wer daraufhin ein Kontrastprogramm vertragen kann, sollte die „Cantina di Custoza" in der Località Staffalo aufsuchen. Dort wird der Bianco di Custoza wie an der Tankstelle aus großen Tanks per Zapfpistole in mitgebrachte Kanister abgefüllt (✆ 045/516200, ✆ 516255, www.cantinadicustoza.it).
Öffnungszeiten **Ossario**, Nov. bis Febr. 9–12, 14–16 Uhr, März und Okt. 9–12, 14.30–17 Uhr, April bis Sept. 9–12, 15.15–19 Uhr. Eintritt frei.

Nur wenige Kilometer sind es von Villafranca und Custoza nach Valeggio sul Mincio und in die Moränenhügel südlich vom Gardasee, S. 98.

Valpolicella

Das malerische Weinbaugebiet des Valpolicella erstreckt sich an den Hängen der Lessinischen Berge nördlich von Verona. Die üppig grüne Szenerie des „Tals der vielen Keller" (val-poli-cella) mit seinen Rebflächen, Zypressen, Oliven-, Kirsch- und Pfirsichbäumen bietet einen erholsamen Kontrast zu Verona und seiner stark zersiedelten näheren Umgebung.

Enge, teils sehr kurvige und steile Straßen führen durch die Hügellandschaft, die touristisch nur wenig erschlossen ist. In den von Nord nach Süd verlaufenden Tälern von *Fumane*, *Marano* und *Negrar* findet man die besten Lagen, bei den meisten

Winzern kann man direkt einkaufen und auch degustieren. Die bekanntesten Tropfen sind der „Valpolicella", der kräftige und geschmackvolle "Amarone" und der schwere, süße „Recioto". Im Valpolicella stehen aber auch dutzende von prachtvollen historischen Villen, erbaut von begüterten Veroneser Familien, die hier ihre Ländereien und Weingüter hatten.

Wein und mehr: Zwei Highlights im Valpolicella

Nächtigen und degustieren bei Dantes Nachfahren kann man bei Gargagnago di Valpolicella, 17 km nordwestlich von Verona, dort liegt das große Landgut *Villa Serègo Alighieri* mit seinen Weinbergen. Bereits 1353 erwarb es Dante Alighieris Sohn Pietro. Conte Pieralvise, der heutige Besitzer, ist ein direkter Abkömmling des Dichters, mittlerweile in zwanzigster Generation. Seine Weine und andere Produkte können verkostet und gekauft werden (Mo–Sa 16–18 Uhr, am Parktor klingeln), er vermietet auch Ferienwohnungen (→ Übernachten).

Gut und günstig isst man in der etwas versteckt gelegene *Enoteca della Valpolicella* in Fumane, Via Osan 45. Man kann die Weine von zahlreichen Produzenten des Valpolicella verkosten oder zum ausgezeichneten Essen probieren. Das Restaurant im ersten Stock eines alten Gutshauses bietet Blick auf den grünen Garten, im Sommer gibt es auch Sitzplätze auf einer Terrasse im Freien. Die Enoteca ist bekannt für ihre solide traditionelle Küche, die großen Portionen und Menüs mit zahlreichen Gängen, wobei die Preise sehr anständig sind. So-Abend und Mo geschl., außerdem zwei Wochen im August. ✆ 045/6839146.

▶ **Pedemonte**: Weinbauzentrum 12 km nordwestlich von Verona. Die hiesige *Villa Serègo Santa Sofia* ist die einzige Villa im Veroneser Raum, die von Palladio (→ S. 149) stammt. Sie wurde von Marcantonio Serègo in Auftrag gegeben, blieb aber unvollendet. Geplant war ein Riesenbau von fast militärischer Strenge, der die umgebende Landschaft wohl ziemlich verunstaltet hätte.

Höchst eindrucksvoll wirken die kolossalen ionischen Säulen aus schweren unbearbeiteten Steinen, die einen doppelgeschossigen Säulengang tragen. Heute gehört die ansprechend restaurierte Villa (beschildert) zur Weinkellerei „Santa Sofia" von Giancarlo Begnoni und seiner Frau – wenn man nachfragt, darf man vielleicht einen Blick darauf werfen.

Palladio-Villa Serègo Santa Sofia

- *Öffnungszeiten* **Azienda Agricola Villa Sofia**, nur nach Vereinbarung unter ✆ 045/7701074, 📠 7703222, www.santasofia.com
- *Übernachten* **** **Villa del Quar**, Via Quar 12, bei Pedemonte. Stilvoll-elegantes Landhotel mit ebensolchem Restaurant. Garten mit saftig-grünem Rasen, Palmen und schönem Pool, außerdem Sauna und Fitnessraum. DZ mit Frühstück ca. 250–310 €. ✆ 045/6800681, 📠 6800604, www.relaischateaux.com/delquar

Foresteria Serègo Alighieri, bei Gargagnago, an der Straße von Pedemonte nach Sant' Ambrogio. Der Conte Pieralvise Serègo Alighieri vermietet acht gut eingerichtete Apartments für 2–4 Pers. in den ehemaligen Stallungen seines großen Anwesens. Preis ab ca. 100 €. ✆ 045/7703622, 📠 7703523, www.seregoalighieri.it

* **Alla Pesa**, Via della Contea 17, Pedemonte. Trattoria mit Zimmervermietung, neun Zimmer, DZ mit Frühstück ca. 37–45 €. ✆ 045/7701143.

▸ **Negrar**: Eine der größten Sehenswürdigkeiten im Valpolicella ist der kunstvolle *Giardino di Pojega* der Villa Rizzardi. Ende des 18. Jh. gestaltete ihn der Architekt Luigi Trezza für den Conte Antonio Rizzardi höchst artifiziell halb im englischen, halb im italienischen Stil. Die Rizzardis betreiben heute eine Kellerei in Bardolino am Gardasee (→ S. 84).

• *Öffnungszeiten* **Giardino di Pojega**, Gartenbesichtigung und Weinverkauf April bis Okt. Di/Mi 15–19, Do–So 11–19 Uhr. ✆ 045/7210028, www.guerrieri-rizzardi.com

• *Essen & Trinken* **Alla Ruota**, oberhalb von Negrar an der Straße nach Fane. Beliebtes Ausflugslokal mitten im Weinbaugebiet, Panoramaterrasse, gute Fleischgerichte und hausgemachte Pasta. Mo-Abend und Di geschl.

Da Bepi, in Marano di Valpolicella (links der Durchgangsstraße). Die seit über siebzig Jahren von Familie Lonardi geführte Trattoria ist weithin bekannt für ihr *agnello in Amarone* (Lamm in Amarone-Wein geschmort). Dort kann man auch einen hervorragenden Amarone direkt vom Erzeuger kaufen. Di geschl.

▸ **San Giorgio di Valpolicella**: kleiner Weiler oberhalb von Sant'Ambrogio di Valpolicella im Etschtal (→ S. 111), zu erreichen auf schmaler Serpentinenstraße. Oben angelangt genießt man einen traumhaften Ausblick bis hinüber zum Gardasee und kann die romanische Pfarrkirche *San Giorgio* aus dem 13. Jh. besichtigen. Im Inneren des vollendet harmonischen Baukörpers, der ganz aus dem typischen hellen Kalkstein der Region besteht, sind Freskenreste und eine achteckige Taufkapelle erhalten, außerdem ein Ziborium der Langobarden aus dem Jahr 712 (auf Säulen ruhender Altarüberbau in Form eines Baldachins). Neben der Kirche liegt ein malerischer Kreuzgang, außerdem gibt es ein kleines archäologisches Museum mit Ausgrabungsfunden und Fossilien. Wenige Schritte die Straße zurück finden Sie auch eine nette Trattoria (→ Essen & Trinken).

• *Öffnungszeiten/Preise* **Museo della Pieve San Giorgio**, So 14.30–17.30 Uhr (Winter), 15–18.30 Uhr (Sommer), Eintritt frei. ✆ 045/7701018.

• *Übernachten* *** **Villa San Giorgio**, Via Conca d'Oro 1, im gleichnamigen Örtchen hoch über dem Etschtal. Stilvolles Haus mit nur sechs komfortablen Zimmern und elegantem Ristorante, Blick bis zum Gardasee. DZ ca. 55–110 €. ✆ 045/6838170, 📠 6838203, www.paginegialle.it/villasangiorgio

• *Essen & Trinken* **Dalla Rosa Alda**, in San Giorgio di Valpolicella (wenn man die steile Straße hinaufkurvt, etwa 100 m vor der Kirche). Bei Signora Alda genießt man einen herrlichen Blick und isst gemütlich, z. B. einen kräftigen *brasato all'Amarone*, dazu gibt es gute lokale Weine. So-Abend und Mo geschl.

Monti Lessini (Lessinia)

Die dicht bewaldeten Lessinischen Berge schließen nördlich ans Valpolicella an und besitzen bereits alpinen Charakter, selbst im Sommer ist es hier oben oft klamm und feucht. Fünf tiefe Täler mit kleinen, teils weit verstreuten Ortschaften durchziehen sie von Nord nach Süd, die ausgedehnten Wiesen werden zur Rinderzucht genutzt. In den Kammlagen, die bis über 1700 m ü. M. ansteigen, ist die Region als Naturpark ausgewiesen, mehrere „Rifugi" bieten dort Quartier für Bergwanderer.

In großen Steinbrüchen wird bereits seit vorantiken Zeiten der berühmte rötliche Marmor sowie der Kalkstein „Pietra della Lessinia" (auch: Pietra di Prun) abgebaut.

Letzteren benutzt man vor allem für den Hausbau, wobei er fast ganz die Verwendung von Holz ersetzt hat. Fast alle Dächer bestehen aus schweren Kalkplatten, die Höfe werden damit ausgelegt und auch für die Begrenzungen von Straßen und Weiden wird er genutzt. An vielen Stellen hat man im Karstgestein des ehemaligen tropischen Tethysmeeres Fossilien und prähistorische Relikte entdeckt, die in mehreren Museen zu besichtigen sind. Dazu kommen exponierte Naturdenkmäler wie der berühmte Ponte di Veja.

Für die Anfahrt gibt es mehrere Möglichkeiten: Wer auf der SS 12 im Etschtal kommt, kann z. B. bereits südlich von *Ossenige* eine steile, 9 km lange Serpentinenstraße hinauf fahren, die in *Fosse* mündet. Von Verona aus gelangt man auf verschiedenen Wegen durch das Valpolicella in die Monti Lessini – oder man biegt 14 km östlich von Verona von der viel befahrenen SS 11 nach *Illasi* ab und fährt über *Tregnago* und *Badia Calavena* nach *Giazza* in 758 m Höhe (etwa 30 km ab SS 11) und weiter bis zum „Rifugio Revolto" in 1336 m Höhe (→ unten, S. 141). Achtung: Zeitlich muss man generell großzügig kalkulieren, denn die kurvigen Straßen lassen sich nur langsam befahren und sind zudem recht mäßig beschildert.

▸ **Parco Naturale delle Cascate**: Beim kleinen Dorf *Molina* stürzen am Kreuzungspunkt dreier Täler mehrere tosende Wasserfälle vom Berg, früher betrieben sie Mühlen. Ein beschilderter Fußweg führt vom Ortsende hinunter ins Flusstal des Progno – Vorsicht jedoch, nach Regenfällen ist er stark verschlammt und rutschig. In verschieden markierten Rundgängen von einer halben bis zwei Stunden Dauer kann man die grüne Tallandschaft entdecken, Prospekt dazu im Infobüro. In Molina selber gibt es ein kleines *Museo Botanico della Lessinia* (Via Bacilieri 19/a), in dem etwa 300 verschiedene Pflanzenarten der Region ausgestellt und katalogisiert sind. Besichtigen kann man auf Anfrage beim Infobüro außerdem das Innenleben der alten Mühle *Molin de Lorenzo* am Flusslauf etwas oberhalb vom Ort sowie die *Malga*, eine historische Molkerei.

• *Information* **Molina**, Via Bacilieri 1. ✆ 045/7720185, www.cascatemolina.it

• *Öffnungszeiten/Preise* **Parco delle Cascate**, April bis September tägl. 9–19.30 Uhr, sonst nur 9.30–16 Uhr an Sonn- und Feiertagen. Eintritt ca. 3,50 €.

Museo Botanico della Lessinia, Juli/August tägl. 9.30–12.30, 15–18 Uhr, übrige Monate Di u. Do 9.30–12.30, So 9.30–12.30, 15–16 Uhr. Eintritt ca. 2 €. Geöffnet außerdem nach Vereinbarung unter ✆ 045/7720185.

▸ **Sant'Anna d'Alfaedo**: Das nördlich von Molina gelegene Örtchen beherbergt in einem exponiert stehenden Neubau hinter der Dorfkirche ein *Museo Paleontologico e Preistorico* mit zahlreichen Fossilien, u. a. ist ein 7 m langer, versteinerter Hai erhalten, der vor etwa 70 Millionen Jahren im Tethysmeer gelebt hat.

Öffnungszeiten/Preise **Museo Paleontologico e Preistorico,** Mitte Mai bis Mitte Sept. Di–So 9.30–12.30, 15.30–18.30 Uhr, Mo geschl., übrige Zeit nur Mi, Sa/So 10–12, 15–17 Uhr. Eintritt ca. 2,50 €, über 60 1,50 €. ✆ 045/532656.

▸ **Ponte di Veja**: Südlich von Sant'Anna d'Alfaedo liegt eines der populärsten Ausflugsziele der Monti Lessini – ein mächtiger, mehr als 50 m langer und 30 m hoher Felsbogen, der höchst eindrucksvoll den Eingang zu einer Karsthöhle überdeckt, in der prähistorische Funde gemacht wurden. Anfahrt: von Sant'Anna d'Alfaedo die Straße nach *Vaggimal* nehmen, in *Corrubio* abbiegen und über *Cresfana* noch 3 km bis zum Ponte di Veja fahren (beschildert). Es gibt einen großen Parkplatz und eine Trattoria mit Übernachtungsmöglichkeit. In etwa 10 Minuten steigt man hinunter ins Bachtal, kommt dabei an einer rekonstruierten Hütte der vorzeitlichen Bewoh-

Imposantes Naturschauspiel: Der mächtige Ponte di Veja

ner des Tals vorbei und kann bis zum Eingang der *Grotta dell'Orso* vordringen, die allerdings wegen ihrer prähistorischen Bedeutung mit einem Gitter versperrt ist.

Übernachten/Essen & Trinken **Ponte di Veja**, rustikale Trattoria mit Bar und sieben Zimmern (nur Etagendusche). DZ mit Frühstück ca. 48 €. ✆ 045/7545048.

▸ **Bosco Chiesanuova**: 30 km nördlich von Verona. Die beliebte Winter- und Sommerfrische der Veroneser gruppiert sich um eine hübsche Piazza, es gibt einige Hotels und mehrere Restaurants. Das *Museo Etnografico „La Lessinia, l'uomo e l'ambiente"* informiert über Natur, Wirtschaft und Volkskunst der Region.

- *Öffnungszeiten/Preise* **Museo Etnografico**, Juli/August Di, Fr, Sa, So 16.30–18.30 Uhr, übrige Zeit Sa/So 16.30–18.30 Uhr oder nach Vereinbarung ✆ 045/6780280. Eintritt ca. 1,60 €.
- *Information* Piazza della Chiesa 34, ganzjährig geöffnet, ✆/§ 045/7050088.
- *Übernachten* * **Camping Branchetto**, kleiner Platz in 1500 m Höhe in der Località Branchetto bei Bosco Chiesanuova, ganzjährig geöffnet. ✆/℡ 045/6784029, www.web.tin.it/boschetto-holiday

* **Camping Camposilvano**, in der gleichnamigen Località (zwischen Bosco Chiesanuova und Giazza), ganzjährig geöffnet. ✆/℡ 045/7835658.

▸ **Camposilvano**: Östlich von Bosco Chiesanuova, noch jenseits des Valle di Squaranto, liegt nördlich von Camposilvano das faszinierende *Valle delle Sfingi* mit eigenartigen, pilzartig geformten Karstmonolithen, entstanden durch die Erosionskräfte von Wind und Wasser. Im Ort kann man ein *Museo Geopaleontologico* mit Fossilien, Ammoniten und prähistorischen Funden besichtigen. Dieselbe Eintrittskarte ist für die nahe gelegene, große Höhle *Covolo di Camposilvano* gültig.

- *Öffnungszeiten/Preise* **Museo Geopaleontologico di Camposilvano**, Via Covolo, Mitte Mai bis Mitte Sept. tägl. 9.30–13, 15.30–18.30 Uhr, übrige Zeit Sa/So 10–12, 14–16 Uhr. Eintritt ca. 2,60 €, gültig auch für den Covolo.

Wenn man 14 km östlich von Verona von der SS 11 nach Norden abbiegt, erreicht man durch die üppigen Weinbaugebiete von Illasi über Tregnago, Badia Calavena, Selva di Progno und Giazza das Revolto-Tal. Von dort kann man bis zum „Rifugio Revolto" in den Bergen vordringen.

Illasi

Der renommierte Weinbauort liegt am Fuß eines Hügels, dessen Hänge vollständig von Olivenhainen und Reben bedeckt sind und an dessen Spitze ein Skaligerkastell thront.

Im Ortszentrum stehen zwei prächtige Villen mit reicher Freskenausstattung und schönen Gärten, die das Veroneser Geschlecht der Pompei im 17. Jh. erbauen ließ: die *Villa Carlotti Perez-Pompei* kurz vor der Kirche und die *Villa Sagramoso Perez-Pompei* im nördlichen Ortsbereich (von der Durchgangsstraße nach der „Cantina Sociale" rechts abbiegen). Zur Besichtigung sind sie nicht geöffnet, aber im Pförtnerhaus der letzteren werden Wein und Öl verkauft.

Die Villa Carlotta Perez-Pompei in Illasi

Besonders hübsch ist ein Spaziergang zum *Kastell*, das nach dem Niedergang der Skaliger von den Venezianern restauriert wurde. Man nimmt im Ortszentrum die Straße links neben der Kirche und fährt in Serpentinen durch die Ölbaumplantagen hinauf bis zum höchsten Punkt der Straße, wo man parkt. Rechts weist ein Schild zur „Azienda Agricola Tosetti", links führt eine Landwirtschaftspiste zwischen Oliven, Wein, Kirschen- und Apfelbäumen auf einen breiten Grat hinauf, von dem man einen herrlichen Blick auf die Ebene des Veneto genießt. 20 Min. benötigt man etwa für den Weg zum Kastell, das wie eine Spukvilla unnahbar auf dem höchsten Punkt steht. Leider ist das Tor zur Anlage verschlossen, aber der Weg lohnt sich auch landschaftlich. In der Festung hat man vor Jahren eine Frauenleiche entdeckt –

angeblich eine Burgherrin, die von ihrem Mann bei einem außerehelichen Schäferstündchen ertappt worden war und lebendig eingemauert wurde.

• *Essen & Trinken* **Dalla Lisetta**, in Cellore (nördlich von Illasi), Via Mezza Villa 12. Nicht zu teure Trattoria mit guter lokaler Küche. So-Abend und Di geschl.

Azienda Agricola Tosetti, Via Pistoza 8, oberhalb vom Illasi, am Weg zum Kastell (→ oben). Großes Landgut mit Weinkellerei, Reitstall und ländlichem Restaurant, schöner, weiträumiger Garten und Swimmingpool. ✆ 045/7833091, 📠 6528392, www.tosetti.com

• *Shopping* Die zahlreichen angesehenen Kellereien von Illasi lassen die Wahl schwer fallen.

Cantina Sociale di Illasi, Via Restel Rosso, ordentliche Weine zu günstigen Preisen. ✆ 045/7834001.

Santi, Via Ungheria 33, besteht seit eineinhalb Jahrhunderten. Anmeldung erwünscht unter ✆ 045/6520077.

Dal Forno, in Cellore (nördlich von Illasi), Via Lodoletta 4. Romano dal Fornos Weine, die nur in geringer Stückzahl produziert werden, genießen seit langem einen exzellenten Ruf. Anmeldung erwünscht unter ✆ 045/7834923.

Fratelli Giuliari, Località Santa Giustina, Mo–Sa 8.30–12, 14–18 Uhr. ✆ 045/7834143.

Trabucci, Località Monte Tenda, Mo–Fr 8–12.30, 14.30–17 Uhr. ✆ 045/7833233.

Frantoio Bonamini, Via Santa Giustina 9. 1965 gegründete Ölmühle, die Oliven werden per Hand gepflückt und traditionell gepresst, danach wird das Öl mittels Zentrifugenabscheider gewonnen. Das Ergebnis ist das äußerst delikate „Olio extra vergine d'oliva Valpolicella." Mo–Sa 8.30–12.30, 14–18 Uhr. ✆ 045/6520558, www.oliobonamini.com

Das Rätsel der Zimbern

Kamen sie schon in der Antike aus Dänemark, waren es versprengte Goten oder Langobarden, wanderten sie im Mittelalter aus dem bayerisch-tirolerischen Raum nach Süden aus – jede Theorie hat ihre Fürsprecher, alle sind umstritten. Einige Forscher sehen in ihnen die Reste der Cimbern, die im 2. Jh. v. Chr. von der dänischen Halbinsel Jütland nach Süden vordrangen, im Jahr 101 vom römischen Feldherr Gaius Marius vernichtend geschlagen wurden und sich in den Bergen zwischen Etsch und Brenta versteckten. Es gibt aber auch Dokumente, die bezeugen, dass 1216 bayerische Arbeiter vom Bischof von Trient eingeladen wurde, die menschenleeren Alpenlandschaften nördlich von Vicenza zu besiedeln, heute als das Gebiet der „Sieben Gemeinden" bekannt (→ S. 175). Von dort expandierten sie auf die Hochebene der Lessinia in der Provinz Verona und gründeten die „Dreizehn Gemeinden". Ob die Bezeichnung Cimbro von Zimmermann abgeleitet ist, wie gerne kolportiert wird, ist ebenfalls zweifelhaft. Die Sprache der Zimbern wird „Tautsch" genannt und wird heute nur noch lexikalisch gepflegt, auch in den Familien- und Ortsnamen der Lessinia haben sich Spuren erhalten. Einige Beispiele, die die Nähe zum Deutschen belegen: *ezzan* (Essen), *trinkan* (Trinken), *arbatan* (arbeiten), *ghian* (gehen), *segan* (sehen), *iz haus* (das Haus) und *de tzait* (die Zeit).
Und falls Sie noch mehr über die Zimbern wissen möchten: „Bar sain hia for irandre. Iar mougat scraiban an tzimbarturla@cimbri.it udar ken kan Ljietzan tze Nest ume Tzimbar gabissa udar ruafan iz gatzelia 045/7847050 in tag vor Sontak un 9.00 ka 13.00. Bar sain muntar tze incheiganar!

▸ **Tregnago**: 5 km nördlich von Illasi erreicht man diesen lang gestreckten Ort, wo man auf markiertem Weg ebenfalls in etwa 15 Min. zum Kastell über dem Ort aufsteigen kann. Da sowohl bei der Burg von Illasi wie auch in Tregnago antike Türme erhalten sind und auch die Befestigungen des nahen Weinbaustädtchen Soave auf römische Zeit zurückgehen, nimmt man an, dass es sich bei den drei Burgen um den Überrest eines Jahrtausende alten Wachsystems handelt, dessen Türme durch Blickkontakt miteinander verbunden waren.

• *Essen & Trinken* **Villa de Winckels**, Via Sorio 29, Località Marcemigo, 1 km nordwestlich von Tregnago. In ihrem behaglichen Landhaus aus dem Mittelalter bieten die drei Brüder Roberto, Ottavio und Massimo Merzari typische lokale Küche in bester Qualität, Menü ca. 30 € aufwärts. In der angeschlossenen Osteria können die vielfältigen Weine des Hauses verkostet werden, dazu werden warme und kalte Gerichte gereicht. Di-Mittag und Mo geschl.. ✆ 045/6500133.

Um Ilassi liegt ein großes Weinbaugebiet

▸ **Giazza**: reizvolle Lage in 758 m Höhe am Hang des Campostrin, am Zusammenfluss der Flüsse Revolto und Fraselle, etwa 30 km von der SS 11. Giazza gilt als Kernort der Besiedlung durch die Zimbern, deren Herkunft bis heute umstritten ist. Ein *Museo dei Cimbri* bewahrt die Tradition der so genannten „Tredici comuni" (13 Gemeinden) zwischen Bosco Chiesanuova, Selva di Progno und Giazza.

• *Öffnungszeiten/Preise* **Museo dei Cimbri di Giazza**, Mitte Mai bis Mitte Sept. Di–So 9.30–12.30, 15.30–18.30 Uhr, Mo geschl., übrige Zeit Sa/So 10–12, 15.30–17.30 Uhr. Eintritt ca. 1,70 €, über 65 J. 1,50 €. ✆ 045/7847050.

▸ **Rifugio Revolto**: Durch das anfangs felsige, später dicht bewaldete Revolto-Tal geht es weiter hinauf in den „Parco Regionale della Lessinia" und bis zum Gasthaus von Federico und Elena in 1336 m Höhe (→ Übernachten), wo man die Bergruhe und den Panoramablick übers Tal genießen kann. In einigen Stunden ist es von hier aus möglich, die *Cima Carega* (2259 m) zu erklimmen.

• *Übernachten* **Rifugio Revolto**, Berghütte mit Verköstigung und 24 Betten in den waldreichen Lessinischen Bergen, ca. 10–16 € pro Pers. Nur Mitte Juni bis Mitte September. ✆ 045/7847039, www.rifugiorevolto.it

Bolca

Ein Abstecher in die kleine Sommerfrische östlich des Revolto-Tals lohnt sich wegen der riesigen Menge an Fossilienfunden, die in der „Versteinerten Lagune" *Pesciara di Bolca* (Pesciara = Fischschüssel) des tropischen Meeres gemacht wurden, das sich vor 50 Millionen Jahre hier erstreckte. Die Fundstätte besteht aus einer 19 m dicken Kalksteinschicht, in der die Fossilien so gut konserviert waren, dass man nicht nur die Organe erkennt, sondern gelegentlich sogar die Hautfarbe identifizieren konnte. Gesammelt wurden sie bereits seit dem 16. Jh., heute sind sie im *Museo dei Fossili* untergebracht, das hunderte von hervorragend erhaltenen Exemplaren von Reptilien, Fischen, Muscheln und Pflanzen besitzt und weltweit zu den besten Museen seiner Art zählt. Damit das Ganze die nötige Anschaulichkeit erhält, gibt es sogar ein Aquarium mit Fischen, die den versteinerte Vorgängern ganz ähnlich sind. Ein paläontologischer Lehrpfad führt vom Ort hinunter zur Fundstätte.

• *Öffnungszeiten/Preise* **Museo dei Fossili di Bolca**, März bis Okt. Di–So 9–13, 14–18.30 Uhr, übrige Zeit Di–So 10–12, 14–17 Uhr, Mo geschl. Eintritt ca. 4,50 € (mit Pesciara), über 65 J. 3 €. **Pesciara**, Di–So nach Vereinbarung, Eintritt ca. 2 €. ✆ 045/656508

Besuch in Soave: Weinreben und Burgmauern

Soave (ca. 6200 Einwohner)

Ruhiges, harmonisch wirkendes Städtchen am Weg von Verona nach Vicenza, nahe der Autobahn, Ursprungsort des weltbekannten Weißweins, für dessen Namen („soave“ = sanft) kein Geringerer als der Dichter Dante verantwortlich sein soll. Rebhänge überziehen kilometerweit die hüglige Umgebung. Das Zentrum selber ist vollständig von einer perfekt erhaltenen Mauer mit 24 Türmen umgeben, eine prächtige alte Skaligerburg beherrscht das Stadtbild.

Soave ist ein populäres Ausflugsziel, jedoch selten überlaufen – ein Abstecher lohnt und sei es nur, um den „Soave“ vor Ort einzukaufen. Zur Erntezeit am dritten Sonntag im September findet die traditionelle „Festa dell'Uva“ (Fest der Traube) statt, im Mai die „Festa Medioevale del Vino Bianco“, wobei sich die ganze Stadt in einen mittelalterlichen Gauklermarkt verwandelt und vor dem Südtor ein Historienschauspiel stattfindet.

Vor der Stadtmauer stellt man den Wagen ab und betritt durch die *Porta Verona* den Ortskern von Süden. Auf der leicht ansteigenden Hauptstraße geht es schnurstracks hinauf zur Säulenloggia des *Palazzo di Giustizia* am höchsten Punkt. Hier beginnt rechter Hand zwischen grünen Gärten der steile Aufstieg zur Burg am Gipfel des Monte Tenda. Innerhalb der hohen Backsteinmauern ist jedoch nicht mehr viel erhalten, lediglich zwei grasbewachsene Innenhöfe und einige Gebäude, deren ausgemalten Räume mit alten Himmelbetten, dunklem Holzmobiliar und historischen Rüstungen ausgestattet sind – anschaulich wird das Ritterleben vorgeführt. Vom Zinnengang hat man einen herrlichen Blick auf die Stadt und die umgebende Ebene.

Öffnungszeiten/Preise **Castello di Soave**, Winter Di–So 9–12, 14–16 Uhr, Sommer Di–So 9–12, 15–18 Uhr, Mo geschl., Eintritt ca. 4,50 €.

Soave: Massen- oder Qualitätswein?

Seit vielen Jahren gilt der strohgelbe Soave als einer der beliebtesten italienischen Weißweine, die Absatzmöglichkeiten waren und sind riesig. Nur wenige der über 3000 Winzer im Soavegebiet konnten deshalb in den vergangenen Jahrzehnten der Versuchung widerstehen, große Mengen zu produzieren. Dies ging sogar soweit, dass spezielle „Klone" der Soave-Traube Garganega speziell für die Erzeugung großer und größter Erträge gezüchtet wurden. Das Ergebnis waren meist charakterlose Tropfen, deren hervorstechendstes Merkmal ihre Neutralität war. Der Ruf des Soave hat darunter gelitten. Glücklicherweise haben nicht alle Winzer diesen Weg verfolgt. Einige wenige arbeiten seit Jahren daran, die Mengen gering, die Qualität ihres Soave dafür hoch zu halten. Dies bezahlt man zwar in der Regel mit höheren Preisen, die jedoch durch Aroma und Charakter durchaus gerechtfertigt sind. Seit vielen Jahren für konstant hohe Qualität bürgt beispielsweise der Name *Leonildo Pieropan*, dessen Weinberg direkt hinter der Burg liegt. Anfangs wurde er für seine Strategie der konsequenten Ertragskontrolle belächelt, inzwischen erzielen seine Weine doppelt so hohe Preise wie die der Durchschnittswinzer.

• *Information* **IAT**, ganz zentral an der Piazza Antenna, am Aufgang zur Burg, neben der Loggia des Palazzo di Giustizia. Umfangreiches Prospektmaterial und guter Stadtplan. Di–Fr 10–15, Sa/So 9–17 Uhr. ✆/℻ 045/6190773, www.comunesoave.it

• *Übernachten/Essen & Trinken* * **Al Gambero**, Corso Vittorio Emanuele 5, wenige Meter vom Südtor der Stadtmauer, feines und architektonisch gekonnt gestaltetes Fischlokal, faire Preise, Di-Abend und Mi geschl. Auch ordentliche Zimmer werden hier vermietet, die einzige Übernachtungsmöglichkeit in der Altstadt. DZ mit Frühstück ca. 43–60 €. ✆/℻ 045/7680010.

Azienda Vitivinicola Antonio Roncolato, Via Carcera 21, 1,5 km nördlich von Soave, beschildert an der Straße nach Castelcerino. Weingut im Grünen, fünf elegante DZ mit Aircondition und Heizung, im Garten Swimmingpool, gemütliche Gaststube und Weinverkauf. ✆ 045/7675104, ℻ 7675935, www.cantinaroncolato.com

Lo Scudo, Via San Matteo 46. Gehobener Gastronomiebetrieb in einem ehemaligen Kloster, der wunderbare Fischküche kreiert. Einen Versuch wert sind z. B. die *trota in carpione* (marinierte Forelle) und das Risotto mit Steinpilzen. Menü 32–50 €. So-Abend und Mo geschl.

Alla Rocca, gemütliche Pizzeria/Bigoleria am Nordwesttor der Stadtbefestigung.

Locanda Colla, Via Villanova di San Bonifacio, gutes Lokal mit lokalen Spezialitäten in San Bonifacio, südlich der Autobahn. Von Lesern empfohlen. So geschl.

Kidis Café, Corso Vittorio Emanuele 12. Kleiner Gastgarten an der Westachse des historischen Zentrums, wo man Bruschette, Wein und Cocktails kosten kann. Mo geschl.

• *Weinlokale* **Casablanca**, zentral gelegenes Café an der Via Roma, gute Auswahl an Tropfen aus dem Veneto und anderen Regionen.

Enoteca Il Drago, gemütliche Sitzplätze in der Loggia am Aufgang zur Burg. Angeboten werden z. B. sechs Gläser von verschiedenen Weinen für ca. 8 €.

• *Weinverkauf* **Cantina Sociale**, Via Roma 45, gleich nach dem südlichen Stadttor. Genossenschaftliche Vereinigung seit 1898. Mo–Fr 8.30–12.30, 14.30–18.30, Sa 9–12 Uhr. ✆ 045/7680888.

Enoteca del Soave, ganz zentral an der Via Roma 19 (Mi geschl.), im Gässchen daneben die **Cantina del Castello**, Conte Pittora 5.

Azienda Vitivinicola Leonildo Pieropan, Via Camuzzoni 3, der Vorkämpfer für einen besseren" Soave (→ Kasten) hat sein Anwesen ebenfalls direkt an der Hauptstraße, schräg gegenüber der Säulenloggia, wo man zur Burg hinaufsteigt. Mo–Fr 9–12.30, 14.30–18, Sa 9–12.30 Uhr. ✆ 045/6190171, www.pieropan.it

Azienda Vitivinicola Monte Tondo, Via San Lorenzo 89, großes Weingut an der Ausfallstraße Richtung Südosten, ca. 1 km vom Zentrum, nahe der Autobahn. Produziert wird u. a. ein ausgezeichneter Soave Classico namens „Monte Tondo". ✆ 045/7680347, www.montetondo. it

Alles beherrschender Blickfang: Palladios „Basilica“ im Zentrum von Vicenza

Provinz Vicenza

Die Werke des berühmten Renaissance-Architekten Andrea Palladio sind es in erster Linie, die Besucher nach Vicenza ziehen. Seine Palazzi prägen das Stadtbild, doch besitzt Vicenza auch zahlreiche Monumente aus Mittelalter und Gotik, außerdem das erste Theatergebäude Europas nach der Antike.

Auch in der grünen Umgebung stehen zahlreiche Landvillen, von denen viele nach Palladios Entwürfen konstruiert wurden. Für schöne Überlandtouren bietet sich vor allem die stille Hügellandschaft der *Monti Bérici* südlich der Stadt an. Im Norden der Provinz lohnt außerdem ein Besuch von *Bassano del Grappa*, der Stadt der Grappadestillerien, in deren Umgebung ebenfalls viel Sehenswertes zu finden ist, z.B. der *Monte Grappa* und die reizvolle *Hochebene von Asiago*. Tipp hierzu: Wer von Norden kommend nach Venedig nicht die übliche Route entlang des Etschtals und über Verona nehmen will, kann bei Trento ins *Valsugana* abzweigen, das Tal des Flusses Brenta, und erreicht Bassano als erste größere Stadt des Veneto.

Vormittägliches Leben auf der Piazza dei Signori

Vicenza

(ca. 110.00 Einwohner)

Viel Industrie ballt sich an der Peripherie der Stadt, die nur einen Katzensprung von Verona entfernt liegt. Das sollte aber nicht abschrecken: Das Zentrum ist ausgesprochen hübsch und kompakt, es gibt zahlreiche interessante Bauten und man findet einen erholsamen Kontrast zum Touristenrummel in Verona.

Vicenza ist die Stadt *Andrea Palladios* (1508–1580). Im 16. Jh. entwickelte er einen neuen klassizistischen Baustil, der bald die gesamte europäische Architekturentwicklung beeinflusste. Seine zahlreichen Bauten prägen noch heute das Stadtbild, ebenso findet man aber auch prächtige gotisch-venezianische Palazzi, einige interessante Kirchen und das berühmte Teatro Olimpico, das erste Innenraum-Theater Europas. 1994 wurde Vicenza verdientermaßen in die UNESCO-Liste für das Weltkulturerbe aufgenommen, die World Heritage List.

Vicenza gilt als eine der reichsten Städte Oberitaliens. Wichtigster Wirtschaftszweig ist die Textilindustrie, deren Manufakturen vor allem nördlich der Stadt liegen (→ S. 157). Im Zentrum fallen vor allem die zahlreichen Juweliere und Goldschmiede auf. Die Messen, die regelmäßig in Vicenza stattfinden, gehören weltweit zu den wichtigsten ihres Genres. Am berühmtesten ist „Vicenzaoro", die seit 1954 stattfindet.

Anfahrt/Verbindungen/Information

• *Anfahrt/Verbindungen* **PKW**, Vicenza liegt an der A 4 von Verona nach Venedig. Das *centro storico* ist für den Verkehr gesperrt, gebührenpflichtig parken kann man z. B. auf

Parkplätzen an der Via Cairoli und am Corso San Felice (beide westlich vom Zentrum), am Viale Verdi (Nähe Bahnhof) und am Canove Vecchie und Piazza Matteotti beim Teatro Olimpico (östlicher Zentrumsbereich). Kostenfreie Stellplätze findet man vielleicht südlich der Innenstadt, am Weg zur Basilica di Monte Bérico.

Bahn, Bahnhof liegt südwestlich vom Zentrum. Man geht von dort den Viale Roma geradeaus bis Piazzale Roma, dann rechts durch die Porta Castello auf die Hauptstraße der Altstadt, den Corso Palladio.

Bus, Station für Busse in die Umgebung linker Hand vom Bahnhof (wenn man rauskommt) am Viale Milano.

Fahrradverleih, tägl. 8–20 Uhr an der Gepäckaufbewahrung vom Bahnhof (ca. 5,50 €/Tag) und in der Jugendherberge (→ Übernachten).

• *Information* **IAT 1**, im Eingang zum Teatro Olimpico an der Piazza Matteotti 12. Ganzjährig tägl. 9–13, 14–18 Uhr. ✆ 0444/320854, 📠 327072, iat.vicenza1@provincia.vicenza.it

IAT 2, Piazza dei Signori 8, vis-à-vis der Basilika. Ganzjährig tägl. 10–14, 14.30–18.30 Uhr. ✆ 0444/544122, 📠 325001,
E-Mail: iat.vicenza2@provincia.vicenza.it
Erhältlich sind ausführliche Unterkunftsverzeichnisse zur Stadt und Provinz Vicenza, Stadtpläne (eingezeichnet sind u. a. Hotels und Bauten von Palladio) und verschiedene deutschsprachige Broschüren zu den Sehenswürdigkeiten, z. B. zu den Villen Palladios im Umkreis von Vicenza.

Internet:
www.ascom.vi.it/aptvicenza &
www.vicenzae.org

Internet Point: *Pigafetta*, Caffetteria Michelle, Contrà Piazza Castello 15, Mo–Sa 7–20 Uhr. ✆ 0444/321903.

Übernachten

In der Altstadt findet man vier Hotels, jeweils mit Parkmöglichkeit.

*** **Castello (18)**, Contrà Piazza Castello 24, Nähe Dom, neueres, gepflegtes Haus. Aufgang, Frühstücksraum und Lobby in Altrosa gehalten, solide-funktional möblierte Zimmer mit Teppichböden und TV, reservierte Parkplätze um die Ecke. DZ mit Frühstück ca. 90–150 €. ✆ 0444/323585, 📠 323583, www.hotelcastelloitaly.it

Unmittelbar westlich der Basilika liegen die beiden folgenden Adressen. Parken darf man als Hotelgast in der Gasse vor den Hotels.

** **Due Mori (12)**, Contrà do Rode 26, alter Palazzo, innen durchgängig renoviert, schlichte, teils geräumige Zimmer mit Fliesenböden und Ventilator, hübscher Frühstücksraum, ruhig. DZ mit Bad ca. 50–85 €, mit Etagendusche ca. 35–62 €, Frühstück ca. 6 € pro Pers. ✆ 0444/321886, 📠 326127,
E-Mail: hotelduemori@inwind.it

** **Vicenza (11)**, Stradella dei Nodari 5–7, schräg gegenüber vom Due Mori die Gasse hinein, ganz zentral, hübsch altertümlich eingerichtet, schöne schmiedeeiserne Balkons. DZ mit Bad ca. 42–65 €, mit Etagendusche 40–60 €, Frühstück ca. 6 € pro Pers.
✆/📠 0444/ 321512.

** **Palladio (7)**, Contrà Oratorio dei Servi 25, auf der anderen Seite der Basilika, freundlich geführtes Albergo mit kleinem, gemütlichem Salon/Frühstücksraum, ebenfalls sehr ruhige Ecke. DZ mit Frühstück ca. 50–150 €. ✆ 0444/321072, 📠 547328,
E-Mail: hotelpalladio@libero.it

** **San Raffaele (21)**, Viale X Giugno 10, Tipp! Sehr ruhige Lage an der Auffahrt zur Basilika am Monte Bérico, sauber, ordentlich und solide eingerichtet, Garten mit Blick über die Stadt, Terrasse und Parkplatz, freundlich geführt. DZ mit Frühstück ca. 40–70 €. ✆ 0444/ 545767, 📠 542259,
E-Mail: albergosanraffaele@tin.it

B & B Casa Morello (4), Contrà San Pietro 48, Nähe Teatro Olimpico. Modern eingerichtete Zimmer mit eigenem Zugang, TV, Kühlschrank und Internetanschluss, Gartenbenutzung. DZ ca. 40–80 €. ✆ 0444/500833, www.casamorello.it

• *Jugendherberge* **Ostello Olimpico (5)**, Viale Antonio Giuriolo 7–9. Vor einigen Jahren eröffnetes Hostel mit 85 Betten am Fluss Bacciglione, nicht weit vom Teatro Olimpico. Übernachtung im Mehrbettzimmer ca. 15 €/Pers.,

Vicenza
250 m
Cafés & Weinlokale
3 Gelateria Sonia
6 Antica Casa della Malvasia
8 Gran Caffè Garibaldi
9 L'Antica Ofelleria della Meneghina
20 Il Cursore
Nachtleben
10 Il Grottino
Übernachten
4 Casa Morello (B & B)
5 Ostello Olimpico (Jugendherberge)
7 Palladio
11 Vicenza
12 Due Mori
18 Castello
21 San Raffaele
Essen & Trinken
1 Al Pestello
2 Nuovo Cincia e Valerio
13 Tre Visi
14 Lizarran
15 Al Paradiso
16 Vecchia Guardia
17 Agli Schioppi
19 Righetti
Treviso
Teatro Olimpico
Museo Naturalistico Archeologico
Pza. XX Settembre
Contrà S. Domenico
Contrà C. Padova
Autobahn
C. S. Marco
Contrà Pedemuro S. Biagio
Corso
Contrà Santa Corona
S. Corona
S. Stefano
Contrà Porti
Palazzo Barbaran da Porto
Pal. Da Schio
Corso Palladio
Pal. Chiericati (Museo)
Pza. Matteotti
Contrà S. Pietro
S. Lorenzo
Contrà Cantarane
Fogazzaro
V. Montagna
S. Giacomo
Palazzo Thiene
Rathaus
S. Maria dei Servi
Palazzo Valmarana Braga Rosa
Loggia del Capitaniato
Pza. dei Signori
Pza. Biade
C. Cabianca
Basilica
Pza. Erbe
Fiume Bacchiglione
Viale Giuriolo
Viale Margherita
Pta. Castello
Ple. Roma
Dom
C. S. Paolo
Contrà Busa S. Michele
V. Lioy
Contrà d. Piarda
Pal. Breganze
Contrà Mure Pallamaio
Piazzola Gualdi
Viale Eretenio
Viale Roma
Viale Dalmázia
Contrà S. Caterina
BUS
Bahnhof
Viale Venezia
V. X Giugno
Ple. Fraccon
Villa Rotonda
Viale Risorgimento Nazionale
Viale Arnaldo Fusinato
Fiume Retrone
Viale Dante
Viale X Giugno
Villa Valmarana "Ai Nani", Villa Rotonda
Villa Michelangelo, Monti Bérici
Basilica di Monte Bérico

im Familienzimmer 16,50 €, Frühstück extra. Fahrradverleih, Internetzugang und TV. Tägl. 7.30–9.30 u. 15.30–23.30 Uhr. ✆ 0444/540222, 📠 547762, www.ostellionline.com

• *Camping* **** **Vicenza (11)**, Wiesenplatz unmittelbar bei der Autobahnausfahrt Vicenza Est, etwa 5 km außerhalb, nur mit eigenem Fahrzeug zu empfehlen. Stellplätze z. T. beschattet, Sanitäranlagen geräumig, Waschmaschinen, Tennisplatz, Minigolf. Angeschlossen ist ein Motel. April – September. ✆ 0444/582311, 📠 582434, http://web.ascom.vi.it/camping

Stellplatz für **Wohnmobile** an der Via Bassano, am Busparkplatz bei Fußballstadion (südöstlich vom Stadtzentrum), ✆ 0444/300814.

Essen & Trinken/Unterhaltung (siehe Karte S. 147)

Vecchia Guardia (16), Contrà Pescherie Vecchie, direkt im Zentrum, zwei Ecken von der Basilika. Populäres Freiluftlokal mit ordentlicher Küche, Spezialität ist *baccalà alla Vicentina con polenta*. Auch der Innenraum ist gemütlich und beliebt. Do geschl.

Al Paradiso (15), gleich neben dem „Vecchia Guardia", hier kann man gut Pizza essen.

Lizarran (14), Piazzetta Andrea Palladio, neue Osteria mit Blick auf die Basilika, neben Pizza und den typischen Veneto-Spezialitäten bekommt man auch spanisch/maurische Gerichte, z. B. Paella und Cous-Cous.

Righetti (19), Piazza del Duomo 3, direkt am stillen Domplatz. Der ehemalige Self-Service wurde zu einem großen, beliebten Lokal umgebaut, wo u. a. über Holzfeuer gegrillte Fleischgerichte serviert werden. Gemütliche Innenräume und große Terrasse im Freien.

Tre Visi (13), Corso Palladio 25, seit über hundert Jahren eine der bekanntesten Adressen der Stadt, grüne Laube im Hinterhof eines zentral gelegenen gotischen Palazzo, der Innenraum reichhaltig mit Keramiktellern geschmückt. Serviert werden Veneto-Gerichte, z. B. *fegato alla Veneziana* und *baccalà alla Vicentina*. Freundlich geführt.

Antico Ristorante Agli Schioppi (17), Contrà Piazza del Castello 36, hübsches Lokal mit einem Hauch Eleganz und der typischen Veneto-Küche. Sa-Mittag und So geschl.

Al Pestello (1), Contrà Santo Stefano 3, Nähe Chiesa Santa Corona, die kleine, gemütliche Osteria von Fabio Carta bietet echte Vicenzaküche, die Speisekarte ist im lokalen Dialekt gehalten. Im Sommer stehen auch einige Tische draußen auf der ruhigen Seitenstraße. Reservierung empfohlen, ✆ 0444/323721. So geschl.

• *Außerhalb vom Zentrum* **Nuovo Cincia e Valerio (2)**, elegantes Lokal an der Piazzetta Porta Padova 65/67 (östlich vom Zentrum), **die** Adresse in Sachen Fisch. Von Hummer bis Muscheln und Edelfisch gibt's hier alles, nicht billig, trotzdem meist gut besucht. Menü ca. 25–45 €. So-Abend und Mo geschl.

La Vecchia Fattoria, an der Durchgangsstraße von Torri di Quartesole, nicht weit vom Campingplatz. Große, sehr beliebte Pizzeria in einer ehemaligen Fabrik, mehrere Räumlichkeiten, mit Holz und Bambus wunderbar ausstaffiert. Beachtliche Auswahl an Pizzen, außerdem Fischspezialitäten. Di geschl.

• *Cafés* **Gran Caffè Garibaldi (8)**, beliebtes Terrassencafé an der Nordwestecke der Piazza dei Signori.

L'Antica Offelleria della Meneghina (9), Contrà Cavour 18, gleich gegenüber vom Café Garibaldi, historisches Café mit alter Holztäfelung und Inneneinrichtung des 19. Jh., in dem leckeres Gebäck aus eigener Produktion kredenzt wird.

• *Eis* **Gelateria Sonia (3)**, Corso Andrea Paladio 152, Nähe Teatro Olimpico. Beliebter Abendtreff zum Eis schlecken.

• *Nachtleben* **Antica Casa della Malvasia (6)**, Contrà delle Morette 5, die Wurzeln dieser versteckt in einem Gässchen zwischen Basilika und Corso Andrea Palladio gelegenen Osteria reichen bis ins Mittelalter zurück. Damals trafen sich hier venezianische Weinhändler, die aus dem besetzten Kreta den berühmten Malvasia-Wein importierten, von dem schon Shakespeare geschwärmt hat. Heute wird die Osteria von jungen Leuten besucht, viel Stimmung, große Weinauswahl, warme Gerichte und gute *chiceti* (Appetithappen), gelegentlich Livemusik. Bis 2 Uhr nachts geöffnet, So-Abend und Mo geschl.

Osteria il Grottino (10), lockerer Jugendtreff im Souterrain der Basilika (Südseite), man sitzt mit seinem Glas auf den Stufen zur Basilika, gute Bier- und Weinauswahl, auch hier gelegentlich Livemusik. Bis 2 Uhr nachts geöffnet. Mo geschl.

Il Cursore (20), Contrà Pozzetto 10, alteingesessene Osteria südlich der Basilika, hauptsächlich junge Gäste, einige interessante Spezialitäten, auch Plätze im Freien. Di geschl.

Palladio: Wegbereiter für den Klassizismus

1508 wird der Handwerkerfamilie di Pietro in Padua ein Sohn geboren, der zunächst den Beruf desSteinmetz erlernt, sich aber auch bald mit der Baukunst beschäftigt. Beim Bau eines Landhauses wird der adlige Mäzen Giangiorgio Trissino (→ S. 158) auf den begabten jungen Mann aufmerksam und beginnt ihn zu fördern. „Palladio", so nennt ihn bald sein Gönner nach Pallas Athene, der griechischen Göttin der Künste, beschäftigt sich intensiv mit den Schriften des antiken Architekten Vitruvius, die für die Renaissance wegweisend sind, später wird er sogar die Bücher des Vitruv aus dem Lateinischen ins Italienische übersetzen, die „Quattro Libri dell'Architettura". 1541, mit 32 Jahren, reist er erstmals nach Rom, um die faszinierende Baukunst der Antike vor Ort zu studieren. Einige Jahre später verschafft er sich nach einer Ausschreibung unter den führenden Architekten seiner Zeit den Auftrag, den zusammengebrochenen Palazzo della Ragione in Vicenza neu zu konzipieren. Die Arbeit an der von ihm so genannten „Basilica" wird ihn bis zu seinem Tod immer wieder beschäftigen, doch hat er damit den Durchbruch geschafft und erhält von den adligen Familien der Stadt stetig neue Aufträge. Fortan werden nach seinen Plänen im gesamten Veneto Villen errichtet. Allein in Vicenza und Umgebung lässt er etwa zwanzig Landhäuser und Palazzi bauen. Hierbei hat er eine durchaus delikate Aufgabe zu bewältigen: Seit der Unterwerfung Vicenzas unter die Herrschaft Venedigs im 15. Jh. kann der einheimische Adel seine Macht ausschließlich in der Politik der Heimatstadt geltend machen. Die Interessen des Adels sind dabei nur durch unbedingte Loyalität untereinander gewährleistet – jede größere Streitigkeit hätte der Besatzungsmacht Venedig in die Hände gespielt. Palladio muss also sowohl dem Wunsch der Bauherren nach Individualität genüge tun, darf andererseits aber – zumindest nach außen hin – keinesfalls zu prachtvoll und ausgefallen bauen, um nicht gegen das Gleichheitsprinzip aller Adligen zu verstoßen. Mit seinen Bauten kreiert er den neuen Typ der „Villa Rustica", der Landvilla also: eine perfekt verschmolzene Einheit von komfortablem Wohnhaus, funktionalen, aber ästhetisch ansprechenden Wirtschaftsgebäuden und harmonischer Gartengestaltung. Aber es sind nicht nur die Villlen der Reichen, die ihn beschäftigen, Palladio hat auch

bedeutende Kirchenbauten geschaffen, in Venedig z..B. *San Giorgo Maggiore* gegenüber vom Markusplatz und *Il Redentore* auf der Insel Giudecca. Sein letztes Werk wird 1580 das *Teatro Olimpico* in Vicenza, doch wenige Monate nach Baubeginn stirbt er. Vincenzo Scamozzi vollendet das Begonnene.
Palladios Stil kennzeichnen strenge Klarheit und das Streben nach unbedingter Harmonie. Auf der Grundlage Vitruvs kreierte er einen eigenen Stil, den so genannten „Palladianismus", und wurde damit maßgebendes Vorbild für den Klassizismus in Europa.

Sehenswertes

Die „Stadt Palladios" ist ein architektonischer Genuss, zudem ist das historische Zentrum für den Verkehr völlig gesperrt, was ihm enorm gut tut. Fantastischer Höhepunkt ist die Piazza dei Signori mit der „Basilica Palladiana".

Um allerdings Enttäuschungen vorzubeugen: Die Palazzi Palladios wurden so oft nachgeahmt, dass man immer wieder das Gefühl hat, man hat das alles schon mal gesehen. Zudem entspricht der damals revolutionäre klassizistische Renaissancestil nicht unbedingt unserem heutigen Schönheitsideal. Dies tun schon eher die ebenso zahlreichen älteren Bauten im gotisch-venezianischen Stil mit ihren oft filigranen und anmutigen Fassaden. Zum Erholen von der geballten Ladung Kultur findet man am Fluss Retrone südlich vom Zentrum einige hübsche Ecken und Brückchen, die an Venedig erinnern.

Kombitickets für Vicenzas Sehenswürdigkeiten: Für den Besuch von Teatro Olimpico, Pinakothek (Palazzo Chiericati) sowie Museo Naturalistico Archeologico (neben Kirche Santa Corona) muss man die „Card Musei" erwerben (ca. 7 €, Schül./Stud. 4 €). Wenn man noch das Museo del Risorgimento e della Resistenza am Monte Bérico (Villa Guiccioli) ansehen will, kostet die „Card Musei opzionale" ca. 8 € (Schül./Stud. 4,50 €). Weiterhin gibt es die „Card Musei e Palazzi", die für ca. 11 € (Schül./Stud. 8 €) zusätzlich Zutritt zum Palazzo Barbaran da Porto und zu den Gallerie di Palazzo Leoni Montanari gewährt. Erhältlich sind die Kombitickets bei den touristischen Informationsstellen.

Piazza dei Signori und Umgebung

Das prachtvolle Zentrum der Stadt zeigt sich weit und offen. Tagsüber eher beschaulich, pulsiert hier abends das pralle Leben. Platzbeherrschend ist die „*Basilica Palladiana*", ein Monumentalwerk Palladios, flankiert von der 80 m hohen, leicht schief stehenden *Torre di Piazza* aus dem 12. Jh. An der Nordseite der Piazza dominiert die *Loggia del Capitaniato*, der ehemalige Sitz des venezianischen Statthalters in Vicenza, ein weiteres, allerdings unvollendetes Werk Palladios mit reichem, schon durch und durch barock anmutendem Figurenschmuck, zu erkennen an den hohen Arkadenöffnungen und Rundsäulen. Ein Stück weiter östlich steht der *Palazzo del Monte di Pietà*, ein ehemaliges Pfandleihhaus aus dem 16. Jh. mit der barocken Kirche *San Vincenzo*.

Am Ostende der Piazza ragen zwei schlanke Säulen empor, gekrönt mit dem venezianischen Löwen und dem Erlöser. Hier schließt sich die *Piazza delle Biade*

Aus den kleinen Gäßchen öffnet sich der Blick auf die mächtige „Basilica"

Straßencafé an der Piazza dei Signori

mit der Kirche *Santa Maria dei Servi* an, deren gotischer Innenraum ein bedeutendes Madonnenbild von Montagna beherbergt (erster Altar rechts).

An der Südseite der Basilika liegt die *Piazza dell'Erbe*, der historische Marktplatz der Stadt, wo man an einigen Ständen um den mittelalterlichen Turm Obst, Gemüse und Blumen kaufen kann. Ein großer allgemeiner Markt findet dienstags und donnerstags im Umkreis von Basilika und Dom statt.

Basilica Palladiana: Eins der ästhetischsten und eindrucksvollsten Gebäude im ganzen Veneto (→ Titelbild). In jahrzehntelanger Arbeit ummantelte der unermüdliche Palladio das morsche Backsteingemäuer des zentralen Palazzo della Ragione aus dem 15. Jh. vollständig mit einer eleganten, doppelstöckigen Marmorloggia. Vor allem in der oberen Hälfte des Baus kontrastiert der rosa-weiß gemusterte Marmor wirkungsvoll mit dem mächtigen grünen Wölbungsdach. Die imponierenden Ausmaße der Basilika erfasst man erst, wenn man an der Nordwestecke in den ersten Stock hinaufsteigt und den fast fußballfeldgroßen Innenraum betrachtet – seine völlige Leere harmoniert herrlich mit dem hohen, geschwungenen Holzdach in Form eines Schiffskiels. Goethe befand, es sei „nicht möglich, den Eindruck zu beschreiben, den die Basilika von Palladio macht ...". In den Gängen unten liegen Juwelierläden, auch ein Café lädt zum Verschnaufen ein.

Öffnungszeiten/Preise **Basilica Palladiana**, Di–So 10.30–13, 15–19 Uhr, Mo geschl., Eintritt ca. 1 €.

Dom: Der große Backsteinbau steht einige Straßenzüge westlich der Basilika und wurde bei Bombenangriffen im letzten Krieg schwer beschädigt. Die gotische Fassade wurde rekonstruiert, die Kuppel stammt von Palladio. Das Innere ist weitgehend schlicht gehalten, die Seitenaltäre sind jedoch mit diversen Gemälden alter Meister geschmückt.

An der Südseite der Piazza Duomo liegt unter dem Palazzo Proti der unterirdische *Criptoportico Romano*, Überrest eines römisches Palastes und einer frühchristlichen Kirche. Unter der Sakristei des Doms hat man außerdem Reste einer römischen Straße entdeckt.

• *Öffnungszeiten* **Criptoportico Romano**, jeweils Sa 10–11.30 Uhr, außerdem jeder zweite Sonntag im Monat (Januar–März und Okt.–Dez. 10–12, 14.30–16 Uhr, April–Juni u. Sept. 10–12, 15.30–17 Uhr, Juli/August 10–12 Uhr). Eintritt mit Führung frei, Anmeldung im C.T.G.-Büro, Piazza Duomo 2.

Corso Andrea Palladio und Seitengassen

Die lange, schnurgerade Hauptgeschäftsstraße ist Fußgängerzone und durchzieht die gesamte Altstadt. Sie besticht durch ihre noble Konzeption – ein historischer Palazzo folgt dem anderen, weitgehend kann man unter breiten, schattigen Laubengängen spazieren.

Im Westen beginnt die Straße an der Piazza Castello mit dem Stadttor *Torrione di Porta Castello*, letzter Rest einer früheren Burg, die die Skaliger aus Verona hier errichten ließen. Unvollendet, aber hübsch ist der schmalbrüstige *Palazzo Porto-Breganze* an der Südseite der Piazza, mit seiner charakteristischen Fassade aus wuchtigen korinthischen Halbsäulen ein typischer Palladio-Bauau. Ein paar Schritte weiter, am Corso Palladio 13, steht der ebenfalls von Palladio entworfene *Palazzo Thiene Bonin Longare,* wieder mit der typischen Fassade aus korinthischen Halbsäulen. Ein weiterer Renaissancebau ist der *Palazzo Capra* (Nr. 45), gotisch ist dagegen der *Palazzo Thiene* mit seinen schönen Maßwerkfenstern (Nr. 47). Ein filigran-anmutiger Bau reinster venezianischer Gotik ist der *Palazzo Braschi* (Nr. 67). Das Rathaus Vicenzas, der große *Palazzo Trissino Baston* (Nr. 98) mit hohem, säulengestützem Arkadengang und geräumigem Innenhof auf der anderen Straßenseite, stammt dagegen wieder von Palladio. Besonders eindrucksvoll ist schließlich der *Palazzo da Schio* (Nr. 147) mit seinen verspielten Fassadendetails. Der nach seiner früheren Golddekoration „Ca' d'Oro" (Goldenes Haus) genannte Palast stammt ebenfalls von Palladio, im Durchgang und Hof sind heute antike Architekturfragmente und Inschriften untergebracht.

Im Osten endet der Corso an der großen Piazza Matteotti, „Isola" genannt. Hier stehen der *Palazzo Chiericati* mit der städtischen Pinakothek und das *Teatro Olimpico,* das eine der größten Sehenswürdigkeiten Vicenzas darstellt.

Corso Antonio Fogazzaro: Auch diese teilweise von Arkadengängen flankierte Geschäftszeile ist von zahlreichen Renaissance- und Barockpalästen gesäumt, darunter der architektonisch einfallsreiche *Palazzo Valmarana Braga Rosa* (Nr. 16) von Palladio, der behutsam dem Verlauf der engen Straße angepasst wurde. Ein Stück weiter steht linker Hand die Kirche *San Lorenzo,* ein gotischer Backsteinbau der Franziskaner mit Wandgräbern in der Fassade. Durch das reich mit Skulpturen geschmückte Portal betritt man den dreischiffigen Innenraum mit Kreuzrippengewölbe, der durch Rundsäulen unterteilt ist. In den Chorkapellen sind einige Gräber des 14.–16. Jh. erhalten. Die Straße endet am Stadttor *Porta Santa Croce.*

Contrà Porti: An dieser geschwungenen Seitenstraße, die vom Corso Palladio nach Norden abzweigt, stehen einige besonders prächtige Palazzi. Der *Palazzo Cavalloni-Thiene* (Nr. 6–10), gleich zu Beginn rechts, ist im gotisch-venezianischen Stil erbaut und wurde kürzlich restauriert. Der benachbarte Renaissancebau *Palazzo Thiene* (Nr. 12) fällt durch sein reich verziertes Portal und die schönen Fresken im Obergeschoss auf, abends wird die Fassade wirkungsvoll illuminiert. Die gotische

Casa Sperotti-Trissino (Nr. 14) wird derzeit restauriert und besitzt mehrere filigrane Balkone.

Der *Palazzo Barbaran da Porto* auf der linken Seite (Nr. 11) ist ein typischer Palladio-Bau und besitzt im unteren Teil der aufwändig gestalteten Fassade eine ionische Säulenordnung, oben eine korinthische. Er kann auch von innen besichtigt werden und beherbergt ein Palladio-Studienzentrum mit wechselnden Ausstellungen, auch ein Palladio-Museum ist im Aufbau. Zugänglich ist auch der harmonische Arkadenhof des *Palazzo Porto-Breganze* (Nr. 17) mit seinen eleganten gotischen Fenstern. Als schönster gotisch-venezianischer Palast der Stadt gilt der *Palazzo Colleoni-Porto* (Nr. 19). Der *Palazzo Iseppo da Porto* (Nr. 21) wird wieder Palladio zugeordnet.

• *Öffnungszeiten/Preise* **Palazzo Thiene**, Okt. bis April Di & Mi 9–12, 15–18, Mai bis Sept. Mi & Fr 9–12, 15–18, Sa 9–12 Uhr. Eintritt frei, nur mit Anmeldung, ✆ 0444/542131, E-Mail: palazzothiene@popvi.it; **Palazzo Barbaran da Porto**, Di–So 10–18 Uhr; Eintritt ca. 2 €.

Contrà Santa Corona: Die dreischiffige gotische Backsteinkirche *Santa Corona* stammt aus dem 13. Jh. und gehört dem Dominikanerorden. Im Inneren gibt es einige wertvolle Gemälde, z. B. die anmutige „Taufe Christi" von Bellini (fünfter Altar links) und die „Anbetung der Könige" von Veronese (dritter Altar rechts), die schon Goethe bewundert hat. Die Gemälde können gegen Gebühr beleuchtet werden. Andrea Palladio wurde hier im Familiengrab seiner Frau beigesetzt (Grabstein am letzten Pfeiler links), die sterblichen Überreste wurden aber im 19. Jh. auf den städtischen Friedhof überführt.

Im Teatro Olimpico

Im benachbarten Kreuzgang ist das *Museo Naturalistico Archeologico* Vicenzas mit einer archäologisch-geschichtlichen Sammlung untergebracht.

Die *Gallerie di Palazzo Leoni Montanari* in der Contrà Santa Corona 25 zeigen auf zwei Stockwerken eine opulente Schau von hunderten russischen Ikonen und venezianischen Meistern des 18. Jh.

• *Öffnungszeiten/Preise* **Santa Corona**, 8.30–12, 15–18, Mo 16–18 Uhr.
Museo Naturalistico Archeologico, Di–So 9–17, Juli/August 10–18 Uhr; Eintritt nur mit „Card Musei" (7 €).
Gallerie di Palazzo Leoni Montanari, Fr–So 10–18 Uhr, Eintritt ca. 3,50 €, www.palazzomontanari.com

Palazzo Chiericati: Der prachtvolle, von Palladio entworfene Palast mit seiner langen Loggia und der darüber liegenden statuengeschmückten Balustrade beherbergt eine Pinakothek mit Gemälden der venezianischen Schule.

Öffnungszeiten/Preise Di–So 9–17, Juli/August 10–18 Uhr, Mo geschl.; Eintritt ca. 3 €.

Teatro Olimpico: Das älteste Innenraum-Theater Europas, 1580 erbaut, wirkt von außen gänzlich unscheinbar. Der Eingang liegt im begrünten Hof, rechts davor findet man die Tourist-Information. Der prachtvolle Innenraum wurde von Palladio nach dem Vorbild antiker griechischer Theater entworfen, doch er starb kurz nach Baubeginn und Scamozzi vollendete sein Werk. Die hölzernen Zuschauerränge ziehen sich halbkreisförmig um die Bühne mit einer hohen, statuengeschmückten Wand, in den Öffnungen sind in raffinierter Technik Straßen angelegt, die die sieben Straßen Thebens darstellen und sich scheinbar perspektivisch in den Hintergrund ziehen. 1584 wurde mit dem „Ödipus" von Sophokles eröffnet und noch heute finden Aufführungen und Konzerte statt.
Öffnungszeiten/Preise Di–So 9–17, Juli/ August 9–19 Uhr, Zutritt nur mit „Card Musei" (7 €).

Außerhalb vom Zentrum

Der Abstecher zur Basilika am Monte Bérico lässt sich gut mit einem Besuch der kunsthistorisch bedeutenden Villen „Valmarana Ai Nani" und „La Rotonda" am Osthang des Berges verbinden.

▸ **Basilica di Monte Bérico**: Die große Kreuzkuppelbasilika aus dem 17. Jh. thront dekorativ auf einem Hügel südlich vom Zentrum. Von der Aussichtsterrasse genießt man einen wunderbaren Blick über die ganze Stadt und die nördlich anschließende Hügellandschaft der Voralpen, wo im Ersten Weltkrieg erbitterte Stellungskämpfe tobten. Die Zufahrtsstraße Viale Dieci Giugno wird flankiert von einem etwa 1 km langen Kolonnadengang. Man kann ihn vom *Arco delle Scalette* – von Palladio in Art eines Triumphbogens als repräsentativer Zugang zum Marienheiligtum errichtet – auch auf einem Treppenweg (Via M. d'Azzelio) erreichen. Im oberen Drittel der Arkaden liegt der Eingang zum Hotel „San Raffaele" (→ Übernachten). In der mit Goldprunk und Gemälden byzantinisch prächtig ausgestatteten Basilika wird eine Marienstatue verehrt, die daran erinnert, dass hier 1428 die Muttergottes einer Bäuerin erschien und das sofortige Ende der Pest ankündigte, wenn man ihr hier ein Heiligtum weihe – Anlass für den Bau einer ersten Kirche. Heute ist sie ein viel besuchtes Pilgerziel mit bedeutenden Kunstwerken, darunter eine „Pietà" von Montagna (in der Kapelle rechts neben der Apsis) und die „Cena di San Gregorio Magno" (Abendmahl Gregors des Großen) von Veronese im Refektorium, gemalt 1572.
Anfahrt/Verbindungen Ab Zentrum läuft man ca. 30 Min., Busse fahren ab Busstation Nähe Bahnhof, für PKW sind reichlich Parkplätze vorhanden.

▸ **Museo del Risorgimento e della Resistenza**: eindrucksvolle Ausstellung in der Villa Giuccioli, 10 Fußminuten südlich der Basilika – vom Kampf gegen die Habsburger bis zum antifaschistischen Widerstand im Zweiten Weltkrieg.
Öffnungszeiten/Preise Di–So 9–13, 14.15–17 Uhr, Eintritt ca. 3 €.

▸ **Villa Valmarana „Ai Nani"**: Von der Zufahrtsstraße zur Basilika zweigt eine schmale Straße zu dieser äußerlich schlichten Villa vom Ende des 17. Jh. ab, von der Basilika geht man ca. 15 Min. zu Fuß (→ Stadtplan). Die Nani (= Zwerge) stehen als groteske Figuren auf der Gartenmauer. Die Legende erzählt, dass die Besitzer ihre zwergwüchsige Tochter mit einer ausschließlich aus „Liliputanern" bestehenden Dienerschaft umgaben, damit das Kind sich seiner Kleinwüchsigkeit nicht bewusst wurde. Doch vergebens: Als das Mädchen in einem unbewachten Moment einen schönen jungen Mann von natürlicher Größe vorbeireiten sah, erkannte sie die Unabänderlichkeit ihres Schicksals und nahm sich das Leben. Giambattista Tiepolo schmückte Mitte des 18. Jh. die *Palazzina* (Haupthaus) mit fantasievoll-

Die Villa Rotonda gehört zu den markantesten Villen Palladios

mythologischen Fresken aus, die eher rustikal-volkstümliche Bildfolgen in der *Foresteria* (Gästehaus) schuf sein Sohn Giandomenico.

Öffnungszeiten/Preise Mitte März bis Anfang Nov. Di–So 15–18 Uhr, außerdem Mi, Do, Sa und So 10–12 Uhr, Mo geschl.; Eintritt ca. 6 €.

▸ **Villa Rotonda** (Villa Almerico Capra Valmarana „della Rotonda"): Wenn man von der Villa Valmarana den ungepflasterten Weg zwischen Mauern etwa 200 m weiter den Hügel hinunterläuft (mit dem Wagen die SS 247 nehmen oder Bus 8 ab Bhf.), kommt man zu dieser eleganten, wahrscheinlich um 1566 erbauten Villa, die neben der „Basilica" zu den berühmtesten Werken Palladios zählt. Sie krönt einen Hügel, wobei die Treppen an allen vier Seiten den Anstieg des Geländes aufnehmen. Architektonisch dominierend ist die ständig wiederkehrende Kombination von Viereck und Kreis, die ein beherrschendes Gestaltungselement der Renaissance war. Der streng symmetrische Zentralbau mit quadratischem Grundriss besitzt ein auffälliges Kuppeldach, das einen kreisrunden Saal überwölbt, der die ganze Höhe des Bauwerks einnimmt. An jeder der vier Außenfronten ist eine große Loggia mit ionischen Säulen und Dreiecksgiebel vorgebaut, von denen „ ... jede einzelne als Ansicht eines Tempels befriedigen würde", wie Goethe 1786 schrieb. Innen ist der mächtige Kuppelraum lediglich durch eine Balustrade gegliedert und wird von acht miteinander verbundenen, rechteckigen Räumen umgeben. Der Innenbereich ist mit Skulpturen von Rubini und Fresken der Werkstatt Rubini, Fontana und Bascapé verschwenderisch ausgestattet, thematisch sind sie vor allem der antiken Mythologie und Götterwelt entlehnt. Die Kuppelbemalung stammt von Alessandro Maganza, der Bereich unterhalb der Balustrade wurde im 17. Jh. im Stil des illusionistischen Barock ausgestattet.

Öffnungszeiten/Preise Mitte März bis Mitte Okt. **Garten** Di–Do 10–12, 15–18 Uhr, **Villa** nur Mi 10–12, 16–18 Uhr; Eintritt Garten ca. 5 €, Villa ca. 10 €.

Nördlich und westlich von Vicenza

Westlich von Vicenza zieht sich das Valdagno ins grüne Hügelland der Voralpen. Hier und in den Städten Schio und Thiene dominiert seit Jahrhunderten die Textilindustrie. Trotz vieler Krisen sind noch heute etwa 30.000 Menschen in dieser Branche tätig und der Raum Schio-Thiene-Valdagno gehört nach Prato, Mailand, Varese und Biella zu den Zentren der italienischen Bekleidungsindustrie. Aber natürlich kann man auch einige prächtige venezianische Villen besichtigen, darunter ein Frühwerk Palladios, und beim Kurort Recoaro Terme lässt es sich in den Bergen der „Piccoli Dolomiti" wunderbar wandern.

Blick auf die Burg von Romeo

Des Schauspiels Wurzeln: Romeo und Julia in Vicenza

Nicht in Verona, wie von Shakespeare der Nachwelt überliefert, sondern in der näheren Umgebung von Vicenza hat die weltberühmte Liebesgeschichte von Romeo und Julia ihren tatsächlichen Ursprung. Unmittelbar neben der Autobahn nach Verona sieht man oberhalb von Montecchio Maggiore – westlich von Vicenza, auf halbem Weg nach Soave – die Ruinen zweier Skaligerburgen aus dem 14. Jh. im üppigen Grün aufragen. Ihr Anblick soll 1519 den Adligen Luigi da Porto aus Vicenza, der sich nach Kampfverletzungen zur Genesung in der Familienvilla im nahen Örtchen Montorso aufhielt, zu der Geschichte „Romeo e Giulietta" inspiriert haben – sie werden deshalb „Castello di Romeo" und „Castello di Giulietta" genannt. Erst in der Adaption von Shakespeare wurde die Handlung des Schauspiels ins dekorativere Verona verlegt und trat damit seinen Siegeszug um die Welt an.

Die beiden stark zerstörten Burgen wurden in der ersten Hälfte des 20. Jh. restauriert. Das etwas tiefer liegende *Castello della Villa* ist die Festung der Montecchi, aus der laut Schauspiel Romeo stammen soll. Erhalten sind heute nur noch die Mauern und der Turm der Anlage, im Sommer finden im

Innenhof gelegentlich Theateraufführungen und Konzerte statt. Das *Castello di Bellaguardia* wird der „Julia-Familie" Capuletti zugeschrieben. Hier ist heute das traditionelle Restaurant „I Castelli di Giulietta e Romeo" zu finden, von dessen Dachterrasse man einen weiten Blick in die Berge der Umgebung hat. In den Innenräumen hat Pino Carasini die Geschichte der tragischen Liebe in vierzehn Fresken dargestellt.

Castello della Villa (Castello di Romeo), Mai bis Okt. Sa 15–19.30, So 9.30-12.30, 15–19.30 Uhr, Nov. bis April So 14.30–18 Uhr. Eintritt frei.

Castello di Bellguardia (Castello di Giulietta), Sommer Do–Di 10–1 Uhr, Winter 10–15, 17–24 Uhr, Mi geschl. Eintritt frei. Restaurant ✆ 0444/696172.

▸ **Villa Cordellina Lombardi**: Die Villa aus dem 18. Jh. steht am östlichen Ortsausgang von Montecchio Maggiore in Richtung Sovizzo/Vicenza. 1743 malte Giovanni Battista Tiepolo den Hauptsaal mit Fresken aus, die – wie nicht anders zu erwarten – die Geschichte von Romeo und Julia thematisieren.

Öffnungszeiten/Preise **Villa Cordellina Lombardi**, April bis Okt. Di-So 9-13, 15–18 Uhr; Eintritt ca. 2 €.

▸ **Villa Trissino Marzotto**: Die imposante Villa – eine der prachtvollsten im ganzen Veneto – steht in Trissino und gehörte einst dem bekannten Adelsgeschlecht der Trissini. Giangiorgo Trissino war es gewesen, der Palladios Begabung erstmals entdeckte und förderte. Heute ist die Villa in Besitz der Marzotto-Dynastie (→ Valdagno) und wird von Seniorchef Giannino Marzotto und seiner Familie privat genutzt. Umgeben ist sie von einem 20 Hektar großen, mit Skulpturen, Teichen und Wasserspielen kunstvoll gestalteten Park.

• *Öffnungszeiten* 2004 war der Park von Mai bis Oktober jeweils Sa und So durchgängig geöffnet, Eintritt ca. 5 €. Das Untergeschoss der Villa kann nur nach Reservierung besichtigt werden, ✆ 0445/962029.

▸ **Valdagno**: In der Ursprungsstadt der Marzotto-Gruppe, die heute zu den weltgrößten Modeherstellern und -händlern zählt, kann man die textile Tradition der Region kennen lernen und ein *Museo delle Macchine Tessili* besuchen. Es ist Teil des großen Textilinstituts I.T.I.S. „Vittorio E. Marzotto" in der Via Carducci (aus Vicenza kommend von der Durchgangsstraße nach rechts in Richtung „Stadio dei Fiori" fahren).

Öffnungszeiten **Museo delle Macchine Tessili**, Mo–Fr 9–12.30, 15–18, Sa nur 9–12.30 Uhr. ✆ 0445/401007, www.itismarzotto.it

Recoaro Terme

Der Kurort im oberen Tal des Flusses Agno liegt reizvoll vor der Kulisse der so genannten „Kleinen Dolomiten", ein Kalksteinmassiv, das sich mit seinen zahlreichen markanten Gipfeln östlich an die Lessinischen Berge anschließt (→ S. 136).

Gekurt wird hier schon seit mehr als zweihundert Jahren, vor allem Trinkkuren und Inhalationskuren werden angewandt. Der große Bau der „Terme di Recoaro", wo die 1689 entdeckten, bikarbonat-, alkali- und eisenhaltigen Quellen entspringen, liegt etwas außerhalb am Berghang. Doch die landschaftlich herrliche Lage zwischen den Bergen, den umgebenden Hochebenen und der großen Ebene im Süden prädestiniert Recoaro auch als Ziel für sportlich Interessierte und Naturfreunde. Im Sommer kann man zahlreiche Wanderungen unternehmen, Mountainbiker,

Auf herrlich blühende Wiesen trifft man im Frühsommer immer wieder

Kletterer und Drachenflieger finden ebenfalls reichlich Betätigung. Im Winter geht es mit einer modernen Kabinenbahn hinauf ins Skigebiet *Recoaro Mille* auf etwa 1000 m Höhe. Von dort führt ein Sessellift auf den 1700 m hohen Gipfel des *Monte Falcone*, der für fortgeschrittene Drachenflieger eine Herausforderung darstellt. Gelandet wird auf dem Sportplatz „Menarini" in 500 m Höhe.

• *Information* **IAT**, Via Roma 25, ✆ 0445/75070, 📠 75158, www.recoaroterme.com
Kurverwaltung in der **Terme di Recoara**, Via Fonti Centrali, ✆ 0445/75006, 📠 75025, www.termedirecoaro.it

• *Übernachten/Essen & Trinken* **** **Trettenero**, Via Vittorio Emanuele 18. Das Hotel, dessen ältester Teil schon Anfang des 19. Jh. errichtet wurde, ist komplett renoviert. Schöner Garten und Parkplatz, nostalgisches Restaurant mit „Belle Epoque"-Ausstattung, 53 komfortable Zimmer. DZ mit Frühstück ca. 70–85 €. ✆ 0445/780380, www.hoteltrettenero.it

*** **Verona**, Via Roma 52, alteingesessenes Haus, ganz zentral in schöner Lage beim Stadtpark, Terrassencafé und Ristorante. 35 Zimmer mit TV, z. T. Balkon. DZ mit Frühstück ca. 60–75 €. ✆ 0445/75010, 📠 75065.

Carla, Via Campogrosso 25, ruhige Lage etwas außerhalb vom Zentrum, familiär geführt, ordentlicher Komfort, Zimmer in verschiedenen Qualitäten, z. T. mit TV und /oder Balkon, gutes hauseigenes Restaurant. DZ mit Frühstück ca. 70–80 €. ✆ 0445/780700, 📠 780777, www.hotelcarla.it

• *Sport* Drachenflieger erhalten Informationen im **Yo-Yo Parapende Club**, ✆ 0445/75728. Mountainbikes verleiht **Raffaele Sport**, ✆ 0445/77157.
Wanderführer werden vom **Centro Servizio „Le Guide"** vermittelt, ✆ 0445/473955.

▸ **Schio**: Die betriebsame Stadt etwa 25 km nördlich von Vicenza ist ein Zentrum der Wollspinnerei und Textilfabrikation. Die ehemaligen Betriebsgebäude der Firma *Lanerossi* (heute Marzotto-Gruppe) in der Via Pasubio sind ein sehenswertes Beispiel für die klassizistische Industriearchitektur des 19. Jh. Der mächtige *Dom* steht mit einer doppelten Treppenanlage an der zentralen Piazza Rossi, am dahinter liegenden Platz erhebt sich das Denkmal des Wollspinners. Die gotische Klosterkirche *San Francesco* beim Park Grumi dei Frati besitzt alte Fresken und geschnitztes Chorgestühl.

▸ **Thiene**: Auch Thiene gehört zu den vicentinischen Textilstädten, aber mit der *Villa Castello Porto Colleoni-Thiene* besitzt die Stadt auch eine hochkarätige Sehenswürdigkeit. Die schlossähnliche Villa am Corso Garibaldi im Zentrum ist ein typischer Bau der vor-palladianischen Gotik im 15. Jh., der die Charakteristika einer Burg mit denen eines venezianischen Palazzo vereint. Der Zentralteil besitzt eine schöne Arkadenfassade mit Maßwerkfenstern und wird von zwei turmartig zinnenbekrönten Seitenflügeln flankiert. Die Säle im Erdgeschoss sind mit historischem Mobiliar ausgestattet, erhalten sind zahlreiche Fresken von Antonio Fasolo und Giambattista Zelotti. Sogar der mächtige Kamin ist über und über mit Malereien verziert. Zur Anlage gehören außerdem noch die wunderbar restaurierten ehemaligen Stallungen aus dem 18. Jh. mit Säulen aus rotem veronesischem Marmor. Hinter dem Schloss erstreckt sich ein großer Park.

8 km nordöstlich liegt Lugo di Vicenza. In benachbarten Lonedo steht die *Villa Godi Malinverni*, vermutlich das erste große Werk des jungen Palladio, erbaut um 1540, noch vor seiner richtungweisenden Romreise (→ S. 149). Der massige, dreigeteilte Baukörper zeigt noch deutlich die Züge der zeitgenössischen Kastellarchitektur, die Palladio erst später grundlegend zu einer Harmonie von Architektur und Landschaft veränderte. Die Loggia und die zehn Säle sind mit Fresken von Giambattista Zelotti, Gualtiero Padovano und Battista del Moro ausgeschmückt, deren Thematik oft um Friede und Gerechtigkeit kreist. Im ersten Stock sind Gemälde italienischer Meister des 19. Jh. ausgestellt, außerdem gibt es ein Fossilienmuseum.

Die benachbarte *Villa Piovene Porto Godi* wurde um dieselbe Zeit erbaut und gehörte der Familie Piovene, die mit den Godi in heftiger Konkurrenz stand. Die Villa wurde mehrfach verändert und vergrößert. So baute Palladio um 1570 die typische Loggia mit den ionischen Säulen an, später kamen die beidseitigen Verlängerungen der Villa mit Säulengängen, die skulpturengeschmückte Treppenanlage und der große Garten dazu. Die Nachkommen der Piovene leben noch heute hier, besichtigt werden können nur die Außenanlage und der Park.

• *Öffnungszeiten/Preise* **Villa Castello Porto Colleoni-Thiene**, Mitte März bis Mitte Nov. jeweils sonntags Führungen um 15, 16 und 17 Uhr. Eintritt ca. 6 €. ✆ 0445/380879, www.castellothiene.com

Villa Godi Malinverni, Juni bis Sept. Di, Sa und So 15–19 Uhr, März bis Mai und Okt. 14–18 Uhr. ✆ 0445/860561, www.villagodi.com

Villa Piovene Porto Godi, Parkbesichtigung Mo–Sa im Sommer 14–19, im Winter 14–17 Uhr. ✆ 0445/860613.

Südlich von Vicenza

Lonigo (ca. 12.000 Einwohner)

Die kleine, geschäftige Industrie- und Agrarstadt liegt etwa 25 km südwestlich von Vicenza. Eine wirkliche Überraschung ist der prachtvolle neugotische *Dom* mit seiner vielgestaltigen Fassade und dem typischen Streifenmuster aus Backstein und hellen Kalkquadern, der im Stil der toskanische Gotik erbaut wurde. Im Inneren beeindrucken die farbige Rosette und die Glasfenster, das Tonnengewölbe wird von korinthischen Säulen getragen. Wenn man vom Dom aus die Straße überquert, kommt man durch einen offenen Arkadengang in die breite, mit weißen Kalkplatten gepflasterte Fußgängerzone. Rechter Hand sieht das alte *Rathaus* mit einer zweiseitigen Außentreppe, erbaut wahrscheinlich von Sanmicheli. In der zentral gelegenen Bar „Nazionale“ schmeckt das hervorragende Eis.

Prachtvoll: der neugotische Dom von Lonigo

▸ **Villa Pisani**: Eine der ersten Palladio-Villen findet sich wenige Kilometer südlich von Lonigo im winzigen Örtchen *Bagnolo di Lonigo* direkt am Flüsschen Guà. Die Wirtschaftsflügel sind zerstört, es steht nur noch das stilvoll restaurierte Herrenhaus, das heute in Privatbesitz ist. Palladio war hier noch ganz der venezianischen Tradition verhaftet und flankierte den kubischen Baukörper beiderseits mit niedrigen Türmen – ein Element, das seinen späteren Werken völlig fehlt.
Öffnungszeiten April bis Anfang Nov. tägl. 10–12, 15–18 Uhr. ✆ 0444/831104.

Monti Bérici

Südlich von Vicenza erstreckt sich üppig grünes Hügelland mit einer Vielzahl von engen, kurvigen Straßen, die durch dünn besiedelte, teils naturbelassene Wald- und Wiesenlandschaften führen. Ausgangspunkt ist die Basilica di Monte Bérico, von dort kann man eine beschauliche Fahrt durch die kleinen, abgelegenen Dörfer unternehmen. Lediglich an Wochenenden wird es hier voll, wenn die Vicentiner die Landrestaurants aufsuchen.

Ein Ziel der Fahrt könnte der kleine *Lago di Fimon* sein, ein friedliches Gewässer mit verschilften Ufern und Seerosen. Am Westufer führt eine kleine Straße entlang, dort liegt auch die Pizzeria „Al Lago" mit Terrasse und Seeblick. Unterkünfte gibt es z. B. in *Arcugnano*, nur etwa 10 Autominuten von Vicenza. Dort steht auch die schlossartige *Villa Franceschini „Ora Canera di Salasco"*, die Bertotti Scamozzi 1770 im typischen Palladio-Stil erbaute und die besichtigt werden kann. Hauptort der Monti Bérici ist das weiter südlich gelegene *Barbarano Vicentino*. Von dort ist es nicht mehr weit zur SS 247, auf der man schnell zu den Euganäischen Hügeln und in die umliegenden Orte kommt, z. B. nach Este und in die Festungsstadt Montagnana mit ihrer perfekt erhaltenen Stadtmauer (→ Padua/Umgebung).
Öffnungszeiten/Preise **Villa Franceschini „Ora Canera di Salasco"**, Mo–Fr 9–18 Uhr, Eintritt frei. ✆ 0444/270113.

Oleificio Bérico: „Das Öl, das schon Palladio gemundet hat"

Dieser flotte Spruch ziert die Flaschen einer kleinen Ölmühle am östlichen Ortsausgang von Barbarano Vicentino. Adriano und seine moldavische Frau Dusia sind sehr zuvorkommend und erklären Interessierten gerne die Herstellung ihres Öls, das es in zwei Varianten gibt – eines stammt nur von Olivenbäumen der unmittelbaren Umgebung, für das andere werden Oliven aus dem gesamten Gebiet der Monti Bérici verwendet. Die Qualität des Öls ist überzeugend, der Preis liegt bei ca. 8–10 € für den Liter.

• *Übernachten/Essen & Trinken* **** **Villa Michelangelo** in Arcugnano. Das komfortable und geräumige Hotel in einem schlossartigen Anwesen des 17. Jh. liegt in einem großen Park und verfügt über 52 stilvoll eingerichtete Zimmer mit Aircondition, ein elegantes Restaurant und ein Hallenbad. DZ mit Frühstück ca. 125–210 €. ✆ 0444/550300, 📠 550490, www.hotelvillamichelangelo.com

*** **Villa Raphael**, am Ortsende von Arcugnano, Via Santa Giustina 6. Restaurierte Villa des 17. Jh., umgeben von Olivenhainen, Blick ins Grüne, zehn komfortable Zimmer, gutes Restaurant mit Außenterrasse. DZ mit Frühstück ca. 100–120 €. ✆/📠 0444/270222, www.villaraphael.com

** **Isetta**, in Grancona, Via Pederiva 96. Elegantes und gemütliches Restaurant, seit den fünfziger Jahren von Familie Gianesin aufmerksam geführt, spezialisiert auf Fleisch vom offenen, holzbefeuerten Grill (Di-Abend und Mi geschl.). Neun moderne Zimmer, DZ ca. 42–53 €, Frühstück extra. ✆ 0444/889521, 📠 889992, www.trattoriaalbergoisetta.it

Antica Osteria da Penacio, geschmackvolles ländliches Lokal in Soghe di Arcugnano, gute Küche und ebensolche Weinauswahl. Mi und Do-Mittag geschl.

Antica Trattoria agli Olmi, das populäre Lokal versteckt sich im kleinen Weiler San Giovanni in Monte, nördlich von Barbarano.

Am stillen Lago di Fimon in den Monti Bérici

La Vera Birreria, in Arcugnano, Via Umberto I. Populäres Abendlokal an der Hauptstraße, Bier vom Fass, Bruschette und Pizza.

• *Sport* **Golf Club Bérici**, Brendola, Strada Monti Comunali. 18-Loch-Anlage in herrlicher Lage, die ersten Löcher im Wald, die übrigen frei mit herrlichem Blick.
✆ 0444/601780, 📠 400777.

Das Wahrzeichen von Bassano: der hölzerne Ponte degli Alpini

Bassano del Grappa

(ca. 40.000 Einwohner)

Malerisches Städtchen am Südfuß der Alpen, dort wo die Brenta in die breite venezianische Ebene fließt. Berühmt ist es wegen seiner überdachten Brücke aus Holz, aber auch wegen seiner Keramikproduktion, der zahlreichen Grappa-Brennereien und vieler weiterer Leckereien wie getrocknete und eingelegte Steinpilze, weißer Spargel, Honig und manches mehr.

Ein Abstecher lohnt – und sei es nur um eine Grappa zu kosten, um einzukaufen oder in einer Osteria an der Brenta einen Abend zu verbringen. Der Name der Stadt hat übrigens nichts mit dem berühmten Tresterschnaps zu tun, sondern leitet sich vom Monte Grappa ab. Dieser steht nördlich der Stadt, war im Ersten Weltkrieg hart umkämpfte Verteidigungsstellung der Italiener und ist heute quasi Nationalheiligtum.

Anfahrt/Verbindungen/Information

• *Anfahrt/Verbindungen* **PKW**, nur ein kleiner Teil der Altstadt ist für den Verkehr gesperrt. Parken kann man z. B. am Viale delle Fosse, der östlich die Stadtmauer umzieht. Auch im Zentrum sind genügend Stellplätze mit Parkuhren vorhanden.

Bahn, Bahnhof östlich vom Zentrum, die Via Chilesotti führt geradeaus ins Zentrum, bequeme Fußentfernung.

Busse fahren ab Piazzale Trento, beim Viale delle Fosse.

• *Information* Largo Corona d'Italia 35, etwas versteckt in einer Passage beim breiten Viale delle Fosse. Großes Angebot an Material über Bassano und Umgebung. Mo–Fr 9–12.30, 14–17, Sa 9–12.30 Uhr. ✆ 0424/524351, 📠 525301, E-Mail: infobassano@libero.it

Alles Grappa: Die Grappa-Brenner von Bassano del Grappa am Monte Grappa ...

Grappa (Mehrzahl: Grappe, fem.) nennt man den hochprozentigen Schnaps, der aus den Trauben- und Stängelresten, die nach der Weinproduktion übrig bleiben, dem so genannten „Trester", durch Destillieren hergestellt wird. Der Beiname „del Grappa" im Namen Bassano bedeutet nun jedoch nicht, dass hier den maestri grappaioli, den fleißigen Schnapsbrennern der Stadt also, ein Denkmal gesetzt wurde, sondern lediglich, dass Bassano am Fuß des Monte Grappa liegt. Tatsächlich hat „die Grappa" rein gar nichts mit dem nahen Berg zu tun, sondern leitet sich von „grappolo" (= Traube) her. Nichtsdestotrotz ist Bassano schon seit Jahrhunderten eine Hochburg der Grappa-Destillateure, die hier die fantasievollsten Kreationen hervorbringen: Limonen, Marosticakirschen, Pflaumen, Brombeeren, Minze – aromatischer schmeckt die Grappa nirgendwo. Ihre Ursprünge sind allerdings ungeklärt: Stammt sie vielleicht aus dem Orient oder wurde sie gar von Mönchen als Heilmittel gegen die Pest erfunden, die 1630 Bassano befiel? Man weiß es nicht, muss es auch nicht wissen, wenn man bei „Nardini" am Ponte degli Alpini sitzt und „un grappin" oder eine „tajadela" (Verschnitt) schlürft ...

Übernachten

Bis auf die Jugendherberge gibt es keine Unterkünfte in den unteren Preiskategorien.

**** **Belvedere (2)**, Piazzale Gaetano Giardino 14, komfortables Haus an einer stark befahrenen Straße östlich der Altstadt, Blick auf die Stadtmauer, Garage. DZ mit Frühstück ca. 90–140 €. ✆ 0424/529845, 📠 529849, www.bonotto.it

*** **Brennero (1)**, Via Torino 7, gleich um die Ecke vom Belvedere und auch leicht vom Bahnhof zu erreichen, kürzlich völlig renoviert und ganz ruhig. Kleine, ordentliche Zimmer. Parken kann man auf einem benachbarten Parkplatz, der nachts verschlossen wird. DZ mit gutem Frühstück ca. 65–90 €. ✆ 0424/228538, 📠 227021, www.hotelbrennero.com

*** **Victoria (18)**, Viale Diaz 33, modernes, sehr gepflegtes Haus, zwar an einer lauten Verkehrsstraße, aber schallisoliert. Nett eingerichtete Zimmer mit TV, PC-Anschluss, Frigobar und Klimaanlage. Familiär geführt, hauseigener Parkplatz, 5 Fußminuten in die Altstadt. DZ mit Frühstück ca. 55–85 €. ✆ 0424/503620, 📠 503130, www.hotelvictoria-bassano.com

*** **Al Castello (3)**, Piazza Terraglio 20, am Platz vor der Burg, fast am höchsten Punkt der Stadt, das einzige Hotel in der Altstadt. Kleineres Haus mit schönem Blick über die Stadt. Unten Frühstücksraum und beliebtes Café mit samtrosa Stühlen, Zimmer solide möbliert, teils recht kleine Bäder. DZ mit Frühstück ca. 75–95 €. Wirtin tendiert bereits in der Nebensaison zu Höchstpreisen. Parkmöglichkeit vorhanden. ✆/📠 0424/ 228665.

** **Alla Favorita (17)**, Via San Giorgio 49, 15 Fußminuten westlich der Altstadt. DZ mit Bad und Frühstück ca. 55–80 €. Mit Parkplatz. ✆ 0424/502030, 📠 503327, www.allafavorita.it

• *Jugendherberge* **Ostello della Gioventù Fondazione Don Cremona (19)**, Via Chini 6, südlich vom Zentrum. 80 Plätze in Zwei- und Mehrbett-Zimmern, außerdem für Gruppen ein Schlafsaal mit 28 Betten. Parkplatz, großer Innenhof, Fußballplatz, Volleyball und Handballmöglichkeiten, auf Anfrage Fitnesscenter. Organisiert werden geführte Stadtbesichtigungen, Mountainbike- und Trekkingtouren. Übernachtung ca. 13–24 € pro Pers., je nach Raum und Jahreszeit. Auf Wunsch Frühstück, Mittagessen und/oder Abendbrot. ✆/℻ 0424/219137, www.ostellobassanodelgrappa.it

• *Außerhalb* **** **Villa Palma**, in Mussolente, Via Chemin Palma 30, ca. 5 km östlich von Bassano, am Weg nach Ásolo. Gediegene Villa aus dem 18. Jh. mit herrlichem Garten, 20 Zimmer mit Stilmobiliar perfekt eingerichtet, auf Wunsch kann PC und Fax angeschlossen werden. Exklusiv und nobel. Dementsprechend die Preise, DZ mit Frühstück ca. 160 €, Suiten (teils mit Jacuzzi-Bädern) ca. 225 €, jedoch Wochenendrabatte.
✆ 0424/577407, ℻ 87687, www.villapalma.it

Essen & Trinken/Unterhaltung/Shopping

• *Essen & Trinken* **Trevisani (16)**, Piazzale Trento 13, gepflegte Adresse in einem mittelalterlichen Stadtturm, Preise gehoben. So geschl.

Al Sole-da Tiziano (9), Via Vittorelli 41, Traditionslokal mit schwerem, geschnitztem Mobiliar, lokale Küche, viel mit Polenta und Pilzen, im Frühjahr auch Spargel, hausgemachte Nudeln. Menü ca. 25–40 €. Mo geschl.

Al Ponte (4), Via Volpato 60, das populäre Fischlokal von Familie Strafella liegt am Westufer der Brenta, wenige Meter unterhalb der überdachten Brücke, Blick auf Fluss und Brücke, im Sommer viele Plätze im Freien. Di-Mittag und Mo geschl.

Ottone (14), Via Matteotti 40–50, schönes, altes Ristorante im Laubengang, seit 1870 in Betrieb. Die weit gefächerte Speisekarte bietet *baccalà alla vicentina, fegato alla Venezia*, aber auch Gulasch. Sehr beliebt, hat Atmosphäre.

Ponte Vecchio (11), Via Angarano 14, gemütliches Lokal mit kleiner Terrasse an der Westseite der überdachten Brücke. Die Veneto-Gerichte Polenta mit Pilzen, *baccalà alla vicentina* und *pasta e fagioli* gehören auch hier zu den Standardangeboten, Pizza ist ebenfalls zu haben. Mo geschl.

Da Amedeo (7), Via Vendramini 20 (führt von der Piazza Garibaldi zur Burg). Sympathische kleine „Osteria con cucina", zwei winzige Speiseräume, Speisekarte gibt's nicht, dafür Empfehlungen vom Padrone. Gute und preiswerte Küche. Mo geschl.

Al Giardinetto, Via Fontanelle 30, etwas nördlich außerhalb. Schöner Garten und leckere, bodenständige Küche. Di-Abend und Mi geschl.

• *Osterie und Bars* **Terraglio (5)**, an der Piazza vor dem Kastell, hübsch und authentisch im alten Stil aufgemacht, viel Holzmobiliar, auch Sitzplätze im Freien.

Antica Osteria (6), Via Matteotti 7, wenige Schritte unterhalb vom Terraglio, vor der Tür steht man mit seinem Glas in geselliger Runde, hinten gibt's auch ein paar Tische. Mo geschl.

Antica Bar (15), Via Menarola 3, kleine Weinkneipe zwischen Piazza della Libertà und Alpini-Brücke. Bei Fabio, einem Schankwirt par excellence, sind erstaunlich gute Weine im offenen Ausschank zu kriegen, die Preise pro Glas sind moderat. Die alten Holzbalken an der Decke machen die Wirtsstube urgemütlich. Mi geschl.

Al Saiso (12), lockere Birreria/Bruschetteria direkt vor dem Ponte degli Alpini, zu Popmusik lässt man sich die lecker belegten Bruschette (geröstete Brotscheiben mit Beilagen) schmecken. Vor der Tür gerade mal zwei Tische.

Ca' Brando (8), beliebter Treffpunkt in toller Lage rechts unterhalb der überdachten Brücke, direkt am Wasser. Nicht nur Wein, sondern auch „birra in botte" wird hier gerne getrunken. Di–Fr nur abends, Sa/So ab mittags, Mo geschl.

• *Grapperie* **Nardini (13)**, direkt im Brückenkopf, stimmungsvolle Wein- und Grappastube des ältesten und größten Grappaproduzenten der Stadt, als Dekoration schwere Destillierkessel – der richtige Platz, um ein Gläschen zu kosten bzw. einen guten Tropfen mitzunehmen, z. B. den leckeren Kräuterlikör *Rabarbaro*. Schon Hemingway hat sich hier gelabt.

Bassanina (10), Piazza Angarano, 100 m westlich der Brücke, gemütliches Lokal, wo man diverse Grappe und Weine kosten kann, z. B. „l'amaro del ponte". Do geschl.

• *Cafés* **Danieli**, Piazza Garibaldi, viel besuchtes Café vor der Loggia der Kirche San Francesco, hinter der Außenterrasse eine originelle Front mit gotischen Fenstern.

Orientale, Piazza Garibaldi 20, hier duftet es zuckersüß, spezialisiert auf Crêpes, Fruchtsalat und Joghurt, außerdem Eis in zahlreichen Sorten. Di geschl.

Mozart, Via Vittorelli 39, behagliche Salonatmosphäre im Herzen der Stadt.

• *Shopping* im Umkreis der Brücke jede Menge reich bestückter Feinkostläden, z. B. **Bottega del Porcino**, Via Crestano Menapola 21 (bei Piazza Montevecchio), sowie üppig ausstaffierte Keramikshops (oft auch sonntags geöffnet). Zahlreiche Keramikateliers im Ortsteil **Nove**.

Sehenswertes

Im freundlichen und überschaubaren Zentrum findet man einige schöne alte Plätze, freskenverzierte Renaissancepalazzi und Gassen mit Laubengängen. Am lang gestreckten *Piazzale della Libertà* missfällt allerdings zunächst die riesenhafte Kirche San Giovanni im typischen Renaissancestil.

Die benachbarte *Piazza Garibaldi* wird überragt von der mittelalterlichen *Torre Civica*, die einst zu einer mittelalterlichen Burg gehörte und bestiegen werden kann. Die Kirche *San Francesco* aus dem 14. Jh. flankiert den Platz. Sie hat äußerlich eine recht grobe Backsteinstruktur, in der Eingangsloggia sind jedoch schöne alte Fresken erhalten – kürzlich restauriert wurde die *Madonna mit Kind* von Martinelli, rechts daneben eine Verkündigungsszene. Der schlichte, hohe Innenraum mit Holzdecke ist weitgehend kahl, Freskenreste geben allerdings einen Eindruck von früheren Zeiten. Am Altar ein wertvolles bemaltes Kruzifix.

Blick vom Ponte degli Alpini auf die Häuser der Innenstadt von Bassano

Die gute Stube: Spaziergang auf dem Piazzale della Libertà

Neben der Kirche betritt man den großen Kreuzgang eines ehemaligen Franziskanerklosters. Das hier untergebrachte *Museo Civico* zeigt archäologische Funde der Region sowie griechische und apulische Keramik, eine Schriftensammlung der alteingesessenen Druckerfamilie Remondini sowie zahlreiche Entwürfe und Skizzen des berühmten klassizistischen Bildhauers Antonio Canova aus dem nahen Possagno (→ Provinz Treviso), besitzt außerdem eine umfangreiche Pinakothek mit über 500 Gemälden, darunter 17 Werke des einheimischen Malers Jacopo del Ponte, genannt Jacopo Bassano.

Am höchsten Punkt der Stadt umfassen die Mauern des *Castello degli Ezzelini* (auch: Castello Superiore), das erstmalig 1150 erwähnt wurde, ein uriges Durcheinander von Häusern und Baustilen, darunter den wiederholt umgebauten Dom *Santa Maria* mit einigen schönen Gemälden einheimischer Künstler. Seitlich verläuft der *Viale dei Martiri* an der Stelle der ehemaligen Stadtmauer zum nördlichen Stadttor *Porta delle Grazie*. Der schöne Blick, der sich hier nach Norden auf den Monte Grappa und die Hochebene von Asiago hin auftut, wird durch die Erinnerung an ein Massaker des Zweiten Weltkriegs getrübt. An den Steineichen entlang der Straßen Viale delle Fosse, Viale Venezia und des aufgrund dieses Ereignisses umbenannten Viale dei Martiri wurden am 26. September 1944 31 junge Widerstandskämpfer erhängt, die Bäume sind markiert. Die Kirche am Viale delle Martiri ist diesen und den vielen anderen gefallenen Partisanen der Region geweiht. Nördlich vom Zentrum kann man direkt am Brenta-Ufer in der Via Ca' Erizzo 7 das *Museo Storico della Grande Guerra* besichtigen, das den Ersten Weltkrieg aus italienischer Sicht thematisiert.

Vom Piazzale della Libertà kommt man über die hübsche *Piazza Montevecchio* mit dem gleichnamigen, jüngst restaurierten Palazzo zum *Palazzo Sturm* direkt an der Brenta. In dem prächtigen Haus mit seinen opulenten Stuckverzierungen und Deckenfresken ist eine wertvolle Majolika- und Porzellansammlung untergebracht.

• *Öffnungszeiten/Preise* **Torre Civica**, April bis Okt. Di–So 9.30–12.30, 15–19, übrige Zeit Sa/So 10–13, 14–18 Uhr; Eintritt ca. 2 €.
Museo Civico, Di–Sa 9–18.30, So 15.30–18.30 Uhr, Mo geschl.
Museo della Ceramica, Di–Sa 9–12.30, 15.30–18.30, So 15.30–18.30 Uhr, Mo geschl., April bis Okt. zusätzlich So 10–12.30 Uhr. Sammelticket für beide Museen ca. 4,50 €.
Castello degli Ezzelini, Di–So 9.30–12.30 Uhr; Eintritt frei.
Museo Storico della Grande Guerra, Mai bis Sept. nur So 10–12.30, 15–19 Uhr. ✆ 0424/470954.

Ponte degli Alpini: Wahrzeichen Bassanos und Höhepunkt der Stadtbesichtigung ist zweifellos die überdachte Holzbrücke, traditionell auch „Ponte Vecchio" genannt. Ihre vier Fundamente sind als Schiffsbüge konstruiert und zerteilen die rauschende Brenta. Ursprünglich bereits Anfang des 13. Jh. erbaut, musste sie infolge von Kriegen und Überschwemmungen mehrfach neu konstruiert werden, u. a. 1569 vom berühmten Architekten Palladio (→ Vicenza). An den Hausfassaden zum Fluss sind noch die Spuren der Artillerie aus den Napoleonischen Kriegen zu erkennen. Das letzte Mal wurde der Ponte Vecchio im Zweiten Weltkrieg zerstört und danach von den italienischen Gebirgsjägern (Alpini) wiederaufgebaut, woher sein jetziger Name stammt. Die breite Fußgänger- und Fahrradbrücke dient heute gleichermaßen als Übergang wie als beliebter Treffpunkt.

Im Umkreis haben sich zahlreiche Osterie und Grapperie etabliert. Noch vor der Brücke lädt die Destillerie von Jacopo Poli (seit 1898) ein, ihr liebevoll aufgemachtes *Museo della Grappa* zu besuchen. Vor hundert Jahren baute der Großvater des heutigen Besitzers die Dampfmaschine einer Lokomotive zur Destillieranlage um. In mehreren Räumen sind kupferglänzende Destillierapparate und eine historische Bibliothek zur Grappaproduktion zu besichtigen, danach gibt es eine Grappa auf Kosten des Hauses. Im Brückenkopf links findet sich die Verkaufs- und Probierstube des führenden Grappahersteller *Nardini* (seit 1779): Sein „Acquavit di puro graspa"

Am Ponte degli Alpini läßt es sich schön verweilen

Provinz Vicenza

wird alljährlich in Millionen von Flaschen abgefüllt und in alle Welt exportiert. Am jenseitigen Brückenkopf trifft man rechter Hand auf die Bar „Al Ponte Vecchio“ mit Holzbalkon hoch über der Brenta. Im Untergeschoss bewahrt das *Museo degli Alpini* Memorabilien zur Brücke, erinnert aber auch an die heftigen Schlachten des Ersten Weltkriegs am Monte Grappa.

Öffnungszeiten/Preise **Museo della Grappa**, tägl. 9–19.30 Uhr, Eintritt frei; **Museo degli Alpini**, Di–So 9–20 Uhr.

Bassano del Grappa/Umgebung

> Possagno, der Geburtsort des Bildhauers Antonio Canova, das bezaubernde Städtchen Ásolo sowie die Palladio-Villen in Masèr und Fanzolo gehören bereits zur Provinz Treviso (→ S. 175).

Parco Faunistico Cappeller: Falls Urlauberkids von Langeweile geplagt werden, kann man zur Abwechslung einmal diesen schön im Grünen angelegten Tiergarten in *Cartigliano* besuchen, 9 km südwestlich von Bassano. Neben Tieren aus aller Welt gibt es einen Streichelzoo, eine Ausstellung ausgestopfter Tiere und einen Spielplatz.

• *Öffnungszeiten/Preise* Mitte Februar bis Mitte November Mo–Do & Sa 9–19 Uhr, So bis 20.30 Uhr, Fr geschl. (außer Mai und August). Eintritt ca. 5 €, Kinder 3,90 €. ✆ 0424/592513, parcocappeller.it

Monte Grappa

Im Ersten Weltkrieg war das Grappa-Massiv die allerletzte Verteidigungslinie vor der venezianischen Ebene. 1917/18 tobten hier erbitterte und letztendlich siegreiche Abwehrschlachten der Italiener gegen die österreichisch-ungarische Armee.

Der 1776 m hohe Berg nördlich von Bassano gilt seitdem als Symbol des unbedingten italienischen Verteidigungswillens und ist mit seiner monumentalen Gipfelgrabstätte ein nationales Heiligtum. Bei klarer Sicht bieten sich herrliche Rundblicke – nach Osten weit über Triest hinaus bis zur istrischen Küste, im Süden nach Venedig und im Norden bis weit hinein in die Dolomiten. Er eignet sich hervorragend für leichte Wanderungen, die steile An- und Abfahrt ist beliebt bei Mountainbikern.

Auf der „Strada Cadorna“ (SS 141), 1915 erbaut unter dem Generalleutnant gleichen Namens, fährt man ab *Romano d’Ezzelino* über *Semonzo* 27 serpentinenreiche Kilometer mit Steigungen bis zu 12 % hinauf bis zum Piazzale Milano unterhalb des Gipfels *Cima Grappa*. Unterwegs gibt es verschiedene Einkehrmöglichkeiten und auch einen Startpunkt für Gleitschirm- und Drachenflieger (Col del Puppolo), am Ziel kann man sich im „Rifugio Bassano“ stärken.

Der monumentale *Sacrario Militare di Cima Grappa* am Gipfel ist angelegt in Form von fünf konzentrischen Kreisen. Die sterblichen Überreste von 12.615 Italienern werden hier aufbewahrt, 10.322 davon konnten nicht identifiziert werden. An exponierter Stelle zwischen der vierten und fünften Ebene wurde 1935 Generalfeldmarschall Gaetano Giardino beerdigt, seit 1918 Oberbefehlshaber der „Grappa-Armee“, dessen letzter Wunsch es war, bei seinen Truppen begraben zu sein. Stufen führen von dort zum höchsten Punkt mit der metallenen Rundkapelle *Madonnina del Grappa* und einem großem Kreuz aus rostfreiem Stahl. Die Kapelle beherbergt eine Marienfigur, die im Januar 1918 von einer Granate verstümmelt wurde. Auf der so genannten *Via Eroica* kommt man zum mächtigen Steintor *Portale Roma*, das ursprünglich als Eingangstor zum Sacrario gedacht war. Ein Treppenhaus führt hinauf zu einem Aussichtspunkt an der Spitze. Nordöstlich davon liegt die *österreichisch-ungarische Gedenkstätte*, wo 10.295 Angehörige der k.u.k.-Armee ruhen, 10.000 nicht identifiziert.

Eindrucksvoller Überrest der militärischen Befestigungen ist unterhalb der Bergspitze der 5 km lange Tunnel *Galleria Vittorio Emanuele III*, von dem zahlreiche Seitentunnel zu Bastionen und Artilleriestellungen im Berg führen (2004 wegen Erdrutsch geschl.), in einer ehemaligen Kaserne wurde außerdem das *Museo Caserma Milano* eingerichtet.

Zum Hotel San Giovanni (→ Übernachten) in der Località Colli Alti (Solagna) gehört das kleine, privat geführte *Piccolo Museo 1915–1918 „Roberto Favero“* mit Relikten der Schlachten um den Monte Grappa.

• *Öffnungszeiten* **Sacrario Militare di Cima Grappa**, tägl. 8–12, 13.30–18 Uhr; **Museo Caserma Milano**, tägl. 8.30–12, 13.30–17 Uhr. **Piccolo Museo 1915–1918 „Roberto Favero“**, geöffnet wie die Bar, der es angeschlossen ist. Mo und Mi–Fr 8–20 Uhr, Di geschl., Eintritt frei

• *Information* in **Romano d'Ezzelino**, Via U. Foscolo 9. ✆ 0424/392952, ℻ 36427.

• *Übernachten* * **San Giovanni**, Via Collalto 28, Località Colli Alti (Solagna). Preiswerte Übernachtung, 16 Zi. mit Bad, DZ ca. 38–45 €, Restaurant. ✆/℻ 0424/556008, ℻ 816042.

• *Essen & Trinken* **Rifugio Bassano**, große Gipfelraststätte mit Bar und Restaurant. ✆ 0423/53101.

Baita Camol, Via Strada Giardino, an der Straße, die von Corso del Grappa zur Cima Grappa führt. Beliebtes Ausflugslokal mit schöner, hölzerner Terrasse, drinnen ein mächtiger Kamin. Hervorragende Küche, in der viele lokale Produkte vom Monte Grappa verarbeitet werden, z. B. *pappardelle con sugo di lepre e piselli di montagna*, aber auch gelegentlich internationale Spezialitäten, z. B. *churrasco* (Barbecue auf brasilianisch). Im Juli und August tägl., sonst nur Sa & So, ab 20.30 Uhr geschl. ✆ 0423/567910.

▸ **Le Grotte di Oliero**: Die vier Tropfsteinhöhlen von Oliero liegen bei *Valstagna*, etwa 12 km nördlich von Bassano, am Westufer der Brenta. Entstanden sind Sie durch Wasser, das von der Hochebene der „Sette Comuni" (→ unten) durch das Karstgestein sickert und hier zutage tritt. In der *Grotta di Parolini* bildet eine der größten Karstquellen Europas einen unterirdischen See, der mit dem Boot befahren werden kann (mit Führer, ca. 25 Min.). Außerdem kann der umgebende Naturpark durchwandert werden (40 Min.), es gibt es einen Kinderspielplatz, Verpflegungsmöglichkeit und Picknickplätze.

Öffnungszeiten/Preise Okt. bis April Sa/So 9–17 Uhr, Mai, Juni & Sept. Mi–Mo 9.30–12, 14–17 Uhr, Juli/August tägl. 9–17 Uhr; Eintritt ca. 6 €.

Marostica (ca. 13.000 Einwohner)

Das schöne, alte Örtchen wenige Kilometer westlich von Bassano liegt am Fuß des Monte Pausolino. Es ist gänzlich von Mauern aus der Skaligerzeit eingeschlossen, die sich bis zur Hügelspitze hinaufziehen, im Frühjahr umgeben von einem Meer blühender Kirschbäume.

Den Eingangsbereich zur Stadt bildet das zinnenbewehrte *Castello Inferiore* mit dem Stadttor *Porta Vicentina*, einem mächtigen, von jahrhundertealtem Efeu umrankten Turm und einem malerischen Innenhof. Heute sind in der Torburg

Rathaus und Informationsbüro untergebracht, außerdem das „Museo Cappelli di Paglia di Marostica" mit einer Sammlung von traditionellen Strohhüten. Hinter dem Stadttor öffnet sich die weite *Piazza Marostica*, landesweit berühmt für das in geraden Jahren am zweiten Sonntag im September stattfindende *Schachspiel* mit Menschen in historischen Kostümen des 15. Jh. als Schachfiguren (Eintrittspreise ca. 10–80 €). Wenn man am oberen Ende der Piazza neben dem Turm des Palazzo Doglione weiter in Richtung Hügel geht, trifft man auf die *Chiesa del Carmini*. Links davon windet sich zwischen Zypressen und Oliven ein Fußpfad zum *Castello Superiore* an der Hügelspitze hinauf.

Zur Nachahmung empfohlen: Schach statt Krieg

Das Schachspiel von Marostica geht auf das Jahr 1454 zurück: Damals hielten gleichzeitig die beiden Adligen Rinaldo d'Angarano und Vieri Vallonara um die Hand der Tochter Lionora des Burgherren Taddeo Parisio an. Eigentlich hätte ein Zweikampf die Entscheidung bringen müssen, doch Parisio wollte sich mit keiner der zwei Parteien verfeinden – so hatte er den Einfall mit der Schachpartie. Das Spiel fand an einem Feiertag auf dem Burgplatz statt, festlich gekleidete Menschen strömten aus nah und fern herbei, und damit alle das Geschehen verfolgen konnten, nahmen die beiden Ritter ihre weiß und schwarz gewandeten Begleitsoldaten als Schachfiguren – und so wird das Schachspiel noch heute ausgeführt. Ein großes Rahmenprogramm mit mehreren hundert Mitwirkenden ergänzt das eigentliche Spiel. Übrigens gewann die historische Partie Vieri, dem Lionora glücklicherweise tatsächlich zugeneigt war. Aber auch der Verlierer ging nicht leer aus, sondern bekam ihre jüngere Schwester zur Frau – was ja vielleicht auch gar nicht so schlecht war ... Die Kostüme der Spieler kann man im Rahmen von Führungen im Museo Vucetich „I Costumi della Partita" im Castello Inferiore besichtigen (tägl. 10–12, 15–18 Uhr, ca. 1 €).

• *Öffnungszeiten* **Museo Cappelli di Paglia di Marostica**, Sa 15–18, So 10–12, 15–18 Uhr. Eintritt frei;

• *Information* **Pro Marostica**, im Castello Inferiore, liebevoll ausgestattet mit Plakaten und Fotos zum Schachspiel. Reichhaltiges Prospektmaterial vorhanden, außerdem kann man Tickets für das Schachspiel vorbestellen. Tägl. 9–12, 15–18 Uhr. ✆ 0424/72127, ℻ 72800, www.marosticascacchi.it

• *Übernachten* *** **Due Mori**, Corso Mazzini 73, geschmackvoll restaurierter Palazzo, das einzige Hotel innerhalb der Stadtmauern. DZ mit Frühstück ca. 60–140 €. Mit Restaurant. ✆ 0424/ 471777, ℻ 476920, www.duemori.com

*** **La Rosina**, Valle San Floriano, Contrà Marchetti 4. Seit 1917 auf einem Hügel nördlich außerhalb mit Blick auf das Tal des heiligen Florian. Gepflegte DZ mit Frühstück ca. 70–85 €. Edles Ristorante mit gehobener Veneto-Küche im Wechsel der Jahreszeiten: *risi e bisi, pasta e fagioli, baccalà, coniglio al forno* u. v. m. Preislich korrekt. Mo und Di geschl., außerdem drei Wochen im August. ✆ 0424/470360, ℻ 470290, www.larosina.it

Locanda Valbella, Via Val Bella Alta, Vallonara di Marostica, ebenfalls wenige Kilometer nördlich. Altes Landgut, kürzlich vollkommen modernisiert. Geräumige Zimmer mit guten Bädern, TV und Panoramablick, unten nette Taverne. ✆ 0424/780377, 780987, www.locandavalbella.it

B & B Annalisa a Marostica, Via della Repubblica 5, helle und ruhige Zimmer, einen Katzensprung vom Zentrum entfernt, eigener Parkplatz. DZ mit Frühstück ca. 52–70 €. ✆/℻ 0424/470402, www.bbmarostica.it

• *Shopping* **Antiquitätenmarkt** an jedem ersten Sonntag im Monat.

Casa del Parmigiano, Piazza Marostica 25 (linke Platzseite), aufmerksam geführter Delikatessenladen, Schwerpunkt auf Käse.

• *Feste* Außer der berühmten Schachpartie gibt es alljährlich Anfang Juni ein großes Volksfest, das den **„marosticane"**, den Kirschen von Marostica, gewidmet ist.

▸ **Marostica/Umgebung**: Marostica ist Ursprungsort einiger großer Modeketten, z.B. stammt die bekannte Jeansfirma „Diesel“ aus dem nahen Örtchen *Molvena*, ihr Outlet Store „Diesel Kids“ liegt in der Via dell'industria 7 (Mo–Sa 9–12,30, 15,30–19,30 Uhr). Und auch der renommierte Sportmodenhersteller „Belfe“ hat seinen Sitz in Marostica und besitzt bei Nove südlich von Marostica einen Outlet Store im Corso della Ceramica 76 (Mo 15–19 Uhr, Di–Sa 9–12.30, 15–19 Uhr).

Im kleinen Örtchen *Crosara*, nördlich von Marostica am Weg zum *Altopiano dei Sette Comuni* (→ unten), kann man an Wochenenden das „Ecomuseo della Paglia e della tradizione contadina di Marostica“ besichtigen. Hier wird dokumentiert, welch wichtige Rolle das Stroh in der bäuerlichen Kultur der Region spielt und was daraus hergestellt werden kann. Zudem werden die lokalen Produkte Milch, Käse, Kastanien und Kirschen vorgestellt.

Öffnungszeiten **Ecomuseo della Paglia e della tradizione contadina di Marostica**, im Sommer Sa/So 16–19 h, im Winter So 15–18 h. ✆ 0424/479120.

Provinz Vicenza

Hochebene von Asiago

Der „Altopiano dei Sette Comuni“ (Hochebene der Sieben Gemeinden) ist ein hügliges Plateau mit heute acht Orten inmitten von saftigen Wiesen und Nadelwäldern in etwa 1000 m Höhe, etwa 30 km nordwestlich von Bassano del Grappa. Beste Zufahrt ist die A 31 von Vicenza, am Autobahnende geht es auf der abenteuerlich kurvigen, aber sehr gut ausgebauten SS 349 ab Piovene Rocchette durch eine fantastische Berglandschaft hinauf und über Cesuna und Canove nach Asiago.

Touristisch ist die Hochebene gleichermaßen als Sommerfrische wie Wintersportziel begehrt, denn im Sommer ist es hier oben ein ganzes Stück kühler als in der sti-

Asiago: Sommerfrische inmitten grüner Bergwiesen

ckigen Ebene und im Winter sind die Schneeverhältnisse meist sehr gut. Es gibt eine Vielzahl von Pisten und Loipen. Wanderer und Mountainbiker finden alte Soldatenpfade – der bekannte „Sentiero della Pace", der den Frontverlauf vom Ersten Weltkrieg nachvollzieht, führt über die Hochebene und die umgebenden Berge. Als Andenken kann man sich den milden „Formaggio Asiago" (Asiagio-Käse) mitnehmen, der in vielen Almbetrieben verkauft wird. Ein Sessellift fährt auf den *Monte Kaberlaba* (1222 m) und wegen der meist klaren Luft gibt es südöstlich von Asiago sogar ein Observatorium, das besichtigt werden kann. Wie beliebt das schöne Hochland von Asiago in Italien ist, lässt sich daran erkennen, dass es sogar einen Flugplatz gibt, der ausschließlich für Charterflügen genutzt wird.

Wie die Lessinischen Bergen bei Verona wurde auch die einsame Ebene von Asiago durch die so genannten Zimbern besiedelt. Ihre Herkunft ist ungeklärt (→ S. 140), doch das engagiert geführte *Istituto di Cultura Cimbra* in Roana führt ihre handwerkliche Tradition eindrücklich vor Augen. Auch die zimbrische Sprache ist noch nicht ausgestorben. Im Ersten Weltkrieg war das Hochplateau hart umkämpft, in den Jahren 1916 und 1917 verlief die Frontlinie immer in unmittelbarer Nähe. Mehrere Festungsruinen stehen auf den umliegenden Bergen, z. B. am Monte Interrotto im Norden und am Monte Campolongo im Westen. Ein *Museo della Guerra* gibt es in Canove di Roana und der *Sacrario Militare*, eine große Gedenkstätte in Form eines riesigen Triumphbogens, zu dem der schnurgerade *Viale degli Eroi* hinaufführt, liegt auf dem Hügel Leiten am Ostrand von Asiago. 50.000 italienische und österreich-ungarische Gefallene sind hier begraben.

• *Öffnungszeiten* **Osservatorio Astrofisico**, Juni bis Sept. Di–Fr nach Vereinbarung mit der Tourist Information in Asiago, Eintritt ca. 5 €; **Istituto di Cultura Cimbra**, Juli/August tägl. 16–18 Uhr, übrige Zeit nach Vereinbarung, ✆ 0424/66047; **Museo della Guerra**, Juli/August tägl. 9.30–12, 15–18.30 Uhr; Eintritt ca. 3 €. **Sacrario Militare**, Okt. bis Mitte Mai tägl. 9–12, 14–17, im Sommer bis 18 Uhr.

▸ **Asiago**: Der Hauptort der Hochebene ist ein großer, recht mondäner Ferienort mit Kurort-Charakter. Das Stadtbild wird bestimmt durch eine gepflegte Bausubstanz und alpenländische Holzarchitektur.

• *Information* **APT Altopiano di Asiago**, in Asiago, Via Stazione 5, großzügige Räumlichkeiten im ehemaligen Bahnhof der Kleinstadt. Viel Material. Mo–Sa 8.30–12.30, 14.30–18.30, So 10–12, 15–18 Uhr. ✆ 0424/462221, Fax 462445, www.ascom.vi.it/asiago

• *Übernachten* *** **Croce Bianca**, Via IV Novembre 30, ganz zentral in der Fußgängerzone von Asiago, schönes Hotel im Libertystil, seit der Eröffnung in den zwanziger Jahren in Familienbesitz, vollständig renovierte Zimmer mit TV. DZ mit Frühstück ca. 55–100 €. ✆ 0424/462642, Fax 463540, www.hotelcrocebianca.it

*** **Vecchia Stazione**, Via Roma 147, Canove di Roana. Seit 1910 im Gastronomiegeschäft, gemütlich, mit Sauna und kleinem Innenpool. DZ mit Frühstück ca. 40–75 €. ✆/Fax 0424/692009, www.allavecchiastazione.it

** **Alpi**, Via IV Novembre 6/8, ebenfalls Gastronomie mit langer Erfahrung, ordentlicher Standard. DZ mit Frühstück ca. 50–60 €. ✆ 0424/462662, Fax 462999, www.hotelalpiasiago.it

Camping Asiagio Ekar, Via Costalunga, größeres Gelände etwas östlich außerhalb von Asiagio, Tennis, Volleyball, Restaurant, Minimarket. ✆ 0424/455157, Fax 455161, www.altopiano-asiago.com/camping-ekar

Ostello Ekar, beim Campingplatz, 130 Betten, pro Pers. im DZ ca. 18–20 €. ✆/Fax 0424/455138, E-Mail: ostelloechar@tiscalinet.it

• *Essen & Trinken* **Osteria Europa**, Via IV Novembre 67, neben dem Sporting Hotel, rustikal und gepflegt, lokale Küche.

• *Sport* **Golf Club Asiago**, Via Meltar 2, südlich von Asiago. 18-Loch-Anlage, einer der reizvollsten Bergplätze Europas. ✆ 0424/462721, E-Mail: asiagogolf@keycomm.it

Waschplatz am Kanal: Historische Ansicht von Treviso

Provinz Treviso

Treviso ist von Venedig aus die nächste aller historischen Städte der „terra ferma". Sie unterwarf sich schon im 14. Jh. der Serenissima und diente den Venezianern als Brückenkopf bei ihren Landkäufen und Eroberungen bis hin zu den Voralpen.

Als Bezeichnung für den venezianischen Herrschaftsbereich um Treviso hat sich schon im Mittelalter „Marca Trevigiana" (Mark von Treviso) eingebürgert – bis heute wird damit der Landstrich bezeichnet, der sich von den Voralpen, den „Prealpi Bellunesi", und den Hügeln um Ásolo, Montello und Valdobbiadene über die darunter liegende Ebene bis Mestre erstreckt. *Treviso* liegt am Zusammenfluss

des Sile mit dem Botteniga. Die Altstadt mit ihren Kanälen ist reizvoll und bietet vor allem um den Fischmarkt viele Gelegenheiten, in traditionellen Osterie einzukehren. Die Ebene zwischen Treviso und Mestre, einst Vorgarten Venedigs genannt, ist heute weitgehend von Industrie geprägt und touristisch eher uninteressant. Im nördlichen Hinterland lohnen dagegen ausgiebige Entdeckungstouren. Hier findet man zahllose venezianische Villen und Landhäuser, darunter die *Villa Barbaro*, die wohl berühmteste Villa Palladios. Das kleine Hügelstädtchen *Ásolo* ist seit Jahrhunderten eine bevorzugte Sommerfrische für Weltenbummler und Poeten, im nahen *Possagno* kann man das eindrucksvolle Museum des Bildhauers Antonio Canova besichtigen – und schließlich liegt hier die üppige *Prosecco-Region* mit ihren Weinstraßen, wo nach Herzenslust degustiert werden kann.

Gemütliches Plätzchen im Zentrum von Treviso

Treviso

(ca. 87.000 Einwohner)

Die wohlhabende Stadt liegt mit ihrem hübschen Zentrum innerhalb eines intakten Rings von Mauern und Bastionen, errichtet von den Venezianern nach der Eroberung im 16. Jh. Bei einem Bummel entdeckt man manch stimmungsvollen Platz, historische Häuser mit verblassten Wandmalereien, rauschende Wasserläufe mit Mühlrädern und lange Laubengänge, in denen sich eine schicke Boutique an die andere drängt.

Treviso liegt am Zusammenfluss der Flüsse Sile und Botteniga, von denen sich letzterer in mehreren Kanälen verzweigt, die das Centro Storico durchziehen. Wasser ist das beherrschende Element, auf das man immer wieder trifft – „città d'acque" wird Treviso deshalb auch genannt. Dass die Stadt als wichtigster Knotenpunkt für den deutschen Nachschub im Zweiten Weltkrieg durch Bombenangriffe der Alliierten fast völlig zerstört wurde, kann man dank der hervorragenden Restaurierungsarbeiten heute kaum mehr wahrnehmen. Doch Treviso besitzt nicht nur eine beschauliche Altstadt, sondern ist auch bedeutendes Wirtschaftszentrum: In den fünfziger Jahren entstand hier aus kleinsten familiären Anfängen die Weltfirma Benetton. Als Touristenziel ist Treviso noch nicht so recht entdeckt, es gibt nur eine Handvoll Hotels und lediglich an Wochenenden wird es voller, wenn die Kauflustigen von weither zum Schaufensterbummel kommen – auch die Billigflieger aus Deutschland werden häufig aus diesen Gründen genutzt.

Anfahrt/Verbindungen/Information

• *Anfahrt/Verbindungen* **PKW**, gebührenpflichtige Parkplätze im Zentrum, z. B. Domplatz und Piazza della Vittoria (bei Kirche San Nicolò). Mit etwas Glück kann man innerhalb der Stadtmauern auch kostenlos parken.
Bahn, jede halbe Stunde Verbindungen nach Venedig und Udine, stündlich nach Padua. Bahnhof liegt südlich vom Sile am Piazzale Duca d'Aosta, man überquert den Fluss und kommt in wenigen Fußminuten ins Stadtzentrum.
Bus, Überland-Busstation am Lungosile Mattei 21 (wenn man vom Bahnhof in die Stadt geht, kurz vor dem Fluss Sile links).
Flug, der Airport „San Giuseppe" liegt etwa 2 km westlich vom Zentrum, angeflogen wird er u. a. von Ryanair (Frankfurt-Hahn). Alle 30 Minuten fährt Bus 6 ins Zentrum (Tickets am Infoschalter in der Ankunftshalle). Außerdem fahren blaue Reisebusse direkt nach Venedig (knapp 30 Min.). Weitere Infos unter ✆ 0422/315111, www.trevisoairport.it
Taxi, u. a. Piazza Indipendenza (bei Piazza dei Signori) und Bahnhof. ✆ 0422/431515.

• *Information* **IAT**, Piazzetta del Monte di Pietà 8, an der Piazza dei Signori hinter dem Palazzo del Podestà (→ Sehenswertes). Mo 9–12.30 Uhr, Di–Fr 9–12.30, 14–18, Sa/So 9.30–12.30, 15–18 Uhr. ✆ 0422/547632, 📠 419092, E-Mail: iat.treviso@provincia.treviso.it

Übernachten

Treviso ist kein billiges Pflaster und auf Touristen kaum eingestellt. Im Zentrum gibt es nur eine einzige Unterkunft, dafür liegen zwischen Bahnhof und Altstadt zwei exzellente ****-Hotels fast unmittelbar nebeneinander.

**** **Continental (15)**, Via Roma 16, gediegene Eleganz in historischem Ambiente, in der Halle unten weiche Teppiche, gemütliche Polstermöbel und sehenswerte Bar, die Zimmer teils mit Antiquitäten ausgestattet, TV, Aircondition, Minibar. DZ mit Frühstück ca. 156–180 €. ✆ 0422/411216, 📠 55054, www.hcontinental.it

**** **Carlton (16)**, Largo di Porta Altinia 15, auf der Südbastion der alten Stadtmauer, direkt am Fluss Sile, kürzlich vollständig renoviert, edles Marmorstyling, Zimmer modern, TV, Minibar. Schöne Gartenterrasse mit Blick zum Fluss, Parkplatz. DZ mit Frühstück ca. 160–190 €. ✆ 0422/411661, 📠 411620, www.hotelcarlton.it

** **Campeol (8)**, Piazza Ancilotto 5, ganz zentral hinter der Piazza dei Signori, gehört zum gegenüber liegenden Ristorante „Alle Beccherie" (→ Essen & Trinken), wo man auch das Frühstück einnimmt. 14 ordentliche Zimmer, von einigen Blick auf den Canale Buranelli. DZ mit Frühstück ca. 95 €. Wegen des Hotelmangels oft „al completo". Rezeption nicht immer besetzt, dann im Restaurant nachfragen. ✆/📠 0422/56601, www.albergocampeol.it

• *Außerhalb* ***** **Villa Condulmer**, bei Mogliano Veneto, Località Zerman, 12 km südlich (SS 13 nach Mestre/Venedig nehmen), nach Venedig ist es nur ein Katzensprung. Ein Schmuckstück – großzügige Veneto-Villa des 18. Jh. mit großem Park, Liegewiese und nierenförmigem Swimmingpool. Lobby und z. T. auch Zimmer mit Wandmalereien und historischem Mobiliar, alles ist sorgfältig und geschmackvoll eingerichtet. Zum Haus gehören ein hervorragendes Restaurant und ein ebensolcher Golfplatz (18 Loch), der direkt bei der Villa liegt. DZ mit Frühstück ca. 160–240 €, Suite 180–330 €. ✆ 041/5972700, 📠 5972777, www.hotelvillacondulmer.com

Castello Giustinian, 10 km südöstlich, eine Handvoll DZ und Apartments im prächtigen alten Schloss von Roncade (17. Jh.) und in den Wehrtürmen der Anlage. Eine Allee mit barocken Statuen führt zur Villa, wo Hausherr Claudio Ciani Bassetti Wein produziert. Die Kellereien kann man besichtigen. Das Ehepaar Bassetti spricht Deutsch. DZ ca. 72–95 €. Im Sommer fühlen sich auf dem Anwesen allerdings auch Mücken wohl. ✆ 0422/708736, 📠 840964, www.castellodironcade.com

Essen & Trinken

In Treviso gibt es eine ganze Reihe von interessanten und stimmungsvollen Lokalen, darunter – z. B. um den Fischmarkt – auch einige typische Osterie im alten Stil, wo man zu einer *ombra* (Glas Weißwein) leckere Kleinigkeiten *(cicheti)* wie Käse- oder Wursthappen, Calamari, Fisch und Fleischbällchen kosten kann.

Alle Beccherie (11), Piazza Ancilotto 10, seit den dreißiger Jahren geführt von Familie Campeol, gutbürgerliches Lokal mit traditioneller Küche, z. B. *risi e bisi, faraone al forno* (Perlhuhn) oder *baccalà con polenta*. So-Abend und Mo geschl.

Toni del Spin (6), Via Inferiore 7, nur wenige Meter weiter, sehr gemütlich: Holzboden, schwere Balken, warmes Licht und freundliche Atmosphäre – eins der ältesten Lokale der Stadt und eine Trattoria wie aus dem Bilderbuch. Hier schmecken Fleischgerichte wie *coniglio arrosto in taglia* (Kaninchen) oder *spiedino di carni miste ai ferro*, aber natürlich auch der traditionelle *baccalà und faraone*. Mo-Mittag und So geschl.

Alla Colonna (3), Via Campana 27, ehemaliges Traditionslokal, in dem sich im 19. Jh. die Literaten und Intellektuellen der Stadt trafen. In der Mitte des hohen Speisesaals thront eine Steinsäule, von der das Lokal seinen Namen hat, vor der Tür liegt eine windgeschützte Terrasse. Hat Atmosphäre, ebenso wie die dazu gehörige Enoteca im Laubengang. So-Abend und Mo geschl.

Dei Rana ai Buranelli (2), feine und etwas teurere Adresse im Laubengang am Kanal Buranelli.

Due Mori (7), Via Bailo 9, modern und komfortabel eingerichtetes Restaurant mit alt eingesessenem Besitzer.

Belvedere (1), Viale Burchiellati 48, nördliche Altstadt. Leserempfehlung: „Unauffälliges Wirtshausschild (immer gutes Zeichen!), schöne Gartenlaube, flottes Wirtsehepaar. 'Speisekarte' wird täglich neu geschrieben, Preise sehr günstig – kein Wunder also, mittags isst dort halb Treviso." Abends besser reservieren, ✆ 0422/548318. So geschl.

• *Self-Service* **Brek (14)**, Corso del Popolo 25/Viale Cadorna, unten Self-Service, oben Ristorante – beides recht gut und vielseitig, auch viele Salate. Mo geschl.

• *Osterie und Enoteche* **Muscoli's (5)**, Via Pescheria 23, urige Kneipe beim Fischmarkt. Hier kehren die Marktverkäufer ein, dementsprechend herzhaft ist das Angebot – von Kuttelsuppe bis Meeresgetier, hinten hinaus Blick auf den Fluss Botteniga. So geschl.

Va' Pensiero (4), Via Pescheria 41, nur wenige Schritte vom „Muscoli's", eine „Tipica Osteria con cucina", zwei gemütliche Innenräume und Tische im Schatten eines Laubengangs direkt beim Fischmarkt. Nicht zu teure Gerichte ausschließlich auf Fischbasis, z. B. *tagliolini con gli scampi alla Busara, seppie in umido con polenta, spaghetti alle vongole veraci* und *frittura mista*. Mo geschl.

Trevisi (10), Vicolo Trevisi 6, ebenfalls Nähe Fischmarkt, kleiner Innenhof und hübsche Terrasse zur angrenzenden Piazzetta. Mo und Di geschl.

Dai Naneti , Vicolo Broli 2, nahe der Piazza dei Signori. Liebenswerter Lebensmittelladen und Osteria in einem – hervorragende Käsespezialitäten, Wurst und Würste, Olivenöl, Wein kann man kaufen, aber auch an Ort und Stelle kosten. Mi-Nachmittag und So geschl.

Amicimiei (9), Via Palestro 10, große Osteria mit rustikalen Holztischen, zentrale Lage zwischen Piazza dei Signori und dem Fluss Botteniga.

Odeon alla Colonna (3), Vicolo Rinaldi, seitlich der Via Campana an einem Kanal. Enoteca in einem wunderschönen breiten Laubengang, gehört zum benachbarten Restaurant gleichen Namens (→ Essen & Trinken). So-Abend und Mo geschl.

Al Dante (13), Piazza Garibaldi 6, traditionelle Osteria, schönes Plätzchen am Zusammenfluss von Sile und Botteniga, man kann draußen sitzen oder drinnen die oft ausgelassene Stimmung genießen. Gute Auswahl an ortstypischen Speisen – und natürlich Wein... So geschl.

Dalla Gigia (12), Via Barberia 20, zentrale Lage in einer Fußgängergasse Nähe Piazza dei Signori, klein und gemütlich, Tramezzini, Pizzette und Focacce im Stehen, dazu „un'ombra" oder einen „Spritz" (Mischung aus Wasser, Wein, Campari und Limonenschalen). So geschl.

Enoiteca Lindbergh, Via XV Luglio 1, westlich außerhalb der Stadtmauer, seit 1904, klein und gemütlich, 400 (!) hervorragende Weine und leckeres Essen, gelegentlich Jazz live. Während der Woche bis 1 Uhr, Wochenende bis 2 Uhr, So geschl.

„Radicchio Rosso di Treviso": edles Gewächs aus Treviso

Die weiß-rote Chicoreepflanze mit dem leicht bitteren Geschmack, die im Gegensatz zum runden Radicchio keine festen Köpfe ausbildet, ist so etwas wie das Symbol der Stadt geworden. Das „Consorzio Radicchio di Treviso" wacht streng darüber, dass der im Herbst geerntete Radicchio sein geschütztes Ursprungszeugnis zu Recht trägt und wirklich aus der Region von Treviso stammt. Sein Anbau ist ein aufwändiger und teurer Prozess, denn jede Staude der ursprünglich grünen Zichorie wird eng zusammengebunden, in der Dunkelheit aufbewahrt und tagelang mit speziellem torfhaltigem Wasser gewässert, das in Quellen beim Fluss Sile entspringt. Dabei entstehen im Inneren der Pflanze neue Blätter, die bedingt durch die Dunkelheit rot werden. Die äußeren werden entfernt. Dieser echte „Radicchio Rosso di Treviso" ist in Deutschland kaum erhältlich, dort wird eine weniger hochwertige und einfacher herzustellende Kreuzung, der „Radicchio Rosso di Chioggia" vertrieben und auch angepflanzt. Die zahlreichen Radicchioprodukte kann man in den Schaufenstern der Feinkostgeschäfte von Treviso bewundern, z.B. bei „Gastronomia Danesin" am Corso del Popolo 28: in Öl und Essig eingelegter Radicchio, Radicchio-Nudeln, Radicchio-Paste, Radicchio-Marmelade, Radicchio-Kuchen, Radicchio-Tee, Radicchio-Grappa und sogar Kosmetika wie Cremes und Seifen.

Sehenswertes

Weniger spektakuläre Einzelbauten beeindrucken in Treviso als vielmehr die geschlossene Gesamtkomposition des „centro storico“ innerhalb der Stadtmauern, das nach den schweren Bombenangriffen im Krieg vollständig wieder aufgebaut wurde. Etwa dreihundert Bauwerke sind mit Fresken geschmückt, was Treviso den Beinamen „urbs picta“ (bemalte Stadt) eingetragen hat. Allerdings sind die meisten stark verblasst und recht unscheinbar geworden. Stimmungsvolle Oasen bilden die Kanäle, die das nördliche Stadtzentrum durchqueren und von Laubengängen begleitet werden.

Piazza dei Signori und Umgebung: Repräsentativer Mittelpunkt der Stadt ist die großzügige Piazza dei Signori mit dem gotischen *Palazzo dei Trecento,* in dessen geräumiger Loggia gleich drei Cafés nebeneinander liegen. In der oberen Fassadenhälfte sieht man eine im Mauerwerk rundum laufende Markierung, die zeigt, wie stark der Palast 1944 durch Fliegerbomben zerstört wurde. Nach dem Krieg wurde er wieder aufgebaut, die historischen Fresken im Inneren konnten gerettet werden (Besichtigung nur im Rahmen von Ausstellungen im Palast, ✆ 0422/658235). An der Ostseite des Palazzo liegt die *Piazza Indipendenza,* wo Shopaholics das Stammhaus von „Benetton“ sowie eine „Armani“-Niederlassung finden.

Piazza dei Signori mit Palazzo del Podestà

An der Längsseite der Piazza steht der *Palazzo del Podestà,* eine neugotische Konstruktion des 19. Jh. An der Rückseite stehen auf der Piazza San Vito die beiden Kapellen *Santa Lucia* und *San Vito,* in denen verschiedene mittelalterliche Fresken und Gemälde erhalten sind.

Calmaggiore und Dom: Von der Piazza dei Signori führt die von Laubengängen gesäumte Hauptgasse namens „Calmaggiore“ zum Dom. Schon in altrömischer Zeit war sie die zentrale Straße des „Castrum“, das hier einst lag. Ein Teil davon wurde im Untergrund ausgegraben (Zugang im Silberwarengeschäft „Argenteria Marza“, Nr. 8). In der benachbarten Passage namens Galleria della Strada Romana steht die Nachbildung der *Fontana delle Tette* (Original hinter Glas in der Loggia dei Trecento), eine 1559 errichtete Frauengestalt mit üppigen Brüsten, aus denen heute Wasser sprudelt – früher bewirteten hier die neu gewählten Bürgermeister drei Tage lang die Einwohner mit Rot- und Weißwein aus dem Busen.

Fontana delle Tette: Drei Tage lang Rot- und Weisswein

Der siebenkuppelige Dom *San Pietro* zeigt sich mit seiner überdimensionalen klassizistischen Vorhalle eher monumental als schön, seine Stufen dienen abends der Jugend von Treviso als beliebter Treffpunkt. Er wurde mehrfach umgebaut, vom mittelalterlichen Ursprung ist bis auf die Löwen am Fuß der Treppen kaum noch etwas zu spüren. Unmittelbar daneben stehen das *Baptisterium* aus dem 12. Jh. und der Glockenturm, alles aus schlichtem Backstein erbaut. Im Innenraum finden sich in der *Cappella Malchiostro* (am Ende des rechten Seitenschiffs) Fresken des frühen 16. Jh. von Pordenone, die in ihrer ausgeprägten Plastizität den Vorbildern Michelangelos in der Sixtinischen Kapelle nachempfunden sind, sowie die „Verkündigung", eins der schönsten Altarbilder von Tizian. Falls zugänglich, ist auch die säulenreiche Krypta einen Blick wert.

Öffnungszeiten **Dom**, tägl. 7.30–12, 16–19 Uhr.

Via Roggia, Ca' da Noal und Museo Civico: Wenn man die Verlängerung der Via Calmaggiore weitergeht, zweigt rechter Hand bald die *Via Roggia* am gleichnamigen Kanal ab, mit ihren alten Häusern, Bogengängen und Nebengässchen eine der hübschesten Ecken der Stadt. Die *Ca' da Noal* an der Via Canova 40 ist ein gotisches Haus aus dem 15. Jh., das lange als Museum fungierte, aber derzeit geschlossen ist. Weiter nördlich beherbergt das *Museo Civico Luigi Bailo* am Borgo Cavour 22 eine archäologische Abteilung mit Funden der Region sowie eine Gemäldegalerie, u. a. mit Werken von Tiepolo, Lorenzo Lotto und dem „Porträt des Sperone Speroni" von Tizian.

Öffnungszeiten/Preise **Museo Civico Luigi Bailo**, Di–Fr 9–12.30, 14.30–17 Uhr, Sa/So 9–12, 15–19 Uhr, Eintritt ca. 3 € (2004 wegen Renovierung geschl.).

San Nicolò: Äußerlich eindrucksvoller als der Dom ist diese gewaltige Backsteinkirche südwestlich vom Zentrum. Mit ihren langen, schmalen Fenstern und der dreifachen Apsis ist sie eins der wichtigsten Werke der italienischen Gotik. Die stämmigen Rundpfeiler im hohen Innenraum tragen Fresken von Tommaso da Modena (14. Jh.) und seiner Schule, von Tommaso selbst stammt „San Girolamo" am zweiten Pfeiler links. An den Seitenwänden hängen große Ölgemälde. Im benachbarten *Seminario*, einem ehemaligen Dominikanerkloster, das heute als Priesterseminar fungiert, findet man einen schönen Kreuzgang und den Kapitelsaal mit lebendigen Fresken von Tommaso, die Dominikanermönche an ihren Schreibtischen darstellen und von denen jeder eine andere Pose einnimmt.

Öffnungszeiten/Preise **Seminario**, Sommer Mo–Fr 8–18 Uhr, Winter Mo–Fr 8–12.30, 15–17.30 Uhr, Eintritt frei.

Nördliches Stadtzentrum: Der Fluss *Botteniga* fließt von Norden nach Treviso. Ein Teil seines Wassers wird in einen Graben um die zum Teil begehbare, mit Kastanienbäumen bepflanzte *Stadtmauer* geleitet, der Rest durchquert in drei Kanälen, teils über-, teils unterirdisch das Zentrum: *Canale Cagnan, Canale Buranelli* und *Canale Roggia*. Überquert von kleinen Brücken und flankiert von Laubengängen und malerischen alten Stadthäusern, deren charakteristische Strebemauern vom rauschenden Wasser umspült werden, ist dies ein besonders reizvoller Teil der Stadtanlage und ideal zum genussvollen Bummeln. Vom Verkehr unbehelligt bildet die *Riviera Cagnan* sogar eine begrünte Uferzone mit Trauerweiden, ruhigen Bänken und malerisch wuchernden Sumpfgräsern, die sich sanft im Strom des Wassers wiegen. Erhalten sind auch hier und dort einige schöne alte Wasserräder – noch Anfang des 19. Jh. gab es über sechzig davon in Treviso. Auf einer Insel im Canale Cagnan liegt der Fisch- und Gemüsemarkt *Pescheria*, der über eine Brücke zu erreichen ist. Jeden Dienstag- und Samstagvormittag findet außerdem nicht weit entfernt ein riesiger *Wochenmarkt* mit Textilien, Schuhen, Haushaltsartikeln und Lebensmitteln statt, nämlich am Piazzale Burchiellati, Borgo Mazzini und auf der Piazza Matteotti im nordöstlichen Bereich vom Zentrum.

Die profanierte Kirche *Santa Caterina* stellt derzeit einen Teil der Stücke des geschlossenen Museo Civico aus und besitzt interessante Fresken, vor allem in der Cappella degli Innocenti, darunter die pittoresk-bunte „Storia di Sant'Orsola" (Märtyrergeschichte der heiligen Ursula) von Tommaso da Modena.

Öffnungszeiten/Preise **Santa Caterina**, Di–So 9–12.30, 14.30–18 Uhr, Eintritt ca. 3 €.

Parco Regionale del Fiume Sile: Die Magie des Wassers

Der Sile entspringt mit zahlreichen Quellen im Gebiet von Casacorba, etwa 20 km westlich von Treviso. In einem weit verästelten Netz von Wasseradern fließt er nach Osten, durchquert Treviso und mündet knappe 30 km weiter in die Lagune von Venedig, wo es in Portegrandi ein Ausstellungszentrum zur Flussregion gibt. Der gleichmäßige Wasserfluss und konstante Pegel des Sile hat schon früh die Schifffahrt begünstigt, zahlreiche Mühlen und sogar Papierfabriken standen an den Ufern, einiges wurde restauriert. Durch intensive Trockenlegungsmaßnahmen in den 1960er Jahren hat die Landschaft zwar etwas an Charakteristik verloren, doch ist das gesamte, über 3000 Hektar große Gebiet mittlerweile als Naturpark ausgewiesen. Kernstück ist die *Oasi di Cervara* westlich von Treviso zwischen Santa Cristina und Quinto di Treviso, wo die ursprüngliche Flusslandschaft mit ihren Wasseradern, Bächen und Sümpfen bewahrt werden konnte. An Wochenenden kann das Gebiet mit Führung besichtigt werden, eine Ausstellung zeigt die typische Fauna des Sumpflandes, auch eine mittelalterliche Mühle wurde rekonstruiert.

Informationen: Centro Parco, Via Tandura 40, I-31100 Treviso, ✆ 0422/321994, ✆ 321839, www.parks.it/parco.fiume.sile, E-Mail: info@parcofiumesile.191.i

Besichtigungen: Oasi di Cervara, Santa Cristina di Quinto di Treviso, ✆ 0422/23815, E-Mail: oasicervara@tin.it, www.oasicervara.it; Centro „Airone", Piazza Giovanni XXIII, Portegrandi, ✆ 0422/6789041.

Führungen durch den Park veranstaltet **Onlus**, Via Isonzo 10, I-31100 Treviso, ✆ 0422/260162; die Azienda Agricola Cervara Cavalli macht Boots- und Kutschentouren, Via Padovana 20, I-31055 Quinto di Treviso, ✆ 0422/477100.

Im Laubengang am Canale Buranelli

Westlich von Treviso

Castelfranco Veneto (ca. 30.000 Einwohner)

Mittelalterliche Festungsstadt mit vollständig erhaltener Backsteinmauer, Wassergräben und fünf Wachtürmen, errichtet von Treviso im 12. Jh. als Bollwerk gegen das nahe Padua. Wer sich damals innerhalb der Mauern niederließ, erhielt kostenlosen Wohnraum und Befreiung von allen Abgaben – musste sich allerdings bereit erklären, die Stadt gegen Angreifer mit der Waffe verteidigen.

Zu sehen gibt es im kleinen Zentrum mit seinen streng rechtwinkligen Straßenzügen nicht viel. Castelfranco ist jedoch Geburtsort des Malers *Giorgione* (1478–1510), der der venezianischen Renaissancemalerei entscheidende neue Impulse gab – vor allem die Freiheit der Fantasie und die lebendig-naturalistische Darstellung – und mit Tizian die Werkstatt von Bellini besuchte. Bereits in jungen Jahren starb er an der Pest und gibt bis heute den Wissenschaftlern Rätsel auf, denn nur wenige seiner Werke sind erhalten und zu wenig ist über sein Leben bekannt. Gut geschützt hängt hinter Glas in der rechten Chorkapelle des klassizistischen *Doms* das geheimnisvoll lichtdurchflutete Altarbild „Pala di Castelfranco", eine thronende Madonna mit den Heiligen Franziskus und Liberalis. Letzterer, dargestellt in glänzender Rüstung, ist der Stadtpatron von Treviso. Giorgiones angebliches Geburtshaus, die *Casa di Giorgione*, steht linker Hand vom Dom, enthält aber bis auf eine „Chiaroscuro"-Malerei, die Giorgione zugeschrieben wird, nichts Besonderes.

• *Öffnungszeiten/Preise* **Casa di Giorgione**, Di–So 9–12, 15–18 Uhr, Mo geschl., Eintritt ca. 2 €.

• *Information* **IAT**, an der Hauptstraße, Via F.M. Preti 66, Nähe Porta Vicenza (Westtor). Mo–Fr 8.30–12.30, 15–19 Uhr, Sa 8.30–12.30 Uhr,

So geschl. ✆ 0423/491416, 📠 771085, E-Mail: iat.castelfrancoveneto@provincia.treviso.it

• *Übernachten* **** **Alla Torre**, Piazzetta Trento e Trieste 7, renovierter Palazzo neben Uhrturm und Osttor der Stadtmauer, mit Garage. Gepflegte Zimmer, die z. T. die Stadtmauer als Wand haben. DZ mit Frühstück ca. 105–120 €. ✆ 0423/498707, 📠 498737, www.hotellatorre.it

*** **Roma**, Via Fabio Filzi 39, modern und gut ausgestattet, Parkplatz. DZ mit Frühstück ca. 85–110 €. ✆ 0423/721616, 📠 721515, www.albergoroma.com

** **Alla Speranza**, Borgo Vicenza 11/13. Einfaches Albergo in zentraler Lage, mit Parkplatz. DZ ca. 60 €. ✆ 0423/494480, 📠 491460.

• *Essen & Trinken* **Alle Mura**, Via F.M. Preti 69, etwas feineres Lokal beim westlichen Stadttor, spezialisiert auf Fisch und Meeresfrüchte. im Sommer kann man hier zu gehobenen Preisen auch schön im Freien essen. Do geschl.

▸ **Villa Emo**: Die große Palladio-Villa steht am Ortsrand von *Fanzolo di Vedelago* nordöstlich von Castelfranco Veneto. Der venezianische Adelige Leonardo di Giovanni Emo ließ sie zwischen 1555 und 1565 errichten und noch heute ist sie in Familienbesitz. Von Leonardo Emo wird auch berichtet, dass er der erste war, der in Oberitalien ein fremdartiges, aus Amerika stammendes Getreide namens Mais anbaute. Der Grundstock für die Polenta war damit gelegt.

In ihrem Aufbau – ein Haupthaus, konzipiert als klassische Säulenhalle mit dem Familienwappen im Giebel, zu dem eine breite Rampe hinaufführt, flankiert von zwei lang gestreckten Seitenflügeln mit Laubengängen und Taubentürmen, die als Speicher für Mais, Stallungen und Weinkeller dienten – ähnelt die Villa Emo sehr dem Meisterwerk Palladios, der berühmten Villa Barbaro (→ S. 189), wirkt aber nicht so verspielt wie diese, sondern ist eher streng und schlicht gehalten. Im Gegensatz zum funktionell gehaltenen Äußeren stehen jedoch die Innenräume, die vollständig mit opulenten Fresken von Giambattista Zelotti sowie historischem Mobiliar ausgestattet sind. Samstags und sonntags kann man im Park der Villa zusätzlich ein *Bauernmuseum* besuchen. Aus Gründen des Denkmalschutzes scheiterte vor einigen Jahren der Versuch, die Villa als Hotel und Restaurant zu nutzen.

Öffnungszeiten/Preise Nov. bis März So 14–18 Uhr, April bis Okt. Mo–Sa 15–19, So 10–12.30, 15–19 Uhr, Eintritt ca. 6 €. ✆ 0423/487043 oder 476414.

Ásolo (ca. 7000 Einwohner)

„Città dei cento orizzonti – Stadt der hundert Horizonte" – wird das reizvolle Hügelstädtchen in üppig grüner Umgebung genannt, etwa 17 km östlich von Bassano. Über dem Ort thront weithin sichtbar die mächtige Ruine der Rocca, deren Ursprünge bis in vorrömische Zeit zurückreichen. Ásolo ist ein wichtiges Weinzentrum und Sitz vieler Kellereien, in denen die Qualitätsweine der Gegend, vom Prosecco bis hin zum Merlot, gekeltert werden.

Dutzende von historischen Villen liegen im Umkreis der Stadt, denn die schöne Lage und das milde Klima haben seit jeher künstlerische Naturen angezogen: Während der Frührenaissance vereinte die Venezianerin Caterina Cornaro (1454–1510), vorübergehend Königin des venezianisch besetzten Zypern, Literaten und Künstler an ihrem Hof, im 19. Jh. lebten hier der englische Romantiker Robert Browning (1812–1889) und die Schauspielerin Eleonora Duse (1858–1924), die bekannteste Mimin ihrer Zeit und zeitweise Geliebte des exzentrischen Dichters Gabriele d'Annunzio. Viele weitere folgten: der venezianische Komponist Malipiero, die polyglotte Schriftstellerin und Forschungsreisende Freya Stark und andere, meist finanziell unabhängige Weltenbummler. Bis heute ist das so geblieben, denn auch im 21. Jh. ist die romantische Atmosphäre des Städtchens mit seinen duftenden

Beliebt bei Künstlern und Literaten: Ásolo, die „Stadt der hundert Horizonte“

Gärten, den herrschaftlichen Villen und arkadengesäumten Palazzi, den engen Pflastergässchen und offenen Plätzen nicht verloren gegangen. Doch im Sommer lässt der starke Ausflugsverkehr dieses Urteil nur mit Abstrichen zu. Autofahrer haben ihre liebe Not in Ásolo: Zu- und Abfahrt wird mittels Ampelschaltung geregelt, denn die einzige Zufahrtsstraße ist für zwei PKW nebeneinander zu schmal. Auf jeden Fall sollte man versuchen, bereits am Ortseingang zu parken, denn dort gibt es eine neue Tiefgarage. Der Parkplatz an der zentralen Piazza Brugnoli ist ständig überlastet.

Il Mercatino dell'Antiquariato: Ein großer Antiquitätenmarkt, der zu den bekanntesten in Italien gehört, findet für jeweils zwei Tage am zweiten Wochenende jedes Monats auf der zentralen Piazza Garibaldi statt. Besonders zu dieser Zeit ist Ásolo einem heftigen Massenandrang ausgesetzt.

• *Information* **IAT**, zentral an der Piazza Garibaldi 73. ✆ 0423/529046, 📠 524137, E-Mail: iat.asolo@provincia.treviso.it
Pro Loco im Rathaus an der Piazza d'Annunzio 3. Mo–So 9–12.30, 15–18 Uhr, Mo geschl. ✆ 0423/55045. Internet: www.asolo.it

• *Übernachten* Ásolo ist ein viel besuchtes Tagesausflugsziel, übernachtet wird eher weniger, denn es gibt ausschließlich hochpreisige Unterkünfte.

***** **Villa Cipriani (2)**, Via Canova 298. Nobelunterkunft in einer historischen Villa, eine Dependance des legendären Hotel Cipriani in Venedig. Wunderschöner Garten, behagliche Zimmer, z. T. mit Terrasse, hervorragendes Restaurant, toller Blick, jede Menge Prominenz, z. B. sind hier schon Queen Mum und Kevin Costner abgestiegen. Gehört zum Starwood-Konzern, der kürzlich Sheraton übernommen hat. DZ ab 310 €, Frühstück extra. ✆ 0423/523411, 📠 952095, www.starwood.com/sheraton

**** **Al Sole (1)**, Via Collegio 33, schöne, ruhige Lage oberhalb der Piazza Brugnoli, sehr gute und gediegene Ausstattung, warme Parkettböden, herrlicher Blick. DZ mit Frühstück

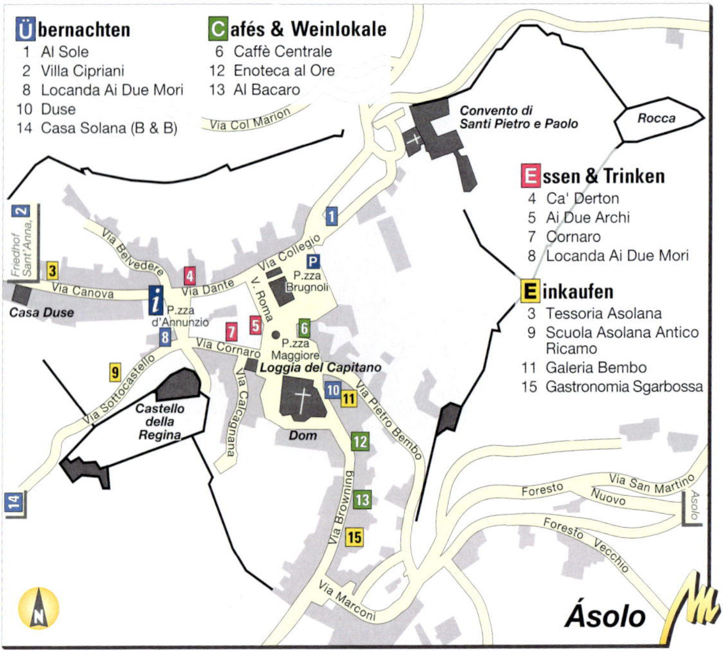

ca. 176–275 €. ✆ 0423/528111, 📠 528399, www.albergoalsole.com

*** **Duse (10)**, Via Browning 190, restaurierter Stadtpalazzo genau an der Ecke, wo die Via Browning (Zufahrtsstraße) auf die Piazza Garibaldi trifft. Zimmer mit Klimaanlage, Minibar und TV. DZ ca. 100–130 €, Frühstück extra. ✆ 0423/55241, 📠 950404, www.hotelduse.com

Locanda Ai Due Mori (8), Zimmervermietung über dem gleichnamigen Restaurant, nur drei Zimmer, DZ ca. 90–100 €. ✆/📠 0423/952256.

B & B Casa Solana (14), unterhalb von Ásolo, wenn man von Casella d'Asolo an der SS 248 die Via Forestuzzo nach Ásolo hinauf fährt, in die erste Straße links einbiegen. Renoviertes Landhaus aus dem 19. Jh., schöner, großer Garten, ruhige Lage, nett gestaltete Zimmer. Das Zentrum von Asolo ist einen knappen Kilometer entfernt, zu erreichen per Auto oder zu Fuß. DZ ca. 75–80 €. ✆ 0423/55754, 📠 521843, www.casasolana.it

• *Essen & Trinken* **Hosteria Ca'Derton (4)**, Piazza d'Annunzio 11, gilt als bestes Restaurant der Stadt, traditionelle Küche, sehr gute Weine. Keine Sitzplätze im Freien. So-Abend und Mo geschl. (www.caderton.com).

Locanda Ai Due Mori (8), Piazza d'Annunzio 5, großes, schön eingerichtetes Lokal neben dem Rathaus, von der Terrasse genießt man einen weiten Blick ins Grüne (allerdings wird derzeit direkt vor der Terrasse ein Gebäude errichtet). Mi geschl.

Ai Due Archi (5), Via Roma 55, gepflegtes Terrassenlokal an der zentralen Piazza Brugnoli. Mi-Abend und Do geschl.

Cornaro (7), Via Cornaro 114, Pizzeria mit Tischen an der Straße, auch apulische Spezialitäten. Mo geschl.

Weitere Trattorie findet man in der nahen Località Pagnano am Fluss Musone, nordwestlich von Ásolo. Sehr hübsch isst man dort z. B. im **La Trave**, Via Bernardi 5. Mo geschl.

• *Enoteche, Bars und Cafés* **Enoteca alle Ore (12)**, sehr schöner Weinausschank mit exzellenter Auswahl unter den Arkaden der Via Browning (Nr. 185), dazu kann man leckere Kleinigkeiten essen. 10–14, 17–2 Uhr, Mo geschl.

Al Bacaro (13), Via Browning 165, ein paar Schritte weiter die Straße entlang, schummrig-gemütliche Osteria, die schon seit über 100 Jahren ihre Dienste anbietet. Mi geschl.

Caffè Centrale (6), routiniert geführtes Traditionscafé (seit 1796) direkt an der Piazza, immer gut besucht, flinker Service. Zu den Gästen zählten bereits Hugo v. Hoffmannsthal, Hemingway und der Autor dieses Reiseführers. Di geschl.

• *Shopping* Eine Reihe edler Läden mit Geschirr, Kleidung, Stilmöbeln etc. findet man im Arkadengang der Via Browning.

Gastronomia Sgarbossa (15), Via Browning 151, vielleicht der schönste Feinkostladen Venetiens mit einer verführerischer Vielfalt an Delikatessen – von Wein über kunstvoll geformte Pasta bis Käse, von Würsten über Konfekt bis Grappa.

Tessoria Asolana (3), Via Canova 317, Verkaufsladen einer traditionsreichen Seidenweberei, deren farbenprächtige Decken, Tuche und Teppiche seit 1840 hergestellt werden und eine echte Augenweide sind. Ihre Farben orientieren sich an den Gemälden der Maler Giorgione dal Veronese und Tiepolo. Die Kalifornierin Lucy Beach und Freya Stark ermöglichten das Überleben der Weberei in schwierigen Zeiten. Neben dem Verkauf von Meterware werden die Stoffe auch nach exakten Wünschen der Kunden gewebt und gefärbt. Besichtigen kann man auf Anfrage auch die **Manufaktur** mit ihren alten Webstühlen in der Località Pagnano, nordwestlich von Ásolo. ✆/✉ 0423/952062, www.tessoriaasolana.com

Scuola Asolana Antico Ricamo (9), Via Sottocastello 6, der Sohn des Dichters Robert Browning gründete Ende des 19. Jh. eine Schule für traditionelle Stickerei, die bis heute Bestand hat.

Galeria Bembo (11), Via Pietro Bembo 92, wenige Schritte oberhalb der Piazza Maggiore, fantasievolle Designerstücke aller Art.

• *Sport* **Ásolo Golf Club**, große Golfanlage mit 27 Loch fürs Nobelpublikum von Ásolo. Mit Tennisplätzen, Fitness-Center, Sauna und Pool. ✆ 0423/942000, www.golfparadise.com/amp/Asolo. php

Sehenswertes: Von Süden kommend, erreicht man die zentrale *Piazza Maggiore* (auch: Piazza Garibaldi) mit ihrem Renaissancebrunnen durch die reizvolle *Via Roberto Browning* mit langem Arkadengang und Fassadenfresken des 15. Jh.

Der Dom *Santa Maria di Breda* steht auf den Fundamenten einer römischen Thermenanlage. Er stammt aus dem 18. Jh. und wurde im 19. Jh. erneuert. Über ein paar Stufen steigt man hinunter und findet an der linken Wand des Innenraums einige Gemälde von Jacopo Bassano, Sebastiano Bastiani und Lorenzo Lotto, darunter „San Girolamo“ von Bastiani und die „Erscheinung der Jungfrau“, eins der schönsten Altarbilder von Lotto.

Schräg gegenüber steht die mit Außenfresken bemalte *Loggia del Capitano* mit dem *Museo Civico*. Es bewahrt Skulpturen von Canova, Gemälde verschiedener Künstler sowie Erinnerungen an die prominenten Bewohner Ásolos: Caterina Cornaro, die Duse und Browning. *Eleonora Duse* gehörte zu den meistgefeierten Schauspielerinnen ihrer Zeit, machte aber ebenso durch ihr ausgeprägtes Liebesleben und die unglückliche Liaison mit d'Annunzio von sich reden. Nach Ásolo zog sie sich nicht zuletzt zurück, um den öffentlichen Nachreden zu entgehen. Ihr *Haus* steht im nordwestlichen Ortsbereich an der Via Canova 306 (zu erkennen an dem Bogen, der über die Straße gebaut ist), ihr *Grab* kann man auf dem Friedhof von *Sant'Anna* besuchen, den man weiter unten erreicht.

Vom Domplatz führt die Via Regina Cornaro zum nahe gelegenen *Castello della Regina* hinauf, in dem einst Caterina Cornaro residierte. Vom Palast sind nur noch die mittelalterliche Torre dell'Orologio, Teile der Außenmauern sowie der Salone del Consiglio (Ratssaal) erhalten, in dem gelegentlich Ausstellungen und Konzerte statfinden.

Harmonisch von außen, prächtig im Inneren: die Villa Barbaro

Die Villa Barbaro: geniales Meisterwerk Palladios

Die elegante, lang gestreckte Villa beim Örtchen Masèr, wenige Kilometer östlich von Ásolo, ist eins der Hauptwerke Palladios und gilt als eine der schönsten Villen Venetiens. 1557–58 erbaute er sie im Auftrag der Brüder Daniele und Marcantonio Barbaro, zweier hochkarätiger venezianischer Politiker, deren besonderes Interesse der Kunst galt. Mit Daniele verband Palladio eine enge Freundschaft und die Villa Barbaro war ihr gemeinsam konzipiertes Objekt: eine palastähnliche Villa, die genussvolles und repräsentatives Wohnen ermöglichte, gleichzeitig aber auch die Funktionen eines großen landwirtschaftlichen Gutshofes erfüllen sollte – halb Schloss, halb Bauernhof. Nach dem Ende der Republik Venedig verfiel das Haus, wechselte häufig den Besitzer und wurde seit dem 19. Jh. schrittweise restauriert. Die heutigen Eigentümer wohnen noch im Haus.

Das Haupthaus erinnert von außen mit seinen vier ionischen Säulen und dem Figuren-Tympanon darüber an einen griechischen Tempel. Links und rechts davon schließen sich zwei lang gestreckte Nebenbauten mit Arkadengängen an, wo die landwirtschaftlichen Nutzräume untergebracht waren und die Dienerschaft wohnte, an beiden Enden abgeschlossen durch zwei elegante Taubenhäuser. Unmittelbar hinter dem Haupthaus ist ein reich geschmücktes Nymphäum angelegt, dessen Quellwasser durch ein ausgeklügeltes System Haus und Gärten versorgte.

Höhepunkt der Besichtigung sind jedoch die Wohnräume des Piano nobile im Obergeschoss des Haupthauses, die man nur mit unförmigen Filzpantoffeln besichtigen darf, um das historische Parkett zu schonen. Paolo Veronese bemalte die Räume äußerst kunstvoll mit symbolträchtigen Fresken im Stil des Trompe-l'œil, am eindrucksvollsten im zentral gelegenen Saal des Olymp. Die Szenen sind teilweise so illusionistisch komponiert, dass sie fast in die Räume überzugehen scheinen, unterstützt noch durch die herrlichen Stuckarbeiten von Alessandro Vittoria. Die nach vorne ausgerichteten Räume sind mit Landschaften geschmückt, korrespondierend dazu blickt man weit über die venetische Ebene. Die vielen

Anspielungen und Details sind es vor allem, die einen Besuch anregend machen. So sieht man sich z. B. auf der Galerie des Olymp-Saals der Hausherrin der Villa mit ihren Kindern und einer Haushaltshilfe gegenüber, ein Adliger (vielleicht ein Selbstbildnis von Veronese oder ein Porträt des Hausherrn) kommt durch eine gemalte Tür von der Jagd zurück, am anderen Ende des Ganges erwartet von seiner Frau.
Zu guter Letzt kann man im weitläufigen hügligen Gelände hinter der Villa noch eine hübsche Kutschen- und Schlittensammlung betrachten.
Öffnungszeiten/Preise März bis Okt. Di, Sa u. So 15–18 Uhr, Nov. bis Febr. Sa u. So 14.30–17 Uhr. Eintritt ca. 5 €, Stud. 4,40 €, Kinder (6–14 Jahre) 2,60 €.

Schließlich kann man von der Piazza Brugnoli am Albergo Al Sole vorbei auf zu den Ruinen der *Rocca* hinaufsteigen: zunächst die Via Collegio, dann linker Hand durch die Porta Colmarion und den schönen Treppenweg mit über hundert Stufen am früheren Convento di Santi Pietro e Paolo entlang. Das kostet zwar etwas Anstrengung, doch der Blick ist wunderschön und reicht weit in die Hügel- und Berglandschaft der Umgebung. Innerhalb der Mauern gibt es einen Brunnen, der nach einer Legende den Schatz des Hunnenkönigs Attila bergen soll.
Öffnungszeiten/Preise **Museo Civico**, Di–So 10–12.30, 15–19 Uhr, Mo geschl.; **Rocca**, Sa 10–12.30, 14–19, So 10–19 Uhr, Eintritt ca. 2 €.

Possagno (ca. 2000 Einwohner)

Der kleine Ort nördlich von Ásolo steht ganz im Zeichen des hier geborenen Bildhauers Antonio Canova (1757–1822), neben dem Dänen Thorvaldsen bedeutendster Vertreter des europäischen Klassizismus.

Stendhal schrieb über ihn: „Canova hatte den Mut, die alten Griechen nicht zu kopieren, sondern Schönheit zu erfinden, so wie es die alten Griechen auch getan hatten." Die durch Originale nicht zu befriedigende Nachfrage nach antiken Skulpturen trieb seine Karriere rasch voran, doch weigerte er sich stets, die alten Vorbilder nachzuahmen, ließ stattdessen „ihren Stil in mein Fleisch und Denken übergehen."
Ort und Landschaft dominiert heute der gewaltige *Tempio di Canova*, der unübersehbar dem Pantheon in Rom nachempfunden ist. Canova hatte ihn drei Jahre vor seinem Tod entworfen und eigentlich war er als neue Pfarrkirche gedacht, doch schon 1831 wurde er zum Grabmal des berühmtesten Sohnes der Stadt erkoren. Im Sommer kann man zur Spitze hinaufsteigen und den herrlichen Blick genießen.

Canovas Skulpturmodelle in der Gipsoteca

Danach sollte man nicht versäumen, an der Piazza Canova das *Museo Canoviano* zu besuchen, das vor allem aus der „Gipsoteca" und der „Casa Canova" besteht. Erstere ist Aufbewahrungsort so gut wie aller Gipsmodelle, die Canova für die verschiedenen Arbeitsprozesse bei der Herstellung seiner Marmorstatuen benötigte – von kleinen Wachs- und

Dominant und ästhetisch: Der mächtige Tempio di Canova überragt das Ortsbild von Possagno

Keramikstatuen („bozzetti") bis hin zu lebensgroßen Gipsmodellen. Letztere ist das Geburtshaus des großen Künstlers, in das er sich in seinen letzten Lebensjahren zurückgezogen hatte, allerdings nicht ohne vorher alle Nachbarhäuser aufgekauft zu haben, so dass ein veritabler Alterssitz entstanden war. In der *Gipsoteca* betritt man zunächst die etwas schummrige „Ala Ottocentesca" von 1836. Unter einem mächtigen Tonnengewölbe, das auf drei Rundbögen ruht, reihen sich entlang der blendend weißen Wände Canovas Schöpfungen in Gips. 1957 gestaltete Carlo Scarpa im erfrischenden Gegensatz dazu den „Ala Scarpa" genannten Erweiterungsbau, der mit der suggestiven Wirkung seiner Geometrie und der virtuosen Lichtführung wegweisend für die museale Architektur wurde und mit seiner ungebändigten Helligkeit einen idealen Rahmen bildet, um nachzuvollziehen, warum Canova als größter Avantgardist seiner Zeit galt. Die *Casa Canova* wurde so rekonstruiert, wie sie in den letzten Lebensjahren Canovas aussah, hier haben Gemälde, Tempera-Arbeiten und herrliche Fresken des Künstlers ihren Platz gefunden.

• *Öffnungszeiten/Preise* **Tempio di Canova**, April bis Okt. Di–Sa 9–12, 15–18 Uhr, Nov. bis März Di–Sa 9–12, 14–17 Uhr, So/Mo geschl. Eintritt frei, Aufstieg zur Spitze ca. 1,50 €. **Museo Canoviano**, Mai bis Sept. 9–12, 15–18 Uhr, Okt. bis April Di–So 9–12, 14–17 Uhr, Mo geschl. Eintritt ca. 4 €, www.museocanova.it

• *Anfahrt/Verbindungen* **Busse** verkehren mehrmals tägl. ab Bassano del Grappa und Ásolo.

• *Übernachten* ** **Stella d'Oro**, Via Canova 46. Freundlich geführte Herberge mit Parkplatz. DZ um die 52 €, Frühstück extra. ☏ 0423/544107, 📠 544427.

Antonio Canova: Führender Bildhauer der napoleonischen Zeit

Canovas Vater war Steinbrucharbeiter und starb, als Antonio vier Jahre alt war. Der Großvater übernahm daraufhin die Erziehung und schickte den Jungen ebenfalls in ein Marmorbergwerk. Ein venezianischer Senator soll es gewesen sein, der auf sein Talent aufmerksam wurde – bei einem Essen in Ásolo formt Küchenlehrling Antonio aus Butter in Windeseile den Markuslöwen. Seine Ausbildung erhält er daraufhin bei einem Bildhauer in Venedig, lebt aber später lange in Rom. Mit 18 Jahren hat er bereits seine eigene Werkstatt und arbeitet sich zum bestbezahlten Bildhauer seiner Zeit empor, wird stilbildend und bald hundertfach kopiert. Die bekanntesten Schriftsteller der Epoche verehren seine Skulpturen, küssen und berühren sie sehnsüchtig. Marmor ist das „wahre Fleisch“, so definiert Canova und reibt die halbnackte Skulptur der Paolina Borghese mit rosa Wachs ein – der Erfolg dieser Aktion gibt ihm recht, denn nun stehen die Menschen Schlange, um seine Statuen zu sehen. Sein damaliger Einfluss lässt sich mit dem eines internationalen Modeschöpfers von heute vergleichen. Er prägt das Bild seiner Zeit und bekommt Aufträge aus der gesamten europäischen Aristokratie – von St. Petersburg über London und den Vatikan bis Paris und Wien lassen sich Adelsgeschlechter, Päpste und Großbürger in Form von Marmorbüsten und Skulpturen verewigen. So porträtiert er fast die gesamte Familie Napoleons und wird Hofbildhauer des Imperators. Napoleon Bonaparte sitzt ihm fünf Mal Modell, als frisch gebackener Kaiser will er dabei selbstverständlich „die Hosen anhaben“, doch Canovas Überzeugung heißt: „Die Sprache der Skulptur ist der Akt.“ Napoleon wird unbekleidet als „Frieden stiftender Mars“ kreiert – und verschwindet daraufhin diskret im Louvre. Da Canova die Fülle der Arbeiten alleine nicht mehr bewältigen kann, führt er als erster Künstler die Serienproduktion ein, indem er die Statuen exakt vermisst und so replizierbar macht. Er selber formt außerdem nur noch die Gipsmodelle und überlässt seinen Mitarbeitern die endgültige Ausgestaltung in Marmor. Canovas Statuen sind heute in Museen und Privatsammlungen auf der ganzen Welt verstreut, doch die großen Gipsmodelle blieben alle im Geburtshaus. Seine Zeichnungen und Entwürfe vermachte er der Nachbarstadt Bassano del Grappa (Provinz Vicenza), wo man sie heute im Museo Civico betrachten kann.

Nördlich von Treviso

Von Treviso nimmt man die SS 13 nach Norden. In *Castrette di Villorba*, wenige Kilometer außerhalb von Treviso, liegt das Vertriebszentrum von Benetton. Was in vielen hundert Produktionsstätten im ganzen Land und weltweit hergestellt wird, wird hier verpackt und in Lizenzläden in aller Welt verschickt.

Gleich nach dem Ponte Priula über den Piave beginnt das Weinbaugebiet „Il Montello“, das für seine erstklassigen Tropfen – vom Prosecco bis zum Merlot – berühmt ist, wegen seiner strategisch wichtigen Hügelkuppen im Ersten Weltkrieg aber auch Schauplatz heftiger Schlachten war.

▸ **Nervesa della Battaglia**: Das Dorf am Piave wird von einem monumentalen Beinhaus überragt, das die sterblichen Überresten von 10.000 Gefallenen der Piave-Schlachten 1917/18 birgt. In einem Saal werden Erinnerungsstücke aufbewahrt. In der Benediktinerabtei *Sant'Eustachio*, die Anfang des 11. Jh. errichtet wurde und heute nur noch Ruine ist, soll der Florentiner Monsignor Giovanni della Casa in der ersten Hälfte des 16. Jh. „Il Galateo“ geschrieben haben, eine elegante Unterweisung in Lebensart, Taktgefühl und Höflichkeit – wenn man so will, der italienische Knigge.

Das weiter östlich liegende Oderzo ist unter „Strada del Vino Rosso“ auf S. 198 beschrieben.

Routentipp für eine Fahrt von *Ásolo* nach *Follina* im Prosecco-Gebiet (→ S. 195): von Ásolo über Masér nach Crocetta, über Ciano und Santa Croce am Piave entlang nach Nervesa della Battaglia, nordwärts über den Fluss nach Conegliano und durch das Prosecco-Gebiet nach Follina. Wenig Verkehr, kaum Tourismus, die Straße oft oben auf dem Hügelrücken, im Hintergrund die hohen Berge.

Conegliano (ca. 36.000 Einwohner)

Geschäftige Stadt an den letzten Ausläufern der Voralpen, unmittelbar südlich davon beginnt die dicht besiedelte Ebene des Veneto. Die hübsche Altstadt schmiegt sich an einen Hügel, oben thront eine mittelalterliche Burg mit weitem Blick in alle Richtungen. Conegliano ist Sitz der ältesten Weinbaufachschule Italiens (seit 1877) und Ausgangspunkt für eine Fahrt auf der ersten Weinstraße Italiens (seit 1966) durch die Anbauzone des Prosecco, die sich nordöstlich der Stadt bis Valdobbiadene erstreckt.

Von der flachen Neustadt steigt eine breite Treppe durch einen Torbogen zur Piazza Cima mit einem klassizistischen Theater hinauf, die das Zentrum der Altstadt bildet. Benannt ist sie nach dem einheimischen Renaissancemaler Giambattista Cima da Conegliano (ca. 1460–1517). Die an der Unterkante des Platzes verlaufende Via XX Settembre und die östlich anschließende Via Beato Ongaro bilden mit ihren Laubengängen das Rückgrat des Centro storico.

• *Anfahrt/Verbindungen* Der **Bahnhof** liegt in der Neustadt, ins „centro storico“ läuft man wenige Minuten immer geradeaus.

• *Information* **IAT**, Via XX Settembre 61, an der Ecke der Piazza Cima. Mo–Fr 9–12.30, 15–18.30, Sa 9–12.30 Uhr, So geschl. Viel Material über Stadt, Provinz und Prosecco-Gebiet. ✆ 0438/21230, ℻ 428777, E-Mail: iat.conegliano@provincia.treviso.it

• *Übernachten* *** **Canon d'Oro**, die einzige Unterkunft im Zentrum, ganz zentral in der Altstadt, Via XX Settembre 129, östlich der Piazza Cima. Vollständig renovierter Palazzo aus dem 15. Jh., aufmerksam geführt, hinter dem Haus Park mit schöner Terrasse, Parkplatz, modern ausgestattete und klimatisierte Zimmer. DZ mit Frühstück ca. 100–120 €. ✆ 0438/34246, ℻ 34249, Internet: www.hotelcanondoro.it

• *Essen & Trinken* **Canon d'Oro**, im gleichnamigen Hotel (→ Übernachten), gutes Restaurant mit leichter italienischer Küche, Menü ca. 25–35 €.

La Città Venezia, Via 20 Settembre 77, traditionelle Veneto-Gerichte, Schwerpunkt Fisch und Meeresfrüchte. So-Abend und Mo geschl.

Alla Corona, Via Beato Ongaro 29, ebenfalls mitten in der Altstadt, nette Osteria, in der man gut und typisch isst. Mo geschl.

Al Castello, Trattoria und Bar im Garten der Burg, wunderschönes Plätzchen mit Blick in die grüne Hügellandschaft.

Tre Panoce, etwas westlich außerhalb, Via Vecchia Trevigiana 50, feines Restaurant in einer Villa des 17. Jh., drinnen antike Möbel und im Winter beheizte Kamine, draußen schöner Garten. Typische venetische Küche, z. B. *risi e bisi* und zahlreiche Fischgerichte. So-Abend und Mo geschl.

• *Shopping* Jeden Freitagvormittag großer **Markt** in der Altstadt.

Verblasste Fresken an der Scuola dei Battuti

Sehenswertes

Auffallendstes Gebäude an der Via XX Settembre ist direkt neben der Piazza Cima die freskenbemalte *Scuola dei Battuti*. Direkt unter den Arkaden befindet sich hier der Eingang zum *Dom* mit dem Altarbild „Thronende Madonna und Kind“ von Cima (1493). Ebenfalls im Arkadengang sieht man einen Durchgang zu einem schmalen Hof neben dem Dom. Von dort führen Stufen zur *Sala dei Battuti*, dem großen Innenraum der Scuola hinauf, die vollständig mit Fresken des 16. Jh. ausgemalt ist.

In der schmalen Gasse hinter dem Dom liegt die wunderbar restaurierte *Casa-Museo Cima da Conegliano* (Nr. 24), die derzeit für wechselnde Ausstellungen genutzt wird. An den Maler erinnert hier allerdings nichts mehr.

Schließlich kann man linker Hand vom Theater an der Piazza Cima einen schmalen Fußweg nehmen und in etwa zehn Minuten immer dicht an der Stadtmauer entlang zur Burg hinaufsteigen. Unterwegs passiert man die restaurierte Kapelle *Oratorio della Madonna delle neve apertura* mit einigen schlecht erhaltenen Freskenresten aus dem 16. Jh.

Das *Castelvecchio* an der Hügelspitze nimmt einen exponierten Platz ein. Nach vorne blickt man weit in die Ebene, nach Norden in die grünen Hügel des Weinbaugebiets. Im Turm der Anlage ist ein *Museo Civico* untergebracht, das weniger wegen seiner etwas kunterbunt platzierten Exponate bemerkenswert ist als vielmehr wegen des herrlichen Blicks von der Turmspitze. Ausgestellt sind u. a. einige farbenprächtige Gemälde des 16.-18. Jh. (Höhepunkt ist die „Schlüsselübergabe an Petrus“ von Palma I Giovane), restaurierte Fresken, Münzen aus aller Welt, Ritterrüstungen und archäologische Funde. Im obersten Geschoss findet man Erläuterungen zum Bau und Aufbau der Festung. Hinter der Burg liegt ein schöne Parkanlage mit der Bar/Trattoria „l Castello“ (→ Essen & Trinken).

• *Öffnungszeiten/Preise* **Sala dei Battuti**, So 15–19 Uhr;
Casa-Museo Cima da Conegliano, Sa/So 15.30-19.30 Uhr, Eintritt frei.
Museo Civico, Sommer Di–So 10–12.30, 15.30–19 Uhr, Winter Di–So 10–12.30, Mo geschl., Eintritt ca. 1,60 €.

Die „Dama Castellana“: Historisches Damespiel mit menschlichen Figuren

Das größte Fest Coneglianos, das weit über die Stadtgrenzen Berühmtheit erlangt hat, ist die Dama Castellana in der zweiten Junihälfte. Im Anschluss an einen großen Umzug in historischen Kostümen findet auf der Piazza Cima ein Damespiel der Stadtviertel mit lebenden Figuren statt – Erinnerung an einen Sieg über Treviso im Jahre 1241. Ein auserwähltes Paar des siegreichen Stadtteils wird danach auf einem Wagen bis zur Spitze des Burghügels geschoben.
Auskünfte und Kartenreservierung Associazione Dama Castellana Conegliano, Viale Spellanzon 15, ✆ 0438/455600, 📠 451961, www.dama.tv.it

Prosecco-Region

Provinz Treviso

Eingerahmt von den Trevisanischen Voralpen und der brettflachen Piave-Ebene, erheben sich nördlich von Treviso die üppig bewachsenen, kegelförmigen Rebhügel, von denen der perlende Proseccco stammt. Zwar gibt es überall in Italien Perlweine („frizzante“), doch nur die Erzeugnisse dieser Region, die ausschließlich von der typischen Prosecco-Traube stammen, dürfen „Prosecco“ genannt werden – so steht es zumindest im italienischen Weingesetz.

Früher erzeugte man diesen leichten, alkoholarmen Wein, den man überall im Veneto als ein Gläschen – „un'ombretta“ – zu sich nimmt, in Anlehnung an das Champagner-Verfahren ausschließlich durch Gärung in der Flasche. Heute wird er nach der so genannten „Charmat“-Methode zunächst in großen Tanks zur Gärung gebracht, allerdings nur so weit, dass der Most noch einen gewissen Anteil an Restzucker enthält. Danach folgt die Abfüllung in Flaschen, wo der Restzucker vergärt und den typisch perlenden Charakter des Weines erzeugt. Neben dem klassischen Perlwein Prosecco gibt es auch echten Sekt aus Prosecco, „Prosecco Spumante“ genannt, einen „Gran Cuvée“ (Mischung verschiedener Weinsorten des gleichen Jahrgangs) sowie einen „Prosecco Tranquillo“, der eigentlich ein normaler Weißwein ist. Aber neben dem Prosecco sind auch die anderen kleinen und großen „Juwelen“ die Reise wert: Refrontolo, Torchiato und Verdiso sowie die Weine der Colli di Conegliano. Die Anzahl der Weingüter ist hier naturgemäß unendlich groß und die Spreu vom Weizen zu trennen, dementsprechend schwierig, denn so mancher macht sich den komplizierten Herstellungsprozess einfacher, indem er Kohlensäure zuführt, was dem Produkt nicht gut tut, aber die Preise drückt.

Strada del Vino Prosecco

Eine Fahrt entlang der 1966 eröffneten Weinstraße, die am Kastell von Conegliano beginnt und über San Pietro di Feletto, Refrentolo, Soligo und Col San Martino nach Valdobbiadene führt, dauert leicht einen halben Tag oder länger. Fast jedes Dorf hat eine "Bottega del Vino", wo man Prosecco degustieren und kaufen kann,

Abenddämmerung über dem Prosecco-Land

bei vielen Winzern ist auch Direkteinkauf möglich. Ein Abstecher lohnt unterwegs zur schönen Zisterzienserabtei *Abbazia di Follina* an der Straße von Valdobbiadene nach Vittorio Veneto (→ S. 199).

▸ **Col San Martino**: ruhiges Weinbauerndorf mit guten Einkehrmöglichkeiten. Mit etwas Zeit kann man zur hoch gelegenen Kirche *San Virgilio* aus dem 13. Jh. hinaufsteigen, die unübersehbar die Spitze eines malerischen Weinhügels seitlich der Straße ziert, und den Blick genießen. Der Schlüssel zur Kirche befindet sich bei der benachbart wohnenden Familie Arman.

• *Essen & Trinken* **Locanda Da Condo**, im Dorfzentrum, Via Fontana 134. Enrico Canel und seine Frau Bea bieten in ihrer alteingesessenen Trattoria (benannt nach Enricos Vater Giocondo, der „Condo" gerufen wurde), typische Regionalgerichte, z. B. das traditionelle "Armeleutegericht" *piatto povero* oder *petto di pollo farcito agli asparaghi* (Hühnerbrüstchen gefüllt mit Spargel), dazu trinkt man natürlich Prosecco. Di-Abend und Mi geschl.

Osteria dei Colli, gegenüber der Locanda da Condo, Piazza Fontana 133. Wohl die urigste Weinstube im Prosecco-Gebiet, vollgestopft mit Nippes, vor der Tür nettes, schattiges Plätzchen, hinten zwei Tische mit Gedeck. Do geschl.

• *Shopping* Die beiden folgenden Weingüter produzieren in erster Linie Prosecco DOC, darunter den berühmten „Superiore di Cartizze" (→ Kasten), aber auch einige andere Tropfen. Verkosten lohnt sich.

Casa Vinicola Merotto, Via Scandolera, neben diversen Prosecchi produziert der freundliche Signor Graziano Merotto einen Cabernet Sauvignon namens „Rosso Dogato", der in kleinen Eichenfässern heranreift, außerdem eine delikate Grappa di Prosecco.
✆ 0438/898195, ℻ 989800, www.merotto.it

Cantina Adamo Canel, Via Castelletto 73, die von den vier Brüdern Canel betriebene Kellerei erstreckt sich um um eine Villa aus dem 18. Jh. Große Auswahl, korrekte Preise, Verkostung mit kleinem Imbiss, angeschlossen ist ein Restaurant.
✆ /℻ 0438/898112, www.canel.it

▸ **Valdobbiadene**: Der Endpunkt der Prosecco-Tour ist Heimat des kostbaren „Cartizze" (→ Kasten). Der Ort wurde im Ersten Weltkrieg vollkommen zerstört, heute ist hier wenig mehr zu sehen als eine große, tempelartige Kirche mit hohem, schlankem Glockenturm und ein geschäftiger Kreisverkehr, wo das gediegene „Antico Caffè Commercio" zur Einkehr einlädt.

• *Übernachten* **** **Diana**, Via Roma, 49, älterer Backsteinbau, der mit viel Metall, Glas und Beton aufwändig renoviert wurde. Behagliche Zimmer mit Klimaanlage, TV und Minibar. DZ mit Frühstück ca. 90–100 €, Garagenplatz ca. 5,50 €. ✆ 0423/976222, 📠 972237, www.hoteldiana.org

*** **Vecchio Municipio**, Via Berti 6, am Ortsausgang an der Straße in Richtung Follina, Einfahrt direkt in einer Kurve. Das ehemalige Rathaus wurde zu einen wunderschönen und komfortablen Hotel umgebaut. 20 Zimmer und vier Suiten sind geschmackvoll unter Verwendung von viel Holz eingerichtet, jeweils TV, Frigobar und Internetanschluss. Der Sohn des Hauses betreibt die Trattoria alla Cima (→ Essen & Trinken). Es wird auch Deutsch gesprochen. DZ mit Frühstück ca. 90–100 €. ✆ 0423/975414, 📠 974273, www.hotelvecchiomunicipio.com

B & B Azienda Agricola Roccat, Via Roccat e Ferrari 1, 1 km außerhalb in Richtung Saccol. Sechs gemütliche Zimmer mit Holzböden- und decken im Weingut der Familie Codello, jeweils TV und Internetanschluss. ✆ 0423/972839, 📠 971772, www.roccat.com

B & B Barbozza, Via Barbozza 18, San Pietro di Barbozza. Zwei Zimmer und ein Bad in Panoramalage etwas erhöht über dem Ortskern. ✆ 0423/973455, www.barbozza.it

• *Essen & Trinken* **Alla Cima**, San Pietro di Barbozza, Via Cima, 8, mitten im Hügelgebiet des Prosecco (beschildert in Valdobbiadene). Geführt von Familie Rebuli, herrlicher Blick ins Piavetal und hervorragende Küche mit saisonabhängigen Produkten der Region, Schwergewicht auf Fleisch vom Grill, lecker die *soppressa con polenta* (lokale Salami mit Polenta). Sehenswert nicht nur wegen des Grillkamins mitten in der Gaststube. Mo-Abend und Di geschl. ✆ 0423/972711.

Ristoro Fos de Marai, ebenfalls an der Straße nach Follina, kleines, schlichtes Terrassenlokal kurz vor dem Ortseingang von Santo Stefano, hoch über den Weinbergen.

• *Shopping* **Salumeria di Stefani**, im nahe gelegenen Guia (etwa 5 km in Richtung Conegliano), ausgezeichnetes Angebot an lokalen Wurstwaren.

Adami, in Colbertaldo di Vidor, Via Rovede 21. Spitzenprodukt dieses alt eingesessenen Weinguts von Armando und Franco Adami südlich von Valdobbiadene ist seit 1920 der Vigneto Giardino, aber auch Cartizze ist hier zu haben. ✆ 0423/982110, 📠 982130, www.adamispumanti.it

Superiore di Cartizze DOC: perlende Kostbarkeit des Prosecco

Der „Cartizze" ist die qualitative Steigerung des Prosecco und gilt als bester Perlwein im Prosecco-Gebiet. Er stammt aus der gleichnamigen Südlage zwischen Santo Stefano und Saccol bei Valdobbiadene, die gerade mal einen Quadratkilometer groß ist. Mehr als 9000 Hektoliter pro Jahr gibt es davon nicht, deswegen ist er gut dreimal so teuer wie ein Prosecco. Zum Vergleich: Vom „Prosecco di Conegliano-Valdobbiadene DOC" werden etwa 200.000 Hektoliter produziert. Erwerben können Sie den Cartizze z. B. in den Weingütern von Col San Martino, bei Adami in Colbertaldo di Vidor und bei der Azienda Agricola Serre in Miane – aber auch die Enoteca am Hauptplatz von Valdobbiadene hat oft ein paar Flaschen vorrätig.

Strada del Vino Rosso

Im Gegensatz zur hügligen Prosecco-Straße führt die Straße des Rotweins durch die Anbauzonen der brettflachen Piave-Ebene, und zwar von Conegliano etwa 70 km nach Südosten bis *Oderzo*.

Oderzo (ca. 17.000 Einwohner)

Das freundliche Städtchen zwischen den Flüssen Piave und Livenza Venetiens ist seit jeher Zentrum eines landwirtschaftlich reichen Gebiets – Marktflecken, Durchgangsstation und Kreuzweg für Handel und Verkehr zwischen Adria und Alpenpässen, Poebene und Friaul.

Aus römischer Zeit wurden im Stadtzentrum das Forum und andere Überreste freigelegt, die prächtigen Mosaiken kann man im Archäologischen Museum betrachten. Damals war die Stadt über einen schiffbaren Kanal mit der Adria verbunden und konnte als Flusshafen genutzt werden. Im 6. Jh. floh die Bevölkerung vor den Langobarden in die Lagune von Venedig und gründete an ihrem Rand die Siedlung Equilium, das heutige Jesolo.

• *Information* **IAT**, Calle Opitergium 5, ✆ 0422/815251, 📠 814081,
E-Mail: iat.oderzo@provincia.treviso.it

• *Übernachten* Oderzo hat fünf Hotels der Kategorien * bis ***, preiswert ist * **Villa Mary**, Via Verdi 24, DZ mit Etagendusche ca. 35 €. ✆ 0422/7417633, 📠 717633.

• *Essen & Trinken* **Parco Gambrinus**, Località Gambrinus 22, San Polo di Piave, an der Weinstraße. Berühmtes historisches Restaurant in einem riesigen Park mit zahlreichen Spezialitäten, z. B. *gamberi alla Gambrinus* – die Flusskrebse werden in einem kleinen Gewässer im Park gezüchtet. Preise für das Gebotene durchaus im Rahmen. Mo geschl.

Sehenswertes: An der zentralen Piazza Grande steht der *Dom* mit gotischen und Renaissanceelementen und einem leicht geneigten Campanile, der sich auf einem Turm der alten Stadtburg erhebt. Der monumentale einschiffige Innenraum ist von einer hölzernen Decke und Hängewerk gekrönt, von denen zwei ausladende Bänder mit Renaissancemotiven „á fresco" bemalt sind. An der rechten Wand sieht man einen großen Leinwandzyklus von Pomponio Amalteo (16. Jh.), der ursprünglich für eine Orgelwand gedacht war: „Geburt Christi", „Verklärung" und „Auferstehung Christi". In der Kapelle rechts vom Chor findet man eine „Madonna mit Kind" von Bellunello (1477), in der linken Kapelle eine Sansovino zugeschriebene Marmorarbeit aus der Renaissance und eine „Niederkunft des Hl. Geistes" von Palma il Giovane und seiner Schule (1607). Die rückwärtige Fassade ist vollständig von Palma il Giovane und seiner Schule bemalt: „Geschichten und Bilder aus den Heiligenlegenden von Florian, Tizian, Magnus und Prosdocimus".

Weinberg bei Col San Martino *(S. 196)*

Außerhalb vom Dom sieht man die langgestreckte, mit Fresken bemalte Fassade der *Casa Saccomani*. Im Anschluss daran stehen die *Loggia Comunale*, der ehemalige Regierungssitz der venezianischen Stadtherren, und das nahe *Torresin*, die

Rekonstruktion eines antiken Tors samt Uhrtürmchen aus dem Jahre 1930 in perfektem mittelalterlichen Stil. Auf der gegenüberliegenden Seite hat man einen schönen Blick auf den behäbig dahinfliessenden Monticano. Uber die kurze Via dall'Ongaro bzw. durch eine moderne Galerie mit Blick auf ein Stück restauriertes römisches Plaster gelangt man zur *Piazza Castello* mit der eleganten Renaissancefassade des *Palazzo di Porcia e Brugnera* vom Ende des 15. Jh. Linker Hand des Palazzo kann man sich in einem dichten Netz hübscher Gäßchen (Contrada del Cristo, Contrada Rossa) verlieren, die auf den malerischen *Campiello del Duomo* führen. Wenn man von der Piazza Castello weiter Richtung Via Roma geht, kommt man zum römischen *Forum* mit Fundamenten einiger Großbauten, der aus Trachytblöcken bestehenden Pflasterung der Piazza und dem Mosaikfussboden eines grossen Privathauses.
Von der Piazza Duomo gelangt man unter dem Torresin durch auf die Piazzetta Pompeo Tomitano und weiter zur *Via Umberto I.* Die eindruckvollste Hauptader der alten venezianischen Stadt ist gesäumt von Laubengängen und freskenbemalten Adelspalazzi des 15. und 16. Jh. Wenn man am Ende der Portici nach rechts abbiegt, gelangt man unter den Laubengängen alter Patrizierhäuser bis zu dem Palazzo der Familie Amalteo. Der Weg geht nun weiter über die malerische Brücke *Gattolè*, die über einen von dem Flüßchen Monticano abgeleiteten Kanal führt und einen herrlichen Ausblick auf die Stadt und ihre Grünanlagen freigibt. Es geht nun entlang der *Via Garibaldi*, der Hauptader der außerhalb der Stadtmauer liegenden Viertel. Im *Palazzo Contarini-Foscolo* ist heute das Kulturzentrum der Stadt untergebracht. Er beherbergt außerdem die *Pinacoteca Alberto Martini* mit einigen der wichtigsten Werke dieses aus Oderzo stammenden Künstlers (1876–1954). Benachbart liegt das archäologische *Museo Opitergino* mit römischen Funden, von besonderer Schönheit sind die Fußbodenmosaike mit Jagdszenen aus dem frühen 4. Jh.

▸ **Oderzo/Umgebung**: 9 km nordöstlich kommt man an der Grenze zum Friaul nach *Portobuffolè*, einem ehemaliger Hafen an der Livenza, der sich seine mittelalterliche Struktur bewahrt hat.

Von Valdobbiadene nach Vittorio Veneto

Diese Straße ist sicherlich eine der reizvollsten im Prosecco-Gebiet. Von hier aus sind auch immer wieder kleine Wanderungen in die angrenzenden Weinberge und in den Trevisaner Voralpen möglich, höchster Gipfel ist der *Monte Cesen* mit 1570 m. Gute Einkehrmöglichkeiten gibt es unterwegs mehrere, z.B. in Miane, Follina und Cison di Valmarino, wobei der traditionelle Kamin für die deftigen Grillgerichte niemals fehlt.

▸ **Follina**: Das kleine touristische Zentrum im Tal des Soligo-Flusses besitzt einige gehobene Unterkünfte, erfreuliche Restaurants und mehrere Agriturismo-Höfe. Die üppig grüne Umgebung bietet sich zum Wandern und Spazierengehen an. Die *Abbazia di Follina* schmiegt sich nur wenige Schritte vom zentralen Dorfplatz entfernt an den Hügelhang. Gegründet wurde das heutige Zisterzienserkloster im 12. Jh., besichtigen kann man den wunderbar harmonischen Kreuzgang von 1268 und die hohe gotische Kirche mit einem reich vergoldeten Hochaltar.

• *Öffnungszeiten* **Abbazia di Follina**, 6.30–11.50, 14.30–19 Uhr, Eintritt frei.

• *Information* **Ufficio Informazione Promozione Turistica della Vallata**, Via Convento, kleines, privat geführtes Büro unterhalb der Abtei. 9–13, 14.30–19.30 Uhr. Viel Material über die gesamte Provinz Treviso. ✆ 0438/971666, 974245.

In der mittelalterlichen Abbazia di Follina

• *Übernachten* **** **Abbazia**, Via Martiri della Libertà, wenige Schritte von Hauptplatz und Abtei. Man fühlt sich fast in ein Museum versetzt. Polstermöbel, weiche Teppiche, Stilmöbel und edle Tapeten bestimmen das Bild. Man kann im Haupthaus, einem Adelspalazzo des 17. Jh. oder in einer Jugendstilvilla nebenan wohnen. Hübscher, kleiner Garten. Leserkritik wegen Preisgestaltung beim Essen. DZ mit Frühstück ca. 200–250 €, Suite 300–310 €. ✆ 0438/971277, ℻ 970001, www.hotelabbazia.it

**** **Dei Chiostri**, 2003 eröffnet, gleich in der Nachbarschaft des Abbazia und unter derselben Leitung. Designerhotel mit fünfzehn unterschiedlichen, sorgfältig eingerichteten Zimmern und Suiten mit exquisit ausgestatteten Bädern (teils Jacuzzi), durch die großen Fenster Blick auf den Palazzo Barberis Rusca, mit dem man sich den Garten teilt. Im Haus Internet und Sat-TV, ein Raum ist mit Plasmabildschirm, Computer und DVD ausgestattet. DZ mit Frühstück ca. 130–150 €, Suite ca. 180–200 €. www.hoteldeichiostri.com

** **Da Gildo**, Via Sottoriva 3, beliebtes Albergo mit schönem Garten, allerdings an der relativ lauten Zufahrtsstraße nach Follina gelegen. Zimmer mit TV, unten ordentliches Restaurant (Spezialität Forelle). DZ mit Frühstück ca. 65–70 €. ✆/℻ 0438/970306, www.dagildo.com

Agriturismo La Bella, etwas zurückgesetzt von der Zufahrtsstraße nach Follina, linker Hand (beschildert). Hübsches Anwesen mit geschmackvollen Zimmern, Fischereibetrieb. DZ mit Frühstück ca. 53 €. Restaurant geöffnet Fr, Sa und So, viel mit Süßwasserfisch. ✆ 0438/970309, ℻ 981448.

Agriturismo Al Col, von der Zufahrtsstraße nach Follina rechts abbiegen, etwas versteckte Hügellage zwischen Weinbergen. Fünf rustikale Zimmer und zwei Apartments. Ländliches Restaurant (Fr, Sa, So), für Hausgäste jeden Abend gutes und preiswertes Essen. DZ mit Frühstück ca. 55–60 €. ✆ 0438/970658, ℻ 970116.

• *Essen & Trinken* **Al Caminetto**, Via Martiri della Libertà 2, beliebtes Restaurant mit großem offenem Kamin, über dem sich die traditionellen Fleischspieße drehen, z. B. der *spiedo misto cotto*. Di-Mittag und Mo geschl. ✆ 0438/970402.

All'Edera, im kleinen Örtchen Campea, schönes und gepflegtes Restaurant mit Außenterrasse, dank Sommelier Loris gute Weinauswahl. Di-Mittag und Mi geschl.

Al Contadin, Via Capovilla 11, etwas versteckt in Miane gelegene Osteria, westlich von Follina. Auch hier gibt es einen Kamin für die leckeren Fleischspieße. Familiär geführt, der Vater des Hauses besitzt ein Weingut, im Restaurant wird außerdem ein vorzüglicher Kräuterschnaps verkauft. Mo geschl.

• *Shopping* **Azienda Agricola Serre**, Via Casale Vacca 8, Combai. Von Miane nach Campea fahren, kurz vorher links oben in den Hügeln, etwas schwierig zu finden. Der Betrieb von Familie Pederiva besitzt über 18 Hektar Anbaufläche und erzeugt einige hervorragende Produkte, z.B. den Superiore di Cartizze, einen Gran Cuvèe „Prosecco di Conegliano" und den Verdiso Colli Trevigiani. ✆ 0438/893502, 📠 899649, www.proseccoserre. com

Da Lino: Schlemmen mit Tradition

Lino Toffolinis Gutshof steht mit seinen auffallend roten Kaminen direkt an der Straße von Solighetto nach Follina. Seit mehr als zwei Jahrzehnten ist das Restaurant eine Institution und laut Hausprospekt eins der schönsten der Welt – wir sind nicht abgeneigt, dem zuzustimmen. Hier ist alles von Feinsten: Die Decke ist eine einzige Orgie aus Kupfertöpfen, an den Wänden Spiegel und Gemälde aller Art, auf den Tischen Kerzenleuchter und feines venezianisches Glas, Blumen, wohin man blickt, draußen ein hübscher, umrankter Laubengarten – man kommt aus dem Schauen und Staunen nicht heraus. Seit 1961 werden hier saisonal unterschiedliche Gerichte kreiert, die auf Rezepten von Mutter, Großmutter und Tanten basieren und kreativ bereichert wurden. Donnerstags gibt es immer frischen Fisch aus der Adria. Wohnen kann man in zehn Doppelzimmern und sieben Suiten, wovon die Zimmer im Haus eher zu empfehlen sind. Ein Parkplatz ist vorhanden, den Gästen werden Fahrräder gestellt. Seit Linos Tod (+ 2000) wird die Locanda von seinen Kindern Marco und Chiara im selben Geist weitergeführt.

Information Locanda Da Lino, Via Brandolini 31. DZ ca. 80 €, Suite ca. 90–120 €. Restaurant Mo und im Juli geschl., Menü um die 35–50 €. ✆ 0438/842377 (Hotel), 82150 (Restaurant), 📠 980577, www.locandadalino.it

Provinz Treviso

▸ **Zwischen Follina und Vittorio Veneto**: Wenige Kilometer östlich von Follina ist für Burgenliebhaber das weithin sichtbare *Castel Brando* bei *Cisòn di Valmarino* unbedingt einen Abstecher wert, eine Zahnradbahn führt hinauf. Mit seinen 260 Räumen ist es eins der größten Kastelle Italiens, wurde Ende der 1990er Jahre vollständig renoviert und befindet sich heute in hervorragendem Zustand. Im Rahmen von geführten Touren kann man es an Wochenenden besichtigen, u. a. gibt es eine Waffenausstellung und Folterkeller zu sehen – man kann aber auch dort nächtigen, denn ein komfortables Hotel ist darin ebenfalls untergebracht, es gibt mehrere Restaurants und Bars, mittlerweile auch eine Reihe von Läden.

Noch ein wenig weiter östlich liegen bei *Revine Lago* die zwei kleinen und – abgesehen von Wochenenden – auch beschaulich ruhigen Seen *Lago di Lago* und *Lago di Santa Maria,* wo es einen Campingplatz und einen Badestrand gibt (→ Vittorio Veneto).

• *Öffnungszeiten/Preise* **Castel Brando**, Mai bis Sept. Sa 16–19, So 10–12, 15–18 Uhr, Okt. bis April So 10–18 Uhr. Eintritt ca. 5 €.

• *Übernachten* **** **Castel Brando**, Via Brandolini 29, bei Cisòn di Valmarino. Tolles Ambiente in einer hervorragend restaurierten Ritterburg. In den Zimmern und geräumigen Suiten antikes Mobiliar, großer Wellnessbereich mit Sauna und mehreren Pools, acht Bars und Restaurants, Freitagabend regelmäßig Livemusik. Viele Infos auf der informativen Website. DZ mit Frühstück ca. 160–170 €. ✆ 0438/976093, 📠 976020, www.castelbrando.it

* **Camping Riva d'Oro**, Strada dei Laghi,13, kleineres Gelände am Lago di Santa Maria bei Revine Lago, etwa 8 km westlich der Stadt. Mai bis Sept. ✆/📠 0438/929110.

• *Essen & Trinken* **Al Monastero di Rollo**, in Rolle, südlich von Cison, Via Enotria 21. Schönes Lokal in den Gebäuden eines ehemaligen Klosters, serviert werden Grillgerichte und hausgemachte Nudeln. Di geschl.

Da Andreetta, Località La Bella, Via Enotria 5–7, das rustikale Restaurant mit Panoramablick liegt in einer wunderbaren Landschaft aus Weinreben. Mi geschl.

Vittorio Veneto (ca. 30.000 Einwohner)

Lang gestreckte Stadt am Fuß der Voralpen, südlich von Belluno. 1866 wurde sie nach dem Anschluss des Veneto an das noch junge Königreich Italien aus den beiden benachbarten Gemeinden Serravalle und Cédena zusammengeschlossen und nach König Vittorio Emanuele II benannt.

Der gut erhaltene nördliche Stadtteil Serravalle zwängt sich malerisch zwischen grüne Hügel. Hauptstraße ist die von düsteren Laubengängen flankierte *Via Martiri della Libertà*, an der zahlreiche abgasschwarze Palazzi aus Gotik und Renaissance stehen. Das nördliche Straßenende markiert die bildhübsche *Piazza Flaminio* mit der wappengeschmückten *Loggia Serravalese*, in der heute das Regionalmuseum *Museo del Cenedese* seinen Sitz hat. Das Museum besitzt archäologische Funde, Wappen, einige Gemälde sowie Büsten und Halbreliefs in Gips. Im ersten Stock beeindruckt vor allem der freskenverzierte Ratssaal mit Kamin und großer Wandinschrift aus dem 17. Jh. Neben der Loggia steht ein Uhrturm mit gleich zwei Uhren, die untere stammt aus dem Jahr 1487 und ist mit ihren Stundenzeichen in gotischer Schrift und arabischen Ziffern ein Unikat.

Wenn man von der Piazza Flaminio den Fluss Meschio überquert, kommt man zum äußerlich zunächst wenig ansprechenden Dom *Santa Maria Nova*. Eindrucksvoll sind dagegen das mächtige Deckenfresko und vor allem das in intensiven Farben gehaltene Altargemälde „Heilige Jungfrau mit Petrus und Andreas“ aus der Werkstatt Tizians (kann beleuchtet werden). Ein wenig weiter südlich steht die Kirche *San Lorenzo dei Battuti*, deren Innenraum einen der besterhaltenen Freskenzyklen des Veneto beherbergt, entstanden um die Mitte des 15. Jh.

Im weniger attraktiven Stadtteil Cédena erinnert das *Museo della Battaglia* in der *Loggia Cenedese* aus dem 16. Jh. (Piazza Paolo I, westlich der Durchgangsstraße) an die umstrittene Schlacht vom 4. November 1918, in der die Italiener bei Vittorio Veneto die ganze österreichische Armee gefangen nahmen, obwohl bereits Friedensverhandlungen stattfanden. Seitdem hat jede italienische Stadt eine Via Vittorio Veneto. Auf drei Stockwerken wurden hier Relikte, Dokumente und Fotos des Ersten Weltkriegs zusammengetragen, den krönenden Abschluss bildet im obersten Geschoss die Sala della Vittoria mit großflächig-kitschigen Fresken des klassizistischen Malers Giovanni de Min (1786–1859) aus Belluno.

Von der Loggia Cenedese führt eine steile Strasse auf den 221 m hohen Hügel mit dem *Castello di San Martino*. Das Kastell, von dem noch zwei Türme erhalten sind, wurde vermutlich bereits unter den Langobarden errichtet, aber im 15. Jh. umgebaut, heute dient es als Bischofssitz. Von oben genießt man einen schönen Blick auf die Umgebung.

• *Öffnungszeiten/Preise* Für Museo del Cenedese, Museo della Battaglia und San Lorenzo dei Battuti gibt es **Kombitickets** für ca. 3 €.

Museo del Cenedese, Mai bis Sept. Di–So 10–12, 16.30–18.30 Uhr, Okt. bis April Di–So 10–12, 15–17 Uhr, Mo geschl.

Museo della Battaglia, Mai bis Sept. Di–So 10–12, 16–18.30 Uhr, Okt. bis April Di–So 10–12, 14–17 Uhr, Mo geschl.

Oratorio di San Lorenzo dei Battuti, Mai bis Sept. Di–So 10–12, 16–18, Okt. bis April Di–So 10–12, 14–17 Uhr.

Schönster Platz in Vittorio Veneto: die historische Piazza Flaminio

- *Information* **IAT**, Viale della Vittoria 110, zentral an der Durchgangsstraße, Nähe Bahnhof. Mo–Mi 9.30–12.30, Do–Fr 9.30–12.30, 15–18 Uhr. ✆ 0438/57243, 📠 53629, E-Mail: iat.vittorioveneto@provincia.treviso.it
- *Übernachten* *** **Antica Locanda Leon d'Oro**, im Stadtteil Serravalle, Via Cavour 8, südliche Verlängerung der Via Martiri della Libertà. Kleines, gemütliches Hotel direkt an der Durchgangsstraße. DZ mit Frühstück ca. 55 €. ✆/📠 0438/940740, E-Mail: alb-leondoro@libero.it

La Casa del Podestà, Piazza G. Paolo I 65, schön restaurierter Palazzo genau gegenüber vom Museo della Battaglia, Privatzimmer im früheren Haus des Bürgermeisters. DZ mit Frühstück ca. 60 €. Auskunft bei Familie Rossi am selben Platz (Nr. 61), ✆ 0438/53448, www.vittorioveneto.net/podesta/podesta.htm

Locanda al Postiglione, Via Cavour 39, schräg gegenüber vom Hotel Leon d'Oro, Restaurant (→ Essen & Trinken) mit Zimmervermietung. 6 Zimmer mit Etagendusche, DZ ca. 45 €. ✆/📠 0438/556924.

Locanda Salaam Bombay, Via Niccolò Tommaseo 80, ca. 10 Fußminuten vom Bhf. Privates Hostel mit vier neu möblierten Zimmern, zwei Badezimmern, Wäscherei und Fahrradverleih. Chef kocht gerne indisch. Preis pro Pers. ca. 25 €. ✆ 3490-771733 (Handy), E-Mail: cianoindia@libero.it

- *Essen & Trinken* **Alla Cerva**, Piazza Flaminio 8, wunderbare Lage an der historischen Piazza von Serravalle, im Sommer sitzt man hier schön im Freien. Di geschl.

Locanda al Postiglione, Via Cavour 39, schräg gegenüber vom Hotel Leon d'Oro, Lokal mit sehr gutem Ruf, kräftige, von den nahen Bergen beeinflusste Küche. Di geschl.

Hostaria Via Caprera, Via Caprera 23, gemütliche alte Osteria, überlegt modernisiert, leckere venetische Küche. Do geschl.

In den bellunesischen Dolomiten

Provinz Belluno

Die venetischen Dolomiten, den nördlichsten und gebirgigsten Teil des Veneto, erlebt man am intensivsten, wenn man über das östliche Südtirol anreist.

Dazu muss man bereits bei Brixen von der Brenner-Autobahn abzweigen und durchs Pustertal fahren (→ Anreise, S. 32) oder ab Bozen die *Große Dolomitenstraße* nehmen. Letztere Strecke benötigt deutlich mehr Zeit und führt über steile Pässe mit viel Kurvenkurbelei, ist aber eine der schönsten Dolomitenstraßen. *Cortina d'Ampezzo* bietet vor allem im Hochsommer einen angenehm kühlen Kontrast zu den oft stickig-heißen Küstengebieten und lohnt sich für Wanderungen oder Fahrten per Sessellift und Seilbahn auf die Zwei- und Dreitausender der Umgebung, auch das von Reinhold Messner konzipierte „Museum in den Wolken" ist einen Abstecher wert. Die Provinzhauptstadt *Belluno* liegt in den Voralpen und ist eine sympathische Stadt über dem Fluss Piave, ganz in der Nähe des *Nationalparks*

der bellunesischen Dolomiten. In der nahen Stadt *Feltre* gibt es einiges zu sehen, während der *Lago di Santa Croce* zum Baden und Windsurfen einlädt.

Internet: www.provincia.belluno.it

Große Dolomitenstraße

(Bozen – Karer Pass – Canazei – Pordoi-Joch – Falzarego-Pass – Cortina d'Ampezzo)

Eine Tour auf der berühmtesten Straße der Dolomiten kann man von Bozen aus bequem in Angriff nehmen. Bis Cortina d'Ampezzo sind es etwa 110 km. Die Strecke ist allerdings extrem kurvig und weist große Höhenunterschiede auf, dementsprechend anstrengend ist sie zu befahren.

Zunächst nimmt man vom Ortsteil Kardaun die SS 241, die schmal und kurvig dem Wildbach in der extrem steilwandigen Schlucht des *Eggentals (Valle d'Ega)* folgt, bereits am Talbeginn überquert man auf einer Brücke einen tosenden Wasserfall. Überholen ist in dieser engen Klamm kaum möglich, Geduld mitbringen.

Um *Welschnofen (Nova Levante)* weitet sich die Schlucht, bald hat man linker Hand einen herrlichen Blick auf den *Rosengarten.* Obligater Stopp ist der winzige *Karersee (Lago di Carezza)* inmitten von sattem Nadelwald, in dessen tiefgrünem Wasser sich die schroffen Zinnen des *Látemar-Gebirgszugs* spiegeln. Der frühere Lieblingsplatz von Kaiserin Sissis ist heute von Urlaubermassen extrem überlaufen – ein Zaun verhindert den direkten Zugang, es gibt aber einen netten Rundweg um den See, von dem man zu mehreren schönen Aussichtspunkten absteigen kann (ca. 45 Min.). Vom nahen Ort *Karersee (Carezza)* fährt ein Sessellift fährt hinauf zum bewirtschafteten Rifugio di Paolina (2125 m), wo man von Anfang Juni bis Anfang Okt. sowie zur Wintersaison auch übernachten kann (✆ 0471/612008).

Auffahrt zum Sass Pordoi

Jetzt überquert man den *Karer-Pass* (1745 m) und kurvt hinunter ins *Fassa-Tal.* Im vielbesuchten Fremdenverkehrsort *Vigo di Fassa* trifft man auf die SS 48. Schnelle Fahrt das *Val di Fassa* entlang mit einer Reihe von Urlaubsorten, dann beginnt bei *Canazei* eine steile Serpentinenstrecke mit herrlichen Panoramen hinauf zum 2239 m hohen *Pordoi-Joch (Passo Pordoi),* das die Grenze zur Region Venetien bildet. Auf der Passhöhe sollte man die Gelegenheit nutzen und mit der eindrucksvoll konstruierten Seilbahn auf den *Sass Pordoi* hinaufgondeln, die Fahrt auf 2950 m dauert nur wenige Minuten (hin und zurück ca. 11 €, nur hinauf ca. 7,50 €, Fahrten alle 10 Min.), unterwegs genießt man fantastische Ausblicke auf die steilen Felswände und die Dreitausender im Umkreis: Marmolada, Rosengarten und Langkofel. Die Bergstation oben steht auf einem Plateau mit ewigem Schnee. Wer etwas Zeit zur Verfügung hat: Auf einem gut sichtbaren Weg kann man in einer knappen Dreiviertelstunde wieder zum Pass hinunterlaufen.

In zahllosen Serpentinen kreist man nun vom Pass wieder hinunter, dann zügige Fahrt bis zum Abzweig nach Belluno (SS 203). Richtung Cortina liegt der Camping Col di Lana am Weg, es geht hinauf zum *Passo di Falzarego* (2117 m), wo wieder eine Seilbahn auf den mächtigen *Lagazuoi* lockt (2752 m), der Sage nach ein zu Stein erstarrter König. Der Berg wurde im oberen Bereich zum Freilichtmuseum ausgebaut – dort verlief im Ersten Weltkrieg die Frontlinie, tausende von Soldaten lagen sich hier gegenüber, die Bauten und Geschützstellungen wurden restauriert. Ein Stollen von etwa 1 km Länge ist sogar begehbar und man kann hier zum Wanderweg 402 absteigen, der in ca. 90 Min. wieder zur Talstation führt.

Im Anschluss geht es in langen Kurven hinunter in die Ebene von Cortina.

Cortina d'Ampezzo (ca. 7000 Einwohner)

Der berühmte Wintersportort liegt eingebettet zwischen mächtigen Dolomitenzinnen. 1956 wurden hier die Olympischen Winterspiele ausgetragen, was Cortinas Reputation enorm verstärkt hat – das Preisniveau ist seitdem so hoch wie die Berge der Umgebung, trotzdem tummeln sich von Dezember bis März oft bis zu 40.000 Gäste gleichzeitig in Cortina. Und auch im Hochsommer flüchten viele Italiener vor der Hitze in die kühleren Berge. Die wunderschöne Umgebung bietet dann zahllose Wandermöglichkeiten, diverse Seilbahnen und Sessellifte erklimmen die Steilhänge rundum. Im Mai und Juni ist dagegen Nebensaison, überall wird renoviert und vieles ist geschlossen.

Vom Ortsbild her bietet Cortina nicht viel, besitzt aber hübsche alpenländische Architektur mit Holzbalkonen und eine lange Fußgängerzone. Die große Pfarrkirche *Santi Filippo e Giacomo* wurde 1775 an der Stelle eines älteren Marienheiligtums erbaut. Sie fällt durch ihren eleganten weißen Turm aus Dolomitkalk auf, auf dessen Spitze eine mächtige goldene Kugel mit Kreuz thront, das Glockenspiel ist dem von Big Ben nachempfunden. Im Inneren finden sich reichhaltige Barockaltäre, Fresken von A. Zeiler (18. Jh.) und täuschend echt gemalte Stuckverzierungen aus dem Rokoko. Wenige Schritte entfernt steht die historische *Ciasa de Ra Regoles* von 1825, ursprünglich eine Schule, seit 1957 Sitz der „Regole d'Ampezzo", ein Verband der Familiengemeinschaften, die das Ampezzaner Land verwalten. Heute sind hier drei Museen untergebracht: das *Museo d'Arte Moderne „Mario Rimoldi"*, eine private Gemäldegalerie moderner Kunst mit mehr als 300 Werken italienischer Künstler des frühen 20. Jh., z. B. de Chirico, Guttuso, Morandi, Savinio und Tomea, das *Museo Etnografico „Regole d'Ampezzo"*, eine Volkskundeausstellung zur Region mit bäuerlichen Geräten, sakralen Objekten, Kunst und Kunsthandwerk sowie das *Museo Paleontologico „Rinaldo Zardini"*, in dem beeindruckende Fossilien des so genannten Tethysmeeres ausgestellt sind, das sich im Mesozoikum (vor 250 bis 65 Millionen Jahren) über weite Teile Europas und Asiens erstreckte.

• *Öffnungszeiten/Preise* **Museen**, Mitte Juni bis Mitte Sept. Di–So 10–12.30, 16–19.30 Uhr, Juli/August tägl. 10–12.30, 16–20 Uhr und Weihnachten bis Ostern tägl. 16–19.30 Uhr Übrige Zeiten nach Vereinbarung unter ✆ 0436/2206; Einzelpreis 2,50 €, Sammelticket 4,50 €.

Anfahrt/Verbindungen/Information/Sonstiges

• *Anfahrt/Verbindungen* **PKW**, von Norden kommend über Bruneck (Brunico) und Toblach (Dobbiaco) das **Höhlensteintal** (Val di Landro) entlang oder von Bozen die fantastische **Große Dolomitenstraße** (Grande Strada delle Dolomiti) nehmen.
Bahn/Bus, nächster Bahnhof in Toblach (Dobbiaco), 32 km nördlich (Region Trentino-Südtirol). Busstation an der Via Marconi im oberen Teil von Cortina.
Taxi, 24 Std. erreichbar unter ✆ 0436/ 860888.

• *Information* **APT** an der Piazzetta San Francesco 8, unterhalb der Pfarrkirche. Es wird Deutsch gesprochen. Liste von Hotels und Privatunterkünften, Stadtplan, Umgebungskarte mit Wanderwegen, Sportmöglichkeiten. Tägl. 9.30–12.30, 15.30–18.30 Uhr, ✆ 0436/ 3231, ℻ 3235, www.apt-dolomiti-cortina.it

• *Sonstiges* **Dolomiti Multimedia**, Internetcafé versteckt in einer Passage am Largo Poste, neben dem Bilbò Club (→ Nachtleben). Mo–Fr 8.30–12.30, 15–19.30 Uhr.
La Cooperativa, ganz zentral in der Fußgängerzone, 100 m unterhalb der Kirche. Alles unter einem Dach – großer Supermarkt, Bücher, Zeitungen Schreibwaren etc.

Übernachten

Hotellerie auf hohem Niveau, was sich auch auf die Preise bezieht, jedoch starke Schwankungen zwischen Haupt- und Nebensaison. Unterkünfte mit Ristorante in der Regel nur mit Halb- oder Vollpension. Es gibt auch zahlreiche Privatzimmer und Apartments im Ort, DZ ab etwa 40 € (Liste im Tourist-Büro).

*** **Menardi**, Via Majon 110, im nördlichen Ortsbereich, direkt an der Einfallstraße von Toblach. Alteingesessenes Haus mit ausgezeichnetem Ruf, seit mehreren Generationen von Familie Menardi geführt. Einrichtung traditionell-alpenländisch, freundlicher Service, großer Garten und Parkplatz DZ mit Frühstück ca. 90–210 €. ✆ 0436/ 883400, ℻ 867510, www.hotelmenardi.it

*** **Panda**, Via Roma 64, zentrumsnah, gemütliches Haus im alpenländischen Stil, rundum laufende Holzbalkone, unten Frühstücks-/Aufenthaltsraum mit Polstermöbeln, vorne im Haus Restaurant „Vienna" (→ Essen & Trinken), Parkplatz. DZ ca. 60–170 €, Frühstück extra. ✆ 0436/860344, ℻ 860345, www.hotelpandacortina.it

*** **Villa Gaia**, Via delle Guide Alpine 96, pieksaubere Zimmer in der Nähe vom südlichen Ortsausgang (von der Via Roma rechts ab). DZ ca. 90–180 €, Frühstück extra. ✆ 0436/2974, ℻ 862170, www.hotelvillagaia.it

*** **Villa Alpina**, Via Roma 72, hübsch aufgemacht im traditionellen Stil eines Bauernhauses, gemütliche Zimmer mit viel Holz, Garten und Parkplatz. DZ ca. 65–160 €, Frühstück extra. ✆ 0436/2418, ℻ 867464, www.villaalpina.it

** **Cavallino**, Corso Italia 142, ganz zentral in der Fußgängerzone, älteres Haus, einfach, aber freundlich möbliert, kein Ristorante, Parkplatz. DZ ca. 62–135 €, Frühstück extra. ✆ 0436/2614, ℻ 879909.

Hauptstraße und Pfarrkirche von Cortina d'Ampezzo

Provinz Belluno

• *Camping* Wenige Kilometer unterhalb der Stadt auf dem Campo di Sopra am Fluss Boite liegen drei Campingplätze, beschildert an der SS 51: **** **Cortina** (ganzjährig), ** **Rocchetta** (Juni bis September) und ** **Dolomiti** (Mai bis September), von der Stadt stündlich zu erreichen mit Bus 2 ab Piazza Roma. Ein weiterer Platz ** **Olympia** (ganzjährig) liegt oberhalb von Cortina d'Ampezzo an der Straße nach Dobbiaco (Toblach).

Stellplatz für Wohnmobile am nördlichen Ortseingang.

Essen & Trinken/Nachtleben

Über siebzig Restaurants und Pizzerien bieten teilweise erstklassige Küche, besonders schön sitzt man in den außerhalb gelegenen Restaurants.

Baita Fraina, allein stehendes Haus in ruhiger Hügellage südlich von Cortina, zu erreichen auf schmalem Sträßchen ab SS 51 (beschildert). Bei der engagierten Familie Menardi fühlen sich vor allem Familien mit Kindern wohl, denn es gibt eine große Spielwiese, die man von der Sonnenterrasse einsehen kann. Auch tagsüber gut als Zwischenstopp geeignet. Hausherr Alessandro empfiehlt sein *cosciotto d'agnello ai tre sapori* (Lammkeule mit drei Gewürzen). Menü um die 30–45 €. Mit Zimmervermietung. Mo und Mai/Juni sowie Oktober/November geschl.

Leone e Anna, im Ortsteil Alverà, östlich von Cortina. Gute sardische Küche, z. B. malloreddus (Griesklößchen) und porcheddu (Spanferkel). Menü um die 30–45 €. Di und Mai/Juni sowie November geschl.

Lago Ghedina, großes Ausflugslokal in herrlicher Lage am gleichnamigen See, knapp 5 km westlich vom Zentrum. Mit Zimmervermietung. Ganzjährig geöffnet, Di geschl. (in Mai/Juni sowie Oktober/November nur Fr, Sa und So geöffnet).

Il Ponte, Via B. Franchetti 8, Pizzeria am Flusslauf des Bigontina, östlicher Beginn der Fußgängerzone. Architektonisch originell mit hoher Holzempore, von deren Brüstung man dem Pizzabäcker auf den Schieber gucken kann. Kräftige Pizze, gut z. B. die *pizza al ponte* mit Artischocken und Pilzen, auch Pizza mit Sojateig ohne Tomaten erhätlich. Ganzjährig geöffnet, Mo geschl.

Vienna, Via Roma 66, nette Birreria/Pizzeria/Ristorante im Hotel Panda, in den beiden kleinen rustikalen Innenräumen und auf der kleinen Terrasse davor kann man alpenländische Küche (z. B. Gulasch oder Zicklein mit Polenta) und diverse Pizzen ordern. Sylvester Stallone ist hier schon einmal eingekehrt. Mi geschl., außerdem Mai und November.

Self-Service Stazione, im Busbahnhof an der Via Marconi, das preiswerteste Essen in Cortina, komplettes Menü um die 12 €. Sa und im Winter geschl.

• *Nachtleben* Die wilden sechziger Jahre, als Cortina voll im Trend lag und sich Klaus Kinski hier austobte, sind zwar vorbei, doch auch heute ist das Nachtleben ausgeprägt – allerdings nur im Winter.

Bilbò Club, beliebte, zentral gelegene Disco in einer Passage am Largo Poste, nördlich der Fußgängerzone. Alternativen dazu sind **Area** in der Via Ronco 82 (viel junges Publikum) und **Belvedere** im Ortsteil Pocol.

Hotel della Poste, Après-Ski vom Feinsten in der Bar des berühmten Hotels.

Villa Sandi, kleine, gemütliche Enoteca an der Abzweigung des Largo Poste von der Fußgängerzone.

Sport/Lifte

• *Sport* Riesenangebot, im Tourist-Büro gibt es Spezialbroschüren.

Mountainbikes kann man z. B. mieten im Centro Sportivo an der Via Roma 91/c (halber Tag 16 €, Tag 26 €); **Hallenbad** im Ortsteil Guargnè (ca. 6,20 €); **Golf** beim Miramonti Majestic Grand Hotel an der SS 51; **Minigolf** am Camping Rocchetta, Ortsteil Campo; **Reiten** am Reithof Meneguto, Ortsteil Fraina; **Tennis** u. a. im Stadio A.R. Apollonio, Via dei Campi; **Eisstadion** (Juli – September); **Rafting** mit „Cortina No Limits", ✆ 0436/860808; **geführte Wanderungen** durch Bergführer (Info im Tourist-Büro); mehrere **Fitnesscenter** u. v. m.

• *Lifte* im Sommer tägl. 9–17 Uhr, lohnen unbedingt. Die reizvollste Tour startet am Olympiastadion. Die Seilbahn „Freccia nel Cielo" geht über Col Druscie und Ra Valles bis auf den Gipfel des **Tofana di Mezzo**, mit 3243 m die höchste Seilbahn ab Cortina d'Ampezzo. Kostet ca. 26 € hin/rück. Bei klarem Wetter kann man bis zum Meer sehen. Eine weitere Seilbahn startet in der Nähe

vom Busbahnhof an der Via Marconi zum Rifugio auf dem **Tondi di Faloria** in 2122 m Höhe (ca. 13 € hin/rück), geübte Wanderer können den Rückweg zu Fuß machen (→ Wandern). Ein Sessel-/Gondellift fährt in zwei Etappen ins Massiv des **Monte Cristallo** bis auf 2896 m Höhe (ca. 13 € hin und zurück), Abfahrt an der Straße zum Lago di Misurina (→ nächster Abschnitt).
Ein Sessellift geht vom Hallenbad (Ortsteil Guargnè) hinauf zum **Rifugio Mietres** in 1710 m Höhe (ca. 10 € hin/rück).

• *Wandern* Um Cortina gibt es zahlreiche gut markierte Wanderwege, informationsmaterial hält das Touristenbüro bereit. Eine Möglichkeit, Seilbahn mit Wandern zu verbinden, bietet die Fahrt auf den **Tondi di Faloria** in 2122 m Höhe (→ Lifte). Von dort kann man in 5–6 Std. auf markiertem Weg nach Cortina hinunter wandern.

Die Umgebung von Cortina bietet viel für's Auge

Cadore

Östlich und südöstlich von Cortina erstreckt sich das so genannte „Cadore", eine Hochgebirgsregion, die nur von einzelnen Tälern durchzogen wird und sich bis zur österreichischen Grenze zieht, wo der Piave-Fluss entspringt. Zu Beginn unserer Zeitrechnung hatten sich die rätoromanischen Ladiner vor den römischen Legionen in diese unzugänglichen Bergtäler zurückgezogen und lebten dort über viele Jahrhunderte hinweg fast isoliert von der Außenwelt. Bis heute haben sie ihre eigene Sprache, die in Südtirol inzwischen sogar gesetzlich geschützt ist.

Ein schöner Ausflug führt von Cortina auf der SS 48 zum Lago di Misurina. Die Straße zieht sich in steilen Windungen mit herrlichen Ausblicken zum *Passo Tre Croci* in 1809 m Höhe, kurz vorher ein Sessellift zum Monte Cristallo. Nach dem Pass geht es durch dichten Nadelwald hinunter bis zu einer Kreuzung, wo man sich links hält.

Frühsommer am Lago di Misurina

▸ **Lago di Misurina**: Dieser malerische kleine See in fast 1800 m Höhe ist vor allem bei Sonnenschein ein idyllisches Ziel. Selbst im Juni findet man hier oben noch Schneereste, dahinter erhebt sich die majestätische Kulisse der *Tre Cime di Lavaredo/Drei Zinnen* (2998 m). Am Südufer steht das ehemalige „Grand Hotel Misurina e Savoia", heute ein Kurheim für asthmakranke Kinder. Entlang des Westufers reihen sich Hotels, Ristoranti und Cafés, an mehreren Stellen kann man Tretboote leihen. Auf dem „Sentiero Lungo Lago" ist der See zu Fuß bequem zu umrunden.

Am Südende des Sees führt eine Piste auf den *Campo di Misurina* in 2500 m Höhe mit einer in Form eines Oktagons angelegten Käserei, deren Produkte man im Sommer erwerben kann. Vom nördlichen Seeende aus zieht sich eine 6 km lange Höhenpiste zum „Rifugio Angelo Bosi" auf den *Monte Piana* (2225 m) hinauf, eine weitere (besser ausgebaute) Piste zum 11 km entfernten „Rifugio Auronzo" (2300 m) an der Wand der Drei Zinnen (die letzten 4 km sind kostenpflichtig).

• *Anfahrt* auf der „SS 48 bis" etwa 7 km ab Höhlensteintal (→ S. 32). Oder ab **Cortina d'Ampezzo** auf der SS 48, ca. 14 km.

• *Übernachten* *** **Lavaredo**, Via Monte Piana 11, großes, gemütliches Alpenhaus mit herrlichem Blick auf Dolomiten und See, dreißig Zimmer mit TV. HP ca. 40–75 € pro Pers. ✆ 0435/39227, ℻ 39127, www.lavaredohotel.it

* **Sport Hotel**, Via Monte Piana 18, ordentliches Albergo mit Restaurant/Bar im Untergeschoss. DZ mit Frühstück ca. 55–80 €. ✆/℻ 0435/439125.

Camping Alla Baita Misurine, kleines, schattenloses Wiesengelände am schmalen Nordende des Sees, einfache Sanitäranlagen. Mitte Juni bis Mitte Sept. ✆ 043/539039.

• *Essen & Trinken* **Genzianella**, schönes Terrassenlokal am Nordende des Sees, ruhig.

▸ **Lago di Santa Caterina**: Südlich vom Lago di Misurina geht es das Tal des an mehreren Stellen gestauten Flusses Ansiei entlang bis zum lang gestreckten Fremdenverkehrsort *Auronzo di Cadore* am Nordufer des Stausees. Der 2 km lange, oft türkis schimmernde See mit dem prächtigen Panorama des *Monte Aiarnola* (2456 m) im Hintergrund entstand 1930, damals wurde die 55 m hohe, an ihrer Basis bis zu 35 m breite Staumauer erbaut. Das Südufer ist unbewohnt und dicht bewaldet. Häufig finden Bootswettbewerbe statt und auch einen Badestrand gibt es, nämlich in Villagrande beim Ponte Transacqua am Nordende des Sees.

- *Information* direkt an der Durchgangsstraße, Via Roma 10. ✆ 0435/9359, 📠 400161.
- *Übernachten* *** **Panoramic**, Via Padova 15, Villapiccola, bevorzugte Lage nah am See, herrliches Panorama, schöner Garten. DZ mit Frühstück ca. 65–90 €. ✆ 0435/400198, 📠 400578, www.panoramichotel.com
** **Victoria**, Via Cella 23, kleines, gepflegtes Albergo mit Garten direkt am See. DZ mit Frühstück ca. 60–80 €. ✆ 0435/99933, 📠 400305.

Tagesausflug ins Quellgebiet des Piave

Von Auronzo di Cadore ist es nicht mehr weit zu den Quellen des Piave, nur wenige Kilometer von der Grenze zu Österreich. In dieser Region hatten im Mittelalter Einwanderer eine deutsche Sprachinsel gebildet, deren Gebräuche heute noch gepflegt werden. Man nimmt die SS 52 nach *San Stefano di Cadore* und folgt dem Fluss über *Sappada* ein Tal hinauf bis beinahe zum Rifugio „Sorgenti di Piave" in 1830 m Höhe. Dort kann man im Quellgebiet einen erfrischenden Bergspaziergang machen und anschließend das westlich von Sappada gelegene romantische *Val Visdende* besuchen. Beide Täler könnte man im Rahmen einer großen Rundwanderung verbinden: Sappada – Val Visdende – Sorgenti di Piave –Val Sesis –Sappada.

Übernachten: ** Bellavista, im weiter westlich gelegenen Val Comelico, Comelico Superiore, Ortsteil Dosoledo. Unweit der Hauptstraße, trotzdem in absolut ruhiger Lage, der Wirt hat 30 Jahre in Mannheim gelebt. Gutes Essen und stimmiges Preis/Leistungsverhältnis. DZ mit Frühstück ca. 54–77 €. ✆ 0435/68936, 📠 68987.

Valle d'Ampezzo

Schnellste Verbindung von Cortina d'Ampezzo nach Belluno ist die SS 51, die das Valle d'Ampezzo (auch: Valboite) am Fluss Boite entlang über *San Vito di Cadore* schnurstracks nach Süden bis zum Piave-Tal mit dem Stausee Lago di Pieve di Cadore (→ S. 212) führt. Unterwegs passiert man mehrere kleine Seen, der größte ist der *Lago di Boite*.

▸ **San Vito di Cadore**: größter Fremdenverkehrsort im Valle d'Ampezzo, umgeben von waldreichen Bergzügen. Im Ort liegt der kleine *Lago di San Vito*, der eigentlich nur ein tiefgrüner Weiher ist. Sehenswert sind die Pfarrkirche aus dem 18. Jh., die gotische Kirche „Madonna della Difesa" aus dem 16. Jh. und das kleine Heimatmuseum.
Die Ausflugsmöglichkeiten sind zahlreich, z. B. auf die sonnige, hoch gelegene *Alpe di Senes* und zu den diversen Rifugi im Umkreis, auf den *Monte Pelmo* oder den *Monte Antelao*. Im Winter gibt es ein gutes Pistengebiet mit Sesselliften nach *San Marco* in 1600 m Höhe, einen Busservice nach Cortina und die 10 km lange „Graes"-Langlaufpiste.

- *Information* **APT**, Via Nazionale 9, Holzhaus direkt an der Durchgangsstraße. Viel Material. 9–12.30, 15.30–18.30 Uhr. ✆ 0436/9119, 📠 99345, www.apt-dolomiti-cortina.it
- *Übernachten* *** **Meublè Valley**, Via Costa 13, ruhige Lage oberhalb der Hauptstraße, nahe am Ortskern. Gemütlich-rustikale Zimmer, sonnige Terrasse. DZ mit Frühstück ca. 90–130 €. ✆ 0436/890550, 📠 9504, www.meublevalley.it
- *Essen & Trinken* **Chalet al Lago**, beschauliche Lage am winzigen Lago di San Vito.
Il Covo, Pizzeria mit Discobar an der Zufahrt zum See.

Rifugio Larin, 3 km westlich in 1200 m Höhe, zu erreichen von Serdes auf der Straße 436. Schönes Rifugio mit herrlichem Blick, nur im Sommer geöffnet. ✆ 0436/9112.

Museo nelle Nuvole: Das „Museum in den Wolken"

Südlich von Cortina hat der ehemalige Extrem-Bergsteiger und jetzige Europaparlaments-Abgeordnete Reinhold Messner am *Monte Rite* in 2181 m Höhe eine mächtige Befestigung aus dem Ersten Weltkrieg zum Dolomiten-Museum umgebaut. Das Fort wurde 1914 von den Italienern errichtet. 1917 besetzten die Österreicher den Monte Rite, mussten aber bereits 1918 wieder abziehen und sprengten einen Großteil der Mauern. 1998 entdeckte Reinhold Messner die vergessene Ruine und bereits 2002 konnte hier das höchstgelegene Museum Europas eröffnet werden.

Man erreicht das „Museum in den Wolken" auf der SS 51, indem man nach dem Lago di Vodo auf die SS 347 abzweigt und über Cibiana di Cadore mit seinen sehenswerten Murales bis zum Passo di Cibiana fährt. Von dort zu Fuß auf einer alten Schotterstraße in 1,5 Std. oder per Shuttlebus in 15 Min. (tägl. 8.30–18.30 Uhr, hin/zurück ca. 9 €) zum Gipfel mit umfassendem Dolomitenrundblick. Die Festung mit ihren 20 Räumen zeigt die Geschichte der Dolomiten und ihrer Entdecker, dazu eindrucksvolle Skulpturen und Gemälde. In den gesprengten Lafetten wurden gläserne Beobachtungspunkte ausgebaut. Hinter der Festung beginnt ein Naturlehrpfad an der Nordseite des Bergs, vorbei an den Wiesen, auf denen die Yaks von Messner weiden.

Öffnungszeiten: Ende Juni bis zum ersten Schneefall im Herbst tägl. 10–18 Uhr, Eintritt ca. 5 €, Kinder 3 €, Familien 12 €; ✆ 0435/890996, 890997, www.monterite.it, www.reinhold-messner.de

Übernachten: Rifugio Dolomites, direkt unterhalb der Festung am Monte Rite, einfache Zimmer mit schweren Bruchsteinwänden, Heizung und ordentlichen Sanitäranlagen. Nettes Restaurant mit einer hölzernen Außenterrasse, die halb über dem Abgrund schwebt, Self-Service (nur Juni bis Sept.). DZ ca. 80–90 €, im Mehrbettzimmer ca. 30–35 € pro Pers. ✆ 0435/31315, www.rifugiodolomites.it
Rifugio Remauro, weitere Zimmer und gute Bergküche im Gasthaus am Passo di Cibiana (1536 m), am Fuß des Monte Rite. ✆ 0435/74187, 74054, www.monterite.it/rifugioremauro.html

▸ **Lago di Pieve di Cadore**: Gut 10 km langer, schmaler Stausee mit Wald- und Wiesenufern, an den Hängen hoch darüber liegen mehrere große Orte. Wegen der verschlammten Ufer und des stark wechselnden Wasserstandes ist er zum Baden nicht geeignet. Die mächtige Staumauer am Südende des Sees kann man von Pieve di Cadore aus anfahren (Beschilderung „Al Lago"). Durch den Bau dieses Damms wurde der Piave-Fluss so weit gebändigt, dass er weiter unten nur noch als seichtes Flüsschen durch das breite Tal kriecht. Kaum mehr vorstellbar ist heute, dass jahrhundertelang zu langen Flößen zusammengebundene Alpenbäume auf dem Piave bis zum Meer trieben. Südlich vom See schlängelt sich die Straße das enge Piave-Tal entlang nach Süden – Abstecher ins Flößermuseum (→ Kasten 214) einbauen, ansonsten weiter zum Lago di Santa Croce.

▸ **Pieve di Cadore**: Geburtsort des berühmten Tiziano Vecellio (1488/90–1576), besser bekannt als Tizian, einer der bedeutendsten Maler Venetiens. Auf der zentralen Piazza Tiziano ist der Meister mit Pinsel und Palette in Bronze verewigt. Seitlich davon steht das frühere *Rathaus* mit dem „Gran Caffè Tiziano", ein paar Schritte dahinter die große, äußerlich etwas ungeschlacht wirkende *Pfarrkirche* mit einigen

Am Lago di Pieve di Cadore

Gemälden, darunter auch „Madonna und Heilige“ von Tizian. Im Palazzo neben der Kirche das *Museo della Magnifica Comunità del Cadore*, u. a. mit paläontologischen und archäologischen Funden sowie kleiner Gemäldesammlung. An der Durchgangsstraße, etwas unterhalb der Piazza, steht die *Casa natale del Tiziano*, das kleine, zweistöckige Geburtshaus Tizians, das seit langem restauriert wird und in den letzten Jahren geschlossen war.

Ein weiteres ungewöhnliches Museum, das *Museo dell'Occhiale*, befindet sich im nahen Weiler Tai di Cadore und dokumentiert mit zweitausend Ausstellungsstücken die Entwicklungsgeschichte der Brille.

• *Öffnungszeiten/Preise* **Museo della Magnifica Comunità del Cadore**, Mitte Juni bis Mitte September Di–So 9.30–12.30, 16–19 Uhr, Mo geschl.; Eintritt ca. 1,50 €.
Casa natale del Tiziano, falls Restaurierung beendet etwa Ende Juni bis Mitte Sept. Di–So 9-12.30, 16.30–19 Uhr, im August auch Mo geöffnet. Auskunft unter ✆ 0435/32262.
Museo dell'Occhiale, Via degli Alpini 39, Juni bis Mitte Sept. tägl. 8.30–12.30, 16.30–19.30, übrige Zeit nur Sa 8.30–12.30 Uhr. ✆ 0435/500213.

• *Übernachten* Mehrere Hotels in Pieve und Domegge di Cadore.
** **Camping Cologna**, hügliges Wiesengelände am Westufer des Sees, ab Domegge di Cadore über eine schmale Brücke zu erreichen. Nur Juni bis September. ✆/📠 043/572135.

Die oft überlastete SS 51 schlängelt sich das enge Piave-Tal entlang nach Süden. Abstecher nach Belluno einbauen, ansonsten über Vittorio Veneto weiter in die Ebene.

▸ **Lago del Vaiont**: Biegt man in Longarone nach Osten ab, kommt man zum *Passo di San Osvaldo* (827 m). Dort oben liegt der fast leere Stausee *Lago del Vaiont*. Hier kam es am 9. Oktober 1963 nach längeren intensiven Regenfällen zum spektakulären und als „The Vajont Disaster“ bekannten Erdrutsch, bei dem über 1500 Menschen in Longarone und den umliegenden Ortschaften ums Leben kamen. Die

Abrisskante der 300 Millionen Kubikmeter umfassenden Felsmasse am *Monte Toc* (1921 m) kann man im Gelände immer noch gut erkennen.

Die „Zattieri del Piave“: Holz für Venedig

Buchstäblich lebenswichtig waren die Belluneser Dolomiten in früheren Jahrhunderten für das traditionell waldarme Venetien. Hier, in den Waldgebieten um Belluno, die heute als Naturpark „Parco Nazionale delle Dolomiti Bellunesi“ ausgewiesen sind, schlugen Generationen von Holzfällern die starken, harzhaltigen Stämme, auf denen ein Großteil der Lagunenstadt Venedig steht. Mit biegsamen Gerten zu großen Flößen zusammengebunden, wurde das Holz auf dem Piave bis in die Lagune von Venedig verschifft. Nach dem Zweiten Weltkrieg wurde der ehemals mächtige Strom durch den Bau von Stauwehren und Wasserkraftwerken zum bescheiden fließenden und jederzeit kontrollierbaren Rinnsal – die Flößerei war damit Geschichte geworden.

Umfassend dokumentiert wird die knochenharte Arbeit der „Zattieri“ (Flößer) im liebevoll aufbereiteten *Museo Storico degli Zattieri del Piave* in Castello Lavazzo-Codissago nördlich von Belluno. Um den kleinen Ort zu erreichen, muss man beim Holzverarbeitungszentrum Longarone von der SS 51 auf die andere Flussseite wechseln. Dort befindet sich das ausgeschilderte Museum rechter Hand der Durchgangsstraße. Auf drei Stockwerken wird der komplexe Vorgang vom Fällen der Bäume über das Markieren der Stämme und den Transport von den steilen Berghängen zum Fluss hinunter bis zur langwierigen Reise auf dem reißenden Fluss und der Ankunft in der Lagune von Venedig erläutert. Zahlreiche Werkzeuge und Arbeitsmaterialien von der Antike bis zur Neuzeit, dazu Zeichnungen, Fotos, Dokumente und Landkarten, aber vor allem die vielen, in liebevoller Handarbeit hergestellten Modelle machen die Arbeit der Flößer in höchst eindrucksvoller Weise lebendig. Im Außenbereich des Museums wurde ein historisches Sägewerk rekonstruiert, von denen es im Bereich des Piave mehr als hundert gab. Franco Da Rif, der Leiter des Museums, gibt interessierten Besuchern gerne näheren Einblick und kann so manches Detail sachkundig erklären.

Öffnungszeiten/Preise: Juni bis Sept. Di–So 9–12, 15–18 Uhr, Mo geschl.; Okt./Nov. und März bis Mai Sa/So 10–12, 15–18 Uhr; Eintritt ca. 3 €. ✆ 0437/771057, E-Mail: franco.darif@libero.it

Panoramablick auf die exponiert liegende Altstadt von Belluno

Belluno

(ca. 37.000 Einwohner)

Charmant verschlafene Provinzhauptstadt in den südlichen Ausläufern der Alpen, ca. 70 km von Cortina d'Ampezzo. Belluno ist kein eigentliches Touristenziel, aber lohnender Stop-over am Weg Richtung Venedig.

Das ruhige alte Zentrum liegt pittoresk auf einer Landzunge über dem Tal des Piave-Flusses, von Norden kommend mündet hier der Ardo. Schon die Kelten fanden es hier schön, nannten sie die Siedlung über dem Piave doch „Belo-Dunum", was so viel heißt wie „leuchtende Stadt". Alte Gassen mit historischen Palazzi, Laubengängen und Kopfsteinpflaster, der repräsentative Domplatz und die lang gestreckte Piazza dei Martiri mit ihren eleganten Cafés machen Vorfreude auf den Süden.

• *Anfahrt/Verbindungen* **Bahnhof** und **Busstation** liegen einen knappen Kilometer nordwestlich der Altstadt.

Ein großer gebührenpflichtiger **PKW-Parkplatz** liegt westlich unterhalb der Altstadt. Per Rolltreppen kommt man hinauf und landet direkt am Domplatz.

• *Information* **APT** an der Piazza dei Martiri 8. ✆ 0437/940083, 📠 940073, www.infodolomiti.it, www.comune.belluno.it

• *Übernachten* *** **Cappello e Cadore (3)**, Via Ricci 8, restaurierter Bau aus dem 19. Jh., ganz zentral bei der Piazza dei Martiri. Elegante Einrichtung, gepflegte Zimmer mit TV, Parkplatz. DZ mit gutem Frühstücksbuffet ca. 60–110 €. ✆ 0437/940246, 📠 292319, www.albergocappello.com

*** **Astor (5)**, Piazza dei Martiri 26/e, direkt an der ruhigen Südseite des Hauptplatzes, kürzlich renoviert, guter Standard, Panoramablick über Altstadt und Piave, Garage. DZ mit reichhaltigem Frühstücksbuffet ca. 60–95 € (Superior 80–135 €). ✆ 0437/942094, 📠 942493, www.astorhotelbelluno.com

** **Al Ponte della Vittoria (1)**, Via Monte Grappa 1, guter Stop-Over etwas außerhalb, direkt an der SS 51, bei einer Piave-Brücke. Beliebter Fernfahrertreff, Ristorante und Bar, in der es oft laut her geht. Zimmer okay und sauber. DZ mit Frühstück ca. 65–70 €. ✆ 0437/925270, 📠 927510, www.alpontedellavittoria.com

* **Centrale (4)**, Via Loreto 2, am westlichen Ende der Piazza dei Martiri in Richtung Bahnhof einbiegen. Einfaches Albergo, DZ mit Bad ca. 35–50 €. ✆ 0437/943349.

**** **Park Camping Nevegal**, auf der gleichnamigen Hochfläche 12 km südöstlich von Belluno in etwa 1000 m Höhe. Ganzjährig. ✆ 0437/908143.

Weitere Unterkünfte am nahen **Lago di Croce** (→ unten).

• *Essen & Trinken* **Moretto (7)**, Via Valeriano 8, preiswerte Trattoria in der Altstadt. So geschl.

Taverna (6), Via Cipro 7, gemütliche Osteria in einem handtuchschmalen Gässchen der Altstadt, nach hinten kleine Terrasse, gute traditionelle Küche. So geschl.

Al Borgo (9), Via Anconetta 8, südlich vom Zentrum, an der Straße nach Feltre. Gediegenes Restaurant in einer Villa des 18. Jh., umgeben von einem großen Park. Mo-Abend und Di geschl.

Antica Locanda Al Cappello, in Mel, 15 km südwestlich, Piazza Papa Luciani 20. In dem berühmten historischen Lokal speist man inmitten von Fresken des 17. Jh. Giovanni und Liliana de Zordi bieten typische Belluneser Gerichte, zubereitet nach alten Traditionen. Mittlere Preise. Di-Abend und Mi geschl.

• *Weinstuben* (Enoteche): **Enoteca Top 90 (2)**, gemütliches Plätzchen an der Piazza Santo Stefano, vor der gleichnamigen Kirche.

Il Piacere (8), Via Mezzaterra 94, vorne an der Spitze der Altstadt, gepflegte Enoteca, wo man die Veneto-Weine in Ruhe kosten kann. So geschl.

Sehenswertes: Die *Piazza dei Martiri* bildet das Zentrum der Innenstadt – ein schöner, lang gestreckter Platz mit Grünanlage, auf der Nordseite flankiert von einem breiten Laubengang mit den besten Cafés der Stadt. Bis zum Zweiten Weltkrieg hieß der Platz noch Campitello, wurde aber umbenannt wegen der öffentlichen Hinrichtung von vier Partisanen am 17. März 1945 durch die deutschen Besatzer. Der Laubengang setzt sich auf die benachbarte Piazza Vittorio Emanuele fort, dort geht es durch die skulpturengeschmückte *Porta Doiona* in die schmalen Altstadtgassen mit zahlreichen Laubengängen und Palazzi aus Gotik und Renaissance. Über die bildhübsche, von Laubengängen eingefasste *Piazza del Mercato* mit Brunnen kommt man schnell zur weit und offen angelegten *Piazza Duomo*. Platzbeherrschend ist der Dom *Santa Maria Assunta* mit einfacher Bruch- und Backsteinfassade und hohem Campanile im typisch venezianischen Stil, dahinter schöne Aussichtsterrasse zum Fluss Piave. Der spätere Papst Johannes Paul I. war hier 20 Jahre lang Generalvikar – Papst dagegen nur 33 Tage. In den Seitenkapellen des wuchtigen Innenraums werden einige bedeutende Altargemälde verwahrt. An der Nordseite der Piazza steht der filigran verzierte *Palazzo dei Rettori* mit Arkadengang, gotischen Doppelfenstern, zwei zentralen Loggien und schönem barockem Uhrenturm. Einen auffallenden Kontrast dazu bildet die benachbarte massive *Torre Civica* aus dem 11. Jh., spärlicher Rest einer Burg, die hier einst stand.

Nur wenige Schritte entfernt steht im Innenhof des *Palazzo della Crepadona* in der Via Ripa ein prächtiger, mit Jagdszenen und einer rätselhaften Inschrift geschmückter Sarkophag des Römers Flavius Ostilius. Im ersten Stock des Palazzo finden wechselnde Ausstellungen statt.

Im nahen *Museo Civico*, Via Duomo 16, kann man Ausgrabungsfunde aus der Stein-, Bronze- und Römerzeit und eine Pinakothek mit Werken Belluneser Maler besichtigen. Neben Sebastiano und Marco Ricci trifft man hier auf Antonio Lazarini, Giovanni de Min und Galeazzo Monti. Aber es gibt auch ein fast 4 m langes Werk des Venezianers Tintoretto, nämlich „Christus vor Pilatus". Ergänzend sind noch venezianisches Porzellan und Holzskulpturen des aus Belluno stammenden Bildhauers Andrea Brustolon (1662–1732) ausgestellt.

Die langen Gassen Richtung Süden führen bis zur Spitze des Felssporns, auf dem die Altstadt thront. Kurz vor Ende der mit alten Palazzi gesäumten *Via Mezzaterra*

zweigt links ein hübsches Kopfsteinpflastergässchen zur *Porta Rugo* ab, wo man einen weiten Blick in die Umgebung genießt.

Zurück an der Piazza Vittorio Emanuele ist die nahe gotische Kirche *Santo Stefano* noch einen Besuch wert – reich verziertes Seitenportal, schöner Innenraum mit schwarzweiß gestreiften Kreuzrippen, in der Kapelle rechts neben dem Altar ein vergoldetes Altarbild von Andrea di Foro (16. Jh.), außerdem Holzschnitzereien von Andrea Brustolon.

Öffnungszeiten/Preise **Museo Civico**, Di–Sa 10–12, 16–19, So 10.30–12.30 Uhr, Mo geschl., Eintritt ca. 2,10 €.

Belluno/Umgebung

▸ **Nevegal**: Zehn Autominuten südlich der Altstadt findet man in etwa 1000 m Höhe dieses karstige Hochplateau, wo man bei klarer Sicht eine herrliche Aussicht auf Belluno, das Piavetal und die Dolomiten genießt. Mit dem Sessellift kommt man zum *Monte Faverghera* (1610 m) und zum dortigen „Giardino Botanico delle Alpi Orientali“ hinauf, 40 Gehminuten sind es von dort zum *Col Visentin* (1761m).

Begehrt ist der Nevegal vor allem bei Mountainbikern, es gibt sogar eine Downhill-Strecke, auf der ein Weltcup ausgetragen wurde.

Öffnungszeiten **Giardino Botanico delle Alpi Orientali**, Anfang Juni bis Mitte Sept., Di–So 10–12, 14–18 Uhr, Eintritt ca. 4 €.

Parco Nazionale delle Dolomiti Bellunesi

Der 1993 gegründete und nahezu unbewohnte Nationalpark umfaßt die Zweitausender und ihre Umgebung nördlich des Piave-Tals zwischen Feltre und Belluno. Er ist von großer landschaftlicher Vielfalt, besitzt tiefe Täler, Hochebenen, Almen und dolomitenähnliche Steilwände, aber auch besonders reizvolle, grasbewachsene Gipfel, vor allem im westlichen Parkgebiet namens „Le Vette", z.B. den 2335 m hohe *Monte Pavione*, aber auch den *Monte Serva* (2132 m) nördlich von Belluno. Die *Monti del Sole* bilden das „wilde Herz" des Naturparks, während der *Monte Schiara* (2563 m) der höchste Gipfel im nördlichen Bereich ist. Da Teile der Region während der Eiszeiten nicht von Eis bedeckt waren, gibt es eine Vielzahl von botanischen Raritäten, ganz ähnlich wie am Monte Baldo-Massiv beim Gardasee(→ S. 69).

Nur zwei Straßen durchqueren das über 31.000 Hektar große Gebiet, die SS 203 im *Val Cordévole* und die SP 2 durch das *Valle del Mis*, vorbei am gleichnamigen Stausee. Ein weiterer kleiner Stausee ist der *Lago de La Stua* im Val Canzoi. Für Wanderer gibt es eine Reihe von Wegen durch den Nationalpark, u.a. führt der Dolomiten-Höhenweg Nr. 1 hindurch. Beschreibungen erhält man im Besucherzentrum der Parkverwaltung und in den örtlichen Buchhandlungen. Streng verboten ist es, die Forstwege und -pisten des Parks mit dem Wagen zu befahren.

Information: Ente Parco Nazionale Dolomiti Bellunesi (Parkverwaltung), Piazzale Zancanaro 1, Feltre, ✆ 0439/3328, 📠 332999, www.dolomitipark.it;
Centro Visitatori di Pedavena (Besucherzentrum), in Pedavena (nördlich von Feltre), Piazza I Novembre 1. Mitte Juni bis Mitte Sept. Di–Fr 16–19 Uhr, Sa/So 9.30–12.30, 16–19 Uhr, übrige Zeit Fr 15–18, Sa/So 9.30–12.30, 15–18 Uhr. ✆ 0439/304400.

Übernachten: Mehrere Hütten bieten von Mitte Juni bis Mitte September Bergwanderern Quartier, z.B. das Rifugio Sommariva in wunderschöner Lage unter den Dolomitenzinnen am Ende des Prampértals (✆ 0422/306759) und das Rifugio Settimo Alpini in 1500 m Höhe, Ausgangspunkt für Touren im Gebiet des Monte Schiara (✆ 0437/941631).

Lago di Santa Croce

Hübscher Voralpensee mit leuchtend grünem Wasser, eine Domäne der Windsurfer, die hier vor allem im Frühjahr und September beste Bedingungen finden. Die Sommermonate dagegen sind ideal für Anfänger. Auch Paraglider werden gelegentlich gesichtet, wie sie sich von den umliegenden Hängen in die Lüfte schwingen.

Die viel befahrene SS 51 führt unmittelbar am Westufer entlang. Beschaulicher ist die wenig frequentierte Straße am Ostufer. Treffpunkt der Fischer ist dort die erhöht gelegene Bar „Da Fortunato". gleich daneben liegt direkt am See unten die „Baywatch Bar". Nach Süden setzt sich der See in zwei Staustufen fort. Die SS 51 schraubt sich in weiten Kehren immer tiefer, hoch darüber schwebt die abenteuerliche Brückenkonstruktion der Autobahn.

Übernachten * **Alla Spiaggia**, in Farra d'Alpago am Nordufer, nettes Albergo direkt am See. DZ ca. 35–50 €. ✆ 043/74238.

Nettes Plätzchen am Lago di Santa Croce

** **Camping Sarathei**, flaches Wiesengelände unter Pappeln gleich neben dem „Alla Spiaggia". Strandfläche vor dem Platz, Windsurfschule, Restaurant/Pizzeria, Kinderspielplatz. Ganzjährig. ✆/℻ 043/746996, www.sarathei.it

▸ **Bosco del Cansiglio**: großes Waldgebiet südöstlich oberhalb vom Lago di Santa Croce, beliebtes Ausflugsziel. Was heute unter striktem Naturschutz steht, war einst das wichtigste Holzdepot Venedigs. In diesem staatlich bewachten Forstgebiet wurden die Bäume für die Fundamente der Palazzi und für die lebenswichtige Flotte der Lagunenstadt gefällt und auf dem Piave nach Venedig geflößt. Der Baumbestand wurde dadurch erheblich dezimiert und Venedig suchte in seinem ganzen Imperium nach neuen Holzvorräten, z. B. im fernen Kreta.

Feltre

1510 wurde die Stadt von den Truppen Kaiser Maximilians, die mit der Liga von Cambrai liiert waren, dem Erdboden gleichgemacht, aber von den Venezianern umgehend wieder aufgebaut. So sind hier besonders gut die Strukturen einer typischen Renaissancestadt erhalten, wenngleich sich herausragende Attraktionen doch in Grenzen halten.

Eine große Siedlung gab es hier bereits in römischer Zeit an der Via Claudia Augusta, einer wichtigen Handels- und Heerstraße zwischen dem heutigen Venetien und Bayern. Im frühen Mittelalter wurde die Stadt mehrmals von durchziehenden Horden geplündert und man verlegte sie auf einen nahe gelegenen Hügel, um sie von dort aus besser verteidigen zu können. Im 13. Jh. hatten die Skaliger aus Verona das Sagen, bevor Feltre Anfang des 15. Jh. in den Besitz von Venedig kam.

• *Information* Piazzetta Trento e Trieste 9, im westlichen Zentrumsbereich. ✆ 0439/25 40, 📠 2839, www.infodolomiti.it

• *Übernachten* *** **Doriguzzi**, Viale del Piave 2, ordentliches, alteingesessenes Haus in der Nähe vom Bahnhof, DZ mit Frühstück ca. 70 €. ✆ 0439/2003, www.hoteldoriguzzi.it

Sehenswertes: Eine lange Hauptgasse – im Westen Via Mezzaterra, im Osten Via Lorenzo Luzzo genannt – durchzieht die auf einem Hügel gelegene Altstadt. Hier stehen noch zahlreiche mit verblassten Fresken geschmückte Palazzi des 16. Jh., u. a. an der Via Luzzo auch das *Museo Civico* mit verschiedenen Abteilungen, darunter eine Sammlung zur Frühgeschichte der Stadt und eine beachtliche Gemäldesammlung. Am höchsten Punkt der Stadt öffnet sich die Straße zur fast bühnenähnlichen *Piazza Maggiore* mit den Denkmälern zweier verdienter Feltriner Bürger, einer venezianischen Löwensäule, dem *Palazzo della Ragione* mit mächtigem Laubengang und der Kirche *San Rocco*. Schräg oberhalb thront der Wehrturm der 1510 zerstörten Burg. Der Palazzo della Ragione war einst Sitz der venezianischen Stadtoberen, im 17. und 18. Jh. wurde der große Saal des Hauses zum „Teatro de la Sena" umgebaut und ob seiner gelungenen Architektur „La Piccola Fenice" genannt (→ Venedig, S. 298). Um 1730 arbeitete der bekannte Dramatiker Carlo Goldoni aus Venedig als Politiker in der Stadt und ließ hier einige seiner Werke aufführen. In der nahen Via Paradiso 8 findet man außerdem noch die *Galleria d'Arte Moderna „Carlo Rizzarda"* mit einer dekorativen Sammlung von Schmiedeeisenkunst des Grafen Rizzarda und Gemälden des 19. und 20. Jh. Unterhalb des Altstadthügels kann man noch den Dom *San Pietro* besuchen, der im 16. Jh. erbaut wurde. Die benachbarte, etwa 1000 qm große Ausgrabung der römischen Siedlung Feltria im Untergrund der Piazza kann man an Wochenenden besichtigen.

Wenige Kilometer südöstlich liegt bei Anzù auf einer Anhöhe mit schönem Ausblick das *Santuario Santi Vittore e Corona*, ein Kloster mit Kreuzgang und mittelalterlicher Kirche, die im Inneren reich mit Fresken des 15. und 16. Jh. geschmückt ist. Geweiht ist sie den zwei Stadtheiligen, einst christliche Märtyrer, die ob ihres Glaubens grausam hingerichtet wurden.

• *Öffnungszeiten/Preise* **Museo Civico**, Di–So 10–13, 16–19 Uhr, Mo geschl., Eintritt ca. 4 €; **Teatro della Senna**, derzeit wegen Restaurierung geschl., Auskunft unter ✆ 0439/885242. **Galleria d'Arte Moderna „Carlo Rizzarda"**, Di–Fr 10.30–12.30, 15–18, Sa/So 9.30–12.30, 15–18 Uhr, Eintritt ca. 4 €; **Ausgrabung beim Dom**, März bis Okt. Sa/So 10–13, 15.30–18.30 Uhr, Eintritt frei (übrige Zeiten Voranmeldung Di–Fr 9.30–12.30 Uhr unter ✆ 0439/83879). Sammelticket für Museo Civico, Teatro della Senna und Galleria Carlo Rizzarda ca. 5 €.

Sommerlicher Höhepunkt: der Palio di Feltre

Am ersten Augustwochenende findet seit zwanzig Jahren ein großer Palio statt, der nach dem Palio von Siena einer der bekanntesten in Italien ist. Die ganze Stadt verwandelt sich dabei in einen mittelalterlichen Markt. Mit Umzügen, Sportwettbewerben und Pferderennen der vier historischen Viertel Duomo, Castello, Port'Oria und Santo Stefano wird an die friedliche Übergabe der Stadt an Venedig im Jahre 1404 erinnert.

Tägliches Schauspiel vor der Basilica di Sant'Antonio in Padua

Provinz Padua

Das große, geschäftige Padua besitzt eine altehrwürdige Universität und wertvolle Kunstschätze, ist gleichzeitig aber auch einer der bedeutendsten Wallfahrtsorte Italiens.

Im reizvollen Kontrast zur Stadt stehen die grünen *Euganäischen Hügel*, die zu den schönsten Landschaften im weitgehend flachen Süden des Veneto gehören. Die gepflegte Thermalstadt *Abano Terme* und ihre Nachbarorte blicken auf eine lange Badetradition zurück, denn bereits die Römer kurten hier. In *Arquà Petrarca* kann man das Haus des Dichters Petrarca besuchen. Unbedingt ansehen sollte man sich auch *Montagnana* mit seiner eindrucksvollen Stadtbefestigung.

Internet: http://portale.provincia.padova.it/

Padua (Padova)

(ca. 230.000 Einwohner)

Großes Wirtschafts- und Messezentrum, seit 1222 Universitätsstadt und damit nach Bologna die zweitälteste Italiens, dank der prachtvollen Basilika des heiligen Antonius außerdem eins der wichtigsten Wallfahrtsziele Italiens. Trotz schwerer Weltkriegsschäden besitzt das historische Zentrum mit seinem Wechsel von großzügigen Plätzen, lebendigen Fußgängerzonen und holprigen Altstadtgassen mit langen Arkadengängen ein äußerst reizvolles Ambiente.

In den vierziger Jahren des 19. Jh. war Padua ein wichtiger Versammlungspunkt der liberalen Bürger und Studenten, die die Einigung Italiens anstrebten. Im Februar 1848 lieferte man sich eine Schlacht mit der Polizei der österreichischen Besatzungsmacht, das berühmte Caffè Pedrocchi mit seinen bis heute erhaltenen Einschusslöchern ist ein Zeugnis dieser turbulenten Vergangenheit. Dank der 70.000 Studierenden an einer der größten Universitäten Italiens gibt es zahllose Kneipen, Ausstellungen und Kinos, die jedoch nur während der Semesterzeit für Abwechslung sorgen. Touristen kommen hauptsächlich wegen einiger bedeutender Kunstwerke, allen voran die weltberühmten Giotto-Fresken in der Cappella degli Scrovegni. Padua liegt aber auch nur eine dreiviertel Zug- bzw. Autostunde von Venedig entfernt, ist also als Ausweichquartier für die chronisch überfüllte Lagunenstadt durchaus in Betracht zu ziehen.

Geschichte

Als Gründer der Stadt wird der sagenhafte Trojaner *Antenor* genannt, der sich auf der Flucht aus Kleinasien 1184 v. Chr. in den Sümpfen des Medoacus (heute: Brenta). niedergelassen haben soll – Padua gilt damit als eine der ältesten Stadtgründungen Italiens. Im 4. Jh. v. Chr. schlug man die Spartaner zurück. In den folgenden Jahrhunderten entwickelte sich Padua im Kampf gegen die Kelten der Po-Ebene und prosperierte durch die florierende Schifffahrt auf dem Medoacus. 49 v. Chr. wurde *Patavium* zum Municipium, d. h. es erhielt Stadtrechte. Der bekannte Geschichtsschreiber Livius wurde hier 59 v. Chr. geboren (→ Teolo, S. 250). Nach dem Zerfall des römischen Reiches zerstörten die Langobarden unter Albuin die Stadt, zwei Jahrhunderte später die Ungarn. Seit dem 10. Jh. kam es zum Wiederaufbau, Padua wurde Bischofssitz und kämpfte im *lombardischen Städtebund* gegen Kaiser Friedrich Barbarossa. 1183 musste der Kaiser die Selbstverwaltung der Städte anerkennen, wie Verona (→ dort) wurde auch Padua freie Stadtrepublik. Allerdings stand ihr immer ein so genannter „Podestà“ vor, der ihre Selbstständigkeit beschnitt. Das Geschlecht der Familie da Romano tat sich dabei besonders unrühmlich hervor, besonders Ezzelino III da Romano, der das besondere Vertrauen Kaiser Friedrichs II. genoss und fast zwanzig Jahre lang eine erbarmungslose Diktatur ausübte. 1222 wurde die Universität gegründet, kurz darauf begann man mit dem Bau der großen Antonius-Basilika. Hundert Jahre später fiel die Stadt unter die Herrschaft der *Grafen von Carrara*, die vor allem die Kultur förderten. Giotto, Altichiero da Zevio, de'Menabuoi und andere bekannte Maler ihrer Zeit erhielten Aufträge und prägten das Gesicht der Stadt. 1405 eroberten die Veneziauer Padua und blieben trotz verschiedener Aufstandsversuche bis 1797, als Napoleons Truppen das Ende der Serenissima besiegelten. Danach fiel Padua an Österreich, spielte dank der großen Studentenschaft eine wichtige Rolle im Volksaufstand von 1848 und kam 1866 endgültig zu Italien. Luftangriffe im Zweiten Weltkrieg zerstörten weite Teile der Stadt, doch nach dem Krieg wurde Padua dank seiner zentralen geografischen Position zum wirtschaftlichen Zentrum Venetiens.

Anfahrt/Verbindungen/Information

• *Anfahrt/Verbindungen* **PKW**, großer gebührenpflichtiger Parkplatz vor der Kirche Santa Giustina am Prato della Valle im Süden der Stadt, Nähe Basilica di Sant'Antonio.

Bahn, Bahnhof im Norden der Stadt, der Corso del Popolo (später Corso Garibaldi) führt schnurgerade ins Zentrum, ca. 1,5 km. Häufige Verbindungen nach Venedig.

Bus, APS-Stadtbusse (www.aps-online.it) fahren ab Bahnhof, SITA- und ATP-Busse in die Umgebung ab Piazzale Boschetti (vom Bhf. geradeaus und vor dem Fluss links), Bus 15 fährt alle 30 Min. von und zum Flughafen „Marco Polo" (Venedig).

Taxi, 24-Std.-Service unter ✆ 049/651333 (Bhf.). „Taxi Collettivo" von und zum Flughafen Marco Polo (Venedig) kostet ca. 20 € pro Pers., Reservierung 24 Std. vorher.

Fahrradverleih, Noleggio biciclette Padova, Via Sauro 18, Mo–Fr 8.15–12.45, 15–19, Sa 8.15–13 Uhr. ✆ 049/650662; weiterer Verleih am Bahnhof, ✆ 348/7016373.

• *Information* **IAT**, Hauptstelle an der Riviera dei Mugnai 8, kein Publikumsverkehr, ✆ 049/8767911, Fax 650794.

Zweigstellen: im **Bahnhof**, Mo–Sa 9.15–17.45, So 9–12 Uhr, ✆ 049/8752077; **Galleria Pedrocchi** (beim gleichnamigen Café), Mo–Sa 9.30–12.30, 15.30–19 Uhr, ✆ 049/8767927; schräg gegenüber der **Basilica di Sant'Antonio**, März bis Oktober tägl. 8.30–13, 14–18.30 Uhr, ✆ 049/8753087. Es gibt jeweils Unterkunftsliste, Stadtplan, die Monatsbroschüre „Padova Today" (mit aktuellen Öffnungszeiten von Sehenswürdigkeiten) sowie diverse Prospekte.

Internet: www.turismopadova.it

Internet Points: *In Collegio*, Via Petrarca 9, zentrale Lage, Internet und Computerspiele. Tägl. 9–4 Uhr. ✆ 049/658484. *Bowling Padova*, Via Venezia 124, Bowling, Bar, Paninoteca, Internet und Spiele. Tägl. 7–2 Uhr. ✆ 049/776465

Übernachten (siehe Karte S. 225)

Vieles ist auf Pilger eingestellt, die meisten Möglichkeiten findet man deshalb im Umkreis der Basilika. An Messetagen ist die Stadt nicht selten weitgehend ausgebucht. Aber auch Venedigtouristen kommen zusehends in Padua unter, um den hohen Preisen in der Lagunenstadt zu entgehen. Mit der Karte „Padova Weekend" gibt es für Wochenendbesucher Vergünstigungen bis zu 30 % in Hotels, Auskunft in den Informationsbüros.

**** **Majestic Toscanelli (18)**, Via dell'Arco 2/Ecke Via San Martino e Solferino, komfortable Oase mitten in den kleinen Gassen der Altstadt, sehr ruhig, Zimmer mit Aircondition und TV, Parkplatz. DZ mit Frühstück ca. 130–170 €. ✆ 049/663244, 8760025, E-www.toscanelli.com

*** **Al Giardinetto (34)**, Via Prato delle Valle 54, schräg gegenüber der Kirche Santa Giustina, Mittelklassehaus mit Parkmöglichkeit und kleinem Park vor dem Haus. DZ mit Frühstück um die 100–135 €. ✆ 049/656766, Fax 656972.

** **Buenos Aires (30)**, Via Beato Luca Belludi 37, ordentliche Herberge bei der Basilica di Sant'Antonio, kleiner Parkplatz im Hof. DZ mit Bad ca. 93–105 €, Frühstück extra. ✆ 049/665633, Fax 658685.

** **Al Fagiano (29)**, Via Locatelli 45, seitlich der Via Beato Luca Belludi, für die gute Lage bei der Basilika zivile Preise, DZ ca. 75–83 €, Frühstück extra. Parkmöglichkeit vor dem Haus. ✆/Fax 049/8753396, www.alfagiano.it

** **Casa del Pellegrino (27)**, Via Cesarotti 21, große katholische Herberge direkt neben der Basilika, mehr als 100 saubere, funktionale

Provinz Padua

Zimmer, z. T. mit neuen Klimaanlagen, viele Pilger finden hier Quartier. DZ mit Bad ca. 61–68 €, mit Etagendusche ca. 47–54 €. Frühstück in der großen Bar nebenan kostet extra. Gutes und preisgünstiges Abendessen im Restaurant, das zum Hotel gehört. Parkplatz im Hof (ca. 6 €/Tag). ✆ 049/8239711, 📠 8239780, www.casadelpellegrino.com

** **Sant'Antonio (3)**, Via San Fermo 118, ordentliches und modern eingerichtetes Albergo in zentrumsnaher und ruhiger Lage, nach hinten Blick auf den Fluss Bacchiglione. DZ mit Bad ca. 78–85 €, Frühstück extra. ✆ 049/8751393, 📠 8752508.

* **Locanda La Perla (25)**, Via Cesarotti 67, einfaches Albergo, etwa 150 m hinter der Basilika, 8 Zimmer, nur Etagendusche. DZ ca. 40–45 €, kein Frühstück. ✆ 049/8758939.

* **Piccola Vienna (2)**, Via Beato Pellegrino 133, älterer Familienbetrieb nicht weit vom Bhf., in Fußentfernung zur Altstadt. Neun einfache Zimmer mit Etagendusche, DZ ca. 42–50 €, Frühstück extra. ✆/📠 049/8716331, www.hotelpiccolovienna.it

• *Bed & Beakfast* Die Initiative **Koko Nor** vermittelt Privatzimmer mit Frühstück in Padua und Umgebung, EZ ca. 35–45 €, DZ ca. 60–70 €. In der Regel kann man kurzfristig buchen (1–2 Tage vorher), für Aufenthalte im August aber besser 1–2 Monate im Voraus. Adresse: I-35135 Padova, Via Selva 5, ✆/📠 049/8643394, www.bandb-veneto.it/kokonor

Tibetan House (1), Via Dignano 1, etwa 10 Fußminuten nördlich vom Bhf., geführt von Frau Dr. Luisa Chelotti, der Präsidentin von „Koko Nor", die sich auf vielen Reisen von der Schönheit Asiens hat inspirieren lassen. Drei Zimmer mit tibetischen Stücken und Farben dekoriert, kleiner Garten und Terrasse, Fahrräder, Parkmöglichkeit. DZ mit Frühstück ca. 65–70 €, zwei Nächte Mindestaufenthalt. ✆ 049/8643394, www.bbtibetanhouse.it

Viele B & B-Adressen im „Guidebook to Bed & Breakfasts Padua and its Province", erhältlich in den Informationsbüros.

• *Hostels* **Città di Padova (28)**, gutes Jugend-Hostel in der Via Aleardo Aleardi 30, im Zentrum, Nähe Prato della Valle. Bus 3, 8, 12 oder 18 ab Bhf. (sonntags Bus 32). 112 Betten in 13 Schlafsälen (16 Betten) und Familienzimmern (je 4 Betten), Gemeinschafts- und TV-Raum. Pro Pers. etwa 15–17 € mit Frühstück, kein IYHF-Ausweis nötig. Tägl. 8–9.30, 16–23 Uhr, ganzjährig geöffnet. ✆ 049/8752219, 📠 654210, www.ctgveneto.it/ostello

• *Camping* Nächster Platz ist **** **Camping Sporting Center** am nordöstlichen Ortsrand von Montegrotto Terme, ca. 10 km südlich von Padua (→ S. 243). Bahnverbindung, aber vom Bhf. in Montegrotto Terme noch gut 2 km zu Fuß.

Essen & Trinken

Antico Brolo (4), Corso Milano 22, gilt alseins der besten Restaurants der Stadt, abgeschirmt von der verkehrsreichen Straße sitzt man neben dem Haus, nicht billig (Servizio 18 %). Di-Mittag und Mo geschl.

Pepen (6), Pizzeria/Trattoria zentral an der Piazza Cavour 15, schön zum Draußensitzen, große Auswahl. So geschl.

La Corte dei Leoni (8), Via Pietro d'Abano 1, nur wenige Schritte von der Piazza della Frutta, moderne „trendy" Enoteca mit kleinem Innenhof. Gut für ein leckeres Tagesgericht, z. B. *quaglia in salsa al Whisky* oder eine ausgedehnte Weinverkostung (1200 Etiketten), gelegentlich Livejazz im Hof. So-Abend und Mo geschl.

Osteria Vitanova (7), Via Pietro d'Abano 10, schräg gegenüber, bescheidene Nachbarschaftstrattoria mit großem Tresen und einer Hand voll Tische, verführerischer Duft dringt auf die Straße, z. B. vom *spezzatino di cavallo*. Preiswert.

Antica Osteria dal Capo (13), Via dei Soncin 43, Nähe Dom, sehr gute Küche, zum Wein leckere Appetithappen. So geschl.

Osteria dei Fabbri (16), Via dei Fabbri 13, im ehemaligen jüdischen Viertel, gemütlich wie ein Wohnzimmer, große kommunikationsfördernde Holztische, venezianische Gerichte und gute Weine.

Da Nane della Giulia (20), Via Santa Sofia 1, etwas abseits, der Weg lohnt aber. Hübsch traditionell eingerichtete Osteria/Trattoria mit guter Küche, Spezialität *pasta e fagioli*, gelegentlich Livemusik. Mo geschl.

Al Borgo (31), Via Beato Luca Belludi 58/Ecke Piazza del Santo, nett eingerichtete und gemütliche Pizzeria bei der Basilika, von der Außenterrasse Blick auf die nahe Kirche. Di geschl.

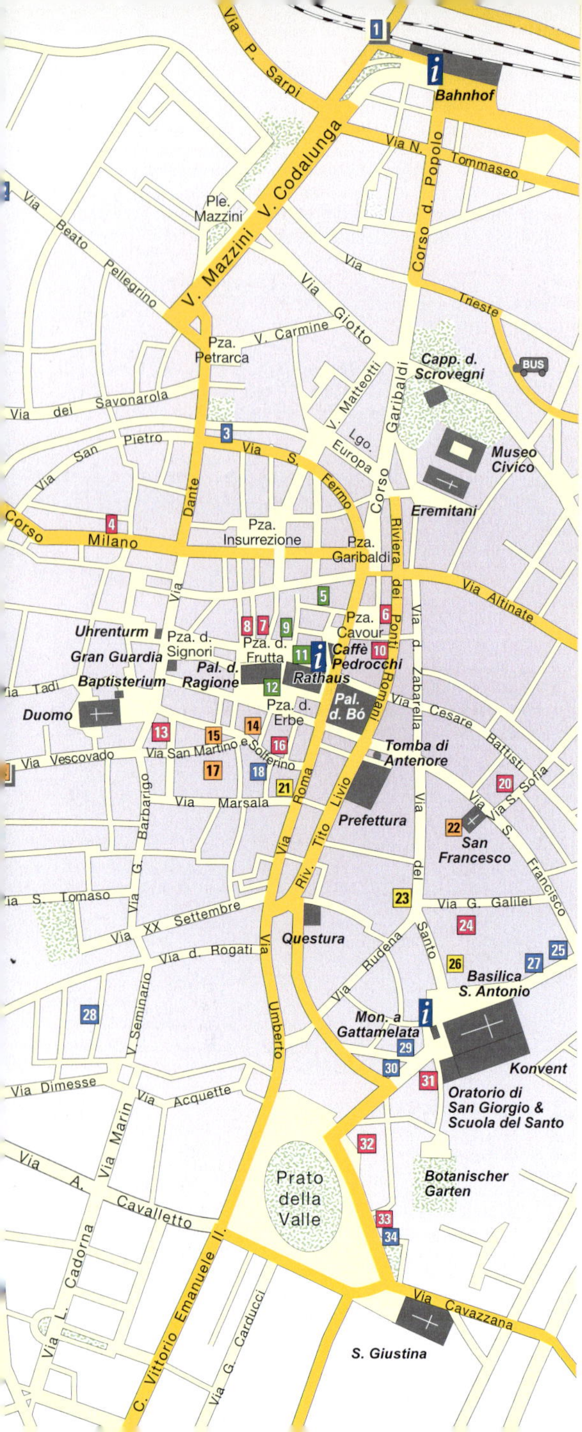

Padua (Padova)

Übernachten

1 Tibetan House (B & B)
2 Piccolo Vienna
3 Sant'Antonio
18 Majestic Toscanelli
25 Locanda La Perla
27 Casa del Pellegrino
28 Ostello Città di Padova (Jugendherberge)
29 Al Fagiano
30 Buenos Aires
34 Al Giardinetto

Essen & Trinken

4 Antico Brolo
6 Pepen
7 Osteria Vitanova
8 La Corte dei Leoni
10 Brek
13 Antica Osteria dal Capo
16 Osteria dei Fabbri
20 Da Nane della Giulia
24 Pago Pago
31 Al Borgo
32 Al Bersagliere
33 Zairo

Cafés

5 Taberna
9 Paparazzi Fashion Café
11 Caffè Margherita
12 Bar Nazionale

Nachtleben

14 La Vecchia Enoteca
15 Antica Osteria L'Anfora
17 The Highlander
19 Guinness
22 Alexander Bar

Einkaufen

21 Antica Gastronomia Vignato
23 Enoteca da Severino
26 Lilium

Al Bersagliere (32), Via Donatello 6, familiäre Trattoria in der Nähe der Basilika, kleine Terrasse auf der Straße, viele Einheimische schätzen die „cucina casalinga".

Zairo (33), goßes Freiluftlokal direkt am Prato della Valle, drinnen und draußen viel Platz, gute Küche und viel Auswahl. Mo geschl.

Pago Pago (24), Via Galileo Galilei 59 (Seitengasse der Via del Santo, Nähe Basilica di Sant'Antonio), gute Pizzen und hausgemachte Nudeln zu vernünftigen Preisen, große Auswahl. Di geschl.

• *Self-Services* **Brek (10)**, Piazza Cavour 20, gegenüber Caffè Pedrocchi, Essen in erfreulicher Qualität zu günstigen Preisen. Fr geschl.

Mehrere **Studenten-Mensen** , z. B. in der Via San Franceso 122, Gäste zahlen ca. 10–15 €, deutsche Stud.-Ausweise gelten nicht. So geschl.

• *Cafés* **Caffè Pedrocchi**, Via 8 Febbraio 15, schräg gegenüber der Uni, wenige Schritte von der Piazza Cavour. Elegantes und großzügiges Kaffeehaus von 1831, in den vierziger Jahren des 19. Jh. Treffpunkt der Anhänger der Widerstandsbewegung gegen Österreich. Drinnen sitzt man auf samtbezogenen Sesseln (weitgehend Originalmobiliar) zwischen Marmor und „griechischen" Säulen, auch eine Außenterrasse gibt es. Preise relativ zivil. Im „Piano Nobile" wurde kürzlich ein Museum eröffnet (→ Sehenswertes). Di–So 8–23.30 Uhr, Mo geschl.

Bar Nazionale (12), Piazza dell'Erbe, „der" Treff direkt im Untergeschoss des Palazzo della Ragione, einige Außentische hautnah am Marktgeschehen. Leckere und reich belegte Tramezzini und Focacce.

Caffè Margherita (11), großes Café im Laubengang an der Piazza della Frutta.

Caffè Al Duomo, weiterer populärer Freilufttreff an der Piazza beim Dom.

Nachtleben & Shopping (siehe Karte S. 225)

• *Osterie und Enoteche* Die Studentenstadt Padua hat daran keinen Mangel, im Umkreis der zentralen Plätze gibt es zahlreiche Treffpunkte. Man kommt auf einen guten Schluck, aber auch zum Essen. Oft geht es hoch her. Geöffnet ist mindestens bis Mitternacht, an Wochenenden oft länger.

Antica Osteria L'Anfora (15), Via dei Soncin 13, Tipp! Mit dunklem Holz gemütlich eingerichtet, beliebter Treff mit fröhlichen Gästen, an Wochenenden steht man bis auf die Straße. Preiswert, gute Weine und ebensolche Küche. So und Mo-Mittag geschl.

Enoteca da Severino (23), Via del Santo 44, Nähe Basilika, ein Ort mit Tradition, opulente Flaschengalerie, gute Auswahl an Veneto-Weinen, dazu Appetithappen. 10–13, 17–21 Uhr, So geschl.

La Vecchia Enoteca (14), Via San Martino e Solferino 32, Verlängerung der Via dei Soncin, elegante Weinstube mit Wohnzimmeratmosphäre und gehobenen Preisen. Mo-Mittag und So geschl.

• *Kneipen* **Paparrazi Fashion Café (9)**, Via Marsilio da Padova 17, ganz zentral bei der Piazza della Frutta, smartes „In"-Café der modischen Padovaner Jugend.

Taberna (5), Via Santa Lucia 33, hübsch zum Sitzen auf der Fußgängergasse, gut zum Frühstück, aber auch tagsüber als Café und abends als gemütlicher Treff, *tramezzini* und leckere Salate. Bis 2 Uhr nachts geöffnet. So geschl.

The Highlander (17), Via San Martino e Solferino 69, groß aufgemachter Scottish Pub.

Guinness (19), Via Euganea 2, der obligate Irish Pub darf natürlich auch in Padua nicht fehlen.

Alexander Bar (22), Via San Francesco 38, zahlreiche Biersorten. So geschl.

St. John's Pub, Piazzale San Giovanni 2, etwas südlich außerhalb vom Zentrum, sehr großer Treffpunkt, wo an Wochenenden die Post abgeht. Mo, Mi, Fr und Sa Livemusik, Do Karaoke (jeweils 18–4 Uhr) Di geschl., ✆ 049/8720100.

• *Shopping* Mo- bis Fr-Vormittag und Sa ganztägig Markt auf der **Piazza dell'Erbe** und der **Piazza della Frutta**.

Am dritten Sonntag im Monat Antiquitäten- und Flohmarkt am **Prato della Valle**, dem größten Platz der Stadt. Vom Alpenveilchen bis zum Zwergkaninchenkäfig ist hier alles zu bekommen.

Lilium (26), Via del Santo 181, Pasticceria mit verführerischem Backwerk („vero dolce del Santo"), vieles davon selbst gemacht, z. B. Strudel und eine Art Sachertorte, außerdem hervorragendes Eis.

Antica Gastronomia Vignato (21), großer Delikatessenladen in der Fußgängerzone Via Roma, Ecke Via Marsala.

Sehenswertes

Die wichtigsten Sehenswürdigkeiten erstrecken sich von der Cappella degli Scrovegni im teilweise mit Hochhäusern überfrachteten Stadtnorden über das eindrucksvolle Stadtzentrum mit zahlreichen Laubengängen und repräsentativen Bauten bis zur Basilica di Sant'Antonio im Süden. Die Stadtmauer Paduas ist noch weitgehend erhalten und umgibt, wenn auch vernachlässigt und überwuchert, das gesamte historische Zentrum.

Padova Card: Das Sammelticket „Padova Card“ kostet ca. 14 € und gilt für einen Erwachsenen und ein Kind bis 12 Jahre 48 Std. lang (bei Kauf am Freitag das ganze Wochenende) für Cappella degli Scrovegni, Musei Civici agli Eremitani, Palazzo della Ragione, Piano Nobile des Caffè Petrocchi und einige kleinere Sehenswürdigkeiten. Ermäßigt ist der Eintritt u. a. in Baptisterium, Oratorio di San Giorgio und Orto Botanico, außerdem bei der Flussschifffahrt „Consorzio Battellieri di Padova e Riviera del Brenta“. Zusätzlich dürfen die städtischen Busse und Fahrräder (erhältlich bei der Informationsstelle an der Basilika) kostenlos benutzt werden. Gratis ist außerdem das Parken auf folgenden Plätzen: Parcheggio Stazione FS – ex Guidovie, Parcheggio Via Frà Paolo Sarpi – ex Canova und Parcheggio Prato della Valle (Piazza Rabin).

City Sightseeing Padova: Ein bunt bemalter Bus mit offenem Oberdeck fährt von Mai bis September zwischen 9 und 20 Uhr tägl. etwa 1–2 x stündlich durch das Zentrum von Padua. Man kann an zwölf Stationen beliebig zu- und aussteigen, das Ticket ist 24 Std. gültig. Stopps gibt es z. B. am Bahnhof, Piazza Eremitani (Cappella degli Scrovegni), Piazza dei Signori, Piazza dell'Erbe, Basilica del Santo und Prato della Valle. ✆ 049/775083, 📠 8708360, www.city-sightseeing.it

Cappella degli Scrovegni und Umgebung

Cappella degli Scrovegni: Die äußerlich unscheinbare Kapelle steht inmitten der *Giardini dell'Arene*, einer schattigen Parkanlage nicht weit vom Bahnhof, die in der römischen Antike die Arena der Stadt war – nur ein Teil der Außenmauer ist davon

Provinz Padua

Der Markt beim Palazzo della Ragione ist einer der größten in Oberitalien

noch erhalten. Der hohe Innenraum der Kapelle ist bis zur Decke vollständig mit herrlichen Fresken von Giotto bedeckt, insgesamt sind es 38 Bilder auf 900 qm. Sie begründeten seinen Ruf als Wegbereiter der Renaissance und gehören zu den bedeutendsten Kunstwerken Italiens. 1303–1305 bemalte Giotto die Seitenwände auf einem tiefblauen Hintergrund in zahlreichen Einzelfeldern, angeordnet in drei parallelen Streifen, mit Szenen aus dem Leben von Maria und Jesus, darunter setzte er symbolische Darstellungen der Tugenden und Laster und an die Eingangswand ein großes „Jüngstes Gericht". Was Giottos Kunst auszeichnet, ist die dramatische Bewegtheit der Figuren und Komposition bei gleichzeitig hoher Realistik und Lebendigkeit. Damit sprengte er den starren Formenkanon seiner Zeit und wurde richtungsweisend für die Malerei. Am Altar befinden sich bedeutende Marmorskulpturen von Pisano und der Sarkophag Enrico Scrovegnis, der Kirche und Fresken in Auftrag gab, um die Sünden seines „ungläubigen" Vaters zu sühnen – im „Jüngsten Gericht" ist der Moment festgehalten, wie er der Madonna die Kapelle übereignet. Die Apsismalereien stammen von Giusto de'Menabuoi, der auch das Baptisterium beim Dom ausmalte (→ unten), und Giottos Nachfolgern.

Musei Civici agli Eremitani: Der Eingang zur Cappella degli Scrovegni führt durch den Kreuzgang der gleichnamigen Kirche. Neben Lapidarium und Archäologischer Abteilung gibt es dort eine bemerkenswerte Gemäldesammlung venezianischer Meister des 14.–16. Jh., darunter ein hölzernes Kruzifix von Giotto.

Chiesa degli Eremitani: Die mittelalterliche Kirche besitzt eine wuchtige Holzdecke und zahlreiche Grabdenkmäler, ist ansonsten aber völlig kahl. Im Zweiten Weltkrieg wurde sie durch Bombenangriffe völlig zerstört und wieder aufgebaut – doch die herrlichen Fresken von Mantegna waren großteils unwiederbringlich verloren. Einige wenige gerettete Teile werden in der Kapelle links der Apsis aufbewahrt, darunter das vollständig erhaltene „Martirio di San Cristoforo" und das aus Trümmern zusammengesetzte „Martirio di San Jacopo". Eine Fotodokumentation zu den Weltkriegsschäden hängt in der Kirche aus.

• *Öffnungszeiten/Preise* **Cappella degli Scrovegni**, tägl. 9–22 Uhr, Eintritt ca. 12 €, 19–22 Uhr 8 €, (Stud. und Besucher von 6–17 Jahren 5 €), mit Padova Card gratis, Ticket auch gültig für die „Musei Civici agli Eremitani". Achtung: Für den Besuch der Kapelle ist eine Reservierung per Internet oder Telefon obligatorisch (mindestens 48 Std. vorher), es dürfen jeweils nur 25 Pers. die installierte Luft- und Staubschleuse passieren, Aufenthalt in der Kapelle 15 Min., Anmeldungsgebühr 1 €. Reservierung: ✆ 049/2010020 (Mo–Fr 9–18, Sa 9–13 Uhr) oder www.cappelladegliscrovegni.it

Musei Civici agli Eremitani, Di–So 9–19 Uhr, Mo geschl., Eintritt ca. 10 € (Stud. und Besucher von 6–17 Jahren 5 €).

Chiesa degli Eremitani, Mo–Sa 8.15–18.45, So 10–13, 16–19 Uhr, Eintritt frei.

Giotto: Wegbereiter der Renaissance

Giotto di Bondone (1267–1337), geboren bei Florenz, stammte aus ärmlichen Verhältnissen, war Sohn eines Bauern und musste als Kind Schafe hüten. Entdeckt wurde sein Talent von Cimabue, der ihn auch anfangs ausbildete. Indem Giotto die alt hergebrachten religiösen Themen mit bis dahin ungekannter Frische und Lebendigkeit darstellte, bildete sich eine neue und innovative Form von Menschlichkeit in seinen Werken heraus. Er wurde mit Aufträgen aus ganz Italien überhäuft und starb während der Arbeit durch einen Sturz von einem Glockenturm. Zu seinen wichtigsten Werken zählen die Fresken in der Cappella degli Scrovegni und in der Basilica di San Francesco in Assisi (Umbrien).

Zentrum

Der ausgedehnte Fußgängerbereich um die Via Roma macht das Bummeln zum Vergnügen und rasch taucht man in das Gewirr der kleinen Altstadtgassen ein, in denen einst das jüdische Ghetto lag. Am Haus Via San Martino e Solferino 13 erinnert eine Tafel an diese Zeiten. Heute findet man hier überall kleine, gemütliche Osterie, die zum Einkehren einladen.

Piazza dell'Erbe und Piazza della Frutta: Padua war im Mittelalter freie Stadt. Von Reichtum und Pracht der Handelsmetropole zeugt die großartige Komposition der beiden Hauptplätze *Piazza dell'Erbe* und *Piazza della Frutta*. Auf beiden Plätzen findet werktags ein farbenprächtiger und vielfältiger Markt statt, den man nicht versäumen sollte (Mo–Fr vormittags, Sa den ganzen Tag).

Zwischen den Plätzen prunkt der gewaltige *Palazzo della Ragione* mit offenen Loggien an beiden Längsseiten. Er wurde 1218/19 erbaut und diente bis ins 18. Jh. als Gerichtsgebäude. Der riesige Innenraum „Il Salone" im Erdgeschoss ist heute mit kulinarischen Verkaufsläden aller Art belegt. Der 80 m lange und 27 m hohe Saal darüber, in dem häufig Ausstellungen stattfinden, ist vollständig mit einem astrologischen und religiösen Freskenzyklus aus dem 15. Jh. ausgemalt und kann besichtigt werden. Der so genannte „Stein der Schande" ist hier ebenfalls zu finden – früher stand er vor dem Gerichtsgebäude, zahlungsunfähige Schuldner mussten sich auf ihn setzen und dreimal „cedo bonis" („ich überlasse die Güter") sagen, bevor sie aus der Stadt verbannt wurden.

Östlich vom Palazzo della Ragione steht das *Municipio*, das ursprünglich aus dem 13. Jh. stammt, aber später mehrfach ungebaut wurde und heute eine moderne Front hat. Der angebaute *Stadtturm* stammt ebenfalls aus dem 13. Jh. und wurde nach einem Teileinsturz 1939 vollständig restauriert.

Piazza dei Signori und Umgebung: Die hübsche Piazza mit der *Loggia della Gran Guardia* und dem *Palazzo del Capitanio* aus dem 16. Jh., in dem die venezianischen Stadtherren residierten, erreicht man westlich vom Marktgeschehen. Der damals bereits existierende *Uhrenturm* wurde in den Bau integriert.

In der Nähe findet man auch den *Dom*, dessen Fassade nicht vollendet wurde und dessen Innenraum weitgehend schmucklos ist. Das benachbarte *Baptisterium* ist jedoch vollständig mit Fresken von Giusto de'Menabuoi (14. Jh.) ausgemalt, die Szenen aus dem Leben Jesu, Marias und Johannes des Täufers darstellen.

Die Eleganz des 19. Jh. wird im Caffè Pedrocchi lebendig

Caffè Pedrocchi: Im Umfeld der Piazza Cavour fällt vor allem das berühmte neoklassizistische Caffè Pedrocchi (→ Cafés) auf, das im 19. Jh. Versammlungsort der liberalen Studenten war. Es besitzt im Erdgeschoss einen roten, grünen und weißen Salon, in letzterem findet man noch die Einschläge der österreichischen Kugeln vom 8. Februar 1848.

Das *Piano Nobile* besitzt Räume mit ägyptischer, altgriechischer, römischer und etruskischer Dekoration. 2004 wurde hier das *Museo del Risorgimento e dell'Eta Contemporane* eröffnet.

Palazzo del Bò: Das aus dem 16. Jh. stammende Hauptgebäude der Universität liegt wenig südlich von der Piazza Cavour. Benannt ist es nach einer Herberge, die hier vorher stand. Der Innenhof wird von zwei übereinander liegenden Säulengängen umfasst, die geschmückt sind mit zahllosen Wappen, martialischen Reliefs und stolzen Sprüchen. Galileo Galilei (1564–1642) hat hier 18 Jahre lang gelehrt (von 1592 bis 1610), entdeckte in dieser Zeit die Jupitermonde und Saturnringe und konnte seine These aufstellen, dass sich die Erde um die Sonne drehe – im eher freigeistigen Venezien hatte man mit solchen Aussagen keine Probleme, Schwierigkeiten gab es erst später im kirchlich dominierten Florenz, wohin Galilei als Hofmathematiker wechselte. Eindrucksvoll ist vor allem im Obergeschoss der älteste medizinische Hörsaal der Welt, „Teatro Anatomico" genannt, erbaut 1594. Um den Seziertisch reihen sich fast senkrecht übereinander extrem enge und steile Sitzreihen – Goethe hat bei ihrem Anblick gesagt, er sei froh, hier nicht studieren zu müssen. Da die Kirche im 16. Jh. das Sezieren verboten hatte, gibt es im Boden ein Loch, wo man bei Gefahr rasch die Leiche verschwinden lassen konnte.

Südlich schließt sich an den Palazzo del Bò ein Universitätsanbau aus faschistischer Zeit an, erbaut 1938–42 von Ettore Fagiuoli.

Piazzale Antenore und Via San Francesco: Die *Tomba di Antenore*, ein Sarkophag in einem Steintabernakel mit Baldachin, steht an der gleichnamigen Piazza südlich des Palazzo del Bò. Das Grabmal wurde 1233 errichtet, um die Gebeine des sagenhaften Stadtgründers Antenore zu bewahren (→ Geschichte). Daneben steht ein weiterer Sarkophag von 1309. Der Palazzo gegenüber gehörte zeitweise dem berühmten Dichter Dante Alighieri (→ S. 127).

Der *Palazzo Zabarella* in der Via San Francesco 27 ist einer der ältesten und repräsentativsten der Stadt. Er wird häufig für Ausstellungen genutzt, im Sommer finden im Innenhof Theatervorstellungen und Konzerte statt.

Das *Oratorio di Santa Margherita* steht gegenüber der gotischen Kirche *San Francesco*. Es stammt aus dem 18. Jh. und ist mit Gemälden und Skulpturen dieser Zeit ausgestattet.

• *Öffnungszeiten/Preise* **Palazzo della Ragione**, Di–So 9–19 Uhr, Mo geschl.; Eintritt ca. 8 €, Schül./Stud. 4 € (bei Ausstellungen Änderungen möglich und kein Freieintritt mit der Padova Card);
Baptisterium, tägl. 10–18 Uhr; Eintritt ca. 2,50 €;
Museo del Risorgimento e dell'Eta Contemporanea, Di–So 9.30–12.30, 15.30–18.30 Uhr, Mo geschl.; Eintritt ca. 4 €, Schül./Stud. 2,50 €;
Palazzo del Bò, Führungen Mo, Mi, Fr 15.15, 16.15, 17.15, Di, Do, Sa 9.15, 10.15, 11.15 Uhr; Eintritt ca. 3 € (Stud. 1,50 €), nur mit Reservierung beim Tourist Info in der Galleria Pedrocchi.
Palazzo Zabarella, Di–So 9–19 Uhr, Mo geschl.
Oratorio di Santa Margherita, Mo 17.10–18.30, Di 16–18, Mi–Fr 10–12 Uhr.

Basilica di Sant'Antonio und Umgebung

Die Basilika zeigt sich als höchst eigenwillige byzantinische Konstruktion aus dem 12.–14. Jh. mit acht immensen Kuppeln und schlanken Spitztürmchen. „Il Santo" wurde zu Ehren des heiligen Antonius errichtet, der 1195 in Portugal geboren wurde, als predigender Franziskanermönch in Südfrankreich und Norditalien umherzog, 1231 in Padua starb und seitdem hier begraben liegt. Bereits ein Jahr nach seinem Tod wurde der gleichermaßen volkstümliche wie wortgewaltige Asket, dem zahlreiche Wunder zugeschrieben wurden, heilig gesprochen. Die Kirche hat sich seitdem zu einem europaweiten Pilgerziel entwickelt mitsamt der dazugehörigen Geschäftigkeit, der Devotionalienhandel blüht. „Zu Padua war groß Gedränge der andachtsvollen Christenmenge", dichtete bereits Wilhelm Busch. Inmitten von Kirchenkitschständen geht das berühmte Reiterstandbild des *Gattamelata*, eines Feldherren der Republik Venedig (1370–1443), fast etwas unter – es stammt von Donatello und gilt als eins der bedeutendsten Werke der italienischen Frührenaissance.

Im linken Seitenschiff steht die *Cappella di Sant'Antonio* im Mittelpunkt des Interesses. Hier ruht Antonius in einem großen Sarkophag, behängt mit zahllosen Medaillons und Fotos von Gläubigen, die die Hilfe des Heiligen erflehen. Dramatisch und lebensecht wirken die großen Marmorreliefs an der Rückwand der Kapelle, die Szenen aus seinem Leben darstellen. Benachbart die Kapelle der *Schwarzen Madonna* und die freskengeschmückte Kapelle des *Beato Luca Belludi*. Die Schranke des *Hochaltars* ist mit Bronzestatuen von Donatello bestückt.

Im rechten Seitenschiff enthält die *Cappella di San Jacobus* (auch: Cappella di San Felice) einen berühmten Freskenzyklus von Altichiero da Zevio aus Verona (entstanden 1374–79): „Geschichte des heiligen Jakob von Compostela" und „Kreuzigung". Mit der großen Natürlichkeit seiner Gestalten ohne jegliche Steifheit der Formen war Altichiero ein entscheidender Vorläufer der Renaissance. Links daneben kommt man in den angeschlossenen *Franziskanerkonvent* mit vier Kreuzgängen und dem Museo Antoniano (→ nächster Abschnitt). In den Wänden der reich ausgestatteten *Sakramentskapelle* haben die Sarkophage des Heerführers Gattamelata und seines Sohnes ihren Platz gefunden.

Höhepunkt der Pilgerfahrt ist die *Reliquienkapelle* in der Rückfront der Basilika. Im ehrfürchtigen Gänsemarsch geht's an goldenen Reliquiaren vorbei, in denen u. a. Antonios nicht verweste Zunge (!), sein Unterkiefer mit fünf Zähnen (einst gestohlen und wieder aufgefunden) und andere sterbliche Überreste aufbewahrt werden. Auch eins seiner härenen Gewänder und der verrottete Sarg des Heiligen sind hier ausgestellt.

Konvent mit Kreuzgängen: Gleich vier Kreuzgänge aus dem 13.–15. Jh. besitzt das Franziskanerkloster. Zunächst betritt man den *Chiostro della magnolia* mit einer turmhohen Magnolie als Mittelpunkt. Der nördlich daran anschließende *Chiostro del noviziato* ist nicht zugänglich. In einem Saal neben dem *Chiostro delle mostre* wird eine attraktive Tonbildschau über das Lebenswerk des Sant'Antonio gezeigt, die mit allerlei optischen und akustischen Effekten ausgestattet ist. Außerdem kann man hier das *Museo Civico al Santo* (auch: „Mostra Antoniana" oder „Museo Devozione Popolare") besuchen, eine große Ausstellung von Pilgergaben an den Heiligen. Im *Chiostro del Beato Luca* liegt der Zugang zum *Museo Antoniano*. Hier finden sich kirchliche Schätze und Gewänder des 16.–18. Jh., große Ölgemälde, die die Martyrien verschiedener Heiliger darstellen (u. a. ein Tiepolo), konservierte Fresken aus Kirchen und Klöstern sowie ein Fresko von Andrea Mantegna, das Antonius und den heiligen Bernhard von Siena zeigt.

Oratorio di San Giorgio und Scuola del Santo: Auf der Piazza rechts vor der Basilika steht die Grabkapelle des Marchese di Soragna mit dem Sarkophag des Adligen. Das Besondere an ihr ist, dass sie wie die Cappella di San Jacobus in der Basilika im späten 14. Jh. von Altichiero vollständig mit Fresken ausgemalt wurde. In wunderbar lebendigen und sorgfältig bis ins letzte Detail abgestimmten Kompositionen sind Szenen aus dem Leben Jesu dargestellt, an der Eingangswand z. B. die Verkündigung, die Anbetung der Hirten und die drei Weisen aus dem Morgenland, an der Altarwand eine große Kreuzigung. Dazu kommen an den Seitenwänden Schlüsselszenen aus den Lebensgeschichten der Heiligen Georg, Katherina und Lucia.

Die benachbarte Scuola aus dem 15. Jh. war Sitz der Erzbruderschaft des heiligen Antonius. Das später aufgesetzte Obergeschoss besitzt Fresken aus dem 16. Jh., die die Wundertaten des Antonius schildern, einige werden Tizian zugeschrieben.

• *Öffnungszeiten/Preise* **Basilika**, tägl. 6.30–19.45 Uhr (Winter bis 19 Uhr); **Tonbildschau**, tägl. 9–12.30, 14.30–18 Uhr, Eintritt frei, Dauer 25 Min.

Museo Civico al Santo und **Museo Antoniano**, Di–So 9–13, 14.30–18.30 Uhr, Mo geschl., Eintritt in der Mostra frei, im Museum ca. 2,60 €, Schül./Stud. 1,60 €.

Oratorio di San Giorgio und **Scuola del Santo**, beide tägl. 9–12.30, 14.30–19 Uhr (Winter bis 17 Uhr), Eintritt ca 2 €, Schül./Stud. 1,50 €.

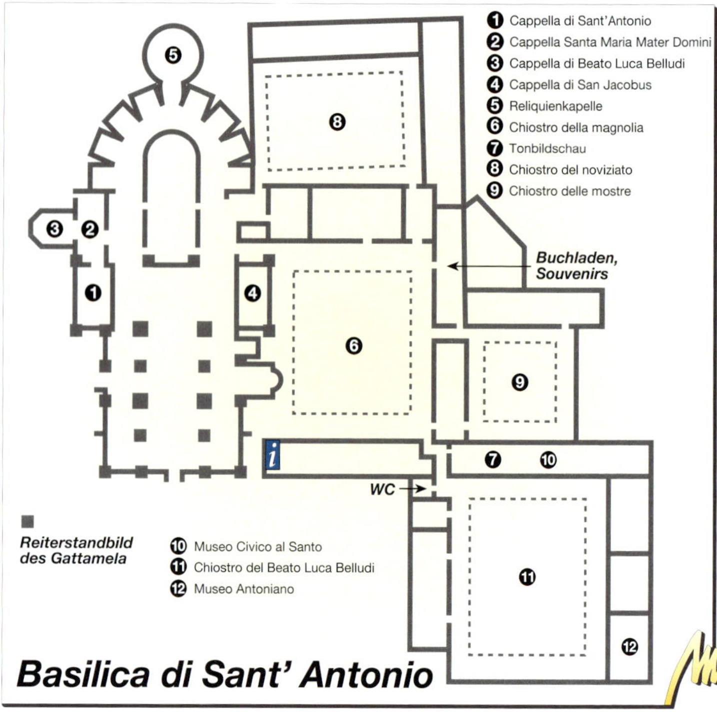

Prato della Valle und Umgebung

Der weite ovale Platz im Süden Paduas – einer der größte Innenstadtplätze Europas – ist mit seinen Grünflächen, dem langen, statuengesäumten Wassergraben und seinem großen zentralen Springbrunnen die beliebteste Flanier- und Ruhezone der Stadt. In der Antike stand hier ein monumentales Theater, an der charakteristischen ellipsenhaften Platzform kann man das noch heute gut nachvollziehen. Im 16. Jh. wurden die erhaltenen Reste abgerissen und für den Bau der benachbarten Basilica di Santa Giustina verwendet. Auf dem von unterirdischen Wasseradern durchzogenen Platz breitete sich bald ein Sumpf aus. Im 18. Jh. begann man mit der heutigen Gestaltung und umgab die bepflanzte Isola Memmia mit einem breiten Kanal, der durch den westlich vorbeifließenden Fiume Bacchiglione gespeist und von vier Brücken überquert wird. Am Rand des Kanals erheben sich 78 monumentale Steinfiguren. Sie stellen Bürger aus Paduas Geschichte dar, die sich um die Stadt verdient gemacht und hier studiert oder gelehrt haben. An den Brücken stehen Päpste und Dogen, aber auch gekrönte Häupter wie König Gustav Adolf von Schweden, der in Padua ein Seminar gehört haben soll, sowie Galilei und Petrarca. Goethe bemerkte dazu anerkennend („Italienische Reise"): „Ein ungeheures Oval ist ringsum mit Statuen besetzt, alle berühmten Männer vorstellend, welche hier gelehrt und gelernt haben ... Die Statuen sind in einer braven modernen Manier

Prato della Valle: früher Sumpfgebiet, heute stilvolle Flanier- und Ruhezone

gemacht, wenige übermanieriert, einige recht natürlich, sämtlich im Kostüm ihrer Zeit und Würden. Die Inschriften sind auch zu loben. Es findet sich nichts Abgeschmacktes und Kleinliches darunter."

Jeden Samstag findet auf dem Prato della Valle ein riesiger Markt statt, der fast den ganzen Platz einnimmt. Im Juni gibt es auch einen viel besuchten Vergnügungspark.

Orto Botanico: Östlich des Prato della Valle liegt einer der ältesten und schönsten Botanischen Gärten Europas, gegründet 1545 als Heilpflanzengarten der Medizinischen Fakultät. Der 20.000 qm große Garten ist viergeteilt und besitzt fünf Brunnen. 1997 wurde er in die Liste des Weltkulturerbes der Unesco aufgenommen.

Basilica di Santa Giustina: Die mächtige Backsteinkirche aus dem 16. Jh. dominiert mit ihren acht Kuppeln das Südende des Prato della Valle, das dazu gehörige Benediktinerkloster steht gleich daneben. Gewidmet ist sie der Schutzpatronin Paduas, die während der Christenverfolgungen des 4. Jh. im Alter von 16 Jahren hingerichtet wurde und hier begraben liegen soll. Später wurden noch die sterblichen Überreste weiterer Märyrer und Heiliger beigesetzt, darunter Prosdocimus, der erste Bischof der Stadt, und wahrscheinlich auch der Evangelist Lukas, nach kirchlicher Überlieferung Verfasser der Apostelgeschichte und des Lukasevangeliums mit der berühmten Geburtsgeschichte von Bethlehem (→ Kasten).
Die Fassade der Basilika konnte nicht vollendet werden und ist unverkleidet. Im monumentalen Innenraum stützen 26 gewaltige Pfeiler die drei Schiffe. Das Altargemälde von Paolo Veronese stellt das „Martyrium der heiligen Giustina" dar (1575). In der Kapelle rechts vom Hauptaltar ist eine dramatische „Pietà" von Filippo Parodi zu sehen. Im Querschiff hängen großflächige Ölgemälde von Galvani, Bisoni und anderen Meistern des 16. und 17. Jh. Im linken Querschiff steht der berühmte Sarkophag des Evangelisten Lukas, im rechten liegt der Zugang zur Grabkapelle des heiligen Prosdocimus, wo Reste eines früheren Kirchenbaus erhalten sind. In der Kapelle des heiligen Lukas liegt Elena Lucrezia Cornaro Piscopia

begraben, die erste Frau der Welt mit einem Doktortitel (1687). Nur mit Genehmigung darf der so genannte „Coro Vecchio“ (Alter Chor) besichtigt werden, der wertvolles Chorgestühl mit Einlegearbeiten enthält.

Öffnungszeiten/Preise **Orto Botanico**, tägl. 9–13, 15–18 Uhr (Nov bis März So geschl.), Eintritt ca. 4 €, Schül./Stud. ca. 1 €; **Basilica di Santa Giustina**, Mo–Sa 7.30–12, 15.30–20, So 7.30–12.40, 15.45–20 Uhr

Genetische Analyse: Evangelist Lukas in Padua?

Besitzt Padua neben Antonius noch Überreste einer weiteren, ungleich bedeutenderen Persönlichkeit der Kirchengeschichte? Im linken Querschiff von Santa Giustina steht ein mächtiger Marmorsarkophag, der gemäß der Tradition die sterblichen Überreste des Evangelisten Lukas enthält. Geboren wurde er etwa 65 n. Chr. in der syrischen Stadt Antiochia, mit 84 Jahren starb er im griechischen Theben, wo er auch begraben wurde. Sein Sarg wurde jedoch im 4. Jh. zunächst nach Byzanz – das spätere Konstantinopel und heutige Istanbul – gebracht und von dort wahrscheinlich weiter nach Padua. Dort wurden im 12. Jh. auf dem Klosterfriedhof von Prato della Valle Gebeine entdeckt, von denen man annahm, dass es sich um die des Lukas handeln könnte. 1313 baute man den noch heute erhaltenen Sarkophag, in den man den Bleisarg mit dem Skelett bettete. Den Schädel brachte 1354 Kaiser Karl IV. in den St.-Veits-Dom der Reichshauptstadt Prag, wo er sich noch heute befindet.

Bis vor wenigen Jahren befürchtete man nun, dass der Leichnam in Griechenland mit einem einheimischen Toten vertauscht worden sein könnte. 1998 hat deswegen ein Team der Unversitäten von Ferrara, Florenz, Genf, Rom, Padua und Kalabrien eine genetische DNS-Analyse vorgenommen, zu der auch der Schädel aus Prag herangezogen werden durfte. Die Untersuchungen ergaben folgendes: Skelett und Schädel gehören tatsächlich zusammen und stammen von einem Mann, der im Alter zwischen 70 und 85 Jahren starb, an Osteoporose und Arthrose erkrankt war, etwa 1,63 m maß und mit einiger Wahrscheinlichkeit im Vorderen Orien lebte. Die traditionelle Annahme, dass es sich bei den Gebeinen um den Evangelisten Lukas handeln könnte, wurde damit zwar nicht bewiesen, jedoch eindrucksvoll bekräftigt. Auf Bitten der griechisch-orthodoxen Kirche wurde eine Rippe des Skeletts dem Metropoliten von Theben vermacht.

Padua/Umgebung

Wichtigstes Naherholungsgebiet und gleichzeitig eine Thermenlandschaft von europäischem Rang sind die Euganäischen Hügel mit den Kurorten Abano und Montegrotto Terme. Der berühmte Brenta-Kanal ist unter Umland von Venedig beschrieben (→ S. 327), auf ihm kann man mit verschiedenen Gesellschaften Schiffstouren machen. „Navigare con Noi“ (Via Pontedera 71, ✆ 049/654917, www.navigareconnoi.it) veranstaltet auch Fahrten auf dem Fluss Bacciglione und auf dem Canale della Battaglia östlich der Euganäischen Hügel.

▸ **Villa Contarini**: In Piazzola sul Brenta, 18 km nordwestlich von Padua, steht die größte Villa des Veneto, die in ihrer gesamten Konzeption und Ausdehnung wie ein Schloss wirkt. Der Haupttrakt stammt aus dem 16. Jh., im 17. und 19. Jh. wurden die mit Balustraden und Statuen geschmückten Flügel angebaut. Vor dem Palast liegt ein großer Platz, der von einem halbkreisförmigen Laubengang begrenzt ist, auf der anderen Seite erstreckt sich der 50 ha große Park mit langen Alleestraßen, Blumenrabatten, Wäldchen, Seen und Fischteichen. Bereits bei ihrem Bau wurde die Villa als Konzerthaus konzipiert und besitzt mit der gitarrenförmigen *Sala della Chitarra rovesciata*, der *Sala dell'Auditorium* und dem *Salone da Ballo* mehrere Säle mit ausgezeichneter Akustik. Häufig finden Konzerte, Ausstellungen und Kongresse statt, auch Musikaufnahmen und -videos werden immer wieder gemacht. Die Villa wird heute von einer Stiftung verwaltet, deren Hauptziel es ist, die große Anlage zu erhalten.

• *Öffnungszeiten/Preise* Mai bis August 9–12, 15–19, April & Sept. 9–12, 14.30–18.30 Uhr, März & Okt. 9–12, 14–18 Uhr, übrige Monate Di–So 9–12, 14–17 Uhr (Mo geschl.). Eintritt ca. 5,50 €, nur Park 3,50 €. An jedem letzten So im Monat Antiquitätenmarkt mit durchgehendem Eintritt. ✆ 049/5590238, www.villacontarini.com

▸ **Citadella**: Die kleine Stadt 30 km nördlich von Padua ist neben Montagnana (→ S. 258) das beste Bespiel einer mittelalterlichen Stadtbefestigung in Venetien. Ihr Bau war die Antwort der Paduaner auf Castelfranco Veneto, die bedrohlich nahe

Die westliche Torbastion von Citadella

Festungsanlage der Trevisaner (→ S. 184). Der ovale Stadtkern ist von einer hervorragend erhaltenen Mauer mit 32 Wehrtürme und vier Stadttoren umgeben, in deren Grünanlagen man gut bummeln kann.

Terme Euganee

Die Thermalbadeorte Abano Terme, Montegrotto Terme, Galzignano Terme und Battaglia Terme bilden mit den unmittelbar benachbarten Euganäischen Hügeln Italiens schönste und größte Kurlandschaft.

Hauptsächlich Rheuma- und Arthritiskranke, aber auch zusehends Liebhaber von „Wellness-“ und „Beauty“-Kuren sowie Sportler lassen sich rund ums Jahr in den heilkräftigen, 37–38 Grad heißen und mit Algenhumus versetzten Fangoschlamm packen, der vor allem für die Rekonvaleszenz nach Sportunfällen ideal sein soll, oder kuren in den mehr als zweihundert Thermalbecken der Region. Unterwassermassagen und Rehabilitationstherapien sollen die Heilerfolge untermauern, ergänzend bietet sich die üppig grüne Hügellandschaft für erholsame Wanderungen, Spaziergänge und Radtouren an. Die „Terme Euganee“ – für viele im oft hektischen Veneto ein heiles Fleckchen Erde, ideal für geplagte Seelen und geschundene Körper, aber auch für alle, die einfach nur Entspannung, Ruhe, Zweisamkeit und ein wenig Komfort suchen.

Ursache für die heilkräftigen Thermen ist Sickerwasser, das in den Voralpen bis in 3000 m Tiefe dringt, sich bis 87 Grad erhitzt, mit Salzen und Mineralien wie Brom und Jod angereichert wird und nach 30-jähriger Reise im Vulkangebiet am Rand der Euganäischen Hügel wieder zutage tritt. Wie man aus zahlreichen Überresten von Badeanlagen und Villen (z. B. in Montegrotto Terme) schließen konnte, existierte hier bereits in römischer Zeit eine der größten Thermalzonen der Antike. Die Wurzeln reichen jedoch viel weiter zurück, denn schon im 15. Jh. v. Chr. verehrten die hier ansässigen Euganäer „Aponus“, den Gott der heilenden Wasserkräfte, auf den auch der heutige Ortsname zurückzuführen ist. Seit dem 16. Jh. gingen die Venezianer dann daran, die alten Thermen wiederherzustellen. Aus dieser Zeit rühren die vielen prachtvollen Villen und Schlösser im Umkreis der Thermalorte. In der Habsburger Zeit begann der kometenhafte Aufstieg der Terme Euganee, der sich bis heute fortgesetzt hat.

Abano Terme (ca. 19.000 Einwohner)

Der große, europweit bekannte Thermalkurort liegt wenige Kilometer südlich von Padua, am Fuß der Euganäischen Hügel. 108 Hotels sind es mittlerweile, die hier eigene Thermalbrunnen mit teils malerisch gestalteten Pool- und Badelandschaften besitzen.

Abano ist fast reine Hotelstadt, einen historischen Kern gibt es nicht, jedoch mehrere schöne Parks und überall viel Grün. Im Zentrum laden der reizvolle *Parco Magnolia*, entworfen im 19. Jh. vom berühmten Gartenarchitekt Giuseppe Jappelli, und ein großzügiger Fußgängerbereich zum gemütlichen Bummel ein. „Man bittet um Ruhe“ steht überall an den Einfahrtsstraßen und so ist denn auch die Atmosphäre: unaufgeregt und beschaulich. Deutsch wird hier überall gesprochen.

• *Information* **APT**, Via Pietro d'Abano 18, zentral am Beginn der Fußgängerzone. Große Auswahl an Broschüren aller Art, Wanderkarten und -beschreibungen. Mo–Sa 8.30–13, 15–19 Uhr, So 9–12, 15–18 Uhr. ✆ 049/8669055, ℻ 8669053, www.turismotermeeuganee.it

Entspannt bummeln: in der Fußgängerzone von Abano Terme

Consorzio Terme Euganee Abano-Montegrotto, Largo Marconi 8, ✆ 049/8666609, 8666613, Numero Verde 800-255161, www.abanomontegrotto.it

• *Übernachten* Kuren in den Hotels von Abano Terme kann man im heimischen Reisebüro buchen, die Deutsche Touring GmbH bietet regelmäßige Busfahrten. Die Hotels von Abano haben sich in den letzten Jahren neben der klassischen Thermaltherapie immer mehr dem Wellnessbereich zugewandt und ihre Badezonen entsprechend aufbereitet – man darf auch kerngesund sein, um sich hier wohl fühlen zu können.

***** **Grand Hotel Terme Trieste e Victoria (6)** (→ Sehenswertes), Via Pietro d'Abano 1, komfortables historisches Haus mit nostalgischem Charme, großer Park mit Badelandschaft und Wellness. DZ mit Frühstück ca. 135–390 €. ✆ 049/8665100, 8669779, www.gbhotels.it

***** **Due Torri Terme (7)**, Via Pietro d'Abano 18, ganz zentral neben dem Parco Montirone, einladendes Großhotel mit blumengeschmücktem Garten. DZ mit Frühstück ca. 130–320 €. ✆ 049/8632100, 8669927, www.gbhotels.it

**** **Ermitage Bel Air (3)**, Via Monteortone 50, am Weg nach Monteortone. Traditionsreiches Haus in einem weitläufigen Park mit alten Bäumen, seit vier Generationen in Familienbesitz. Große Thermalkurabteilung – ein Schwimmbecken in der Halle, das andere im Freien. Man wohnt in komfortablen Zimmern und Apartments im Park. Vollpension im DZ ca. 71–78 € pro Pers., im Apt. ca. 75–95 €. ✆ 049/8668111, 8630166, www.ermitageterme.it

*** **Atlantic Terme (2)**, Via Monteortone 66, ebenfalls etwas außerhalb im Grünen, ruhige Lage, gemütliche Aufenthaltsräume und gut ausgestattete Zimmer. Wellnessbereich und gute Küche im hauseigenen Restaurant. HP ca. 53–68 € pro Pers. ✆ 049/8669015, 8669188, www.termeatlantic.it

* **Lanterna (8)**, Via Alessandro Volta 10, einfaches Albergo beim Parco Magnolia mitten im Zentrum. Lärmisolierte Zimmer mit Klimaanlage und TV, jeweils Balkon. Netter Garten und eigene Parkplätze. DZ mit Frühstück ca. 55–77 €. ✆ 049/8669018, 667694, www.albergolanterna.it

La Montecchia, Weingut nördlich außerhalb mit komfortabel eingerichteten Ferienhäusern (Wochenpreis für 4 Pers. je nach Saison ca. 500–1200 €) und „Luxury Bed & Breakfast" in einem alten Kastell. Garten, Pool, Tennis, Golfplatz, Weinverkostung etc. ✆ 049/637294, www.lamontecchia.it

Villa Petrarca, in der Nähe der Abbazia di Praglia (→ Umgebung). Villa im Libertystil in einem großen Park mit Pool, schön eingerichtete Aufenthaltsräume mit TV und Kamin, drei Zimmer und zwei geräumige Ferienwohnungen (2 und 3 Schlafzimmer) DZ mit Frühstück ca. 80–100 €, Wochenpreis für Apt ca. 620–1200 €. ✆/ 049/9903740, www.villapetrarca.it

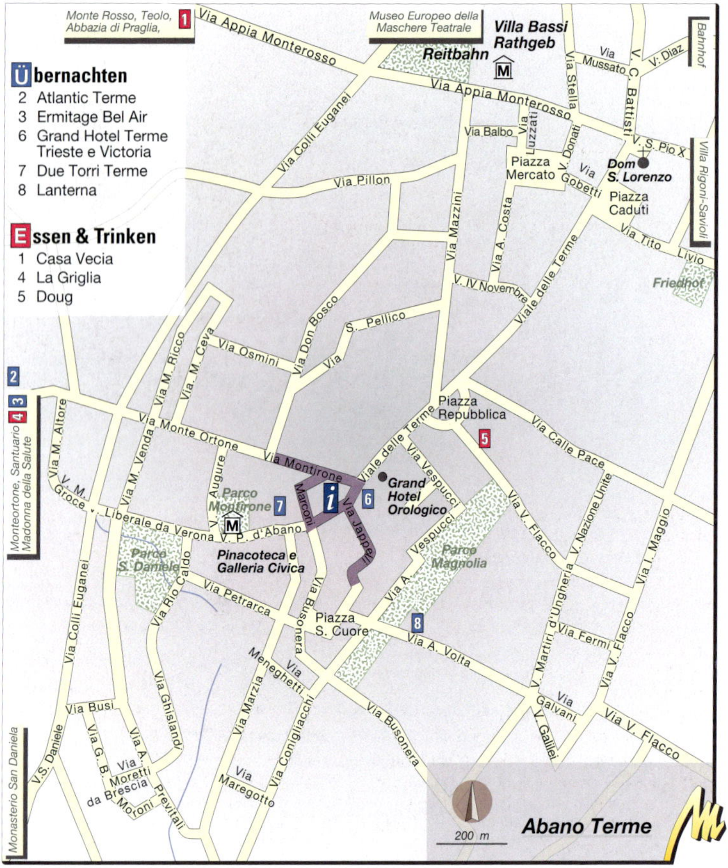

• *Essen & Trinken* Da fast alle Urlauber in den großen Hotels von Abano Terme pauschal untergebracht sind, d. h. Verpflegung inbegriffen ist, sind eigenständige Restaurants im Stadtzentrum eher selten.

Doug (5), Via Valerio Flacco 5, unprätentiöse Pizzeria im Zentrum, Nähe Hotel Europa, recht gutes Angebot und nicht zu teuer.

Casa Vecia (1) im Ortsteil Monterosso, Via Appia 130 (von der Kirche San Lorenzo 2 km nach Westen). Hier speist man hervorragend und Michelin-besternt. Da es nur 35 Plätze gibt, sollte man vorsichtshalber reservieren. So-Abend und Mo geschl. ✆ 049/8600138.

La Griglia (4), schönes Ausflugslokal am Ortseingang von Monteortone.

• *Cafés* **Gran Caffè delle Terme**, im Parco delle Terme in der Fußgängerzone, reichlich Sitzgelegenheiten im Freien und hervorragendes Eis. Di geschl.

• *Nachtleben* **I Millenium**, Via Borgo Padova 15, beliebter Disco-Pub, Paninoteca und Birreria, gelegentlich Livemusik. 21–3 Uhr, Mo geschl.

• *Sonstiges* **Centro Euganeo Escursioni Mtb**, Via Previtali 54, geführte Radtouren abseits der Straßen in den Colli Euganei. ✆ 049/8666677, www.centroescursionimtb.org

Eingang zur Pinakothek im Parco Montirone

Sehenswertes: Das altehrwürdige *Grand Hotel Orologio* und das 1913 erbaute *Grand Hotel Terme Trieste e Victoria* stehen einander im Fußgängerbereich gegenüber. Letzteres ist berühmt, weil es während des Ersten Weltkrieges das Oberste Heereskommando der italienischen Armee beherbergte. General Armando Diaz bereitete hier den Text des Waffenstillstandes mit Österreich-Ungarn vor, zu dessen Ehren dem damaligen Hotelnamen „Victoria" („Sieg") hinzugefügt wurde. Ganz in der Nähe liegt an der Via Pietro d'Abano der kleine, hüglige *Parco Montirone* mit dem ältesten Thermalbrunnen der Stadt, aus dessen Quelle 87 Grad heißes Wasser fließt. Am Eingang stehen korinthische Säulen, in den beiden Gebäuden dahinter befindet sich die *Pinacoteca e Galleria Civica* mit Gemälden und Zeichnungen vom 15. bis zum 20. Jh.

Der Dom *San Lorenzo* im nördlichen Ortsteil wurde 1780 an der Stelle einer Vorgängerkirche erbaut, die neue Trachytfassade stammt aus den sechziger Jahren des 20. Jh., der Glockenturm aus dem Mittelalter. Im Inneren gibt es Bilder des Kreuzwegs von Carlo Henrici und eine prächtige Orgel. Neben dem Kirchplatz liegt die Piazza del Sole e della Pace, 1996 wurde hier die aus vielfarbigem Marmor hergestellte Sonnenuhr „Meridiana" eingeweiht, mit 300 qm eine der größten Europas. Nicht weit vom Dom findet man die *Villa Bassi-Rathgeb* aus dem 16. Jh. Sie besitzt wertvolle Fresken und wird mit Antiquitäten und Gemälden, die Roberto Bassi-Rathgeb gestiftet hat, zum Stadtmuseum umgebaut. Der Park bei der Villa wird seit längerem als Reitbahn genutzt. Weiter östlich steht an derselben Straße die *Villa Rigoni-Savioli* mit Fresken von Giambattista Zelotti und an der SS 250 nach Padua befindet sich das *Museo Europeo della Maschere Teatrale* mit Masken der Commedia dell'Arte (Via Cesare Battisti 191).

Öffnungszeiten **Dom San Lorenzo**, tägl. 10–11.30, 16–18 Uhr (Winter 15–17); **Museo Europeo della Maschere Teatrale**, Mo–Fr 9–12 Uhr.

Abano Terme/Umgebung

▸ **Santuario Madonna della Salute**: Einen ausgiebigen Spaziergang kann man zu diesem 3 km westlich liegenden Heiligtum bei Monteortone unternehmen. Es stammt aus dem 15. Jh., ist der Madonna der Gesundheit geweiht und wurde an der Stelle einer angeblichen Wunderheilung erbaut. Im Inneren sind zahlreiche Fresken erhalten, die Jacopo da Montagnana (15. Jh.) zugeschrieben werden. Das Altarbild „Der gekreuzigte Christus zwischen den Heiligen Augustinus und Hieronymus" stammt von Palma dem Jüngeren.

▸ **Monastero San Daniele**: Das mittelalterliche Kloster auf einem Hügel südwestlich vom Stadtzentrum ist für konditionsstarke Besucher ebenfalls gut zu Fuß zu erreichen. Eine schöne Straße führt durch Wälder hinauf, oben genießt man einen prächtigen Blick. Das Kloster wird heute von Benediktiner-Schwestern geführt, die auch kunsthandwerkliche Produkte herstellen.

▸ **Abbazia di Praglia**: Ein besonders beliebtes Ausflugsziel, etwa 6 km westlich von Abano Terme. Eine schnurgerade Platanenallee führt zu dem großzügigen Benediktinerkloster aus dem 11. Jh., das während der Renaissance weitläufig ausgebaut wurde und heute eins der größten Italiens ist. Die Mönche von Praglia sind besonders spezialisiert auf die Restaurierung alter Schriften und Bücher. Zur erhöht stehenden Renaissancekirche führt eine Freitreppe hinauf. Der harmonische Baukörper besteht aus drei Schiffen und wird von einer hohen, freskenbemalten Kuppel überragt. Das Altargemälde stammt von Zelotti, die Fresken im Chor sind von Campagnola. Der Eingang zum Kloster liegt im Gebäudekomplex rechts von der Kirche. Hier versammelt man sich, um im Rahmen von Führungen die insgesamt vier malerischen Kreuzgänge, den Kapitelsaal und das Refektorium mit seinem prächtigen Chorgestühl zu besichtigen. Herausragend ist auch die Bibliothek aus dem 16. Jh. Die Mönche betreiben auch einen gut sortierten Laden mit selber hergestellten Produkten, die alle ohne Konservierungsmittel hergestellt sind, darunter verschiedene Marmeladen, Honig, Likör, Tees, Heilkräutermischungen, Cremes, Bonbons und Gewürze.

Die Abtei von Praglia

▸ **Villa delle Rose**: Im kleinen Nest *Tramonte*, an der Straße von der Abbazia di Praglia nach Torréglia, steht diese exquisite Villa des 18. Jh. in einem ummauerten Park mit Skulpturentor direkt an der Straße. Wenn man aus der Gegenrichtung kommt, hat man einen frontalen Blick durchs Tor auf die rosafarbene Fassade. Eine

Besichtigung ist nicht möglich. Ebenfalls in Tramonte steht die *Villa Talpo* aus dem 17. Jh.

▶ **Villa Emo-Capodilista „La Montecchia"**: Nördlich von Feriole steht auf einem kleinen Hügel inmitten eines artifiziell angelegten italienischen Gartens dieses streng quadratische ehemalige Jagdschloss mit doppelstöckigen Loggien an allen vier Seiten. Varotari, ein Schüler von Veronese, stattete die Innenräume mit opulenten manieristischen Fresken aus, in denen sich Mythologie und Familiengeschichte verquicken. Das Gelände gehört zum großen Weingut „La Montecchia" mit komfortablen Unterkünften, Golfplatz (www.golfmontecchia.it), Swimmingpool und dem alten Castello del Mottolo. Im Anschluss an die Führung durch die Villa wird ein *Bauernmuseum* besichtigt, danach folgt eine Weinverkostung.

• *Öffnungszeiten* **Santuario Madonna della Salute**, tägl. 10–11.30, 16–18, Winter 8–12, 16–18 Uhr.
Monastero San Daniele, Mo–Sa 10–11.30, 16–18 Uhr (Winter 15–17 Uhr), So geschl.
Abbazia di Praglia, Führungen im Sommer Di-Sa 15.30, 16.10, 16.50 und 17.30, So 15.30, 16, 16.30, 17 und 17.30 Uhr (im Winter jeweils eine Stunde früher), Mo geschl. **Laden** 10–12, 15.30–18 Uhr (Winter 14.45–17 Uhr). ✆ 049/9999300.
Villa Emo-Capodilista „La Montecchia", nur mit Führung März bis Nov. Mi und Sa 16 und 17.30 Uhr (Treffpunkt vor dem Weinshop). ✆ 049/637294, www.lamontecchia.it
Bauernmuseum, März bis Nov. Di–So 9–12, 14.30–19.30 Uhr, Mo geschl., Eintritt frei.

Montegrotto Terme

Der zweite große Kurort der Terme Euganee liegt nur wenig südlich von Abano Terme und ist mit diesem praktisch zusammengewachsen. Das Ambiente zeigt sich ähnlich modern und aufgeräumt.

Im Ortszentrum kann man ein wenig an Schaufenstern entlang bummeln, das mittelalterlich-düstere *Oratorio della Madonna* ansehen, zum modernen Kuppeldom *Santi Pietro e Paolo* auf einem Hügel hinaufsteigen und an der Via degli Scavi

Aufstieg zur Villa Draghi über Montegrotto Terme

die sorgsam eingezäunten Ruinen der *Terme Romane* besichtigen, eine römische Thermalanlage mit drei untereinander verbundenen Becken, zu denen auch ein kleines antikes Theater gehört. Ein Stück weiter an der Via degli Scavi liegt ein besonderes Schmuckstück, der *Butterfly Arc*, ein Schmetterlingshaus mit drei tropischen Gärten, in denen mehr als 400 amazonische, afro-tropische und indo-australische Schmetterlinge leben, dazu gibt es einen „Bosco delle fate", einen „Feenwald" also, in dem Figuren aus alten venezianischen und keltischen Traditionen auftauchen.

Am westlichen Ortsrand führt ein zehnminütiger Waldspaziergang – man kommt dabei an einer ausgeschilderten, 18 m hohen Eiche vorbei – zur hoch gelegenen Ruine der *Villa Draghi*, von der man einen weiten Blick über Montegrotto und Abano hat.

• *Öffnungszeiten* **Terme Romane**, nur nach Voranmeldung mit Führung Anfang Mai bis Mitte Juni und Anfang September bis Mitte Oktober, Sa Vormittag um 9, 10 und 11 Uhr, Eintritt frei, ✆ 049/8911673; **Butterfly Arc**, April bis Sept. tägl. 9.30–12.30, 14.30–17.30, März & Okt. 9.30–12.30, 14–16.30 Uhr, Eintritt ca. 6 €, www.farfalle.org

• *Information* **APT**, Viale Stazione 60, bei der Piazza Maggio. Dasselbe umfangreiche Angebot wie in Abano. Mo–Sa 8.30–13, 15–19, außerdem zweiter Sonntag im Monat 9–12, 15–18 Uhr. ✆ 049/793384, 795276, www.turismotermeeuganee.it

• *Übernachten* ***** **Terme Miramonti/Relilax**, Piazza Roma 19, ganz zentral. Komfortables Hundert-Zimmer-Haus mit Innen- und Außenpool und dem aufwändigsten Beauty- und Wellnessbereich der Terme Euganei, zahlreiche Anwendungen. ✆ 049/8911755, 8911678, www.relilax.com

**** **Terme Preistoriche**, Via Castello 5, ruhige Lage unterhalb des Monte Castello. Seit drei Generationen Thermalhotel, großer Garten, drei Thermalschwimmbäder (zwei Freibäder und ein damit verbundenes Hallenbad) mit verschiedenen Temperaturen, Restaurant und Barservice am Pool, Sauna, Tennis und überdachter Parkplatz. DZ mit Frühstück ca. 100 €, Thermaleinrichtungen extra. ✆ 049/793477, 793647, www.termepreistoriche.it

** **Sporting Center**, Via Roma 123, am nordöstlichen Ortsrand, angeschlossen an einen Campingplatz (→ unten). Einfache Zimmer mit Balkon, Pool und Thermalbad. DZ mit Frühstück ca. 64–75 €. ✆ 049/793400, 8911551, www.sportingcenter.it

**** **Camping Sporting Center**, großer flacher Wiesenplatz, teilweise mit Baumschatten. Pool und Thermalbad (beides gegen Gebühr), ordentliches Restaurant (Rabatt für Campinggäste) und beliebte Disco „Luna Blu". März bis Anfang November. ✆ 049/793400, 8911551, www.sportingcenter.it

• *Essen & Trinken* **Da Mario**, Via delle Terme 4, im nördlichen Bereich des Ortszentrums, nett zum Sitzen, traditionelle Veneto-Küche. Mi-Mittag und Di geschl.

Miravalle, Via Castello 22, westlicher Ortsrand, schöne Lage zwischen schattigen Bäumen. Di geschl.

▸ **Montegrotto Terme/Umgebung**: Das mittelalterliche *Castello di San Pelagio* steht südöstlich von Montegrotto Terme zwischen SS 16 und Autobahn. Es besteht aus einem lang gestreckten Haupthaus, dem Wachturm und zwei angeschlossenen Landwirtschaftsgebäuden und besitzt einen prächtigen Garten. Laut Überlieferung ist es der Ort, wo der Literat, National- und Frauenheld Gabriele d'Annunzio 1918 die Idee zu einem gewagten Doppeldeckerflug ins feindliche Wien hatte und auch von hier aus auch startete – allerdings nicht um Bomben, sondern lediglich Flugblätter mit von ihm entworfenen Texten abzuwerfen. Dieser gelungene Propagandafeldzug bescherte d'Annunzio landesweite Popularität und daraus entstand auch die Idee zu dem *Museo dell'Aria e dello Spazio*, das heute seinen Platz im Schloss hat. Dokumentiert wird die Geschichte des Fliegens vom Vogelflug über die Mythologie von Dädalos und Ikaros, die ersten Flugversuche Leonardo da Vincis und die farbenprächtigen Heißluftballone der Gebrüder Montgolfier bis zu den beiden Weltkriegen und der bemannten Raumfahrt. Im großen Schlosspark stehen

Düsenjäger, Segelflieger und Helikopter, den Schwerpunkt der Sammlung bildet aber „La Grande Guerra“ (Erster Weltkrieg) mit der Aktion d'Annunzios, zu der man auch einen Film ansehen kann. Lebensgroße Puppen verkörpern Schlüsselszenen, Flugmaschinen und berühmte Flieger der Zeit sind dargestellt und erläutert. Der Park bietet sich anschließend für ein Picknick an.

• *Öffnungszeiten/Preise* **Castello di San Pelagio**, Sommer Di–So 9–12.30, 14.30–19 Uhr, Winter 9–12.30, 14–17.30 Uhr (Dezember und Januar nur So), Mo geschl. Eintritt ca. 7 €. ✆ 049/9125008, www.museodellaria.it

Fototermin in den Wiesen vor dem Castello del Catajo

Battaglia Terme

Der dritte Kurort im Bunde liegt am gleichnamigen Kanal, der parallel zur SS 16 verläuft und über Padua in der Lagune von Venedig mündet, hat aber sonst einen eher nichts sagenden Ortskern.

Das *Museo della Navigazione Fluviale* in der Via Ortazzo 63 zeigt auf zwei Stockwerken Relikte aus der Zeit, als die zahlreichen Flussläufe und Kanäle noch für Handel und Verkehr genutzt wurden – historische Boote, hydrografische Karten der verzweigten Wasserwege, Werftmaterial, Leben an Bord etc. Ein architektonisches Highlight ist die großartige *Villa Selvatico*, eine recht gewagte Kombination verschiedener Stilelemente aus dem 16. Jh. am Viale Santa Elena im südlichen Ortsbereich, etwa 700 m vom Bahnhof entfernt. Sie steht pittoresk auf einem Hügel inmitten eines großen, von Jappelli entworfenen Parks mit fünf Thermalwasserteichen, die schon von den Römern genutzt wurden. Auch ein Zugang zum Canale di Battaglia ist vorhanden. Die 20 Innenräume sind erlesen möbliert und mit opulenten Malereien von Varotari, genannt „Padovanino“, und Luca Ferrari aus Reggio ausgestattet, weitere Zimmer wurden in den „Barchesse“, den früheren Wirtschaftsgebäuden, fertig gestellt. In den Gewächshäusern wird ein exklusives Restaurant eingerichtet, geplant sind weiterhin Swimmingpool, Wellnessbereich sowie eine Beauty-Farm. Derzeit wird die Villa für Veranstaltungen vermietet, ein Hotel soll aber bald eröffnet werden (049/9101404, www.villa-selvatico.it).

Öffnungszeiten/Preise **Museo della Navigazione Fluviale**, Sa/So 10–12, 15–19 Uhr, Dez. und Jan. geschl., ✆ 049/525170 und 049/525711

▸ **Battaglia Terme/Umgebung**: Nördlich außerhalb lohnt das großartige *Castello del Catajo* einen Besuch. Das elegante, in seiner Anlage sehr wehrhaft wirkende Schloss wurde 1570–73 für den Söldnerführer Pio Enea degli Obizzi erbaut, nach dem die „Haubitze" benannt wurde und der aus einem alten burgundischen Geschlecht stammte. Im Rahmen einer Führung kann ein Teil der über 300 Zimmer besichtigt werden. Der prachtvolle, fast königlich anmutende Hauptsaal im Piano Nobile sowie viele weitere Säle sind mit Fresken von Giambattista Zelotti geschmückt. Sie verkünden den Ruhm der Familie Obizzi und versinnbildlichen mit allerlei allegorischen Figuren die Mächte des Schicksals. Von der weitläufigen Terrasse, die auch für Bankette genutzt wird, hat man einen herrlicher Blick über den Park, der das Schloss umgibt und in die Hügel der Euganei. Der Park kann ohne Führer besucht werden, er besitzt eine große Vielfalt an Pflanzen und einen Fischteich.

• *Öffnungszeiten* **Castello del Catajo**, April bis August Di und So 15–19 Uhr, März & Sept. bis Nov. 14.30–18.30, Februar 14–18 Uhr, Gruppen tägl. bei Voranmeldung. Eintritt ca. 7 €, ✆ **049/9100411**, www.castellodelcatajo.it

Colli Euganei (Euganäische Hügel)

Über hundert kegelförmige Erhebungen steigen südlich von Padua unvermittelt aus der Poebene an, eine erfrischend grüne Oase in der industrialisierten und zersiedelten Ebene.

Ein Abstecher in die malerische, von dichten Laubwäldern, üppigen Wiesen, Kirschbäumen und zahllosen Weinreben überzogene Hügellandschaft vulkanischen Ursprungs lohnt sehr. Kleine Dörfer und Bauerngehöfte, aber auch zahlreiche venezianische Herrenhäuser, liegen verstreut, immer wieder genießt man herrliche Ausblicke, auch stimmungsvolle Wanderungen lassen sich unternehmen. Natürlich sind diese Reize nicht verborgen geblieben und so ist an Wochenenden das halbe Veneto im Grünen unterwegs, darunter tausende von Motorradfahrern, die die Idylle teils erheblich beeinträchtigen. Tipp: Lassen Sie sich Zeit bei der Fahrt durch das labyrinthisch anmutende Geflecht der kurvigen Hügelstraßen. Zahlreiche reizvoll gelegene Gasthäuser bieten sich für Pausen an, auch Gelegenheit zur Weinverkostung finden sich immer wieder, manche Wiesen werden als Picknickplätze genutzt. Mehrere schön gelegene Agriturismohöfe sowie verschiedene Bed & Breakfast-Adressen bieten zudem eine entspannende Möglichkeit, die umliegenden Städte Vicenza, Padua und Venedig in bequemen Tagestouren kennen zu lernen.

Entstanden sind die etwa 81 Erhebungen der Colli Euganei vor etwa 35 bis 40 Millionen Jahren – im so genannten Oligozän – als Folge von andauernden Vulkanausbrüchen. Damals erstreckte sich hier zwischen Alpen und Apennin eine riesige Meeresbucht. Jeder einzelne Hügel bildete sich infolge einer einzigen Eruption und ragte aus dem Wasser heraus, wodurch sich ein kleiner, vielgestaltiger Archipel bildete. Die Einzigartigkeit dieses Naturphänomens zeigt sich heute vor allem an der Pflanzenwelt, denn in den Colli gedeihen sowohl Pflanzen, die warmes und trockenes Klima benötigen, wie auch solche, die der typischen Bergvegetation angehören. Zum Schutz der wertvollen Landschaft hat man die gesamte Hügelregion 1989 zum

In den Euganäischen Hügeln

„Parco Regionale dei Colli Euganei" erklärt. Nicht zu übersehen sind allerdings – vor allem bei Wanderungen – die Probleme der Naturlandschaft: Vielerorts verdrängen die aggressiven Robinien, die sich fast wie Unkraut ausbreiten, anspruchvollere Arten wie Eichen, Rotbuchen und Eschen. Waldbrände und Erosion schädigen den Bestand zusätzlich.

Unter Kennern genießen die auf vulkanischem Boden gedeihenden Euganäischen Weine hervorragenden Ruf. Mehr als ein Dutzend DOC-Weine werden hier produziert, darunter Chardonnay, Pinello, Pinot Bianco, Tocai Italico, Weißburgunder, Merlot, Cabernet, der süße Fior d'Arancio und der Mousséwein Serprino. Die Weingüter liegen hauptsächlich an der Westseite der Colli, fast alle sind Familienbetriebe mit der Möglichkeit zum Direkteinkauf. Als sportliche Ergänzung zur Weinverkostung bieten sich die drei Golfplätze in den Colli Euganei an, die zu den schönsten im Veneto gehören, nämlich bei Valsanzibio, Montecchia und Frassanelle.

Wandern in den Colli Euganei

Die Parkverwaltung der Colli Euganei hat einen umfangreichen Wanderführer veröffentlicht, genannt „Die Wanderwege der Euganeischen Hügel". Er ist gratis in den Informationsbüros erhältlich und beschreibt mit vielen Hintergrundinformationen zu Vegetation und Landwirtschaft über ein Dutzend der schönsten Fußwege in den Hügeln. Dazu gibt es jeweils eine detaillierte Kartenskizze.

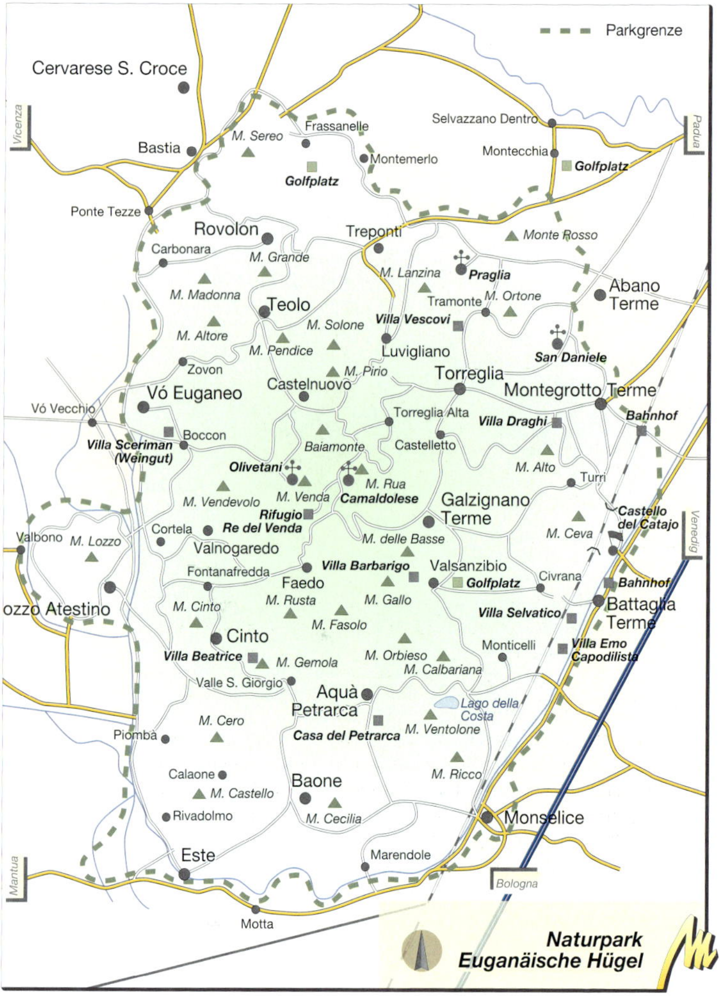

Zusätzlich nützlich ist die Karte „I Colli Euganei“ vom Touring Club Italiano, in der die entsprechenden Wanderwege alle eingetragen sind (bei den Infostellen zu kaufen). Im Folgenden exemplarisch die Beschreibung zweier Wanderungen bei Abano bzw. Teolo.

Wanderung über den Monte Rosso (Sentiero del Monte Rosso)

Streckenweise etwas anstrengender Weg durch dichte Waldlandschaft, die in ihrer Naturbelassenheit fast schon dschungelartig üppig wirkt. Länge etwa 2 km, Dauer je nach Schrittgeschwindigkeit etwa 1 bis 1,5 Std.

▸ **Wegverlauf**: Der 178 m hohe und dicht bewaldete Monte Rosso erhebt sich etwas abseits der anderen Hügel beim gleichnamigen Ortsteil nordwestlich von Abano Terme. Wenn man mit dem Fahrzeug kommt, parkt man am besten an der Durchgangsstraße vor dem „Parco Villa Bembiana“. Man biegt nun in den ungepflasterten Weg ein, der sich parallel zur Mauer der Villa zieht, geht am massiven Tor vorbei und biegt kurz danach links in einen Weg ab, der vorbei an Weinfeldern bis zum etwa 200 m entfernten Landwirtschaftsgehöft der Villa führt. Hier geht man links den Forstweg weiter, der sich nach etwa 150 m gabelt. Wir gehen links weiter, der Weg steigt etwas anstrengend und teilweise rutschig durch üppigen Mischwald mit Robinien und efeuüberrankten Stämmen an. Nach etwa 200 m trifft man auf eine Einzäunung und klettert nach links serpentinenartig steil zwischen umgestürzten Bäumen hinauf. Etwa 15 Min. später kommt eine Weggabelung mit Schild („Sentiero del Monte Rosso“). Hier steigt man rechts sehr steil weiter hinauf, bis man den Bergkamm erreicht und dem deutlich sichtbaren Weg durch den Wald folgt. Nach einigen Kurven kommt man auf eine Lichtung, von dort geht es endlich abwärts. Wenn man immer auf dem Weg bleibt, trifft man nach nicht allzu langer Zeit auf eine große, offene Lichtung mit Blick in die Ebene um Abano Terme. Nun heißt es aufpassen: Am Beginn der Lichtung steht wieder ein Wegschild, kurz danach geht rechts der frühere Hauptweg zur Villa Bembiana ab, der aber nicht begangen werden kann. Wir folgen dem Weg weiter geradeaus bis zum Ende der Lichtung. Dann gehen wir noch etwa 45 m weiter und biegen etwa 3 m vor einem großen Holzstoß scharf nach links auf einen anfangs kaum sichtbaren Pfad ab. Nach einigen Metern ist der Pfad jedoch klar zu erkennen und führt in Serpentinen zum Forstweg hinunter, den wir für den Aufstieg benutzt haben.

Waldarbeiter finden stets ein reichliches Betätigungsfeld

Wanderung auf den Monte Grande (Sentiero del Monte Grande)

Man umrundet den 467 m hohen Berg – der vierthöchste der Colli – zunächst auf breitem Weg ohne größere Steigungen, steigt dann zum Bergrücken hinauf und kommt wieder zum Ausgangspunkt zurück. Länge etwa 4,2 km, Dauer je nach Schrittgeschwindigkeit ca. 1,5 bis 2 Std., auch geeignet für Mountainbiker.

▸ **Wegverlauf**: Von Teolo nimmt man die kurvige Straße nordwärts bis zum Passo Fiorine, wo man neben dem Gasthaus „Baita Passo Fiorine“ parken kann. Der Weg beginnt an der Wiese dahinter und führt als breite Piste in den Wald am Nordhang hinein. Bald passieren wir links die Abzweigung nach Rovolon. Bei der weiteren

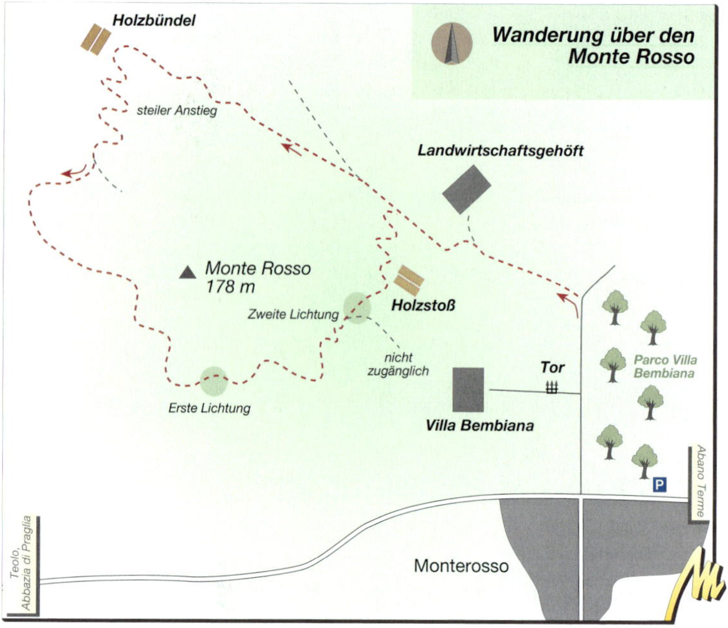

Wanderung sehen wir, wie gefährdet das Gebiet ist. Schwere Steinbrocken schützen den Hang vor Erosion und erst 2004 hat ein Waldbrand den Baumbestand zum wiederholten Mal schwer geschädigt. Waldarbeiter haben nun eine gewaltige Schneise geschlagen und sind mit der Wiederaufforstung beschäftigt, der Schlagwald soll in Hochwald umgewandelt werden. Am Ostende des Massivs zweigt ein Weg zur Via Bettone ab, die unten durch das Weinbaugebiet verläuft, und endet beim Weingut „Le Querce" (→ Teolo/Übernachten). Nun beginnt der Anstieg zum Gipfelplateau, der aber relativ rasch zu bewältigen ist. Unterwegs sieht man die vorher erwähnte Schneise am Nordhang von oben, kommt dann rasch zu einer meteorologischen Station. Es geht weiter am Bergrücken entlang, dann abwärts und in weiten Kurven durch Eichen und Kastanienwald hinunter zur Straße, die man kurz vor der Passhöhe mit dem Gasthaus erreicht. Kurz vor Erreichen der Straße zweigt bei den Kurven ein Weg zur Lichtung „Parco Lietta Carraresi" ab, wo man rasten kann.

Teolo

Das kleine, zwischen markant geformten und dicht bewaldeten Erhebungen gelegene Hügeldorf ist gut für einen Zwischenstopp geeignet, außerdem Ausgangspunkt für die Wanderung um den nahen Monte Grande, an dessen Südhängen sich ein ausgedehntes Weinbaugebiet erstreckt.

Auf der schattigen Terrasse der „Gelateria alla Fonte" oberhalb der zentralen Kreuzung kann man alles überblicken und das hausgemachte Eis kosten. Der benachbarte Brunnen ist Treffpunkt der Radler, die die steilen Steigungen von Abano heraufkeuchen. Nur wenige Schritte unterhalb residierte früher die venezianische Ver-

Am Brunnen von Teolo

waltung im *Palazzetto dei Vicari* (16. Jh.). Heute ist dort das kleine *Museo di Arte Contemporanea „Dino Formaggio“* mit Werken norditalienischer Künstler des 19. und 20. Jh. untergebracht.

Auf der Gemeindewebsite erfährt man, dass Teolo auf eine römische Siedlung namens Titulus zurückgeht und dass der berühmte römische Geschichtsschreiber Livius hier geboren sein soll. Auf der nahen *Rocca Pendice* (302 m) sind Ruinen einer mittelalterlichen Festung erhalten, die zwischen Kaiser Friedrich Barbarossa und den lokalen Machthabern heftig umkämpft war.

• *Öffnungszeiten/Preise* **Museo di Arte Contemporanea**, Di, Do und So 15–19 Uhr, Eintritt ca. 1 €.

• *Information* **IAT**, Via Marconi 1, wenige Schritte vom zentralen Platz. April bis Sept. Di, Do und Sa 15–19 Uhr, So 10–13 Uhr. ✆ 049/9925680, www.comuneteolo.it

• *Übernachten* *** **Villa Lussana**, Via Chiesa 1, schöne, alte Jugendstilvilla oberhalb vom Dorfplatz von Teolo, herrlicher Blick auf die Berge der Umgebung. Mit Parkplatz und empfohlenem Restaurant. DZ mit Frühstück ca. 88 €. ✆/℻ 049/9925530, E-Mail: hotelvillalussana@libero.it

** **Delfino**, Via Euganea 3, modernes Haus mit Parkplatz, DZ mit Frühstück ca. 65–75 €. ✆/℻ 049/9900495.

B & B Casa Carlotta, Via Buca dell'Oro 8, schöne Hügellage mit weitem Blick, drei Zimmer mit Bad, viele Wandermöglichkeiten in der Umgebung. DZ mit Frühstück ca. 50–60 €. ✆/℻ 049/8860153.

B & B I Gemelli, Via delle Croce 12, Villa di Teolo. Ruhige Lage im Grünen, drei Zimmer und zwei Badezimmer. DZ mit Frühstück ca. 50–60 €. ✆ 049/663616, E-Mail: atsattin@davide.it

Agriturismo Terre Bianche, Via Pastorie 23, Treponti di Teolo. Historisches, kürzlich renoviertes Landhaus, umgeben von Weinbergen und Olivenbäumen. Drei Zimmer und zwei Badezimmer, Selbstversorgerküche, draußen reichlich Platz zum Sonnen und für Kinder. ✆ 049/619872, ℻ 8764558, www.terrebianche.it

• *Essen & Trinken* **La Montanina**, vor dem Ortseingang rechts. Schönes Anwesen in Hügellage mit Park und Panoramaterrasse, erbaut 1911. Das Innere schmücken zahlreiche Gemälde von Künstlern, die früher hier zu Gast waren. Spezialität sind die hausgemachten Pastagerichte. An Wochenenden

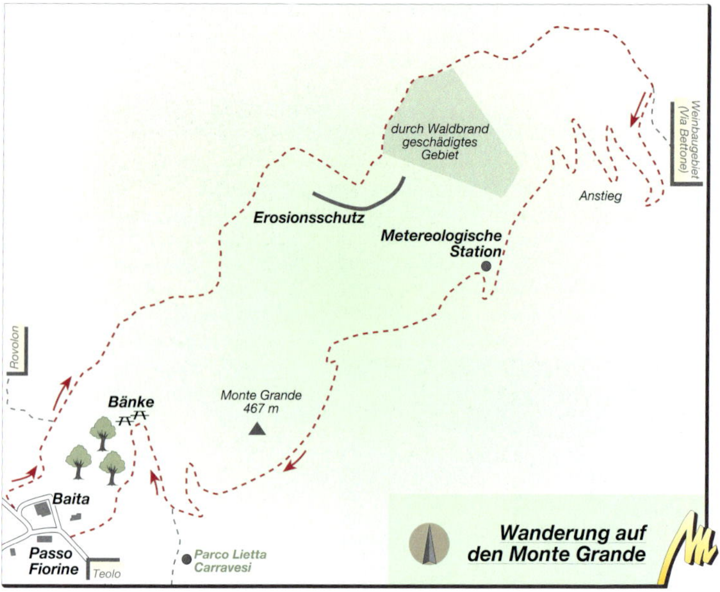

wird es oft sehr voll. Mittlere Preise. Mi geschl. ✆ 049/9925036.

Le Querce, Via Bettone 42, hübsches Anwesen in den Weinbergen nördlich von Teolo, genau gegenüber einem Fußweg, der zum Monte Grande hinaufführt (→ S. 250). Gianfranco Beccaro bietet auf seinem modernen Hof Wein im Direktverkauf an, außerdem kann man bei ihm nach vorheriger Anmeldung gut und typisch zu Abend essen. Im Garten gibt es Kinderspielgeräte. ✆/℻ 049/9925239.

• *Shopping* **Flohmarkt** an jedem ersten Sonntag im Monat.

• *Feste* **Maronenfest** am 3. Sonntag im Oktober.

▶ **Luvigliano**: von Abano Terme in Richtung Teolo und in Treponti links abbiegen. Hier steht mitten im Grünen die im 16. Jh. erbaute *Villa dei Vescovi*, die frühere Sommerresidenz der Bischöfe von Padua, in einigen Räumen sind Deckengemälde erhalten.

• *Öffnungszeiten* **Villa dei Vescovi**, März bis Nov. Mo, Mi, Fr und am ersten Sa im Monat 10.30–12, 14.30–18 Uhr, Eintritt ca. 3 €. ✆ 049/5211118.

• *Übernachten* **B & B Villa Pollini**, Via C. Pollini 4, Luvigliano di Torreglia. Landhaus in einem herrlichen alten Park, umgeben von Weinbergen, Blick auf die „Colli". Vermietet werden zwei Studios und zwei Apartments. Es wird auch Englisch gesprochen, Fahrräder stehen zur Verfügung. Apt. mit Frühstück ca. 75–90 €. ✆ 049/5212220, ℻ 8786884, www.villapollini.it

▶ **Monte Rua** (416 m): Die gesamte Spitze des dicht bewaldeten Berges nordwestlich oberhalb von Galzignano Terme nimmt der ausgedehnte *Eremo Camaldolese* ein, eine 1537 gegründete Einsiedelei der Camaldulensermönche, die noch heute im Besitz des Ordens ist. Bis zum „Rifugio Monte Rua" kann man mit dem Wagen fahren. Das letzte Stück zum Gipfel steigt man zu Fuß hinauf, zunächst einige hundert Meter durch dichten Wald, dann auf einem gewundenen, auf beiden Seiten von Mauern eingefassten Kreuzweg bis zur Pforte. Die Mönche leben hier oben in völliger Abgeschiedenheit und strenger Klausur, jeder besitzt ein eigenes kleines Häuschen mit Garten, insgesamt sind es 22. Die Besuchszeiten sind strikt geregelt und nur Männer dürfen jeweils einzeln die Kirche und eine Zelle besichtigen.

Villa Sceriman: Weinprobe in entspanntem Ambiente

Wenn man an der Westseite der Colli Euganei die Straße zwischen Vó Euganeo und Este befährt, kommt man kilometerweit an üppigen Weinbergen mit den dazugehörigen Gütern vorbei, wo überall Wein im Direktverkauf angeboten wird. Eine besonders stimmungsvolle Adresse ist die Villa Sceriman an der Straße zwischen Castelnuovo und Vó Euganeo (etwas westlich von Boccon), die im 15. Jh. nach Plänen von Palladio erbaut wurde. In den ehemaligen Pferdeställen neben der Villa betreibt heute die freundliche Familie Soranzo einen schön aufgemachten Weinkeller. Man kann in aller Ruhe umher gehen, aus dem großen Angebot an Cabernet, Chardonnay, Merlot, Marzemino, Prosecco, Pinot Grigio und Novello auswählen und sich bei der Verkostung von der in den Achtzigern stehenden Mutter des Hausherrn auf Deutsch beraten lassen – oder sich mit Salami und Käsehappen der Region auf einen gemütlichen Imbiss niederlassen. In der Loggia sitzt man an rustikalen Holztischen und im Garten sind lauschige Lauben eingerichtet. Villa Sceriman hatte im 15. Jh. einen Grundbesitz von 3500 Hektar. Heute werden Wein und Getreide auf 25 Hektar angebaut, etwa 5 Hektar sind für den biologischen Weinbau vorgesehen, doch die Fläche erweitert sich ständig. In Deutschland werden die Weine von Villa Sceriman bisher noch wenig vertrieben. Neben Wein wird auch Olivenöl aus eigener Produktion angeboten.

Villa Sceriman, Vò Euganeo, Mo–Sa 10–12, 15–19 Uhr, So geschl. ✆ 049/9940123.

• *Öffnungszeiten* **Eremo Camaldolese**, Do & So im Sommer 14.30–16.30, sonst 15.30–17.30 Uhr, ✆ 049/5211041.

• *Übernachten* **B & B Artemisia**, Via Monte Rua 15, vollkommen ruhiges Grundstück an der Auffahrt zum Monte Rua. Renata Sensi vermietet drei Zimmer und ein separates Gästehaus. Motto der Eigentümer: „Silence is golden." DZ mit Frühstück ca. 70–90 €. Ganzjährig. ✆ 049/9930317, www.artemisiaonline.it

B & B Il Vecchi Mulini, Via Facciolati, 28, am westlichen Ortseingang von Torreglia. Wunderbar restaurierte Mühle aus dem 13. Jh., geschmackvoll eingerichtete Zimmer mit Bad, Ruhewiese. DZ je nach Aufenthaltsdauer (Mindestaufenthalt zwei Nächte) ca. 55–75 €. ✆/📠 049/5211424, www.ivecchimulini.it

• *Essen & Trinken* **Rifugio Monte Rua**, rustikales Restaurant mit großzügiger, teilweise überdachter Panoramaterrasse, die bei schlechtem Wetter auch verglast werden kann. Kredenzt wird hauptsächlich Gegrilltes, z. B. *grigliata di carni misti* oder *tagliata d'anitra*, an Pasta gibt es u. a. *bigoli*. Di geschl.

Agriturismo Ca' Noale, Via Cicogna Pirio (Collina), an der Straße von Torreglia nach Torreglia Alta. Hübscher Hof mit Wein- und Olivenanbau, geführt von Silvia Saorin. Gute und typische Veneto-Küche im hauseigenen Restaurant, Spezialitäten sind z. B. *la-*

sagne con i „bisi“ und *grigliate miste*, freundliche Atmosphäre. Geöffnet ganzjährig Sa und So und vor Feiertagen. ☏/℻ 049/5212473.

Al Roccolo, bei Torreglia Alta, von der Aussichtsterrasse in 400 m Höhe herrliche Fernsicht. Mo geschl.

Das Original: „Maraschino“-Kirschlikör aus Torreglia

1821 begann sich die Gattin des italienischen Konsul Girolamo Luxardo in Zadar auf der anderen Seite der Adria für die traditionellen Liköre Dalmatiens zu interessieren. In Heimarbeit, wie damals üblich, ging sie daran, einen Kirschlikör zu destillieren. Aus diesen bescheidenen Anfängen entwickelte sich eine große Erfolgsstory: der berühmte Kirschlikör „Maraschino“ war geboren. Im Zweiten Weltkrieg wurde die große Destillerie in Zadar zerstört, ein überlebendes Mitglied der Familie wagte einen Neuanfang in Torreglia, „Luxardo“ wurde weltweit bekannt und gehört heute zu den führenden Süßlikörherstellern weltweit. Die Firma wird heute in sechster Generation betrieben, 22.000 Marasca-Kirschbäume nennt Familie Luxardo ihr eigen. Neben dem Original-Maraschino werden auch Limoncello, Amaretto, Sambuca und viele weitere Destillate produziert.

Luxardo, Via Romana 42, Torreglia. Mo–Sa 9–12.30, 15–19 Uhr, www.luxardo.it

▸ **Monte Venda** (602 m): Die Auffahrt von Castelnuovo zum höchsten Gipfel der Colli Euganei ist wegen eines Hubschrauberlandeplatzes militärisch gesperrt. Man kann aber den Gipfelbereich im Rahmen einer Wanderung von Süden aus begehen und dabei im abgelegenen und urigen „Rifugio Re del Venda“ einkehren. Dazu nimmt man die Straße, die östlich am Monte Venda vorbeiführt und biegt etwa 1 km nördlich vom Passo Roverello in die Via Sottovenda ein. Auf holpriger Piste geht es vorbei am Landgasthof „Casa Maria“ bis zu einem Parkplatz, wo linker Hand ein

Von den Colli hat man immer wieder wunderbare Blicke

einfacher, sogar behindertengerecht ausgebauter Wanderweg zu einem überdachten Rastplatz in 348 m Höhe führt (Weglänge 5,6 km, Dauer ca. 3 Std.). Der Gipfel selber, auf dem die Ruinen eines mittelalterlichen Olivetanerklosters stehen, kann in einer anspruchsvollen Wanderung auf dem „Lorenzoni-Weg" erreicht werden (genaue Beschreibung in der Broschüre „Die Wanderwege der Euganeischen Hügel", erhältlich bei den Infostellen).

Antonio Lionello, der so genannte „Re del Venda", ist eine legendäre Figur und ein echtes Original der Colli. Als Jäger und Waldhüter betreute er in der ersten Hälfte des 20. Jh. jahrzehntelang die Besitztümer des Grafen Giusti am Monte Venda und stand auch mit den Mönchen des Monte Rua auf vertrautem Fuß.

• *Übernachten* **B & B Alto Venda**, Via Sassoni, 26, Valnogaredo di Cinto Euganeo. Rustikaler Hof in 400 m Höhe zwischen Monte Venda und Monte Venevolo, zu erreichen von Valnogaredo. Ländliches Restaurant (Fr, Sa, So), eigene Weinproduktion, Blick ins Tal, fünf ordentlich eingerichtete Zimmer. DZ mit Frühstück ca. 55–65 €. ✆/📠 0429/647217, www.agriturismoaltovenda.it

B & B Forestana, Via Forestana 7/b, Valnogaredo di Cinto Euganeo. Neu gebaut, schöne Lage im Grünen, Panoramablick, zwei moderne Zimmer. DZ mit Frühstück ca. 45–70 €. ✆ 0429/50278, www.collieuganei.org

• *Essen & Trinken* **Il Rifugio Re del Venda**, holprige Anfahrt bis zum Parkplatz, wo die behindertengerecht ausgebaute Wanderung beginnt. Rechter Hand steht das alte Haus mit Loggia und Wandbemalungen, die den „Re del Venda" darstellen, davor liegt ein einladender und sonniger Gastgarten mit weitem Blick. Mo geschl.

▶ **Giardini di Villa Barbarigo**: In *Valsanzibio* südlich von Galzignano Terme sieht man direkt an der Straße den Eingang zu dieser wunderbar restaurierten barocken Parkanlage aus dem 17. Jh. Man durchschreitet das pompöse Tor, genannt „Bad der Diana", und gerät in eine kunstvolle Welt aus schnurgeraden Alleen, Statuen, Brunnen, Fischteichen und Wasserspielen, kann die Kanincheninsel und das größte Buchsbaumlabyrinth der Welt besuchen. An Wochenenden herrscht hier immer Hochbetrieb.

Gleich gegenüber liegt der technisch hochwertige 18-Loch-Platz „Golf Club Padova" (✆ 049/9130078, www.golfpadova.it, Mo geschl.).

Öffnungszeiten **Giardini di Villa Barbarigo**, März bis November tägl. 10–13 und 14 Uhr bis Sonnenuntergang, Eintritt ca. 8 €, Stud. 7 €, von 6–14 5 €; ✆ 049/8059224, www.valsanzibiogiardino.it

Arquà Petrarca

Ein Örtchen wie aus einem Guss, steil an den Südhang des Monte Ventolone gedrängt, der im Rahmen einer ausgedehnten Wanderung erobert werden kann. Mit seinen engen gepflasterten Gassen und den alten Bruchsteinhäusern hat es seinen mittelalterlichen Charakter bis heute erhalten.

Am 18. Juli 1374 starb hier mit siebzig Jahren Francesco Petrarca, neben Dante und Boccaccio eine der „Tre corone", der „drei Kronen" der italienischen Dichtkunst. In seiner Liebe zu den antiken Klassikern war er einer der ersten Vertreter von Humanismus und Renaissance, bereits zu Lebzeiten gefeiert wie kein zweiter Dichter der Epoche. Mit 63 Jahren zog er sich nach Arquà zurück, um „umgeben von Olivenbäumen und Weinstöcken" seinen Lebensabend zu verbringen. Petrarcas Villa *Casa del Petrarca* steht im oberen Ortsteil in der Via Vallesselle 4. Sie enthält im Erdgeschoss eine umfangreiche Fotodokumentation zu seinem Leben und im Obergeschoss einige Faksimiles seiner Schriften sowie Möbelstücke des Dichters – u. a. seinen Bücher-

Der Sarkophag Petrarcas besteht aus Veroneser Marmor

schrank und den Sessel, in dem er starb. Im Kaminzimmer ist sogar eine Katzenmumie konserviert, die allerdings nicht aus Petrarcas Zeit stammt, sondern drei Jahrhunderte jünger ist. Im 16. Jh. stattete der damalige Besitzer Paolo Valdezocco alle Räume mit Fresken, darunter viele, die Szenen aus Leben und Werk Petrarcas darstellen – den Dichter erkennt man an seinem roten Kapuzenmantel.

Beherrschender Blickfang am Hauptplatz ist der mächtige Sarkophag Petrarcas aus rotem Veroneser Marmor vor der alten Pfarrkirche Santa Maria mit mittelalterlichen Fresken. Mehrmals wurde der Sarkophag aufgebrochen, u. a. 1630 vom damaligen Pfarrer des Örtchens, der den rechten Arm des toten Dichters stahl – seitdem ist er spurlos verschwunden. Kurz vor Beginn der Feierlichkeiten zum 700. Geburtstag haben Forscher anhand von DNA-Analysen eine makabre Entdeckung gemacht: der Kopf im Sarkophag ist der einer Frau! Er wird derzeit in den USA untersucht, um das genaue Alter festzustellen. Nur der Rest der Körpers stammt höchstwahrscheinlich von Petrarca. Die mutmaßliche Erklärung für das Phänomen: Im 17. und 18. Jh. war es bei begüterten Familien beliebt, Schädel berühmter Personen zu besitzen – und diese auch notfalls aus den Gräbern zu stehlen. Die Petrarca-Forscher appellieren deshalb an die eventuellen Nachfahren, Petrarcas Schädel der Öffentlichkeit zurückzugeben.

• *Öffnungszeiten/Preise* **Casa del Petrarca**, Februar bis Sept. Di–So 9–12.30, 15–19 Uhr, Okt. bis Januar 9–12.30, 14.30–17.30 Uhr, Mo geschl. Eintritt ca. 4 €.

• *Übernachten* **B & B Chez Vivì**, Centro Benessere, Via Palazzina 28. Renoviertes Landhaus mit großem Garten, einige Fußminuten vom Petrarca-Haus. Kleiner Pool, überdachte Frühstücksterrasse. Zwei hübsch eingerichtete Apartments und zwei Zimmer. Vivian und Franco bieten außerdem verschiedene Heilmassagen, Hydrotherapie u. Ä. DZ mit Frühstück ca. 60–85 €. ✆ 429/776098, 📠 776224, www.chezvivi.it

B & B Ca' Bonny, Vicolo Pileo da Prata 10, gemütliche Bleibe in einem restaurierten Landhaus mit großem Garten, Terrasse und drei geräumigen Zimmern. Familie Bonello stellt ihren Gästen auch Fahrräder zur Verfügung. DZ mit Frühstück ca. 60–120 €. ✆ 0429/777252, E-Mail: abonny42@libero.it

Gartenlokal in Arquà Petrarca

Jugendherberge Colli Euganei, Via Donna Daria 2, Valle San Giorgio (Baone), wenige Kilometer westlich von Arquà Petrarca. Jugendherberge mit 43 Betten in sechs Schlafsälen (zwei davon Familienzimmer), großer Garten, günstige Verpflegung in einem nahe gelegenen Restaurant, Informationen zur Herstellung von lokalen Produkten wie Honig, Brot und Pasta. Übernachtung mit Frühstück ca. 15 €, HP ca. 22 €. März bis Oktober. ✆ 0429/604286, 📠 615567, E-Mail: ideogrammi.ostelli@libero.it

• *Essen & Trinken* **Al Pergola**, schattiges Gartenrestaurant an der Hauptgasse von Arquà Petrarca, gutes Essen zu moderaten Preisen. Di geschl.

La Montanella, Via Costa 33, großes, elegantes Lokal der gehobenen Kategorie in herrlicher Panoramaposition, man sitzt sehr schön im Freien. Besondere Spezialität sind neben Wildpretgerichten die Speisen vergangener Zeiten, die hier aufgetischt werden, z. B. *guazzetto di fegato e porcini* (Leberragout) und *papero alla frutta* (junge Gans mit Früchten) nach Originalrezepten aus Petrarcas Zeit. Die Nudeln sind alle hausgemacht, ebenfalls die leckeren Liköre. Di-Abend und Mi geschl. ✆ 0429/718200, www.montanella.it

• *Shopping* **Frantoio Colli del Poeta**, Via Jacopo da Arqua 4, Olivenölverkauf an der Hauptgasse, mit etwa 12 € für den halben Liter allerdings nicht gerade billig. Die etwas außerhalb liegende Ölmühle wird von jungen Leuten geführt und kann besichtigt werden. ✆ 0429/777357, www.collidelpoeta.com

Enoteca da Loris, Via Valleselle 3, nicht weit vom Petrarca-Haus. Das gute Dutzend DOC-Weine der Colli kann man hier im schönen Rahmen verkosten, dazu Grappe. Di–So 9.30–12.30, 14.30–19.30 Uhr. ✆ 0429/718188.

„Festa delle Giuggiole": Das Fest der Jujube

Das größte Ortsfest findet jeweils am ersten und zweiten Sonntag im Oktober statt. Man feiert die Ernte der zahlreichen Obst- und Gemüsesorten, die um Arquà Petrarca gedeihen, darunter auch die dattelähnliche Giuggiole (auf Deutsch „Jujube"), die ursprünglich aus China stammt, aber schon seit römischen Zeiten hier ansässig ist. Fahnenschwinger, Tanzgruppen und Musiker zeigen ihre Künste, die Bauern und Winzer der Umgebung bieten dazu an Ständen ihre Produkte an. Der Genuss der Jujube soll entspannend und leicht euphorisierend wirken, man isst sie roh, in Grappa eingelegt oder in Pralinen verarbeitet.

Arquà Petrarca/Umgebung: Wenige Kilometer nordöstlich kann man am *Monte Gemola* (280 m) die *Villa Beatrice d'Este* besuchen, ein früheres Nonnenkloster, in dem im 13. Jh. die adlige Schönheit Beatrice d'Este lebte und starb. Im 16. Jh. wurde das Kloster in eine Landvilla umgebaut, heute beherbergt es ein kleines „Museo Naturalistico" der Euganäischen Hügel mit Informationen zur Flora und Fauna, getrockneten Pflanzen und ausgestopften Tieren.

Öffnungszeiten/Preise **Museo Naturalistico**, April bis Okt. Sa 15–19, So 10–13, 14–19 Uhr, übrige Zeit Sa 14–18, So 9–13, 14–18 Uhr, Mo geschl; Eintritt ca. 2 €.

Montagnana (ca. 9500 Einwohner)

Das Städtchen südwestlich der Euganäischen Hügel besitzt eine der schönsten Stadtbefestigungen Europas, perfekt erhalten ist der gesamte, fast 2 km lange Mauerring samt 24 Türmen, vier Toren und einem breiten, grünen Wallgraben. Der tyrannische Ezzelino da Romano brandschatzte 1242 die Stadt und ließ sie danach wieder vollständig aufbauen. Später herrschten hier die Signori da Carrara.

Der große, freie Hauptplatz Piazza Vittorio Emanuele II ist umgeben von mittelalterlichen Hausfronten und Laubengängen. Der imposante, äußerlich noch rein gotische, im Inneren bereits von der Renaissance geprägte *Dom* wurde 1431 begonnen, aber erst 1502 fertig gestellt. Im mächtigen Innenraum wird das Mittelschiff von einem breiten Tonnengewölbe ohne Säulen überdacht. Zu sehen gibt es großflächige Ölgemälde, wertvolle Fresken und schönes, altes Chorgestühl. Das Altargemälde „Verklärung Christi" stammt von Veronese, die „Auferstehung Christi" in der Apsis ist von Buonconsiglio. In der Stadtburg *Castello di San Zeno*, die das östliche Stadttor, die Porta Padova bewacht, trägt der höchste Turm den Namen

Das kleine Montagnana ist vollständig von einer Stadtmauer umgeben

des Ezzelino, der *Mastio di Ezzelino*. Im Inneren der Burg ist ein *Museo Civico* untergebracht, das hauptsächlich regionale Funde aus vorgeschichtlicher und römischer Zeit zeigt. Einige Säle sind außerdem den aus Montagnana stammenden Tenören Giovanni Martinelli und Aureliano Pertile gewidmet. Außerhalb des Osttors steht die *Villa Pisani* mit einer zweistöckigen Loggia, erbaut 1560 nach Entwürfen von Palladio, eine Besichtigung ist nicht möglich. In der Westbastion *Rocca degli Alberi*, erbaut 1360–1362 im Auftrag der Herzöge von Carrara, kann dafür auf Anfrage die Jugendherberge besichtigt werden.

• *Öffnungszeiten/Preise* **Museo Civico**, Führungen Mi–Fr 11 Uhr und Sa/So 11, 12, 16 und 17 Uhr, Mo/Di geschl., Eintritt ca. 2,10 €.

• *Anfahrt/Verbindungen* Montagnana ist von Padua per Bahn zu erreichen, umsteigen in Monsélice.

• *Information* **Pro Loco**, Castello di San Zeno, Piazza Trieste. Tägl. 9.30–12.30, 16–19 Uhr. ✆ 0429/81320.

• *Übernachten* *** **Aldo Moro**, gepflegtes Albergo mitten in der Altstadt, wenige Schritte vom Hauptplatz. Gutes Restaurant, Garage und kleiner Garten. DZ ca. 90–115 €, Frühstück extra. ✆ 0429/81351, ℻ 82842, www.hotelaldomoro.com

Ostello Rocca degli Alberi, Jugendherberge im Kastell Rocca degli Alberi, etwa 600 m vom Bhf. Tolle Atmosphäre im alten Turm, davor netter Garten, ruhig. Es gibt keine Mahlzeiten, man ist Selbstversorger. Da sehr beliebt, besser vorher anrufen. Übernachtung pro Pers. im Schlafsaal ca. 11,50 €, im Familienzimmer 14 €, Frühstück extra. Anfang April bis Mitte Okt. ✆/℻ 0429/81076, ℻ 049/8070161, www.ostellionline.org.

• *Essen & Trinken* **Da Stona**, Via Carrarese 51, gemütliche Trattoria mit Padovaner Hausmannskost und guter Weinauswahl. Nicht teuer. Mo geschl.

Al Palio, Piazzetta Trieste, beim Castello di San Zeno, gute Pizze zu günstigen Preisen. Di geschl.

Hostaria à la Rocca, neben der JH, Trattoria mit „Biergarten", von Mai bis August gelegentlich Open-Air-Musik.

• *Shopping* Begehrt als Mitbringsel ist der berühmte luftgetrocknete Schinken **Prosciutto crudo del Montagnese**, der mittlerweile auch viel exportiert wird.

Antiquitätenmarkt jeden dritten Samstag und Sonntag im Monat.

Il Palio dei dieci Comuni: mittelalterliches Reiterspektakel im Stadtgraben

Am ersten Sonntag im September findet im breiten Graben von Montagnana ein kleines, aber feines mittelalterliches Reiterturnier statt, dessen Ursprünge bis 1366 zurückgehen. Zehn Reiter aus den verschiedenen Gemeinden des Umlands treten dabei im Wettstreit gegeneinander an. In Konkurrenz zum weltberühmten Palio von Siena kann der Wettbewerb von Montagnana nicht treten, aber alle Mitwirkenden sind voller Enthusiasmus bei der Sache.

Este

Das kleine Städtchen am Südfuß der Euganäischen Hügel war Stammsitz der gleichnamigen Dynastie, die ihren Namen vom früheren römischen Stadtnamen „Ateste" ableitete – was vom Fluss Adige (Etsch) herrührt, der damals durch Este floss – und im frühen Mittelalter eins der einflussreichsten Geschlechter Norditaliens war. Die gut instand gehaltenen Mauern ihrer Burg, wie die Nachbarstadt Montagnana von Ezzelino da Romano zerstört (1238 und 1249) und später wieder aufgebaut, liegen dekorativ direkt an der Durchgangsstraße. Ein Stopp lohnt wegen des wunderschönen Parks innerhalb der Mauern, der sich mit seinen kunstvoll geschnittenen Hecken bis zum Turm an der Hügelspitze hinaufzieht, und um das Archäologische Museum *Museo Nazionale Atestino* am Parkeingang zu besuchen, in dem reichhaltige Funde aus vor- und frühgeschichtlicher sowie römischer Zeit, außerdem mittelalterliche Stücke, Keramik und Gemälde aufbewahrt werden. Im kompakten Zentrum dominiert die große Piazza Maggiore. Die Via Cavour entlang kommt man zum Dom mit seiner unfertigen Fassade, in deren Balkenlöchern Tauben nisten – Italiens einzige Barockkirche mit ovalem Grundriss. An den Seitenwänden sind große Fresken von Giovanni de Min (→ Belluno) erhalten, am Altar thront das monumentale Gemälde (6,84 x 3,94 m) „Die heilige Thekla bittet Gottvater um die Befreiung der Stadt Este von der Pest" von Tiepolo. Einen Blick wert ist auch die schlichte romanisch-gotische Kirche *San Martino* mit ihrem bemerkenswert schiefen Glockenturm an der Via Principe Umberto, die vom Hauptplatz nach Südosten verläuft.

• *Öffnungszeiten/Preise* **Museo Nazionale Atestino**, tägl. 9–20 Uhr, Eintritt ca. 4 € (18- bis 25-Jährige ca. 2 €, unter 18 und über 60 J. frei). **Garten**, April bis Sept. 8–23, übrige Zeit 9–17 Uhr, Eintritt frei.

• *Information* **Pro Loco**, Via Guido Negri 9/a, im Eingangsbereich der Burganlage. ✆ 0429/600462, ℻ 611105, www.comunedieste.net

• *Übernachten/Essen & Trinken* ** **Beatrice d'Este**, Viale della Rimembranza 1. Obwohl nur zwei Sterne, sehr erfreulicher Standard, von Lesern empfohlen, gutes Preis-Leistungsverhältnis. Mit Parkplatz. DZ mit Frühstück ca. 75 €. ✆ 0429/600533, ℻ 601957, www.hotelbeatricedeste.com

Tavernetta da Piero Ceschi, Piazza Trento e Trieste 16, zwischen Dom und Hauptplatz. Hübsch altmodische Trattoria, leckere Küche, Spezialität das *porchetta all'Estense*. Do geschl.

Monsélice

Südlich der Euganäischen Hügel, nahe der Autobahn Padua-Bologna, liegt das kleine, im Zentrum recht malerische Städtchen, das sich an einen steilen Berghang schmiegt. Sein Name leitet sich von „Mons Silicis" ab und bezieht sich auf den hellen, siliciumhaltigen Sandstein, der hier früher abgebaut wurde. Schon von weitem erkennt man oberhalb der Stadt die Attraktion der Stadt, das Wallfahrtsheiligtum Sette Chiese – sechs Kapellen und eine Kirche, die sich entlang der Via al Santuario zur großen Villa Duodo hinaufziehen.

Der schöne, in der Sommerhitze allerdings anstrengende Aufstieg auf der gepflasterten *Via del Santuario* beginnt oberhalb der zentralen Piazza Mazzini, an der das Informationsbüro liegt. Beherrscht wird die Piazza von der mittelalterlichen *Torre Civica*, die im 16. Jh. erhöht wurde. Gleich am Beginn des Wegs ragt das trutzige *Castello Ca' Marcello* des Adelsgeschlechts der Carraresi empor, das der venezianische Fabrikant Cini im 20. Jh. aufwändig restaurieren und mit Möbeln aus Mittelalter und Renaissance stilvoll ausstatten ließ. Viel bestaunt werden die prächtigen Kamine aus der Zeit der Carraresi, außerdem gibt es im Haus eine wertvolle Waffensammlung, eine voll ausgestattete mittelalterliche Küche und eine Bibliothek. Ebenfalls zum Anwesen gehört das *Antiquario*

Im Park der Villa Duodo

Longobardo mit Fundstücken aus langobardischer Zeit. Daneben steht die *Ca' Nani-Mocenigo*, deren Mauer mit Zwergenfiguren dekoriert ist, ganz ähnlich der Villa Valmarana „ai Nani" in Vicenza (→ dort). Nach einigen hundert Metern kommt man am romanisch-gotischen *Duomo Vecchio* (auch: Antica Pieve di Santa Giustina) vorbei. Die Backsteinfassade ist in Lisenen (schmale, hervortretende Wandstreifen) mit zweibögigen Fenstern und einer Rosette strukturiert. Das Säulenportal stammt aus dem 15. Jh., der Glockenturm aus dem 13. Jh. In den Apsiden sind noch Freskenreste des 14. Jh. erhalten.

Kurz danach betritt man den großen Park der Villa Duodo, die weiterhin ansteigende Via del Santuario wird seitlich flankiert von sechs kleinen, nach vorne offenen Kapellen und endet an der *Chiesa di San Giorgio*. Wie beim Besuch der sieben Basiliken Roms können Pilger hier Ablass erlangen. Die Villa Duodo ist nicht zu besichtigen, doch gegenüber führt eine breite Freitreppe ein Stück weit den Berghang hinauf. An Sonntagen im Frühjahr und im Herbst kann man weiter hinaufsteigen bis zur Burganlage an der Spitze, die aus der Zeit Kaiser Friedrichs II. stammt und von den Herzögen von Carrara erneuert wurde. Erhalten sind noch die Umfassungsmauern und der Wehrturm *Mastio Federiciano*. Der Blick in die südlich anschließende Ebene ist herrlich.

• *Öffnungszeiten/Preise* **Castello Ca'Marcello & Antiquario Longobardo**, Besichtigung mit Führung April bis November Di–So 9–12, 15–18 Uhr (jeweils zur vollen Stunde), Mo geschl., Eintritt ca. 6 € (Stud. 3 €);

Mastio Federiciano, April bis Juni & Sept./Okt. nur So 15–18 Uhr, Eintritt ca. 4 € (Stud. und über 60 2 €).

• *Information* **Pro Loco** in der Loggetta an der Piazza Mazzini, unterhalb vom Kastell. ✆/℻ 0429/783026.

• *Übernachten* *** **Ceffri**, Via Orti 7/b, schönes und gepflegtes Haus etwas außerhalb in der Villa Corner, nur 300 m zur Autobahnausfahrt. Große, komfortable Zimmer mit Klimaanlage, Garten mit Pool, großer Parkplatz, „Candlelight-Dinner" im Restaurant und gemütliche Musiktaverne in einem Stall des 15. Jh. DZ ca. 65–105 €, Frühstück extra. ✆ 0429/783111, ℻ 783100, www.ceffri.it

** **Cavallino**, Via Petrarca 2, ordentliches Albergo in zentraler Lage, schön eingerichtete Zimmer mit Klimaanlage und TV, z. T. Balkon. DZ ca. 62–68 €, Frühstück extra. Mit Parkmöglichkeit. ✆/℻ 0429/72242, http://web.tiscali.it/albergocavallino

B & B Ai Tigli, Piazza XX Settembre 19, ganz zentral im Stadtzentrum, Luigi Grapeggia vermietet ein stilvoll eingerichtetes Zimmer in einem restaurierten Palazzo, DZ ca. 45–74 €. ✆ 0429/783058, E-Mail: grap.luigi@libero.it

Jugendherberge Palazzo Tassello, Via Santo Stefano 33, modernes Hostel in einem geschmackvoll restaurierten Palazzo unterhalb vom Duomo Vecchio, erst vor wenigen Jahren eröffnet. 90 Betten in 2-, 3- und Mehrbettzimmern, behindertengerecht ausgebaut. TV, Internet, Garten, Parkmöglichkeit. ✆/℻ 0429/783125, E-Mail: ostellomonselice@libero.it

• *Essen & Trinken* **La Torre**, Piazza Mazzini 14, klassisches Restaurant in bester Lage, traditionelle Küche. August, So-Abend und Mo geschl.

Enoteca al Castello, oberhalb der Piazza Mazzini, beim Beginn des Aufstiegs zur Villa Duodo. Pub-Enoteca mit Ritterrüstungen und mittelalterlichem Ambiente. Mo geschl.

Villa Contarini, Via Verdi 4, westlich vom Zentrum. Herrschaftliche Villa des 16. Jh. mit prächtigem barockem Zierrat und großem Garten. Sehr edles Ambiente, das gerne für Hochzeiten und ähnliche Anlässe genutzt wird, Fr, Sa und So-Abend hat aber auch die Pizzeria im Erdgeschoss geöffnet. ✆0429/72291, www.villacontarini.it

• *Shopping* **Antiquitätenmarkt**, jeden letzten Samstag im Monat auf der Via del Santuario und der anschließenden Via XXVIII Aprile. ✆ 0429/783026.

Borin Vini e Vigne, Via dei Colli 5, renommiertes Weingut, das einige der besten DOC-Weine der Colli Euganei produziert, darunter den *Moscato Fior d'Arancio* mit intensivem Orangenblütenaroma. Mo–Fr 8.30–12.30, 14–18, Sa 8.30–12.30, 14–17 Uhr. ✆ 0429/74384, ℻ 75262, www.viniborin.it

Unvergessliches Venedig: die Lagunenstadt gilt als schönste Stadt Italiens

Provinz Venedig

Die weitläufige Lagune von Venedig ist Zentrum der Provinz, in der mit Lido di Jesolo, Cáorle und Bibione die wichtigsten Badeorte Venetiens liegen. Badeurlaub pur also, unmittelbar daneben die einzigartige Wasserstadt mit ihren historischen Bauten und Kunstwerken von Weltrang – ein zugegebenermaßen eigenartiger Kontrast.

Im Umkreis Venedigs empfiehlt sich in erster Linie der *Brenta-Kanal* mit seinen prächtigen Villen für einen Tagesausflug. Ein stimmungsvolles Städtchen ist außerdem *Portogruaro* im Osten, in dessen Umgebung die römische Ausgrabung *Concordia Sagittaria* liegt. Der hübscheste Badeort ist zweifellos *Cáorle*, da dort noch einiges an historischer Substanz erhalten ist.

Internet: www.provincia.venezia.it

Gondolieri warten auf Kundschaft

Venedig (Venezia) (ca. 70.000 Einwohner)

Die einzigartige Stadt mitten in der Lagune hat nichts von ihrer Anziehungskraft verloren und gehört noch immer zu den schönsten und faszinierendsten Städten der Welt – trotz Touristenhorden, horrenden Preisen und Nepp an allen Ecken und Enden. Wasser ist das alles beherrschende Element. Schönste Zufahrt: per Schiff von der Punta Sabbioni. Man landet fast unmittelbar in der berauschenden Szenerie um den Markusplatz.

Venedig wurde im 5. Jh. n. Chr. von Flüchtlingen gegründet, die vor den anrückenden Hunnen- und Langobardenheeren des Nordens auf die zahllosen kleinen Inseln der Lagune flohen. Sie bebauten nach und nach mehr als hundert Inseln und säumten die Ufer der dazwischen verlaufenden Wasserwege mit hunderttausenden von schweren Holzpfählen, hauptsächlich Eichen und auf Feuchtigkeit sehr stabil reagierende Schwarzerlen. Ein schier unglaublicher Kraftakt, der nur noch durch den gigantischen Aufschwung übertroffen wurde, den die Stadt im Mittelalter nahm. Jahrhundertelang war Venedig die mächtigste Seerepublik der bekannten Welt. In einer gewaltigen Expansionsbewegung unterwarf die „Serenissima" die gesamte jugoslawische Adria bis tief ins östliche Mittelmeer sowie später das Festland – die „Terra ferma" – bis hoch hinauf in die Alpen. Der Venezianer Marco Polo fand sogar den Weg ins ferne China und erschloss damit den Weg zu den fernöstlichen Gewürzen und Luxusgütern, die bisher von arabischen Zwischenhändlern vertrieben worden waren. Dank des damit erworbenen Handelsmonopols auf Zucker, Salz, Pfeffer und Kaffee überschwemmten wahre Schätze die Republik. Dazu kamen ständige Beutezüge im Osten. Pracht und Reichtum der Stadt müssen ans Märchenhafte gegrenzt haben. Nur die allerbesten Künstler wurden verpflichtet, wenn es um die Ausstattung der Palazzi und Kirchen ging. Auch wenn diese Zeiten lange vorbei sind und Venedig mittlerweile zur Museumsstadt degradiert wurde, ist es noch immer ein Erlebnis, durch die Stadt zu schlendern – es gibt über 3000 Gassen auf 118 Inseln, verbunden durch mehr als 400 Brücken und durchzogen von 177 Kanälen. Zahllose Schriftsteller und Künstler haben sich von der unverwechselbaren Atmosphäre dieser großartigen Stadt inspirieren lassen, gefolgt von endlosen Urlauberströmen, die seit dem 19. Jh. Venedig überfallen.

Dem Großteil der Besucher entgehen jedoch die prekären Probleme, vor denen Venedig am Beginn des 21. Jh. steht. Schon wenn man von der hässlichen Betonstadt *Mestre* über den langen Bahndamm in die Lagune hineinfährt, sieht man die rauchenden Schlote der riesigen petrochemischen Fabrikanlagen von *Porto Marghera*. Die drittgrößte Industriestadt Italiens beherrscht heute die Lagune und ist für das Schicksal Venedigs mitverantwortlich. Jahrelang pumpte die Industrie große Mengen Wasser aus dem schlammigen Untergrund der Stadt. Folge: Die Straßen und Plätze Venedigs sanken jährlich um bis zu 5 mm! Die Häuser der Stadt begannen sich zu neigen und die Millionen Eichenpflöcke, auf denen die Prachtbauten und nasskalten Wohnhäuser der Stadt stehen, faulten schneller. Erst als die Wasserentnahme strikt verboten worden war, pegelte sich die Absenkung wieder auf das Normalmaß von ca. 1 mm ein. Eine neuere Studie hat für das 20. Jh. eine Gesamtabsenkung von 23 cm konstatiert. Jedoch droht nun neue, womöglich noch größere Gefahr von außen, denn der Adriaspiegel steigt wegen der globalen Klimaerwärmung kontinuierlich. Immer wieder drückt der warme, aus Süden wehende Scirocco riesige Wassermassen vom offenen Meer in die Lagune, begünstigt durch die für die Öltanker vertieften Fahrrinnen. Dazu kommt die überhand nehmende Passagierschifffahrt, die ebenfalls immer wieder künstliche Überschwemmungen hervorruft. Wegen der beständigen Überflutungen stehen für die Touristen am Markusplatz immer Laufstege, die so genannten „passarelle", und Gummistiefel aller Größen bereit. Bis zu hundert Mal jährlich geben die venezianischen Sirenen mittlerweile Hochwasseralarm, „acqua alta" genannt. Bei der bislang größten Flutkatastrophe im November 1966 stand der Markusplatz fast 2 m hoch unter Wasser, im Herbst 1998 über 1 m. Ein umstrittenes Milliardenprojekt soll nun ab 2011 Abhilfe schaffen (→ Kasten). Die Wohnverhältnisse in den unteren Stockwerken der morbiden Palazzi, deren Fundamente von den aggressiven Bestandteilen im stark belasteten Wasser zernagt werden, sind inzwischen katastrophal geworden: nasskalte Wohnungen im Winter, feuchtheiß im Sommer, oft steht das Wasser zentimeterhoch. Ein „Durchschnittsvenezianer" kann eine Restaurierung nicht mehr bezahlen, nur ausländische Firmen und wohlhabende Privatleute können sich diesen Luxus leisten. Kein Wunder, dass jährlich an die 3000 Venezianer das sinkende Schiff in Richtung Festland verlassen. Seit den fünfziger Jahren sind es fast 100.000, die der Stadt den Rücken gekehrt haben, natürlich vor allem die Jüngeren. Doch haben auch seit 1969 zahlreiche in- und ausländische Organisationen unter Leitung der Unesco begonnen, die wichtigsten Baudenkmäler der einzigartigen Stadt zu restaurieren – ein Prozess, der noch Jahrzehnte dauern wird, aber mittlerweile schon Erfolge vorzuweisen hat.

Ein weiteres, vielleicht das größte Problem: Die petrochemische Industrie von Marghera leitete über Jahrzehnte hinweg hochgiftige Abfälle in die Lagune. Aus den teils maroden Anlagen ergossen sich jährlich bis zu 50.000 Kubikmeter Abwässer,

Am Canal Grande: romantisch, aber hochgradig belastet

die u. a. Dioxin, Quecksilber, Schwermetalle und radioaktive Substanzen enthielten, gelangten in die Nahrungskette und nagen unerbittlich an den historischen Mauern und Fundamenten der Stadt. Die Kanäle sind mittlerweile randvoll mit *sedimenti*, ihre Giftstoffe töten jegliche Fauna und Flora restlos ab, sogar im Canal Grande nicht weit von der Rialtobrücke hat man bereits hohe Dioxinwerte festgestellt. Die Lagune von Venedig gehört zu den am stärksten verseuchten Gewässern der Erde. In den Industrievororten ist zudem die Luft verpestet und viele Arbeiter sind an Krebs erkrankt oder gestorben. Unter dem Motto „Tod in Venedig" protestiert Greenpeace seit langem gegen die Verschmutzung der Lagune, doch erst 1998 kam es erstmals zu einer vorübergehenden, gerichtlich verfügten Sperrung der Abwassereinleitung, gefolgt von einem Prozess gegen die Fabriken, dessen Ausgang beschämend war: sämtliche 28 Angeklagten wurden freigesprochen. Die Regierung in Rom hat nun zwar die Einleitung der sechs giftigsten Substanzen in die Lagune verboten und die Chemieriesen der Lagune haben den Angehörigen der Giftopfer von Porto Marghera eine hohe Entschädigung gezahlt – doch wie mit den verheerenden Altlasten in der Lagune umgegangen werden soll, ist bislang völlig unklar.

Und auch der Massentourismus macht Venedig schwer zu schaffen. Mehr als 10 Millionen Besucher bevölkern alljährlich von Februar bis November die Stadt mit ihren nur noch knapp über 70.000 Einwohnern, zu Hochsaisonzeiten sind die gängigen Trampelpfade ganztägig so voll wie die Eingangsbereiche zu einem Rolling-Stones-Konzert, die Müllmengen können kaum bewältigt werden. Venedig steht heute am Wendepunkt seiner Geschichte – einschneidende und wohl auch unpopuläre Maßnahmen der Stadtväter werden nötig sein, wenn die Stadt das dritte Jahrtausend unbeschadet überleben will.

Der das Wasser teilt: Das Unternehmen „Mose“

Das Projekt „Mose“ (Modello sperimentale elettromeccanico) wurde zur Rettung der Serenissima bereits unter dem Schock der Jahrhundertflut von 1966 ersonnen: Ein gewaltiges System von 79 mobilen Schleusentoren soll bei den drei Zufahrtskanälen Chioggia, Lido und Malamocco am Grund der Lagune liegen, bei Hochwasser aber mit Pressluft aufgerichtet werden, die Zugänge abriegeln und so Sturmfluten zurückhalten. Doch Jahrzehnte lang kam „il progettone“ nicht über die Planungsphase hinaus, waren die Widerstände gegen das Mammutvorhaben mehr als erheblich. So kam eine Expertenkommission zu dem Ergebnis, dass „Mose“ das Ökosystem der Lagune gefährde, denn die lebensnotwendige Zufuhr von frischem Meerwasser werde dadurch verhindert – und gerade bei dem hochgradigen Vergiftungsgrad der Lagune sei das wichtiger denn je. Und auch die Industrie hatte schwerwiegende Einwände: Wegen der Dämme wäre der Industriehafen von Marghera bei Hochwasser nicht mehr schiffbar, ein enormer wirtschaftlicher Ausfall wäre die Folge, tausende von Arbeitsplätzen seien bedroht. Schließlich soll „Mose“ immerhin schlappe 4 bis 6 Milliarden Euro kosten. Trotzdem hat Regierungschef Berlusconi nun im Mai 2003 höchstselbst den Bau des Deichsystems eröffnet. Beauftragt damit wurde ein Konsortium der größten italienischen Baufirmen, die jedes Detail der Baumaßnahmen planen und bestimmen, ohne dass unabhängige Wissenschaftler das Projekt überprüfen können – eine Monopolisierung, die einen klaren Verstoß gegen EU-Recht bedeutet und nur mittels einer Ausnahmeregelung möglich wurde. Ab 2011 soll Mose in der Lage sein, die immer häufiger auftretenden Hochwasser zu verhindern. Zusätzlich wird eine neue Ölleitung gebaut, die die Entladung von Tankern außerhalb der Schleusen ermöglicht. Viele Venezianer fürchten allerdings nach wie vor, dass der Schaden größer als der Nutzen sein wird. Zwar würde die Stadt hochwasserfrei und so die wirtschaftlichen Einbußen wegen ausbleibender Touristen zunächst wegfallen – doch könnten wegen des konstanten Ansteigens des Meeresspiegels die Schleusentore sehr häufig geschlossen bleiben und der Wasseraustausch in der Lagune zum Erliegen kommen, was letztendlich ungleich größere Schäden verursachen würde, denn die Abwässer der Stadt könnten nicht mehr entweichen, Venedig würde sich selber vergiften und zur lebensgefährlichen Kloake verkommen.

Geschichte

Im Zeitalter der Völkerwanderung fallen die Hunnen unter Attila 452 im heutigen Venetien ein, hundert Jahre später dringen die Langobarden nach Oberitalien vor. Die Festlandsbewohner flüchten auf die Inseln der Lagune. Auf *Torcello* (→ S. 319) wird um 640 ein Bischofssitz gegründet, in *Malamocco* (→ S. 316) auf dem Lido di Venezia, einst Meereshafen der mächtigen Stadt Padua, entsteht das Zentrum des neuen Gemeinwesens in der Lagune, das damals noch dem byzantinischen Exarchat in Ravenna untersteht. 697 übernimmt erstmals ein gewählter „Dux“ die politische Führung – Paoluccio Anafesto wird der erste einer endlosen Reihe von Dogen, die 1100 Jahre lang Venedig regieren werden. 811 wird der Regierungssitz auf die mitten in der Lagune liegenden Inseln um „Rivo alto“ (Rialto) verlegt, da diese leichter zu verteidigen sind als Malamocco. Dort entsteht in den folgenden Jahrhunderten der Kern des historischen Venedig. 828 entführen venezianische Seefahrer die Reliquien des heiligen Markus aus Alexandria und bringen sie nach Rialto. Die „Markusrepublik“ erhält damit ihr Staatsymbol, den geflügelten Löwen, mit dem der Heilige im Buch der Apokalypse darstellt ist. Dank seiner strategisch

Unterwegs in Venedig

günstigen Lage entwickelt sich Venedig zu einer wichtigen Handelsstadt zwischen West und Ost. Die Abhängigkeit von Byzanz wird abgeschüttelt und in der Zeit der Kreuzzüge (1096–1270) beginnt die venezianische Republik, ihren Machtbereich im östlichen Mittelmeerraum auszudehnen. 1204 wird Konstantinopel erobert, dank dieser Schlüsselstellung zwischen Europa und Asien entsteht ein großes venezianisches Reich, das Teile des heutigen Griechenland und der Türkei umfasst. Innenpolitisch wird das Bürgertum von der Mitbestimmung ausgeschlossen, nur die knapp dreihundert Adelsfamilien der Stadt sind berechtigt, dem „Maggior Consiglio" (Großer Rat, Stadtparlament) anzugehören und den Dogen und seine Räte, die so genannte „Signoria", zu wählen: ein oligarchisches System, das wegen seiner unerbittlichen Strenge und des perfiden Spitzelwesens gefürchtet war und das tatsächlich bis zum Ende der Republik im Jahr 1797 von den seit 1297 im Goldenen Buch der Stadt verzeichneten Familien regiert wurde, die kaum ein Zehntel der Gesamtbevölkerung darstellten. Im Kampf der Seerepubliken setzt sich Venedig 1381 bei *Chioggia* (→ S. 322) gegen Genua durch, wird die führende Seemacht im Mittelmeer und der bedeutendste Handelsplatz der bekannten Welt. Das goldene Zeitalter der Serenissima beginnt. Doch mit der Eroberung Konstantinopels durch die Türken (1453), der Entdeckung Amerikas (1492) und des Seewegs nach Indien (1498) wird immer deutlicher, dass die Seerepublik an die Grenzen ihrer Expansion stößt und sich auch das große Zeitalter des Handels für sie zum Ende neigt. Die Dogenrepublik beginnt deshalb erstmals, ihre Macht ins Hinterland auszudehnen und unterwirft die so genannte"Terra ferma" um Vicenza, Verona und Padua, Kerngebiet der heutigen Region Venetien. 1571 besiegt die Flotte der „Heiligen Liga" von Papst, Spanien und Venedig in der Seeschlacht von Lepanto am Korinthischen Golf noch einmal die Türken, doch ist der Aufstieg des Osmanischen Reiches im östlichen Mittelmeer nicht mehr aufzuhalten. Venedig verliert seine Besitztümer in der

Ägäis, als letztes fällt Kreta 1669 an die Türken – dies bedeutet das Ende Venedigs als europäische Großmacht. Von Oberitalien drängen die Habsburger vor, werden aber 1796 von Napoleon besiegt. 1797 besetzen die Truppen Napoleons die Stadt und Ludovico Manin, der letzte Doge, wird zur Abdankung gezwungen. Bis 1805 gehört das nunmehr machtpolitisch unbedeutende Venedig zu Österreich, von 1805 bis 1814 zum Napoleonischen Königreich. Nach der Niederlage Napoleons wird Venetien 1815 auf dem Wiener Kongress den Habsburgern zugesprochen. In schweren Schlachten (Solferino, Magenta u. a.) erkämpft die Risorgimento-Bewegung die Befreiung von der österreichischen Fremdherrschaft. 1861 wird das Königreich Italien unter Vittorio Emanuele II ausgerufen, 1866 tritt Venetien bei. 1841 wird die Eisenbahn zum Festland gebaut, 1933 die Straßenbrücke.

Anfahrt/Verbindungen

Der eigene fahrbare Untersatz ist hier nicht der bequemste Weg, denn Venedig ist eine der wenigen Städte der Welt, in der keine Autos fahren. Die Stadt ist für jeglichen PKW-Verkehr vollkommen gesperrt, alle Fahrzeuge müssen auf den großen Parkplätzen am Stadteingang für teures Geld abgestellt werden.

• *Flug* Der moderne Flughafen **Marco Polo** liegt etwa 8 km östlich von Mestre, direkt am Rand der Lagune. ✆ 041/2606111, www.veniceairport.it

Verbindungen von und zur Stadt:

Wassertaxi (Taxi acqueo), die Fahrten mit den Motorbooten des „Consorzio motoscafi Venezia" sind komfortabel und teuer, ca. 70 € vom Flughafen in die Stadt. Taxizentrale ✆ 041/5222303, 24-Std.-Dienst ✆ 043/2573 597, www.motoscafivenezia.it (→ Wassertaxis, S. 270);

Autotaxi, ca. 45 €, ✆ 041/936222;

Alilaguna, rote und blaue Wasserbusse pendeln etwa alle halbe Std. ab Airport (ca. 6–24 Uhr) über Murano und Lido di Venezia nach San Marco Giardinetti (Linie rot fährt weiter nach Zattere Gesuati) und umgekehrt, Dauer ca. 70 Min., ca. 10 €. Außerdem gibt es eine direkte Verbindung vom Airport zur Punta Sabbioni (Litorale del Cavallino). Fahrkarten von 8–24 Uhr am Alilaguna-Schalter in der Ankunftshalle, ✆ 041/54 16555 oder ✆ 041/5235775 (Hauptbüro), www.alilaguna.com

ATVO-Bus, Expressbus etwa 1 x stündl. ab Airport (ca. 8–24 Uhr) bis Piazzale Roma und umgekehrt (ca. 5–20 Uhr), 20 Min. Fahrtzeit, ca. 3 € (mit Gepäck). Fahrkarten von 8–24 Uhr am ATVO-Schalter in der Ankunftshalle, aber auch direkt im Bus. ✆ 0421/383672 oder ✆ 041/5415180 (Airport), ✆ 041/5205530 (Piazzale Roma), www.atvo.it

ACTV-Bus 5, fährt alle halbe Stunde ab Airport zum Bahnhof Santa Lucia (werktags ca. 5.30–21.30, sonntags 7–20 Uhr) und umgekehrt (werktags 5.30–20.30, sonntags 6.30–20 Uhr), häufige Stopps, ca. 1,50 €. Fahrkarten von 8–24 Uhr am ACTV-Schalter in der Ankunftshalle, aber auch direkt im Bus. ✆ 0421/383672.

Germanwings (Köln-Bonn), Ryanair (Frankfurt-Hahn) sowie Charterfluggesellschaften fliegen auch häufig den Flugplatz **San Giuseppe** von Treviso an, von dort fahren 7–10 x tägl. „Eurobusse" von ATVO oder Brusutti zum Piazzale Roma in Venedig und umgekehrt (Fahrtzeiten auf Flüge von Ryan Air abgestimmt), Fahrpreis ca. 4,50 € (mit Gepäck).

• *PKW* Täglich wälzen sich lange PKW-Schlangen und Buskarawanen auf dem Ponte della Libertà vom Festland über die Lagune nach Venedig. Am Eingang zur Stadt liegen zwei chronisch überlastete Parkhäuser auf dem **Piazzale Roma**, ein weiteres auf der benachbarten, künstlich aufgeschütteten **Isola Tronchetto** (bevor man den Piazzale Roma erreicht, rechts den Schildern folgen). Die Reservierung eines Stellplatzes ist dringend zu empfehlen (auch online möglich).

Autorimessa Comunale, Piazzale Roma, Parkgebühr 19 € für 24 Std. oder einen Teil dieser Zeit. ✆ 041/2727301, www.asmvenezia.it;

Garage San Marco, Piazzale Roma, Parkgebühr 19 € für 12 Std., 26 € für 24 Std. oder einen Teil dieser Zeit. ✆ 041/5232213, www.garagesanmarco.it;

Tronchetto Parking, Isola Nuova del Tronchetto, Parkgebühren ca. 19 € für 24 Std. oder einen Teil dieser Zeit. ✆ 041/5207555, www.veniceparking.it;

Sant'Andrea, Piazzale Roma, bewachter of-

fener Parkplatz für Kurzzeitparker, 2 Std. ca. 4,50 €. ✆ 041/2727302, www.asmvenezia.it
Verbindungen ins Zentrum:
Von Piazzale Roma zum Markusplatz fährt alle 10 Min. **Vaporetto 1** und hält dabei an fast jeder Station, sehr gut geeignet fürs erste Sightseeing. Eindeutig schneller geht's mit **Vaporetto 82**, ebenfalls alle 10 Min., der nur an wenigen Stationen am Canal Grande hält. Ein Taxiboot kostet ca. 45 €.
Preiswerter parkt man in **Mestre** und Umgebung (→ S. 326), die Eisenbahnfahrt über den Damm zum Bahnhof Santa Lucia dauert keine zehn Minuten.
Vor allem für Badeurlauber vom Litorale del Cavallino und aus Lido di Jesolo, Cáorle etc. ist die Anfahrt durch die Hintertür sinnvoll, die eigentlich die Vordertür der Seerepublik ist. Man fährt dafür den Litorale del Cavallino entlang bis zum Westende, der **Punta Sabbioni**. Auf den dortigen Parkplätzen zahlt man ca. 6–7 € pro Tag (bewacht bis ca. 22 Uhr) und kann mindestens stündlich mit dem **Motonave 14** (Liniendampfer) gemütlich ins Herz der City tuckern. Angelegt wird an der Riva degli Schiavoni, ca. 500 m östlich vom Markusplatz. Fahrtdauer ca. 45 Min., letzter Dampfer zurück gegen 23 Uhr.

Weitere Parkplätze im Umfeld von Venedig unter www.comune.venezia.it/accessi/mobilita/auto.asp und www.asmvenezia.it

• *Bahn* Die moderne **Stazione Santa Lucia** liegt direkt am Canal Grande, der Hauptwasserstraße von Venedig. Häufige Verbindungen nach Mestre, Padua, Verona und andere Städte des Veneto. Nachts geschl. von ca. 1–3.45 Uhr. ✆ 041/5298711, www.veneziasantalucia.it
Neben Gleis 1 **Wartesaal** (5–0.30 Uhr), **Gepäckaufbewahrung** (6–24 Uhr, ca. 3,50 € pro Stück für 6Std., danach 0,30 € pro Std. bis zur 12. Std., danach 0,10 € pro Std., ✆ 041/78 5531) und **Albergo Diurno** (Tageshotel) mit Duschen (tägl. 7–20 Uhr, ca. 5 €, oft Wartezeiten).
Tourist Information in der Halle, daneben **Zimmervermittlung** für Hotels (Anzahlung muss geleistet werden). Beides siehe unter „Information".
Vom Bahnhof zum Markuspatz kommt man mit Vaporetto 1 oder 82 (siehe oben, Abschnitt „PKW").

• *Bus* Fernbusbahnhof am **Piazzale Roma**.

Unterwegs in und um Venedig

Venedig ist die Stadt der Zukunft, was öffentliche Verkehrsmittel angeht. Man benutzt die eigenen Füße oder die *vaporetti* bzw. *motoscafi*, ob man ins Theater will oder in die nächste Kneipe. Ansonsten wünscht sich hier der heranwachsende Sprössling kein röhrendes Moped, sondern ein stolzes Boot! Ein berauschendes Bild – jeder tuckert und knattert durch das alles beherrschende Element Wasser ...

• *Zu Fuß* Spazieren gehen ist die schönste Art und Weise, die Stadt kennen zu lernen. Immer wieder entdeckt man dabei Neues. Doch Venedig ist ein vollkommen unübersichtliches Gassenlabyrinth. Wer eine bestimmte Gasse oder Adresse sucht, ist ohne guten Stadtplan oft ziemlich ratlos (→ Orientierung). Rettungslos verloren geht man allerdings nicht – überall sind **Schilder mit schwarzer Schrift auf gelbem Grund** angebracht. Sie weisen u. a. den Weg zum Bahnhof (Ferrovia), nach San Marco und Rialto.

• *Vaporetti/Motoscafi/Motonavi* Die Wasserbusse der **ACTV** (www.actv.it) sind in der Lagunenstadt allgegenwärtig. Auf dem Wasser lernt man Venedig und die Venezianer erst richtig kennen – tagsüber herrscht zwar enorme Hektik, aber abends, wenn die Lichter über den Canal flimmern, wird die Fahrt zum echt romantischen Vergnügen. Vorsicht jedoch, Taschendiebe sind immer unterwegs.
Vaporetti nennt man die größten Boote, die bis zu 300 Pers. fassen und hauptsächlich über den Canal Grande fahren. **Motoscafi** fassen ca. 200 Pers. und bedienen die übrigen Linien, abseits vom Canal Grande. **Motonavi** sind richtige Fährschiffe, die weiter entfernte Ziele in der Lagune anfahren.
Abfahrtsstellen sind den meisten Stadtplänen zu entnehmen, Knotenpunkte sind Piazzale Roma, Bahnhof Santa Lucia, Rialtobrücke und San Marco.
Eine einfache Fahrt kostet ca. 3,50 € (Gepäck zusätzlich 3,50 €!), ein Rückfahrtticket ca. 6 € (gültig bis Mitternacht desselben Tages), ausgeschlossen sind dabei jedoch Fahrten auf dem Canal Grande sowie Alilaguna,

Romantisches Vergnügen: mit der Gondel durch Venedig

O Sole mio ...

Noch etwa 400 Gondeln einschließlich Gondoliere gleiten heute über die Kanäle von Venedig. Im 16. Jh. waren es über 10.000, damals das einzige Verkehrsmittel in der Wasserstadt. Die Gondeln bestehen aus acht verschiedenen Hölzern (nämlich Lärche, Seekiefer, Ulme, Fichte, Tanne, Trauerweide, Kirsche und Eiche) und sind asymmetrisch gebaut (auf der rechten Seite 24 cm kürzer), um das Gewicht des Gondoliere auszugleichen – ansonsten würden sie sich im Kreise drehen. Um den Widerstand möglichst gering zu halten, liegen sie nur mit dem mittleren Teil im Wasser. Schwarz sind die Gondeln erst seit 1562. Vorher waren die der Reichen leuchtend bunt und aufwändig verziert, doch das erregte bei den Armen Unzufriedenheit über den verschwenderischen Luxus des Adels. Fortan strich man sie also außen schwarz, dafür war die nun verdeckte Innenausstattung umso prachtvoller und luxuriöser. Im *Museo Storico Arsenale* (→ Sehenswertes) kann man Modelle der früheren Prachtgondeln bewundern. Ärgster Feind der Gondolieri sind heute die schnellen Motorboote. Trotz Geschwindigkeitsbeschränkungen herrscht tagsüber auf dem Canal Grande und vor San Marco oft hoher Wellengang, was die Gondeln heftig ins Schaukeln bringt.

Eine Gondelfahrt kostet tagsüber offiziell ca. 65 € für 50 Minuten, abends ca. 80 €, bis zu sechs Personen dürfen mitfahren. Nicht selten werden noch höhere Preise verlangt, die man aber keinesfalls zahlen sollte. Bei wenig Betrieb hat dagegen auch Handeln Erfolg, bleiben Sie hartnäckig. Wichtig: Preis und Fahrtdauer (!) unbedingt vor der Fahrt festmachen, sonst legt der Gondoliere nach 15 Min. einfach wieder an.

Fusina, LineaBlu und Clodia-Linien. Ein Ticket für den Canal Grande kostet 5 €, ist 90 Min. gültig und darf in dieser Zeit mehrfach benutzt werden (auch hin und zurück). Ein Ticket für das Überqueren des Canal Grande, von San Zaccaria nach San Giorgio und von der Isola Santa Elena zum Lido kostet 1,80 €.

Sehr zu empfehlen sind die **24-Std.-Tickets** für ca. 10,50 € und die **72-Std.-Tickets** (3 Tage) für 22 €, die in allen Wasserbussen (außer Alilaguna, Fusina, LineaBlu and Clodia) sowie in allen Bussen in Mestre und am Lido gelten, ein Gepäckstück darf dabei mitgenommen werden. Erhältlich sind die Karten an allen Vaporetto-Ticketständen.

Wichtige Linien: **Nr. 1** fährt alle 20 Min. ab Piazzale Roma über die Stazione Santa Lucia den Canal Grande entlang nach San Marco und hinüber zum Lido – ideal für den Blick auf die Palazzi am Canal Grande, hält an beinahe jeder Station.

Nr. 82 ist die schnellere Variante durch den Canal Grande (nur wenige Haltestellen), von San Marco über die Insel Giudecca und den Zattere zurück zum Piazzale Roma. Achtung: Auch auf dieser Linie fährt ein Teil der Vaporetti zum Lido.

Nr. 12 fährt von den Fondamente Nuove zu den Inseln Murano, Burano und Torcello hinüber.

Nr. 42 umrundet Venedig im Uhrzeigersinn, **Nr. 41** fährt in entgegengesetzter Richtung. Beide laufen dabei auch die Inseln San Michele und Murano an.

Nr. 52 umrundet Venedig im Uhrzeigersinn, **Nr. 51** fährt in entgegengesetzter Richtung. Ein Teil der Vaporetti fährt zum Lido.

• *Traghetti* Liniengondeln, mit denen man an mehreren Stellen den Canal Grande, der nur drei Brücken zählt, überqueren kann. Sie sind spottbillig (ca. 0,40 €) und bieten bis zu 12 Personen (Steh-)Platz. Damit es schneller geht, arbeiten zwei Gondolieri – übrigens Profis der klassischen Gondeln, die sich im Turnus zum Traghetto-Dienst verpflichten müssen. Traghetti verkehren u. a. zwischen der Pescheria und dem Campo Santa Sofia, zwischen San Samuele und Calle del Traghetto (Ca' Rezzonico) sowie zwischen den Giardinetti Reali (Nähe San Marco) und der Fondamenta Dogana (Santa Maria della Salute).

Achtung: In der Regel sind die Traghetti nur von morgens bis mittags in Betrieb.

• *Wassertaxis* Durch ihre starken Motoren tragen sie zum Verfall der historischen Gebäude bei (→ S. 289). Der Passagier wiederum ärgert sich über die Preise (Beispiel: vom Bahnhof nach San Marco etwa 45 €!). Also abzuraten.

• *Flussboote* mit dem „Burchiello" oder den „Battelli del Brenta" den **Brenta-Kanal** in Richtung Padua befahren, unterwegs Besichtigung mehrerer prächtiger venezianischer Adelsvillen (→ Brenta-Kanal, S. 327).

Information & Internet

Internet: www.provincia.venezia.it/aptve; www.turismovenezia.it

Venedig im Internet (Auswahl):
www.meetingvenice.it, www.doge.it, www.govenice.com, www.guestinvenice.com, www.veniceguide.net, www.venezia.net, www.veniceonline.it, www.venicexplorer.net, www.comune.venezia.it, www.seevenice.it, www.veneziadavivere.it, www.venicebanana.com, www.ciaovenezia.com, www.invenicetoday.com

Internet-Points:

World House, Castello 4502, Calle Rio Terrà della Chiesa (Nähe San Marco). Tägl. 10–23 Uhr. ✆ 041/5284871, www.world-house.org

The Net House, San Marco 2967, Campo Santo Stefano (zwischen San Marco und Dorsoduro). Tägl. 8–2 Uhr. ✆ 041/5286585.

Casanova, Cannaregio 158/a, Lista di Spagna (Nähe Bhf.). Tägl. 9–2 Uhr. ✆ 041/5240664.

• *Städtische Informationsbüros* 1) Im **Palazzina del Santo** bei den Giardinetti Reali vor der Piazza San Marco, hübsches, weißes Gebäude an der Wasserfront (→ Stadtplan). Tägl. 10–18 Uhr.

2) Unter den Arkaden am Ende der **Piazza San Marco** links, Piazzale San Marco 71/f. Mo–Sa 9.30–15.30 Uhr, So geschl.

3) Im Bahnhof **Santa Lucia**, tägl. 8–18.30 Uhr.

4) Am **Lido**, Gran Viale Santa Maria Elisabetta 6/a, Nähe Vaporetto-Station. Juni bis Sept. tägl. 9–12.30, 15.30–18 Uhr.
5) **Piazzale Roma**, Garage ASM (nördl. Einfahrt neben den Mietwagenfirmen), tägl. 9.30–18.30 Uhr.
6) im Flughafen **Marco Polo**. Mo–Sa 9.30–19.30 Uhr.
Es gibt Museumslisten mit aktuellen Preisen und Öffnungszeiten, oft auch kostenlose Stadtpläne (genügen für den ersten Überblick, aber keinesfalls, um bestimmte Adressen aufzusuchen, da viele Straßen fehlen) und das nützliche Magazin „Un'ospite di Venezia" mit Veranstaltungskalender. Meistens wird Deutsch gesprochen. Achtung: Die Öffnungszeiten sind je nach Saison unterschiedlich und auch sonst stark änderungsanfällig.
Telefonische Auskunft: ✆ 041/5298711.

Orientierung

Venedig ist in sechs Bezirke („sestiere") unterteilt: San Marco, Dorsoduro, San Polo, Santa Croce, Cannaregio und Castello (→ Stadtplan hintere Umschlagklappe). Jeder dieser Distrikte hat mehrere tausend Hausnummern, die in der Regel nicht nach Straßen geordnet sind. Das bedeutet, man findet in jedem Viertel (eigentlich „Sechstel") Nummern von 1 bis weit über 5000, die nur insofern gegliedert sind, als dass benachbarte Nummern auch nahe beieinander liegen. Eine Adresse setzt sich aus Bezirk und Hausnummer zusammen, z. B. Dorsoduro 3942. Nur selten wird – was der mit einem Stadtplan bewaffnete Tourist sich wünscht – der Straßenname hinzugefügt, z. B. Beispiel Dorsoduro 3942, Calle Crosera. Um die Verwirrung noch größer zu machen: Es kann durchaus vorkommen, dass derselbe Bezirk mehrere Gassen des gleichen Namens aufweist. Die venezianischen Gassen werden meistens „Calle" genannt, „Riva" und „Fondamenta" bedeutet Ufer bzw. Uferbefestigung. Als „Piazza" wird nur der Markusplatz bezeichnet, die kleineren Plätze der unmittelbaren Umgebung heißen „Piazzetta", die übrigen Plätze „Campo" oder „Campiello". „Rio terrà" ist der Begriff für einen zugeschütteten Kanal, Lauben und Durchgänge werden mit „Sottoportico" oder „Sotoportego" bezeichnet.

Rolling Venice: Venedig billiger

Diesen Pass gibt es für Leute von 14–29 J. gegen Vorlage des Ausweises und eines Passbildes, Kostenpunkt ca. 3 €. Man bekommt damit u. a. Ermäßigungen für öffentliche Verkehrsmittel, in Museen sowie in diversen Hotels und Restaurants. Beispielsweise kostet der Dreitagespass für Vaporetti damit nur ca. 15 €.
Erhältlich ist der „Rolling Venice"-Pass bei:
Comune di Venezia, Servizio politiche giovanili, San Marco 1529, Corte Contarina, westlich der Piazza San Marco, Mo–Fr 9.30–13, Di und Do auch 15–17 Uhr, ✆ 041/2747645;
Uffici Informativi Rolling Venice, Kiosk vor dem Bahnhof Santa Lucia, Juli bis Sept. tägl. 8–20 Uhr, ✆ 041/5242852, Fax 5242904;
Vela, Abteilung der Transportgesellschaft ACTV, Kiosk auf dem Piazzale Roma, Juli bis Sept. tägl. 8–20 Uhr, ✆ 041/2424, www.velaspa.com
AIG („Associazione Italiana Alberghi per la Gioventù"), San Polo 3101, Calle del Castelforte, Mo–Sa 8–14 Uhr, ✆ 041/5204414;
Agenzia Arte e Storia, Corte Canal, 659 Santa Croce, Mo–Fr 9.30–13, 15.30–19 Uhr, ✆ 041/5240232;
CTS (Centro Turistico Studentesco e Giovanile), Ponte Ca' Foscari, 3252 Dorsoduro, Mo–Fr 9.30–13.30, 15–19 Uhr, ✆ 041/5205660.

Scusi Signorita – kann ich helfen?

Unverzichtbar ist ein guter Stadtplan. Der beste mit nahezu allen Gassen des venezianischen Irrgartens ist die kleine Karte „Venezia" von der Edizioni Storti. Und keine Angst: Die Venezianer sind überaus auskunftsbereit („zweite Calle links, dann nach drei Brücken die erste Calle rechts") und sprechen Deutsch, Englisch, Französisch und – Japanisch!

Übernachten (Karte Umschlagklappe hinten)

Um es gleich vorweg zu nehmen – in Venedig ist fast das ganze Jahr über Saison (Karneval und März bis November), die Zimmer sind überteuert (gut 20 % über dem italienischen Durchschnitt) und trotzdem häufig ausgebucht. Etwas günstigere Nebensaisonpreise kann man höchstens im Winter ergattern (abgesehen von der Weihnachtszeit), doch schon zum berühmten Karneval endet die kurze Flaute. Auf jeden Fall ist es empfehlenswert, Zimmer vorzubestellen, am besten bereits einige Monate vor der Reise. Überlegenswert ist auch, aufs Festland auszuweichen – z. B. nach Mogliano Veneto oder an den Rand der Lagune (→ S. 327), vielleicht sogar nach Padua (→ S. 223) – und von dort mit dem Zug zu pendeln. Ansonsten wird einem nichts übrig bleiben, als die Hotelvermittlung der AVA (→ Information) in Anspruch zu nehmen oder eine Adresse nach der anderen abzuklappern bzw. anzutelefonieren.
Die venezianischen *Drei-Sterne-Hotels* bieten meist guten Komfort und sind ansprechend ausgestattet, oft mit dem historischen Flair des „klassischen" 18. Jahrhunderts. Abstriche müssen allerdings wegen der oft beengten Verhältnisse in den alten venezianischen Palazzi gemacht werden, auch der Service ist nicht immer so, wie man ihn sich wünscht. Die Preise liegen im Allgemeinen zwischen 100 und 250 € fürs DZ. *Zwei-Sterne-Häuser* besitzen sehr unterschiedliche Standards, einige gute und beliebte Adressen finden Sie im Folgenden, preislich um die 80–150 €. Die zahllosen *Ein-Stern-Pensionen* sind über das ganze Stadtgebiet verstreut, ein Ballungszentrum ist die Lista di Spagna mit ihren Seitengassen beim

Bahnhof. Daneben gibt es zahlreiche Bed & Breakfast-Adressen, Apartments und Ferienwohnungen. Die allerniedrigsten Preise für ein DZ mit Etagendusche liegen in der Nebensaison um die 40 €. Für junge Leute und Rucksacktouristen mit knappem Budget wurde eine Reihe preisgünstiger *Hostels* eingerichtet, in den Sommermonaten werden dafür auch ehemalige Klöster genutzt. Trotzdem reichen die Schlafplätze bei weitem nicht aus und es wird, trotz Verbot, noch immer vor dem Bahnhof geschlafen, wobei erhebliche Diebstahlsgefahr besteht. Die nächste Jugendherberge außerhalb Venedigs gibt es in Oriago am Brenta-Kanal, eine zweite steht einsam am Rand der Lagune südlich von Venedig (→ S. 331), eine weitere liegt in Padua (→ dort). Campingplätze gibt es ganze Reihe im Umfeld von Venedig, die vier nächstgelegenen haben gute Bus- oder Schiffsverbindungen in die Stadt.

Kostenlose Zimmervermittlung – auch in letzter Minute – bietet **Venezia-Si**, das Buchungssystem der venezianischen Hoteliersvereinigung AVA (Associazione Veneziana Albergatori), vom Ausland unter ✆ 0039/041/5222264, in Italien unter der kostenlosen Numero verde ✆ 800/843006 oder über **www.veneziasi.it** zu erreichen. Täglich durchgehend geöffnete Vermittlungsstellen gibt es im Bahnhof neben dem Informationsbüro, am Parkplatz Tronchetto, am Parkplatz Piazzale Roma (Garage Comunale und Garage San Marco), am Flughafen Marco Polo und an der Ausfahrt Bazzera von der Autobahn Triest – Venedig.
Kontakt: Venezia-Si, Cannaregio 3829, Palazzo Fontana, I-30131 Venezia, ✆ 041/715288.

• *Mittelklasse* *** **Flora (77)**, San Marco 2283/a, Calle Larga XXII Marzo, Nähe Chiesa San Moisè, ganz zentral. Sehr beliebtes Hotel mit schöner, altertümlicher Atmosphäre, seit langem Familienbetrieb, lauschig bewachsener Innenhof. Zimmer recht unterschiedlich, teils liebevoll „antik" eingerichtet, teils aber recht klein (Tipp: möglichst vorher ansehen). Rechtzeitige Reservierung unbedingt nötig. DZ mit Frühstück ca. 130–240 €. ✆ 041/5205844, ℻ 5228217, www.hotelflora.it

*** **Do Pozzi (79)**, San Marco 2373, Calle Larga XXII Marzo, Nähe Teatro La Fenice. Zentrale, trotzdem sehr ruhige Lage, man kann im kleinen Innenhof sitzen. Die Zimmer sind altvenezianisch ausgestattet, haben aber modernen Komfort und besitzen Minibar und TV. DZ mit Frühstück ca. 130–230 €. ✆ 041/5207855, ℻ 5229413, www.hoteldopozzi.it

*** **Accademia Villa Maravege (81)**, Dorsoduro 1058, Fondamenta Maravegie, wenige Schritte vom Canal Grande, an der Einmündung des Rio di San Trovaso, gleich in der Nähe der Accademia-Brücke. Stilvoller Palazzo aus dem 17. Jh. mit Aussicht auf den Canal Grande, in den Zimmern historisches Mobiliar, hinten schöner Garten mit Obstbäumen, eine stimmungsvolle Terrasse direkt am Kanal. Katharine Hepburn wohnte hier, als sie in Venedig einen Film drehte. Standardzimmer mit Frühstück ca. 130–190 €, Superior (mit Kanalblick) ca. 170–280 €, lange im Voraus reservieren. ✆ 041/5210188, ℻ 5239152, www.pensioneaccademia.it

*** **Santo Stefano (76)**, San Marco 2957, Campo Santo Stefano, sehr schöne Lage an einem offenen Platz. Handtuchschmaler Palazzo aus dem 15. Jh., die meisten Zimmer ziemlich klein, mit venezianischem Mobiliar im Stil des 18. Jh. geschmackvoll eingerichtet, weiß geflieste Bäder, unten kleiner Frühstücksraum und Terrasse auf der Piazza. Preise am oberen Ende der Skala für diese Kategorie. DZ 140–280 €, Superior 210–350 €. ✆ 041/5200166, ℻ 5224460, www.hotelsantostefanovenezia.com

*** **San Gallo (63)**, San Marco 1093/A, Campo San Gallo. Zwölf Zimmer im venezianische Stil, jeweils TV und Minibar, gemütlicher Aufenthaltsraum und schöne Dachterrasse, von Lesern empfohlen. DZ mit Frühstück ca. 80–200 €. ✆ 041/5227311, ℻ 5225702, www.hotelsangallo.com

*** **La Calcina (92)**, Dorsoduro 780, Fondamenta Zattere ai Gesuati, bekannt als Ruskin's House, da dieser englische Dichter im 19. Jh. hier wohnte. Allerdings ist das heutige Haus nur eine Nachbildung der damaligen Herberge, die abgerissen wurde. Prächtige Lage am Giudecca-Kanal, recht edel eingerichtet, Zimmer mit Parkettfußboden, hinten hinaus deutlich günstiger als mit Blick zum Kanal. Auf dem Kanal vor dem Haus liegt eine große, hölzerne Caféplattform, wo das Frühstück serviert wird, außerdem gibt es eine Dachterrasse mit herrlichem Blick. DZ mit Frühstück ohne Blick ca. 100–160 €, nach vorne raus ca. 130–190 €. ✆ 041/5206466, 📠 5227045, www.lacalcina.com

*** **American (90)**, Dorsoduro 628, zwischen Gallerie dell'Accademia und der Kirche Santa Maria della Salute, am schmalen Rio di San Vio. Gepflegtes Haus in ruhiger Lage, Salon mit Stilmöbeln aufwändig eingerichtet, besonders schön die Zimmer mit Balkonen zum Kanal (z. B. 14 und 23). Nach hinten kleine, überwachsene Frühstücksterrasse. DZ mit Frühstück ca. 90–250 €. ✆ 041/5204733, 📠 5204048. www.hotelamerican.com

*** **Locanda Ca' Zose (85)**, Dorsoduro 193/b, Calle del Bastion, Nähe Peggy-Guggenheim-Museum. 2003 renoviertes Gästehaus aus dem 17. Jh., mit Liebe eingerichtete Zimmer im altvenezianischen Stil, jeweils TV und Internetanschluss. DZ mit Frühstück ca. 70–210 €. ✆ 041/5226635, 📠 5226624, www.hotelcazose.com

*** **Abbazia (18)**, Cannaregio 68, Calle Priuli dei Cavalletti, ruhige Lage in einer engen Gasse, beim Bahnhof um die Ecke. Das moderne Hotel in einem ehemaligen Karmeliterkloster bietet guten Komfort, der schlichte und etwas strenge klösterliche Charakter wurde aber bewahrt. Zimmer z. T. mit Blick auf den schönen Garten. Das ehemalige Refektorium dient als Aufenthaltsraum und Hotelbar. DZ mit Frühstück ca. 90–250 €. ✆ 041/717333, 📠 717949, www.hotel-venedig.abbaziahotel.com

*** **Locanda Sturion (39)**, San Polo 679, Calle del Sturion, Nähe Rialto-Brücke, Blick auf den Canal Grande. Im dritten Stock eines alten Palazzo und bereits seit dem Mittelalter als Herberge in Betrieb, vor einigen Jahren vollständig renoviert. Einige der geräumigen, im klassischen Stil des 18. Jh eingerichteten Zimmer haben Blick auf den Canal, die Wände sind z. T. mit Seidenstoffen bezogen. DZ mit Frühstück je nach Lage und Ausstattung ca. 100–250 €. ✆ 041/5236243, 📠 5228378, www.locandasturion.com

*** **Al Gambero (52)**, San Marco 4687, Calle dei Fabbri, ganz zentral zwischen Markusplatz und Rialtobrücke. Zimmer schön im venezianischen Stil renoviert, Wände mit Damaststoffen bezogen, hübsche Möbel, neue Badezimmer. Blick auf einen Kanal, netter Frühstücksraum, unten im Haus beliebtes Restaurant „Le Bistrot de Venise" (10 % Rabatt für Hotelgäste), ebenfalls 10 % in der Garage San Marco. DZ mit Frühstück ca. 90–210 €. ✆ 041/5224384, 📠 5200431, www.locandalagambero.com

*** **Paganelli (70)**, Castello 4182, Riva degli Schiavoni, großartige Lage am Uferkai östlich vom Markusplatz, zentraler und stimmungsvoller geht's kaum. Zimmer nett eingerichtet, einige mit Blick auf die Lagune – das nur wenige Schritte entfernte Top-Hotel Danieli bietet fürs doppelte Geld auch keine bessere Aussicht. Preislich günstiger sind die Räume mit Blick auf den rückwärtigen Campo San Zaccaria und – besonders ruhig – auf einen kleinen Innenhof. DZ mit Frühstück ca. 100–220 €. ✆ 041/5224324, 📠 5239267, www.hotelpaganelli.com

** **Serenissima (57)**, San Marco 4486, Calle Goldoni, nur wenige Schritte vom Markusplatz entfernt. Gepflegtes und aufmerksam geführtes Haus, seit 1960 im Besitz der Familie Dal Borgo. Hübsch eingerichtete Zimmer im venezianischen Stil mit ADSL-Internetzugang, TV und Klimaanlage. Zum Innenhof ruhiger. Unten im Haus eine kleine Bar. DZ mit Frühstück ca. 120–180 €. ✆ 041/5200011, 📠 5223292, www.hotelserenissima.it

** **Bucintoro (80)**, Castello 2135, Riva San Biagio. Dieselben Vorzüge der Lage wie das Paganelli, Einrichtung zweckmäßig und altmodisch. Besonders reizvoll sind die Eckzimmer, von denen man einen Blick auf die Lagune und hinüber nach San Marco hat. DZ mit Bad ca. 90–170 €, mit Etagendusche ca. 80–140 €, jeweils mit Frühstück. ✆ 041/5223240, 📠 5235224.

** **La Residenza (60)**, Castello 3608, Campo Bandiera e Moro, östlich von San Marco, schöne Lage an einem ruhigen Platz mit Kirche. Herrlicher Palazzo aus dem 15. Jh., prachtvoller Salon mit Fresken und historischem Mobiliar, die geräumigen Zimmer sind seit einigen Jahren vollständig renoviert und besitzen jeweils Minibar und TV. DZ mit Frühstück ca. 85–160 €. ✆ 041/5285315, 📠 5238859, www.venicelaresidenza.com

** **Seguso (93)**, Dorsoduro 779, Fondamenta Zattere ai Gesuati. Altmodisches Haus in toller Lage am Giudecca-Kanal, direkt neben Hotel La Calcina (→ oben). Die nostalgisch-antiquierte Einrichtung des Salons würde einem Museum zur Ehre gereichen. Zimmer ebenfalls altertümlich eingerichtet, z. T. mit Blick. DZ mit Bad ca. 80–170 €, mit Etagendusche ca. 70–170 €, Frühstück incl. (allerdings wird meist Halbpension verlangt). ✆ 041/5286858, 📠 5222340, www.pensioneseguso.it

** **Agli Alboretti (86)**, Dorsoduro 884, Rio Terra M. Foscarini, gemütlich-verwinkeltes Haus bei der Accademia, hübsch überwachsener Innenhof, der zum Frühstücken genutzt wird. Zimmer klein und schlicht-modern. DZ mit Frühstück ca. 150–180 €. ✆ 041/5230058, 📠 5210158, www.aglialboretti.com

** **Messner (87)**, Dorsoduro 216, Rio Terra dei Catecumeni, freundlich-familiäres Haus bei der Kirche Santa Maria della Salute, Einrichtung solide, aber nicht besonders stilbewusst, hinten schmale Speiseterrasse. DZ mit Frühstück ca. 95–145 €. ✆ 041/5227443, 📠 5227266, www.hotelmessner.it

** **Alla Salute da Cici (91)**, Dorsoduro 222, Fondamenta di Cabalà. Großer Palazzo mit kleinem, grün bewachsenem Innenhof an einem Kanal westlich der Kirche Santa Maria della Salute. Die ordentlich eingerichteten Zimmer blicken z. T. auf den Kanal, in einem Anbau sind auch einige modernere Räume untergebracht. DZ mit Frühstück ca. 90–140 € (mit Bad) bzw. ca. 80–100 € (mit Etagendusche). ✆ 041/5235404, 📠 5222271, www.hotelsalute.com

** **Florida (15)**, Cannaregio 106, Calle Priuli dei Cavalletti, einfache, hellhörige, ansonsten korrekte Zimmer mit TV in unmittelbarer Bahnhofsnähe, Internet bei der Rezeption. DZ mit Frühstück ca. 90–170 €. ✆ 041/715253, 📠 718088, www.hotel-florida.com

* **Santa Lucia (13)**, Cannaregio 358, Calle de la Misericordia. Vom Bahnhof die Lista di Spagna entlang und links einbiegen. Neueres Haus, sehr ruhig in einer schmalen Seitengasse, trotzdem ganz zentral. Man kann gemütlich vor dem Haus sitzen, Zimmer mit TV. DZ mit Bad ca. 70–110 €, mit Etagendusche 50–85 €, Frühstück incl. ✆ 041/715180, 📠 710610, www.hotelslucia.com

* **Villa Rosa (14)**, Cannaregio 389, Calle della Misericordia, in derselben Gasse wie das Santa Lucia mit denselben Vorzügen der Lage. DZ mit Frühstück ca. 70–115 €. ✆ 041/718976, 📠 716569, www.villarosahotel.com

** **Caprera (12)**, Cannaregio 219/220, Calle Gioacchina. Ordentliches Haus in einer ruhigen Seitengasse der Lista di Spagna, Zimmer mit funktionaler Einrichtung. DZ mit Bad ca. 105 €, mit Etagendusche ca. 70 €, Frühstück extra (6 € pro Pers.). ✆ 041/715271, 📠 715927, www.hotelcaprera.it

* **Rossi (11)**, Cannaregio 262, ebenfalls Seitengasse der Lista di Spagna. Für diese Kategorie anständige Zimmer, zudem ruhig, Blick ins Grüne. DZ mit Bad ca. 77–95 €, mit Etagendusche ca. 64–77 €, Frühstück incl. ✆ 041/715164, 📠 717784, www.hotelrossi.net

** **Alloggi Henry (6)**, Cannaregio 1506/e, Calle Ormesini/Rio Terrà Farsetti. Kleines, familiengeführtes Hotel in der Nähe des jüdischen Ghettos. Zimmer im altvenezianischen Stil, jeweils TV. DZ ca. 90–130 €. ✆ 041/5236675, 📠 715680, www.alloggihenry.com

** **Arcadia (9)**, Cannaregio 1333, Strada Nuova, am Kanal Rio Terrà San Leonardo,

Reizvoll: Wohnen in venezianischen Palazzi

ebenfalls in der Nähe des Ghettos. Palazzo des 17. Jh., in der Halle noch ein wenig der Prunk vergangener Zeiten, die Zimmer schlicht und hell, z. T. Blick auf den Kanal. DZ mit Bad ca. 45–120 €, mit Etagendusche ca. 40–75 €, Frühstück incl. ✆ 041/717355, 📠 714361, www.hotelarcadia.net

** **Bernardi Semenzato (22)**, Cannaregio 4366, Calle dell'Oca, Nähe Campo S.S. Apostoli. Vor einigen Jahren renoviert, schlichte Zimmer, der freundliche Besitzer spricht Deutsch. DZ mit Bad ca. 65–115 €, Frühstück extra. ✆ 041/5227257, 📠 5222424, www.hotelbernardi.com

* **Casa Peron (46)**, Santa Croce 84–85, Salizzada San Pantalon, Nähe Frari-Kirche. Sauber, einfache Zimmer und gemütliche Dachterrasse. DZ mit Du/WC ca. 70–95 €, nur mit Dusche ca. 55–80 €, Frühstück incl. ✆ 041/71 0021, 📠 711038, www.casaperon.com

* **Galleria (83)**, Dorsoduro 878/a, Accademia. Ganz zentrale Lage am Canal Grande direkt neben der Accademia-Brücke, dazu schön im venezianischen Stil möblierte Zimmer und nicht zu teure Preise. DZ mit Bad ca. 120 €, mit Etagendusche ca. 110 €, Frühstück incl. ✆ 041/5232489, 📠 5204172, www.hotelgalleria.it

* **Locanda Ca' Foscari (54)**, Dorsoduro 3887/b, Calle della Frescada, Vaporetto 1 oder 82 bis San Tomà, angenehme Familienpension in der Nähe der Frari-Kirche. DZ mit Bad ca. 93 €, mit Etagendusche ca. 72 €, Frühstück incl. ✆ 041/710401, 📠 710817, www.locandacafoscari.com

* **Ai do Mori (56)**, San Marco 658, Calle Larga, einfaches, aber in letzter Zeit mehrfach renoviertes Hotel in superzentraler Lage, wenige Meter vom Markusplatz, Antonella ist um guten Service bemüht. 11 Zimmer mit TV, vom oberen Stock Blick auf die Kuppeln von San Marco, in einem Annex vier weitere Zimmer. Fast alle Zimmer mittlerweile mit eig. Bad. DZ mit Bad ca. 80–135 €, mit Etagendusche ca. 60–90 €. ✆ 041/5204817, 📠 5205328, www.hotelaidomori.com

* **San Samuele (59)**, San Marco 3358, Salizzada San Samuele, Nähe Campo Santo Stefano. In der zweiten Etage eines uralten Hauses, unten klingeln und vom Innenhof die Stufen hinauf. Ordentliche, nach vorne raus helle Zimmer, gute Lage, junge, engagierte Leitung. DZ mit Bad 48–105 €, mit Etagendusche ca. 40–75 €, Frühstück extra (ca. 5 € pro Pers.). ✆/📠 041/5228045, www.albergosansamuele.it

* **Locanda Fiorita (65)**, San Marco 3457, Campiello Novo. Die rot gestrichene, mit üppigem Grün geschmückte Locanda liegt an einem hübschen, kleinen Platz in der Nähe des Campo Santo Stefano und besitzt gemütliche Räume mit Holzbalkendecken. Im Sommer kann man vor dem Haus frühstücken. DZ mit Frühstück ca. 80–130 €. ✆ 041/5234754, 📠 5228043, www.locandafiorita.com

* **Doni (62)**, Castello 4656, Fondamenta del Vin. Zentrale Lage, Nähe Campo San Zaccaria. Ordentliche Zimmer mit Blick auf den benachbarten Kanal Rio del Vin. DZ mit Bad ca. 80–120 €, mit Etagendusche ca. 60–95 €, Frühstück incl. ✆/📠 041/5224267, www.albergodoni.it

• *Bed & Breakfast* **Ca' della Corte (48)**, Dorsoduro 3560, Corte Surian, Nähe Frari-Kirche. Restaurierter Palazzo des 16. Jh., hübscher Innenhof, elegant eingerichtet, helle Zimmer mit TV und Klimaanlage, Frühstück im Zimmer, teilweise schöner Blick. DZ mit Frühstück ca. 85–170 €. ✆ 041/715877, 📠 722345, www.cadellacorte.com

Al Saor (19), Cannaregio 3904/a, Calle Zotti (Vaporettostation: Cà d'Oro), nicht weit von der Rialtobrücke. Familiär geführtes Haus, 2003 restauriert, Zimmer mit TV und Klimaanlage, z. T. mit Kochnische. Es gibt eine Gemeinschaftsküche und eine hübsche Terrasse zum Frühstücken. Internet auf Anfrage. DZ mit Frühstück ca. 80–100 €. ✆ 041/2960654, 📠 5240912, www.alsaor.com

Ca' del Sole (3), Cannaregio 3394, Sotoportego Porton dei Mori/Campo dei Mori, in einem ruhigen Wohnviertel beim ehemaligen jüdischen Ghetto. Signora Paola Zoffoli vermietet ein hübsch eingerichtetes Zimmer mit Bad und Küchenbenutzung, sie hat mehrere Bücher über Venedig geschrieben, spricht ausgezeichnet Englisch und bietet private Stadtführungen. DZ mit Frühstück ca. 110 €. ✆/📠 041/722176.

Venezia (94), Isola Santa Elena, Calle Bainsizza 3, schöne Lage abseits vom Trubel direkt beim Parco della Rimembranza, der einzigen grünen Ecke von Venedig, gleich beim Biennale-Gelände. Drei unterschiedliche Zimmer mit Bad und TV, schöne Holzterrasse mit Blick aufs Wasser, reichhaltiges Frühstück. Zu Fuß zum Markusplatz 20 Min. immer am Wasser entlang oder 10 Min. mit Vaporetto. DZ mit Frühstück ca. 70–95 €. ✆ 041/5200529, 📠 2775787, www.bbvenezia.com

Ca' Bauta (36), Castello 6457, Calle Muazzo. Palazzo aus dem 15. Jh., versteckte Lage, nicht weit vom Campo Santi Giovanni e Paolo. In der Mitte eine Halle im alten venezianischen Stil, von der sechs gut möblierte Räume abgehen, nettes Personal. DZ mit Frühstück ca. 75–200 €, 10 % Rabatt in der Garage San Marco. ✆ 041/2413787, ✆ 5212313, www.cabauta.hotelinvenice.com

Giustina (38), Castello 6499, Campo Santa Giustina O Barbaria, Calle Due Porte, schlicht-elegante Zimmer mit freigelegten Deckenbalken im dritten Stock eines alten Stadthauses, alle mit Bad und TV, reichhaltiges Frühstück. DZ mit Frühstück ca. 70–100 €. ✆ 328-0235737 (Handy), ✆ 041/943381, www.campiellogiustina.com

Corte Grande dei Sette Camini (97), Giudecca 501 (Dorsoduro), Corte Grandi. Ruhige Lage an einem historischen Platz auf der Insel Giudecca, deren Häuser noch die typischen alten Kamine besitzen. Mehrere ordentliche Zimmer mit Bad in einem Haus des 17. Jh., Aufenthaltsraum mit TV und gut eingerichtete Gemeinschaftsküche. Vaporettostation 100 m entfernt. DZ mit Frühstück ca. 90–115 €. ✆/✆ 041/5287965, www.cortegrandi.it

• *Hostels etc.* Eine Liste der Hostels gibt es bei den Informationsstellen, dort erhält man auch Bescheid, wo noch Platz ist.

Ostello di Venezia (IYHF) (96), auf der Insel Giudecca, 86, Fondamenta Zitelle, schöne Lage mit Blick auf Dogenpalast und Piazzetta. Mit Vaporetto 42 oder 82 vom Hauptbahnhof bis Zitelle, noch 200 m zu Fuß. Straff geführtes Hostel mit 254 Betten in Schlafsälen zu höchstens acht Betten. Massenabfertigung, internationale Atmosphäre, im Restaurant Abendessen für ca. 8,50 €. Pro Pers. ca. 17,50 € mit mickrigem Frühstück. Ganzjährig geöffnet, in der Hochsaison immer voll belegt. Vormerkung 7–9.30 Uhr, Anmeldung 13.30–23 Uhr (Reservierung über Internet möglich), Schließzeit 24 Uhr. In der zweiten Dezemberhälfte geschl. ✆ 041/5238211, ✆ 52 35689, www.ostellionline.org, E-Mail: vehostel@tin.it

Domus Civica (40), San Polo 3082, Ecke Calle Campazzo/Salizzada San Rocco, Nähe Frari-Kirche. Günstige Lage etwa 5 Gehminuten vom Bahnhof: über den Canal Grande, links neben der Kirche rein, dann rechts halten, über eine Brücke und den mittleren Weg nehmen. Gut ausgestattet und freundliche Aufnahme. Bett im Zweibettzimmer ca. 26 €, auch Einzel- und Dreibettzimmer vorhanden, mit JH-Ausweis oder Rolling-Venice-Card Ermäßigung, kein Frühstück. Check-In 7.30–11.30 Uhr, Schließzeit 0.30 Uhr. Juni bis September. ✆ 041/721103, ✆ 5227139, www.domuscivica.com

Foresteria Valdese (37), Castello 5170, Calle Lunga Santa Maria Formosa (Nähe Campo Santa Maria Formosa), nächste Vaporettostation ist Rialto. Untergebracht im schönen Palazzo Cavagnis, dem Gästehaus der protestantischen Waldenserkirche. Es gibt DZ für ca. 75 € (mit Bad) und 58 € (Etagendusche), sowie Mehrbettzimmer und Schlafsäle für ca. 22 € pro Pers., incl. Frühstück. Anmeldung tägl. 9–13 und 18–20 Uhr, Reservierung nur für Gruppen möglich. Keine nächtliche Schließzeit. Ganzjährig geöffnet. ✆/✆ 041/5286797, www.diaconiavaldese.org/venezia

Ostello Santa Fosca (8), Cannaregio 2372, von Bhf. die Lista di Spagna nach links, Nähe Campo Santa Fosca. Früheres Kloster, heute Studentenwohnheim und Hostel. Freundliche Aufnahme und günstige Preise, hübscher Garten mit Resten einer mittelalterlichen Kirche. Reservierung frühestens 7 Tage vor Besuch. Bett im DZ ca. 19 € pro Pers., 16 € im Schlafsaal. ✆/✆ 041/715775 und 715733, www.santafosca.com

Istituto Canossiano (95), Giudecca 428, Ponte Piccolo, (Nähe JH). Von freundlichen Nonnen geführt, nur Mädchen, ca. 15 € im Mehrbettzimmer, kein Frühstück. Anmeldung 7.30–12 und 16–22.30 Uhr. Strikte Schließzeit 22.30 Uhr. Mit Vaporetto 82 ab Hauptbahnhof bis San Eufemia (oder ab San Marco bis Zitelle), dann immer dem Naphtalingeruch nach. Bäckerei gleich daneben. Juni bis Sept. ✆/✆ 041/5222157.

B & B Casa Chiumento (25), Santa Croce 1465, San Giacomo dell'Orio, Corte Scura. Günstige Privatunterkunft in der Nähe vom Bhf., einige saubere Mehrbettzimmer mit Etagendusche, gut geeignet für Rucksacktouristen, geführt von der netten älteren Signora Luigia Chiumento. Pro Pers. ca. 20–30 €. ✆ 041/5240054, E-Mail: chiumento@tin.it

Archie's House (10), San Leonardo 1814/b, wenige Minuten vom Bhf. die Lista di Spagna entlang, renovierungsbedürftiges Haus, vor allem die Sanitäranlagen, aber sehr netter Besitzer, der alle möglichen Sprachen spricht. Für Rucksacktouristen ohne Ansprüche. Internetzugang kostenlos. Preis pro Pers. ca. 20–25 €, Duschen kostet 1 € extra. ✆ 041/720884.

• *Camping* Von folgenden Plätzen kommt man mit öffentlichen Verkehrsmitteln rasch in die Lagunenstadt. Mit Rolling-Venice-Card gibt es in Zelt und Bungalow 10–15 % Rabatt.
*** **Fusina** , Wiesenplatz an der Lagune, Restaurant/Pizzeria und Bar mit gelegentlicher Livemusik. Zwar ungünstige und laute Lage nahe den Fabriken von Porto Marghera, jedoch ebenfalls regelmäßige Vaporetto-Verbindung mit Linie 16 zur Fondamenta delle Zattere am Giudeccakanal. Vom Bhf. Santa Lucia mit Zug nach Mestre, dort den Bus 11 nach Fusina nehmen. Mit dem Auto biegt man von der SS 309 nach Ravenna bei Malcontenta ab. Ganzjährig. ✆ 041/ 5470055, 📠 5470050, www.camping-fusina.com
*** **Serenissima (57)**, Via Padana 334, bei Oriago am Brenta-Kanal (→ S. 332), direkt an der SS 11 von Padua nach Venedig. Kleines, lang gestrecktes Gelände zwischen Häusern, laut Leserzuschrift gute warme Duschen und freundliches Personal, Vermietung von Bungalows (mit Bad und Wohnwagen, Waschmaschinen vorhanden. Etwa alle 30 Min. Bus 53 oder „Venezia" zum Piazzale Roma (in umgekehrter Richtung ebenfalls Bus 53 oder „Dolo" bzw. „Padova"), Fahrzeit 20–30 Min., Tickets am Campingplatz, nicht im Bus. Ostern bis Anfang November. ✆ 041/921850, 📠 920286, www.campingserenissima.com
**** **Alba d'Oro**, Via Triestina 214/b, Tessera, wenige Kilometer vom Flugplatz entfernt. Restaurant, Bar mit gelegentlicher Abendunterhaltung, Swimmingpool. Juni bis September Shuttlebus nach Venedig, sonst Bus 15 bis Airport, dort umsteigen in Bus 5 nach Venedig/Piazzale Roma (in umgekehrter Richtung von Piazzale Roma Sektion 7 rot Bus 5 bis Airport, umsteigen in Bus 15 nach Ca' Noghera, aussteigen an der vierten Haltestelle). ✆ 041/5415102, www.ecvacanze.it
Viele weitere Campingplätze liegen auf der langen Landzunge **Litorale del Cavallino**, die sich in Richtung Lido di Jesolo zieht. Regelmäßige Schiffsverbindung gibt es mit Motonave 14. Infos zu den Plätzen auf S. 335.

Wohnen in venezianischen Palästen

In vielen Palazzi der Stadt sind Ferienwohnungen und Privatzimmer (Bed & Breakfast) eingerichtet, die in ihrer Einrichtung den Hotels manchmal nicht nachstehen, mit denen man aber, vor allem bei längerem Aufenthalt, preislich oft besser fährt. Online-Anbieter sind z. B.:
www.venere.it, www.guestinvenice.com, www.bbvenezia.com, www.venicebooky.com, www.ferien-privat.de, www.venice.bed_and_breakfast.inn26.com und www.italialodging.com
Der Veranstalter Cuendet (www.cuendet.com) sowie www.athome-venice.com bieten ausschließlich Ferienwohnungen und Apartments an.
Die venezianische Mitwohnzentrale **Alloggi Temporanei** vermittelt Zimmer und Wohnungen ab drei Tagen bis zu einem Jahr Aufenthalt in ganz Venedig, es wird Deutsch gesprochen (Castello 5448/a, ✆ 041/5231672, 📠 5208818, www.mwz-online.com)

Essen & Trinken (Karte Umschlagklappe hinten)

Auch in Venedig kann man gut und preislich angemessen speisen – allerdings muss man dafür ein Stückchen laufen. Faustregel: je weiter weg von Rialto und Piazza San Marco, desto preiswerter. Im gesamten Zentrum und um den Bahnhof ist Nepp eher die Regel als die Ausnahme. Praktisch alle Lokale bieten Touristenmenüs an, die auf den ersten Blick erschwinglich wirken, doch oft sind die Portionen bescheiden und von mäßiger Qualität, nicht selten schrauben zudem versteckte Extras die Preise in die Höhe. Bevor man Platz nimmt, sollte man immer auf der Speisekarte die Gebühren für „servizio" und „coperto" einsehen sowie die Kosten für Getränke – sonst kostet ein kleines Bier auf einmal 8 €, der Espresso nach dem Essen 4 € etc. Direkt am Canal Grande zahlt man die höchsten Preise. Im Folgenden finden Sie einige interessante Adressen nach Stadtteilen geordnet, wobei der Schwerpunkt der Auswahl auf einfachen bis Mittelklasserestaurants liegt, die ihre venezianische Eigenart bewahrt haben.

Venezianische Spezialitäten stammen überwiegend aus dem Meer. *Sarde in saor* sind in Zwiebeln eingelegte Sardinen und werden als Vorspeise geschätzt, *misto di mare* sind Muscheln, Krabben und kleine Fische, mit Mehl bestäubt und fritiert gegessen oder als Zutat für Spaghetti. *Seppie al nero*, Tintenfisch in seiner eigenen Tinte gegart, wird meist mit *polenta* serviert, dem gelblichen oder weißen Maiskuchen. *Risi e bisi* (Risotto mit Erbsen), *fegato alla veneziana* (Leber mit Zwiebeln, in der Regel mit Polenta serviert) und *pasta e fagioli* (Suppe mit Bohnen und Nudeln) stehen ebenfalls häufig auf der Speisekarte. Als krönender Abschluss vielleicht noch ein venezianisches *tiramisu*?

Eine gute und preiswerte Alternative zum Restaurantessen stellen die *cicheti* genannten Appetithappen dar, die in allen Bars und *bàcari* – so heißen die typisch venezianischen Weinbars – ausliegen (→ Kasten S. 283).

• *San Marco* **Tavernetta San Maurizio (75)**, San Marco 2618-20, Calle Ca'Zaguri, beim Campo San Maurizio. Urig und eng geht es hier zu – und dementsprechend oft auch hoch her. Um Platz zu finden in den kleinen, nett ausstaffierten Gasträumen, muss man frühzeitig kommen. Für San Marco günstige Preise. So geschl.

Le Bistrot de Venise (53), San Marco 4687, Calle dei Fabbri, ganz zentral zwischen Markusplatz und Rialtobrücke. Französisch inspiriertes Lokal im Hotel Al Gambero (→ Übernachten), vorne Bistro, hinten Restaurant, oft bis spät in die Nacht gut besucht. Gilt als Künstlertreff, gelegentlich Livemusik, Dichterlesungen und Kunstausstellungen. Venezianische Küche (durchgehend von mittags bis nach Mitternacht), aber auch Crêpes und Pizza, dazu gute Auswahl an Weinen. Kein Ruhetag.

Ostaria a la Campana (50), San Marco 4720, Calle dei Fabbri. Nettes Lokal mit rustikalem Ambiente, man wartet mit einem Gläschen am Tresen, bis ein Platz frei wird, schlichtes Gedeck. Spezialität ist *nero di seppie con polenta* (schwarzer Tintenfisch), Hauswein einfach, aber schmackhaft. Viele Einheimische kehren hier ein, für Venedig erfreulich günstige Preise. So geschl.

Al Bacareto (66), San Marco 3447, Calle Crosera San Samuele. Beliebte Osteria mit traditioneller venezianischer Küche, z. B. *risotto* oder *fegato*, preislich angehoben (→ Bàcari). Sa-Abend und So geschl.

Acqua Pazza (58), San Marco 3808, Campo Sant'Angelo. Schön zum Draußensitzen, neapolitanische Pizza und Meeresküche. Mo geschl.

• *Dorsoduro* **Antica Locanda Montin (82)**, Dorsoduro 1147, Fondamenta di Borgo (vom Campo Santa Babara durch den Torbogen, über den Kanal, beim Schild rechts und am nächsten Kanal links). Traditionelle Trattoria, die nicht als eine der besten und günstigsten, aber als eine der schönsten Adressen im Dorsoduro gilt. Zahlreiche berühmte Persönlichkeiten haben hier schon gespeist und eine Szene des Films „Der Tod in Venedig" wurde hier gedreht. Das blumengeschmückte Haus liegt in einem ruhigen Wohnviertel, dahinter ein herrlicher überschatteter Garten. Di-Abend und Mi geschl.

Antico Capon (68), Dorsoduro 3004/b, Campo Santa Margherita. Hübsch zum Draußensitzen auf einem der nettesten Plätze des Viertels, touristisch entdeckt, aber eher am Rande des Rummels. *Tagliatelle al Capon* mit Pilzen und Wurststückchen, diverse Filets oder den typischen *fegato veneto* (Leber mit Polenta) kosten. Preislich Mittelklasse. Mi geschl.

Da Gianni (89), Dorsoduro 918, Zattere ai Gesuati, beliebtes Fischlokal und Pizzeria direkt am Giudecca-Kanal, wunderschön, wenn abends die Sonne untergeht. Die unmittelbar daneben liegende Vaporetto-Station verursacht allerdings einigen Trubel. Nicht ganz billig. Mi geschl.

Ai Cugnai (84), Dorsoduro 857, Piscina del Forner, zwischen Gallerie dell'Accademia und Peggy-Guggenheim-Museum. Kleine, authentische Fischtrattoria, hinter dem Speiseraum kleiner Hof, alles sehr sauber und angenehm, herzliche Gastgeber, sympathische Umgebung. Mo geschl.

• *San Polo* **Da Fiore (32)**, San Polo 2202/a, Calle de Scaleter (Vaporetto bis San Stae), eins der besten Fischlokale der Stadt, Köchin und Wirtin Mara zaubert originelle Gerichte, die allerdings ihren Preis haben. Gepflegte Atmosphäre, Menü ca. 50 € aufwärts. So und Mo geschl. Da recht klein, frühzeitige Reservierung unbedingt notwendig, ✆ 041/721308.

Alla Madonna (35), San Polo 594, Calle della Madonna (Nähe Rialto). Der „Fischkönig" der Stadt residiert in einer pittoresken Seitengasse, in der sich die überhängenden ersten

Etagen beinahe berühren; großes Lokal mit mehreren Räumen, durch die flinke Kellner eilen, oft rappelvoll, leider keine Sitzgelegenheiten im Freien. Versuchen sollte man das *risotto con frutti di mare*. Preise für diese Lage durchaus erfreulich. Mi geschl.

Da Ignazio (47), San Polo 2749, Calle della Saoneri, in einer engen Gasse versteckt sich dieses angenehme und geräumige Mittelklasse-Restaurant, hinten lockt ein begrünter Innenhof, in dem die etwas steifen Kellner fast deplatziert wirken; serviert werden fantasievolle Nudelgerichte, *risotto della casa* und viel Fisch. Sa geschl.

Giardinetto (49), San Polo 2910/a, Fondamenta Forne. Freundlich geführtes Ristorante mit Garten abseits vom Trubel; hier kann man auch unbesorgt den kleckernden Nachwuchs mitnehmen. Als Vorspeise empfehlen wir *antipasto misto di pesce*. Mo geschl.

• *Santa Croce* Im Viertel zwischen Bahnhof und San Marco findet man einige besonders schön und „romantisch" gelegene Adressen.

La Zucca (24), Santa Croce 1762, Ponte del Megio (Nähe Campo San Giacomo dell'Orio). Winziges, nett eingerichtetes Lokal, neben vegetarischen und venezianischen Gerichten werden auch Experimente gewagt, die einfallsreiche Speisekarte wechselt täglich. Vor der Tür nur eine Handvoll Tische, drinnen einige weitere Plätze mit Blick auf den benachbarten Kanal. Junge, engagierte Leitung, es wird auch Englisch gesprochen. Reservierung empfehlenswert unter ✆ 041/5241570. So geschl.

Al Ponte, gleich benachbart zum La Zucca – wie der Name bereits sagt, wunderschön bei einer kleinen Brücke gelegen.

Da Crecola (23), Santa Croce 1459, Campiello del Piovan, wenige Schritte vom Campo San Giacomo dell'Orio. Idyllische Lage auf einem kleinen Plätzchen direkt am Kanal, sehr hübsch zum Sitzen, kulinarisch aber eher Standard – in der Lage muss man nicht zaubern. Preise bisher maßvoll. Di geschl.

Alle Oche (27), Santa Croce 1552, Calle del Tentor. Als Pizzeria sicher eine der besten der Stadt, wenige Tische entlang der ruhigen, schmalen Gasse, große Auswahl an sehr gut belegten Pizzen, reichhaltige Salate, im Innenraum trifft sich die Jugend. Wird schnell voll. Mo geschl.

Brodo di Giuggiole (41), Santa Croce 158, Fondamenta Minotto, Nähe Piazzale Roma. Gutes Mittelklasserestaurant mit vernünftigen Preisen, einladender, unerwartet großer begrünter Innenhof. Mo geschl.

Antico Gafaro (45), Santa Croce 116/a, Salizzada San Pantalon 130. Gepflegtes Restaurant in einer breiten Gasse, unter der schattigen Pergola werden sehr gute Fischgerichte serviert.

All'Anfora (20), Santa Croce 1223, Lista Vecchia dei Bari, vom Bahnhof aus schnell zu erreichen. Großes, populäres Lokal, oft bis auf den letzten Platz gefüllt, hinten schön begrünter Hof, gute Auswahl an Pizza. Fr geschl.

• *Cannaregio* **Fiaschetteria Toscana (29)**, Cannaregio 5719, Salizzada San Giovanni Crisostomo (Nähe Rialto), direkt an einem touristischen Hauptlaufsteg. In der Toscana ist eine Fiaschetteria eine Institution zwischen Weinhandlung und Osteria, hier aber handelt es sich um ein Feinschmeckerlokal auf zwei Etagen, das zu gehobenen Preisen venezianische Meeresspezialitäten bietet, z. B. Heuschreckenkrebse aus der Lagune oder Krabben mit Polenta. Auch im Freien kann man an einigen Tischen sitzen. Di geschl.

Al Milion (33), Cannaregio 5841, Corte del Milion, Salizzada San Giovanni Crisostomo (Nähe Rialto). Malerische Osteria mit kleinem Vorgärtchen, alten Möbeln und schlichter Speisekarte: *pasta e fagioli*, Risotto mit Meeresfrüchten, *sarde in saor* etc. Am selben Platz soll Marco Polo gelebt haben. Mi geschl.

Al Paradiso Perduto (5), Cannaregio 2540, Fondamenta della Misericordia. Lockere, von jungen Leuten geführte Studentenkneipe, gutes Essen, vor allem Fisch, und im vorderen Teil Kneipenbetrieb bis spät in die Nacht (→ Nachtleben), auch draußen vor der Tür. Mi geschl., ebenso erste Augusthälfte.

Gam Gam (7), Cannaregio 1122, Sotto Portico di Ghetto Vecchio. Direkt am Canale di Cannaregio, hier kann man am Rande des ehemaligen jüdischen Ghettos (→ Sehenswertes) koscher speisen, z. B. Falafel oder Couscous. Fr-Abend und Sa geschl.

I Quattro Rusteghi (4), Cannaregio, Campo Ghetto Nuovo. Zentral im jüdischen Viertel, schöne Lage auf dem ruhigen Platz mit dem hebräischen Museum. Hier gibt es auch vegetarische Speisen, Preise relativ günstig.

All'Antica Mola (2), Cannaregio, Fondamenta degli Ormesini. Kleine Trattoria mit Innenhof und schönen Plätzen am Kanal. Viele Venezianer kommen hierher, Touristen sind noch nicht in der Überzahl. Risotto und Meeresküche zu nicht zu teuren Preisen, *coda di rospo* versuchen.

Logenplatz an der Rialto-Brücke

Vini da Gigio (17), Cannaregio 3628/a, Fondamenta San Felice. Freundlich geführte Trattoria, schön am Ufer des Kanals gelegen, ordentliche Küche zu angenehmen Preisen sowie beste Weine aus Veneto und Friaul. Mo geschl.

Ca' d'Oro „Alla Vedova" (21), Cannaregio 3912, am Ende der Via Ramo di Ca' d'Oro. Urige, typisch venezianische Osteria, schon seit dem 19. Jh. trifft man sich hier zum Palavern und nimmt dazu „un'ombra" oder einen „spritz". Berühmt für seine hervorragenden *polpette* und die zahllosen *cichetti*. Abends kann man die venezianischen Spezialitäten kosten: *spaghetti alla busara, zuppa di trippe, frittura* u. a. So-Mittag und Do geschl.

Al Bacco (1), Cannaregio 3054, Fondamente delle Cappuccine, ein weiter Weg ist es vom Zentrum zu dieser Osteria in der Nähe des Ghettos, aber er lohnt sich. In nostalgisch-fröhlicher Atmosphäre kann man hier Fisch und Meeresfrüchte genießen. Mo geschl.

Da Gianni (26), Cannaregio 4377. Authentische Trattoria bei der Kirche Santi Apostoli, von Lesern empfohlen.

Iguana, Cannaregio 2515, kurz vor dem Paradiso Perduto, mexikanische Bar mit Essensangebot, preiswert und gern von jungen Leuten besucht. Mo geschl.

Al Mascaron (43), Castello 5225, Calle Lunga Santa Maria Formosa. Populäre Osteria mit guter Küche (→ Bàcari).

• *Giudecca* **Altanella (98)**, Giudecca 269, Calle dell'Erbe. Traumhaft schöne Terrasse über einem Kanal. Die Trattoria ist seit der Jahrhundertwende in derselben Familie, mittlerweile werkelt die vierte Generation. Hemingway war hier, ebenso d'Annunzio und Marinetti. Innen dekorieren alte Fotos aus Venedig den Raum, die Küche legt weniger Wert auf Raffinesse als auf die Qualität der Lebensmittel, die Preise sind nicht übertrieben, der Gast wird nicht gedrängt. Man kann hier einen wunderschönen Abend verbringen – allerdings ist ohne Vorbestellung nichts zu machen, ✆ 041/5227780. Mo, Di und im August geschl.

• *Self-Services* **Rosticceria Gislon (42)**, San Marco 5424/a, Calle della Bissa, Nähe Rialto-Brücke. Große Auswahl und preiswert, erfreulicherweise auch venezianische Spezialitäten im Angebot. Mo geschl.

Chat Qui Rit (64), San Marco 1133, Calle Tron/Ecke Frezzeria (westlich der Piazza San Marco). Liegt in einer schattigen Gasse, die Korbstühle um die großen Tische sind immer schnell besetzt. Passable Auswahl, preislich im Rahmen, warme Küche 11–21.30 Uhr, um die Ecke auch Stehimbiss. Sa geschl.

Die echten Venezianer werden immer weniger

• *Pizza zum Mitnehmen* **Millevoglie da Tarcisie**, San Polo 3031, Salizzada San Rocco, bei der Frari-Kirche. Pizzastücke und wagenradgroße Pizzen (Durchmesser ca. 50 cm für 8 €), preiswert und lecker. Angeschlossen eine gute Eisdiele (→ unten).

• *Bars/Cafés/Konditoreien* Außer am Markusplatz sitzt man am schönsten in den großen Freiluftcafés an der Promenade del Zattere im Viertel Dorsoduro (Blick auf die Insel Giudecca). Ein typisch venezianischer Cocktail ist der *Bellini*, eine pikante Mischung aus Pfirsichsaft (1/3) und Prosecco (2/3), einem prickelnd aromatischen Schaumwein aus dem Hinterland des Veneto (→ Treviso). Der *Spritz*, ein leichter Weißwein mit einem Schuss Campari, wird als Aperitif getrunken. Relikte der österreichischen Besatzungszeit sind die zahlreichen Konditoreien (z. B. in der Calle della Rughetta), die leckere Strudel sowie die vielfältigsten Torten, Kuchen und Pralinen anbieten. Spezialitäten sind die gefärbten und aromatisierten Schokoladen oder *pan dei pescatori* und *pan di doge*, eine Art Ministollen mit Nüssen und Trockenobst.

Harry's Bar (78), San Marco 1323, Calle Vallaresso. Noble Einrichtung, köstliche Cocktails und fürstliche Preise. Hemingway war Stammgast (wo eigentlich nicht?), heute von amerikanischen Touristen im Pensionärsalter und wegen der zahlreichen Legenden von gut situierten Weltenbummlern aus allen Kontinenten besucht. Mo geschl.

Caffè Florian (73), Piazza San Marco, seit dem 18. Jh. das berühmteste Café Venedigs. Drinnen sitzt man in hübschen, kleinen Räumen auf verblichenen, roten Ledersesseln zwischen historischen Bleispiegeln, draußen spielt ganztägig ein routiniertes Orchester die Evergreens von vorgestern. Die altmodisch-noble Atmosphäre hat ihren Preis – ein *cappuccino* kostet gut 8 €. Mo geschl.

Caffè Quadri (69), Piazza San Marco, die noble Konkurrenz von gegenüber; streitet sich mit dem *Florian*, wer als erster in Venedig türkischen Mokka serviert hat, ebenfalls hauseigenes Orchester und dieselbe Preisgestaltung. Mo geschl.

Il Caffè (67), Dorsoduro 2963, Campo Santa Margherita, bildhübsches Café an einer sympathischen Piazza, die abends eine der lebendigsten der Stadt ist, rot getünchte Außenfront, schöne Holztheke, blank polierte Kaffeemaschine aus Kupfer und viele Spiegel, draußen reichlich Sitzgelegenheiten. 8–24 Uhr, So geschl.

• *Eis* **Santo Stefano-Paolin**, San Marco 2962/a, Campo Santo Stefano, gilt bei vielen als die beste Gelateria von Venedig, schön zum Draußensitzen. Mo geschl.

Bàcari: Genießen auf venezianisch

In diesen venezianischen Weinschenken wird an einfachen Holztischen gegessen und getrunken, oft sogar nur im Stehen am Tresen. Sie fungieren den ganzen Tag über als beliebte Treffpunkte für alle Bevölkerungsschichten, einige haben sich auch zu typischen Abendtreffs für die Jugend entwickelt. Im Vorbeigehen schlürft man hier zu jeder Tageszeit eine *ombra* (Schatten) bzw. eine *ombretta*, ein Gläschen prickelnden Prosecco. Der Name stammt von den fliegenden Weinverkäufern, die früher im wandernden Schatten des Glockenturms von San Marco ihren offenen Wein verkauften, da er in der glühenden Sonne schnell seine Frische verlor. Dazu kann man eine Vielzahl traditioneller *cicheti* kosten, die in kaum einem Restaurant zu finden sind. Das Angebot wechselt täglich und ist unglaublich reichhaltig: dreieckige, fantasievoll gefüllte *tramezzini* (Sandwiches), Käse- und Wursthappen, verschiedene Gemüse, Fisch- und Fleischbällchen, *seppie* (Tintenfisch) und *folpeti* (kleine Tintenfische), Polenta, Oliven und Schnecken, *baccalà* (Stockfisch) in verschiedenen Zubereitungsarten, z. B. *à la mantecato* (Stockfischmus), Calamarisalat, frittierte Kürbisblüten, *sarde in saor*, kleine Muscheltierchen namens *canoce* (Meeresheuschrecken), aber auch Kutteln, Milz und andere Innereien. Da sich jedoch der Tourismus immer weiter ausbreitet, sind auch die wirklich authentischen Adressen nicht mehr sonderlich günstig.

Do Mori (30), San Polo 429, Calle dei do Mori, beim Rialtomarkt. Eine der ältesten und typischsten Osterie der Stadt, Treffpunkt der Arbeiter und Angestellten im Umkreis, aber auch Commissario Brunetti aus Donna Leons Romanen (→ S. 313) erholt sich hier gerne bei einer „Ombretta". An der Decke schaukeln Mengen von Kupferkessel, man isst und trinkt im Stehen, große Auswahl an Weinen und leckeren cicheti, leider „entdeckt" und nicht mehr billig. So geschl.

Do Spade (28), San Polo 860, Sottoportego delle do Spade: Nicht weit vom „Do Mori" und diesem recht ähnlich, allerdings noch etwas touristischer.

Antico Dolo (34), San Polo 778, Ruga Vecchia San Giovanni, ebenfalls nicht weit vom Rialtomarkt. Einfach und typisch gebliebenes Bàcaro ohne modischen Schnickschnack, schlichte venetische Küche, z. B. Kuttelsuppe und maritime Antipasti. So geschl.

Al Bacareto (66), San Marco 3447, Calle delle Botteghe. Gleichzeitig Trattoria und bàcaro, am Tisch wird gutes, wenngleich teures Essen serviert, an der Bar gibt es offene Weine und eine Fülle an *cicheti*. Sa-Abend und So geschl.

Al Volto (51), San Marco 4081, Calle Cavalli. Nur wenige Schritte vom Canal Grande, nahe der Rialto-Brücke. Hat sich dank seiner engagierten Führung und wegen sder ausgezeichneten Weinauswahl vor allem abends zum populären Treffpunkt entwickelt. Mittags kann man hier auch recht günstig essen. So geschl.

Da Alberto (31), Cannaregio 5401, Calle Giacinto Gallina, Nähe Campo Santi Giovanni e Paolo. Populäre Osteria im traditionellen Stil, auf dem Tresen sind diverse Spezialitäten aufgereiht – *bacalà* in diversen Variationen, *sarde in saor*, Gemüsegerichte u. a. So geschl.

Al Mascaron (43), Castello 5225, Calle Lunga Santa Maria Formosa (□ Nachtleben). Ausgesprochen gemütliches Bàcaro, in den Abendstunden viel von jungen Leuten besucht und mittlerweile sehr populär, zum Essen muss man reservieren (✆ 041/5225995). Es gibt viele *cicheti*, stets frische Fischantipasti, einige Tagesgerichte und diverse Salate, eine besonders leckere Hausspezialiät sind die Spaghetti mit Meeresgetier. Die Papierdecken auf den Tischen dürfen bemalt werden. So geschl.

Provinz Venedig

Rosa Salva, Campo Santi Giovanni e Paolo, Konditorei neben der Kirche, außer hervorragendem Eis gibt's Gebäck aus eigener Herstellung.

Nico (88), Dorsoduro 922, Zattere ai Gesuati, Nähe Vaporetto-Stop. Super-Ausblick von der Plattform auf den viel befahrenen Kanal, ideal zum Sitzen und Schlemmen. Do geschl.

Millevoglie da Tarcisie, San Polo 3033, Salizzada San Rocco, bei der Frari-Kirche. Eisdiele mit leckerer Auswahl, großen Portionen und günstigen Preisen.

Causin dal 1928 (61), Dorsoduro 2996, Campo Santa Margherita. Spezialität ist hier *gianduialli*, Schokoladen-Haselnusseis mit Schlagsahne.

Nachtleben (Karte Umschlagklappe hinten)

Nicht viel geboten, ab 24 Uhr schläft Venedig. Ein *Spaziergang* durch die stillen menschenleeren Gassen lässt einen die Stadt gänzlich anders erleben als in der Hektik des Tages. Lange Schatten, schummrige Gassen, irgendwo klappern einsame Schritte – ideal zu verbinden mit einer Vaporetto-Fahrt über dunkel glucksende Kanäle, in deren Wasser sich der Mond spiegelt ...

Unvergleichlich ist die Stimmung auf der romantisch beleuchteten *Piazza San Marco*, wo sich die Caféhaus-Orchester in Hochform fiedeln, während die Cassettenrecorder vor der Basilika den neuesten Chicago-Rap dudeln. Die Einheimischen treffen sich in den bàcari (→ oben) und einigen Pubs, Diskotheken gibt es so gut wie keine.

Von August bis September findet in den einzelnen Stadtteilen Venedigs die *Festa del Unità* statt mit viel Musik, Wein und Essen.

Al Paradiso Perduto, Cannaregio 2540, Fondamenta della Misericordia, viel besuchte Studentenkneipe mit alternativem Touch, eine der wenigen, wo abends Livemusik geboten wird, gelegentlich guter Live-Jazz, auch schön zum Draußensitzen am Kanal. Sehr empfohlen. Di/Mi geschl.

Da Codroma (72), Dorsoduro 2540, Fondamenta Briati, beliebter Treffpunkt der Studenten und Szene, zwischen den alten, holzgetäfelten Wänden schmecken belegte Panini und Tramezzini, dazu Bier und Wein. Ab und zu Livemusik, Ausstellungen etc. Sa geschl.

Devil's Forest, San Marco 5185, Calle dei Stagneri, Nähe Rialto. Populärer British Pub mit entsprechender Einrichtung und diversen Biersorten. So geschl.

Margaret DuChamp, schick und trendy, Szenelokal am Campo Santa Margherita, Dorsoduro 3019. Bis 2 Uhr nachts, Mi geschl. Alternative am selben Platz ist **Green Pub**, Nr. 3053.

• *Weinlokale* **Vino Vino (74)**, San Marco 2007/a, Calle del Caffetier, Nähe Teatro La Fenice. Fröhliche Enoteca mit riesiger Auswahl an Tropfen aus dem Veneto und anderen Regionen, je später der Abend, desto lockerer wird die Stimmung. Auch essen kann man hier gut und nicht zu teuer. Di geschl.

La Mascareta Castello 5183, Calle Lunga Santa Maria Formosa, hübscher Ableger vom „Al Mascaron" (→ Bàcari) und nur wenige Schritte von diesem entfernt. Entspannter und rauchfreier Treff zum Plaudern und Trinken, dazu gibt es Kleinigkeiten zu Essen. Nur abends, So geschl.

Cantina del Vino già Schiavi, Dorsoduro 992, Fondamenta Nani, direkt beim malerischen Ponte San Trovaso. Viel besuchter Weinladen mit Tropfen aus ganz Italien, Ausschank und leckeren *cicheti*. An warmen Tagen sitzt man mit seinem Glas draußen auf dem Mäuerchen am Kanal und genießt das lebhafte Treiben. So geschl.

• *Bàcari* (→ Kasten oben): **Al Mascaron (43)**, Castello 5225, Calle Lunga Santa Maria Formosa; **Al Volto (51)**, San Marco 4081, Calle Cavalli.

• *Diskotheken* **Casanova (16)**, Cannaregio 158/a, Lista di Spagna, vom Bhf. kommend, linker Hand. Die einzige Diskothek in Venedig. Musikbar und Internetcafé tägl. 9–2 Uhr, Disco Do–Sa bis 4 Uhr (freier Eintritt): Indie, Pop & Rock (Do), Hip-Hop (Fr), Commercial (Sa).

Shopping

Venedig ist ein Paradies für Liebhaber von Trödel und Antiquitäten, zahlreiche Künstler und Kunsthandwerker leben in der Stadt, die vielen kleinen Läden und Galerien sind ideal zum Stöbern. Seit Jahrhunderten weltberühmt sind das venezianische *Muranoglas*, die *Spitzen* und *Tuche*, *Marmorpapier* und das geschöpfte *Büttenpapier*, mittlerweile auch die mystisch angehauchten *Karnevalsmasken*. Die meisten und teuersten Läden ballen sich natürlich im von Touristen verstopften Viertel San Marco – in San Polo, Castello oder Dorsoduro zahlt man für dieselbe Qualität oft deutlich niedrigere Preise.

• *Muranoglas*: Beim Kauf dieses bekanntesten venezianischen Exportartikels ist Vorsicht angebracht, denn alle Qualitätsstufen sind vertreten – von billigen Imitationen bis zur künstlerisch hochwertigen Rarität. Besonders groß ist das Angebot entlang der **Calle Frezzeria** (San Marco), vor allem aber auf der Insel **Murano** (→ Sehenswertes).

Venini, San Marco 314, Piazzetta Leoncini, einer der bekanntesten Produzenten, besticht durch interessante Designs. ✆ 041/5224045, www.venini.it

Galleria Rossella Junck, San Marco 2360, Calle delle Ostreghe & San Marco 1997, Campo San Fantin. Muranoglas vom 16.–20. Jh. mit einigen der besten Künstler des Genres, Glaskunst vcom Feinsten. ✆ 041/5207747, www.rossellajunck.it

• *Karnevalsmasken* Venedig hat eine Jahrhunderte lange Tradition der Masken- und Kostümherstellung. Vor allem die Masken der Commedia dell'Arte sind ein wichtiger Bestandteil, am berühmtesten ist die weiße Maske „bauta" oder „volto", die zu Dreispitz und schwarzem Umhang getragen wird und die nur die obere Gesichtshälfte bedeckt, so dass man mit ihr auch essen und trinken kann. Maskenateliers finden sich in allen Stadtteilen, natürlich vor allem im von Touristen verstopften San Marco, fündig wird man dort hauptsächlich in der **Calle Frezzeria**.

La Venexiana, San Marco 1135/a, Calle Frezzeria, originell gestalteter Laden voll fantasiereich drappierter Masken.

Ca' Macana, Dorsoduro 3172, Calle delle Botteghe, beim Campo Santa Barbara über eine kleine Brücke Richtung Norden, Riesenauswahl an Masken aller Art.

Mondonovo, Dorsoduro 3036, Rio Terrà Canal, beim Campo Santa Margherita. Große Vielfalt an fantasievollen Masken.

Bottega d'Arte Artigianale, Castello 6360, Barbaria delle Tole, einer der ältesten Maskenhersteller Venedigs.

• *Kunst & Kunsthandwerk* Zahlreiche **Kunstgalerien** liegen in den Gassen um das Peggy-Guggenheim-Museum.

Gianfranco Missaija, Castello 4683, Campo San Zaccaria, wunderschöne venezianische Aquarelle und Grafiken.

Maskenmacherin bei der Arbeit

Loris Marazzi, Campo di Santa Margherita 2903 (südliches Platzende). Man traut seinen Augen nicht: Schuhe, Taschen, Unterhosen und Büstenhalter – alles aus Holz geschnitzt.

• *Lebensmittel & Märkte* Jeden Morgen außer sonntags malerischer **Fisch-, Gemüse- und Obstmarkt** nördlich der Rialtobrücke in San Polo (→ Sehenswertes/San Polo).

Strada Nova, Verlängerung der Lista di Spagna am Bahnhof, viele Verkaufsstände aller Art.

Fondamenta della Misericordia, nördlich parallel zur Strada Nova, einfaches Wohnviertel („Quartiere populare"), in dem man preiswert Lebensmittel und Kleidung kaufen kann.

• *Marmor- und Büttenpapier* Die Kunst des handbedruckten Marmorpapiers wurde von den Venezianern aus dem Orient mitgebracht. Ein Angebot vom Feinsten findet man in der traditionsreichen Buchbinderei **Legatoria Piazzesi**, San Marco 2511, Campiello della Feltrina; außerdem bei **Legatoria Polliero**, San Polo 2995, Campo dei Frari; **Il Pavone**, San Marco 3287, Salizzada San Samuele; **Paolo Olbi**, San Marco 3653, Calle della Mandola.

• *Mode* Unzählige Boutiquen drängen sich an den **Mercerie** zw. Rialto und San Marco.

• *Spitzen und Tuche* **Jesurum**, San Marco 4857, Merceria del Capitello (zwischen San Marco und Rialto), traditionsreiches Kaufhaus, in dem sich im 19. Jh. der Adel seine Nachthemden und Brautkleider anfertigen ließ. Heute kauft hier eher der Geldadel. Keine Schwellenangst, reinschauen kostet nichts. Mehrere Schauräume, Besichtigung kostenlos, besonders lohnend, wenn japanische Reisegruppen einfallen – jeder Verkäufer spricht perfekt Japanisch. ✆ 041/5242540, www.jesurum.it

Kerer, San Marco 4328/a, Palazzo Trevisan-Cappello, Calle Canonica, hinter der Basilica di San Marco. Weitere gute Adresse für Spitzen, riesige Auswahl, mehrere Schauräume. ✆ 041/5235485, www.kerer.it

Aus dem Festkalender der Venezianer

Karneval (Februar): Alljährlich in der letzten Faschingswoche (Samstag vor Faschingssamstag bis Rosenmontag) verwandelt sich die Lagunenstadt in einen einzigen Maskenball. Die Mystik der regennassen Kanäle, Gäßchen und lautlos gleitenden Gondeln ist ein grandioser Hintergrund für die zahllosen fantastischen und geheimnisvollen Kostüme. Der weltberühmte venezianische Karneval (Carne vale = Abschied vom Fleisch) geht in seinen Ursprüngen mindestens bis ins 15. Jh. zurück: 1420 besiegten venezianische Truppen das feindliche Aquileia. Dieser Sieg wurde fortan mit einer Parodie gefeiert – der Patriarch von Aquileia und seine Ratsherren erschienen in Venedig als Bulle, gefolgt von zwölf Schweinen. Seitdem wurde „Il Carnevale" die einzige Zeit in der streng hierarchischen Gesellschaft der Dogenrepublik, in der es keine Klassenunterschiede gab und jeder, ob arm oder reich, sich freizügig und respektlos zeigen konnte. Zeitweise verbot zwar der diktatorisch regierende Große Rat aus Angst vor Umstürzen das Tragen von Masken, doch im Allgemeinen sah die Regierung darin die Möglichkeit, den ärmeren Bevölkerungsschichten eine gewisse Gleichheit aller Venezianer und die Aufhebung gesellschaftlicher Hierarchien vorzugaukeln. Im 16. Jh. entstanden die improvisierten Stegreifkomödien der „Commedia dell'Arte". Die Schauspieler verkörperten darin bestimmte Menschentypen, die durch festgelegte Masken und Kostüme gekennzeichnet waren. Diese Masken bestimmten fortan das Bild des Karnevals. Um 1700 begann dann der reiche Stadtadel, den Karneval mit prachtvollen Gondelumzügen zu feiern. Im sinnenfreudigen Rokoko des 18. Jh. wurde gleich sechs Monate lang gefeiert, wobei die tabulosen und derben Späße der Aristokraten unter dem Schutz der Maske immer mehr überhand nahmen, so dass Napoleon 1797 den Mummenschanz als dekadent und vergnügungssüchtig verbot. 1979 begannen venezianische Künstler erstmals, ihn wieder öffentlich zu zelebrieren und die Pracht des 18. Jh. wiederzubeleben. Seitdem ist er das Festereignis der Lagunenstadt und weltbekannt, so dass unter den Maskenträgern kaum noch Venezianer zu finden sind und nicht mehr alle Einheimischen von dem internationalen Happening angetan sind. Eine Ausnahme bildet lediglich der Giovedi grasso, der „fette Donnerstag", an dem die Venezianer ihre Kostüme zur Schau stellen.

Festa de la Sensa (Christi Himmelfahrt): An diesem Tag (Sensa = ascensione = Himmelfahrt) wird die große „Hochzeit Venedigs mit dem Meer" gefeiert, das älteste und malerischste Fest der Lagunenstadt. Der Bürgermeister führt eine Schiffsprozession an und fährt wie früher die Dogen mit dem reich geschmückten Staatsschiff Bucintoro nach San Nicolò am Lido di Venezia hinaus, wo er einen Lorbeerkranz (früher war es ein goldener Ring) ins Wasser wirft und die Worte spricht: „Wir ehelichen dich, oh Meer, im Zeichen wahrer und ewiger Unterwerfung." Eingeführt wurde das Fest im Jahre 1000, als die venezianische Flotte unter dem Dogen Pietro Orseolo II. den dalmatinischen Städten gegen die Slawen zu Hilfe eilte und damit die Expansion Venedigs ins östliche Mittelmeer begründete. Während der Festlichkeiten findet eine Regatta mit Ruderbooten statt, die nach alter venezianischer Tradition gebaut wurden.

Vogalonga: Um dieselbe Zeit wie die Festa de la Sensa findet auch dieser große Wettbewerb der Ruderer statt, der 1974 aus Protest gegen die zunehmende Motorisierung der Wasserwege Venedigs entstand. Auf dem etwa 30 km langen Rudermarathon sind alle Bootsklassen zugelassen, die mit Muskelkraft fortbewegt werden, also Ruderboote, Kanus, Gondeln und alle Arten von fantasievollen Selbstbauten. Wer mitmachen will, kann sich anmelden unter www.vogalonga.com.

Festa di San Marco (25. April): Das Fest zu Ehren des Stadtpatrons wird am selben Tag gefeiert wie die Befreiung von der deutschen Besetzung im Zweiten Weltkrieg (26. April 1945). Der Markusplatz ist beflaggt und alle öffentlichen Gebäude wie auch viele private Häuser sind geschmückt. Vormittags findet ein feierlicher Gottesdienst im Markusdom statt und nachmittags wird eine große Ruderregatta veranstaltet.

Festa del Redentore (3. Sonntag im Juli): Das größte Sommerfest der Stadt, das die Venezianer am liebsten essend und trinkend auf ihren Booten verbringen, beginnt in der Nacht vom Samstag auf den Sonntag mit einem großen Feuerwerk (ca. 23.30 Uhr). Tags darauf wird zwischen den Zattere und der Redentore-Kirche auf Giudecca eine Pontonbrücke gebaut, auf der man zur Kirche Il Redentore hinübergeht und in einem feierlichen Gottesdienst der Pest von 1576 gedenkt (→ Giudecca).

Regata storica (1. Sonntag im September): Im ersten Teil des Festes wird mit Kostümen und prächtig geschmückten Gondeln an die goldene Zeit der „Serenissima" erinnert. Dann findet eine landesweit beachtete Regatta auf dem Canal Grande statt. Den Siegern winken großzügige Preise.

Festa della Salute (21. November): Für diesen Tag wird eine hölzerne Pontonbrücke über den Canal Grande geschlagen, über die die Venezianer zur Santa Maria della Salute pilgern – Erinnerung an die große Pest von 1630, als die Stadtväter beschlossen, der „Heiligen Maria der Gesundheit" eine Kirche zu errichten.

Ankunft am Markusplatz

Sehenswertes

Venedig ist ein einziges großes Freilichtmuseum. Ziellos durch die Gässchen laufen ist die schönste Art, die Stadt kennen zu lernen. Langweilig wird das nie, denn immer wieder trifft man auf neue, unbekannte Plätze, läuft an stillen, romantischen Kanälen entlang oder entdeckt irgendwo einen prächtigen alten Palazzo.

Deprimierend ist dagegen der langsame Verfall der Stadt, was vor allem in den Wohnvierteln deutlich zu sehen ist. Viele Kanäle sind fast randvoll mit „Sedimenti", d. h. Abfällen aller Art. Die Reinigung ist äußerst aufwändig, denn es müssen zunächst sämtliche Zuläufe zu einem Kanal mit Dämmen gestaut werden, und kann nur hoffnungsloses Stückwerk bleiben. Die Selbstreinigung funktioniert jedoch nur sehr unvollkommen – das sieht man und riecht es vor allem, denn Venedig besitzt bis heute keine Kläranlagen. Die meisten Haushalte lassen ihre Abwässer nach wie vor einfach in die Kanäle ab, lediglich die kommerziellen Betriebe sind zu biologischer Klärung verpflichtet worden.

Gut zu wissen: Eintrittspreise und Sammeltickets

Besorgen Sie sich bei den Informationsstellen aktuelle Angaben über **Öffnungszeiten** der Sehenswürdigkeiten, da sich diese häufig ändern.

Der **Museum Pass** für die „Musei Civici Veneziani" kostet ca. 15,50 € (Stud. bis 29 J. 10 €) und gilt für Palazzo Ducale (Dogenpalast), Museo Civico Correr, Biblioteca Nazionale Marciana, Museo Archeologico Nazionale, Ca' Rezzonico, Palazzo Mocenigo, Casa di Carlo Goldoni, Ca' Pesaro, Museo del Vetro-Murano (Murano) und Museo del Merletto (Burano). Die ersten vier Sehenswürdigkeiten können nur mit diesem Sammelticket besucht werden, die anderen auch einzeln mit separater Eintrittsgebühr.

Weiterhin gibt es eine so genannte **Museum Card** für:
„I Musei di Piazza San Marco" (Palazzo Ducale, Museo Civico Correr, Museo Archeologico Nazionale und Biblioteca Nazionale Marciana), Preis 11 € (für Stud. bis 29 J. 5,50 €);
„Area del Settecento" (Ca' Rezzonico, Palazzo Mocenigo und Casa di Carlo Goldoni), Preis 8 € (für Stud. bis 29 J. 4,50 €);
„I Musei delle Isole" (Museo del Vetro auf Murano und Museo del Merletto auf Burano), Preis 6 € (für Stud. bis 29 J. 4 €).
Nach Wiedereröffnung des Museo Fortuny wird es außerdem noch die Card „Area del Moderno" geben (Museo Fortuny und Ca' Pesaro), Preis 6 € (für Stud. bis 29 J. 4 €).

Erhältlich sind die Sammeltickets in allen genannten Museen.

Die **Venice Card Blu** berechtigt 1, 3 oder 7 Tage lang zur Benutzung der öffentlichen Verkehrsmittel und Toiletten (jedoch nicht alle!), die **Venice Card Orange** zusätzlich zum Eintritt in folgenden städtischen Museen: Palazzo Ducale, Museo Civico Correr, Ca' Rezzonico, Museo Vetrario (Murano), Scuola dei Merletti (Burano), Ca' Pesaro, Museum Fortuny (derzeit wegen Restaurierung geschl., aber wechselnde Austellungen) und Casa di Carlo Goldoni. Es gibt sie nur auf Vorbestellung unter www.venicecard.it oder ✆ 0039-041-2424 (tägl. 8–19.30 Uhr) bei den Vela-Fahrkartenbüros Piazzale Roma, Bahnhof, Tronchetto and Punta Sabbioni (tägl. 8–20 Uhr), außerdem am Flughafen bei Vela (tägl. 9–19 Uhr) und Alilaguna (tägl. 19–24 Uhr). Preise: blu 1 Tag (bis 29 J. 9 €, ab 30 J. 14 €), 3 Tage (bis 29 J. 22 €, ab 30 J. 29 €), 7 Tage (bis 29 J. 49 €, ab 30 J. 51 €), orange (bis 29 J. 18 €, ab 30 J. 28 €), 3 Tage (bis 29 J. 35 €, ab 30 J. 47 €), 7 Tage (bis 29 J. 61 €, ab 30 J. 68 €). Bedenken Sie vorher sorgfältig, ob sich diese teure Karte wirklich lohnt.

Seit 1998 muss in fünfzehn Kirchen Venedigs Eintritt bezahlt werden. Mit dem **Chorus Pass** für ca. 9 € (Stud. bis 29 J. 6 €) erhält man überall Einlass, ein Einzelticket kostet jeweils 2,50 €, d. h. der Pass lohnt sich ab vier Kirchenbesuchen. Folgende Kirchen sind dem Verbund angeschlossen: Santa Maria del Giglio, Santo Stefano, Santa Maria Formosa, Santa Maria del Miracoli, San Giovanni Elemosinario, San Paolo Apostolo, Santa Maria Gloriosa dei Frati, San Giacomo dall'Orio, San Stae, Sant'Alvise, Madonna del Orto, San Pietro di Castello, Il Redentore, Chiesa ai Gesuati und San Sebastiano. Weitere Informationen unter www.chorusvenezia.org
Wichtig: In Kirchen gilt ein striktes **Kleidungsgebot** – keine nackten Schultern, keine Shorts, keine Miniröcke.

Besucher aus **EU-Staaten**, die unter 18 oder über 65 J. sind, erhalten in Sehenswürdigkeiten und Museen, die dem Staat gehören, ermäßigten oder freien Eintritt. In Venedig sind das die Gallerie dell'Accademia und Ca d'Oro.

Canal Grande

Die längste und schönste Wasserstraße Venedigs zieht sich in Form eines großen „S" fast 4 km quer durch die Stadt. Sie ist dicht bebaut mit den vornehmen Palazzi der reichen Kaufmanns- und Adelsfamilien. Zahllose prachtvolle Häuserfassaden reihen sich aneinander, allerdings sind nicht wenige in vernachlässigtem und morbidem Zustand.

Die historischen Gebäude am Canal Grande leiden vor allem unter den zahlreichen Motorbooten, deren Zahl in den letzten Jahren um ein Drittel zugenommen hat. Mit ihren schnellen Schrauben „pumpen" sie Sauerstoff in die Lagune und tragen so erheblich zur Fäulnis der hölzernen Fundamente bei, obendrein verursachen sie heftige Wellen, den „moto ondoso", die die Palazzi erschüttern und an den Uferbefestigungen zerren. Bislang versucht die Stadtverwaltung mit Geschwindigkeitsbegren-

Der von Palästen gesäumte Canal Grande zieht sich durch die ganze Stadt

zungen gegenzusteuern. Doch erst Anfang 2005 sind die Gondolieri in einen dreitägigen Streik getreten, da ihre Barken durch die Wellen bedrohlich zu schwanken beginnen und teilweise gefährliche Situationen entstehen. Eine Sperrung des Kanals für Motorboote steht aber nicht zu erwarten, da sie für die Versorgung der Hotels, Restaurants und Geschäfte lebensnotwendig sind – und die Gondolieri so reich sind, dass man auch berechtigten Anliegen nicht immer wohlwollend gegenüber steht.

Ponte di Calatrava: Die vierte Brücke

Bis Mitte des 19. Jh. war es nur die legendäre Rialto-Brücke, die den Canal Grande überspannte. Erst die Österreicher, die damals Venedig regierten, bauten zwei neue Brücken: eine beim neuen Bahnhof am Kanaleingang, die andere beim Museum der Akademie, kurz vor San Marco. Seitdem wurde immer wieder heiß diskutiert, ob das historische Bühnenbild Venedig noch eine weitere Brücke verkraftet. Viele Architekten setzten sich mit einem solchen Projekt auseinander, unter ihnen Frank Lloyd Wright und Le Corbusier, doch es kam nie zum Bau. Nun ist es soweit: Der Spanier Santiago Calatrava, der weltweit bereits mehr als 60 Brücken erbauen ließ, hat den Auftrag erhalten, zwischen Piazzale Roma und Bahnhof, den beiden viel frequentierten Eingängen der Stadt, eine Fußgängerbrücke zu errichten – aus verkehrstechnischen Gründen war ihr Bau nicht mehr aufzuschieben gewesen. Mit der Fertigstellung rechnet man im Jahr 2005.

Mit dem Vaporetto den Canal Grande entlangzufahren (am besten per Bummel-Dampfer Nr. 1) kostet nicht viel und ist die ideale und noch dazu preiswerte Stadtbesichtigung. Wer will, kann die Namen der meisten Palazzi der Gratiskarte entnehmen, die es bei der Tourist-Info gibt. Weniger anstrengend ist es, einfach den namenlosen Anblick zu genießen. Einige der markantesten Gebäude sind im nächsten Abschnitt beschrieben, viele von ihnen beginnen mit *Ca'*, eine altertümliche Form für „Casa" (Haus). Die Vaporetto-Stationen sind jeweils mit **(V)** angegeben.

Rundfahrt von Piazzale Roma und Bahnhof bis Piazza San Marco

Wer am Piazzale Roma **(V: Piazzale Roma)** oder am Bahnhof Santa Lucia **(V: Ferrovia)** mit dem Vaporetto Nr. 1 losfährt, passiert bald den *Ponte degli Scalzi*, eine der bislang noch drei Brücken über den Canal Grande (→ Kasten), und kommt kurz darauf linker Hand an der Kirche *San Geremia* vorbei. Gleich danach mündet der breite Canale Cannaregio in den Canal Grande. Gegenüber liegt eine Vaporetto-Station **(V: San Biasio)**, nach der man gleich die byzantinisch verspielte Turmfassade des *Fondaco dei Turchi* passiert. Das frühere Handelshaus der Türken aus dem 13. Jh. ist heute Sitz des Naturhistorischen Museums. Schräg gegenüber steht der *Palazzo Vendramin-Calergi*, einer der schönsten Paläste der frühen Renaissance in Venedig. 1883 starb hier Richard Wagner, heute ist in den luxuriösen Räumlichkeiten das städtische Casino untergebracht **(V: San Marcuola)**.

Kurz darauf stoppt der Vaporetto rechter Hand bei der klassizistisch strengen *Kirche San Stae* **(V: San Stae)**. Kurze Zeit später passiert man die wuchtige *Ca' Pesaro*, einen der bedeutendsten Barockpaläste der Stadt, mit der „Galleria d'Arte Moderna" und dem „Museo d'Arte Orientale" (→ Santa Croce). Schräg gegenüber kommt man auf der anderen Kanalseite kurz nach dem Rio di San Felice zur gotischen *Ca' d'Oro*, einem der schönsten Paläste Venedigs **(V: Ca d'Oro)**. Hinter der filigranen Marmorfassade mit leicht orientalischem Einschlag, die einst goldgeschmückt war (Ca' d'Oro = Goldhaus), verbirgt sich die „Galleria Franchetti" (→ Cannaregio). Schräg gegenüber folgt die in einer Loggia untergebrachte *Pescheria*, der Fischmarkt, und kurz darauf die *Erberia*, der Obst- und Gemüsemarkt. Der unmittelbar darauf folgende *Palazzo Camerlenghi* war einst Hauptsitz der venezianischen Steuerverwaltung.

Genau in der Krümmung des „S" überquert die berühmte *Rialtobrücke* (→ San Polo) den Canal. Wenige Meter vor der Brücke steht links der *Fondaco dei Tedeschi*, einst das Hauptquartier der deutschen Kaufleute, die um den nahen Campo San Bartolomeo wohnten. 1505–1508 wurde er an der Stelle eines durch einen Brand zerstörten Palastes errichtet, heute ist hier die Hauptpost untergebracht. Gleich nach der Brücke liegt linker Hand eine wichtige Vaporetto-Station **(V: Rialto)**, von der aus man in knapp zehn Minuten den Markusplatz erreichen kann.

Weiter den Canal entlang sieht man gleich links den *Palazzo Dolfin Manin* von Sansovino (heute Banca d'Italia), etwas später, an der Einmündung des Rio di San Luca, den mächtigen Renaissancebau des *Palazzo Grimani* (heute Appellationsgericht). Gegenüber hält der Vaporetto **(V: San Silvestro)**. Der eindrucksvolle *Palazzo Corner-Spinelli* beim nächsten Stopp auf der linken Seite **(V: Sant'Angelo)** stammt aus der Frührenaissance. Bald darauf folgt ein Vaporetto-Stopp rechts **(V: San Tomà)**, kurz vor der letzten großen Kanalkurve, „Volta" genannt. Gegenüber steht ein ganzes Bündel von aneinandergebauten Palästen, die *Palazzi Mocenigo*. Auf der anderen Seite passiert man bald die berühmte gotische *Ca' Foscari* aus dem 15. Jh., heute Sitz der Universität, danach den *Palazzo Giustinian*, in dem Richard Wagner zeitweise gewohnt hat, und wenige Meter weiter die massive *Ca' Rezzonico* mit dem üppig ausgestatteten „Museo del Settecento Veneziano" (→ Dorsoduro) **(V: Ca' Rezonico)**. Auf der anderen Kanalseite sieht man hier den klassizistischen *Palazzo*

Grassi, seit seiner Restaurierung 1986 unter der Ägide des Autokonzerns Fiat einer der großen Kulturtempel Venedigs, nun wurde ein neues Kapitel seiner bewegten Geschichte aufgeschlagen (→ San Marco).
Unter der Akademiebrücke hindurch **(V: Accademia)** und an den berühmten *Gallerie dell'Accademia* (→ Dorsoduro) vorbei, fährt man rechts am unvollendeten *Palazzo Venier dei Leoni* mit der Peggy-Guggenheim-Sammlung (→ Dorsoduro) entlang. Gegenüber steht der *Palazzo Corner della Ca' Grande* aus der Hochrenaissance, gefolgt von einer Reihe von Palästen, in denen sich Hotels niedergelassen haben, darunter das berühmte Hotel „Gritti" **(V: Santa Maria del Giglio)**. Der bildhübsche *Palazzo Dario* steht mit seinen runden Marmorverzierungen auf der rechten Kanalseite. Genau gegenüber der gewaltigen Kirche *Santa Maria della Salute* (→ Dorsoduro) **(V: La Salute)** sieht man den schmalen *Palazzo Contarini-Fasan* mit seinen radförmigen Verzierungen an den Balkonen. Hier beginnt das offene Meer und es sind nur noch wenige Meter bis zum Markusplatz mit einer Station vor den *Giardinetti Reali* **(V: Vallaresso)** und einer kurz nach dem Platz **(V: San Zaccaria)**, vor der Kirche *San Zaccaria* (→ Castello). Wenn man an letzterer aussteigt und über den *Ponte della Paglia* zum Platz zurückgeht, kommt man am Dogenpalast und der berühmten „Seufzerbrücke" vorbei.

Im Folgenden die wichtigsten Sehenswürdigkeiten nach Stadtteilen aufgelistet.

San Marco

Das repräsentative Zentrum der Stadt. Hier ballen sich die meisten Touristen, hier zahlt man die höchsten Preise und findet den meisten Trubel.

Der Markusplatz war einst das Eingangstor Venedigs. Alle Schiffe, die die Adria heraufkamen, landeten vor dieser einmalig prunkvollen Kulisse um die Basilika. Auch heute noch ist die Anfahrt über die Lagune der schönste Einstieg – die „Skyline" Venedigs kann man vom Meer aus am besten betrachten (→ Anfahrt/Verbindungen).

Piazza San Marco (Markusplatz)

Tauben, Touristen, Marmor, Cafés, die Basilika, der Campanile, der Dogenpalast ... Es gibt wenige Plätze in der Welt, die so vom internationalen Tourismus eingenommen sind und trotzdem einen derartig reichen Zauber ausstrahlen.

Ein Abend auf der Piazza San Marco gehört zu den großen Italien-Erlebnissen. Unter den dunklen Arkaden sieht man Casanova auf dem Weg zu einem neuen Rendezvous, der unglückliche Gustav Aschenbach stolpert im Fieberwahn dem Traumbild seines geliebten Tadzio durch die choleraverseuchte Stadt hinterher („Der Tod in Venedig" von Thomas Mann) ... Wenn es dann langsam dunkel wird, die Kaffeehausorchester aufspielen, warme Windlichter flackern und perfekt livrierte Ober schaumigen Cappuccino servieren, wird der nostalgische Charme des 19. Jh. lebendig. Selbst die täglich aus aller Welt einfallenden Heerscharen können den ureigenen Charakter dieses Platzes nur oberflächlich ankratzen.
Die großzügige architektonische Konzeption lässt sich am besten in den frühen Morgenstunden oder spät abends bewundern, denn den ganzen Tag über herrscht hektisches Treiben. Die beiden Längsseiten werden von den *Prokuratie* (Prokurazien) bestimmt, den Verwaltungsgebäuden der Serenissima. Unter ihren Arkaden-

gängen bieten elegante Geschäfte wertvolle Tuche, Spitzen und venezianisches Glas. Die historischen Cafés *Florian* und *Quadri* liegen einander genau gegenüber. Als Venedig vor 250 Jahren die ersten Kaffeelieferungen aus dem Orient erhielt, wurde das Florian gegründet, es gehört damit zu den ältesten Kaffeehäusern Italiens. Ein bescheidener Espresso kostet hier gut 8 €, ein Cappuccino um die 10 €.

Tauben füttern am Markusplatz

Die *Torre dell'Orologio,* ein Uhrturm aus dem 15. Jh., auf dessen Dach zwei Mohren die Stunde schlagen, schließt den Nordflügel zur Basilika hin ab und bildet gleichzeitig den Durchgang zu den viel begangenen Mercerie (→ S. 298), die zur Rialto-Brücke führen. An der rückwärtigen (westlichen) Front des Platzes liegt die *Ala Napoleonica* (Napoleonischer Flügel), die Napoleon errichten ließ, um die beiden Prokurazien miteinander zu verbinden. Hier und in der südlichen Prokurazie ist das *Museo Civico Correr* mit einer umfassenden Sammlung zur Stadtgeschichte und zum venezianischen Leben untergebracht – Skulpturen, Waffen, Drucke, Stoffe, Keramik, Münzen etc., außerdem eine beachtliche Gemäldesammlung mit Werken von Jacopo, Gentile und Giovanni Bellini, Carpaccio und Lotto, dazu deutsche und flämische Stücke. Durch das Museo Correr gelangt man ins etwas kunterbunt zusammengestellte *Archäologische Museum,* in dem vor allem viele griechische und römische Skulpturen zu finden sind, gesammelt von der venezianische Adelsfamilie Grimani. Von hier aus wiederum hat man Zugang zum prachtvollen Renaissancepalast der *Biblioteca Marciana* (auch: Libreria Sansoviniana) an der Piazzetta San Marco (→ unten), erbaut im 16. Jh. von Sansovino. Der große Prachtsaal ist mit Decken- und Wandgemälden von Veronese, Tizian, Tintoretto und Schiavone bedeckt, im kleinen hinteren Saal ein Deckenfresko von Tizian. Ausgestellt sind wertvolle Handschriften und Kalligrafien, darunter das Grimani-Brevier aus dem 15. Jh.

• *Öffnungszeiten/Preise* **Museo Civico Correr**, **Archäologisches Museum** und **Biblioteca Marciana**, April bis Okt. tägl. 9–19 Uhr (letzter Zutritt 18 Uhr), Nov. bis März 9–17 Uhr (letzter Zutritt 16 Uhr). Eintritt nur mit Museums-Pass „Musei Civici Veneziani" oder Museum Card „Musei di Piazza San Marco".

Die **Torre dell'Orologico** ist wegen Restaurierung geschl., Wiedereröffnung voraussichtlich 2005.

Basilica di San Marco *(Markuskirche)*: Ihre glanzvolle, orientalisch anmutende Zuckerbäckerfassade mit den fünf Kuppeln beherrscht den Platz – Sinnbild des Reichtums der ehemaligen Handelsmetropole, die ihre Niederlassungen überall in der Welt hatte. Die Basilika wurde zwischen 1060 und 1070 im byzantinischen Stil erbaut, jedoch bis ins 16. Jh. ständig verändert und mit Raubstücken ausgeschmückt, die venezianische Söldner von Beutezügen mitgebracht hatten, z. B. das berühmte *Pferdegespann* über dem Hauptportal, das 1204 bei der Eroberung Konstantinopels den Besitzer wechselte. Heute ist es von Grünspan befallen, abmontiert und durch (künstlerisch eher mittelmäßige) Kopien ersetzt. Wegen der starken Luftverschmutzung gefährdet sind auch die großen *Mosaiken* aus dem 17. Jh. in den Bogenöffnungen der Außenfront. Man erwägt ihre Abnahme.

Die *Vorhalle* ist gänzlich mit biblischen Mosaiken ausgeschmückt, passender Auftakt zum überwältigenden Inneren der Basilika: Praktisch der gesamte Innenraum des Kreuzkuppelbaus ist mit byzantinischen *Goldgrund-Mosaiken* bedeckt – ein fantastischer Schatz und mit 4200 qm die größte zusammenhängende Mosaikfläche der Welt. Gefertigt wurden sie hauptsächlich im 11.–13. Jh., doch auch später wurde die Fläche immer wieder erweitert. Trotzdem wirkt der Raum eher düster, denn die kleinen Fenster in den Kuppelwölbungen lassen kaum Licht herein. Auch der mittlerweile stark gewellte *Boden* ist ein Meisterwerk der Mosaikkunst mit vielen verblüffenden Mustern und geometrischen Formen aus Marmor, Porphyr und Glas.

Der *Hochaltar* ist durch eine prächtige Chorschranke mit Marmorstatuen vom Hauptraum abgetrennt. Unter dem Baldachin ruhen die Gebeine des Evangelisten Markus, Namenspatron der Kirche und Schutzheiliger der Serenissima (→ S. 265). Im Jahr 828 wurden sie nach Venedig gebracht und man erzählt sich gerne die Legende, wie die Gebeine entdeckt wurden. Zwei venezianische Kaufleute fanden die Leiche des Heiligen angeblich in Alexandria. Sie verbargen die Knochen in einer Kiste unter Schweinefleisch und trugen sie unbehelligt davon, indem sie „manzir" schrien, d. h. Schweinefleisch, vor dem sich Moslems bekanntlich ekeln. Dargestellt ist die Geschichte auf den Mosaiken im rechten Teil des Chores, es sind die ältesten der Kirche.

Höhepunkt der Besichtigung ist die blitzende und funkelnde *Pala d'Oro* hinter dem Altar, die in Konstantinopel begonnen und später von venezianischen Goldschmieden fertig gestellt wurde. Die große, goldene Tafel ist übersät mit mehr als zweitausend Edelsteinen und Perlen, darunter Smaragde, Rubine und Saphire, auf achtzig kunstvollen byzantinischen Emaillebildern sind neben Jesus und Maria die wichtigsten Heiligen, Evangelisten und Apostel dargestellt. Im rechten Seitenschiff befindet sich der Zugang zur *Schatzkammer* (tesoro), in Glasvitrinen sind dort diverse Reliquien und Raubstücke von der Einnahme Konstantinopels ausgestellt.

Auf der rechten Seite der Kirche führt eine schmale Treppe zur *Loggia dei Cavalli* hinauf. Oben stehen die Originale des Pferdegespanns aus Konstantinopel, außerdem kann man auf die Loggia hinaustreten und hat die Mosaiken in Augenhöhe vor sich. Im kleinen *Museo Marciano* sind verschiedene Stücke der Kirchenausstattung ausgestellt.

• *Öffnungszeiten/Preise* **Basilica di San Marco**, tägl. 9.45–17 Uhr, Eintritt frei;
Pala d'Oro, April bis Sept. Mo-Sa 9.45 –17 h, So 14–17 Uhr (Okt. bis März 13–16.45 Uhr), Eintritt ca. 1,50 €;
Tesoro, April bis Sept. Mo–Sa 9.45–17 Uhr, So 14–17 Uhr (Okt. bis März 13–16.45 Uhr); Eintritt ca. 2 €;
Museo di San Marco (Loggia dei Cavalli & Museo Marciano), April bis Sept. tägl. 9.45–17 Uhr; Eintritt ca. 3 €.
Achtung: Dezente Kleidung ist ein Muss, kurze Hosen, Tops etc. werden nicht toleriert. Die Mitnahme von größeren Gepäckstücken ist verboten, Gepäckaufbewahrung im Ateneo San Basso an der Piazzetta dei Leoncini vor der Nordfassade. Fotografieren und Filmen ist untersagt.

Der Dogenpalast: einstiges Machtzentrum der Seerepublik

Campanile di San Marco *(Markusturm)*: Er begann seine Existenz im 9. Jh. als Leuchtturm und wurde dann vom 12. bis 16. Jh. zu seiner heutigen Höhe von 99 m hinaufgezogen. Im Sommer 1902 stürzte er aus unerklärlichen Gründen in sich zusammen – da schon Tage zuvor Risse sichtbar waren, gab es keine Verletzten oder Toten – und wurde innerhalb von zehn Jahren wieder neu aufgebaut, ebenso wie die kleine Renaissance-Loggetta am Fuß des Turms. Mit einem Fahrstuhl kommt man hinauf in die Glockenstube und kann den phänomenaler Blick über den Markusplatz, die Stadt und die Lagune genießen. Ein besonderer Gag: Hoch über den Wolken vom öffentlichen Telefon aus seine Liebsten daheim anklingeln.

Öffnungszeiten/Preise Juli bis Sept. tägl. 9.45–20 Uhr, Okt. bis März 9.45–16 Uhr, April bis Juni 9.30–17 Uhr; Eintritt ca. 6 €.

Piazzetta San Marco: Der sich zum Wasser hin öffnende Platzteil war bis zum 12. Jh. noch ein Hafenbecken. An einer Seite ist er flankiert vom großartigen Palazzo Ducale, auf der anderen steht der klassische Renaissancepalast der *Biblioteca Marciana*, die nur durch das Museo Civico Correr betreten werden kann (→ Piazza San Marco). An der Wasserfront liegt einer der wichtigsten Gondelhalteplätze der Stadt. Zwei *Säulen* schließen hier den Platz ab – eine mit dem heiligen Theodorus auf der Spitze, dem byzantinischen Schutzpatron der Stadt, auf der anderen thront der Markuslöwe, das Symbol des Evangelisten Markus, der Theodorus ab dem 9. Jh. als Stadtpatron ablöste (→ Geschichte). Der Platz dazwischen diente früher als Exekutionsstätte.

Palazzo Ducale: Der gotische *Dogenpalast* (Palast der Stadtoberen) wurde im 14./15. Jh. erbaut und war das administrative Zentrum der Weltmacht Venedig. Seine großartige, zu gleichen Teilen massiv und verspielt wirkende Fassade ist ganz in rosa schimmerndem Veroneser Marmor und istrischem Kalk gehalten, perfekte Eleganz spricht aus den beiden unterschiedlichen Säulengängen übereinander. In der filigranen Komposition kann man orientalische Züge erkennen.

Man betritt den Palast durch den meeresseitigen Eingang, die *Porta del Frumento.* Der frühere Eingang an der Piazzetta, die *Porta della Carta,* dient heute als Ausgang nach der Führung. Der Name „Papiertor" rührt daher, dass hier die Erlasse der Republik angeschlagen waren, aber auch die Petitionen der Bürgerschaft entgegengenommen wurden. Dass kein unautorisierter Sterblicher die mächtige Treppe *Scala dei Giganti* im Innenhof entweiht, darüber wachen die beiden Giganten Mars und Neptun samt einer massiven Kette. Im Hof sind auch zwei mächtige bronzene Brunnenumrahmungen des 16. Jh. zu sehen.

Die ehemaligen Regierungs- und Amtsräume des Palastes wurden in der jahrhundertelangen Regierungszeit der Dogen von führenden Künstlern ihrer Zeit ausgeschmückt. Vom offenen Arkadengang im ersten Stock gelangt man über die *Scala d'Oro* mit ihrem reich verzierten Tonnengewölbe in das zweite Obergeschoss. Die dortigen Zimmerfluchten sind vollständig mit Wand- und Deckengemälden von Tintoretto, Tizian, Veronese u. a. bedeckt. Besonders schön sind die *Sala del Collegio* und die daran anschließende *Sala del Senato.* Es folgen die Räume der Sicherheitsbehörden, darunter die *Sala del Consiglio dei Dieci* und die *Sala degli Inquisitori.* Im Flur ist noch einer der berüchtigten Denunziations-Briefkästen zu sehen, mittels derer in den finsteren Zeiten der Republik jedermann unerkannt seinen Nachbarn den staatlichen Untersuchungsbehörden ans Messer liefern konnte. Nicht unpassend dazu folgt eine große, reichlich martialische Waffensammlung, in der wirklich sehenswerte und seltene Exponate zu sehen sind, z. B. Pistolen, die gleichzeitig als Degen verwendet werden konnten.

Danach steigt man in den ersten Stock hinunter zum prachtvollsten und größten Raum des Palastes, zur *Sala del Maggior Consiglio* (Sitzungssaal des großen Rats). Hier ist der Hit des Dogenpalastes untergebracht – das „Paradies" von Tintoretto, eines der größten Ölgemälde der Welt! Ein wirklich unglaubliches Menschengewimmel auf 25 m Länge, entstanden 1588–90 unter tatkräftiger Mithilfe seiner Schüler. Im Deckenfries sind 76 Dogenporträts aneinander gereiht, ein Feld ist jedoch schwarz – der betreffende Doge wurde als Verräter entlarvt und 1355 einen Kopf kürzer gemacht. In der reich vergoldeten Decke sieht man Gemälde von Veronese, Tintoretto u. a. Vom Fenster hat man einen herrlichen Blick auf die Piazzetta mit den beiden Säulen und der Mole davor.

Itinerari Segreti: Wer sich eher für die düstere Geschichte des Dogenpalastes als für die kostbaren Deckengemälde interessiert, kann mit Voranmeldung 2 x tägl. an einer englischsprachigen Führung durch die Geheimgemächer des Gebäudes teilnehmen, darunter die Inquisitionszimmer, der Folterraum und die Pozzi (ca. 13 €, Anmeldung bei der Kasse oder 48 Std. vorher unter ✆ 041/5209070).

Über den berühmten *Ponte dei Sospiri* (Seufzerbrücke) gelangt man hinüber in die venezianischen Staatsverliese, die *Prigioni.* Sie sind nur durch einen schmalen Kanal vom Palazzo Ducale getrennt. Die Gefangenen, die durch das filigrane Gitterwerk der Brücke einen letzten Blick in die Freiheit werfen konnten, blieben meist lebenslänglich in den engen Zellen. Der Gefängnisneubau stammt aus dem 16. Jh., doch wurden auch die alten Zellen im Dogenpalast weiterhin genutzt: die stickigen *Pozzi* (Brunnen), deren Feuchtigkeit so mancher Insasse nicht überlebte, und die nicht minder berüchtigten *Piombi*, direkt unter dem bleiernen Dach gelegene Kammern, die im Sommer höllisch heiß wurden. Hier saß im 18. Jh. Casanova fest und konnte schließlich unter abenteuerlichen Umständen fliehen.

Öffnungszeiten/Preise April bis Okt. tägl. 9–19 Uhr (Zutritt bis 18 Uhr), Nov. bis März 9–17 Uhr (Zutritt bis 16 Uhr). Eintritt nur mit Museums-Pass „Musei Civici Veneziani" oder Museum Card „Musei di Piazza San Marco".

Als es Casanova nicht mehr aushielt

„In den Pozzi steht das Wasser stets zwei Fuß tief, und wenn der Gefangene nicht den ganzen Tag bis zu den Knien im Salzwasser verbringen will, muss er sich auf ein Holzgerüst setzen, wo er auch seinen Strohsack hat, und wo er am Abend sein Wasser, seine Suppe und seine Portion Brot entgegennimmt. Dieses muss er gleich essen, bevor es ihm die riesigen Wasserratten aus den Händen reißen."

Die wohl eindrücklichste Beschreibung der berüchtigten Pozzi und Piombi verdanken wir Giacomo Casanova. Der berühmte Frauenheld und Glücksritter geriet am 26. Juli 1755 in die Fänge der Inquisition – in der Serenissima stand damals das Spitzeltum in voller Blüte. Die öffentlich aufgestellten Denunziationskästen, mittels derer jeder jeden in aller Anonymität bei der Inquisitionsbehörde anschwärzen konnte, wurden auch Casanova zum Verhängnis. Die Anklage lautete auf Atheismus, Libertinage und Ausübung der Schwarzen Kunst – aber wie damals üblich erfuhr der Gefangene weder für was noch wie lange er büßen sollte.

Casanova und seine Frauen

Die Aussicht, sein Leben mit dreißig Jahren in den venezianischen Verliesen zu beschließen, steigerte den Freiheitsdurst des Abenteurers ins Unermessliche, und schließlich gelang es ihm, nach vielen Bohrarbeiten die Bleiplatten zu lupfen und über die Dächer des Palazzo Ducale zu entweichen. Er seilte sich ins Innere des Palastes ab und wurde vom Nachtwächter, der glaubte, einen arbeitsamen Beamten versehentlich über Nacht eingeschlossen zu haben, in die Freiheit entlassen. Soweit die Darstellung Casanovas in seiner Biografie – der Wahrheitsgehalt wird von Forschern allerdings stark angezweifelt. Casanova verließ eiligst das venezianische Staatsgebiet und kehrte erst 18 Jahre später – er war inzwischen begnadigt worden – zurück. Dass er fortan selber neun Jahre als Spitzel für die Inquisition arbeitete, ist ein anderer Fall.

Weitere Sehenswürdigkeiten in San Marco

Mercerie: Neben der Basilica San Marco durchquert man den Torbogen der *Torre dell'Orologio*. Hier beginnen die Mercerie, die Hauptgeschäftsstraße Venedigs, ein touristischer Trampelpfad, der mit etlichen Windungen hinüber zur Rialto-Brücke führt (→ San Polo) und im Zeitalter der Serenissima das politische Zentrum San Marco mit dem Handels- und Geschäftszentrum von Rialto verband.

Phönix aus der Asche: ein drittes Mal!

Am 30. Oktober 1995 gegen 21 Uhr heulten die Sirenen in der Lagunenstadt: Das weltberühmte Teatro La Fenice stand in hellen Flammen! Doch als die Feuerwehr eintraf, war es bereits nicht mehr möglich, ins Innere des 204 Jahre alten Gebäudes vorzudringen. Gegen Mitternacht brach das Dach zusammen, beißender Rauch legte sich über ganz Venedig. Zuschauerraum, Bühne und Büroräume des „schönsten Theaters Italiens“ (Startenor Luciano Pavarotti) wurden völlig zerstört, die hoch aufgetürmten Trümmer brannten noch tagelang. Lediglich das Archiv mit Tausenden von Dokumenten zur Musikgeschichte blieb unversehrt, darunter auch etwa hundert Originalbriefe von Giuseppe Verdi. Die Schuldigen an der Katastrophe waren Arbeiter, die mit der Renovierung des Gebäudes beschäftigt waren. Bereits zum dritten Mal war „La Fenice“ damit ein Raub der Flammen geworden: Ein erstes Mal brannte das Opernhaus während der Bauarbeiten von 1792 und schon 1836 wurde es abermals von einem Feuer verwüstet. Jedoch, „La Fenice“ – Phönix aus der Asche – trägt seinen Namen zu Recht: Dank internationaler Hilfe wurde noch im Winter 1995 mit dem Wiederaufbau begonnen und im Dezember 2003 konnte tatsächlich die neuerliche Eröffnung gefeiert werden, mit Eintrittspreisen von 300 bis 2000 € waren dabei die VIPs der Welt unter sich. Scala-Chef Riccardo Muti dirigierte zunächst die italienische Nationalhymne, dann folgten u. a. Beethovens „Weihe des Hauses“ und zwei Stücke von Richard Wagner, der ja einst selbst im La Fenice dirigiert hatte und in Venedig gestorben ist. 100 Millionen € hat die hervorragend gelungene Rekonstruktion gekostet, die trotz Verwendung feuersicherer Materialien und der Installierung modernster Brandschutzeinrichtungen die alte Pracht mit großer Authentizität wiedererstehen ließ. Zu verdanken ist dies vor allem den leuchtenden Seidendamasten in Gold und Elfenbein, die von der venezianischen Textilmanufaktur Rubelli nach alten Dokumenten aus dem Archiv gewebt wurden. Die Modedesignerin Laura Biagiotti sponserte den 116.000 € teuren Bühnenvorhang, der nach einem erhalten gebliebenen Fetzen des Originals gefertigt wurde. Sämtliches Material musste in Kleinteile zerlegt und über die schmalen Kanäle herbeigeschafft werden. Im November 2004 folgte dann nach Herstellung der gesamten Bühnenmaschinerie mit Verdis „La Traviata“, die hier 1853 uraufgeführt worden war, die erste Opernpremiere im neuen Haus.

Teatro La Fenice: Westlich von San Marco steht dieses über 200 Jahre alte Opernhaus, das zu den geschichtsträchtigsten und renommiertesten der Welt gehört. Es ist das einzige der einst zahlreichen venezianischen Opernhäuser, das bis heute erhalten geblieben ist, und wird von den Venezianern, deren Leidenschaft noch der Oper gilt, abgöttisch geliebt. Seine glorreichste Zeit erlebte es unter Verdi, der hier 13 Jahre lang arbeitete. Unter anderem entstanden im Fenice „Rigoletto“ und „La

Traviata". Venezianer und Touristen teilen sich gleichermaßen die Ränge während der hochkarätigen Konzerte, Opern- und Theateraufführungen.

Palazzo Grassi: Der Palast aus dem 18. Jh. wurde 1984 vom Autokonzern Fiat gekauft und einer kompletten Restaurierung unterzogen. Ein anspruchsvolles Ausstellungsprogramm festigte seither seinen internationalen Ruf als Hort der Kultur. Am 18. Januar 2005 endete das Engagement der Firma Fiat mit einer großen Dalí-Schau, denn die Verluste des Konzerns ließen keine weiteren Investitionen zu. Glücklicherweise konnte die Stadt Venedig den Palazzo für 25 Millionen € erwerben und will ihn in Zusammenarbeit mit den städtischen Museen und dem finanzkräftigen Casino auf dem bisherigen Niveau weiterführen. Wunschkandidat für den Posten des künstlerischen Direktors ist Jean-Jacques Aillagon, der sechs Jahre lang das Centre Pompidou in Paris leitete und französischer Kulturminister war.

Öffnungszeiten/Preise Auskunft in den Informationsbüros.

Museo Fortuny: Der Palast des 1949 verstorbenen Stoffdesigners, Malers und Fotografen Mariano Fortuny am Campo San Beneto wird seit langem restauriert. Der bizarre Modezar komponierte hier in der ersten Hälfte des letzten Jahrhunderts nach geheimen Rezepten seine herrlich plissierten Stoffe, in die er die Damen der oberen Zehntausend hüllte. Im fertig gestellten ersten Stock liegt das Atelier von Fortuny, in dem wechselnde Ausstellungen stattfinden, vor allem aus dem Bereich der Fotografie.

Öffnungszeiten/Preise Auskunft in den Informationsbüros.

Sonstiges: Auf dem viel begangenen Weg vom Markusplatz zu den Gallerie dell'Accademia im Viertel Dorsoduro kann man mehrere Kirchen besichtigen, darunter die barocke *San Moisè*, *San Fantin* beim Teatro La Fenice und *Santo Stefano* am schönen gleichnamigen Platz, in dessen Museum drei Gemälde von Tintoretto hängen.

Öffnungszeiten/Preise **Santo Stefano**, Mo–Sa 10–17 Uhr, So 13–17 Uhr, Eintritt ca. 2,50 € oder Chorus Pass.

Dorsoduro

Der Stadtteil südwestlich von San Marco heißt wörtlich übersetzt „Harter Rücken", wahrscheinlich auf Grund der Tatsache, dass er etwas höher liegt als die anderen Sestieri und auch mehr festes Land vorhanden ist. Hier liegen zwei der wichtigsten Museen Venedigs und eine der letzten Gondelwerften. Besuchenswert sind aber auch die Kirche Santa Maria della Salute, die lange Uferpromenade am Giudecca-Kanal und der große Campo di Santa Margherita. Von San Marco kommt man bequem über den *Ponte dell'Accademia* nach Dorsoduro.

Gallerie dell'Accademia: unmittelbar beim Ponte dell'Accademia. Die wichtigste Gemäldegalerie Venedigs besitzt eine großartige Sammlung von venezianischen Malern des 14.-19. Jh., die in etwa 30 Sälen chronologisch geordnet ist, u. a. Giovanni Bellini, Mantegna, Tintoretto, Tizian, Veronese und Tiepolo. Hier lohnt es sich, einige Stunden zu verbringen, dafür am besten möglichst früh kommen, dann ist es noch nicht so voll.

Zu den zahlreichen Höhepunkten gehören die opulenten Bilderbögen des venezianischen Lebens von Carpaccio (15. Jh.), vor allem die „Legende der heiligen Ursula", die sanften Madonnen von Bellini (für die angeblich die schönsten Dirnen der Stadt Modell standen), außerdem das äußerst lebendig-venezianisch wirkende

Auf der hölzernen Accademiabrücke

„Gastmahl im Haus des Levi“ von Veronese. Ursprünglich hieß es „Das heilige Abendmahl“, doch Veronese sah sich auf öffentlichen Druck genötigt, das sehr weltlich gestaltete Bild umzubenennen.

• *Öffnungszeiten/Preise* Mo 8.15–14 Uhr, Di–So 8.15–19.15 Uhr (Zutritt bis 30 Min. vorher); Eintritt ca. 6,50 €, EU-Bürger zwischen 18 und 25 J. 3,25 €, unter 18 und über 65 J. frei. Sammelticket Accademia, Ca' d'Oro und Museo Orientale 11 €, ermäß. 5,50 €.

Peggy-Guggenheim-Sammlung: Peggy Guggenheim (1898–1979), Kunstsammlerin, Wahlvenezianerin und Ehrenbürgerin der Stadt, erwarb 1949 den *Palazzo Venier dei Leoni* direkt am Canal Grande, ganz in der Nähe von Santa Maria della Salute, und richtete hier eine exquisite Kunstkollektion der ersten Hälfte des 20. Jh. ein. Schwerpunkte sind Surrealismus und Kubismus. Alexander Calder (der Erfinder der Mobiles gestaltete Ohrringe für Peggy Guggenheim und schmiedete ihr Bett zusammen), Man Ray (porträtierte sie), Max Ernst (war kurze Zeit mit ihr verheiratet), Brancusi, Dubuffet, Magritte, Dalí, de Kooning, Pollock, Braque, Kurt Schwitters, Chagall, Marcel Duchamp, Kandinsky und Klee – sie alle sind hier vertreten. Im Skulpturengarten kommen Juan Miró und Hans Arp hinzu. Eine eigene Abteilung bildet die Giacometti-Sammlung von Guggenheim und Nasher. Und zu guter Letzt begibt man sich in den kleinen Vorgarten zum Canal Grande, wo Marino Marinis Bronzeskulptur „The Angel of the City“ (Engel der Zitadelle) das pure Glück ausstrahlt. Peggy Guggenheim liegt in ihrem Garten begraben, Seite an Seite mit ihren „beloved babies“, wie sie ihre Hunde nannte. Die Sammlung wird heute von der Guggenheim-Stiftung New York verwaltet. Geplant ist für die nächsten Jahre der Umzug in ein neues Gebäude an der Punta della Dogana, der Landspitze von Dorsoduro.

Öffnungszeiten/Preise Mi–Mo 10–18 Uhr, Di geschl.; Eintritt ca. 10 €, über 65 J. 8 €, Studenten und unter 18 J. 5 €.

Peggy Guggenheim: Das Leben als Vernissage

Als exaltierte Millionenerbin – ihr Großvater mütterlicherseits war einst aus Baiersdorf bei Erlangen ausgewandert und hatte sich zum Großbankier emporgearbeitet, vom Vater, der beim Untergang der Titanic starb, erhielt sie ein Vermögen aus Kupferminen – fand Peggy Guggenheim im Paris der zwanziger Jahre ersten Zugang zur avantgardistischen Kunstszene Europas. Marcel Duchamp und André Breton brachten sie dem Surrealismus näher, mit Samuel Beckett hatte sie eine Affäre. In London eröffnete sie ihre erste Galerie, u. a. mit Werken von Jean Cocteau und Kandinsky, und wurde dadurch schlagartig bekannt. Dank ihres großen Vermögens wurde sie bald zu einer der wichtigsten Kunstsammlerinnen der Welt. Während der Nazizeit ermöglichte sie vielen Künstlern die Flucht aus den besetzten Gebieten, darunter auch Max Ernst, den sie 1941 heiratete. Nach dem Krieg wuchs ihre Kunstsammlung beständig, sie suchte ein geeignetes Domizil und fand es in Venedig. Der Palazzo Venier dei Leoni fungierte gleichzeitig als Wohnhaus und Museum, viele Jahre lang gab sich hier die internationale Kunstszene ein Stelldichein. Kurz vor ihrem Tode vermachte sie Sammlung und Palast der Stiftung ihres Onkels Solomon in New York, der zeitlebens über ihren Hang zur Avantgarde gelästert hatte.

Santa Maria della Salute: Wie ein Schiffsbug stößt die Landspitze von Dorsoduro weit ins offene Meer vor. Die hier pittoresk platzierte barocke Kuppelkirche aus weißestem Marmor gilt als das Meisterwerk des venezianischen Architekten Baldassare Longhena und ist von zahllosen Bildern fast so bekannt wie Markusplatz und Rialtobrücke. Erbaut wurde sie zu Ehren Mariä, nachdem die Pest 1630 die Einwohnerzahl der Stadt um 50.000 Menschen dezimiert hatte. Der perfekt symmetrische Zentralbau steht pittoresk an der Landspitze von Dorsoduro am Aus- bzw. Eingang zum Canal Grande, schräg gegenüber von San Marco. Seit Generationen grüßt die hoch über die Häuser ragende Kuppel die ankommenden Schiffe. Die Stufen sind ein idealer Platz, um ein wenig auszuruhen und dem geschäftigen Verkehr auf dem Kanal zuschauen. Der runde Innenraum beeindruckt in seiner klar gestalteten Monumentalität. Am dritten Altar links kann man die „Ausgießung des heiligen Geistes“ von Tizian betrachten. In der Sakristei hängt eine großartige „Hochzeit von Kanaa“ von Tintoretto, vortrefflich ist die Abendstimmung eingefangen, gerade dringen noch die letzten warmen Sonnenstrahlen in den Raum.

Öffnungszeiten/Preise tägl. 9–12, 15–17.30 Uhr, bei Sakristeibesuch Spende erbeten.

Squero von San Trovaso: Am Rio San Trovaso arbeitet eine der letzten Gondelwerften Venedigs. Den Handwerkern über die Schulter schauen kann man allerdings nicht. Man muss sich mit dem Blick vom gegenüberliegenden Kanalufer auf die Holzbaracken und den zum Kanal abfallenden Platz begnügen. Im Sommer wird draußen gearbeitet. Seit dem 17. Jh. werden im Squero von San Trovaso Gondeln gefertigt, heute kaum mehr als ein halbes Dutzend pro Jahr. Der Stückpreis – Handarbeit garantiert – bewegt sich um die 15.000 €.

Fondamenta delle Zattere: Die Flanierzone am Südrand des Dorsoduro liegt direkt an einem der Hauptschifffahrtswege der Stadt, man genießt den weiten Blick übers Wasser auf die vorgelagerte Insel Giudecca, oft weht ein erfrischendes Lüftchen.

Die klassizistische *Chiesa ai Gesuati* wurde im 18. Jh. von Giorgio Massari im palladianischen Stil erbaut. Der Innenraum gehört zu den besten Beispielen der

Rokokokunst in Venedig und besitzt Gemälde von Sebastiano Ricci, Giambattista Tiepolo und Giovanni Battista Piazzetta. Herausragend sind das Deckengemälde von Tiepolo und eine dramatische „Himmelfahrt" von Tintoretto (links vom Altar). Am Kloster neben der benachbarten Kirche *Santa Maria della Visitazione* ist über dem Loch, in dem öffentliche Denunzierungen hinterlegt werden konnten, noch eine Inschrift erhalten, die den alten Begriff für den Stadtteil enthält: „Osso duro", also „harter Knochen".

Öffnungszeiten/Preise **Chiesa ai Gesuati**, Mo–Sa 10–17, So 13–17 Uhr; Eintritt ca. 2,50 € oder Chorus Pass.

Chiesa San Sebastiano: Die Kirche aus dem 16. Jh. steht am gleichnamigen Platz im Westen von Dorsoduro und ist berühmt wegen der zahlreichen Decken-, Wand und Altargemälde von *Paolo Caliari* (1528–88), genannt „Veronese", der hier auch begraben liegt. Thematisch beschäftigen sich die Fresken hauptsächlich mit dem Martyrium des heiligen Sebastian. Wer sich näher mit dem 1528 in Verona geborenen Maler beschäftigen will, sollte sich die Villa Barbaro bei Masèr ansehen.

Öffnungszeiten/Preise Mo–Sa 10–17, So 13–17 Uhr; Eintritt ca. 2,50 € oder Chorus Pass.

Campo di Santa Margherita: Der lang gestreckte, teilweise baumbestandene Platz ist bei vielen Besuchern der beliebteste der Stadt. Er wurde Mitte des 19. Jh. durch das Zuschütten zweier Kanäle wesentlich vergrößert, wirkt aber trotz seiner Ausdehnung intim wie ein Wohnzimmer. Man findet hier Marktstände und nette Trattorie, aber auch Kneipen und Cafés, denn wegen der nahen Universität hat sich hier und in der näheren Umgebung ein Zentrum des Nachtlebens entwickelt.

Scuola Grande dei Carmini: An der schmal auslaufenden Westseite des Campo di Santa Margerita trifft man auf die große gotische, später barock umgebaute *Chiesa dei Carmini.* Gleich gegenüber steht die Scuola Grande dei Carmini, Sitz einer vermögenden, Ende des 17. Jh. rund 75.000 Mitglieder zählenden Bruderschaft. Im Hauptsaal des ersten Stocks sind neun auf Leinwand gemalte Deckengemälde von Giambattista Tiepolo erhalten. Das zentrale Bild thematisiert „Die Madonna mit Kind erscheint dem Seligen Simon", die anderen acht die „Tugenden der Madonna". In den anderen Räumen sind weitere Bilder erhalten, darunter „Judith und Holofernes" von Piazzetta.

Öffnungszeiten/Preise Mo–Sa 9–18 Uhr, So 9–16 Uhr, Eintritt ca. 5 €.

Ca' Rezzonico: Der wunderbare, in zwanzigjähriger Arbeit aufwändig restaurierte Barockpalast mit der prachtvollen Freitreppe von Massari steht direkt am Canal Grande und wurde von Baldassare Longhena erbaut. Er ist Sitz des *Museo del Settecento Veneziano,* dessen reich ausgestattete Räumlichkeiten einen lebendigen Einblick in die Wohn- und Lebenskultur des Rokoko (18. Jh.) geben. Darunter sind auch viele Stücke aus den Villen an der Riviera del Brenta und Gemälde von Guardi, Canaletto, Tiepolo und Pietro Longhi. Vom Vedutenmaler Canaletto stammen zwei besonders schöne Stadtansichten, von Longhi das berühmte Rhinozeros, das Mitte des 18. Jh. als erstes seiner Art durch Europa reiste. Einige Säle besitzen Fresken von Giambattista Tiepolo und seinem Sohn Giandomenico, z. B. die großzügige *Sala del Trono* im Piano Nobile das prachtvolle Deckengemälde „Allegoria del Merito". Neu sind im Obergeschoss die *Farmacia Ai do San Marchi* und die *Pinacoteca Egidio Martini* mit über 300 Werken venetischer Künstler des 17. und 18. Jh. Im Erdgeschoss gibt es einen Garten, in dem Freilichtaufführungen stattfinden.

Öffnungszeiten/Preise **Museo del Settecento Veneziano**, April bis Okt. Mi–Mo 10–18 Uhr, übrige Zeit 10–17 Uhr, Di geschl., Eintritt ca. 6,50 € (Schül./Stud. 14–29 J. 4,50 €) oder Museum Pass bzw. Museum Card „Area del Settecento".

San Polo

Dieser zentrale Sestiere ist durch den Canal Grande von San Marco getrennt, die Rialtobrücke stellt die Verbindung her. Hier findet man die berühmte Frari-Kirche mit zahlreichen Dogengräbern, die Scuola Grande di San Rocco, in der Tintoretto mehr als zwanzig Jahre lang wirkte, aber auch einige der nettesten Plätze der Stadt und zahlreiche originelle Handwerksläden. Der Name „San Polo" stammt von der Chiesa di San Paolo Apostolo am größten Platz des Stadtteils.

Rialtobrücke und Umgebung: Den Ponte di Rialto – der Name kommt von „Rivo alto", also hohes Ufer, denn es handelt sich um einen der höchstgelegenen Punkte Venedigs – kennt man natürlich bestens von zahllosen Fotografien und Filmen. Errichtet im 16. Jh. auf über 12.000 Pfählen (vorher stand hier eine Holzbrücke), war er bis ins 19. Jh. der einzige Übergang über den Canal Grande (→ Kasten, S. 290) und diente als bedeutender Handelsumschlagplatz, denn hier lag das kommerzielle Zentrum Venedigs. An den benachbarten Fondamenti, wo sich heute Restaurants reihen, wurden die Waren angelandet und in die umliegenden Kaufmannsniederlassungen verschafft, darunter der *Fondaco dei Tedeschi*, das Haus der deutschen Kaufleute (→ Canal Grande).
Heute ist die 50 m lange Brücke auf ihrer gesamten Länge beidseitig mit Souvenirläden zugebaut. An ihrer Westseite erstreckt sich entlang der Ruga degli Orefici ein langer Budenmarkt bis hin zur Calle de la Beccarie mit vormittäglichem Obst- und Gemüsemarkt (Mo–Sa), dessen Produkte zum großen Teil von der „Gemüseinsel" Sant'Erasmo stammen (→ S. 320), und dem benachbarten größten Fischmarkt der Stadt (Di–Sa) auf dem *Campo della Pescheria* und in der langen Loggia daneben. Ein Traghetto stellt die Verbindung auf die andere Seite des Canal Grande her (→

Treffpunkt der Massen: Ponte Rialto, die berühmteste Brücke Venedigs

Unterwegs in Venedig). An der Ostseite der Brücke beginnen die *Mercerie*, die wichtigste Geschäftszeile von Venedig. Sie führt direkt zur Piazza San Marco (→ San Marco).

Campo San Polo: Der zentral gelegene Platz gehört zu den größten der Stadt und verwandelt sich abends in einen beliebten Treffpunkt und großen Kinderspielplatz. In den Cafés am Platz kann man die Szenerie in aller Ruhe genießen. Die *Chiesa di San Paolo Apostolo* besitzt ein „Abendmahl“ von Tintoretto, gemalt 1570.

Öffnungszeiten/Preise **Chiesa di San Paolo Apostolo**, Mo–Sa 10–17 Uhr, So 13–17 Uhr; Eintritt ca. 2,50 € oder Chorus Pass.

Chiesa di Santa Maria Gloriosa dei Frari: Die gotische Basilika am Campo dei Frari wurde von den Franziskanern zwischen dem 14. und 15 Jh. errichtet. Sie ist eine der bedeutendsten Kirchen Venedigs, denn in ihr befinden sich zahlreiche Grabmäler von Dogen und anderen illustren Venezianern. Äußerlich ist die monumentale Backsteinkirche bis auf die Portale völlig schmucklos. Der gewaltige Innenraum wurde von bekannten Künstlern des 15. und 16. Jh. ausgestattet, darunter Donatello, Paolo Veneziano, Bellini und Iacopo Sansovino. Dominiert wird er vom marmorverkleideten Chor mit seinem prachtvollen Gestühl und den pompösen Grabdenkmälern im Hauptschiff. Über dem Altar prangt in leuchtenden Farben das berühmte, fast 7 m hohe Tiziangemälde „Assunta“ (Mariä Himmelfahrt), ebenfalls von Tizian ist die „Madonna des Hauses Pesaro“ am zweiten Altar des linken Seitenschiffs. Tizian soll hier sogar begraben liegen, sein vermeintliches Grabmal ist von der Fassade aus gesehen das zweite rechts im Hauptschiff. Mystisch-eindrucksvoll zeigt sich das pyramidenförmige Mausoleum zu Ehren des Bildhauers Antonio Canova (→ Possagno, S. 190) neben dem heutigen Haupteingang im linken Seitenschiff – eine verschleierte Gestalt verschwindet durch eine halb geöffnete Tür ...

Öffnungszeiten/Preise April bis Okt. Mo–Sa 9–18 Uhr, So 13–18 Uhr (übrige Zeit eine Stunde kürzer); Eintritt ca. 2,50 € oder Chorus Pass.

Scuola Grande di San Rocco: Das ehemalige Hauptgebäude der größten venezianischen „Bruderschaft“ steht unmittelbar hinter der Frari-Kirche am Campo San Rocco. Der Venezianer Tintoretto (1518–1594) hat den Renaissancepalast in mehr als zwanzigjähriger Arbeit mit 56 herrlichen Wand- und Deckengemälden ausgeschmückt und sich so gleichsam sein eigenes Museum geschaffen – die größte Tintoretto-Sammlung der Welt!

Im oberen Stockwerk findet man die Bilder des jungen Tintoretto, darunter in der *Sala dell'Albergo* dramatische Passionsszenen und eine imposante „Kreuzigung“, sowie an der Decke den „Heiligen Rochus“, den Schutzpatron der Bruderschaft. Mit diesem ersten Gemälde setzte sich Tintoretto 1564 gegen drei Mitbewerber durch, die – wie von der Scuola gefordert – lediglich Entwürfe geliefert hatten. Im Erdgeschoss sind die Werke des gereiften Meisters zu betrachten – u. a. eine grandiose „Verkündigung“, die „Flucht nach Ägypten“ und der schreckliche „Betlehemische Kindermord“.

Öffnungszeiten/Preise April bis Okt. tägl. 9–17.30 h, Nov. bis März 10–16 h; Eintritt ca. 5,50 €, von 18 bis 25 J. 4 €, unter 18 J. 1,50 €.

Chiesa di San Rocco: Die Kirche gegenüber der Scuola besitzt ebenfalls einige Tintoretto-Gemälde, z. B. an der inneren Fassadenwand und im Chor.

Casa di Carlo Goldoni: Wenn man von der Frari-Kirche den Rio dei Frari überquert und sich rechts hält, kann man im Rio Terrà dei Nomboli das Geburtshaus von Carlo Goldoni besuchen, das zum Museum umgestaltet wurde. Goldoni wurde hier

1707 geboren und war der bedeutendste Komödienschreiber der Serenissima. Er schrieb in venezianischer Mundart und verfasste mehr als zweihundert Bühnenwerke, wandte sich dabei zusehends vom traditionellen Masken- und Stegreifspiel der „Comedia dell'arte“ ab und begann eine realistischere, an Molière orientierte Rokokokomödie zu entwickeln.

Öffnungszeiten/Preise April bis Okt. Mo–Sa 10–17 Uhr, übrige Zeit eine Stunde kürzer, Eintritt ca. 2,50 € (6 bis 14 J. und Stud. bis 29 J. 1,50 €) oder Museum Card „Area del Settecento“.

Die **Bruderschaften** waren Interessenverbände venezianischer Kaufleute und Handwerker, die sich unter religiösem Vorzeichen zusammentaten, aber mit sehr weltlichen Dingen beschäftigten. Sie verliehen Geld, fungierten als Versicherungen und Banken, vermittelten Jobs und vertraten die Interessen ihrer Mitglieder im Wirtschaftsleben der Lagunenstadt. Ihre Versammlungshäuser ließen sie sich oft luxuriös ausstatten. Tintoretto war selber Mitglied der Scuola San Rocco, die übrigens heute noch existiert.

Santa Croce

Das am wenigsten aufregende Viertel der Stadt liegt nah an den Einfallzonen in die Stadt, dem Bahnhof und den Autoparkplätzen am Piazzale Roma. Im 19. Jh. wurde große Teile des „Sestiere“ abgerissen, um den Erfordernissen des modernen Verkehrs gerecht zu werden –an Stelle der Kirche Santa Lucia entstand z.B. der Bahnhof, der nur noch mit seinem Namen an den früheren Sakralbau erinnert. Auch viele Palazzi wurde zerstört, so dass das historische Erscheinungsbild des Stadtteils große Lücken aufweist. Doch auch hier tun sich einige hübsche Ecken auf.

Ca' Pesaro: Der bedeutendste Barockpalast der Stadt steht direkt am Canal Grande. In den Untergeschossen kann man die *Galleria d'Arte Moderna* mit Werken aus dem 19. und 20. Jh. besichtigen, u. a. sind Chagall, Klee, Kandinsky und Klimt vertreten, oben besitzt das *Museo d'Arte Orientale* eine reiche Sammlung fernöstlicher Stücke.

• *Öffnungszeiten/Preise* **Galleria d'Arte Moderna & Museo d'Arte Orientale**, April bis Okt. Di-So 10–18 Uhr, übrige Zeit 10–17 Uhr; Eintritt ca. 5,50 € (Stud. bis 29 J. 3 €) oder Museum Pass. Sammelticket für Accademia, Ca' d'Oro und Museo Orientale siehe unter Gallerie dell'Accademia, für Ca' d'Oro und Museo Orientale ca. 6 € (ermäß. 3 €).

Chiesa San Stae: vom Ca' Pesaro nur durch zwei Kanäle getrennt. Die klassizistische Komposition verrät Palladio-Einfluss, die Seitenaltäre ähneln griechischen Tempeln. Es gibt eine Reihe von Deckengemälden, darunter „Das Martyrium des heiligen Bartolomeus“ von Tiepolo. Für den Stifter der Stae-Kirche, Alvise Mocenigo II, wurde eine hübsche Grabplatte in den Fußboden eingelassen: Sensenmänner, Knochen und Dogenkappen erinnern an die Vergänglichkeit menschlichen Tuns. Die Kirchentreppe lädt zum Verweilen ein und zum Betrachten des geschäftigen Lebens auf dem Canal Grande.

Öffnungszeiten/Preise Mo–Sa 10–17, So 13–17 Uhr; Eintritt ca. 2,50 € oder Chorus Pass.

Palazzo Mocenigo: Etwas landeinwärts von San Stae steht dieser Palazzo an der Salizzada di San Stae. Er beherbergt das *Centro Studi di Storia del Tessuto e del Costume* mit einer herrlichen Sammlung von historischen Stoffen und Kostümen, Gemälden, antikem Mobiliar und Leuchtern aus Murano-Glas.

Öffnungszeiten/Preise April bis Okt. Di–So 10–17 Uhr, übrige Zeit Di–So 10–16 Uhr; Eintritt ca. 4 € (Stud. bis 29 J. 2,50 €) oder Museum Pass bzw. Museum Card „I Musei di San Marco“.

Campo San Giacomo dell'Orio: von Touristen nur wenig besuchter Platz mit ein paar Ruhebänken, Platanen und einer namenlosen, kleinen Bar, in der die Venezianer unter sich bleiben, ein Ort der Ruhe. Die romanische Kirche am Platz wurde seit dem 13. Jh. mehrmals umgebaut und besitzt in der Apsis ein Gemälde von Lorenzo Lotto, „Jungfrau und Kind mit Heiligen" (1546), eins der wenigen Werke dieses Künstlers in Venedig.

Öffnungszeiten/Preise **San Giacomo dell'Orio**, Mo–Sa 10–17 Uhr, So 13–17 Uhr; Eintritt ca. 2,50 € oder Chorus Pass.

Fondaco dei Turchi: Wiederum direkt am Kanal steht dieser prächtige byzantinisch-venezianische Palast mit seinen zwei übereinander liegenden Loggien, der einst als türkische Handelsniederlassung diente. Heute ist hier das *Museo Civico di Storia Naturale* untergebracht, das nach langer Restaurierung nun wieder teilweise geöffnet ist. Besichtigen kann man derzeit die paläontologische Abteilung mit einem Ouranosaurus-Skelett und einigen Räume, die sich der Natur der Lagunen widmen mit einem Aquarium des nordadriatischen Unterwasserriffes.

Öffnungszeiten/Preise Auskunft in den Informationsbüros oder unter ✆ 041/5240885.

Cannaregio

Der ruhige Norden der Stadt erstreckt sich vom Bahnhof weit nach Osten. Das Gebiet ist ein reines Wohnviertel mit kleinen Plätzen, schmalen Kanälen und versteckten Gassen. Die bis zu 10 m breite *Lista di Spagna*, deren zweite Hälfte *Strada Nova* heißt, führt vom Bahnhof quer hindurch. Sie ist die einzige wirkliche Straße der Stadt und wird flankiert von zahlreichen Restaurants und Hotels, später auch von Markt- und Verkaufsständen aller Art. Interessantester Bereich ist das ehemalige jüdische Viertel.

Ghetto: Ein tragisches Relikt – das erste jüdische „Ghetto" Europas ist vom Bahnhof über die Verlängerung der Lista di Spagna zu erreichen, den Rio Terrà San Leonardo. Benannt ist es nach den Metallgießereien (gettare = gießen), die hier vorher standen. Der Name bürgerte sich später als Bezeichnung für alle Judenviertel ein. Seit 1516 mussten die Juden Venedigs in diesem abgeschlossenen Quartier wohnen, das ursprünglich eine Insel war und nur über Brücken erreicht werden konnte. Die Religionsausübung war ihnen im Gegensatz zu vielen anderen Ländern jedoch gestattet, deshalb kamen ständig neue Flüchtlinge an. Wegen Platzmangels wurden die Häuser bis zu acht Stockwerke hoch gebaut, ein Klein-Manhattan in Venedig. Napoleon ließ das Ghetto 1797 öffnen, doch die nachfolgenden Österreicher machten das bald wieder rückgängig. Im Juli 1944 – Italien hatte bereits kapituliert – fielen Nazis und italienische Faschisten gemeinsam ins venezianische Ghetto ein. Eine Gedenktafel und Flachreliefs an der Mauer der *Schola Spagnola* im Ghetto Vecchio erinnern an die Deportationen. Am Campo Ghetto Nuovo, dem großen Platz im Zentrum, steht das *Museo Ebraico*, das auch Führungen in drei der insgesamt fünf erhaltenen Synagogen aus dem 16. Jh. und auf dem jüdischen Friedhof am Lido organisiert.

• *Öffnungszeiten/Preise* **Museo Ebraico**, Juni bis Sept. So–Fr 10–19 Uhr, übrige Zeit 10–17.30 Uhr, am Sabbat und an jüdischen Feiertagen geschl., Eintritt ca. 3 €; englischsprachige Führungen stündl. 10.30–5.30 Uhr, deutschsprachig nach Vereinbarung, ca. 8 €. ✆ 041/715359.

Die Seufzerbrücke: für viele eine Brücke ohne Wiederkehr

Ca' d'Oro: Direkt am Canal Grande steht dieser ursprünglich gotische Palast mit leicht orientalischem Einschlag und filigranen, sechsbogigen Maßwerkloggien im ersten und zweiten Stock der Fassade. Leider ist von den früheren Goldverzierungen, die dem Palazzo seinen Namen gaben, nichts mehr erhalten. Im schön gestalteten Inneren kann man die *Galleria Franchetti* besuchen mit Mobiliar, Skulpturen und Gemälden, darunter viele zweitrangige und einige bedeutende Stücke, z. B. das Fresko „Heiliger Sebastian" von Mantegna in der ehemaligen Hauskapelle, „Venus am Spiegel" von Tizian und ein Werk von Giorgione, das einst an der Außenfront prangte.

Öffnungszeiten/Preise Mo 8.15–14, Di–Sa 8.15–19.15 Uhr; Eintritt ca. 3 €, von 18–25 J. 2,50 €, frei unter 18 und über 65 J. Sammelticket für Accademia, Ca' d'Oro und Museo Orientale siehe unter Gallerie dell'Accademia, für Ca' d'Oro und Museo Orientale ca. 6 € (ermäß. 3 €).

Chiesa Santa Maria dei Miracoli: Hier stimmt einfach alles – ein ungewöhnlich idyllisches Fleckchen am Zusammenfluss dreier Kanäle, der stille Campo Santa Maria Nova und gleich daneben eine der schönsten und ungewöhnlichsten Renaissancekirchen der Stadt. Der Bildhauer und Architekt Pietro Lombardo ließ sich 1481–89 allerhand einfallen, als er diese Kirche erbaute, die ein vermeintlich wundertätiges Bildnis der Jungfrau mit Kind zwischen zwei Heiligen beherbergen sollte: Prächtige Inkrustationen schmücken die Fassade und der Marmor wirkt fast wie Stoff mit Batikornamenten. Er setzte die großen Blöcke mit jeweils gleicher Maserung nebeneinander und wechselte sie nach jedem Fenster. Besonders attraktiv ist die von Fensterrosen gezierte, halbkreisförmige Stirnwand im oberen Bereich. Der einschiffige Innenraum ist mit Marmorornamenten verziert, in die Holzkassetten des Tonnengewölbes sind fünfzig Porträts von Propheten und Patriarchen eingelassen, die ruhige Stimmung lädt zum Verschnaufen ein.

Öffnungszeiten/Preise Mo–Sa 10–17, So 13–17 Uhr; Eintritt ca. 2,50 € oder Chorus Pass.

Chiesa Madonna dell'Orto: In der rechten Chorkapelle der feingliedrigen gotischen Backsteinkirche im Norden des Cannaregio liegt Tintoretto mit einigen Familienmitgliedern begraben. Mehrere seiner Fresken schmücken großflächig den Innenraum, darunter zu beiden Seiten des Altars „Anbetung des goldenen Kalbs" (Adorazione del Vitello d'Oro) und „Das jüngste Gericht". Tintoretto war angeblich so begierig darauf, die leeren Wandflächen zu füllen, dass er für die Arbeit kein Honorar, sondern nur die Materialkosten verlangt haben soll.

Sein Wohnhaus, die *Casa di Tintoretto*, liegt ganz in der Nähe an der Fondamenta dei Mori (Cannaregio 3399). Hier verbrachte er die letzten zwanzig Jahre seines Lebens.

Öffnungszeiten/Preise Mo–Sa 10–17, So 13–17 Uhr; Eintritt ca. 2,50 € oder Chorus Pass.

Castello

Der östliche Zipfel Venedigs, mit seiner riesigen Werft *(Arsenale)* früher der industrielle Motor der Stadt und von einer Festung bewacht *(Castello)*, ist heute weitgehend ruhig und ohne großartige Sehenswürdigkeiten. Während die Westhälfte um den Campo dei Santi Giovanni e Paolo noch relativ nah bei San Marco liegt und häufig besucht wird, verirren sich nur wenige Touristen in die Zone um das Arsenale, was aber natürlich gerade den Reiz dieses Viertels ausmacht. In der Nähe liegen außerdem die einzigen nennenswerten Grünanlagen der Stadt.

Riva degli Schiavoni/Riva dei Sette Martiri: Von San Marco die Uferstraße nach Osten geht es zunächst über den *Ponte della Paglia*, wo sich morgens bis abends die Massen drängen, um die berühmte Seufzerbrücke zu knipsen. Vorbei an zahlreichen Vaporetti-Haltestellen und edlen Hotelpalästen, die sich den unverbauten Meerblick teuer bezahlen lassen, gelangt man zur *Chiesa della Pietà* mit Deckengemälden von Tiepolo und weiter zum großen *Museo Storico Navale* (→ Arsenale) und zu den öffentlichen Grünanlagen, den *Giardini Publici*.

Chiesa San Zaccaria: landeinwärts der Riva degli Schiavoni, kurz vor der *Chiesa della Pietà*. Die Kirche gehörte zu einem Benediktinerinnenkloster, in dem der venezianische Hochadel seine Töchter unterbrachte. Der ursprünglich byzantinische Bau hat zahlreiche Umwandlungen erfahren, romanische und gotische Elemente sind auszumachen, aber auch solche der Frührenaissance, beeindruckend ist die Marmorfassade. Im Inneren findet sich am zweiten Altar links eine „Madonna mit Heiligen" von Giovanni Bellini.

Öffnungszeiten tägl. 10–12, 16–18 Uhr; Eintritt frei.

„O sole mio": Touristen lieben's mit Musik

Scuola di San Giorgio degli Schiavoni: Von der Chiesa della Pietà geht man parallel zum Rio della Pietà landeinwärts bis zu dem Marmorpalazzo der 1451 gegründeten Bruderschaft der Dalmatiner, in Venedig „Schiavoni" genannt. 1502 erhielt die Bruderschaft in einem Nachlass die Reliquien des heiligen Georg, Carpaccio (→ Galerie dell'Accademia) schuf daraufhin im Untergeschoss der Bruderschaft einen herrlichen Freskenzyklus mit den Heiligen Hieronymus, Matthäus, Augustinus und natürlich Georg. Besonders hübsch ist das Gemälde „Sant'Agostino in seiner Studierstube", das den gelehrten Geistlichen inmitten seiner detailliert gemalten Instrumente zeigt, auch sein kleiner Hund ist verewigt.

Öffnungszeiten/Preise Di–Sa 10–12.30, 15–18 Uhr, So nur vormittags, Mo geschl. Eintritt ca. 3 €. ✆ 041/5228828.

Campo Santa Maria Formosa: Der weite Platz ist praktisch seit der Renaissance unverändert geblieben. Zwischen den alten Palazzi und der Kirche *Santa Maria Formosa* mit einem Altarbild von Palma Giovane stehen Biertische und Marktstände, dazwischen spielen Kinder. Am Südende des Platzes sind im zweiten Stock des *Palazzo Querini-Stampalia* aus dem 16. Jh. Gemälde und historisches Mobiliar der adligen Eigentümer zu besichtigen, Freitag und Samstag finden dort von 17 bis 20.30 Uhr auch Konzerte statt.

Öffnungszeiten/Preise **Santa Maria Formosa**, Mo–Sa 10–17, So 13–17 Uhr; Eintritt ca. 2,50 € oder Chorus Pass. **Palazzo Querini-Stampalia**, Di–So 10–18 Uhr (Fr unf Sa bis 22 Uhr), Eintritt ca. 6 €.

Chiesa Santi Giovanni e Paolo: Die monumentale gotische Backsteinkirche steht auf einer großen, freien Piazza, nur wenig nördlich vom Campo Santa Maria Formosa. Sie ist die größte Kirche Venedigs und wurde vom Dominikanerorden errichtet, der damit in Wettstreit mit der Franziskanerkirche Santa Maria Gloriosa dei Frari (→ San Polo) trat. Beim Eintreten wird man von der Weite des Raums überwältigt. Meterdicke Säulen tragen das hohe Schiff, in dessen Seitenwänden – wie in der Frari-Kirche – zahlreiche, teils prunkvoll gestaltete Grabmäler von Dogen und Feldherren der Republik Venedig eingelassen sind.
Seitlich neben der Kirche ist die *Scuola Grande di San Marco* angebaut. Der ehemalige Sitz einer einflussreichen Bruderschaft besitzt interessante perspektivische Reliefs in der Fassade, ist aber heute der Eingangsbereich des großen Krankenhauses von Venedig und kann nicht besichtigt werden. Vor der Kirche dominiert das mächtige *Reiterdenkmal* des Bartolomeo Colleoni aus Bergamo, 1488 geschaffen vom Florentiner Andrea del Verrocchio. Einige nette Cafés runden das Gesamtbild erfreulich ab.

Öffnungszeiten **Santi Giovanni e Paolo**, Mo–Sa 7.30–12.30, 15.30–19 Uhr, So 15–18 Uhr.

Fondamente Nuove: Hier starten die Boote zu den Laguneninseln San Michele, Murano, Burano und Torcello (→ Lagune von Venedig). Blumenstände am Kai signalisieren die Funktion von San Michele – die Insel ist der Friedhof Venedigs.

Arsenale: Die riesige Werft der expansiven Seerepublik Venedig war gleichsam eine Stadt in der Stadt, bot einst bis zu 16.000 Menschen Arbeit und war im 18. Jh. eine der größten und leistungsfähigsten der Welt. Napoleon ließ das Arsenal zerstören, doch wurde es wieder aufgebaut und war noch bis zum Ersten Weltkrieg in Betrieb. Der Zutritt zu dem massiv ummauerten Komplex ist leider nicht möglich, lediglich zur Biennale oder anderen Ausstellungen öffnet sich kurzzeitig die Welt der venezianischen Kriegsmarine (→ Kasten). Am Haupttor, das vom Markuslöwen beschützt wird, wachen drei weitere antike Löwenskulpturen aus Griechenland, eine (mit rekonstruiertem Kopf) stammt vom berühmten panhellenischen Heiligtum auf der Kykladeninsel Delos, das lange zum Machtbereich der Serenissima gehörte. Diese Löwen symbolisieren den Sieg der Venezianer über die Türken 1571 in der Schlacht von Lepanto (Korinthischer Golf).

Das *Museo Storico Navale* am Canale dell'Arsenale gibt Aufschluss über die Arbeiten in der Werft, zeigt zahlreiche Schiffsmodelle, außerdem Dokumente zur Geschichte der venezianischen und italienischen Marine, Seekarten, Gemälde, Waffen, nautische Instrumente, Uniformen u. v. m. In der Nähe des Eingangs zum Arsenale kann man im *Padiglione delle Navi* an der Fondamenta della Madonna historische Schiffsbauten betrachten, darunter den „Scalè Reale" von 1850, der für zeremonielle Zwecke genutzt wurde. Mit ihm wurden die sterblichen Überreste des Papstes Pius X. zur Markusbasilika gebracht.

Öffnungszeiten/Preise **Museo Storico Navale**, Mo–Fr 8.45–13.30, Sa 8.45–13 Uhr, So geschl., Eintritt ca. 1,55 €.

Kunstspektakel pur: Die Biennale von Venedig

Die älteste und bedeutendste internationale Ausstellung zeitgenössischer Kunst findet alle zwei Jahre von etwa Mitte Juni bis Anfang November statt. 1995 konnte die Biennale ihren 100. Geburtstag feiern. In ihrer Geschichte hat sie einige Höhepunkte zu verzeichnen, etwa 1948, als die von den Nazis vertriebenen Künstler und die Sammlung von Peggy Guggenheim (→ Dorsoduro) vorgestellt wurden, oder die große Pop-Art-Ausstellung von 1964. Doch gab es, seit am 30. August 1895 der italienische König Umberto das Ausstellungsgelände in den Giardini einweihte, auch immer wieder Streit. Bei der ersten Biennale reichte noch die Darstellung von fünf nackten Frauen zum Skandal. Heute steht vor allem das Konzept zur Diskussion. Einige halten das Konzept der rund dreißig Länderpavillons für ein Relikt aus dem nationalistischen Denken des 19. Jh., das es schleunigst abzuschaffen gilt, andere finden, die Biennale sei eher ein aufgeblasenes PR-Spektakel als ein Querschnitt des modernen Kunstschaffens. Um auch jungen und unbekannten Künstlern eine Chance zu geben, wurde 1980 der so genannte „Aperto" ins Leben gerufen, ein nach allen Seiten offener, sich frech und unbekümmert gebender Kunstzirkus – und 1995 wieder storniert. 1999 wiederum integrierte der Biennale-Direktor Harald Szeemann das mächtige, ansonsten verschlossene Gebiet des Arsenale, die militärische Schiffswerft der Serenissmia, ins Ausstellungsgeschehen, das seitdem mit 10.000 qm einen neuen Akzent im Kunstgeschehen setzt.

La Biennale di Venezia Ca' Giustinian, San Marco 1364, I-30124 Venezia, ✆ 041/521 8846 o. 5218716, 📠 2411407, www.labiennale.org

Isola di San Pietro: Auf der ruhigen Insel hinter dem Arsenale steht die klassizistische Kirche *San Pietro di Castello*, die bis Anfang des 19. Jh. der Dom Venedigs war. Der marmorne Bischofssitz hat eine außergewöhnliche Rückenlehne. Es handelt sich um eine Grabstele mit arabischer Ornamentik und auch einigen Schriftzeichen – Koranverse, die hinter dem Rücken des Erzbischofs von Venedig Allahs Lob priesen. Vor der Kirche ein schönes Wiesenstück für die gemütliche Siesta.

Öffnungszeiten/Preise **San Pietro di Castello**, Mo–Sa 10–17, So 13–17 Uhr, Eintritt ca. 2,50 € oder Chorus Pass.

Giardini Garibaldi, Giardini Pubblici, Parco delle Rimembranze: Nach dem Trubel im Zentrum herrscht in den Grünanlagen am Ostende von Castello und auf der *Isola Santa Elena*, die über drei Brücken erreicht werden kann, erholsame Ruhe – abgesehen von der Zeit der „Biennale“ (→ Kasten), während der hier die Ausstellungspavillons aufgebaut werden. Mit den Vaporetti 1, 52 und 82 kommt man von den Giardini wieder nach San Marco zurück, zu Fuß braucht man ungefähr 20 Min. immer am Wasser entlang.

Giudecca und San Giorgio Maggiore

Auf der lang gestreckten Insel Giudecca, die vom Stadtzentrum durch einen breiten Kanal getrennt ist, findet man bis auf die Redentore-Kirche von Palladio keine großen architektonischen Werke. Die Giudecca ist volkstümlich geblieben, ein Viertel, in dem weniger Prominenz als vielmehr in erster Linie Venezianer wohnen. Früher diente sie zeitweise als Verbannungsort für unerwünschte Familien. Der Inselcharakter ist auf Giudecca deutlicher spürbar als anderswo in Venedig und auch die Preise sind günstiger. Eine Ausnahme bildet das Hotel „Cipriani“, eine der teuersten Nobelherbergen der Stadt. Beim Spaziergang an der nördlichen Uferpromenade hat man einen herrlichen Blick auf das gegenüber liegende Venedig.

Venedig hat auch seine ruhigen Winkel

Chiesa Il Redentore: Während der schrecklichen Pestepidemie von 1575–76, der 50.000 Menschen zum Opfer fielen, gelobte der venezianische Senat, für den Fall einer Erlösung der Stadt eine prächtige Kirche zu bauen. Palladio wurde damit beauftragt und 1592 fand die Weihe der großen Kuppelkirche statt. Ihre Front ist einem antiken Tempel nachgebildet und sollte mit der kurz vorher errichteten Klosterkirche auf der benachbarten Insel San Giorgio Maggiore harmonieren (→ nächster Abschnitt). Der hohe, helle Innenraum ist einschiffig, seine klare Renaissancearchitektur verzichtet auf Extravaganzen. Jedes Jahr am dritten Juliwochenende findet eine Dankeswallfahrt statt, die *Festa del Redentore*. Dann wird eine Pontonbrücke zwischen den gegenüber liegenden Fondamente delle Zattere und der Kirche gebaut.

Öffnungszeiten/Preise Mo–Sa 10–17, So 13–17 Uhr, Eintritt ca. 2,50 € oder Chorus Pass.

Chiesa San Giorgio Maggiore: Die markante Klosterkirche der Benediktiner auf der kleinen Insel gegenüber vom Markusplatz wurde von Palladio um 1566 in seinem typischen Stil begonnen, aber erst von Vincenzo Scamozzi im Jahr 1610 fertig gestellt. Die blendend weiße Fassade zeigt sich in Form eines antiken Tempels mit Säulen und Dreiecksgiebel. Im Chor gibt es zwei Gemälde von Tintoretto, „Der Mannaregen“ und „Das letzte Abendmahl“. Der Rundblick vom 60 m hohen Campanile, zu dessen Plattform ein Lift hinauf führt, ist vielleicht noch origineller als vom Campanile di San Marco.

An die Kirche schließt sich der Komplex des früheren Klosters an, das mit dem Einmarsch Napoleons die Pforten schließen musste. Heute ist hier die *Fondazione*

Giorgio Cini untergebracht, die regelmäßig Sonderausstellungen moderner Kunst zeigt, oft recht spektakulärer Art. Im Klostergarten findet seit 1999 im Sommer das von der Biennale organisierte „Teatro Verde“ mit 1300 Sitzplätzen statt.

• *Verbindungen* Zu erreichen ist San Giorgio Maggiore mit dem Vaporetto 82.

• *Öffnungszeiten/Preise* **San Giorgio Maggiore**, tägl. 9.30–12.30, 14–18 Uhr; Eintritt frei, **Campanile** ca. 3 €.

Fondazione Giorgio Cini, ✆ 041/5289900, Führungen nach Vereinbarung unter ✆ 041/5240119, ca. 12 € (unter 18 und über 65 J. 10 €), www.cini.it

Die Lagunenstadt literarisch: Tod in Venedig

Die Aura des Morbiden, die das bröckelnde Venedig umweht, war schon immer eine unerschöpfliche Inspirationsquelle für Autoren. *Thomas Mann* setzte mit seiner Novelle „Der Tod in Venedig“ (opulent verfilmt von Visconti) einen ersten venezianischen Meilenstein in der neueren Literaturgeschichte. Der Titel wurde gleichsam zum Programm, denn nach dem Nobelpreisträger kamen hauptsächlich die Schreiber von Kriminalromanen zum Zuge, die im venezianischen Irrgarten die klassischen Elemente des Unheimlichen und der verwirrenden Suche bestens ansiedeln konnten. Auch *Patricia Highsmith* versuchte sich in dem Genre, ihr Roman „Venedig kann sehr kalt sein“ (1967) gibt die eigentümliche Stimmung der nasskalten Lagunenstadt hervorragend wieder, ebenso der Film „Wenn die Gondeln Trauer tragen“ von *Nicolas Roeg* (1973), der nach einer Vorlage von Daphne du Maurier Mystik, Unerklärliches und Horror in der Kulisse des winterlichen Venedig in Szene setzt. Die amerikanische Autorin *Donna Leon*, die seit über zwanzig Jahren in Venedig lebt, hat den literarischen Topos nun seit 1991 wieder neu belebt. Mit ihrem sympathischen Commissario Brunetti hat sie eine Detektivfigur geschaffen, die vor allem in Deutschland zunehmend Freunde findet. Mit detaillierter Orts- und Milieukenntnis und einer guten Portion Sozialkritik ausgestattet, siedelt sie ihre Romane hauptsächlich dort an, wo sie selber wohnt, nämlich in der Gegend um die Rialto-Brücke. Kein Autor hat Venedig bisher so oft zum Schauplatz gemacht wie Donna Leon – seit 1991 ist bisher jedes Jahr (außer 2002) ein neuer Roman erschienen und ins Deutsche übersetzt worden, weitere werden folgen. Ins Italienische dürfen ihre Bücher nicht übersetzt werden, da sie ihre Freunde und Bekannte in Venedig nicht brüskieren will, die darin viel Vertrautes entdecken würden. Übrigens sind trotz der Masse von Venedigkrimis – Mord und Totschlag in der Lagunenstadt eine Seltenheit, die Kriminalitätsrate ist eine der niedrigsten in Italien.

Die Krimis von Donna Leon:

1992 Venezianisches Finale
1993 Endstation Venedig
1994 Venezianische Scharade
1995 Vendetta
1996 Acqua Alta
1997 Sanft entschlafen
1998 Nobilta
1999 In Sachen Signora Brunetti
2000 Feine Freunde
2001 Das Gesetz der Lagune
2002 Die dunklen Seiten der Serenissima
2004 Verschwiegene Kanäle

Auf Brunettis Spuren wandeln: Einen thematischen Venedig-Stadtplan, in dem sämtliche Schauplätze der Romane von Donna Leon eingezeichnet sind, kann man über www.brunettistadtplan.de erwerben.

Leben in der Lagune: Wasser, Sandbänke und Schilf

Lagune von Venedig

Die Lagune ist die größte Italiens und bietet zahlreiche Möglichkeiten für Tagesausflüge. Je weiter man sich vom Rummelplatz Venedig entfernt, desto beschaulicher wird die Szenerie.

117 Inseln gibt es in dem 500 qkm großen Gebiet, etwa zwanzig sind noch bewohnt, oft nur von einer Handvoll Menschen. Für Naturliebhaber besonders interessant ist die ruhige Insel Sant'Erasmo. Leider hat die imposante Landschaft durch das Eingreifen des Menschen erheblichen Schaden genommen, die Lagune gilt in weiten Teilen als hochgradig verseucht (→ S. 263). Da das Wasser im Durchschnitt nur 1,20 m tief ist, fahren größere Fähren und Boote entlang von ausgebaggerten Fahrrinnen, die durch zusammengebundenen Stämme markiert sind, die sog. „bricole". Von der Riva degli Schiavoni (hinter San Marco) tuckern die Vaporetti 1, 51, 52 und 82 zum vorgelagerten *Lido di Venezia*, die Nr. 20 fährt auf die Klosterinsel *San Lazzaro*. Auf die Inseln *San Michele* und *Murano* kommt man mit den Nrn. 41 und 42 ab den Fondamente Nuove an der Nordseite der Stadt, nach *Murano*, *Burano* und *Torcello* mit der Nr. 12, auf die stille Gemüseinsel *Sant'Erasmo* mit der Nr. 13. Für einen Besuch der geschäftigen Hafenstadt *Chioggia* am Südrand der Lagune nimmt man ab Lido di Venezia zunächst den Bus Nr. 11, muss allerdings im weiteren Verlauf mehrmals zwischen Fähre und Bus wechseln. Tipp: mit einem Hausboot läßt sich die Lagune ganz individuell erkunden (→ S. 323).

„Echte" Muscheln: Spaghetti alle vongole

Die heute in der venezianischen Lagune gezüchteten Muscheln, genannt „vongole veraci", also „echte Muscheln", wurden eigentlich von den Philippinen eingeführt – die wirklich heimischen Muscheln der Lagune sind nämlich bereits in den 1980er Jahren ausgestorben. Je nachdem, in welcher Gegend der Lagune sie gezüchtet werden, sind sie mehr oder weniger belastet. Die Polizei kontrolliert regelmäßig die industriell verseuchten Gewässer um Porto Marghera, wo die Muschelzucht streng verboten ist. Doch wegen der warmen Abwässer entwickeln sich die Muscheln gerade dort besonders gut, werden in großem Maßstab illegal angebaut und später ohne das erforderliche Gütesiegel der Gesundheitsbehörde an Billigrestaurants verkauft. Solche Muscheln enthalten einen ganzen Cocktail von Chemiegiften: Dioxine, Furane, Quecksilber und Kohlenwasserstoffverbindungen, doch die Gewinnspannen sind enorm und werden schon mit dem Heroinhandel verglichen, die Mafia hat längst ihre Finger im Spiel. Angeblich stammen mehr als die Hälfte aller in Italien produzierten Muscheln aus der Lagune von Venedig, sie werden also auch häufig in vielen anderen Orten Italiens und Europas angeboten.

Lido di Venezia

Die 12 km lange Insel schiebt einen schützenden Riegel vor die Lagune. Der ebenso lange Sandstrand an der Meerseite gilt seit über hundert Jahren als einer der edelsten Badeplätze Italiens.

Im Zentrum des Lido stehen Hotels im Liberty-Stil, Restaurants und Souvenirstände dicht an dicht und der Eintritt zu den „stabilimenti" kostet ein Vermögen. Frei zugängliche Strandpartien gibt es nur an den äußersten Enden der Insel, weit außerhalb der Exklusivregion mit ihren teuren Hotels und Villen, die allerdings heute nicht mehr den Reiz ausstrahlt wie einst. In der Novelle „Der Tod in Venedig" von Thomas Mann und deren Verfilmung von Luchino Visconti mit der herrlichen Musik von Gustav Mahler erhält man einen perfekten Eindruck von der elegant-dekadenten Atmosphäre am Lido um die Jahrhundertwende. Viele Szenen wurden im „Grand Hotel des Bains" am Lungomare Marconi 17 verfilmt, sehenswert ist auch das große Hotel „Excelsior" in seiner neomaurischen Architektur, das direkt am Strand steht. Die bequemste Art, den Lido zu erkunden, bietet ein Fahrrad, mehrere Verleihstellen gibt es nicht weit vom Vaporetto-Anleger. Südlich vom Hotel „Excelsior" fährt man an der Meerseite das befestigte Ufer entlang, „Murazzi" genannt, bis zu den „Bagni Alberoni" am Südende des Lido, wo man im nostalgischen Ambiente der hölzernen Badekabinen hübsch baden kann und in einer kleinen Trattoria gemütlich ißt.

Am Sonntag nach Himmelfahrt wird auf dem Lido das älteste Fest der Venezianer gefeiert – *Festa de la Sensa*, die „Hochzeit Venedigs mit dem Meer" (→ S. 287).

Jüdischer Friedhof: Diesen malerischen Ort erreicht man, wenn man von der Vaporetto-Station etwa 500 m am Wasser entlang nach links in Richtung San Nicolò geht. Goethe, Byron, Shelley, Keats – alle waren Sie hier, um die wunderbare Atmosphäre zu spüren. Bis zu 600 Jahre sind die Gräber alt, fast alle haben hebräische Inschriften. Nur ein paar Meter weiter liegt der neue jüdische Friedhof.

Malamocco: Das ruhige, von Kanälen umgebene Örtchen liegt mit seinen engen Gassen, kleinen Plätzen und dicht gedrängten, niedrigen Häusern im Südwesten des Lido. Die Pfarrkirche *Santa Maria Assunta* besitzt einen Nachbau des Campanile von San Marco. In römischer Zeit war Metamaucum, das antike Malamocco, der Hafen der mächtigen Stadt Padua, später wurde es eine Keimzelle des venezianischen Staates, bis es 811 nach „Riva alto" verlegt wurde, wo das Zentrum Venedigs entstand. Überreste der alten Stadtanlagen wurden allerdings bisher nicht gefunden, so dass man nicht mit Sicherheit sagen kann, wo das historische Malamocco lag und ob es vielleicht in der Lagune oder im offenen Meer versunken ist.

Alberoni: Am Südende des Lido liegt der reizvoll angelegte Golfplatz „Circolo Golf Venezia" auf weichem Rasen unter Weiden, Kiefern und Pappeln. Das Ende der 1920er Jahre gestaltete Gelände erstreckt sich zwischen den Resten einer venezianischen Festung aus dem 17. Jh., die später noch mehrfach ausgebaut wurde. An der Ostseite gibt es einen schönen Strandabschnitt (→ oben).

„The island of movies": Mostra Internazionale del Cinema

Alljährlich Anfang September bringen die internationalen Filmfestspiele von Venedig im Palazzo del Cinema Abwechslung an den Lido. Für den Siegerfilm vergibt die Jury zum Abschluss den „Goldenen Löwen". 1998 sorgte Festivalleiter Felice Laudadio für einen kleinen Skandal, als er die Mostra „dumm und arrogant" nannte und anregte, dass die Filme künftig ohne Wettbewerbszwang laufen sollten. Die wenigen für die Öffentlichkeit bestimmten Tickets (ca. 20–35 €) bekommt man nur am Tag der Aufführung, Auskunft erteilt „Ente Autonoma La Biennale di Venezia", San Marco 1364, Ca' Giustinian, ✆ 041/5218711, ℻ 5227539, www.labiennale.org/en/contact/ & www.veneziafilmfestival.com

• *Öffnungszeiten/Preise* **Jüdischer Friedhof**, englischsprachige Führungen nach Vereinbarung im Museo Ebraico (→ Cannaregio), meist Fr 10.30 Uhr und So 14.30 Uhr. ✆ 041/715359.

• *Verbindungen* **Bus 11** fährt von der Vaporetto-Station bis Alberoni an der Südspitze der Insel, dort kann man auf die benachbarte Insel Pellestrina übersetzen (→ Chioggia, S. 322).

Am Anfang der Gran Viale Santa Maria Elisabetta, unweit der Vaporetto-Station, gibt es mehrere Fahrradverleiher, z.B. **Gardin**, Piazzale Santa Maria Elisabetta 2a, neben dem Kiosk (✆ 041/2760005) und **Bruno Lazzari**, Viale Santa Maria Elisabetta 21/b (✆ 041/5268019). Hier bekommt man Tourenräder und Mountainbikes für ca. 9 € am Tag (Pass oder Führerschein als Pfand hinterlegen). Die lang gestreckten Landstreifen sind für Touren gut geeignet, z. T. kann man auf den Dämmen fahren. Sportliche strampeln – mit zwei Ferryboat-Pausen – bis Chioggia.

• *Übernachten/Essen & Trinken* **Agriturismo Le Garzette**, fast am Südende des Lido, etwa 5 Min. vom Strand von Alberoni. Der Tipp, um ruhig und ländlich bei Venedig zu wohnen. Das Haus von Renza di Orazia und Salvatore Manzi liegt hinter dem Deich zwischen grünen Artischocken- und Weinfeldern, hat sechs ordentliche Zimmer und ein gemütliches Restaurant mit schattiger Terrasse (nur am Wochenende geöffnet). Von der Anlegestelle Bus B Richtung Alberoni nehmen und an der zweiten Haltestelle nach Malamocco im Ortsteil Capitello aussteigen. DZ mit Frühstück ca. 80–95 €, auch HP möglich. Dez. und Jan. geschl. ✆ 041/731078, ℻ 2428798, www.legarzette.on.to

• *Sport* **Circolo Golf Venezia**, 18-Loch-Anlage bei Alberoni, Greenfee wochentags ca. 55 €, sonntags 70 €. Mo geschl. ✆ 041/731333, ℻ 731339, www.circologolfvenezia.it

San Lazzaro degli Armeni: Ein Ort der Stille

Nur einmal täglich fährt der Vaporetto Nr. 20 ab San Zaccaria (Riva degli Schiavoni) auf die dem Lido vorgelagerte Insel der armenischen Mönche und wieder zurück (ca. 15.10 Uhr, die Abfahrtszeit ist auf die Führungen im Kloster abgestimmt). Im Mittelalter unterhielten die Benediktiner auf San Lazzaro eine Quarantänestation für Leprakranke, 1717 überließ die Republik Venedig die Insel armenischen Mönchen, die aus dem Osmanischen Reich vertrieben worden waren. Die Mechitaristen (benannt nach dem 1676 in Anatolien geborenen Mönch Mechitar, der vor dem Hauptaltar der Klosterkirche begraben liegt) machten San Lazzaro zu einem der bedeutendsten Zentren der armenischen Kultur, die immer wieder von Pogromen und Genozid bedroht war. Heute wohnen, studieren und meditieren im Kloster noch 8 Mönche und etwa ein Dutzend Schüler, die aus dem gesamten Mittelmeerraum kommen. Im Museum werden neben römischen und etruskischen Funden hauptsächlich armenische Stücke verwahrt, vor allem Kirchenschätze und Relikte der Republik Armenien, die seit 1918 kurzzeitig existierte, außerdem die Hinterlassenschaften Mechithars, darunter seine Kutte, sein Bischofsring und die von ihm verfassten Werke, eine etwa 3000 Jahre alte ägyptische Mumie in einem gläsernen Schaukasten sowie buddhistische Schriftrollen. In mehreren prächtigen Sälen sind eine armenische Bibliothek mit rund 100.000 Büchern und eine weitere Bibliothek mit 50.000 Bänden untergebracht. Einmalig ist die in einem neuen, klimatisierten Rundbau untergebrachte Sammlung kostbarer Handschriften und Miniaturen vom 9. bis zum 17. Jh. Das Kloster besitzt auch einen Verlag, in dem jährlich etwa fünf Bücher erscheinen. Gedruckt wird in der klostereigenen Druckerei aus dem 18. Jh. allerdings nicht mehr.

Öffnungszeiten/Preise tägl. 15.30–17.30 Uhr, nur mit Führung (auch in deutscher Sprache); Eintritt ca. 6 €. ✆ 041/5260104.

Isola Pellestrina

Die südliche Fortsetzung des Lido, jenseits der breiten Südzufahrt zur Lagune, ist schmal wie ein Handtuch. Die Häuser sind bunt wie auf Burano, nur Touristen finden weniger hierher. Es gibt einige kleine Strände und drei authentische Trattorie: „Da Nane" mit schönen Terrassenplätzen (✆ 041/5279100), ein Stück weiter südlich „Da Memo", wo man auf einem Ponton über dem Wasser sitzt (✆ 041/5279125) und ein paar Kilometer weiter „Da Celeste" mit kleinem Garten (✆ 041/967355).

Isola San Michele

Die ummauerte Friedhofsinsel liegt nicht weit von den Fondamente Nuove entfernt, dicht vor der Nordküste Venedigs. Die eng belegten Grabfelder vermitteln ein anschauliches Bild der venezianischen Sozialstruktur. Zu den berühmten Toten, die einst auf der Trauergondel nach San Michele gerudert wurden, gehören der Dichter Ezra Pound und der Komponist Igor Strawinsky. Infolge Platzmangels werden heute die Toten – bis auf wenige Begüterte, die sich die hohen Gebühren leisten können – auf dem Festland bestattet.

Öffnungszeiten tägl. 8.15–16 Uhr, im Sommer bis 18 Uhr. Bei einer Besichtigung sollte man sich diskret verhalten und keine Shorts etc. tragen.

Isola Murano

Das Inselstädtchen wirkt mit seinen schmalen Kanälen, Brücken und niedrigen Häuschen wie eine Miniaturausgabe von Venedig, ist fast genauso überlaufen und Standort der berühmten venezianischen Glasbläserei.

Wertvolles Kunstobjekt: Muranoglas

Bereits seit der Gründung Venedigs im 5. Jh. spielte die Glaserzeugung eine große Rolle. Im Mittelalter verlegte man dann sämtliche Manufakturen, in denen der Umgang mit Feuer alltäglich war, aus der brandgefährdeten Stadt nach Murano. Die Glasprodukte waren damals europaweit einmalig und wirtschaftlich so bedeutend, dass es den Handwerkern bei Todesstrafe verboten war, der Insel den Rücken zu kehren. Der politische Niedergang Venedigs und die erwachsende Konkurrenz an anderen europäischen Standorten stürzte die Glasindustrie in eine schwere Krise, doch Ende des 19. Jh. kam es durch das Interesse italienischer Künstler zu einer Renaissance. Zunächst begnügte man sich mit der Nachbildung historischer, bis ins Mittelalter zurückreichender Formen, doch bald entstanden gestalterisch völlig neue Produkte, die auch auf der Biennale viel Anklang fanden. Zahlreiche europäische Künstler und Designer wetteiferten schließlich miteinander – u. a. entwarfen Picasso, Cocteau und Le Corbusier Einzelstücke und Serien aus Muranoglas. Heute arbeiten hier wieder zahlreiche Glasbläsereien, die hauptsächlich von der Nachfrage der Touristen leben und die zahlreichen Läden in Venedig beliefern. Anschauen ist überall frei und kostenlos. Die Werkstätten sind als *fornace* ausgeschildert, gearbeitet wird in der Regel bis 16 Uhr.

Im sehenswerten *Museo Vetrario*, untergebracht im Palazzo Giustinian an der gleichnamigen Fondamenta, sind Meisterwerke der Glasbläserei von der Antike bis in die Neuzeit ausgestellt. Der seit Jahrhunderten eingesessene Familienbetrieb *Barovier & Toso* hat im Palazzo Contarini (Fondamenta Vetrai 28) ein privates Glasmuseum eingerichtet mit Stücken von Ercole Barovier, einem der führenden Designer der Insel. Die Backsteinkirche *Santa Maria e San Donato* fällt durch ihren mächtigen Glockenturm auf, im Inneren gibt es einen schönen Mosaikboden und ein byzantinisches Mosaik in der Apsis. Im Dom *San Pietro Martire*, südlich vom Canal Grande di Murano, hängen das wertvolle Bellini-Gemälde „Madonna mit Heiligen" und prächtige Leuchter aus Kristallglas.

• *Öffnungszeiten/Preise* **Museo Vetrario**, April bis Okt. Do–Di 10–17 Uhr, übrige Zeit 10–16 Uhr, Mi geschl.; Eintritt ca. 4 € (Stud. bis 29 2,50 €) oder Museum Card „I Musei delle Isole".

Museo Barovier & Toso, Palazzo Contarini, Fondamenta Vetrai 28. Mit Führung Mo–Fr 10–12, 14–17 Uhr oder nach Vereinbarung. ✆ 041/739049, www.barovier.com

• *Essen & Trinken* **Busa alla Torre**, Campo Santo Stefano, unter großen Segeltuchschirmen sitzt man auf einer ruhigen Piazza, die vom Dom durch einen malerischen Kanal getrennt ist. Das Haus aus dem 11. Jh. soll das älteste von Murano sein. Nur mittags geöffnet, Mo geschl.

Isola Burano

Ein malerisches Flecken mit beachtlich schiefem Campanile und farbenfroh bemalten Häusern, ruhig und idyllisch – falls nicht zu viele Touristen unterwegs sind. Man lebt vom Fischfang, außerdem von der Herstellung und dem Verkauf von Spitzen. Den Klöpplerinnen kann man bei der Arbeit zusehen (Vorsicht jedoch: die meisten der heute in Venedig verkauften Spitzen, vor allem die besonders preisgünstigen, werden maschinell in Fernost hergestellt). Besuchenswert ist die *Scuola dei Merletti*, eine hundert Jahre alte Klöppelschule mit angeschlossenem Museum.

▸ **San Francesco del Deserto**: Wenn man mit den Fischern von Burano handelseinig wird, kann man sich zu dieser einsamen Zypresseninsel hinüberrudern lassen (ca. 20 Min.), auf der schon Franz von Assisi einen Baum gepflanzt hat und auf der seitdem ein Franziskaner-Kloster steht, das bis heute bewohnt ist.

• *Öffnungszeiten/Preise* **Museo del Merletti**, April bis Okt. Mi–Mo 10–17 Uhr, übrige Zeit 10–16 Uhr, Di geschl.; Eintritt ca. 4 € (Stud. bis 29 2,50 €) oder Museum Card „I Musei delle Isole".

Die bunten Häuser von Burano

• *Essen & Trinken* **Al Gatto Nero**, Fondamente della Giudecca 88, malerisch wie alle Häuser auf Burano, Fischspezialitäten zu mittleren Preisen, Straßenbestuhlung. Oft von Gruppen frequentiert. Mo geschl.

Isola Torcello

Schöne Fahrt durch die Lagune zu den Wiesen und Weingärten der abgelegenen kleinen Insel, die noch vor Venedig einst Fluchtpunkt vor den Hunnen und Langobarden war, seit 640 sogar Sitz des Bischofs von Altinum (→ S. 326) war und seit 697 vom ersten „Dogen" namens Paoluccio Anafesto regiert wurde (der Begriff selber wurde allerdings erst 50 Jahre später verwendet).

Über 10.000 Einwohnern lebten damals hier, doch Seuchen und die Konkurrenz des aufstrebenden Venedig zwangen die Insulaner zur Aufgabe. Heute gibt es gerade noch zwei Dutzend Menschen, die z. T. als Schafzüchter arbeiten. Zwei alte Kirchen und die Grundmauern eines Baptisteriums aus dem 7. Jh. bilden ein stimmungsvolles Esemble und sind die letzten Zeugen vergangener Größe. Gelegentlich ist die Insel von (vorwiegend englischen und amerikanischen) Touristen überlaufen, vielleicht, weil Hemingway eine Zeitlang hier wohnte.

An der Piazza Torcello trifft man auf die Kirche *Santa Fosca*, eine romanische Kreuzkuppelbasilika des 11. Jh. Durch einen Laubengang kommt man zur benachbarten Kathedrale *Santa Maria Assunta*, die in ihren Anfängen aus dem 7. Jh. stammt und als älteste Kirche der Lagune gilt. Sant'Eliodoro, der erste Bischof von

Torcello aus der Vogelperspektive

Altinum, liegt hier begraben. Der heutige Bau stammt im Wesentlichen aus dem 11. Jh. Im Inneren findet man prächtige Mosaiken auf Goldgrund. Ein Glanzstück ist das über sechs Bilderstreifen verlaufende „Jüngste Gericht“ an der inneren Fassadenwand. Rechts unten werden die Qualen der Verdammten geschildert: Luzifer, mit dem Antichrist auf den Knien, thront auf einem doppelköpfigen Ungeheuer, das die Unglücklichen verspeist. Noch bedeutender ist die wunderbare „Madonna mit Kind“ auf Goldgrund in der rechten Apsis. Der frei stehende *Campanile* kann bestiegen werden, an klaren Tagen genießt man einen herrlichen Blick über die Lagune. Im gegenüberliegenden *Museo dell'Estuario* sind archäologische Funde aus der Lagune, Kunstgegenstände aus verschiedenen Jahrhunderten, Mosaiken und Schmuck zu sehen.

• *Öffnungszeiten/Preise* **Santa Maria Assunta**, April bis Okt. tägl. 10.30–17.30 Uhr, übrige Zeit 10–16.30 Uhr; Eintritt ca. 3 €.
Campanile, April bis Okt. tägl. 11–16 Uhr; Eintritt ca. 2 €.
Santa Fosca, dieselben Öffnungszeiten wie Santa Maria Assunta, Eintritt frei.
Museo dell'Estuario, April bis Okt. Di–So 10.30–17 Uhr, übrige Zeit 10–16.30 Uhr, Mo geschl., Eintritt ca. 2 €.
Sammelticket kostet ca. 6 €.

Isola Sant'Erasmo

Die große, ruhige Insel nördlich von Venedig wird von Touristen nur spärlich besucht. Schon zur Zeit der Dogen war sie der Obst- und Gemüsegarten Venedigs und bis heute betreiben die etwa 800 Einwohner fast ausschließlich Landwirtschaft, an erster Stelle steht der Anbau von Artischocken und Blumen.

Mit dem Fahrrad kann man die stillen Landschaften der etwas mehr als 4 km langen und 500 m bis 1 km breiten Insel auf einem einstündigen Rundkurs erfahren und dabei die vielfältigen Ausblicke auf umliegende Inseln genießen. Zu Fuß braucht man etwa 3 Std. Man fährt zunächst nach Osten und trifft an der südöstlichen Inselecke auf die Ruine der *Torre Massimiliano*, die im 18. Jh. unter den österreichischen Habsburgern erbaut wurde, sowie auf eine hübsch gelegene Bar (→ Essen & Trinken). An der Seeseite der Insel geht es an zwei weiteren Beobachtungstürmen, dem Inselfriedhof, einem Restaurant und einer früheren Fischzuchtanlage vorbei, bis man das ehemalige *Fort Sant'Erasmo* an der Nordspitze der Insel erreicht (Zufahrt nicht immer geöffnet). An der Lagunenseite färt man zurück und kommt auf der Via Motte nach etwa eineinhalb Kilometern ins kleine bewohnte Zentrum der Insel mit Kirche, Laden und Anleger. Nach weiteren zwei Kilometern ist man wieder an der Südseite.

Eintauchen in die Welt der Lagune

Sieben Frauen, darunter eine Deutsche, und zwei Männer haben sich zur „Cooperative Limosa" zusammengeschlossen. Sie bieten interessante, nicht alltägliche Führungen durch Venedig und Bootsfahrten zu unbekannten Inseln wie Sant' Erasmo, San Lazzaretto, Certosa und San Francesco del Deserto. Speziell für Familien mit Kindern sind die einwöchigen Aktivurlaube auf der Insel Sant'Erasmo zugeschnitten, das abwechslungsreiche Programm kann man unter www.natura-venezia.it nachlesen. Im Badeort Eraclea Mare betreibt die Kooperative das „Centro di Educazione Ambientale Limosa" (→ S. 339), das naturkundliche Führungen veranstaltet.

Kontakt **Cooperativa Limosa**, Via Angelo Toffoli 5, I-30175 Venezia Marghera, ✆ 041/932003, 5384743, www.limosa.it (www.natura-venezia.it).

Nur ein Katzensprung ist es mit dem Vaporetto 13 von Sant'Erasmo zur verlassenen Insel *Lazzaretto Nuovo*, die während der Pestepidemie von 1576 als Quarantänestation diente. Seeleute und Passagiere aus aller Welt, die über See nach Venedig kamen, wurden hier isoliert und mußten monatelang ausharren, ein kleines Museum erinnert daran.

Mit dem Fahrrad nach Sant'Erasmo

Samstags und sonntags setzt ACTV Wasserbusse ein, in denen man ein Fahrrad nach Sant'Erasmo mitnehmen kann. Hin und zurück kostet das mit Rad ca. 9,30 €, Reservierung ist sinnvoll, da die Boote schnell besetzt sind. Folgende drei Startpunkte gibt es: **Parkplatz San Giuliano** (am Festland in der Nähe des Beginns der Autobrücke nach Venedig), **Punta Sabbioni** (Landspitze des Litorale del Cavallino – gut geeignet für die dortigen Badeurlauber) und **Lido San Nicolò** am Lido di Venezia. Reservierung bei den Vela-Kiosken in Venedig, am Piazzale Roma, am Lido di Venezia und an der Punta Sabbioni. Auskünfte unter ✆ 899/909090, tägl. 7.30–20 Uhr.

• *Verbindungen* **Linie 13** fährt ab Fondamente Nuove. Es gibt drei Anleger, der erste liegt an der südwestlichen Inselecke (Capannone), der zweite im Ort (Chiesa), der dritte an der Nordwestecke (Punta Vela). Bevor der Vaporetto Capannone erreicht, legt er auf **Lazzaretto Nuovo** an.
Linie 18 verbindet im Sommer einen Anleger im Südosten von Sant' Erasmo mit dem Lido.

• *Übernachten* **Il Lato Azzurro**, Via Forti, 13, Großzügiges Gästehaus an der Südseite der Insel, geräumige Zimmer (Einzel, Zwei-, Drei- und Vierbettzimmer, sowie Schlafsäle), Veranda, schön gelegener Garten, Kinderspielgeräte, Fahrräder, organisierte Touren nach Venedig und in die Lagune. Abendessen (hauptsächlich vegetarisch mit Produkten der Insel) 15–18 €, Lunchpaket 6–8 €. DZ mit Frühstück ca. 56–70 €, Bett im Schlafsaal ca. 22,50–25 €, ab 6 Nächten 10 % Rabatt. Auch gut für Gruppen geeignet. Vorherige Anmeldung erforderlich, ✆ 041/2444900, 5230642, www.latoazzurro.it (weitere Informationen bei Emanuele Maspoli unter ✆ 348-4436304).

• *Essen & Trinken* **Bar Pizzeria da Tedeschi**, an der südöstlichen Inselecke, Nähe Torre Massimiliano. Schöne Lage an einem kleinen Strand mit Panoramablick. Im Sommer täglich bis Mitternacht.
Essen kann man außerdem im Haus **Il Lato Azzurro** (→ Übernachten) und in der **Ca' Vignotto** beim Friedhof, einige hundert Meter östlich außerhalb vom Ort (✆ 041/5285329), Vorbestellung ist in beiden Häusern obligatorisch.

• *Shopping* Es gibt nur einen einzigen **Lebensmittelladen** im Ort.

Chioggia (ca. 54.000 Einwohner)

Geschäftige Stadt am Südrand der Lagune, einer der größten Fischerhäfen mit einem der bedeutendsten Fischmärkte der Adria, laut und nicht sonderlich sauber, jedoch authentisch. Mit Vaporetto, Bus und Dampfer von Venedig in schöner, wenngleich etwas zeitraubender Fahrt durch die Lagune zu erreichen.

Die Altstadt auf einer Insel ist durch drei Brücken mit dem Festland verbunden. Beherrschend ist die breite Hauptstraße *Corso del Popolo*, im nördlichen Teil Fußgängerzone, mit langen Laubengängen und diversen Kirchen. Wie die Gräten eines Fischs zweigen davon die schmalen grauen Seitengässchen mit niedrigen Häuschen ab, wo der Rummel schnell der Stille weicht. Der *Canale della Vena* verläuft parallel zum Corso und wird von mehreren hübschen Brücken überquert.

Die Neustadt *Sottomarina* erstreckt sich am langen Sandstrand, wo sich das gewohnte Bild bietet – Badeanstalten, Pizzerien und Bars in den Sand gesetzt, dahinter Hotelfronten ohne Ende. An der nördlichen Landspitze einige Campingplätze und eine lange Mole mit großen Fischernetzen.

Anfahrt/Verbindungen/Information

• *Anfahrt/Verbindungen* **PKW**, von Sottomarina ist das „centro storico“ über eine lange Brücke zu erreichen, gebührenpflichtige Stellplätze gibt es entlang des Corso del Popolo.
Bahn, Stichbahn ab Rovigo, vom Bahnhof ca. 1 km über die Brücke Ponte Lungo in die Altstadt, nach Sottomarina mit dem Stadtbus weiterfahren.
Schiff, Chioggia ist von Venedig recht umständlich zu erreichen. Zunächst mit dem Vaporetto zum Lido, dort Bus 11 bis Alberoni an der Südspitze und übersetzen auf den Litorale di Pellestrina. Weiter per Bus bis Pellestrina und in 25 Min. mit dem Dampfer nach Chioggia. Gesamtdauer etwa 1,5–2 Std., Abfahrt/Ankunft in Chioggia am Nordende des Corso del Popolo.

• *Information* in Sottomarina, Lungomare Adriatico 101 (gegenüber Hotel Miramare). Tägl. 9–12, 15–18 Uhr, Juli/August durchgehend 8–19.45 Uhr. ✆ 041/401068, 📠 5540855, www.chioggiatourism.it
In der Stadt im Museo Civico (S. Francesco fuori le mura), Campo Marconi 1, ✆ 041/5500911, 📠 5509581.

Die Lagune mal ganz anders

Touren mit einem komfortablen Hausboot durch die Lagune von Venedig bietet **Crown Blue Line**. Eine Woche für 8 Pers. kostet je nach Saison ca. 2200–3400 €, Abfahrt in Sottomarina di Chioggia. Informationen bei Crown Blue Line GmbH, Marktplatz 4, D-61118, Bad Vilbel, ✆ 06101/5579111, 📠 55 791 22, www.crownblueline.com

Übernachten

Die übliche Hotelarmada findet man in Sottomarina am Strand. Stimmungsvoller wohnt man in den gerade mal vier Herbergen der Altstadt. Die Lage aller Hotels und Campingplätze ist auf den Stadtplänen verzeichnet, die man kostenlos im Informationsbüro erhält.

**** **Grande Italia**, Piazzetta Vigo 1, perfekte Lage am Nordende des Corso del Popolo, direkt am Anleger der Motorschiffe nach Venedig. Das Relikt der guten alten Zeit mit Stuck und Deckenmalereien wurde vor einigen Jahren völlig renoviert. Gut ausgestattete Zimmer, Frühstücksraum und Ristorante „Alle Baruffe“ mit edlen Holztüren und Kronleuchtern, unter dem Dach Fitnessraum mit Sauna. DZ mit Frühstück und Blick zur Piazzetta oder Lagune ca. 125–170 €, mit Blick zur benachbarten Gasse ca. 95–140 €. ✆ 041/400515, 📠 400185, www.hotelgrandeitalia.com

* **Clodia**, Calle Forno Filippini 876, sobald man von Sottomarina kommend die Altstadtinsel erreicht, rechts abbiegen, nach wenigen Metern trifft man auf das Hotel. Zwar liegt es unmittelbar am lauten Hafen, bietet aber gerade deswegen eine interessante und authentische Umgebung. Direkt beim Hotel kann man das Fahrzeug abstellen. Der Padrone bereitet gerne das Essen zu, das man morgens am nahen Fischmarkt ausgesucht hat. Nur Zimmer mit Etagendusche, DZ mit Frühstück ca. 56–70 €. ✆ 041/400813, E-Mail: hotelclodia@libero.it

* **Locanda Val d'Ostreghe**, Calle Sant'Andrea 763, vom Corso del Popolo im nördlichen Teil bei der Chiesa di Sant'Andrea zu Fuß den Vena-Kanal überqueren (Achtung: per PKW nur aus der entgegengesetzten Richtung zu erreichen). Einige Zimmer über einem einladenden, traditionsreichen Lokal (→ Essen & Trinken), die meisten mit Etagendusche. DZ mit Bad und Frühstück ca. 45–50 €, ohne ca. 36–40 €. ✆ 041/400527.

• *Camping* Am Lungomare Adriatico und an der Nordspitze von Sottomarina gibt es zahlreiche Plätze, die (bis auf Adriatico) alle direkt am Strand liegen. Geöffnet sind sie April/Mai bis Ende September.

** **Adriatico**, der erste Platz, wenn man auf dem Lungomare von Süden kommt. Etwas beengte Verhältnisse, da schnell voll, sanitär mäßig. Um zum Strand zu kommen, muss man die Straße überqueren. Mit Pool. ✆/📠 041/492907, 📠 5548567, www.campingadriatico.com

Fischerboote und Marktstände am Canale della Vena in Chioggia

*** **Europa**, kurz vor der Einfahrt nach Chioggia, gut begrüntes Gelände direkt am Strand. Vermietung von Bungalows mit TV. ✆/℻ 041/5540300, www.campingeuropa2000.com

** **Grande Italia**, in Richtung nördlicher Landspitze, Grüngelände mit Bäumen, zwischen Straße und Strand gelegen. ✆ 041/5506877, ℻ 5506877, www.campinggrandeitalia.com

** **Tropical**, Nähe nördliche Landspitze, kleines, angenehm bescheidenes Gelände. ✆ 041/403055, ℻ 5500593, www.campingtropical.com

**** **Isamar**, bei Sant'Anna, einige Kilometer südlich von Sottomarina. Großer, komfortabler Platz mit Olympia-Schwimmbecken und weiteren Pools, Tennis, Spielplatz und (schalldichter) Disco. ✆ 041/498100, ℻ 490440, www.villaggioisamar.com

Essen & Trinken

In Chioggia isst man preiswerter als in Venedig und frischer Fisch ist wegen der großen Fischereiflotte immer zu haben. Am Wochenende wird es jedoch sehr voll und oft hat man Probleme einen Tisch zu finden.

Bella Venezia, Calle Corona 51 (Seitengasse nach Westen im nördlichen Teil des Corso), hübsch gemacht mit Puttenengeln und den gestreiften venezianischen „Paline" (Pfähle) vor der Tür, netter, kleiner Innenhof. Hier kehren gerne mal Touristen ein, gute und nicht ganz billige Fischküche.

Al Bersagliere, Via Cesare Battisti 293. Seit über vierzig Jahren wird hier in elegantem Rahmen die typische Chioggia-Küche serviert, z. B. *gamberetti di laguna con polenta, fritture miste* und *branzini alle erbe agli scampi alla busera.* Di geschl.

Locanda Val d'Ostreghe (→ Übernachten), traditionelle Trattoria mit hübschem, grün bedachtem Innenhof. Gute Fischküche, Menüs für ca. 18 € oder teurer à la carte. Mi geschl.

Osteria da Penzo, Calle Largo Bersaglio 526, schmale Gasse im nördlichen Teil des Corso del Popolo, kurz vor dem Ponte Vigo links. Nett zum Sitzen und freundlich geführt. Di geschl.

Vecio Toghero, Calle Scopici (über die Calle Pigna, eine Seitengasse nach Westen im nördlichen Teil des Corso). Neben traditioneller Fischküche auch Pizze, Betischung auf ruhiger Seitengasse. Di geschl.

Bollicine, kleine Trattoria in schöner Lage direkt am Vena-Kanal, kurz vor dem Ponte Vigo (→ Sehenswertes).

• *Markt* **Fisch-, Obst- und Gemüsemarkt** am Canale della Vena, jeden Donnerstag großer **Markt** am Corso del Popolo.

Der große Fischmarkt **Mercato Ittico** (www.ittico.chioggia.org) liegt an der Via Giovanni Poli im Norden der Isola dei Cantieri, die man auf der Brücke zwischen Sottomarina und Chioggia Centro überquert. Er ist geöffnet Mo–Sa 6–11.30 Uhr, offiziell zwar nur für Fischhändler, doch danach fragt in der Regel niemand.

Sehenswertes

Chioggia war 1379/80 Schauplatz eines Kampfes der beiden Seerepubliken Genua und Venedig und wurde vollkommen zerstört. Bis auf den großen Kornspeicher Granaio (→ unten) ist deshalb aus dieser Zeit kaum noch etwas erhalten.

Fast alle Senswürdigkeiten liegen am langen Corso del Popolo. Von Süden nach Norden kommend, kann man beim südlichen Stadttor das *Museo Civico della Laguna Sud* besuchen. Auf drei Stockwerken beherbergt das Museum im ehemaligen Klosterbau San Francesco Exponate aus vorrömischer Zeit bis in die Neuzeit, darunter auch Gemälde und andere Kunstgegenstände sowie Stücke aus der Fischereiwirtschaft.

Der *Dom Santa Maria Assunta* auf der westlichen Straßenseite wurde nach Plänen von Baldessare Longhena gebaut, im prächtigen Innenraum findet man einige venezianische Gemälde aus dem 18. Jh., darunter einen Tiepolo (nur während der Messe geöffnet). An der Südseite des Doms schließt sich eine schmale, schattige Grünfläche an, umgeben von einer Balustrade mit steinernen Löwen und Frauenskulpturen ohne Kopf. Es ist das *Refugium Pecatorum*, an der Madonna mit Kind im Zentrum defilierten einst die zum Tode Verurteilten vorbei. Nördlich vom Dom steht das gotische *Oratorio San Martino* mit kurzem, achteckigem Turm und einem Polyptychon von Paolo Veneziano am Altar.

An der Stelle, wo die Zufahrtsstraße von Sottomarina in den Corso einmündet, steht *San Giacomo*, außen nüchtern, innen mit barocker Prachtentfaltung. Ein Stück weiter nördlich sieht man vom Corso etwas zurückgesetzt ein niedriges, längliches Gebäude, den *Granaio*, einen ehemaligen Kornspeicher aus dem 14. Jh., mit einer Madonna von Sansovino an der Fassade. Durch die Laubengänge kommt man hier zum belebten Fischmarkt und weiter zum Obst- und Gemüsemarkt am *Canale della Vena* (Dienstag- bis Samstagvorm.). Hier hat man am ehesten den Eindruck eines „Klein-Venedig", wie Chioggia oft genannt wird.

Zurück am Corso, passiert man kurz darauf die Barockkirche *Sant'Andrea*, deren romanischer Glockenturm aus dem 12. Jh. noch erhalten ist.

Ganz im Norden des Corso, kurz bevor man zur Bootsanlegestelle kommt, überquert der *Ponte Vigo*, Chioggias schmuckste Brücke, den Vena-Kanal. Wer auf der anderen Seite die Calle Santa Croce entlanggeht, gelangt zu einer weiteren Brücke, die zum Inselchen *San Domenico* führt. Hier steht der Gebäudekomplex des Dominikanerklosters. Die Kirche mit Gemälden von Tintoretto und Carpaccio ist leider nur zu Messezeiten geöffnet.

Öffnungszeiten **Museo Civico della Laguna Sud**, Mitte Juni bis Ende August Di–Sa 9–13, Do–So 19.30–23.30 Uhr, übrige Zeit Di–Sa 9–13, Do–So 15–18 Uhr. ✆ 0415500911.

Venedig/Hinterland

Mestre und Margera

Die wild gewachsene Industriezone am Festland setzt einen grotesken Kontrast zur Schönheit der Lagunenstadt. Vor dem Zweiten Weltkrieg wohnten hier nur etwa 30.000 Menschen, heute sind es schon über 200.000, die die „Bronx" der Lagune bevölkern. Nicht wenige davon sind Venezianer, die der feuchten, ständig vom Hochwasser bedrohten Serenissima mit ihren astronomischen Preisen den Rücken gekehrt haben.

Mestre ist eine der hässlichsten Städte im Land mit dem größten Hochstraßennetz und vergammelten Betonvorstädten, in denen soziale Probleme kumulieren – organisiertes Verbrechen, Drogenhandel, Prostitution. Andererseits findet die Jugend hier Arbeit, großstädtisches Leben, Abwechslung und Nachtleben – alles das, was es in der romantischen Stadt der Palazzi, Gondeln und Kanäle kaum oder gar nicht gibt. Von den angesprochenen Schattenseiten der Randbezirke spürt man im Zentrum nur wenig, Sehenswürdigkeiten gibt es allerdings bis auf einen mittelalterlichen *Uhrenturm* (Rest der früheren Burg) und die Kirche *San Lorenzo* aus dem 18. Jh. (mit romanischem Campanile) keine.

Parkplätze in und um Mestre

Mit dem Zug (bzw. Vaporetto ab San Giuliano) kann man mehrmals stündlich nach Venedig und zurück pendeln, die Fahrt dauert nur wenige Minuten.

Parcheggio Piazzale Candiani: Tiefgarage an der gleichnamigen Piazza im Zentrum von Mestre beim Hospital Umberto I (ab Autobahn A 4 Ausfahrt Via Castellana). 1 Std. ca. 1,30 €, 3 Std. 5,20 €, ganztägig 9,50 €. Tägl. 6.45–0.30 Uhr. ✆ 041/985616, www.asmvenezia.it

Parcheggio San Giuliano: Dieser Parkplatz liegt in der Nähe des Beginns der Autobrücke nach Venedig. Hier parkt man bis zu 10 Std. für ca. 8 €, jede weitere Std. kostet ca. 1,10 €. Mit dem Vaporetto kommt man alle 20 Min. zu den Fondamente Nuove in Cannaregio. Geöffnet tägl. 8–20 Uhr. ✆ 041/2727301 o. 5322632, www.asmvenezia.it

▸ **Altino**: Nur etwa 7 km vom Flugplatz liegt der kleine Ort, von dem die Gründung Venedigs ausging. Im 5. Jh. flüchteten die Bewohner vor den anrückenden Germanen in die Lagune, zunächst auf die Insel Torcello, die sogar Bischofssitz wurde, und dann auch auf die kleinen Inseln um Rivo alto (= Rialto), aus denen später Venedig werden sollte, und legten damit den Grundstein für die spätere Stadt. In altrömischer Zeit zweigte hier von der wichtigen Verbindungsstraße Padua – Concordia Sagittaria (→ S. 349) die Via Claudia Augusta nach Norden ab. Am Kirchplatz gibt es ein Archäologisches Museum mit zahlreichen Funden der Ausgrabungsstätte, die ebenfalls besichtigt werden kann. Altino ist von Venedig mit ATVO-Bussen zu erreichen.

Öffnungszeiten/Preise **Museo Nazionale Archeologico e Scavi**, Via S. Eliodoro 37, tägl. 9–20 Uhr, Eintritt ca. 2 €. Eine Führung kann man unter ✆ 041/5311460 reservieren.

Übernachten um Mestre und an der Lagune

Großer Vorteil: die Preise sind deutlich günstiger als in Venedig selber. Mit Bus und Bahn kommt man schnell in die Lagunenstadt, aber auch die Städte Padua und Treviso sind rasch zu erreichen.

** **Campiello**, Viale Montegrappa 2, in Mogliano Veneto, etwa 20 Bahnminuten nördlich von Venedig am Weg nach Treviso. Kleines Mittelklassehotel, nur 150 m vom Bahnhof entfernt, trotzdem vergleichsweise ruhig, da in einer Nebenstraße gelegen. Kleine, saubere Zimmer, Betten etwas schmal, TV vorhanden (nur ital. Programme), Bad okay. DZ ca. 70–130 €, Online-Buchung möglich. Taxi ab Airport ca. 40 € (auch Busverbindung). ✆ 041/5904595, 📠 5902080, www.campiellohotel.it

B & B Casa del Miele, Via Paliaghetta 2/a, in Ca' Noghera, 5 Min. vom Flugplatz „Aeroporto Marco Polo". Gemütliches Haus mit Bienenzucht und großem Garten, Pool in der Nähe. Drei hübsche Zimmer, jeweils mit TV und ADSL-Anschluss. Geführt von Enrico Giorgutti, einem ehemaligen Skibobfahrer, mit Familie. DZ mit Frühstück ca. 55—90 €, 10 % Ermäßigung mit Rolling Venice Card. Regelmäßige Busverbindung nach Venedig. ✆ 041/5416129, 📠 5342718, www.casadelmiele.com

B & B L'Erba Matta, Via Salsi 6, in Caposile, am Ostrand der Lagune von Venedig bei Musile di Piave. Das nett geführte Bauernhaus liegt in einem großem Park direkt an der Lagune und bietet Unterkunft mit Frühstück für 25 € pro Nacht und Person. Gutes Frühstück mit Marmelade aus den Früchten der eigenen Obstbäume. Dalmazio spricht Deutsch. Das etwa 30 km entfernte Venedig ist in 30 Min. mit dem Bus zu erreichen, Lido di Jesolo ist 12 km entfernt. ✆/📠 0421/230397, 380-5116106 (Handy), www.erbamatta.it

Unterkünfte am Brenta-Kanal und Umgebung siehe S. 331

Riviera del Brenta (Brenta-Kanal)

Für den Weg von Venedig nach Padua oder umgekehrt sollte man sich Zeit nehmen. Wesentlich schöner als die schnurgerade Autobahn ist die SS 11, die malerisch entlang des sattgrünen Brenta-Kanals verläuft. Dieser zweigt östlich von Padua bei Strà von der Brenta ab und mündet südlich von Mestre in der Lagune. Beidseits des von üppigen Trauerweiden und Pappelalleen flankierten Wasserwegs stehen zahlreiche Villen und Palazzi aus den letzten Jahrhunderten, außerdem säumen Schleusen und Brücken den Kanal.

Bereits im 16. Jh. begann man mit der Kanalisierung der Brenta, die vorher immer wieder für Überschwemmungen gesorgt hatte. Seitdem ließ sich der venezianische Adel die natürlichen Vorzüge der „Riviera del Brenta" nicht entgehen, denn man konnte gänzlich im Grünen wohnen, aber doch nur einen Katzensprung von der Stadt. So entstanden an den Ufern des Kanals Dutzende von großzügigen Landhäusern, in denen es sich die Hautevolee gut gehen ließ. Heute sind die Prachtbauten teilweise heruntergekommen und leer stehend, teilweise aber noch immer bewohnt, einige wurden zu stilvollen Hotels umgebaut. Sechs von ihnen sind restauriert und können besichtigt werden. Die Anfahrt per PKW ist problemlos und auch Linienbusse zwischen Venedig und Padua stoppen an einigen der Villen. Am reizvollsten sind aber sicherlich die touristischen Fährangebote auf dem Kanal (→ Kasten). Wer will, kann in Kanalnähe, mit etwas Glück sogar direkt am Kanal, auch eine Unterkunft finden.

Unterwegs mit dem „Burchiello“: Kreuzfahrt zwischen venezianischen Villen

„Burchielli“ nannte man zur Zeit der Serenissima die von Pferden gezogenen Boote, die die adligen Sommergesellschaften von der Lagunenstadt zu ihren Villen am Brenta-Kanal brachten. Mehrere Schifffahrtsgesellschaften haben heute den Flussverkehr auf den Spuren der alten Adelsfähren wieder aufgenommen. Da zwischen Venedig und Padua ein Höhenunterschied von 10 m besteht, müssen unterwegs mehrere bewegliche Brücken und drei Schleusen passiert werden.

Zwischen März und November fährt das komfortable, vollklimatisierte Motorschiff **Il Burchiello** 3 x wöch. auf dem Brenta-Kanal von Venedig nach Padua bzw. umgekehrt (Rückkehr jeweils mit Bus oder Eisenbahn). Dauer der Fahrt einen ganzen Tag (ca. 9–18.40 Uhr), unterwegs Besichtigungsstopps bei den Villen Gradenigo, Foscari (La Malcontenta), Barchessa Valmarana und Pisani. Kostenpunkt ca. 62 € pro Pers., für Kinder und Jugendliche von 6–17 Jahre ca. 36 € (Preise incl. Besichtigung, Villa Pisani muss jedoch extra gezahlt werden). Mittagessen wird angeboten und muss ebenfalls extra bezahlt werden, ca. 24 €. Abfahrt möglich in Padua (Piazzale Boschetti) oder Venedig (San Marco, Pontile Pietà Riva degli Schiavoni). Buchen kann man in den meisten Reiseagenturen im Umkreis von San Marco.
Adresse: Divisione Navigazione „Il Burchiello“ di SITA S.p.A., Via Orlandini 3, 35121 Padova, ✆ 049/8774712, 📠 8763044, www.ilburchiello.it

Die modernen Motorschiffe **I Battelli del Brenta** fahren von April bis Oktober mehrmals wöch. von Venedig nach Padua und von Venedig nach Strà und umgekehrt. Unterwegs u. a. Besichtigung der unten genannten Villen, außerdem der Mühlen von Dolo. Es gibt verschiedene Halb- und Ganztagestouren, Kostenpunkt ca. 42–62 €, Kinder und Jugendliche von 6–17 Jahre ca. 36 € (Preis incl. Besichtigung, Villa Pisani muss jedoch extra gezahlt werden), Mittagessen fakultativ.
Adresse: I Battelli del Brenta, Via Porciglia 34, 35121 Padova, ✆ 049/ 8760233, 📠 8763410, www.antoniana.it/battellidelbrenta

Weitere Anbieter:
Consorzio Battellieri di Padova e Riviera del Brenta, Passaggio de Gasperi 3, ✆ 049/8209825, www.padovanavigazione.it
Navigare con Noi, Via Pontedera 71, ✆ 049/654917, www.navigareconnoi.it
Delta Tour Compagnia di Navigazione, Via Toscana 2, Camin, ✆ 049/8700232, www.deltatour.it

Sehenswürdigkeiten von Ost nach West

Insgesamt sind es sechs Villen, die entlang der Riviera del Brenta besichtigt werden können: Villa Foscari „La Malcontenta“ südlich von Mestre, Villa Widmann Rezzonico Foscari, Villa Barchessa Valmarana und Barchessa Alessandri in Mira sowie Villa Pisani und Villa Foscarini Rossi in Strà. Wer mehrere davon besuchen will, für den lohnt sich eventuell der Kauf des „Pass Ville“ für 19 €. Damit können außer der Villa Foscari „La Malcontenta“ alle genannten besichtigt werden. Erhältlich ist der „Pass Ville“ bei den Infoschaltern der APT Venezia oder beim Eingang der fünf Villen. Er ist gültig bis zum Januar des auf den Erwerb folgenden Jahres.

Schon vor Jahrhunderten ein bevorzugtes Wohngebiet: Der Brenta-Kanal

▸ **Villa Foscari „La Malcontenta"**: 1560 entwarf der geniale Palladio (→ Vicenza) für Nicolò und Alvise Foscari südlich von Mestre den eleganten, quadratischen Komplex mit ionischer Säulenvorhalle für die Dogenfamilie Foscari, die einzige Palladio-Villa am Brenta-Kanal. „La Malcontenta" (Die Unzufriedene) wurde sie genannt, weil eine lebenslustige Angehörige der Familie hier zeitweise zwangsweise leben musste. Den Hauptsaal, den man sofort nach dem Portal betritt, schmücken allegorische Fresken von Battista Franco, erhellt durch die große Fensterfront in der gegenüberliegenden Südwand, auch die angrenzenden Räume malte er aus. Nach seinem Tode vollendete Giambattista Zelotti die Gemälde, unvollendet ist das Fresko im Saal der Giganten.

Öffnungszeiten/Preise Via dei Turisti 9, Mai bis Oktober Di und Sa 9–12 Uhr; Eintritt ca. 7 €. ✆ 041/5470012.

In der Villa Widmann ist ein **Info Point** der APT Venezia eingerichtet. Hier bekommt man Broschüren und Informationen zu allen Villen, die besichtigt werden können, außerdem Hinweise zu Unterkünften, Bootsfahrten, Fahrradverleih, Restaurants u. a. m.

Mai bis Sept. Di–So 10–18, Okt. bis März Sa/So 10–17 Uhr. ✆ 041/424973, 📠 4266560, www.riviera-brenta.it

▸ **Villa Widmann Rezzonico Foscari**: Die Villa steht in *Mira*, dem Hauptort am Brenta-Kanal, in einem großen Park direkt an der SS 11. Erbaut wurde sie im frühen 18. Jh. für die aus Persien stammende Adelsfamilie Serimann. 50 Jahre später kaufte sie die Familie Widmann und ließ sie im Stil des französischen Rokoko völlig umgestalten. Die hellen Innenräume wurden von Giuseppe Angeli wunderbar harmonisch ausgemalt, das Deckengemälde im hohen Hauptsaal zeigt, wie so häufig in den venezischen Villen, die Eigentümer, in diesem Falle die Familie Widmann.

Öffnungszeiten/Preise Via Nazionale 420, Mai bis September Di–So 10–18, April 10–17, Okt. bis Dez. nur am Wochenende 10–17 Uhr. Eintritt ca. 5 €. ✆ 041/424973.

▸ **Villa Barchessa Valmarana**: gleich gegenüber der Villa Widmann, auf der anderen Seite des Kanals, eine Brücke führt hinüber. Die beiden bis heute erhaltenen Bauten waren einst die Seitenflügel eines mächtigen Herrenhauses, das 1908 abgerissen wurde, um die darauf erhobene Luxussteuer zu vermeiden. Eines der beiden Gebäude kann besichtigt werden, es enthält Originalmöbel aus dem früheren Haupthaus und Fresken des Tiepolo-Schülers Michelangelo Schiavoni, genannt „Il Chiozzotto“, die wegen der Nutzung des Gebäudes als Lager und Weinkeller lange übermalt waren und erst 1962 entdeckt wurden. An der Decke des zentralen Salons wird, umgeben von griechischen Göttern und Gespielen, der Ruhm der Familie Valmarana verkündet.

Öffnungszeiten/Preise Via Valmarana 11, März bis Okt. Di–So 9.30–12, 14.30–18 Uhr, Mo geschl., übrige Zeit nach Vereinbarung; Eintritt ca. 6 €. ✆ /℡041/424754, www.villavalmarana.net

▸ **Barchessa Alessandri**: Am Eingang zum ehemaligen Gästehaus der Villa Alessandri stehen Statuen von Cäsar und Alexander. Im ersten Stock ist ein Freskenzyklus mit Themen der griechischen Mythologie erhalten, gemalt in den Jahren 1701 bis 1708 von Giannantonio Pellegrini, der in seiner leichten und hellfarbigen Maltechnik zu den Vorläufern von Tiepolo gezählt wird. Das Gästehaus diente schon im 18. Jh. als Casino.

Öffnungszeiten/Preise Via Nazionale 64, Di–So 10–12.30, 14.30–17 Uhr, Mo geschl.; Eintritt ca. 4 €. ✆ 041/415729.

▸ **Molino di Dolo**: In *Dolo* ist eine Mühle des 16. Jh. quer über den Kanal gebaut. Im angeschlossenen Restaurant „Al Cristo“ kann man direkt über dem rauschenden Wehr essen und in einem benachbarten Laden kulinarische Produkte der Region kaufen.

▸ **Villa Pisani**: Die imposanteste aller Brenta-Villen wurde von 1736–56 für eine Dogenfamilie am östlichen Ortsausgang von *Strà* errichtet. Wie ein Schloss wirkt der repräsentative Prachtbau mit seinen 114 Zimmern in einem weitläufigen Park und tatsächlich ließen sich gekrönte Häupter, Eroberer und Diktatoren immer gerne in „Klein-Versailles“ blicken, darunter Gustav von Schweden und Alexander von Russland. Napoleon erwarb sogar den Palast und 1934 fand hier das erste Treffen von Mussolini und Hitler statt. An der markanten Fassade stützen gigantische Riesen eine Terrasse, durch eine monumentale Säulenhalle gelangt man in das Innere mit zahlreichen Sälen im typischen Prachtstil des Rokoko, die zum großen Teil noch mit früherem Originalmobiliar eingerichtet und mit zahllosen Fresken geschmückt sind. Höhepunkt ist der

Stille Anlegestelle

über zwei Stockwerke reichende Ballsaal, in dem Tiepolos gewaltiges Deckengemälde „Gloria dei Pisani" die Familie Pisani rühmt. Hinter dem Palast erstreckt sich ein prächtiger Park mit Springbrunnen, Teichen, Pavillons, Café und einem Labyrinth aus Buchsbaumhecken, in dessen Mitte ein Aussichtsturm steht.

Öffnungszeiten/Preise Via Doge Pisani 6, April bis Sept. tägl. 9–18 Uhr, Okt. bis März 9–16 Uhr; Eintritt ca. 5 € (nur Park die Hälfte), frei unter 18 und über 65 Jahren. ✆ 049/502270.

▶ **Villa Foscarini Rossi**: Die repräsentative Villa in der Nachbarschaft der Villa Pisani wurde mitsamt Nebengebäuden im späten 16. Jh. vom Architekten Vincenzo Scamozzi im typischen Palladio-Stil erbaut und war im Besitz eines venezianischen Dogen. Giuseppe Jappelli restaurierte sie im 19. Jh. im klassizistischen Stil. Die Barchessa im Park besitzt einen schönen vorgebauten Säulengang, ihr „Grand Salon" ist vollständig mit allegorischen Fresken verschiedener Künstler ausgeschmückt. Wegen der guten Akustik finden hier häufig Konzerte statt. In der Villa, die heute direkt an der Straße steht, kann man eine Ausstellung historischer Designerschuhe besichtigen, die beim hiesigen Adel immer eine große Rolle gespielt haben.

Öffnungszeiten/Preise Via Doge Pisani 1, April bis Oktober Mo–Fr 9–12.30, 14.30–18, Sa 9.30–12.30, 14–18, So 10–19, übrige Zeit Mo–Fr 9–12.30, 14.30–18 Uhr. Eintritt ca. 5 €. ✆ 049/9800335, www.villafoscarini.it

Übernachten/Essen & Trinken am Brenta-Kanal

• *Mira und Umgebung* **** **Villa Margherita**, Via Nazionale 416, an der Durchgangsstraße, schräg gegenüber steht die Villa Barchessa Valmarana (→ Sehenswertes). Das ehemalige Gästehaus der Adelsfamilie Contarini aus dem 17. Jh. liegt inmitten eines großen Parks, ist heute wohl die beste Unterkunft am Brenta-Kanal und wird sehr aufmerksam geführt von Familie Dal Corso. Die elegant-liebevolle Einrichtung mit bequemen Polstermöbeln, Fresken, Spiegeln und Stuckdekorationen ist ausgesprochen gemütlich. Die 19 Zimmer sind jeweils verschieden voneinander und bis ins Detail durchkomponiert. In einem Nachbarbau des 19. Jh. befindet sich das hervorragende Restaurant des Hauses, in dem der Fisch nach alter venezianischer Tradition zubereitet wird (Di-Abend und Mi geschl.). DZ mit Frühstück ca. 145–250 €, Rabatt wird gewährt. ✆ 041/4266531, 📠 5608996, www.villa-margherita.com

*** **Riviera dei Dogi**, Via Don Minzoni 33, schön restauriertes, historisches Haus, etwas abseits der Durchgangsstraße, 43 ordentliche Zimmer mit TV, freundlich geführt. Gutes Restaurant benachbart, Busstopp nach Venedig 5 Fußminuten entfernt. DZ mit Frühstück ca. 70–134 €. ✆ 041/424466, 📠 424428, www.rivieradeidogi.com

** **Vecia Brenta**, Via Nazionale 403, gutes Fischrestaurant (Mi geschl.) mit Vermietung von acht eleganten Zimmern, die jeweils verschieden eingerichtet sind. DZ mit Frühstück ca. 72–85 €. ✆ 041/420114, 📠 5600120, www.veciabrenta.com

Casa del Sole e della Luna – Ostello di Mira, IYHF-Hostel ca. 5 km südlich von Mira in der Località Giare, nahe der vom WWF geschützten Lagune „Valle Averto". Moderne und saubere Jugendherberge mit 56 Betten, Schlafsäle mit fünf Betten (ca. 14 €/Pers.) und einige DZ (ca. 17 €/Pers.), Frühstück inbegriffen. Bahnanreise: Zug bis Mestre, dann Bus ab Via Fratelli Bandiera Richtung Sottomarina, in Giare aussteigen, die SS Romea 309 überqueren und den Schildern 1 km weit folgen. April bis Sept. ✆ 041/5679203, 📠 5676457, www.casasoleluna.it

Nalin, etwas südlich außerhalb von Mira, Via Argine sinistra Novissimo 29, am Seitenarm Canale Novissimo (beschildert). Bekannte Adresse für Fisch und Meeresfrüchte, schön zum Draußensitzen. So-Abend und Mo geschl.

• *Dolo und Umgebung* *** **Villa Ducale**, Riviera Martiri della Libertà 75, am Ortsausgang von Dolo, direkt an der Durchgangsstraße. Gediegene Villa des 19. Jh. mit herrlichem Statuenpark. Im Salon Kamin und schwere Polstermöbel, elf komfortabel eingerichtete Zimmer, teils mit Stilmöbeln. DZ mit Frühstück ca. 95–180 €. ✆ 041/ 5608020, 📠 5608004, www.villaducale.it

So romantisch und üppig grün ist der Kanal nicht mehr überall

** **Villa Goetzen**, Via Matteotti 6, alte Villa direkt am Fluss, auf der anderen Seite allerdings von der SS 11 tangiert. Elegant eingerichtete Zimmer mit schmiedeeisernen Betten und TV, unten gepflegtes Restaurant mit kleinem Gastgarten an der Flussseite (So und Do-Abend geschl.). DZ mit Frühstück ca. 78–103 €. ✆ 041/5102300, 📠 412600, www.villagoetzen.it

• *Oriago und Umgebung* **Casa del Sole e della Luna – Ostello di Oriago**, weiteres IYHF-Hostel in Oriago am Brenta-Kanal, Riviera Bosco Piccolo 84, untergebracht in einer historischen Villa mit schönen Holzdecken, großem Garten und günstigem Restaurant. Fahrradverleih, Mehrbettzimmer verschiedener Größe und DZ, im Mehrbettzimmer ca. 17,50 € mit Frühstück. Von Venedig Bus 53 ab Piazzale Roma, von Mestre Bus nach Dolo-Riviera, Oriago ist außerdem Zugstation an der Linie von Venedig nach Adria. Juni bis Sept. ✆ 041/5631213, 📠 5631214, www.casasoleluna.it

** **Camping Serenissima**, kleiner Platz bei Oriago, nur wenige Meter seitlich von SS 11 und Kanal. Häufige Busverbindungen nach Venedig. Details siehe unter Venedig/ Übernachten, S. 278.

Riviera Fiorita: Erinnerung an große Zeiten

Alljährlich am zweiten Sonntag im September wird der Brenta-Kanal zwischen Malcontenta und Strà zum Schauplatz einer prächtigen Regatta, die an die längst vergangene Epoche der venezianischen Villenkultur erinnert. Zum Gedenken an das Treffen des Dogen Alvise Mocenigo mit dem französischen König Henri III., das im Jahre 1574 in der Villa dei Contarini in Mira stattfand, bewegt sich ein langer Zug von historischen Schiffen mit farbenprächtig kostümierten Ruderern langsam den dicht mit Zuschauern gesäumten Kanal entlang. Auch viele Anwohner nehmen mit ihren festlich geschmückten Booten daran teil. Ein buntes Rahmenprogramm rundet das Ereignis ab.

Eher untypisches Bild an Venetiens Stränden (Valle Vecchia bei Cáorle)

Küste östlich von Venedig

Die obere Adria zwischen Venedig und Lignano Sabbiadoro gehört zu den größten Badezonen am italienischen Stiefel. Schier endlos ziehen sich die extrem flach ins Wasser abfallenden Sandstrände entlang des gesamten Küstensaums, dahinter greifen ausgedehnte Lagunenseen tief ins Land und erstrecken sich Reste der großen Pinienwälder, die einst die gesamte Uferregion bedeckten.

Als in den fünfziger Jahren der Italientourismus einsetzte, entstanden an der früher großteils unbesiedelten Küste weit um sich greifende Badestädte, die Pineta wurde für die Belange des Fremdenverkehrs immer mehr dezimiert. In ihrer modernen Stereotypie – lediglich die alte Fischerstadt Cáorle besitzt einen historischen Kern – sind die Orte Lido di Jesolo, Eraclea Mare und Bibione sicherlich nicht die reine Augenweide, aber trotzdem seit Jahrzehnten Anziehungspunkte für junge Familien – Kleinkinder können unbegrenzt im Sand buddeln oder im Niedrigwasser plantschen, während die etwas älteren Kids mit ihren Käschern blitzschnelle Fischchen jagen, bei Ebbe im hunderte Meter breiten Schlamm- und Schlickstreifen versteckte Garnelen orten oder im Familienverband die Spaßbäder und Vergnügungsparks aufsuchen, gegebenenfalls auch das topmoderne Thermalbad von Bibione. Viele alt gewordene Stammgäste kehren ebenfalls Jahr für Jahr wieder und sogar die Spaßgeneration hat die Adria wieder entdeckt – heißes Nachtleben, Events und Discos gibt es zuhauf. So hat die Region ihr Publikum, und da die Algenpest, die Rimini Ende der 1980er heimsuchte, hier nicht auftrat, konnten bislang alle touristischen Krisen problemlos bewältigt werden.

Nachbau einer traditionellen Schilfhütte, „casone“ genannt

Wer vom Meer genug hat, kann per Rad die Umgebung entdecken, für ausgedehnte Touren bieten sich alle Badeorte an. In ihrer Weite und Ausprägung erinnert die brettflache Landschaft an Holland – Wasserläufe und weite Lagunen, grüne Wiesen, endlose Felder und Pappelalleen bis zum Horizont, sogar die typischen Zugbrücken über die „Grachten“ sieht man hier und dort. Bis auf einige Naturoasen ist die Landschaft agrarisch vollständig erschlossen, hauptsächlich Gemüse- und Obstanbau wird hier betrieben. Inzwischen hat man einige geschützte Gebiete ausgewiesen, in denen sich die alte Küstenflora wieder ungestört entfalten kann, z. B. das „Valle Vecchia“ bei Cáorle (→ S. 344).

Litoranea Veneta: Die venetische Küste

Die „Litoranea Veneta“ ist eine eigentümliche Wasserlandschaft, die sich vom Podelta über die große Lagune von Venedig bis zum Golf von Triest erstreckt und durch ein jahrhundertealtes System von Kanälen miteinander verbunden ist. Eine Welt aus Wasser, schwimmenden Landstücken, flachen Sumpflandschaften, schmalen Kanälen, Sandbänken und Flüssen – geprägt ebenso von der Natur wie von den ständigen Eingriffen der Menschen, die sich hier Handels- und Transportwege bahnten. Ihre typische Vegetation ist das Seegras, eine ausdauernde Meerpflanze, die jungen Fischen und wirbellosen Tieren Unterschlupf und Schutz bietet. In der Nähe der Flussmündungen erstrecken sich breite Schilfgürtel, in denen Reiher und Sumpfrohrsänger brüten. In den fließenden Gewässern findet man eine Vielzahl von Wasserpflanzen, während entlang der Straßen und Deiche Weiden, Pappeln und Ulmen stehen. Nur noch an wenigen Stellen erinnert die Vegetation an den ursprünglichen Uferwald aus schweren alten Pinien.

Litorale del Cavallino (Marina di Venezia)

Der schmale, 15 km lange Festlandstreifen östlich von Venedig mit Zentrum Lido di Jesolo ist allsommerlich Mittelpunkt eines gigantischen Badebetriebs. An Wochenenden wälzen sich endlose Autoschlangen auf der „Strada Jesolana" zum viele Kilometer langen Sandstrand, in regelmäßigen Abständen sind außerdem Bushaltestellen eingerichtet. Die Landzunge ist mit Pineta, Pappeln und Erlen erfreulich grün, Dutzende Campingplätze gibt es hier, viele von ihnen gewaltig groß und mit allen erdenklichen Einrichtungen, zu denen die Stammgäste alljährlich gerne wiederkehren.

Punta Sabbioni, die Westspitze der Landzunge, liegt genau gegenüber von Venedig, der Vaporetto 14 pendelt mindestens stündlich zwischen Lido und Stadt (Dauer 40 Min. einfach, ca. 6 € hin und zurück). Speziell für Badeurlauber aus Jesolo und Umgebung die bequemste Venedig-Anfahrt, den PKW kann man auf zahlreichen bewachten Parkplätzen bei der Fährstation abstellen (ca. 7 € pro Tag).

• *Übernachten* ** **Camping Miramare**, Lungomare Dante Alighieri 29, ein für die Stadtbesichtigung sehr günstiger Platz, exakt 1 km von der Anlegestelle der Motorschiffe nach Venedig entfernt. Grünes, ruhiges und sauberes Gelände mit 650 Stellplätzen, über die Straße zum eigenen Strand. Ostern bis Anfang November. ✆ 041/966150, 📠 5301150, www.camping-miramare.it

**** **Marina di Venezia**, Via Montello 6, großer und sehr gepflegter Platz, einer der beliebtesten bei Venedig, der vor allem für Urlaub mit Kindern beste Möglichkeiten bietet. Große Poollandschaft, schöne Bungalows, Kinderanimation u. v. m. Von einem großen Automobilclub als „Superplatz 2004" ausgezeichnet. Mitte April bis Sept., ✆ 041/5302511, 📠 966036, www.marinadivenezia.it

**** **Union Lido Vacanze**, hervorragender Platz mit eigenem Naturpark, 5000 qm Wasserlandschaft, sieben Restaurants, 16 Sanitäranlagen, 25 Geschäften ... Ebenfalls „Superplatz 2004". ✆ 041/968080, 📠 5370355, www.unionlido.com

*** **Ca' Savio**, Mitte April bis September, weitläufiger Platz in der Pineta, großer Poolkomplex, Sportangebot, Miniclub, Restaurant. ✆ 041/966017, 📠 5300707, www.casavio.it

• *Essen & Trinken* **All'Ancora**, auf der Punta Sabbioni, wenige Meter von der Anlegestelle der Motorschiffe von und nach Venedig. Großes Lokal, das auf Pfählen direkt übers Wasser gebaut ist. Nicht selten kommen Besucher mit dem eigenen Boot von Venedig herübergetuckert, denn es gibt eine eigene Anlegestelle unterhalb der Plattform. Festpreismenü um die 16 €.

Trattoria Laguna, Via Pordelio 444, in Cavallino an der Lagune. Familie Ballarin bietet leckere hausgemachte Gerichte zu nicht gerade niedrigen Preisen. Do geschl. (Juli bis August nur mittags). ✆ 041/968058.

Da Achille, Piazza Santa Maria Elisabetta 16, auf dem Hauptplatz von Cavllino Treporti. Großes, alteingesessenes Lokal mit eigener Fischzucht. Mo geschl. (Juli bis August nur mittags). ✆ 041/968005

Lido di Jesolo

Der Traumstrand der fünfziger Jahren ist aktuell wie eh und je. Auf 15 km Länge ziehen sich Hotelfronten und schnurgerade Straßenzüge hinter einem oft bis zum letzten Liegestuhl gefüllten Strand aus feinstem Dolomit-Sand.

Vom Fischerdörfchen *Cortellazzo* an der Piave-Mündung über das üppig grüne *Jesolo Pineta* mit seinem halben Dutzend Campingplätzen und das geschäftig-urbane *Jesolo Centro* bis *Jesolo Faro* mit seinem weithin sichtbaren Leuchtturm an der Mündung des Flusses Sile erstreckt sich die gigantische Urlaubsmaschine. Verblüffend: Fast stundenlang kann man hier laufen (O-Ton Werbung: „Fußgängerzone Jesolos, mit 8 km die längste Europas"), es schaut alles irgendwie gleich aus. Trotzdem erfreut sich diese Mammutbadewanne ungebrochener Beliebtheit. Abwechslung in den Badealltag bringen die diversen Sport- und Spaßmöglichkeiten, Radausflüge ins nahe Lagunengebiet oder eine Motorschiff-Exkursion nach Venedig. Sogar ein Museum gibt es, nämlich das *Museo civico di storia naturale* (Stadtmuseum für Naturkunde) in einem früheren Schulgebäude an der zentralen Via Bafile. Die ausgestellten Vögel, Säugetiere, Fische, Mollusken und Krebstiere stammen aus ganz Europa, aber auch die Geologie und Geomorphologie der venezianischen Küste wird thematisiert.

Öffnungszeiten **Museo civico di storia naturale**, im Sommer 9–13, 15–23 Uhr, ✆ 0421/382248.

Information

APT Nr. 5 Jesolo-Eraclea, Piazza Brescia 13, zentral an der Via Aquileia. Großes Büro mit viel Material, darunter ein exzellenter Stadtplan und kleine Führer für Radtouren in die Umgebung. Es wird Deutsch gesprochen. Mo–Sa 9–19 Uhr, So geschl. ✆ 0421/370601, 📠 370608, www.jesolo.it

Übernachten

Hotels aller Preisklassen wie Sand am Meer – vom mondänen „Park Hotel Brasilia" bis zur Ein-Stern-Pension. Mindestaufenthalt von drei Tagen ist oft Bedingung, im Sommer außerdem oft Pflicht zur Halb- oder Vollpension. Relativ ruhig wohnt man im östlichen Ortsteil Jesolo Pineta.

Ecco – das ist Jesolo

**** **Casa Bianca al Mare**, Piazzetta Casa Bianca 1, ganz zentral, trotzdem sehr ruhig. 1923 erbaute Türmchenvilla im Liberty Stil, bevorzugte Lage direkt am Strand. Eins der ältesten Häuser am Ort, mit Privatpark, Pool und Restaurantterrasse, davor eigener Strandabschnitt. Exquisites Wohnen in teils mit Antiquitäten eingerichteten Zimmern. HP ca. 95–121 € pro Pers. ✆ 0421/370615, 📠 371659, www.hotelcasabianca.com

*** **Trevi**, Via Padova 26, Nähe Piazza Marina. Großes, gepflegtes Haus in zweiter Reihe am Strand, zu erkennen am auffallenden Wandfresko. Von Familie Saramin sehr aufmerksam und herzlich geführt, dementsprechend viele Stammgäste. Gutes Restaurant, Pool, Privatstrand, Unterwassermassage, Solarium, Parkplatz. DZ mit Frühstück ca. 58–85 €. ✆ 0421/971762, 📠 370948, www.hoteltrevivenezia.com

*** **Edelweiss**, Via Andrea Bafile 341, zentrale Lage Nähe Piazza Mazzini. Seit 1949 als Hotel in Betrieb, unten gediegen antik mit Polstermöbeln, die vierzig Zimmer modern eingerichtet, jeweils TV. Parkplatz, Privatstrand, Restaurant und Café. HP ca. 40–60 € pro Pers. ✆ 0421/370306, 📠 371538, www.edelweisshotel.it

• *Ferienwohnungen* Fast zwanzig Agenturen vermitteln Ferienwohnungen, z. B. **Adriatica**, Piazza Marconi, ✆ 0421/93202, ℻ 93203, www.adriaticaimmobiliare.com

• *Camping* Die meisten Zeltplätze liegen im östlichen Ortsteil **Jesolo Pineta**. Eine Ausnahme bildet der weiträumige *** **Camping International** am westlichen Ortsausgang, kurz vor dem Leuchtturm. Das großzügige und streng bewachte Baumgelände besitzt einen 5000 qm großen Poolbereich und ein komplettes Sportzentrum. ✆ 0421/971826, ℻ 972561, www.jesolointernational.it

Ebenfalls in Jesolo: Strandbar abseits vom Getümmel

Essen & Trinken/Nachtleben

• *Essen & Trinken* Obwohl das Essen von der Stange in Lido di Jesolo nahezu perfektioniert wurde und man in den hunderten von Abfütterungslokalen an der Via Bafile zu jeder Tages- und Nachtzeit alles bekommt, gibt es auch hier einige echte kulinarische Tipps.

Alla Darsena, im Ortsteil Jesolo Pineta, kurz vor Cortellazzo. Großzügiges Restaurant im Grünen, viele Sitzplätze im Freien, gute Fischgerichte, *fritto misto, zuppa di pesce* u. Ä. Etwas höhere Preise. Mitte Mai bis Mitte September tägl. geöffnet, sonst Mi und Do geschl.

La Taverna, mitten im Örtchen Cortellazzo an der Piave-Mündung. Gianni Bettio bietet täglich frischen Fisch und leckere Meeresfrüchte. Mo-Abend und Di geschl.

Il Vecchio Marina, Via Roma destra 120/c, etwas außerhalb in Richtung Littorale del Cavallino, sympathisch geführte Trattoria in einem restaurierten Landhaus, Fisch und Meerestiere auf venezianische Art. Mo geschl.

Alla Grigliata, Via Buonarroti 17, Holzhütte beim großen Wasserpark Aqualandia. Die Brüder Luigi und Manola bieten hier hervorragende Fleischgerichte aller Art – saftige Steaks, Grillspieße und Würste, alles über offenem Grill gebraten. Im Sommer tägl. geöffnet, sonst Mi geschl.

Il Fagiolo, Via Andrea Bafile 205, zwischen Piazza Drago und Piazza Brescia. Im Trubel Jesolos eine Rückbesinnung auf die venetische Küche – *pasta e fagioli, baccalà* und *seppie in umido*, aber auch Pizza vom holzbefeuerten Grill.

Der Leuchtturm: beherrschende Landmarke von Lido di Jesolo

Il Gatto Che Ride, Via Altinate 35, Zona Est, zwischen Piazza Milano und Piazza Torino (Tipp von Leser M. Benzing). „'Der lächelnde Kater' hebt sich vom kulinarischen Einheitsbrei angenehm ab. Buntes Art-Design, sehr leckere Fisch- und Fleischgerichte, auch die Pizza sieht toll aus. Persönlicher Service – Das Personal kennt einen auch noch zu vorgerückter Stunde bei einem Glas Guinness im Irish Pub."

Hemingway, Via dei Mille 38, vor allem an Wochenenden stark besucht, da hier eine gute bodenständige Küche geboten wird, die noch dazu recht preiswert ist.

• *Nachtleben* Den Ragazzi aus ganz Europa stellt sich an der Adria lediglich eine einzige Frage: Rimini oder Jesolo? Die Hauptstraße Via Andrea Bafile wird abends zur kilometerlangen Fußgänger- und Vergnügungszone, ein Ballungszentrum des Trubels ist die zentrale Piazza Mazzini. Ab Mitternacht locken gut zwanzig Discos, z. B. das legendäre **Matilda**, Via Bafile 362, das **Papaya**, Via Aquileia 176, das **Dolce Vita**, Via Mameli 115, das **Cuba Libre Café**, Via Buonarroti 15 und der **King's River Club**, Via Equilio 56.

Sound Garden Café, Via Aleardi/Piazza Mazzini, Rock Club mit häufiger Livemusik und Disco, tägl. 22–4 Uhr. Programm unter www.soundgardencafe.com

Terrazzamare, Alternative zu den teuren Discos – große, sehr beliebte Freiluftbar kurz nach der Einfahrt zum Camping Internazionale am Fluss Sile, der am Leuchtturm ins Meer mündet. Ab 23 Uhr ist es hier oft brechend voll, gute Kontaktmöglichkeiten, Eintritt frei.

La Caneva, Via Antiche Mura 13, gediegene Enoteca im alten Ort Jesolo, 4 km landeinwärts von Lido di Jesolo. Mauro Lorenzon bietet die besten Weine Venetiens, aber auch Tropfen aus aller Welt. Mi geschl.

Baden/Sport & Spiel/Fahrrad/Internet

• *Baden* Neben den kostenpflichtigen Liegestuhl- und Sonnenschirmreihen gibt es auch reichlich gebührenfreie Strandzonen, z. B. am **Westende** beim Leuchtturm und vor den Campingplätzen in **Jesolo Pineta**. In regelmäßigen Abständen liegen Strandbars, z. B. die freundlich geführte **Tapas Bar** kurz vor dem Leuchtturm.

• *Sport & Spiel* Spaßbaden im riesigen Wasserpark **Aqualandia** (Via Buonarroti 15), Ausgehen im **Luna Park Jesolandia** (Via Equilio), Abenteuer an Bord des Piratenschiffs **Jolly**

Roger, Tennis, Fußball, Basketball und Rollerskater im **Play Village** (Via Roma Destra), außerdem Minigolf, Bocciaspielhalle, Fitnesscenter, Hallenbad und die **Pista Azzurra** (Via Roma Destra), eine der weltweit größten Gokart-Bahnen (www.pista-azzurra.com).

• *Fahrrad* Eine schöne Tour führt am Rande des Lagunengebiets am Fluss Sile entlang. Verleih bei **MGE-Freeway**, Piazza Nember, **Basso Francesco**, Via Trentin, und **Good Bike**, Viale Venezia.

• *Internet* Internetcafés sind u. a. **Salagiochi Sirenetta**, Via Bafile 416, und **Jouer&Jouer**, Via delle Meduse 8.

Eine Fußnote der Geschichte

Der österreichische Rechtspopulist Jörg Haider wurde im Juli 2000 unter heftigen Protesten zum Ehrenbürger Jesolos ernannt. Der Bürgermeister des beliebten Urlaubsorts ist ein Ex-Mitglied der rechtsnationalen Lega Nord. Demonstranten lieferten sich Straßenschlachten in der Nähe des Rathauses, auch in Venedig kam es zu Protesten. Haider hatte vorgeschlagen, das Veneto und die Nachbarregion Friaul-Julisch Venetien sollten sich von Italien abspalten und mit Kärnten eine „Großregion“ bilden.

Eraclea Mare

Pluspunkt in diesem modernen Ferienort ohne Geschichte ist der mit 50.000 Bäumen größte Pinienwald an der oberen Adria, die Hotels und Feriendörfer liegen z. T. direkt in der Pineta. Der Strand davor ist im zentralen Bereich mit Steinmolen geschützt und erstreckt sich kilometerweit nach Osten bis Porto Santa Margherita bei Cáorle. Die große, völlig unbebaute und naturbelassene *Laguna del Mort* begrenzt Eraclea nach Westen hin bis zur Mündung des Piave.

Das „Centro di Educazione Ambientale Limosa“ ist im östlichen Ortsbereich in einem ehemaligen Obst- und Gemüselager untergebracht, aufgebaut von einer Gruppe engagierter junger Leute (→ S. 322). Hier kann man sich über Entstehung, Fauna und Flora der Küste informieren. Es gibt einen Infoschalter des IAT, außerdem einen Lehrpfad durch den Wald und die Dünen zum Strand, auch Ausflüge zur Laguna del Mort werden organisiert.

• *Öffnungszeiten/Preise* **Centro di Educazione Ambientale Limosa**, Via degli Abeti 2, Juni bis August Mi–Mo 9–17 Uhr, Di geschl., Sept. bis Mai jedes erste Wochenende im Monat Sa/So 9–17 Uhr. Eintritt ca. 1 €. ✆ 0421/66024 (c/o Coop. Limosa, ✆ 041/932003, ℻ 5384743, www.limosa.it).

• *Information* **IAT**, Via Marinella 56, am Ortseingang. Di–Sa 9–19, Mo 9–14, So 9–12, 15–18 Uhr. ✆ 0421/66134, ℻ 66500, www.aptjesoloeraclea.it

• *Übernachten* *** **Park Hotel Pineta**, Via della Pineta 30. Großes Gelände im Pinienwald, nur wenige Meter zum Strand. Zimmer im Haupthaus oder Residenzen, schattig, gut für Familien geeignet, hübscher Pool. HP pro Pers. 52–70 €. ✆ 0421/66063, ℻ 66196, www.parkhotelpineta.com

*** **Elisa**, Via della Pineta 8, gleich in der Nachbarschaft des Park Hotels, die gleichen Vorzüge der Lage. Moderne Zimmer mit TV. HP pro Pers. 40–60 €. ✆ 0421/66053, ℻ 66331.

*** **Marilù**, Via delle Rose 36, angenehmes Haus mit schöner Rasenanlage und Pool am Saum vom Pinienwald, Familie Mazzola spricht Deutsch. HP pro Pers. 50–65 €. ✆ 0421/66059, ℻ 66479, www.hotelmarilu.com

* **Lucia**, Via delle Rose 1, gegenüber vom Marilù, ebenfalls freundlich geführt von Familie Ruzzene, große Lokalterrasse. DZ mit Frühstück ca. 53–78 €. ✆ 0421/66085, ℻ 66085, www.hotel-helvetia.it

Villaggio California & Villaggio Settebello, Via delle Acazie 1, einfache Holzbungalows in einem ruhigen Teil des Pinienwaldes nah am Strand. ✆ 0421/66162, ℻ 66377 (Winter 0444614510).

*** **Camping Portofelice**, Viale dei Fiori 15. Schattiges Wiesengelände, allerdings 400 m landeinwärts vom Strand. Schöne, große Poolanlage, Fußball-, Basket- und Beachvol-

Provinz Venedig

leyballplatz, Miniclub, Internet Point, spezielle Sanitäranlagen für Kinder bis 10 Jahre. ✆ 0421/66411, 📠 66021, www.portofelice.it

• *Essen & Trinken* **Caravan Park**, Via Tra i Pini 72, ruhige Lage im Pinienwald, wenige Meter vom Strand, Spezialitäten sind Risotto und gegrillter Fisch.

Ristorante 33 Da Gianni, Via Tra i Pini 16, nettes Terrassenlokal, das einer Schilfhütte nachempfunden ist, Spaghetti, Risotto, Fisch.

** **Da Luigi**, im nahen Torre di Fine, Via Dante Alighieri 25. Familie Guitto bietet seit über zwanzig Jahren hervorragende Meeresküche, wobei besonderer Wert auf die Qualität der Zutaten gelegt wird. Mi geschl., außer Juni bis August. ✆ 0421/237407.

• *Sonstiges* **Erste Hilfe Station**, Via Dancalia 66, ✆ 0421/66224.

Fahrräder verleiht **Ferro**, Via delle Tuie (Seitenstraße der Via Dancalia), ✆ 0421/66077.

Kinderspielplatz **Gomma Spugna** an der Via Dancalia, abends 19–24 Uhr. ✆ 347-6064336 (Handy).

Reiten im **Circolo Ippico „Prima Rosa"**, Via Dancalia 152, ✆ 0421/66282.

▸ **Zwischen Eraclea Mare und Cáorle**: Die Urbanisationen *Duna Verde* und *Porto Santa Margherita* sind ebenfalls reine Feriensiedlungen und mit großen Marinas vor allem auf Urlauber mit eigenem Boot eingestellt. Porto Santa Margherita ist mit 800 Anlegestellen sogar Venetiens größter Hafen.

Cáorle

(ca. 12.000 Einwohner)

Wenn man die langen Hotelzeilen zu beiden Seiten des Orts außer Acht lässt, zeigt sich Cáorle als schmuckes Ferienstädtchen mit bunt getünchten Häusern, breiten Bummelgassen, hübschen „Campielli" (Plätzchen) und netten Fischerpinten. Der Kanal aus dem Hinterland endet in einem engen Hafen, ein Wald von Masten und Takelage mitten in der Stadt. Die Fischerboote kommen vormittags vom nächtlichen Fang zurück, oft wird direkt ab Boot verkauft. Im Sommer herrscht erheblicher Betrieb, bis tief in die Nacht sind die Plätze und Wege schwarz vor Menschen.

Cáorle war einst eine der bedeutendsten Städte an der oberen Adria, erst mit dem Aufstieg Venedigs büßte die Stadt ihre kulturelle und wirtschaftliche Stellung ein. Und wie Venedig war auch Cáorle eine auf Pfählen errichtete Lagunenstadt. Erst Anfang des 20. Jh. wurden die Kanäle zugeschüttet und sind seitdem Fußgängergassen. Dass die Häuser so farbenfroh gestaltet sind – nicht unbedingt typisch für die Badeorte der Adria – geht auf Anregung eines einheimischen Kunstmalers zurück. Zeugnis der früheren Bedeutung Cáorles ist die romanische Kathedrale *Santo Stefano* aus dem 11. Jh. mit ihrem frei stehenden, runden Glockenturm. Neben diversen Ölgemälden und Fresken gibt es über dem Altar eine byzantinische „Pala d'Oro", eine reich verzierte Gold- und Silberarbeit. Im kleinen Dommuseum kann man den Kirchenschatz besichtigen. Zum Meer hin erstreckt sich ein breiter Promenierdamm, der den Ortskern gegen Wind und Wellen schützt. Die aufgeschütteten Felsbrocken aus weißem istrischem Kalk wurden von jungen Künstlern zu originellen Skulpturen gestaltet, bei einem Bummel trifft man auf die unterschiedlichsten Gesichter, Tierfiguren und Fantasiegestalten. Am Westende des Uferdamms steht die Kirche *Madonna dell'Angelo*. Die benachbarte kleine Grünfläche mit dem malerischen Strandblick fungiert als beliebter Picknickplatz.

Beiderseits vom Ort liegen kilometerlange Sandstrände, die auch im Hochsommer nicht vollständig überlaufen sind. Im Westen zieht sich die *Spiaggia di Ponente* bis zur Mündung des Flusses Livenza, der mit der Autofähre überquert werden kann oder auf einer Brücke im Hinterland. Im Osten reicht die breite, im weiten Bogen gekrümmte

Künstlerisch: Der Promenierdamm von Cáorle

Spiaggia di Levante bis zur Einfahrt in die *Laguna di Cáorle*. Nur der ortsnahe Anfang ist dabei mit kostenpflichtigen Liegestühlen und Schirmen belegt, danach findet man endlos Platz und kann genüssliche Strandspaziergänge unternehmen.

Öffnungszeiten/Preise **Museo del Duomo**, Sommer Sa/So 20–22, So auch 10–12 Uhr.

Information/Sonstiges

- *Information* **APT**, Calle delle Liburniche 16, etwas versteckt in einer kleinen Gasse im Zentrum (zwischen Ende des Fischerkanals und Hauptgasse). In der Hauptsaison durchgehend 8–20 Uhr geöffnet. Reichlich Prospektmaterial, Auskünfte in deutsch. ✆ 0421/81085, 📠 218623, www.caorleturismo.it, www.infocaorle.it, www.caorlemare.it
- *Shopping* kleiner, überdachter **Fischmarkt** beim Fischerhafen am Ende vom Kanal (Kreisverkehr).

  Obst- und Gemüsemarkt ist am Samstag.
- *Ausflüge* Mit dem **Orient Express**, einem kleinen touristischen Zug auf Gummireifen, durch Cáorle und Umgebung tuckern, abends Fahrten bis 24 Uhr. Oder auf den Spuren Hemingways durch die **Lagunen** gleiten – täglich fahren Motorschiffe durch die Schilfkanäle hinter dem Porto di Falconera (ca. 14 €).

  Weiterhin gibt es tägliche Bootsfahrten ins nahe **Venedig** (ca. 24 €), zu den Inseln der **venezianischen Lagune** (ca. 28 €) sowie **Nachtfahrten** vor Cáorle (ca. 10 €). Alle Boote starten im Fischerhafen.
- *Feste* **Cáorle vivistoria**, am dritten Sonntag im September, nachgestellt wird in historischen Kostümen die Befreiung der Dorffrauen aus Piratenhand.

Übernachten

Die Altstadt ist für die Einheimischen reserviert, fast alle Hotels reihen sich in den gesichtslosen Neubauvierteln hinter den beiden Stränden – nur über die Straße und man ist am Meer (kostenpflichtige Badeanstalten). In „zweiter Reihe", also ohne Seeblick in den Parallelgassen zur Strandstraße, sind die Unterkünfte etwas günstiger. Am besten besorgt man sich bei der Info-Stelle Hotelliste und Stadtplan und studiert dann das Preis-Leistungs-Lage-Verhältnis. Im Sommer herrscht in praktisch allen Häusern Pensionspflicht.

**** **Airone (11)**, Via Pola 1, eins der letzten Hotels im Osten, kurz vor den Campingplätzen in der Pineta. Gepflegt und modern, schöner Garten, zwei Pools (einer mit Rutschen), Tennis, Minigolf und privater Strandabschnitt. DZ mit Frühstück ca. 130–153 €. ✆ 0421/81570, ℻ 82074, www.airone-hotel.com

*** **Sara (7)**, Piazza Veneto 6, ganz zentrumsnah, insofern etwas Verkehr in der Nähe, gleichzeitig nur wenige Meter von der Spiaggia di Levante, von Familie Gusso nett und familiär geführt. DZ mit Frühstück ca. 80–100 €. ✆ 0421/81123, ℻ 210378, www.sarahotel.it.

*** **Marco Polo (5)**, Via L. dal Moro, am Beginn der Spiaggia di Ponente, nur wenige Meter vom Zentrum, modern und gemütlich aufgemacht, Blick auf den Strand. DZ mit Frühstück ca. 76–100 €. ✆ 0421/81205 (Winter 0421/81950) ℻ 210200, www.hotelmarcopolocaorle.it

*** **Splendid (6)**, Viale Santa Margherita 31, westlich vom Zentrum, unten sehr schicke und gediegen aufgemachte Halle, Zimmer ordentlich, Sonnenterrasse mit kleinem Pool und Blick über Strand und Meer. DZ mit Frühstück ca. 80–110 €. ✆ 0421/81316, www.splendidhotel.it

*** **International Beach Hotel (8)**, Viale Santa Margherita 57, ebenfalls an der Westseite von Cáorle, aufmerksam geführtes Haus mit ausgezeichneter Küche (auch bayer./österr. Abteilung), Pool und kostenlosem Radverleih. DZ mit Frühstück ca. 80–115 €. ✆ 0421/81112, ℻ 211005, www.internationalbeachhotel.it

Belgau (2), Privatzimmer am Campo degli Oriondi mitten im Zentrum. ✆ 0421/81957.

• *Außerhalb* **Agriturismo San Gaetano**, Bauernhof an der Durchgangsstraße im gleichnamigen Weiler, 3 km landeinwärts von Cáorle. 6 Zimmer (DZ ca. 60–70 €) und Einkehrmöglichkeit mit 60 Sitzplätzen (nur Fr, Sa, So). ✆ 0421/88136.

Siehe auch **Valle Vecchia**, S. 344.

• *Camping* Am Oststrand liegen drei Campingplätze, der breite Strand ist dort nicht mit kostenpflichtigen Liegestuhlreihen voll gestellt.

* **Sole (10)**, kleiner Platz in der schattigen Pineta, direkt am hier sehr breiten Strand. ✆ 0421/81908, ℻ 0434/208703.

** **Laguna Village (10)**, 2 Fußminuten vom Meer entfernt, dichte Pineta und Pappeln, Kinderspielgeräte. ✆ 0421/210165, ℻ 217085, www.campinglagunavillage.com

** **Falconera (10)**, am Ende des Oststrands, an der Einfahrt zur großen Lagune. Einfacher Platz mit Stellplätzen unter schattigen Pappeln, gute Sanitäranlagen (Warmwasser gratis), mehrere Pizzerien gleich vor dem Eingang. Günstige Nebensaisonpreise. Allerdings Mückenproblem. ✆ 0421/84282, ℻ 210018.

* **Santa Margherita (9)**, der einzige Zeltplatz am Weststrand, nah an der Livenza-Mündung, lang gezogenes schattiges Gelände, teilweise hüglig, zum Meer hin Dünen. ✆ 0421/81276, ℻ 83434.

**** **Centro Vacanze Pra'delle Torri**, etwa 3,5 km westlich vom Zentrum, Pluspunkt dieser großen Ferienanlage mit Hotel, Bungalows und Zeltplatz ist die großzügige Poollandschaft mit mehreren Becken, Rutsche und Whirlpool. ✆ 0421/299063, ℻ 299035, www.pradelletorri.it

Der romanische Campanile zeugt von der früheren Bedeutung Cáorles

Essen & Trinken

Cáorles große Fischerflotte bringt täglich Beute in den Ort. Die Restaurants servieren Fisch und Meerestiere sowie den typischen *broeto* (Fischsuppe) mit Polenta. Im Sommer sind die zentral gelegenen Restaurants allerdings überfüllt und die Preise hoch.

Duilio (12), Strada Nuova 19 (im Hotel Diplomatic), beliebtes Fischrestaurant etwas landeinwärts vom Zentrum. Hübsch zum Sitzen, ausgezeichnete Essensqualität und große Weinkarte. Etwas höhere Preise. Juni bis Sept. tägl. geöffnet, sonst Mo geschl. ✆ 0421/210361.

All'Anguila (4), Calle Falconera, wenige Schritte von der Piazza Pio X, aufmerksam geführtes Restaurant, Sitzplätze im Hof und im liebevoll maritim ausgestatteten Innenraum. Gute Meeresküche: Muscheln, Krabben, Krebse usw.

De Mauri (3), urige Fischtrattoria an der stimmungsvollen Piazza Mauri, wenige Meter vom Dom. Draußen einfache Holzbänke, drinnen Ölschinken an den Wänden und Weinkaraffen an der Decke.

Alla Rotonda (1), Pizzeria am etwas versteckt gelegenen Campo degli Oriondi mitten im alten Zentrum, große Pizzen, relativ günstig. Mi geschl.

Al Bucaniere, Via dei Casoni 24, wenige Schritte hinter Camping Falconera an der Einfahrt zur Lagune. Großes, im Stil der traditionellen Fischerhütten (casoni) aufgemachtes Fischlokal, authentisch und originell.

• *Außerhalb* **Alla Rotonda**, großes, luftiges Lokal an der Abzweigung nach San Michele al Tagliamento bzw. Portogruaro. Im Grünen gelegen, geeignet für Familien mit Kindern, viel Platz, Spielgeräte und gute, nicht zu teure Pizza.

Da Nico, gemütliche kleine Trattoria beim winzigen Weiler San Gaetano, wenige Kilometer landeinwärts von Cáorle.

Weitere Tipps unter **Valle Vecchia**.

• *Cafés* Zahlreiche große Eiscafés konkurrieren in der Fußgängerzone miteinander. Mal einen *sgropin* versuchen – halb flüssiges Vanille- und Zitroneneis mit einem Schuss Prosecco.

• *Unterhaltung* **Al Muretto**, Musikpub in erster Reihe vor dem Damm.

Im Fischerhafen von Cáorle

Cáorle/Umgebung

Die weit verzweigte *Laguna di Cáorle* östlich vom Ort steht unter Naturschutz. Vom Camping Falconera aus kann man landeinwärts entlang der Lagune spazieren gehen und die typischen „Casoni" betrachten. Die verschilften Wasserwege, die „Valli", kann man auch mit Ausflugsbooten durchkreuzen – bis zur angeblichen „Hütte Hemingways", der der Lagune in seinem Roman „Across the river and into the trees" („Über den Fluss und in die Wälder") ein Denkmal gesetzt hat.

Valle Vecchia: „Natura Nuova"

Zwischen den Lagunenzuflüssen Porto di Falconera und Porto di Baséleghe erstreckt sich das *Valle Vecchia*, ein 800 Hektar großes, unbesiedeltes Küstengebiet, das durch einen Kanal zwischen Lagune und Porto di Baséleghe zur Insel wurde. Davor liegt die lange, urwüchsige *Spiaggia di Valle Vecchia*. „Natura

Ritrovata", wieder gewonnene Natur, ist das Schlagwort, unter dem man daran gegangen ist, hier ein Stück Küste zu bewahren, wie es vor der Touristeninvasion aussah. Die naturzerstörende Kraft des Fremdenverkehrs wird einem hier besonders bewusst.

Zu erreichen ist das Valle Vecchia auf einer 15 km langen Zufahrt, die von der Straße nach San Michele al Tagliamento abzweigt und hinter Bussa in eine Piste übergeht. Sie endet an einem im Sommer gebührenpflichtigen Parkplatz direkt hinter der Küstenpineta. Durch die Pineta führt ein Zugang zum dünigen Strand, der im Frühsommer oder Herbst ein erholsames Ziel abseits vom Rummel darstellt. Schön ist hier der Blick hinüber nach Cáorle. Ein beschilderter Lehrpfad erklärt nach dem Motto „Valle Vecchia = Natura Nuova" die verschiedenen Erscheinungsformen der Flora, vom düsteren alten Pinienwald bis zum vielfältigen Dünenbewuchs.

Übernachten: Case Arc, neue Apartments am südlichen Ortsende von Brussa, hübsch gemacht, jeweils mit Terrasse. ✆ 0421/211896.
Zimmer gibt es im Ristorante Da Nino, ✆ 0421/705018, und im Agriturismo Pieretti, Via Inferno, ✆ 0421/84120.

Essen & Trinken: Mazarak, kurz bevor man die Spiaggia di Valle Vecchia erreicht, überquert die Straße einen Lagunenarm. Unmittelbar davor zweigt man rechts ab und erreicht nach hundert Metern das einsam gelegene und sehr preiswerte Restaurant, wo man z. B. *polenta e pesce* genießen kann. ✆ 0421/84119. Mi geschl.

Sonstiges: Fahrradverleih beim Ristorante Ai Gabbiani, Strada Brussa. ✆ 0421/84114.

Bibione (ca. 1600 Einwohner)

Zehntausende von Bambini bauen Sandburgen und plantschen im seichten Uferwasser. Bibione ist ein großzügiger, seit Jahrzehnten beliebter und sehr gepflegter Familienbadeort. Er besitzt zwar keinerlei historischen Kern, dafür einen großen Pinienwald und einen 10 km langen, bis zu 300 m breiten und weißen Sandstrand, hinter dem auf mehreren Kilometern ein Fußgänger- und Fahrradweg verläuft, der „Lungomare". Hinter dem Ortsgebiet erstreckt sich ein System von großen Lagunenseen.

Die hübsche Pappelallee Viale Aurora zieht sich als Hauptstraße durch den ganzen Ort und passiert dabei das hochmoderne Thermalbad „Bibione Thermae", zu erkennen am großzügigen Springbrunnen am vorgelagerten Kreisverkehr. Geschäfte und Lokale werben mit deutscher und italienischer Aufschrift, vom „Friseur" bis zur „Eisdiele" und „Gaststätte" ist alles vertreten. Zahlreiche Bars und Discos sorgen abends für Kurzweil, es gibt den großen Zoo „Punta Verde" mit etwa 1500 Tieren, einen Erlebnispark namens „Gulliverlandia" mit Aquarium und Aussichtsturm, das Piratenschiff Jolly Roger, einen Luna Park mit Riesenrad, den Wasserpark „AquaSplash" einen Miniclub in jedem Strandabschnitt und vieles mehr ... Auch Radfahrern hat die Umgebung einiges zu bieten. So kann man auf dem äußeren Fahrradring landeinwärts des großen Lagunengürtels die typischen schilfgedeckten „Casoni" besuchen oder den besonders hübschen, etwa 5 km langen Ausflug zum Anfang des 19. Jh. erbauten Leuchtturm an der Mündung des Tagliamento zu unternehmen, dem Grenzfluss zur Region Friaul-Julisch Venetien. Es gibt keine Straße dorthin, also auch keinen Autoverkehr und abends kann man herrliche Sonnenuntergänge erleben.

• *Information* Viale Aurora 101, an der Hauptstraße. Sachkundig und sehr geduldig werden die Gäste mehrsprachig bedient. Tägl. 8–20 Uhr. ✆ 0431/442111, ✆ 439997, www.bibione.com

• *Übernachten* Am Kreisverkehr an der Ortseinfahrt liegt **ABA**, die Agentur des Hotelierverbands von Bibione, wo Zimmer vermittelt werden. ✆ 0431/430101, ✆ 439939, www.abaviaggi.it

Am folgenden Corso del Sole reiht sich eine Vermittlungsagentur an die andere, darunter die alteingesessene **Casa Mare**, Corso del Sole 94, ✆ 0431/430303, ✆ 439069, www.casa-mare.it

*** **Mediterranee**, Via degli Asfodeli 5, am Westende von Bibione Pineda, komfortable Bleibe mit schöner Halle, Außenpoolanlage und Hallenbad, Beauty- und Wellnessbereich, Frühstück mit Bioecke, gute Küche. VP pro Pers. ca. 65–104 €. ✆ 0431/437015, ✆ 437963, www.mediterranee.it

*** **San Marco**, Via delle Ortensie 2, ruhige Lage im westlichen Ortsteil Pineda, hübscher Garten mit schattigen Bäumen und Pool, nur wenige Meter zum Strand, kostenlose Gästefahrräder. HP pro Pers. ca. 55–70 €. ✆ 0431/43301, ✆ 438381, www.sanmarco.org

*** **Franz**, Via Alemagna 2, westlich des großen Thermalbades, nettes Haus mit gemütlichem Barbereich und hübschem Pool im Garten, nicht weit zum Strand. Zimmer nicht sehr groß, aber weitgehend mit kleinem Balkon. HP pro Pers ca. 45–60 €. ✆ 0431/438195, ✆ 43518, www.hotelfranzbibione.it

*** **Ariston**, Corso Europa 98, von Familie Panzarin ordentlich geführtes Haus nicht weit vom Strand und 150 m von den Thermen. Garten mit Pool und Kinderbecken, Zimmer mit TV und Balkon, z. T. Meerblick. Große, überdachte Terrasse und Restaurant. HP pro Pers. ca. 47–68 €. ✆ 0431/43138, ✆ 438301, www.hotelaristonbibione.it

* **Garni Lele**, Via Croce del Sud 28, zentrale Lage, Zimmer mit Balkonen, Frühstücksterrasse im ersten Stock. DZ mit Frühstück ca. 50–75 €. ✆ 0431/43261, E-Mail: hotel.lele@libero.it

• *Camping* Vier große Plätze buhlen um die Gunst der Besucher, alle liegen direkt am Strand.

**** **Internazionale**, Via delle Colonie 2, komfortabler Platz in der Pineta, aber auch Wiesenplätze mit wenig Schatten. Großer Pool mit Rutsche, außerdem Kinderspielplatz, Disco, Kino, Tennis u. v. m., von einem

Viel Luft und Platz: kilometerlange Sandstrände in Bibione

Automobilclub als „Superplatz 2004" ausgezeichnet. ✆ 0431/442611, 📠 43620, www.vti.it
Weiter westlich folgen die Plätze *** **Il Tridente** (✆ 0431/439600, www.iltridente.com) und ** **Lido** (✆ 0431/438480, 📠 439193, www.campinglido.com).

**** **Capalonga**, großes, bestens ausgestattetes und gut beschattetes Gelände in toller Lage am Westende der Halbinsel von Bibione, direkt zwischen Strand und Lagune. 170 Bootsliegeplätze, Exkursionen in die Lagune können gebucht werden.
✆ 0431/438351, 📠 438370,
www.capalonga.com

• *Essen & Trinken* Restaurants in Seitenstraßen oder außerhalb sind in der Regel preiswerter als im Zentrum. Im Sandboden um Bibione wächst ein feiner, weißer Spargel, den man zur entsprechenden Jahreszeit einmal kosten sollte.

Al Ponte, Via Pineda 1, am Ortseingang von Bibione, bei der Schwenkbrücke, in der Nähe der Abfahrt nach Lignano. Große, grüne Oase beim Tagliamento, ideal für Familien, eigener Landungssteg, Spielplatz.
✆ 0431/430322.

Ai Casoni, herrliche Lage in Porto Baseleghe am Westende der Halbinsel von Bibione, direkt an der Lagune. Im Ambiente alter Fischerhütten („casoni") werden venetische Fischspezialitäten serviert, dazu kann man den Sonnenuntergang erleben. April bis Okt. (April, Mai und Okt. Mo geschl.). ✆ 0431/438556.

• *Nachtleben* **Zonzozoo**, in Bibione Pineda, Via degli Ontani, große Diskothek mit Terrasse zum Strand.

Cocobongo, Via di Lauri, gleich neben Zonzozoo, Cocktails, mexikanische Küche und häufig Livemusik. ✆ 0421/43448.

• *Sonstiges* **Ärztliche Notaufnahme**, Via Maja, ✆ 0431/439803; **Ärztliche Beratungsstelle** in Bibione Pineda, Viale Ginepri, ✆ 0431/43 82 48.

Bibione Thermae, großes, topmodernes Bad mit Außen- und Innenbereich. Das natriumkarbonat- und fluoridhaltige Mineralwasser entspringt in 400 m Tiefe bei einer Temperatur von 52 Grad. Fitnesszentrum und Kurbetrieb, Bade-, Schlamm- und Inhalationstherapie, türkische und römische Dampfbäder, Unterwassermassagen u. v. m. – aber auch einfach nur das Vergnügen am warmen Wasser. Eintritt ins Schwimmbad 9,50 € (sonntags 10,50 €), Sauna und türkisches Bad dasselbe. ✆ 0431/441111, 📠 441199, www.bibioneterme.it

Markttag ist Dienstag.

• *Feste* Bibione liegt am Rand des Weinbaugebiets Lison–Pramaggiore (→ Kasten). Jedes Jahr im September wird die Weinlese mit einem großem Fest gefeiert. Dabei werden viele der lokalen Weine zur Verkostung angeboten.

Veneto-Weine aus Lison–Pramaggiore

Das Weinbaugebiet „Lison–Pramaggiore" erstreckt sich um den Tagliamento-Fluss und im weiteren Umland von Portogruaro und ist eins der modernsten Italiens. Verantwortlich für die besondere Qualität der hiesigen Weine ist der besonders kalkhaltige Boden, entstanden durch die Überschwemmungen des Flusses, der im Lauf der Jahrtausende gewaltige Mengen von kalkhaltigen Tonpartikeln ablagerte. Für den Tocai gab es die kontrollierte Ursprungsbezeichnung „Lison" bereits seit 1971. Danach bekamen 1972 die Weine Merlot und Cabernet die kontrollierte Ursprungsbezeichnung „Pramaggiore". Inzwischen haben viele weitere Tropfen das Prädikat verliehen bekommen, das zur Bezeichnung „Lison–Pramaggiore" zusammengefasst wurde. Im Rahmen dreier Weinstraßen, genannt „Strade dei Vini dei Dogi", kann man das Weingebiet um Portogruaro kennen lernen (Verlauf der Straßen siehe unter www.lison-pramaggiore.it). Mit dem Markuslöwen sind die Weingüter, Restaurants, Bars und Osterie gekennzeichnet, die der Schutzgemeinschaft angehören und wo man die „Lison–Pramaggiore"-DOC-Weine probieren und kaufen kann.

Wassermühle im Zentrum von Portogruaro

Adriaküste/Hinterland

Portogruaro (ca. 25.000 Einwohner)

Ruhiges historisches Städtchen im östlichen Veneto, ca. 30 km landeinwärts der Adria, schönes Ziel für einen Ausflug von einem der nahen Badeorte Cáorle, Bibione und Lignano (Friaul-Julisch Venetien).

Ins Zentrum des ehemaligen Handelsstädtchens, das über Kanäle mit der Lagune von Venedig verbunden war, gelangt man durch eines der drei erhaltenen Tore der früheren Stadtbefestigung – *Porta San Gottardo*, *Porta San Giovanni* und *Porta Sant'Agnese*. Der sympathische Altstadtkern gruppiert sich um die beiden arkadengesäumten Hauptstraßen Via del Seminario und Corso Martiri della Libertà mit zahlreichen Palazzi aus Mittelalter und Renaissance. Zentrum des Corso Martiri della Libertà ist die palmenbestandene Piazza della Repubblica. Der gotische *Palazzo Municipale* bildet hier mit Schwalbenschwanz-Zinnen und Außentreppe einen malerischen Blickfang, daneben thront der mächtige *Dom* mit beachtlich schiefem Glockenturm. Wenige Schritte hinter dem Dom findet man ein besonders malerisches Fleckchen am Flüsschen Lémene, das in mehreren Armen die Stadt durchzieht und nördlich von Cáorle in die Lagune mündet: eine Loggia mit dem hübschen, kleinen *Oratorio della Pescheria* – eine Kapelle, erbaut 1627 von Fischern aus Cáorle, die damit dem Fischreichtum von Fluss und Lagune Respekt zollten – und zwei alte Mühlen unter prächtigen Trauerweiden. Einen Besuch wert ist das liebevoll gestaltete *Museo Archeologico Nazionale Concordiese* in einer dreischiffigen Basilika in der Via del Seminario 22. Hier sind hauptsächlich Funde aus der nahen Römerstadt Concordia Sagittaria ausgestellt.

Auf der Piazza della Repubblica

• *Öffnungszeiten/Preise* **Museo Archeologico Nazionale Concordiese**, tägl. 9–20 Uhr, Eintritt ca. 2 €, unter 18 und über 65 J. frei.

• *Information* Corso Martiri della Libertà 19, Mo–Fr 9–13, Sa 9–12 Uhr. ✆ 0421/73558, 📠 72235.

• *Übernachten* *** **Antico Spessotto**, Via Roma 2/Ecke Via Garibaldi, zentrale Lage wenige Schritte vom Dom. Liebevoll gepflegtes Haus im venezianischen Jugendstil, bereits vor fast hundert Jahre eröffnet. Zimmer mit TV und Mini-Bar, gutes Restaurant (Mo geschl.) und Parkplatz. DZ mit Frühstück ca. 60–75 €. ✆ 0421/71040, 📠 71053, www.hotelspessotto.com

• *Essen & Trinken* **Tre Scalini**, neben der Fischerkapelle am Fluss (→ oben), Innenraum mit Kupfergeschirr hübsch dekoriert, anerkannt gute Küche. Etwas trinken kann man auch draußen unter einem Sonnenschirm, fast direkt am Flussufer. Di geschl.

Antico Pozzo, schöne zentrale Lage am Hauptplatz, Pizzeria mit schattigen Außentischen, benannt nach dem benachbarten Brunnen.

All'Ombra della Torre, kleine, mit viel Holz eingerichtete Trattoria "im Schatten" der Porta San Giovanni, hinten hinaus winzige Terrasse zu einem Kanal. Spezialisiert auf Nudelgerichte.

Osteria al Campanile, hübsche Osteria/Bar mit Holzbalkendecke hinter dem Dom, einige Plätze auch im Freien. Warme Küche nur mittags. Mo geschl.

Enoteca ai Mulini, um die Ecke der „Osteria al Campanile", *cichetti* (Appetithappen), *insalatone* und Pasta.

▸ **Concordia Sagittaria**: Das offen und luftig gebaute Landstädtchen liegt südlich von Portogruaro am Fluss Lémene, der im östlichen Ortsbereich eine malerische Uferlandschaft bildet, auf der Gondeln treiben. In römischer Zeit kreuzten sich hier zwei Heerstraßen und es entwickelte sich ein wichtiger Militärstützpunkt, in dem Pfeile produziert wurden (Pfeil = „sagitta").

An einem weiten, offenen Platz im Zentrum steht die *Kathedrale* aus dem 15. Jh., im Inneren sind Säulenkapitelle, Skulpturen und Sarkophage aus römischer Zeit ausgestellt. Das benachbarte romanische *Baptisterium* in Form eines griechischen Kreuzes ist mit mittelalterlichen Fresken ausgemalt. Besonders sehenswert ist aber unter der Piazza die großflächige Ausgrabung der frühchristlichen *Basilica Apostolorum* aus dem 4. Jh., als das Städtchen Bischofssitz war. An der westlichen Ausfallstraße nach San Giusto finden sich außerdem Reste einer römischen *Flussbrücke* aus dem 2. Jh. n. Chr.

Öffnungszeiten/Preise **Basilica Apostolorum**, tägl. 9–19 Uhr, Eintritt frei.

▸ **Summara**: 3,5 km westlich von Portogruaro steht die Pfarrkirche *Santa Maria Assunta* (13. Jh.) mit Resten einer Benediktinerabtei und dem Grundriss einer Basilika aus dem 11. Jh. Im Inneren finden sich kürzlich restaurierte mittelalterliche Fresken verschiedener Jahrhunderte.

▸ **Sesto al Reghena**: 10 km nördlich von Portogruaro steht die ehemalige Benediktinerabtei *Santa Maria in Sylvis* bereits in der Region Friaul-Julisch Venetien. Die wehrhafte Anlage aus langobardischer Zeit mit ihrem schönen weiten Hof und dem dahinterliegenden ruhigen Park war einst von einer Mauer umgeben, erhalten ist davon noch der Torturm samt Wassergraben. Bevor man die Kirche betritt, durchquert man eine ungewöhnlich tiefe Vorhalle mit einigen Fresken, in der Architekturfragmente und Gemälde im Stil Giottos ausgestellt sind. Die romanische Kirche selbst ist vollständig mit mittlerweile allerdings recht verblaßten Fresken ausgemalt, bemerkenswert ist „Christus am Baum des Lebens" im südlichen Querschiff. In der Krypta unter dem erhöhten Chor steht der mit Reliefschnitzereien verzierte Marmorsarkophag der heiligen Anastasia aus dem 8. Jh.

Öffnungszeiten/Preise tägl. 8–12, 15–18.30 Uhr. ✆ 0434/699014.

Die Klosterkirche von Santa Maria in Sylvis ist vollständig mit Fresken ausgemalt

In Aquileia (Friaul): größter Mosaikboden aus frühchristlicher Zeit

Ausflug nach Friaul-Julisch Venetien

Lignano, der Nachbarort Bibiones, ist neben Lido di Jesolo die größte Badestadt der oberen Adria. Er gehört bereits zur Region Friaul-Julisch Venetien und wird durch den Fluss Tagliamento von Bibione getrennt, eine große Brücke führt hinüber.

Ein vielleicht interessanteres Ziel ist weiter östlich **Marano Lagunare**, ein sympathisches Örtchen in reizvoller Lagunenlandschaft, das durch einen langen Kanal, der als Fischerhafen dient, mit der Lagune verbunden ist. Durch eine kleine Fußgängerzone gelangt man auf die zentrale Piazza Vittorio Emanuele, die heimelig wie ein Wohnzimmer wirkt. Am westlichen Ortsrand wurde das Naturschutzgebiet *Valle Canal Novo* eingerichtet, das von der Piazza in wenigen Minuten zu erreichen ist. Der Spaziergang durch die romantische Lagunenlandschaft, über Holzbrücken durch mannshohes Schilf und vorbei an schnatternden Entenfamilien lohnt sich allemal. Am Ende des Wegs trifft man auf ein nach Art der traditionellen Schilfhütten („Casone“) gebautes Haus, das eine kleine Dokumentation zur Lagune beherbergt und als Beobachtungspunkt dient (Februar bis Mitte Juni Di–So 9–17, Sa 9–18, So 9–19 Uhr, Mo geschl.; Mitte Juni bis Mitte Sept. Di 9–13.30, Mi–So 9–13.30, 16–20 Uhr, Mo geschl., Mitte Sept. bis Jan. Di–So 9–17 Uhr, Mo geschl.; Eintritt ca. 3 €).

Am Weg in den Badeort Grado liegt **Aquileia**. Das heute unbedeutende Städtchen am stillen Flusslauf war in der Antike wirtschaftliches Zentrum der oberen Adria und zeitweise eine der größten Handelsstädte des römischen Imperiums, Überreste des Forums und der Hafenanlagen sind erhalten. Größte Sehenswürdigkeit ist aber die monumentale romanische Basilika mit ihrem einzigartigen Mosaikboden. Er stammt aus dem 4. Jh. und gilt mit seinen 760 qm als das bedeutendste und größte frühchristliche Mosaik Europas. Eine Besichtigung ist über Stege mit Glasböden möglich. Dargestellt sind hauptsächlich Meeresszenen in erstaunlich realistischer Weise: u. a. Engel und Apostel, die auf Fischfang gehen (bekante christliche Symbolik), die Episoden um Jonas, der von einem Ungeheuer verschlungen (Tod Christi) und wieder ausgespien wird (Auferstehung), der Kampf von Hahn (Christus) und Schildkröte (Mächte der Finsternis), außerdem Fische und Meerestiere aller Art. Die *Cripta degli Affreschi* unter dem Altar ist mit hübsch bunten, naiv anmutenden Fresken des 12. Jh. ausgemalt, während die lang gestreckte *Cripta degli Scavi* links vom Kirchenschiff weitere weitläufige Mosaikböden besitzt (Mai bis Okt. tägl. 8.30–19 Uhr, Nov. bis April 8.30–12.30, 14.30–17.30 Uhr. Eintritt in die Kirche frei, Sammeleintritt für beide Krypten ca. 3 €). Auf der anderen Seite der Durchgangsstraße liegt das *Museo Archeologico* (Eingang Via Roma 1), das wichtigste seiner Art im Friaul, mit zahlreichen Funden aus römischer Zeit, darunter beachtliche Skulpturen und Porträtköpfe, aber auch Münzen, Bernstein und Glas (Di–So 8.30–19.30, Mo 8.30–14 Uhr. Eintritt ca. 4 €, 18–25 2 €, unter 18 frei).

Das ehemalige schlichte Fischerdorf **Grado** liegt mit seinen langen Sandstränden weit draußen in der Lagune, man erreicht es über einen kilometerlangen Autodamm. Es ist zu einer modernen Badestadt gewachsen, deren verwinkelter historischer Kern aber ausgezeichnet erhalten und durch einen begehbaren Damm zum Meer hin geschützt ist. Bereits zur k.u.k.-Zeit genoß Grado einen guten Ruf als Thermalkurort und auch heute noch hört man hier alle Klangfarben österreichischer Dialekte. An einem freien Platz im alten Zentrum erhebt sich die Pfarrkirche *Sant'Eufemia*, ein großer Backsteinbau aus dem 6. Jh., deren gesamter Innenraum von einem herrlichen Mosaikboden eingenommen wird. Gleich daneben stehen gewaltige römische Sarkophage und ein großes, helles *Baptisterium*. Wenige Schritte entfernt steht die Kirche *Santa Maria delle Grazie*, in der eine Marienstatue verehrt wird. Ihr ursprünglicher Boden – ebenfalls ein Mosaik – liegt ein ganzes Stück tiefer als der heutige und ist mit Gittern abgesperrt. Am Fischerhafen beginnt die Flanier- und Einkaufsstraße Viale Europa Unità und trifft auf die lange Fußgängerzone Viale Dante, die sich parallel zum Lungomare und Strand nach Osten zieht. Dort kommt man auch am großen Thermalbereich von Grado vorbei.

Übernachten *** Patriarchi, direkt an der Durchgangsstraße in Aquileia, bei der Einfahrt zur Basilika. 22 gut ausgestattete Zimmer mit TV, Restaurant und Parkplatz, DZ mit Frühstück 76–85 €, ✆ 0431/919595, 📠 919596, www.hotelpatriarchi.it;

Camping Aquileia, am nördlichen Ortsrand von Aquileia die Straße nach Osten nehmen (beschildert). Wiese mit viel Baumschatten, Restaurant, Pool und Kinderbecken, Mitte Mai bis Mitte September, ✆ 0431/91042, 919583, www.campingaquileia.it;

*** Marea, Via dei Provveditori 6, in Grado direkt am Damm vor der Altstadt, sehr ruhig, Garage, nach vorne Panoramablick aufs Meer, freundlich geführt, DZ ca. 80–90 €, ✆/📠 0431/81206, www.hotelmarea.it;

Camping Al Bosco, etwa 3 km östlich von Grado, naturbelassenes Gelände in einem schönen Wäldchen mit dichtem Baumbestand, ✆ 0431/80485, 📠 81008, www.campingalbosco.it

Das Podelta, größtes Feuchtgebiet Italiens

Provinz Rovigo

Das Polésine ist der Landstrich, der von Etsch und Po begrenzt wird, der südlichste Teil des Veneto: Halb Land, halb Meer, durchzogen von zahlreichen Kanälen. Das ausgedehnte Podelta gehört zu den größten Feuchtgebieten Europas und ist durch die Anschwemmungen der sechs Flussarme des Po entstanden, die hier in die Adria münden. Immer wieder musste man gegen Überschwemmungen ankämpfen, oft waren weite Teile überflutet. Mit Dämmen und raffinierten Schleusensystemen haben bereits die Römer versucht, den Lauf des Po zu regulieren und das Land urbar zu machen.

Nahe Chioggia (→ Provinz Venedig) münden die Flüsse Brenta und Etsch in die Adria. An den kilometerlangen Sandstränden südlich davon hat der Pauschaltourismus seine viel besuchten Nischen, hauptsächlich Familien fühlen sich hier wohl. Ein besonders reizvolles Ziel ist die große *Isola Albarella*. Das südlich sich anschließende

Podelta wird dagegen von Badegästen kaum besucht und eignet hervorragend für stille Touren abseits vom Touristenstrom. Doch auch einen Ausflug in die schöne Renaissancestadt *Ferrara* sollte man sich nicht entgehen lassen.

Internet: www.provincia.rovigo.it

Der venezianische Löwe wacht über den Hauptplatz von Rovigo

Rovigo

(ca. 51.000 Einwohner)

Die Hauptstadt des Polésine ist gleichzeitig Agrar- und Industriezentrum. Sie hat nicht die Fülle an Sehenswürdigkeiten zu bieten wie die nördlichen Städte des Veneto. Historisches Ambiente konnte jedoch im unmittelbaren Zentrum um die Piazza Vittorio Emanuele und die benachbarte Piazza Garibaldi bewahrt werden, wo man angenehm in den diversen Straßencafés sitzt – und die örtliche Pinakothek zählt immerhin zu den besten Gemäldesammlungen des Veneto.

Im frühen Mittelalter wurde Rovigo vom Bischof im nahen Adria regiert und war anfangs nur ein einfaches, kleines Dorf mit Strohhütten. Doch im 11. Jh. übernahmen die Fürsten von Este die Macht, bauten eine Burg und umgaben den aufstrebenden Ort mit einer Mauer, wovon noch einige Teile erhalten sind. Die Este konzentrierten sich jedoch auf das weiter südlich liegende Ferrara (→ S. 369), 1483 wurde Rovigo in den Machtbereich Venedigs eingegliedert, wo es bis zum Ende der Serenissima verblieb.

• *Information* Via Henry Dunant 10, Seitengasse der Durchgangsstraße Corso del Popolo. ✆ 0425/361481, ✆ 30416, www.provincia.rovigo.it

• *Übernachten* *** **Villa Regina Margherita (2)**, Viale Regina Margherita 6, schöne, alte Villa im Nordteil der Durchgangsstraße, 22 Zimmer, gepflegtes Ambiente, gutes Restaurant. DZ mit Frühstück ca. 83–110 €. ✆ 0425/361540, ✆ 31301, www.hotelvillareginamargherita.it

* **Cauccio (3)**, Viale Oroboni 50, nettes und preiswertes Ristorante (Mo geschl.) mit Zimmervermietung. DZ mit Frühstück ca. 50–75 €. ✆ 0425/31639.

Agriturismo Il Bosco (1), Via Tre Martiri 134, im östlichen Stadtbereich, gutes Standquartier, um einige Tage den südlichen Teil des Veneto zu erkunden. Umgeben von Grün und von freundlicher Familie geführt, hübsche Zimmer, Reitmöglichkeit, benachbart der kleine 9-Loch-Platz des Golfclubs Rovigo (www.golfrovigo.it). DZ mit Frühstück ca. 60–70 €. ✆ 0425/30130, www.agriturismoilbosco.it

• *Essen & Trinken* **Tavernetta Dante dai Trevisani (5)**, Corso del Popolo 212, alteingesessenes Lokal, geführt von Wirtsleuten aus Treviso (Name), zentrale Lage am Corso, im Sommer auch Plätze im Innenhof. Gute maritime Küche venezianischer Tradition. So geschl.

Al Sole (4), Via Bedendo 6, Osteria und Trattoria in einem, familiär geführt, günstige Preise. So geschl.

Hosteria La Zestea (7), Via X Luglio, nicht weit von der zentralen Piazza Vittorio Emanuele, beliebter Treff zum Trinken.

• *Cafés* **Caffè Borsa (6)**, zentral an der Piazza Garibaldi, besonders stilvolles Café der alten Art.

Am selben Platz liegt auch das beliebte **Café Garibaldi**.

Sehenswertes

Wenn man auf dem langen Corso del Popolo kommt, der Rovigo von Norden nach Süden durchquert, passiert man im Zentrum die *Piazza Matteotti*, auf der sich westlich der Straße zwei Backsteintürme – ein hoher namens *Torre Donà* und ein niedriger – sowie die Reste einer Befestigungsmauer erheben. Es handelt sich dabei um die Ruine der mittelalterlichen Burg, die die Este hier einst errichteten. Auf dem Gelände ist heute ein kleiner Park angelegt, dahinter liegt ein schattiger Kinderspielplatz. Wenige Schritte weiter südlich trifft man auf den mächtigen Backsteindom *Santo Stefano*, der wie so oft ohne Fassade auskommen muss. In seinen Ursprüngen stammt er bereits von 964, wurde aber im 13. und 17. Jh. völlig neu wieder aufgebaut und besitzt heute im Inneren barocken Charakter.

Wenn man von hier aus den Corso del Popolo überquert, kommt man mit wenigen Schritten zum Herzstück der Stadt, zur lang gestreckten *Piazza Vittorio Emanuele II*, auf der eine venezianische Löwensäule einen markanten Akzent setzt. Der *Palazzo Municipale* – das Rathaus – steht mit seinem Uhrturm, dem *Torre Civica*, an der oberen (nördlichen) Schmalseite. Rechter Hand vom Turm liegt die breite *Loggia dei Notari* aus dem 15. Jh., in deren Räumlichkeiten sich früher die städtischen Notare versammelten. Der erste Stock in Form einer offenen Galerie wurde im 18. Jh. aufgesetzt. In der Fassade sind Tafeln eingelassen, die an Ereignisse aus der Stadtgeschichte erinnern. Nur wenige Meter entfernt steht an der oberen Längsseite der Piazza die *Accademia dei Concordi*, in deren hochkarätiger Pinakothek zahlreiche bedeutende Werke venetischer Künstler des 15.–18. Jh. hängen.

Hübsch ist die Fortsetzung der Piazza am unteren Ende, die um die Ecke in die *Piazza Garibaldi* übergeht. Wenn man hier auf den Boden blickt, erkennt man die Umrisse einer Kirche, die im 18. Jh. abgerissen wurde. Folgt man der Straße Via Silvestri weiter, kommt man an der romanisch-gotischen Kirche *San Francesco* vorbei. Danach schwenkt man links auf die weite Piazza XX Settembre ein, an deren Ende die ungewöhnliche, weil achteckige Kirche *Beata Vergine del Soccorso* – auch „La Rotonda“ genannt – mit ihrem 57 m hohen, freistehenden Campanile einen Blickfang bildet.

Pinacoteca (Accademia dei Concordi): Die Accademia dei Concordi an der Piazza Vittorio Emanuele II entstand bereits im Jahre 1580 auf Betreiben des Grafen Gaspare Campo, der venetischen Malern Aufträge zu Porträts von bekannten Stadtpersönlichkeiten erteilte, was das Kunstinteresse in Rovigo sehr beförderte. Später war es vor allem der Graf Giovanni Francesco Casilini, der sich als bedeutender Sammler venetischer Kunst einen Namen machte, weitere Mäzene folgten. Auf diese Weise entstand eine ganze Pinakothek der venetischen Malerei mit einigen hundert Kunstwerken von der Renaissance bis zum 18. Jh., darunter auch weltbekannte Stücke, u. a. von Giovanni Bellini, Tiepolo, Palma Vecchio und Palma Giovane, Mabuse und Giambattista Piazzetta. Dazu kommen Kunstwerke der Schule von Ferrara, flämische und deutsche Werke aus dem 16. Jh. sowie zeitgenössische Kunst, außerdem archäologische Fundstücke aus ägyptischer, vorrömischer und römischer Zeit.

Beata Vergine del Soccorso: Erbaut wurde die ungewöhnliche Kirche 1594–1603 von Francesco Zamberlan, der ein Schüler Palladios war, was die ganze Struktur des Bauwerks durchaus verrät. Ursprünglich war sie als Ehrenort für eine wundertätige Madonnenstatue mit Kind gedacht, doch diente sie bald mannigfachen Zwecken, z. B. als Versammlungsraum der Stadtoberen, der Speicher sogar als Lager für das städtische Getreide. Im rundum laufenden Säulenportikus erinnern eingelassene Steintafeln an kulturelle und geschichtliche Ereignisse, z. B. an das Hochwasser des Adige (Etsch) von 1882, der damals noch durch die Stadt verlief. Das opulente Innere gleicht einer Gemäldegalerie des Barock, hier sind 75 Gemälde von Künstlern des 17. Jh. versammelt, z. B. Alessandro Varolari, Francesco Maffei und Andrea Celesti, außerdem vergoldete Holzstatuen, Stuck und zahlreiche Ornamente, dazu ein altes Madonnenfresko und ein Deckenbild, das die Pest in Rovigo darstellt.

Museo dei Grandi Fiumi: Das „Museum der großen Flüsse", gemeint sind Adige und Po, zwischen denen sich das Polésine erstreckt, ist eine modern konzipierte Schau in einem restaurierten Olivetanerkloster des 16. Jh. im Süden der Stadt bei der Kirche San Bartolomeo. Im Mittelpunkt stehen Natur, Archäologie, Besiedlung und Bewirtschaftung im Umfeld der Flüsse. Im ersten Stockwerk wurden die Räumlichkeiten mit ihren wertvollen alten Fresken zum großen Ausstellungsraum umgestaltet. Die ehemaligen Mönchszellen dienen dabei als Standorte für Vitrinen, aber auch für multimediale Installationen, Dioramen, Bühnenbilder u. dgl. Auch verschiedene Ausstellungen finden hier statt.

• *Öffnungszeiten/Preise* **Accademia dei Concordi**, Mo–Fr 9.30–12, 15.30–18.30 Uhr, Sa 10–12 Uhr, So geschl.; Juli/August Mo–Sa 10–13 Uhr; Eintritt ca. 4 €. ✆ 0425/21654, www.concordi.it

Beata Vergine del Soccorso, Sommer 9–11.30, 16–19 Uhr, Winter 9–11.30, 15–18 Uhr. ✆ 0425/24914.

Museo dei Grandi Fiumi, Di–Fr 9–13, Sa/So 10–13, 16–17 Uhr, Eintritt ca. 3 €, www.museograndifiumi.it

Fratta Polésine

Der kleine, verträumte Ort liegt etwa 17 km westlich von Rovigo am Kanal Scortico und ist über die autobahnähnlich ausgebaute „Transpolesana" (SS 434) nach Verona leicht zu erreichen. Mehrere alte Villen zeugen davon, dass die Venezianer schon vor fünfhundert Jahren die Idylle seiner Abgelegenheit schätzten.

Repräsentativster Bau ist die von Palladio entworfene *Villa Badoer* direkt im Zentrum, erbaut zwischen 1557 und 1570 an der Westseite des Kanals und über eine Brücke von der Hauptstraße aus zu erreichen. Das quaderförmige Herrenhaus besitzt einen mächtigen Eingangsbereich mit ionischen Säulen, zu dem eine breite Freitreppe hinaufführt. Flankiert ist das Hautgebäude von zwei eleganten, bogenförmigen Kolonnaden, in denen die Räume für Personal und Vieh untergebracht waren. Das geräumige Innere der zweistöckigen Villa ist vollständig restauriert und besitzt hübsche Groteskenmalereien von Giallo Fiorentino, sogar der Dachboden ist ausgebaut. In den Flügeln soll das Archäologische Museum untergebracht werden. Linker Hand der Villa Badoer steht die in Privatbesitz befindliche *Villa Molin-Avezzù*. Einen Besuch wert ist auch der idyllische Park der *Villa Labia*, von der Villa Badoer ein wenig die Straße zurück. Die Villa wurde 1945 zerstört, aber wieder vollständig rekonstruiert. Dahinter liegt der Park, wo zwischen alten Baumriesen und mächtigen Gummibäumen auf einem Teich mit einer grasgrün überwachsenen Oberfläche schnatternde Enten dümpeln. Benachbart steht die kleine Kirche *San Liberato*, die derzeit das archäologische *Museo Civico* beherbergt (Umzug in die Villa Badoer geplant).

Weitere Villen passiert man, wenn man die Hauptstraße von der Villa Badoer aus in die andere Richtung fährt, z. B. den *Palazzetto Villa*, den *Palazzo Campanari* (das heutige Rathaus) und vor allem die altersgraue *Casa Matteotti*, Geburtshaus des

Die Villa Badoer ist vollständig restauriert und kann besichtigt werden

Sozialisten Giacomo Matteotti, der 1924 im Alter von 39 Jahren von den Faschisten Mussolinis ermordet wurde.

• Öffnungszeiten/Preise **Villa Badoer**, Sa/So 10–12, 15.30–18.30, Do 15.30–18.30 Uhr. Eintritt frei (Stand 2004).

Parco Villa Labia, Ostern bis Okt. tägl. 9–19 Uhr.

• Information **CeDi-Turismo & Cultura**, Piazza San Bartolomeo 14 (gegenüber Villa Badoer). ✆ 0425/21530, 26270, E-Mail: cedi@turismocultura.it

IAT in der Villa Badoer zu den angegebenen Öffnungszeiten, ✆ 329/8328737 (Handy).

Badia Polésine

10.000-Einwohner-Städtchen 25 km westlich von Rovigo, ebenfalls nahe der Transpolesana. An der zentralen Piazza Vittorio Emanuele kann man das *Museo Civico Baruffaldi* mit Exponaten von der Antike bis zum Zweiten Weltkrieg besichtigen, darunter Keramik, Uniformen und Waffen sowie das Modell einer Etschmühle. Das nahe gelegene *Teatro Sociale* wurde 1813 durch Privatinitiative von Bartolomeo Dente erbaut und wird nach vollendeter Renovierung ein wirkliches Kleinod sein. Am Ortsrand liegt die *Abbazia di Vangadizza*, ein ehemaliges Kamaldulenserkloster mit schief stehendem Glockenturm, einer Marienkapelle mit üppigen Stuckverzierungen und Fresken des Brescianer Künstlers Filippo Zaniberti und einem schönem Kreuzgang.

• Öffnungszeiten/Preise **Museo Civico Baruffaldi**, ganzjährig Mi–Sa von 8–12 Uhr, Mai bis Juni und August bis Okt. auch So 16–19 Uhr. Eintritt frei.

• Übernachten **** **Le Magnolie**, Via delle Zuccherificio, elegantes und sehr ruhig gelegenes Hotel in einem Park mit kleinem See, auf dem Schwäne und Enten schwimmen. DZ ca. 70–105 €, Frühstück extra. ✆ 0425/51666, 594283, http://users.libero.it/parkhotelbadia

Tenuta La Pila, Via Pila 42, großes Landgut in Spinimbecco, etwa 14 km westlich von Badia Polésine, zwischen Transpolesana und Etsch. Von Familie Sartori herzlich geführt, 5 Zimmer und 2 Apartments, großer Swimmingpool, große Terrasse zum Sitzen. DZ ca. 70 €, Apt. ca. 130 €. ✆ 0442/659289, 📠 658707, www.tenutalapila.it

Adria

Das kleine Städtchen lag einst direkt am Meer. Seinen Höhepunkt erlebte es vor mehr als 2500 Jahren, als etruskische und später griechische Kaufleute aus dem kleinen Pfahlbauerndorf das wichtige Handelszentrum Hátria mit großem Hafen machten, das so bedeutend wurde, dass die gesamte Ostküste Italiens ihren Namen davon ableitete. Doch in den vergangenen Jahrhunderten drang wegen der ständigen Sandablagerungen das Delta des Po mehr als 25 km ins Meer vor – und so liegt Adria heute etwas schläfrig ein ganzes Stück landeinwärts. Unterm Strich: nichts Spektakuläres, lohnt aber für einen entspannenden Stopp.

Die Altstadt liegt am schiffbaren *Canale Bianco*, der von einer hübschen Fußgänger- und Radfahrerbrücke überquert wird. Nördlich vom Kanal steht die große Backsteinkirche *Santa Maria Assunta* aus dem 18. Jh. mit frei stehendem Glockenturm. Am Piazzale degli Etruschi kann man das kürzlich erweiterte und modernisierte *Archäologische Museum* mit etruskischen, griechischen und römischen Funden der Region besuchen.

Etwas außerhalb, an der Straße in Richtung Loreo, wurde vor einigen Jahren ein historisches Pumpwerk des 19. Jh. restauriert und als *Museo Septem Mària* eröffnet, zu erkennen schon von weitem an dem 46 m hohen Kamin. Anfangs wurde es mit Kohle betrieben, dann bis in die frühen neunziger Jahre mit Dieselkraftstoff. Auch eine schöne Entoca und Birreria sind jetzt darin untergebracht, so dass man hier in ungewöhnlichem Rahmen auch ein Abendessen genießen kann.

• *Öffnungszeiten/Preise* **Museo Archeologico**, tägl. 9–20 Uhr, Eintritt ca. 2 €; **Museo Septem Mària**, tägl. 9–19 Uhr, Eintritt ca. 2 €, ✆ 0425/21530 (vorher anrufen, da bei wenig Publikumsbesuch auch schon mal geschlossen ist).

• *ÜbernachtenEssen & Trinken* *** **Molteni**, Via Ruzzina 4, gemütliches Albergo in ruhiger Seitengasse direkt am Kanal. Parkmöglichkeit und ordentliches Restaurant, Zimmer mit TV. DZ mit kleinem Frühstück an der Bar ca. 75 €, mit Frühstück im Restaurant ca. 87 €. ✆/📠 0426/42520, www.albergomolteni.it.

Ostello Amolara, Via Capitello 11, im restaurierten Pumpwerk (→ Sehenswertes), 48 Betten in Mehrbettzimmern, ca. 26–30 € pro Pers. Mit Enoteca, Birreria und Ristorante. ✆ 0426/943035, 902174, www.amolara.it

Da Danilo al Naviglio, Via Leonardo da Vinci 33, netter Familienbetrieb mit ordentlicher Meeresküche. Sa geschl.

Rosolina Mare

Südlich der Etschmündung zieht sich ein 9 km langer und sehr breiter Sandstrand bis zur Insel Albarella am Nordrand des Podeltas, dahinter erstreckt sich eine ausgedehnte Lagunenlandschaft, umgeben von einem dichten Piniengürtel. Das weitläufige Feriengebiet von Rosolina Mare ist ein angenehmes Ziel für Strandurlauber, die Hotels stehen z. T. zwischen Pinien und Macchia, es herrscht nicht der Riesenrummel wie in Jesolo und Umgebung. Am südlichen Ende der Landzunge liegt bei Porto Caleri der reizvolle *Giardino Botanico Litoraneo*, wo man auf verschiedenen Lehrpfaden die typische Lagunenflora des Podeltas kennen lernen kann. Nur der Zufluss zur Lagune trennt die Halbinsel von der einzigartigen Isola Albarella (→ Kasten).

• *Öffnungszeiten/Preise* **Giardino Botanico Litoraneo**, April bis September Di, Do und So 10–13, 16–19 Uhr, Führungen 10.30 und 16.30 Uhr. ✆ 0426/68408.

• *Information* **IAT** in Rosolina Mare, Viale dei Pini, ✆ 0426/68012, 📠 326007,

E-Mail: iat.rosolina@provincia.rovigo.it

• *Übernachten* Es gibt etwa 14 Hotels.

*** **Olympia**, Viale dei Pini, 41, modernes Haus, umgeben vom Pinien und nicht weit vom Strand, gut eingerichtete Zimmer, Blick über die Pinien, z. T. aufs Meer, Pool beim Hotel Alexander. DZ mit Frühstück ca. 70–90 €. ✆ 0426/68057, ℻ 68284, www.hotelolympia.ro.it

*** **Fiorella**, Via Trieste138, seit 30 Jahren bietet Familie Zennaro in ihrem Haus fast direkt am Strand sieben ordentliche Zimmer, dazu ein gutes Restaurant mit Meeresküche. DZ mit Frühstück ca. 60–70 €. ✆ 0426/68010, ℻ 329091, www.albergofiorella.it

Mehrere große Campingplätze, z. B. in Rosolina Mare **La Margherita** (✆/℻ 0426/68212, www.lamargherita.it) und **Vittoria** (✆ 0426/68128, www.campingvittoria.it), bei Rosapineta **Rosapineta** (✆ 0426/68033, ℻ 68105, www.rosapineta.com).

Juni bis Sept. kostenpflichtige Stellplätze für **Wohnmobile** auf dem Piazzale Europa.

• *Fahrradverleih* in Rosolina Mare **Giuseppe Crivellari**, Strada Sud 218, ✆ 0426/ 68462, und **Gabriella Pozzato**, Via dei Ginepri 9.

Familienurlaub auf der Isola Albarella

Die 500 ha große, 5 km lange und 1,5 km breite Ferieninsel ist durch einen Damm mit dem Festland verbunden. Schon die Anfahrt entlang der Lagune lässt Ferienstimmung aufkommen, denn es geht durch die typische einsame Lagunenlandschaft, über der im Sommer die Sonne vom strahlend blauen Himmel brennt, bis zu einem Jachthafen. Linker Hand liegt hier der schrankenbewehrte Eingang nach Albarella, denn die Zufahrt ist nur Gästen mit Buchung und Hausbesitzern gestattet. Albarella besitzt über zweitausend Wohneinheiten mit und ohne Pool (Hotels, Studios und Apartments in Reihenhäusern, Ferienhäuser und Villen), sonst gibt es keinerlei Bebauung, dafür ausgedehnte Grünzonen mit viel Wald (2 Mio. Bäume von 150 verschiedenen Arten) und zahlreiche künstlich angelegte Wasserarme. Entgegen anderen Gerüchten wird auf der Insel durchaus Auto gefahren, das Straßennetz beträgt immerhin rund 80 km und vor allem die zahlreichen Eigentümer benutzen häufig ihr Fahrzeug, um zum Strand, zum Einkaufen oder zum Sport zu gelangen, zugelassene Höchstgeschwindigkeit ist 30 km/h. Ansonsten lässt man sich in der kleinen Inselbahn herumkutschieren oder fährt Rad, einfache Bikes (ohne Gangschaltung, aber mit Kindersitzen) können gemietet werden. Ein langer, breiter und sehr flach abfallender Sandstrand schließt die Insel zum Meer hin ab, Liegen und Sonnenschirme sind teuer, aber es gibt auch einen großen, frei zugänglichen Bereich. In der Hauptsaison gibt es ein reichhaltiges Sportangebot (u.a. Tennis, Reiten, Bogenschießen, Fußball, Golf, Schwimmkurse, Wasserski), mehrere Schwimmbäder, Disco, Kino, zwei schöne große Kinderspielplätze mit Schatten, zwei weitere ohne, sowie einen Mini-Zoo und auch die Animationsangebote sind vielfältig (Zirkus, Varietè, Kinderdisco ...). Die vorgelagerte Möveninsel *Scano Cavallari* kann mit dem Boot erreicht werden. Drüben gibt es eine deutsch geführte Segelschule (www.insel-albarella.com), die von der Brücke vor Albarella auch kostenlose Überfahrten anbietet, Liegestühle und Sonnenschirme vermietet sowie eine Bar betreibt.

Für Familien kann Albarella ein optimales Urlaubsquartier sein, auf Mücken muss man allerdings eingestellt sein und im Hochsommer sollte man nur Wohneinheiten mit Klimaanlage buchen. Die Auswahl an Quartieren ist vielfältig, buchen kann man über mehrere Reiseveranstalter und Albarella T.S. GmbH (Thomas-Wimmer-Ring 15, 80539 München, ✆ 089/290316, ℻ 29031777, www.albarella-touristik.de).

Das Podelta, eine Domäne der Fischer und Muschelzüchter

Podelta

Das weite Mündungsgebiet des größten italienischen Flusses, der 650 km durch Norditalien fließt, sich hier in sechs Arme spaltet und auf den letzten Kilometern vom Adige (Etsch) begleitet wird, ist eine stille und eigentümliche Landschaft. Schmale Straßen, immer dicht an Wasserläufen und auf Deichen, riesige Reisfelder, üppige Wiesen und Schilf, bewaldete Flussinseln, einsame Bauernhäuser – die Szenerie erinnert an Flandern. Ein eigenes Fahrzeug ist hier Voraussetzung. Vor allem Fahrräder und Kanus sind optimal, um das Delta zu erkunden, das erst vor etwa 400 Jahren durch Anschwemmungen entstanden ist, sich weiterhin ständig vergrößert und seine Form laufend ändert.

Das Delta des Po ist das größte Feuchtgebiet Italiens, fast 400 Arten von Wasservögeln haben in dem gewaltigen Biotop ihre Nistplätze, darunter auch Fischadler. Seit 1997 steht ein Großteil der endlosen Schilflandschaft als *Parco Nazionale del Delta del Po* (www.parks.it/parco.delta.po.ve) unter Naturschutz, auch die Bebauung außerhalb der Ortschaften ist weitgehend verboten. Ein Rest des Waldes, der einst weite Teile des Deltas bedeckte, ist im Süden erhalten (→ S. 368). Nachdem die Venezianer ihr Augenmerk in den letzten Jahrhunderten vor allem auf die Schiffbarkeit der Kanäle gerichtet hatten, begann man erst in den vierziger Jahren des 20. Jh., die weiten Lagunen und Sumpfzonen systematisch urbar zu machen. Über zwanzig Jahre arbeiteten die Deltabewohner daran, die Anbauzonen zu vergrößern: immer wieder aufs Neue wurden Gräben gezogen und musste Wasser abgepumpt werden, um Überschwemmungen zu verhindern – eins der größten historischen Pumpwerke, das in den neunziger Jahren restauriert wurde, kann man mittlerweile in Ca'Vendramin besichtigen. Eine schreckliche Überschwemmungskatastrophe im November 1951 forderte Dutzende von Opfern, ein Großteil des Deltas stand damals

Zeugen der Vergangenheit: Museen im Delta

Seit den neunziger Jahren gibt es einige wenige Sammlungen, die die geschichtlichen Zeugnisse des Deltas aufbewahren.

Das größte Deltamuseum ist das *Museo Regionale della Bonifica* im historischen Pumpwerk von Ca'Vendramin, kurz vor dem Hauptort Porto Tolle. Schon von weitem ist es an seinem mächtigen, 60 m hohen Schornstein zu erkennen. Es zeigt die mächtigen Pumpen, die bei der Trockenlegung des Deltas zum Einsatz kamen, und die Heizturbinen, die mit dem hier erzeugten Wasserdampf angetrieben wurden.

Im nahen Porto Tolle besitzt das *Museo della Civiltà Contadina in Polésine* in der Via Ugo Giordano (Nähe Grundschule) zahlreiche Relikte der alten Landwirtschaftskultur im Delta. Ein Teil der Stücke sind im Enel-Informationszentrum, in der Nähe der „Centrale Termoelettrica E.N.E.L." bei Pila ausgestellt.

Das *Museo della Corte* in Ca' Cappello bei Porto Viro zeigt in zwei Bauernhäusern des historischen Adelshofs der venezianischen Familie Cappello Material zur Geschichte des Bauwerks, typische Räumlichkeiten der Bauernzivilisation der Poebene (u. a. Landgasthaus, Küche, Schlafzimmer) und eine Ausstellung zur Tierwelt im Delta.

In Ca' Cappellino am Po di Venezia gibt es das *Museo degli Apicoltori*, ein kleines Museum zur Bienenzucht.

Und in San Basilio bei Ariano nel Polésine am Po del Goro besitzt das *Centro Turistico Culturale San Basilio* archäologisches und dokumentarisches Material zur Geschichte des Deltas. Eine hübsche romanische Kirche ist benachbart.

Öffnungszeiten: Für alle Museen gilt – besser vorher anrufen, denn nicht immer sind sie wirklich offen.

Museo Regionale della Bonifica, April bis Sept. tägl. 9.30–12.30, 14.30–17.30 Uhr. ✆ 0426/81896.

Museo della Civiltà Contadina, während der Delta-Messe in der ersten Septemberwoche tägl. 21–24 Uhr, sonst nur nach Voranmeldung. ✆ 0426/380833.

Museo della Corte di Ca' Cappello, April bis Sept. Sa/So und Feiertage 9–12, 15–18 Uhr, Okt. bis März 9.30–12.30, 14.30–17.30 Uhr. ✆ 0425/26270.

Museo degli Apicoltori, So 15–19 Uhr. ✆ 329/5423619 (Handy).

Centro Turistico Culturale San Basilio, Juni bis Sept. Do/Fr 9–12.30, Sa/So 10–12, 15.30–19 Uhr, sonst nur an Sonn- und Feiertagen 14–18 Uhr. ✆ 0426/71200.

unter Wasser, tausende wurden obdachlos. Einen weiteren schweren Rückschlag gab es in den sechziger Jahren. Damals bohrte die Industrie nach Methan, das Delta sank um 2,5 m! Dämme brachen, zahllose Felder und Ländereien wurden überflutet, viele Familien mussten aufgeben und wegziehen. Heute wird im Delta vor allem Reis angebaut, aber auch Weizen, Zuckerrüben, Gerste, Soja und verschiedene Gemüse. Seit Jahrhunderten funktioniert hier das Prinzip des Tagelohns – Großgrundbesitzer geben den Arbeitssuchenden im Delta Saisonarbeit zur Pflanzzeit und zur Ernte (meist März bis Mai und September bis Weihnachten), den Rest des Jahres müssen sich diese nach anderen Beschäftigungen umsehen. Die Fischer haben sich,

Einfache Hütten dienen als Bootsgaragen

Stein des Anstoßes: das Heizkraftwerk von Pila

zu Kooperativen zusammengeschlossen, hauptsächlich Aal wird hier gefangen, etwa 50 bis 60 Tonnen jährlich. Außerdem machen die ausgedehnten Muschelbänke denen in der Lagune von Venedig ernsthaft Konkurrenz. Auch die „Grisoleri" genannten Schilfsammler sind im Delta noch aktiv, die traditionellen Schilfhütten namens „Casoni" sind bis auf museale Relikte jedoch weitgehend verschwunden.

Für einen Badeaufenthalt ist das Podelta nur bedingt geeignet, auch wenn es zwei kilometerlange Strandzonen gibt: die *Spiaggia di Boccasette* im nördlichen Delta und die *Spiaggia di Barricata* auf der Isola della Donzella. Zwar haben moderne Kläranlagen entlang des Po die Wasserqualität des ehemals dreckigsten Flusses Italiens in den letzten Jahrzehnten stark verbessert und auch in den umliegenden Badeorten der Adriaküste sind zahlreiche Klärwerke in Betrieb – jedoch leitet Mailand seinen Dreck nach wie vor weitgehend ungeklärt in den Po ein. Nach dem Krieg, so heißt es, hat man das Wasser des Po noch problemlos trinken können ... Trotzdem etabliert sich mittlerweile der Fremdenverkehr, wenn auch auf niedrigem Niveau – bei Porto Barricata am Flussarm Po delle Tolle wurde ein komfortabler Campingplatz errichtet, der sich als Standort für ausgedehnte Delta-Touren anbietet. Zudem gibt es diverse Agriturismi und zwei Jugendherbergen, die zwar hauptsächlich auf Gruppen eingerichtet sind, aber auch Einzelreisenden und älteren Gäste offen stehen.

Rundtour durch nördliches Podelta und Hinterland

Wir starten in Rovigo und fahren über Adria und Loreo zur „Strada Romea" (SS 309), die von Venedig nach Ravenna führt.

Diese überqueren wir entweder bei Rosolina und gelangen auf reizvoller Strecke zur schönen Isola Albarella (→ oben). Oder wir biegen weiter südlich ab und fahren vorbei an *Ca' Cappello* (→ Museen) in Richtung *Porto Levante*, das im nördlichen Bereich des Deltas direkt am Meer liegt. Von dort geht es auf reizvoller, schmaler Straße am Meer und an Deichen entlang nach Süden bis *Ca' Venièr* am Po di Venezia, dem Hauptarm des Po.

Hier kann man in Richtung *Boccasette* mit der Jugendherberge „Rifugio Po di Maistra“ (→ Übernachten) fahren. Wenn man hinter dem Ort noch einige Kilometer über die Lagune fährt, die der Ausfluss des Po di Maistra hier gebildet hat, kommt man parallel zum Damm zu einem großen Parkplatz, der von Wohnmobilen zum Übernachten genutzt wird. Über eine wackelige Pontonbrücke kann man hier zur kilometerlangen *Spiaggia di Boccasette* hinübergehen, der dem offenen Meer zugewandte Seite einer langen Sandbank. In der Nebensaison türmt sich hier zwar das angeschwemmte Treibgut, im Sommer herrscht jedoch reger Badebetrieb und es sind sogar eine Bar und eine Trattoria geöffnet.

Oder man dringt bis zum Dörfchen *Pila* vor, das mit sich mit seinen einfachen Häusern so dicht in den Windschatten hinter den Damm kauert, dass man das überdimensionierte Heizkraftwerk „Centrale Termoelettrica E.N.E.L.“ mit seinem 250 m hohen Turm auf der anderen Seite des Po di Pila nicht sieht. Dieses Kraftwerk ist allen Umweltschützern ein Dorn im Auge, denn hier werden jährlich zigtausende Tonnen Schwefeldioxid in die Luft gejagt. Am Ortsende liegt der örtliche „Mercato Ittico“ (Fischmarkt), dort in der Nähe stehen auch Wohnmobile.

Man kann aber auch auf der großen Autobrücke bei Ca' Venièr den Po di Venezia überqueren und von dort wieder westwärts über *Ca' Vendramin* nach *Taglio di Po* fahren, wo die Venezianer 1604 durch ein aufwändiges Schleusensystem den Lauf des Po nach Süden umgelenkt haben.

Wer nun noch das Hinterland in die Tour einbeziehen will, der kann auf einem panoramareichen Deichweg weiter nach *Corbola* fahren. Dort gelangt man über die Pobrücke auf die nördliche Flussseite und biegt nach *Bellomba* ab, kann aber auch einen Abstecher ins 8 km südlich liegende *Ariano nel Polésine* mit seiner geschichtlichen Ausstellung zum Delta im nahen *San Basilio* machen (→ Museen). Von Bellomba fährt man über *Crespino*, *Polesella* und *Occiobello* immer am Po entlang, biegt dann bei *Stienta* nach *Badia Polésine* ab, kann das dortige Kloster besichtigen (→ S. 358) und über *Fratta Polésine* (→ S. 357) nach *Rovigo* zurückkehren.

• *Übernachten /Essen & Trinken* Falls man in einem Agriturismo nur essen will, muss man sich vorher anmelden.

Ca' Cornera, historisches Bauerngehöft beim gleichnamigen Weiler am Po di Venezia (zwischen Porto Viro und Ca' Venièr), stilvoll restauriert, sehr ruhige Lage, einige nette DZ und typische lokale Küche, Fahrradverleih. DZ mit Frühstück ca. 65 €. ✆ 0426/325457, http://web.tiscali.it/cacornera/

La Ca' del Delta, Via Mazzini 1, hübsch aufgemachter Agriturismohof östlich von Ca' Venièr im Grünen, großer, kiesbedeckter Hof mit acht Stellplätzen für Womos, auch einige Plätze für Zelte. Fahrrad- und Kanuverleih, Spielplatz, Pferdehaltung. Gutes Restaurant (Wochenende geöffnet, sonst mit Reservierung), serviert wird z. B. ein besonderer Leckerbissen des Delta, nämlich *anatra* (Ente). ✆ 0426/380679, 📠 382804, www.agriturismocadeldelta.it

San Gaetano, Via Moceniga 20, Agriturismohof an der Zufahrtsstraße zur Isola Albarella (→ oben). Hübsch angelegt, mit Abstellplätzen für Wohnmobile und Zeltmöglichkeit. ✆/📠 0426/664634.

Da Romina, Bed & Breakfast in Pila, ✆ 0426/387110.

La Capannina, Via Kennedy 48, Agriturismo in Boccasette. Leonino Beltrame vermietet 5 ebenerdige Apartments für bis zu 6 Pers., jeweils mit Zugang zum Garten. ✆ 0426/85069.

Rifugio Po di Maistra, Jugendherberge im ehemaligen Pfarrhaus von Boccasette, neben der Kirche, eröffnet 1999. 60 Stockbetten in Mehrbettzimmern und einigen DZ,

Impressionen im Delta

Garten mit Grillplatz. Für Gruppen werden Bus-, Boots- und Fahrradtouren organisiert. ✆ 0426/385330, 📠 385951, www.rifugiopodimaistra.com

Stellplätze für Wohmobile liegen bei Pila und Boccassette (→ Rundtour), außerdem landeinwärts vom Delta im Agriturismo „Forzello" in San Basilio bei Ariano nel Polésine. ✆/📠 0426/71389, E-Mail: forzello@deltapocard.it

Belvedere, die einfache Fischtrattoria von Adriana liegt im kleinen Dörfchen Pila links der Straße und bietet zwar keinen „Bel vedere", dafür aber schmackhafte und unverfälschte Deltaküche. Mi geschl. ✆ 0426/387100.

Rundtour auf der Isola della Donzella

Die Isola della Donzella ist die größte Insel im Delta und wird durch die Flussläufe Po di Venezia, Po delle Tolle und Po di Gnocca gebildet.

Bei *Taglio di Po* zweigt man von der SS 309 in Richtung Porto Tolle ab. Kurz bevor man den Ort erreicht, kann man einen Abstecher zum *Museo Regionale della Bonifica* im Pumpwerk von Ca' Vendramin machen (→ Museen), das wenige hundert Meter seitlich der Straße liegt. *Porto Tolle*, der Hauptort des Podeltas, ist weit auseinander gezogen und besitzt alle nötigen Serviceeinrichtungen und diverse Unterkünften. Anfang September findet hier alljährlich eine große Delta-Messe statt. Weiter geht es über *Tolle* und *Scardovari* am Po delle Tolle entlang bis *Porto Barricata* am Südende der Halbinsel, wo der schöne Campingplatz „Barricata Beach" liegt (→ Übernachten). Seitlich der Straße verläuft etwas erhöht ein Damm, dahinter liegt ein großer, einsamer Jachthafen. Eine echte Rarität ist hier die originelle Schwenkbrücke, die noch von einem Brückenwächter für Motorboote geöffnet wird. Auf der anderen Seite der Brücke erreicht man das offene Meer an der langen *Spiaggia Barricata* mit feinem, grauem Sand und niedrigen, bewachsenen Dünen.

Die Straße führt nun in Richtung Westen auf einem Deich um die Meeresbucht *Sacca degli Scardovari* herum – eine Wattlandschaft wie in Norddeutschland und eine Domäne der Fischer, die hier in einfachen Verschlägen mit Wellblechdächern hausen und überall Holzgestelle ins niedrige Wasser gesetzt haben, an denen sie Muscheln züchten. Zurück nach Porto Tolle geht es über *Donzella* oder man überquert bei *Santa Giulia* den Flussarm und gelangt auf der Westseite des Flusses nach Ca' Vendramin, von dort nach Porto Tolle.

• *Information* **Pro Loco** in Porto Tolle an der Durchgangsstraße (nördliche Straßenseite), Largo Europa 2. Di–Fr 9.30–12.30, Sa 9–13, 15–18, So 9–13 Uhr. ✆ 0426/81150, 📠 380584, www.prolocoportotolle.org

Museo Regionale della Bonifica (→ Museen im Delta), Ca' Vendramin, nur im Sommer geöffnet. ✆ 0426/81896, 📠 81528.

Ente Parco del Delta del Po Regione Veneto, in Ariano nel Polésine, Via Marconi 6. ✆ 0426/372202, 📠 373035, www.parcodeltapo.org

• *Übernachten/Essen & Trinken* *** **Ponte Molo**, am Ortseingang von Porto Tolle, größeres, gut geführtes Haus mit beliebtem Restaurant, das auch gerne für Feiern, Hochzeiten etc. genutzt wird (Mo geschl.). DZ ca. 42–85 €, Frühstück extra. ✆/📠 0426/81238.

* **Klaus**, Viale G. di Vittorio 52, Porto Tolle, Zimmer mit Klimaanlage und TV, Ristorante/Pizzeria (Di, Sa und So-Mittag geschl.). DZ mit Frühstück ca. 45–62 €. ✆ 0426/ 81018.

Ca' Papadopoli, Agriturismobetrieb mit 22 Hektar Land in Ca' Mello, 7 km südöstlich von Porto Tolle. Vom jungen Ehepaar Crepaldi familiär geführt, Maria Cristina hat ein Diplom der Hotelfachschule von Adria erworben und bereitet typische Hausmannskost des Polésine, z. B. *riso alla Cannarola*, ursprünglich der Reis der Tagelöhner. Für Kinder gibt es diverse Tiere, außerdem Möglichkeit zu Ausritten, Fahrräder und Bootsausflüge. 6 nett eingerichtete Zimmer mit Bad und TV, DZ ca. 50–65 €. ✆ 0426/80090, www.cortepapadopoli.it

Rifugio Parco Delta del Po, Jugendherberge in der Località Gorino Sullam 43 am Po di Gnocca im südlichen Deltabereich, 54 Betten in 9 Zimmern, Fahrrad- und Kanuverleih. ✆ 0425/34289 o. 21530 📠 26270, http://prenotazione.deltapocard.it/ostello

**** **Camping Barricata Beach**, moderne, großzügig konzipierte Anlage bei Porto Barricata am Ausfluss des Po delle Tolle. Brettflaches Wiesengelände mit noch jungen

Die Abbazia di Pomposa im südlichen Podelta

Bäumchen, bisher wenig Schatten, hauptsächlich Wohnmobile sieht man hier. Mit Restaurant, Bar, Pool für Erwachsene und Kinder, Spielplatz, Waschmaschine, Fahrradverleih, Tanzfläche (nur Hochsommer). Zahlreiche Bungalows mit Reihenhauscharakter stehen zur Vermietung. ✆/📠 0426/389270, www.barricatabeach.com

Da Brodon, alteingesessener Familienbetrieb in der Località Ca' Dolfin, ca. 9 km östlich von Porto Tolle. Serviert werden diverse Risotti, *anguille di Scardovari* (Aal), Fisch und Krustentiere aus dem Delta. Etwas höhere Preise. Mo geschl.

Giusy, rustikale Trattoria bei Donzella, geboten ist z. B. *pesce con polenta*. Do geschl.

• *Unternehmungen* **Bootsfahrten** durch Teile des Naturparks bietet der wettergegerbte Marino Cacciatori, Via G. Matteotti 304, Porto Tolle, ✆/📠 0426/380314, E-Mail: cacciatori@deltapocard.it, www.marinocacciatori.it

Fahrräder und **Kanus** verleiht in Porto Tolle Vittorio Cacciatori, er kennt das Delta wie seine Westentasche und bietet auch geführte Touren an. Via Bologna 1, ✆ 0426/82501. Motorisierte Hausboote kann man über **Houseboat Holidays** mieten, Via C. Colombo, 37, Porto Levante (bei der Zufahrt zur Isola Albarella). ✆/℻ 0426/666025, www.houseboat.it

Blick auf den imposanten Dom von Ferrara

Ausflug in die Emilia-Romagna

Der Südteil des Deltas gehört bereits zur Region Emilia-Romagna, die Grenze überschreitet man bei Mesola. Schöne Fahrt auf der Strada Romea (SS 309) zwischen Küstenpineta, Kanälen und großen Lagunenseen.

Seit Ende der Achtziger steht ein Großteil der endlosen Feuchtgebiete unter Naturschutz, Teile des Naturparks können besichtigt werden, z. B. bei **Bosco Mesola** ein bescheidener Rest des riesigen Waldes, der einst das ganze Delta bedeckte. Zahlreiche Wildtiere – darunter der seltene „cervo delle dune" (Dünenhirsch) und viele Wasservögel – haben hier ein letztes Refugium. Besichtigung nur Sa/So und an Feiertagen 8–18 Uhr, ausschließlich zu Fuß oder per Fahrrad (Verleih am Eingang).

Hauptort des Gebiets ist das Bilderbuchstädtchen **Comacchio** am Rand der Valli di Comacchio, des größten Lagunensees Italiens. Der ehemalige Küstenort liegt heute mehrere Kilometer landeinwärts und ist wie Venedig, Chioggia und Cáorle auf Inseln erbaut, malerische Kanäle durchziehen das Zentrum, die man auf Gondeln durchfahren kann. Viel bestaunt wird immer wieder „Trepponti", eine elegante Treppenkonstruktion am Zusammenfluss dreier Kanäle (wenige Meter von der Durchgangsstraße). Im *Palazzo Bellini* sind Funde aus einem römischen Schiffswrack ausgestellt, das erst in den 1980er Jahren im Lagunensee gefunden wurde. Das Wrack selber kann im *Museo del Carico della Nave Romana di Comacchio* nebenan besichtigt werden (Öffnungszeiten: April bis Sept. Di–So 9.30–12.30, 15.30–19.30 Uhr, Okt. bis März 9–13, 15–18 Uhr, Mo geschl., Eintritt ca. 4,20 €, über 65 J. und Stud. bis 25 J. die Hälfte, ✆ 0533/311316).

Größte Sehenswürdigkeit im südlichen Delta ist aber die **Abbazia di Pomposa**. Weithin sichtbar ist der markante, 48 m hohe *Turm* aus dem 11. Jh. mit Blendarkaden, nach oben sich verbreiternden Fenstern und bunten Majolika-Scheiben. Er gilt als einer der harmonischsten Türme der Romanik. Bildschön zeigt sich auch die Fassade der *Klosterkirche*, eine grazile Arkadenhalle mit Reliefbändern, Terrakotta- und Majolikaverzierungen. Das hohe dreischiffige Innere ist vollständig mit bunten Fresken der Bologneser Schule des 14. Jh. ausgemalt – in drei Reihen übereinander sind Szenen der biblischen Geschichte dargestellt. Der Boden besteht fast vollständig aus Mosaiken. Anschließend an die Apsis der Kirche liegt der ebenfalls mit Fresken ausgeschmückte *Kapitelsaal*, die einem Schüler Giottos zugeschrieben werden, im ersten Stock daneben das kleine *Museo Pomposiano* mit Relikten aus der Geschichte der Abtei. Weitere großflächige Fresken findet man im *Refektorium*, wahrscheinlich von einem Künstler aus Rimini. Gegenüber der Kirchenfassade steht der *Palazzo della Ragione* mit elegantem Arkadengang – hier wurde einst der Besitz des Klosters verwaltet und Recht gesprochen. Ein kleines Informationszentrum ist hier ebenfalls untergebracht (tägl. 8.30–19 Uhr, Eintritt ca. 4 €, von 18 bis 25 J. 2 €; Kirche sonntags bis 13 Uhr gratis, Rest der Anlage 3 €, ✆ 0533/719084).

Schließlich sollte man sich auch einen Ausflug ins nahe **Ferrara** nicht entgehen lassen, das die mächtige Familie der Este zu einem der wichtigsten Renaissance-Zentren Italiens ausbaute, zeitweise war es gleichbedeutend mit Florenz, Mailand und Venedig. Auf Spuren des ehemaligen Reichtums trifft man heute auf Schritt und Tritt: Mitten im Zentrum dominiert das riesige Kastell der Este, wenige Schritte entfernt erhebt sich der monumentale Dom, eine 9 km lange, fast vollständig erhaltene Mauer umgibt die Altstadt. Schon seit dem 13. Jh. begannen die Este, das Stadtbild zu prägen, und Ende des 15. Jh. vergrößerte Ercole I d'Este Ferrara fast um das Doppelte. Mit langen, schnurgeraden Straßen und großzügigen Palazzi ließ er nördlich vom Zentrum einen geschlossenen Renaissancekomplex errichten, der für seine Zeit revolutionär war. Im reizvollen Gegensatz dazu stehen heute die eng gekrümmten Pflastergassen des mittelalterlichen Viertels im Südosten des „centro storico“. Ferrara ist von Rovigo auf der Autobahn A 13 und von Comacchio auf einer autobahnähnlichen Schnellstraße (gebührenfrei) schnell zu erreichen.

Übernachten: B & B La Pescheria, Via E. Fogli 99, in Comaccio, reizvolle Lage an einem der typischen Kanäle, kleine, aber neu eingerichtete Zimmer, die Inhaberin betreibt unten ein ausgezeichnetes Fischrestaurant. DZ mit Frühstück ca. 60–70 €. ✆ 0533/81597, E-Mail: ristlapescheria@virgilio.it;

B & B Magnolia, Via Italia 61, ebenfalls in Comacchio, Bed & Breakfast mit Terrasse, Garten und Grillmöglichkeit, Fahrräder. DZ mit Frühstück ca. 65–85 €, ✆ 0533/312021, E-Mail: giacinta.pozzati@libero.it;

** San Paolo, Via Baluardi 13, in Ferrara, modern eingerichtetes Albergo am Südrand des Centro Storico, vis à vis der Stadtmauer. Zimmer mit Teppichboden und TV, gute Bäder, sehr sauber. DZ ca. 85 €, kein Frühstück, ✆/📠 0532/762040, 📠 768333, www.hotelsanpaolo.it;

Camping Comunale Estense, Via Gramicia 76, nördlich außerhalb der Stadtmauer von Ferrara. Wiesengelände mit Baumschatten, ganzjährig geöffnet. ✆/📠 0532/752396, E-Mail: campeggio.estense@libero.it

Etwas Italienisch

Aussprache

Einige Abweichungen von der deutschen Aussprache:

c: vor e und i immer *"tsch"* wie in *rutschen*, z. B. *centro* (Zentrum) = *"tschentro"*. Sonst wie *"k"*, z. B. *cannelloni* = *"kannelloni"*.

cc: gleiche Ausspracheregeln wie beim einfachen **c**, nur betonter: *faccio* (ich mache) = *"fatscho"*; *boccone* (Imbiss) = *"bokkone"*.

ch: wie *"k"*, *chiuso* (geschlossen) = *"kiuso"*.

cch: immer wie ein hartes *"k"*, *spicchio* (Scheibe) = *"spikkio"*.

g: vor e und i *"dsch"* wie in *Django*, vor a, o , u als *"g"* wie in *gehen;* wenn es trotz eines nachfolgenden dunklen Vokals als *"dsch"* gesprochen werden soll, wird ein i eingefügt, das nicht mitgesprochen wird, z. B. in *Giacomo* = *"Dschakomo"*.

gh: immer als *"g"* gesprochen.

gi: wie in *giorno* (Tag) = *"dschorno"*, immer weich gesprochen.

gl: wird zu einem Laut, der wie *"lj"* klingt, z. B. in *moglie* (Ehefrau) = *"mollje"*.

gn: ein Laut, der hinten in der Kehle produziert wird, z. B. in *bagno* (Bad) = *"bannjo"*.

h: wird am Wortanfang nicht mitgesprochen, z. B. *hanno* (sie haben) = *"anno"*. Sonst nur als Hilfszeichen verwendet, um c und g vor den Konsonanten i und e hart auszusprechen.

qu: im Gegensatz zum Deutschen ist das u mitzusprechen, z. B. *acqua* (Wasser) = *"akua"* oder *quando* (wann) = *"kuando"*.

r: wird kräftig gerollt!

rr: wird noch kräftiger gerollt!

sp und **st**: gut norddeutsch zu sprechen, z. B. *specchio* (Spiegel) = *"s-pekkio"* (nicht *schpekkio*), *stella* (Stern) = *"stella"* (nicht *"schtella"*).

v: wie *"w"*.

z: immer weich sprechen wie in *Sahne*, z. B. *zucchero* (Zucker) = *"sukkero"*.

Die Betonung liegt meistens auf der vorletzten Silbe eines Wortes. Im Schriftbild wird sie bei der großen Mehrzahl der Wörter nicht markiert. Es gibt allerdings Fälle, bei denen die italienischen Rechtschreibregeln Akzente als Betonungszeichen vorsehen, z. B. bei mehrsilbigen Wörtern mit Endbetonung wie *perché* (= weil, warum).

Elementares

Frau ...	*Signora*
Herr ...	*Signor(e)*
Guten Tag, Morgen	*Buon giorno*
Guten Abend (ab nachmittags, 15 Uhr; auch zum Abschied)	*Buona sera*
Guten Abend/ gute Nacht (nur zum Abschied am späten Abend)	*Buona notte*
Auf Wiedersehen	*Arrivederci*
Hallo/Tschüss	*Ciao*
Wie geht es Ihnen?	*Come sta?/ Come va?*
Wie geht es dir?	*Come stai?*
Danke, gut.	*Molto bene, grazie/ Benissimo, grazie*
Danke!	*Grazie/Mille grazie/ Grazie tanto*
Entschuldigen Sie	*(Mi) scusi*
Entschuldige	*Scusami/Scusa*
Entschuldigung, können Sie mir sagen ...?	*Scusi, sa dirmi ...?*
Entschuldigung, könnten Sie mich durchlassen/ mir erlauben ...	*Permesso ...*
ja	*si*
nein	*no*
Ich bedaure, tut mir leid	*Mi dispiace*
Macht nichts	*Non fa niente*
Bitte! (im Sinne von *gern geschehen*)	*Prego!*

Bitte (als Einleitung zu einer Frage oder Bestellung)	*Per favore ...*
Sprechen Sie Englisch/Deutsch/ Französisch?	*Parla inglese/ tedescso/ francese?*
Ich spreche kein Italienisch	*Non parlo italiano*
Ich verstehe nichts	*Non capisco niente*
Könnten Sie etwas langsamer sprechen?	*Puo parlare un po` più lentamente?*
Ich suche nach ...	*Cerco ...*
Okay, geht in Ordnung	*va bene*
Ich möchte/Ich hätte gern	*Vorrei*
Warte/ Warten Sie!	*Aspetta/ Aspetti!*
groß/klein	*grande/piccolo*
Es ist heiß	*Fa caldo*
Es ist kalt	*Fa freddo*
Geld	*i soldi*
Ich brauche ...	*Ho bisogno ...*
Ich muss ...	*Devo ...*
in Ordnung	*d'accordo*
Ist es möglich, dass ...	*È possibile ...*
mit/ohne	*con/senza*
offen/geschlossen	*aperto/chiuso*
Toilette	*bagno/toilette*
verboten	*vietato*
Was bedeutet das?	*Che cosa significa?*
Wie heißt das?	*Come si chiama?*
zahlen	*pagare*
Ich möchte gern zahlen	*Il conto, per favore*

Fragen/Smalltalk/Orientierung

Gibt es/Haben Sie ...?	*C'è ...?*
Was kostet das?	*Quanto costa?*
Gibt es (mehrere)	*Ci sono?*
Wann?	*Quando?*
Wo? Wo ist?	*Dove?/ Dov'è?*
Wie?/Wie bitte?	*Come?*
Wieviel?	*Quanto?*
Warum?	*Perché?*
Ich heiße ...	*Mi chiamo ...*
Wie heißt du?	*Come ti chiami?*
Wie alt bist du?	*Quanti anni hai?*
Das ist aber schön hier	*Meraviglioso!/Che bello!/Bellissimo!*
Von woher kommst du?	*Di dove sei tu?*
Ich bin aus München/Hamburg	*Sono di Monaco/ di Amburgo*
Bis später	*A più tardi!*
Wo ist bitte ...?	*Per favore, dov'è ..?*
... die Bushaltestelle	*... la fermata*
... der Bahnhof	*... la stazione*
Stadtplan	*la pianta della città*
rechts	*a destra*
links	*a sinistra*
immer geradeaus	*sempre diritto*
Können Sie mir den Weg nach ... zeigen?	*Sa indicarmi la direzione per ...?*
Ist es weit?	*È lontano?*
Nein, es ist nah	*No, è vicino*

Bus/Zug/Fähre

Fahrkarte	*biglietto*
Stadtbus	*bus*
Überlandbus	*pullman*
Zug	*treno*
hin und zurück	*andata e ritorno*
Ein Ticket von X nach Y	*un biglietto da X a Y*
Wann fährt der nächste?	*Quando parte il prossimo?*
... der letzte?	*... l'ultimo?*
Abfahrt	*partenza*
Ankunft	*arrivo*
Gleis	*binario*
Verspätung	*ritardo*
aussteigen	*scendere*
Ausgang	*uscita*
Eingang	*entrata*
Wochentag	*giorno feriale*
Feiertag	*giorno festivo*

Auto/Motorrad

Auto	*macchina*
Motorrad	*moto*
Tankstelle	*distributore*
Volltanken!	*Il pieno, per favore!*
Bleifrei	*benzina senza piombo*
Diesel	*gasolio*
Panne	*guasto*
Unfall	*incidente*
Bremsen	*freni*
Reifen	*gomme*
Kupplung	*frizione*
Lichtmaschine	*dinamo*
Zündung	*accensione*
Vergaser	*carburatore*
Mechaniker	*meccanico*
Werkstatt	*officina*
funktioniert nicht	*non funziona*

Baden

See	*lago*
Strand	*spiaggia*
Stein	*pietra*
Kies	*ghiaia*
schmutzig	*sporco*
sauber	*pulito/netto*
tief	*profondo*
Ich gehe schwimmen	*Faccio il bagno*
braungebrannt	*abbronzata (f)/ abbronzato (m)*

Bank/Post/Telefon

Geldwechsel	*cambio*
Wo ist eine Bank?	*Dove c' è una banca*
Ich möchte wechseln	*Vorrei cambiare*
Ich möchte Reiseschecks einlösen	*Vorrei cambiare dei traveller cheques*
Postamt	*ufficio postale*
ein Telegramm aufgeben	*spedire un telegramma*
Postkarte	*cartolina*
Brief	*lettera*
Briefpapier	*carta da lettere*
Briefkasten	*buca (delle lettere)*
Briefmarke(n)	*francobollo/francobolli*
Wo ist das Telefon?	*Dov' è il telefono?*
Ferngespräch	*communicazione interurbana*

Camping/Hotel

Haben Sie ein Einzel-/Doppelzimmer?	*C'è una camera singola/doppia?*
Können Sie mir ein Zimmer zeigen?	*Può mostrarmi una camera?*
Ich nehme es/wir nehmen es	*La prendo/ la prendiamo*
Zelt	*tenda*
kleines Zelt	*canadese*
Schatten	*ombra*
Schlafsack	*sacco a pelo*
warme Duschen	*docce calde*
Gibt es warmes Wasser?	*C'è l'acqua calda?*
mit Dusche/Bad	*con doccia/ bagno*
ein ruhiges Zimmer	*una camera tranquilla*
Wir haben reserviert	*Abbiamo prenotato*
Schlüssel	*la chiave*
Vollpension	*pensione (completa)*
Halbpension	*mezza pensione*
Frühstück	*prima colazione*
Hochsaison	*alta stagione*
Nebensaison	*bassa stagione*
Haben Sie nichts Billigeres?	*Non ha niente che costa di meno?*

Zahlen

der erste	*il primo*	halb	*mezzo*
zweite	*il secondo*	ein Viertel	*un quarto di*
dritte	*il terzo*	ein Paar	*un paio di*
einmal	*una volta*	einige	*alcuni*
zweimal	*due volte*		

0	*zero*	12	*dodici*	40	*quaranta*
1	*uno*	13	*tredici*	50	*cinquanta*
2	*due*	14	*quattordici*	60	*sessanta*
3	*tre*	15	*quindici*	70	*settanta*
4	*quattro*	16	*sedici*	80	*ottanta*
5	*cinque*	17	*diciassette*	90	*novanta*
6	*sei*	18	*diciotto*	100	*cento*
7	*sette*	19	*diciannove*	101	*centuno*
8	*otto*	20	*venti*	102	*cento e due*
9	*nove*	21	*ventuno*	200	*duecento*
10	*dieci*	22	*ventidue*	1.000	*mille*
11	*undici*	30	*trenta*	2.000	*due mila*

Uhr & Kalender

Uhrzeit

Wie spät ist es?	*Che ore sono?*
mittags	*mezzogiorno* (für 12 Uhr gebräuchlich)
Mitternacht	*mezzanotte*
viertel nach	*... e un quarto*
viertel vor	*... meno un quarto*
halbe Stunde	*mezz'ora*

Tage/Monate/Jahreszeit

Tag	*giorno*
Woche	*settimana*
Monat	*mese*
Jahr	*anno*
halbes Jahr	*mezz'anno*
Frühling	*primavera*
Sommer	*estate*
Herbst	*autunno*
Winter	*inverno*

Wochentage

Montag	*lunedì*
Dienstag	*martedì*
Mittwoch	*mercoledì*
Donnerstag	*giovedì*
Freitag	*venerdì*
Samstag	*sabato*
Sonntag	*domenica*

Monate

Januar	*gennaio*
Februar	*febbraio*
März	*marzo*
April	*aprile*
Mai	*maggio*
Juni	*giugno*
Juli	*luglio*
August	*agosto*
September	*settembre*
Oktober	*ottobre*
November	*novembre*
Dezember	*dicembre*

Gestern, heute, morgen

heute	*oggi*
morgen	*domani*

übermorgen	*dopodomani*
gestern	*ieri*
vorgestern	*l'altro ieri*
sofort	*subito*
später	*più tardi*
jetzt	*adesso*
der Morgen	*la mattina*
der Nachmittag	*il pomeriggio*
der Abend	*la sera*
die Nacht	*la notte*

Maße & Gewichte

ein Liter	*un litro*
ein halber Liter	*un mezzo litro*
ein Viertelliter	*un quarto di un litro*
ein Gramm	*un grammo*
100 Gramm	*un etto*
200 Gramm	*due etti*
Kilo	*un chilo, due chili*

Einkaufen

Haben Sie ...	*Ha ...?*
Ich hätte gern ...	*Vorrei ...*
etwas davon	*un poco di questo*
dieses hier	*questo qua*
dieses da, dort	*questo là*
Was kostet das?	*Quanto costa questo?*

Geschäfte

Apotheke	*farmacia*
Bäckerei	*panetteria*
Buchhandlung	*libreria*
Fischhandlung	*pescheria*
Laden, Geschäft	*negozio*
Metzgerei	*macelleria*
Reinigung (chemische)	*lavanderia/ lavasecco*
Reisebüro	*agenzia viaggi*
Touristen-information	*informazioni turistiche*
Schreibwarenladen	*cartoleria*
Supermarkt	*alimentari, supermercato*

Drogerie/Apotheke

Seife	*sapone*
Tampons	*tamponi, o.b.*
Binden	*assorbenti*
Waschmittel	*detersivo*
Shampoo	*shampoo*
Toilettenpapier	*carta igienica*
Zahnpasta	*pasta dentifricia*
Schmerztabletten	*qualcosa contro il dolore*
Kopfschmerzen	*mal di testa*
Abführmittel	*lassativo*
Sonnenmilch	*crema solare*
Pflaster	*cerotto*

Arzt/Krankenhaus

Ich brauche einen Arzt	*Ho bisogno di un medico*
Hilfe!	*Aiuto!*
Erste Hilfe	*pronto soccorso*
Krankenhaus	*ospedale*
Schmerzen	*dolori*
Ich bin krank	*sono malato*
Biss/Stich	*puntura*
Fieber	*febbre*
Durchfall	*diarrea*
Erkältung	*raffreddore*
Halsschmerzen	*mal di gola*
Magenschmerzen	*mal di stomaco*
Zahnweh	*mal di denti*
Zahnarzt	*dentista*
verstaucht	*lussato*

Im Restaurant

Haben Sie einen Tisch für x Personen?	*C'è uno tavolo per x persone?*
Die Speisekarte, bitte	*Il menu/la lista, per favore*
Was kostet das Tagesmenü?	*Quanto costa il piatto del giorno?*
Ich möchte gern zahlen	*Il conto, per favore*
Gabel	*forchetta*
Messer	*coltello*
Löffel	*cucchiaio*
Aschenbecher	*portacenere*
Mittagessen	*pranzo*
Abendessen	*cena*
Eine Quittung, bitte	*Vorrei la ricevuta, per favore*
Es war sehr gut	*Era buonissimo*

Speisekarte

Extra-Zahlung für Gedeck, Service und Brot	*coperto/pane e servizio*
Vorspeise	*antipasto*
erster Gang	*primo piatto*
zweiter Gang	*secondo piatto*
Beilagen zum zweiten Gang	*contorni*
Nachspeise (Süßes)	*dolci*
Obst	*frutta*
Käse	*formaggio*

Getränke

Wasser	*acqua*
Mineralwasser	*acqua minerale*
mit Kohlensäure	*con gas (frizzante)*
ohne Kohlensäure	*senza gas*
Wein	*vino*
weiß	*bianco*
rosé	*rosato*
rot	*rosso*
Bier	*birra*
hell/dunkel	*chiara/scura*
vom Fass	*alla spina*
Saft	*succo di ...*
Milch	*latte*
heiß	*caldo*
kalt	*freddo*
(einen) Kaffee (das bedeutet Espresso)	*un caffè*
(einen) Cappuccino (mit aufgeschäumter Milch)	*un cappuccino*
(einen) Kaffee mit wenig Milch	*un latte macchiato*
(einen) Eiskaffee	*un caffè freddo*
(einen) Tee	*un tè*
mit Zitrone	*con limone*
Cola	*coca*
Milkshake	*frappè*
(ein) Glas	*un bicchiere di ...*
(eine) Flasche	*una bottiglia*

Alimentari/Diversi – Lebensmittel, Verschiedenes

aceto	*Essig*
brodo	*Brühe*
burro	*Butter*
marmellata	*Marmelade*
minestra/zuppa	*Suppe*
minestrone	*Gemüsesuppe*
olio	*Öl*
olive	*Oliven*
pane	*Brot*
panino	*Brötchen*
saccarina	*Süßstoff*
salame	*Salami*
salsiccia	*Frischwurst*
l'uovo/le uova	*Ei/Eier*
zabaione	*Wein-Eier-Creme*
zucchero	*Zucker*

Erbe – Gewürze

aglio	*Knoblauch*	prezzemolo	*Petersilie*
alloro	*Lorbeer*	rosmarino	*Rosmarin*
basilico	*Basilikum*	sale	*Salz*
capperi	*Kapern*	salvia	*Salbei*
origano	*Oregano*	senape	*Senf*
pepe	*Pfeffer*	timo	*Thymian*
peperoni	*Paprika*		

Preparazione – Zubereitung

affumicato	*geräuchert*	frutta cotta	*Kompott*
ai ferri	*gegrillt*	cotto	*gekocht*
al forno	*überbacken*	duro	*hart/zäh*
alla griglia	*über Holzkohlefeuer*	fresco	*frisch*
con panna	*mit Sahne*	fritto	*frittiert*
alla pizzaiola	*Tomaten/Knobl.*	grasso	*fett*
allo spiedo	*am Spieß*	in umido	*im Saft geschmort*
al pomodoro	*mit Tomatensauce*	lesso	*gekocht/gedünstet*
arrosto	*gebraten/geröstet*	morbido	*weich*
bollito	*gekocht/gedünstet*	piccante	*scharf*
alla casalinga	*hausgemacht*	tenero	*zart*

Contorni – Beilagen

asparago	*Spargel*	finocchio	*Fenchel*
broccoletti	*wilder Blumenkohl*	insalata	*allg. Salat*
carciofi	*Artischocken*	lattuga	*Kopfsalat*
carote	*Karotten*	lenticchie	*Linsen*
cavolfiore	*Blumenkohl*	melanzane	*Auberginen*
cavolo	*Kohl*	patate	*Kartoffeln*
cetriolo	*Gurke*	piselli	*Erbsen*
cicoria	*Chicoree*	polenta	*Maisbrei*
cipolla	*Zwiebel*	pomodori	*Tomaten*
fagiolini	*grüne Bohnen*	riso	*Reis*
fagioli	*Bohnen*	spinaci	*Spinat*
funghi	*Pilze*	zucchini	*Zucchini*

Pasta – Nudeln

cannelloni	*gefüllte Teigrollen*	fettuccine	*Bandnudeln*
farfalle	*Schleifchen*	fiselli	*kleine Nudeln*

lasagne	*Schicht-Nudeln*	tortellini	*gefüllte Teigtaschen*
maccheroni	*Makkaroni*	tortelloni	*große Tortellini*
pasta	*allg. Nudeln*	vermicelli	*Fadennudeln*
penne	*Röhrennudeln*	gnocchi	*(Kartoffel-) Klößchen*
tagliatelle	*Bandnudeln*		

Pesce e frutti di mare – Fisch & Meeresfrüchte

aragosta	*Languste*	polpo	*Krake*
aringhe	*Heringe*	razza	*Rochen*
baccalà	*Stockfisch*	salmone	*Lachs*
calamari	*Tintenfische*	sardine	*Sardinen*
cozze	*Miesmuscheln*	seppia/totano	*großer Tintenfisch*
gamberi	*Garnelen*	sgombro	*Makrele*
merluzzo	*Schellfisch*	sogliola	*Seezunge*
muggine	*Meeräsche*	tonno	*Thunfisch*
nasello	*Seehecht*	triglia	*Barbe*
orata	*Goldbrasse*	trota	*Forelle*
pesce spada	*Schwertfisch*	vongole	*Muscheln*

Carne – Fleisch

agnello	*Lamm*	lingua	*Zunge*
anatra	*Ente*	lombatina	*Lendenstück*
bistecca	*Beafsteak*	maiale	*Schwein*
capretto	*Zicklein*	maialetto	*Ferkel*
cinghiale	*Wildschwein*	manzo	*Rind*
coniglio	*Kaninchen*	pollo	*Huhn*
fagiano	*Fasan*	polpette	*Fleischklöße*
fegato	*Leber*	trippa	*Kutteln*
lepre	*Hase*	vitello	*Kalb*

Frutta – Obst

albicocca	*Aprikose*	lamponi	*Himbeeren*
ananas	*Ananas*	limone	*Zitrone*
arancia	*Orange*	mandarino	*Mandarine*
banana	*Banane*	mela	*Apfel*
ciliegia	*Kirsche*	melone	*Honigmelone*
cocomero	*Wassermelone*	pera	*Birne*
dattero	*Dattel*	pesca	*Pfirsich*
fichi	*Feigen*	pompelmo	*Grapefruit*
fragole	*Erdbeeren*	uva	*Weintrauben*

Sach- und Personenregister

Geografisches Register

M

N-O

P

R

S

Übernachten

3 Ca' del Sole
6 Alloggi Henry
8 Ostello Santa Fosca
9 Arcadia
10 Archie's House
11 Rossi
12 Caprera
13 Santa Lucia
14 Villa Rosa
15 Florida
18 Abbazia
19 Al Saor
22 Bernardi Semenzato
25 Casa Chiumento
36 Ca' Bauta
37 Foresteria Valdese
38 Giustina
39 Locanda Sturion
40 Domus Civica
46 Casa Peron
48 Ca' delle Corte
52 Al Gambero
54 Ca' Foscari
56 Ai do Mori
57 Serenissima
59 San Samuele
60 La Residenza
62 Doni
63 San Gallo
65 Locanda Fiorita
70 Paganelli
76 Santo Stefano
77 Flora
79 Do Pozzi
80 Bucintoro
81 Accademia Villa Maravegie
83 Galleria
85 Locanda Ca' Zose
86 Agli Alboretti
87 Messner
90 American
91 Alla Salute da Cici
92 La Calcina
93 Seguso
94 Venezia
95 Istituto Canossiano
96 Ostello di Venezia
97 Corte Grande dei Sette Camini

Essen & Trinken

1 Al Bacco
2 All'Antica Mola
4 I Quattri Rusteghi
5 Al Paradiso Perduto
7 Gam Gam
17 Vini da Gigio
20 All'Anfora
21 Ca' d'Oro 'Alla Vedova'
23 Da Crecola
24 La Zucca
26 Da Gianni
27 Alle Oche
28 Do Spade
29 Fiaschetteria Toscana
30 Do Mori
31 Da Alberto
32 Osteria da Fiore
33 Al Milion
34 Antico Dolo
35 Alla Madonna
41 Brodo di Giuggiole
42 Rosticceria Gislon
43 Al Mascaron
44 Alle Testiere
45 Antico Gafaro
47 Da Ignazio
49 Giardinetto
50 Osteria a la Campana
51 Al Volto
53 Le Bistrot de Venise
55 Da Remigio
58 Acqua Pazza
64 Chat Qui Rit
66 Al Bacareto
68 Antico Capon
71 Al Covo
75 Tavernetta San Maurizio
82 Antica Locanda Montin
84 Ai Cugnai
89 Da Gianni
98 Altanella

Cafés

61 Causin dal 1928
67 Il Caffè
69 Caffè Quadri
73 Caffè Florian
78 Harry's Bar
88 Nico

Nachtleben

16 Casanova
72 Da Codroma
74 Vino Vino